РУССКО-АНГЛИЙСКИЙ СЛОВАРЬ

RUSSIAN-ENGLISH DICTIONARY

O.S. AKHMANOVA

RUSSIAN-ENGLISH DICTIONARY

25 000 ENTRIES AND 60 000 SENSES APPROX

Edited by Elisabeth A.M. Wilson

8 th STEREOTYPE EDITION

MOSCOW • «RUSSKY YAZYK PUBLISHERS» • 2000

О.С. АХМАНОВА

РУССКО-АНГЛИЙСКИЙ СЛОВАРЬ

ОКОЛО 25 000 СЛОВ И 60 000 ЗНАЧЕНИЙ

Под редакцией Е.А.М. Уилсон

8-е ИЗДАНИЕ, СТЕРЕОТИПНОЕ

МОСКВА · ИЗДАТЕЛЬСТВО «РУССКИЙ ЯЗЫК» · 2000

УДК 811.161.1'374=111
ББК 81.2Англ-4
  А95

Ахманова О. С.

А95 Русско-английский словарь / Под ред. Е. А. М. Уилсон. — 8-е изд., стереотип. — М.: Рус. яз., 2000. — 298 с.

ISBN 5—200—02805—1

Русско-английский словарь содержит около 25 тыс. слов и 60 тыс. значений слов современного русского языка. В словаре даны некоторые употребительные словосочетания. Большое внимание уделено русским омонимам и грамматической характеристике слов. Словарем можно пользоваться при переводе текстов средней трудности.

Словарь рассчитан на русских и иностранных читателей с разной степенью языковой подготовки.

УДК 811.161.1'374=111
ББК 81.2Англ-4

© Издательство «Русский язык», 1988
© Издательство «Русский язык», 1991, с изменениями
© Переплет. Суперобложка.
ООО «Дрофа», 1997

Репродуцирование (воспроизведение) данного издания любым способом без договора с издательством запрещается.

ISBN 5—200—02805—1

О ПОЛЬЗОВАНИИ СЛОВАРЁМ

Словарь построен по гнездовой системе, в строго алфавитном порядке.

Н е и з м е н я е м а я ч а с т ь з а г л а в н о г о с л о в а гнезда отделяется от изменяемого окончания двумя вертикальными чертами (||).

З а г л а в н о е с л о в о при повторении его без изменения, а также его н е и з м е н я е м у ю ч а с т ь в п р о и з в о д н ы х с л о в а х заменяет знак тильда (~).

О м о н и м ы даны в отдельных гнёздах и обозначены римскими цифрами (I, II и т. д.).

Разные з н а ч е н и я русского слова отмечаются арабскими полужирными цифрами с точкой (1., 2. и т. д.).

Курсивом даны все п о я с н е н и я отдельных значений русского слова, у с л о в н ы е с о к р а щ е н и я и п р е д л о ж н о е у п р а в л е н и е к а н глийским переводам.

В скобках даются те английские слова или части слов, употребление которых ф а к у л ь т а т и в н о; напр.: автомати́ческий automátic(al); скобка показывает, что русское слово может быть переведено и как automátic и как automátical.

С и н о н и м ы в переводе даны через запятую; точкой с запятой отделяются разные о т т е н к и з н а ч е н и я, обычно сопровождаемые пояснением в скобках.

Если русское слово самостоятельно не употребляется, то после него ставится двоеточие и даётся соответствующий пример его употребления, напр.: на́голову: разби́ть ~ deféat útterly, rout.

Ф р а з е о л о г и ч е с к и й м а т е р и а л и и д и о м а т и к а включены в настоящий словарь в ограниченном количестве. За ромбом (◊) даются выражения, связь которых с данными в словаре значениями основного слова утрачена.

На всех русских и английских словах, кроме односложных, поставлено основное ударение.

Русские г л а г о л ы, как правило, даны с переводом при форме совершенного вида. При форме несовершенного вида даётся ссылка на совершенный.

Перевод л и ч н ы х м е с т о и м е н и й дан при местоимении в именительном падеже. Косвенные падежи приводятся на своём алфавитном месте со ссылкой на именительный падеж.

Если русское п р и л а г а т е л ь н о е переводится существительным, то после перевода даётся помета *attr.*, указывающая на атрибутивное употребление (в качестве прилагательного); напр.: папиро́сный cigaréttе *attr.*

Перевод прилагательных в тех их значениях, которые они имеют при с у б с т а н т и в а ц и и, даётся после пометы *как сущ.* (т. е. *как существительное*) при соответствующих прилагательных, если они ещё не стали самостоятельными существительными.

Если в переводе русского с у щ е с т в и т е л ь н о г о имеется различие в числе, то это указывается после перевода пометами *pl.* и *sg.*; напр.: пе́пел áshes *pl.*, де́ньги móney *sg.*

К словарю приложен список географических названий.

УСЛОВНЫЕ СОКРАЩЕНИЯ

ав. — авиация
авт. — автомобильное дело
амер. — американизм
анат. — анатомия
архит. — архитектура
астр. — астрономия
бакт. — бактериология
безл. — безличная форма
биол. — биология
бот. — ботаника
бран. — бранное слово, выражение
бухг. — бухгалтерия
вводн. сл. — вводное слово
вет. — ветеринария
вн. — винительный падеж
воен. — военное дело
геогр. — география
геол. — геология
геом. — геометрия
гл. — глагол
горн. — горное дело
грам. — грамматика
дт. — дательный падеж
ед. — единственное число
ж. — женский род
ж.-д. — железнодорожное дело
жив. — живопись
зоол. — зоология
идиом. — идиоматическое выражение
им. — именительный падеж
инф. — инфинитив
ирон. — ироническое выражение
ист. — история
карт. — термин карточной игры
кино — кинематография
книжн. — книжное слово, выражение
косв. — косвенный падеж
кул. — кулинария
л. — либо
лингв. — лингвистика
лит. — литература, литературоведение
лог. — логика
м. — мужской род
мат. — математика
мед. — медицина
межд. — междометие
мест. — местоимение
метеор. — метеорология
мин. — минералогия

мн. — множественное число
мор. — морское дело
муз. — музыка
нареч. — наречие
неол. — неологизм
офиц. — официальный термин
охот. — охотничий термин
перен. — в переносном значении
погов. — поговорка
полигр. — полиграфия
полит. — политический термин
посл. — пословица
поэт. — поэтическое выражение
пр. — предложный падеж
предик. — предикативное употребление
предл. — предлог
презр. — презрительно
пренебр. — пренебрежительно
прил. — прилагательное
прям. — в прямом значении
радио — радиотехника
разг. — разговорное слово, выражение
разн. знач. — разные значения
рд. — родительный падеж
рел. — религия
рыб. — рыболовство
с. — средний род
см. — смотри
собир. — собирательно
сокр. — сокращенно
спорт. — физкультура и спорт
стр. — строительное дело
сущ. — существительное
с.-х. — сельское хозяйство
тв. — творительный падеж
театр. — театроведение
текст. — текстильное дело
тех. — техника
тж. — также
уменьш. — уменьшительная форма
уст. — устаревшее слово, выражение
фарм. — фармацевтический термин
физ. — физика
физиол. — физиология
филос. — философия
фин. — финансовый термин
фото — фотография
хим. — химия
хир. — хирургия

ч. — число
числит. — числительное
шахм. — шахматы
школьн. — школьное слово
эк. — экономика
эл. — электротехника
юр. — юридический термин

attr. — attributive
etc — et cetera
inf — infinitive
pl — plural
predic — predicative
sing — singular
smb. — somebody
smth. — something

РУССКИЙ АЛФАВИТ

Аа	Жж	Нн	Фф	Ыы
Бб	Зз	Оо	Хх	Ьь
Вв	Ии	Пп	Цц	Ээ
Гг	Йй	Рр	Чч	Юю
Дд	Кк	Сс	Шш	Яя
Ее	Лл	Тт	Щщ	
Ёё	Мм	Уу	Ъъ	

А

а I *союз* **1.** *(присоединительный)* and; вот перо́, а вот бума́га here is a pen, and here is a sheet of páper **2.** *(противи́тельный)* and; but; я здесь, а она́ там I am here and she is there; не он, а его́ това́рищ not he, but his mate; прошло́ де́сять лет, а я всё по́мню ten years have passed, but I remémber éverything **3.** *(по́сле придаточного уступи́тельного предложе́ния)*: как э́то ни прия́тно, а на́до уходи́ть howéver pléasant it may be, I shall have to leave **4.** *(в смы́сле «ме́жду тем»)* now *(в нача́ле предложе́ния)*; а вы все зна́ете, что ... now you all know that... ◇ а сле́довательно so; а то, а не то or else; спеши́, а то опозда́ешь húrry up or else you will be late; а и́менно námely, that is

а II *части́ца* **1.** *(в нача́ле предложе́ния обы́чно не перево́дится)*: отку́да вы э́то зна́ете? — А мне това́рищ сказа́л how do you know? — A cómrade told me **2.** *(в нача́ле вопроси́тельного предложе́ния)* and; Э́то Ивано́в. — А э́то кто? this is Ivanóv. — And who is that? **3.** *(при перепро́се)* what?, eh?

а! III *межд.* ah!; oh!

а- *(приста́вка в не́которых иностра́нных слова́х, придаю́щая отрица́тельное значе́ние)* a-, non-; асимметри́ческий asymmétric(al); амора́льный amóral, nonmóral

абажу́р lámp-shade
абба́т ábbot
абза́ц páragraph
або́н||еме́нт subscríption *(to, for);* séason-ticket *(в теа́тре и т. п.)* ◇ сверх ~еме́нта éxtra; ~е́нт subscríber; ~и́ровать: ~и́ровать ме́сто в теа́тре buy *(или* get) a séason-ticket; ~и́роваться *(на)* subscríbe *(to)*
або́рт abórtion; сде́лать ~ have an abórtion
абрико́с ápricot *(плод)*; ápricot-tree *(де́рево)*; ~овый ápricot *attr.*

абсолю́тн||ый ábsolute; ~ое большинство́ ábsolute majórity; ~ чемпио́н óverall chámpion; ~о невозмо́жно it is a sheer impossibílity
абстра́ктный ábstract
абстракцион||и́зм abstráctionism; ~и́ст ábstract páinter
абсу́рд absúrdity; ~ный absúrd, ridículous
абха́з||ец Abkházian; ~ский Abkházian
аванга́рд 1. *воен.* vánguard, van *(тж. перен.);* в ~е in the van **2.** *перен.* avant-gárde
ава́нс prepáyment; получа́ть ~ get an advánce of sálary
авансце́на *теа́тр.* proscénium
авантю́р||а advénture; vénture; вое́нная ~ military gámble; ~и́зм advénturism; ~и́ст advénturer; ~ный vénturesome; ~ный рома́н advénture stóry
авари́йный emérgency
ава́рия áccident; автомоби́льная ~ car áccident
а́вгуст Áugust; ~овский Áugust *attr.*
авиа||ба́за áir-base; ~бо́мба (air) bomb; ~деса́нт air lánding; áirborn troops *(войска́);* ~констру́ктор áircraft desígner; ~но́сец áircraft cárrier; ~по́чта air mail; посла́ть письмо́ ~по́чтой send a létter by air *(или* air mail)
авиацио́нный aviátion *attr.*, áircraft *attr.;* ~ая промы́шленность áircraft industry; ~ заво́д áircraft fáctory *(или* works); ~ая шко́ла flýing school
авиа́ция aviátion; *собир. тж.* áircraft; истреби́тельная ~ fíghting áircraft; бомбардиро́вочная ~ bómber áircraft; сельскохозя́йственная ~ agricúltural aviátion
аво́сь *разг.* perháps, may be ◇ на ~ on the óff-chance
авра́||л *мор.* all hands on deck; *перен.* all hand's job; объяви́ть ~ call all hands on deck; ~льный emérgency *attr.*
австрал||и́ец Austrálian; ~и́йский Austrálian

австр||и́ец Áustrian; **~и́йский** Áustrian
автоба́за mótor depót
автобиогра́фия autobiógraphy
автоблокиро́вка ж.-д. automátic block sýstem
автобус (mótor) bus; áutobus (амер.); éхать на **~e** go by bus
автоге́нн||ый: тех. **~ая сва́рка** gas wélding
автограф áutograph
авто||заво́д áutomobile (или mótor) works; áutomobile plant; **~магистра́ль** mótor-way
автома́т 1. automátic machíne; slót-machíne (действующий при опускании монеты); autómaton (перен. о человеке) 2. воен. súbmachine gun; tómmy gun разг.
автоматиза́ция automátion
автомати́ческ||ий automátic; **~ая телефо́нная ста́нция** automátic télephone exchánge
автома́тчик воен. súbmachine gúnner
автомоби́ль (mótor-)car; áutomobile (амер.); **~ный** mótor(-car) attr.; **~ный заво́д** см. автозаво́д; **~ная ши́на** tyre
автоно́м||ия autónomy, sélf-góvernment; **~ный** autónomous; **~ная о́бласть** autónomous región
автопортре́т sélf-pórtrait
а́втор áuthor
авторите́т authórity; **по́льзоваться ~ом у кого́-л.** have great authórity with smb.; **~ный** authoritátive; **он ~ный учёный** he is a schólar of authórity
а́втор||ский áuthor's; **~ гонора́р, ~ские роя́лти; ~ское пра́во** cópyrite; **~ство** áuthorship
авторучка fóuntain-pen
автостра́да mótor way
автотра́кторный mótor and tráctor attr.
автотра́нспорт mótor tránsport
аге́нт ágent; **~ство** ágency; **~у́ра** 1. intélligence (или sécret) sérvice 2. собир. ágents pl.
агит||а́тор propagándist, ágitator; **~ацио́нный** propagánda attr.; **~а́ция** agitátion; propagánda; **предвы́борная ~** eléction campáign
агитбрига́да propagánda team
агити́ровать ágitate (for, against), make propagánda (for)
агитпу́нкт propagánda státion, agitátion céntre
аго́ния ágony
агра́рный agrárian
агрега́т únit

агресси́вный aggréssive
агре́сс||ия aggréssion; **~ор** aggréssor
агробиоло́гия agricúltural biólogy
агроно́м agrónomist; **~и́ческий** agronómical; **~ия** agrónomy
агроте́хника agrotéchnics
ад hell
адвока́т láwyer; bárrister (выступающий в суде); **~у́ра** the bar; **занима́ться ~у́рой** práctise as a defénding láwyer
аджа́р||ец Adzhár; **~ский** Adzhár
администрати́вный admínistrative
администра́||тор administrátor; теа́тр. búsiness mánager; **~ция** administrátion; mánagement (гостиницы, театра)
адмира́л ádmiral; **~те́йство** the Ádmiralty
а́дрес addréss; **~а́т** addressée; **~ный: ~ный стол** information búreau (for addresses); **~ная кни́га** diréctory; **~ова́ть** addréss; diréct
а́дск||ий héllish; **~ шум** hell of a noise; **~ая головна́я боль** splitting héadache
адъюта́нт áide-de-cámp; aide (амер.)
аза́рт heat (запальчивость); excítement (возбуждение); pássion (увлечение); **входи́ть в ~** get excíted; **~ный** pássionate; **~ная игра́** game of chance
а́збу||ка 1. álphabet; ABC разг.; перен. the ABC (of) 2. (букварь) ABC-book ◇ **~ Мо́рзе** Morse code; **~чный: ~чная и́стина** trúism
азербайджа́н||ец Azerbaijánian; **~ский** Azerbaiján; **~ский язы́к** Azerbaijánian, the Azerbaijánian lánguage
азиа́тский Asiátic
азо́т хим. nítrogen
а́ист stork
акаде́м||ик mémber of the Acádemy, académician; **~и́ческий** académic
акаде́мия Acádemy; **Акаде́мия нау́к** Acádemy of Scíences
ака́ция acácia
акваре́ль wáter-colour
аква́риум aquárium
акклиматизи́роваться acclímatize onesélf
аккомпан||еме́нт accómpaniment; **~иа́тор** accómpanist; **~и́ровать** accómpany
акко́рд chord
аккордео́н муз. accórdion
аккорди||ый: ~ая пла́та páyment in accórdance with amóunt done; **~ая рабо́та** work done accórding to agréement

аккредит||и́в létter of crédit; ~ова́ть accrédit
аккумуля́тор accúmulator
аккура́тн||о *нареч.* púnctually *(точно)*; néatly *(опрятно)*; ~ость punctuálity *(точность)*; tídiness, néatness *(опрятность)*; ~ый púnctual *(точный)*; tídy, neat *(опрятный)*
акроба́т ácrobat; ~и́ческий acrobátic
аксио́ма áxiom
акт 1. *театр.* act 2. *(действие)* act 3. *юр.* deed 4. *(документ)* státement; соста́вить ~ draw up a státement
актёр áctor
акти́в I *собир.* the most áctive mémbers *pl*
акти́в II *фин.* ássets *pl.*; записа́ть в ~ énter on the crédit side
актив||изи́ровать áctivate; ~и́ст áctivist
акти́вн||о *нареч.* áctively; ~ уча́ствовать take an áctive part; ~ость activity; ~ый áctive
а́ктовый: ~ зал assémbly hall
актри́са áctress
актуа́льный présent-day, áctual; ~ вопро́с vítal quéstion
аку́ла shark
аку́стика acóustics
акуше́рка mídwife
акце́нт áccent
акционе́р sháreholder; stóckholder; ~ный: ~ное о́бщество jóint-stock cómpany
а́кция I *эк.* share
а́кция II *полит.* áction
алба́н||ец Albánian; ~ский Albánian; ~ский язы́к Albánian, the Albánian lánguage
а́лгебра álgebra
але́ть 1. rédden 2. *(виднеться)* show red; glow *(о закате)*
алиме́нты álimony *sg.*
алког||оли́зм alcóholism; ~о́лик alcohólic; drúnkard *(пьяница)*; ~о́ль álcohol; ~о́льный alcohólic; ~о́льные напи́тки spírits, strong drinks
аллег||ори́ческий allegórical; ~о́рия állegory
алле́я ávenue; álley *(в парке)*
алло́! hálló!; helló!
алма́з díamond; glázier's díamond *(для резки стекла)*; ~ный díamond *attr.*
алфави́т álphabet; ABC *разг.*; по ~y in alphabétical órder
а́лч||ность greediness *(of, for)*; cupídity *(of, for)*; ~ный gréedy *(of, for)*
а́лый scárlet

альбо́м álbum; sketch-book *(для рисунков)*
альмана́х álmanac, literary miscéllany
альпи́йский álpine
альпин||и́зм mountainéering; ~и́ст mountainéer
алюми́н||иевый aluminium *attr.*; ~ий alumínium
амбразу́ра embrásure
амбулато́р||ия díspensary; ~ный: ~ный больно́й óutpatient
америка́н||ец Américan; ~ский Américan
амни́стия ámnesty; *юр.* free párdon
амора́льный amóral, immóral
амортиза́ция 1. *(износ)* depreciátion, wear and tear 2. *(смягчение удара)* shock absórption
ампе́р *физ.* ámpere
амплиту́да ámplitude
амплуа́ *театр.* line, part, theátrical cháracter
ампут||а́ция amputátion; ~и́ровать ámputate
амуни́ция military equípment
амфитеа́тр ámphitheatre; *театр. тж.* circle
ана́лиз análysis; ~ кро́ви blood test; ~и́ровать ánalyse
анал||оги́чный análogous *(to)*; ~о́гия análogy; по ~о́гии by análogy *(to, with)*; провести́ ~о́гию draw an análogy
анана́с píne-apple; ~ный píne-apple *attr.*
анархи́||зм ánarchism; ~ст ánarchist
ана́рхия ánarchy; ~ произво́дства ánarchy in prodúction
ана́том anátomist; ~и́ровать anátomize, dissect
анато́мия anátomy
анахрони́зм ánachronism
анга́р hángar
а́нгел ángel
анги́на quínsy, tonsillítis
англи́йский Énglish; ~ язы́к Énglish, the Énglish lánguage
англича́н||е *мн. собир.* the Énglish; ~ин Énglishman; ~ка Énglishwoman
англосаксо́нский Anglo-Sáxon
анекдо́т joke, fúnny stóry; ~и́ческий, ~и́чный cómical, impróbable
анке́т||а form, questionnáire; запо́лнить ~y fill in a form
аннот||а́ция ábstract; ~и́ровать ánnotate

аннули́ровать annúl; núllify; cáncel *(долг, постановление)*
ано́д *физ.* ánode
анома́лия anómaly
анони́мный anónymous
ано́нс annóuncement, nótice
анса́мбль ensémble
антагони́||**зм** antágonism; ~**сти́ческий** antagonístic
анте́нна áerial
антивое́нный ánti-war, ánti-mílitary
антиимпериалисти́ческий ánti--impérialist
антиква́р ántiquary; ~**ный** antiquárian; ~**ный магази́н** antíque shop
антимилитаристи́ческий ánti-mílitarist
антинаро́дный ánti-nátional, ánti--pópular
антиобще́ственный ánti-sócial
антипа́тия antípathy, avérsion
антирелигио́зный ánti-relígious
антисанита́рный insánitary, unhygiénic
антисемити́зм ánti-Sémitism
антисове́тский ánti-Sóviet
антифаши́ст ánti-fáscist; ~**ский** ánti--fáscist *attr.*
анти́чный antíque
анто́ним *лингв.* ántonym
антра́кт ínterval
антраци́т ánthracite
антрепренёр mánager, impresário
аншла́г the "sold out" nótice; пье́са идёт с ~ом the house is sold out évery night
апати́чный apathétic; indífferent; lístless
апа́тия ápathy; indífference
апелл||**и́ровать** appéal; ~**я́ция** appéal
апельси́н órange; ~**овый** órange *attr.*
аплод||**и́ровать** appláud; ~**исме́нты** appláuse *sg.*; бу́рные ~**исме́нты** storm of appláuse
апло́мб assúrance, áplomb
апостро́ф apóstrophe
апофео́з apotheósis, tríumph
аппара́т 1. devíce, apparátus; телефо́нный ~ télephone set; 2. *(штат)* staff; personnél ◇ госуда́рственный ~ State machínery; ~**у́ра** apparátus
аппендици́т *мед.* appéndicitis
аппети́т áppetite; есть с ~ом eat héartily; ~**ный** áppetizing
апре́ль April; ~**ский** April *attr.*
апте́||**ка** chémist's shop; drúg-store *(амер.)*; ~**карь** chémist; drúggist *(амер.)*; ~**чка** médicine chest *(ящичек с лекарствами)*; first-aid óutfit *(первой помощи)*

ара́б Árab; ~**ский** Arábian, Árabic; ~**ский язы́к** Árabic, the Árabic lánguage; ◇ ~**ская ци́фра** Árabic númeral
арби́тр árbiter; ~**аж** arbitrátion
арбу́з wáter-mélon
аргенти́н||**ец** Argentínian; ~**ский** Árgentine
аргуме́нт árgument; ~**а́ция** argumentátion; ~**и́ровать** árgue
аре́на aréna; ~ де́ятельности field *(или* sphere*)* of áction
аре́нд||**а** a lease; брать в ~**у** rent; сдава́ть в ~**у** lease, rent; ~**а́тор** lessée, ténant; ~**ный**: ~**ная пла́та** rent; ~**ова́ть** lease, rent
аре́ст arrést; находи́ться под ~ом be únder arrést; ~**а́нт** *уст.* prísoner; ~**ова́ть**, ~**о́вывать** arrést
аристокра́т áristocrat; ~**и́ческий** aristocrátic; ~**ия** aristócracy
арифме́т||**ика** aríthmetic; ~**и́ческий** arithmétical; ~**и́ческая зада́ча** sum
а́рия ária
а́рка arch
аркти́ческий árctic
арме́йский ármy *attr.*
а́рмия ármy
армяни́н Arménian
армя́нский Arménian; ~ язы́к Arménian, the Arménian lánguage
арома́т aróma, pérfume; frágrance *(благоухание)*; ~**и́чный**, ~**ный** aromátic; frágrant
арсена́л ársenal
артезиа́нский: ~ **коло́дец** artésian well
арте́ль artél, co-óperative; сельскохозя́йственная ~ agricúltural co-óperative
арте́рия ártery; во́дная ~ wáter-way
артиллери́йский artíllery *attr.*; ~ ого́нь artíllery fire
артиллери́ст artílleryman
артилле́рия artíllery; противота́нковая ~ ánti-tánk artíllery; лёгкая ~ light artíllery; тяжёлая ~ héavy artíllery
арти́ст ártist; áctor *(актёр)*; о́перный ~ ópera-sínger; ~ бале́та bállet-dáncer; ~**и́ческий** artístic; ~**ка** áctress *(актриса)*
а́рфа harp
арха||**и́зм** *лингв.* árchaism; ~**и́ческий** archáic
архео́л||**ог** archaeólogist; ~**о́гия** archaeólogy
архи́в árchives *pl.*; files *pl. (материалы)*
архипела́г archipélago
архите́кт||**ор** árchitect; ~**у́ра** árchitecture; ~**у́рный** architéctural

арык irrigátion ditch
арьергárд rear-guard
аскéт ascétic
аспирáнт, ~ка póst-gráduate (stúdent); ~ýра póst-gráduate course
ассамблéя assémbly
ассигновá||ние appropriátion; ~ть assígn (to), apprópriate (for)
ассимилú||ровáться assímilate; ~яция assimilátion
ассистéнт assístant
ассортимéнт assórtment; choice (выбор)
ассоци||áция в разн. знач. associátion; ~úроваться assóciate
астерóид астр. ásteroid
áстма мед. ásthma; ~тúческий asthmátic
áстра áster
астронáвт ástronaut; spáceman (космонавт); ~ика astronáutics
астронóм astrónomer; ~úческий astronómic(al); ~ия astrónomy
астрофúзик astrophýsicist; ~а astrophýsics
асфáльт ásphalt; ~úровать pave with ásphalt; ~овый ásphalt attr.; ásphalted (покрытый асфальтом)
атавú||зм átavism; ~стúческий atavístic
атáк||а attáck; charge (кавалерúйская); идтú в ~у rush to the attáck; charge; ~овáть attáck; charge
атеú||зм átheism; ~ст átheist
ательé 1. (худóжника, фотóграфа) stúdio 2. (пошивóчная мастерскáя) dréssmaking and táiloring estáblishment
áтлас геогр. átlas
атлáс (ткань) sátin; ~ный sátin attr.
атлéт áthlete; ~ика athlétics
атмосфéр||а átmosphere; ~~ный atmosphéric; ~ные осáдки precipitátion sg.
áтом átom
атомн||ый atómic; ~ вес atómic weight; ~ая бóмба átom bomb, A-bomb; ~ая энéргия atómic énergy; ~ая электростáнция núclear pówer-státion; ~ое ядрó atómic núcleus; ~ое орýжие atómic wéapon
атрибýт филос., грам. áttribute
атрофúроваться átrophy
атташé attaché
аттестáт certíficate; ~ зрéлости schóol--leaving certíficate
аудитóрия 1. (помещéние) lécture-hall, lécture-room 2. собир. (слýшатели) áudience

аукциóн áuction; продавáть с ~а sell by áuction
афгáн||ец Áfghan; ~ский Áfghan; ~ский язык Áfghan, the Áfghan lánguage
афéр||а shády transáction; ~úст swíndler; spiv разг.
афúша bill, póster; театрáльная ~ pláybill
афорúзм áphorism
ах! межд. ah!
ахин||éя drivel, nónsense, rúbbish; нестú ~éю talk nónsense
áхнуть разг. gasp; ◇ он и ~ не успéл ≈ befóre he could say knife
аэродрóм áerodrome; áirdrome (амер.)
аэроклýб ámateur flýing club
аэронавигáция áeronavigation
аэро||плáн áeroplane; ~пóрт áirport; ~сáни propéller-sleigh sg.; ~стáт balóon; ~стáт воздýшного заграждéния bárrage ballóon; ~съёмка air súrvey; ~фотосъёмка air photógraphy

Б

б частица см. бы
бáб||а 1. уст. péasant wóman 2. пренебр. wóman, old wóman; mílksop (о мужчúне) ◇ снéжная ~ snówman; ~ий: ~ье лéто Indian súmmer
бáбочка bútterfly
бáбушка grándmother; gránny разг.
багáж lúggage; bággage (гл. обр. амер.); отпрáвить что-л. ~óм send smth. as héavy lúggage; ~ный lúggage attr.; ~ный вагóн lúggage van
багрóвый púrple
бадья búcket; pail (металлúческая)
бáза I base; básis, foundátion (эк., тех. и т. п.); сырьевáя ~ source of raw matérials
бáза II 1. (склад) stórehouse, wárehouse 2. (турúстская) tóurist céntre
базáр márket; bazáar (на Востóке; тж. благотворúтельный); кнúжный ~ book fair; ~ный márket attr.
базúровать base (on); ~ся be based (on, upon); rest (on; о теóрии, убеждéнии)
бáзис básis, foundátion
байдáрк||а canóe; катáться на ~е paddle
бáйк||а (thick) flannelétte; ~овый

13

БАК

flannelétte *attr.*; ~овое одеяло flannelétte blánket
бак cístern, tank
бакалейный grócery *attr.*; ~ магазин grócery
бакалея grócery
бактери││о́лог bacterióligist; ~ологи́ческий bacteriológical; ~ологическая война́ germ wárfare; ~оло́гия bacteriólogy
бакте́рия bactérium
бал ball; dance
балага́н booth; shów-booth; *перен.* farce, buffóonery
балала́йка balaláika
бала́нс bálance; подвести́ ~ strike a bálance
балери́на bállet-dancer
бале́т bállet; ~ный bállet *attr.*
ба́лка beam; girder; попере́чная ~ cróss-beam
балка́нский Bálkan
балко́н bálcony; úpper circle (*в теа́тре*)
балл 1. *спорт.* point 2. (*отме́тка*) mark 3.: ве́тер в 6 ~ов wind force 6
балла́да bállad
балла́ст bállast; *перен.* lúmber, dead weight
балло́н 1. cýlinder (*для га́за*) 2. (*ши́ны*) ínner tube
баллоти́р││овать bállot (*for*), vote (*for*); ~ова́ться stand (*for*); be a cándidate (*for*); ~о́вка bállot, vóting
бало́в││анный spoilt; ~а́ть spoil, pet; ~а́ться (*шали́ть*) be náughty
бало́в││ень fávourite, pet; ~ство́ 1.(*ша́лость*) náughtiness 2. (*потака́ние*) spóiling
балти́йский Báltic; ~ флот the Báltic Fleet
бальзами́ровать embálm
бамбу́к bambóo
бана́льный cómmonplace (*об и́стине*); háckneyed, trite (*о выраже́нии*)
бана́н banána
ба́нда gang
бандаж *мед.* truss
бандеро́ль printed mátter; посла́ть ~ю send by bóok-post
банди́т bándit; gángster (*тж. перен.*); ~и́зм gángsterism
банк bank; Госуда́рственный ~ the State Bank
ба́нка 1. jar; tin, can (*жестяна́я*) 2. *мед.* cúpping-glass
банке́т bánquet

БАХ

банки́р bánker
банкро́т bánkrupt; ~ство bánkruptcy; fáilure
бант bow; завяза́ть ~ом tie in a bow
ба́ня báth-house
бараба́н drum; ~ить drum; pátter (*о дожде́*); ~ный: ~ный бой drúmbeat; ~ная перепо́нка *анат.* éar-drum; ~щик drúmmer
бара́к bárrack, hut
бара́н ram; sheep; ~ий sheep's; shéepskin *attr.* (*о ме́хе*); mútton *attr.* (*о мя́се*); ~ина mútton
бара́ш││ек 1. lamb 2. (*мех*) lámbskin; astrakhán 3. *мн.*: ~ки (*облака́*) fléecy clouds 4. *мн.*: ~ки (*на мо́ре*) white hórses
барелье́ф bás-relief
ба́ржа barge
ба́рин *уст.* géntleman; máster (*хозя́ин*); sir (*в обраще́нии*); *перен. презр.* lord, (grand) géntleman
барито́н báritone
барока́мера préssure chámber
баро́метр baróméter
баррика́да barricáde
ба́рский lórdly; grand
барсу́к bádger
ба́рхат vélvet; ~ный vélvet *attr.*
ба́рыня *уст.* lády; místress (*хозя́йка*); mádam, ma'am (*в обраще́нии*); *перен. презр.* (grand) lády, fine lády
бары́ш prófit, gain
ба́рышня young lády; miss (*в обраще́нии*)
барье́р bárrier; hurdle (*на ска́чках*); брать ~ clear a hurdle
бас bass
баскетбо́л *спорт.* básketball
баснословный fábulous, incrédible
ба́сня fable
бассе́йн 1. pond; réservoir (*водохрани́лище*); ~ для пла́вания swímming-bath, swímming-pool 2. *геогр.* dráinage-basin (*реки́*)
бастова́ть be on strike
батальо́н *воен.* battálion; стрелко́вый ~ ínfantry battálion; ~ный battálion *attr.*
батаре́я 1. *в разн. знач.* báttery; электри́ческая ~ eléctric báttery; зени́тная ~ *воен.* ánti-áircraft báttery 2. (*парово́го отопле́ния*) rádiator
бати́ст cámbric; ~овый cámbric *attr.*
бато́н long loaf
батра́к farm lábourer, fárm-hand
бахва́льство brágging
бахрома́ fringe

бацилла bacillus
башенка turret
башкир Bashkir; ~ский Bashkir
башмак shoe; boot *(высокий)*
башня tower; орудийная ~ turret
баян bayan *(kind of accordion)*
бдительн||ость vigilance, watchfulness; ~ый vigilant, watchful
бег run(ning); ~а the races
бегать *см.* бежать 1
бегемот hippopotamus
беглец fugitive; runaway
бегл||о *нареч.* fluently; ~ый 1. *(убежавший)* runaway 2. *(о чтении и т. п.)* fluent 3. *(поверхностный)* cursory; ~ый огонь *воен.* rapid fire
бегов||ой race *attr.*; running; ~ая дорожка racecourse; running track; ~ая лошадь racehorse
бегом *нареч.* running; беги ~! hurry!
беготня bustle, running about
бегство flight
бегун *спорт.* runner
бед||а misfortune *(несчастье)*; trouble *(затруднение, беспокойство)*; попасть в ~у get into trouble; ~ в том, что the trouble is that; в этом нет большой ~ы there is no harm in that ◇ на ~у unluckily; не ~ it doesn't matter
беднеть grow *(или* become) poor
бедн||ость poverty; ~ота *собир.* the poor; ~ *прил.* poor 2. *как сущ.* poor man; ~яга poor fellow; ~яжка poor thing; ~як 1. poor man 2. *(о крестьянине)* poor peasant; ~яцкий poor peasant *attr.*
бедовый daring; foolhardy
бедро thigh; hip
бедств||енный calamitous, disastrous; miserable *(о положении)*; ~ие calamity, disaster; ~овать live in (great) poverty
бежать 1. run 2. *(от чего-л.)* flee; escape *(спасаться бегством)* 3. *(течь)* run; go by, fly *(о времени)*
беженец refugee
без *предл.* without; ~ исключения without exception; месяц ~ пяти дней five days short of a month; ~ 20 граммов килограмм twenty grams short of a kilo; ~ пяти шесть five minutes to six; ~ вас приходили посетители some people called while you were out
без- приставка, указывающая на отсутствие признака; соответствует *англ.* in-, ir-, -less, un-; бездеятельный inactive; безукоризненный irreproachable;

бездетный childless; безнаказанный unpunished
безалаберный disorganised, slap-dash
безапелляционный allowing of no appeal, final, categorical
безбилетный without a ticket; ~ пассажир stowaway *(на корабле или самолёте)*
безбожник atheist
безболезненный painless
безбрежный boundless, without end
безвестный unknown; obscure
безвкусный tasteless; insipid *(невкусный)*
безвластие anarchy
безводный arid
безвозвратный irretrievable, irrevocable
безвоздуш||ный airless; ~ое пространство *физ.* vacuum
безвозмездн||о without compensation; ~ый gratuitous
безво||лие weak will, lack of will; ~льный weak-willed
безвредный harmless
безвыездно *нареч. разг.* without quitting the place
безвыходный hopeless, desperate
безголовый *разг.* brainless *(глупый)*; scatter-brained *(рассеянный)*
безголосый voiceless; who has no voice *(о певце)*
безграмотн||ость illiteracy; ignorance *(невежество)*; ~ый illiterate; ignorant *(невежественный)*
безграничный boundless; infinite
бездарный untalented, not gifted
бездейств||ие inaction; inactivity; ~овать be inactive; do nothing; be idle *(о машине и т. п.)*
безделица trifle, bagatelle
безделушка trinket, knick-knack, toy
бездель||е idleness; ~ник idler, loafer; ~ничать idle, loaf
безденежье lack of money
бездетн||ость childlessness; ~ый childless
бездна 1. abyss, chasm 2. *разг. (множество)* a heap *(of)*; ~ дел masses to do; ~ неприятностей a heap of troubles
бездомный homeless
бездонный bottomless; fathomless *(о пропасти)*
бездорожье lack of (good) roads; impassability of roads *(непроходимость дорог)*
бездушный heartless, callous

бездыха́нный lifeless
безжа́лостный pítiless, rúthless
беззабо́тный cáre-frée; light-héarted
беззаве́т||ый whóle-héarted; ~**ая пре́данность** útter devótion
беззако́н||ие láwlessness; láwless áction (*незаконное действие*); ~**ный** láwless
беззасте́нчивый sháameless; impudent (*наглый*)
беззащи́тный defénceless, unprotécted
беззву́чный sóundless; nóiseless (*бесшумный*)
безземе́льный lándless
беззло́бный góod-nátured
беззу́бый tóothless
безли́чный 1. *грам.* impérsonal 2. (*о людях*) without personálity
безлю́дный lónely, sólitary; thínly pópulated (*малонаселённый*)
безме́рный imméasurable, bóundless; infínite (*бесконечный*)
безмо́зглый *разг.* bráinless, stúpid
безмо́лв||ие silence; ~**ный** silent
безмяте́жный seréne
безнадёжный hópeless
безнака́занн||о *нареч.* with impúnity; ~**ый** únpúnished
безнали́чн||ый: ~ **расчёт** chárging to accóunt; páyment by cheque
безно́гий légless; óne-légged (*без одной ноги*)
безнра́вственн||ость immorálity; ~**ый** immóral
безоби́дный inoffénsive; hármless (*безвредный*)
безо́блачн||ый cloúdless; *перен.* úncloúded; ~**ое сча́стье** únclóuded háppiness
безобра́з||ие 1. úgliness; defórmity (*уродство*) 2. (*беспорядок, бесчинство*) disgrace; scándal; ~**ничать** *разг.* beháve disgrácefully; be up to mischief (*о детях*); ~**ный** 1. úgly; defórmed (*уродливый*) 2. (*возмутительный*) disgráceful, shócking
безогово́рочн||о *нареч.* úncondítionally, without resérve; ~**ый** úncondítional
безопа́сн||ость sáfety; secúrity (*общественная*); те́хника ~**ости** sáfety precáutions *pl*; ~**ый** sáfe; *tex.* secúre; ~**ая бри́тва** sáfety rázor
безору́жный únarmed
безостано́вочный únceásing; nón-stop (*о движении и т. п.*)

безотве́тственн||ость irresponsibílity; ~**ый** irrespónsible
безотка́зно without a hitch
безотра́дный chéerless
безотчётный irrátional, instínctive, subcónscious
безоши́бочный únérring, fáultless
безрабо́т||ица únemplóyment; ~**ный** 1. *прил.* únemplóyed; jóbless (*амер.*); быть ~**ным** be out of work 2. *как сущ.* únemplóyed; ~**ые** *собир.* the únemplóyed
безразли́ч||ие indifference, ápathy; ~**но** 1. *нареч.* with indífference; относи́ться ~**но** be indíferent (*to*); 2. *предик. безл.* it is all the same; мне ~**но** it is all the same to me; I don't care; ~**ный** indíferent, listless
безрассу́дн||о ráshly; ~**ый** réckless
безрезульта́тн||о *нареч.* without resúlt; in vain (*тщетно*); ~**ый** fútile; vain (*тщетный*)
безро́потный úncompláining; resígned (*покорный*)
безру́кий ármless; óne-ármed (*без одной руки*); *перен. разг.* áwkward, clúmsy
безуда́рный *лингв.* únstréssed
безу́держный únrestráined, unbrídled
безукори́зненный irrepróachable, immáculate
безу́м||ец mádman; ~**ие** mádness; fólly (*безрассудство*); ~**но** *нареч.* mádly; térribly (*крайне*); ~**ный** mad, insáne
без у́молку *нареч.* without stópping, incéssantly
безу́мство fólly, mádness
безупре́чный *см.* безукори́зненный
безусло́вн||о *нареч.* undóubtedly; ~**ый** ábsolute; undóubted (*несомненный*)
безуспе́шный únsuccéssful
безуте́шный inconsólable, discónsolate
безуча́стный lístless, indífferent (*к чему-л.*); apathétic (*о взгляде, виде и т. п.*)
безыде́йный lácking both prínciples and idéas
безымя́нный anónymous ◇ ~ **па́лец** ríng-finger
безысхо́дн||ый éndless; ~**ое го́ре** inconsólable grief
белёсый whítish
беле́ть 1. (*становиться белым*) becóme white 2. (*виднеться*) show white
белизна́ whíteness
бели́ла 1. zinc white *sg.* (*цинковые*); white lead *sg.* (*свинцовые*) 2. (*косметика*) céruse *sg.*

бели́ть bleach *(ткань и т. п.)*; whitewash *(здание, стену)*
бели́чий squirrel *attr.*
бе́лка squirrel
белко́вый *хим.* albúminous
беллетри́стика fiction
бело́к 1. *(яйца́)* white (of the egg) 2. *(глаза́)* white (of the eye) 3. *хим.* álbumen
белоку́рый blond, fair
белору́с Byelorússian; **~ский** Byelorússian; **~ский язы́к** Byelorússian, the Byelorússian lánguage
белосне́жный snów-white
белошве́йка séamstress
белу́га belúga, white stúrgeon
бе́л‖ый white ◇ **~ гриб** white múshroom; **Бе́лый дом** the White House; **~ медве́дь** pólar bear; **~ые стихи́** blank verse *sg.*; **на ~ом све́те** in the wide world
бельги́‖ец Bélgian; **~йский** Bélgian
бельё línen; wáshing *(для сти́рки)*; **посте́льное ~** béd-clothes *pl.*
бельмо́ *мед.* wáll-eye ◇ **он как ~ на глазу́** *разг.* he is as an éyesore
бельэта́ж 1. *(до́ма)* first floor 2. *теа́тр.* dress circle
бемо́ль *муз.* flat
бензи́н 1. *хим.* benzíne 2. *(горю́чее)* pétrol; gásoline, gas *(амер.)*
бензоколо́нка fílling-station; pétrol-station, pétrol pump
бе́рег shore; séashore, coast *(морско́й)*; bank *(реки́)*; beach *(пляж)*; **идти́ к ~у мор.** make for the shore; **сойти́ на ~ go** ashóre
береги́сь! look out!, take care!; **~ автомоби́ля!** watch out for the car!
берегов‖о́й coast *attr.*, river bank *attr.*, cóastal; **~а́я охра́на** cóastguard
бережли́вый thrífty, económical
бе́режный cáreful; cáutious
берёз‖а birch; **~овый** birch *attr.*; **~овая ро́ща** birch grove
бере́менн‖ая prégnant; **~ость** prégnancy
бере́т béret
бере́чь take care *(of)*; guard *(храни́ть)*; spare *(щади́ть)*; **~ся** be cáreful; bewáre *(of; остерега́ться)*
берло́га den, lair
бес démon
бесе́д‖а conversátion, talk; **провести́ ~у** give a talk
бесе́дка súmmer-house; árbour
бесе́довать talk
беси́ть mádden, drive wild; **~ся** rage
бескла́ссовый clássless
бесконе́чн‖о *нареч.* ínfinitely, éndlessly; **~ость** infínity; **~ый** éndless, ínfinite
бесконтро́льный úncontrolled
бескоры́стный dísinterested
беснова́ться rage, rave
беспа́мятство uncónsciousness
беспарти́йный 1. *прил.* nón-Párty *attr.* 2. *как сущ.* nón-Párty man
бесперебо́йный úninterrúpted, contínuous
бесперес́адочный through, without chánging on a jóurney
беспе́чный cáreless; líght-héarted *(легкомы́сленный)*
беспла́тн‖о *нареч.* free of chárge, grátis; **~ый** free
беспло́дн‖о *нареч.* in vain; **~ый** stérile, bárren; *перен.* frúitless; fútile *(тще́тный)*
бесповоро́тный irrévocable
беспод́обный incómparable, inímitable
беспоко́ить 1. *(наруша́ть поко́й)* distúrb; trouble, bóther *(утружда́ть)* 2. *(волнова́ть)* wórry, upsét; **~ся** 1. *(волнова́ться)* wórry; be ánxious 2. *(утружда́ть себя́)* trouble, bóther; **не беспоко́йтесь! don't wórry!**
беспоко́й‖ный réstless; unéasy *(трево́жный)*; **~ взгляд** trouble look; **~ство** 1. anxíety; wórry *(волне́ние)* 2. *(хло́поты)* trouble
бесполе́зн‖о *предик. безл.* it is úseless; it is of no use; **~ разгова́ривать** it is no use tálking *разг.*; **~ый** úseless
беспо́мощный hélpless, ineffectual
беспоря́‖док disórder; confúsion *(пу́таница)*; **~дочный** disórderly; confúsed
беспоса́дочный: ~ перелёт *ав.* nón-stóp flight
беспо́чвенный gróundless
беспо́шлинн‖ый dúty-frée; **~ая торго́вля** free trade
беспоща́дный rúthless, mérciless
беспра́вный depríved of civil rights
беспреде́льный unlímited, bóundless
беспреко́сло́вн‖ый unquéstioning; **~ое повинове́ние** implícit obédience
беспрепя́тственный free, unímpeded
беспреры́вный contínuous, incéssant
беспрецеде́нтный unprécedented
беспризо́рн‖ый 1. *прил.* uncáred-for;

neglécted *(заброшенный)*; hómeless *(бездомный)*; ~ая собáка stray dog 2. *как сущ.* waif, hómeless child
беспримéрный unprécedented, unexámpled
беспринцúпный unpríncipled, unscrúpulous
беспристрáстный impártial, únbías(s)ed
беспричúнн‖о *нареч.* without réason; ~ый gróundless; cáuseless
беспробýдный deep, dead
беспрóволочный wíreless
беспрóигрышн‖ый safe; ~ заём repáyable loan; ~ая лотерéя áll-prize lóttery
беспросвéтный pitch dark, dense; *перен.* hópeless
беспроцéнтный béaring no ínterest
беспýтный díssolute *(о человеке, поведении)*; díssipated *(о жизни)*
бессвя́зный incónsequent, incohérent
бессердéчный héartless
бессúльный weak, ímpotent
бессистéмный únsystemátic
бесслáвный ignomínious, inglórious
бесслéдн‖о *нареч.* without léaving a trace; ~ый tráceless
бессловéсный dumb, mute; *перен.* meek
бессмéрт‖ие immortálity; ~ный immórtal; ~ная слáва everlásting fame, undýing glóry
бессмы́сл‖енный sénseless, absúrd; ~ица nónsense
бессóвестный unscrúpulous; shámeless *(бесстыдный)*
бессодержáтельный émpty, vápid
бессознáтельный uncónscious; uninténtional
бессóнн‖ица sléeplessness; insómnia; ~ый sléepless
бесспóрный indispútable; irréfutable *(неопровержимый)*
бессрóчный with no fixed term, indéfinite
бесстрáстный impássive
бесстрáшный féarless
бессты́дный shámeless
бестáктный táctless
бестолкóвый stúpid, múddle-headed
бесфóрменный fórmless, shápeless
бесхарáктерный wéak-willed, spíneless
бесхúтростный ártless, simple, símple-minded
бесхозя́йственн‖ость mismánagement,

thríftlessness; ~ый thríftless; ~ый человéк bad mánager
бесцвéтный cólourless
бесцéльный áimless
бесцéнный príceless, inváluable
бесцéнок: купúть за ~ buy for a song
бесцеремóнный únceremónious
бесчеловéчный inhúman; brútal *(жестокий)*
бесчéст‖ный dishónourable; ~ье dishónour, disgráce
бесчúнство excéss, óutrage; ~вать commit óutrages
бесчúсленный cóuntless, innúmerable
бесчýвственный 1. insénsible 2. *(жестокий)* unféeling, cállous
бесшýмный nóiseless
бетóн cóncrete; ~ный cóncrete *attr.*
бетономешáлка cóncrete míxer
бечёвка string, twine
бéшен‖ство *мед.* hydrophóbia; *перен.* rage, fúry; ~ый mad; *перен.* fúrious
библиогрáфия bibliógraphy
библиотé‖ка líbrary; ~карь librárian; ~чный líbrary *attr.*
бúблия the Bible
бидóн can; ~ для молокá mílk-can
биéние béating; thróbbing, pulsátion
билéт 1. ticket, card; все ~ы прóданы all seats are sold 2. *(удостоверение)* páper, card; профсою́зный ~ trade-union card ◊ кредúтный ~ bánk-note; ~ный: ~ная кáсса bóoking-office
билья́рд bílliards
бинóкль ópera-glass(es) *pl. (театральный)*; binócular(s), field-glass(es) *pl. (полевой)*
бинт bándage; ~овáть bándage; dress
биогрáфия biógraphy
биó‖лог biólogist; ~лóгия biólogy
биохúмия biochémistry
бúржа exchánge; ~ трудá lábour exchánge; фóндовая ~ stock exchánge
бис encóre; петь, игрáть на ~ sing, play an encóre
бúсер (glass) beads *pl.*
бисквúт spónge-cáke
биссектрúса *мат.* biséctor
бúтва battle
биткóм: ~ набúтый packed, crám-fúll
бúтый béaten; bróken *(о посуде)* ◊ ~ час *разг.* a whole hour
бить 1. beat, hit *(ударять)*; break, smash *(разбивать)* 2. *(о часах)* strike 3. *(убивать)* kill; sláughter *(скот)* 4. *(о во-*

де) gush out ◇ ~ тревóгу raise the alárm; ~ в ладóши clap one's hands; ~ отбóй beat the retréat

би́ться 1. *(с врагóм)* fight 2. *(обо что-л.)* knock *(against)* 3. *(о сéрдце)* beat 4. *(над; старáться)* struggle *(with)* ◇ ~ об заклáд bet

бич lash, whip; *перен.* plague, scourge

блáг||о *сущ.* good; wélfare; материáльные ~a matérial wealth *sg.*

благови́дный: ~ предлóг pláusible excúse

благовоспи́танный well-bréd

благодари́ть thank

благодáрн||ость grátitude ◇ не стóит ~ости don't méntion it; not at all; ~ый gráteful, thánkful; ~ый труд grátifying lábour

благодаря́ *предл.* thanks to

благодéтель *уст.* bénefactor

благодея́ние good deed, boon

благоду́шие kíndliness

благожелáтельн||о *нареч.* fávourably; ~ый wéll-dispósed, kíndly

благозву́чный harmónious

благонадёжный trústworthy, relíable

благополу́ч||ие wéll-béing; prospérity; ~но *нареч.* all right; well *(хорошó);* háppily *(счастли́во);* ~ный háppy

благоприя́тный fávourable, propítious

благорaзу́м||ие sense; prúdence *(осторóжность);* ~ный réasonable, sénsible; wise *(рассуди́тельный);* prúdent *(осторóжный)*

благорóд||ный noble; génerous; ~ метáлл noble *(или* précious*)* métal; ~ство nobílity; generósity

благосклóнный benévolent

благослов||и́ть, ~ля́ть bless

благосостоя́ние wéll-béing, prospérity

благотвори́тельность chárity, philánthropy

благотвóрный benefícial

благоустрó||енный cómfortable, well equípped; ~ гóрод a town with good aménities; ~йство: ~йство городóв town plánning and organizátion of públic sérvices

благоухáние frágrance

блажéнство bliss

бланк form; заполня́ть ~ fill in a form

бледнéть turn *(или* grow*)* pale

блéдн||ость pállor, páleness; ~ый pale

блёк||лый fáded; ~нуть fade; wíther

блеск lústre; brílliance; shine

блеснá spóon-bait

блесну́ть flash

блестéть shine; glítter

блестя́щий shíning; brílliant *(тж. перен.)*

ближáйш||ий 1. néarest; the next; в ~ем бу́дущем in the near fúture; в ~ие дни within the next few days 2. *(непосрéдственный)* immédiate

бли́жние *сущ.* féllow créatures

бли́жний néighbouring; near; néarest *(кратчáйший)*

близ *предл.* near, close *(to)*

бли́зиться appróach, come

бли́зкие *сущ.:* мой ~ my fámily

близк||ий 1. near; на ~ом расстоя́нии at a short dístance 2. *(схóдный)* like; close *(to; о перевóде)* 3. *(об отношéниях)* íntimate; close; ~о 1. *нареч.* near; *перен. тж.* close 2. *предик. безл.* it is not far

близнецы́ twins

близору́к||ий myópic; shórt-síghted *(тж. перен.);* ~ость myópia; shórt-síghtedness *(тж. перен.)*

бли́зость 1. *(по мéсту, врéмени)* néarness, proxímity 2. *(отношéний)* íntimacy

блик patch of refléctеd light; high light *(в жи́вописи)*

блин páncake

блиндáж *воен.* dúg-out

блистáть shine, glow, scíntillate

блок I *полит.* bloc

блок II *тех.* block, púlley

блок||áда blockáde; ~и́ровать blockáde

блокнóт nóte-book, wríting-pad

блонди́н fáir-háired man; ~ка blonde

блохá flea

блуждá||ть roam, wánder; ~ющий wándering; ~ющая пóчка *мед.* flóating kídney; ~ющий огонёк will-o'-the-wisp

блу́з(к)а blouse

блю́дечко sáucer; jam dish *(для варéнья)*

блю́до в разн. знач. dish ◇ пéрвое, второе ~ first, second course

блю́дце sáucer

блюсти́ guard; obsérve; ~ интерéсы когó-л. watch óver the interests of smb.

боб bean

бобёр béaver

бóбрик *текст.* cástor

бобрóвый béaver *attr.*

бог God

богатéть grow rich

богáт||ство riches *pl.,* wealth; при́родные ~ства natural resóurces; ~ый 1. *прил.*

rich; wéalthy *(состоятельный)* 2. *как сущ.* rich man

богаты́||рский Hercúlean, giant; ~рь 1. (épic) héro 2. *(силач)* Hércules

бога́ч rich man; ~и́ *собир.* the rich

бода́ть(ся) butt

бодри́ть invígorate; ~ся brace oneself

бо́др||ость chéerfulness; ~ствовать be awáke, watch; ~ый chéerful, robúst

бодря́щий brácing

боев||о́й fíghting; battle *attr.*; ~ая подгото́вка cómbat tráining; ~ая заслу́га sérvice in battle; ~ поря́док battle formátion; ~ кора́бль wárship; ~ая мощь fíghting strength

боеприпа́сы *воен.* ammunítion *sg.*

боеспосо́бность fíghting efficiency

бое́ц 1. prívate; man in the ranks *(рядовой в армии)*; офице́ры и бойцы́ officers and men 2. fíghter; wárrior *(борец; тж. перен.)*

бо||й I fight, battle; в ~ю́ in áction; взять с ~ю take by force; возду́шный ~ air fight

бой II: ~ часо́в stríking of a clock; the chimes *pl.*

бо́йк||ий smart; sharp; glib *(о языке)* ◇ ~ое ме́сто a búsy place; ~ая у́лица a búsy thóroughfare

бойко́т bóycott; ~и́ровать bóycott

бо́йница lóop-hole

бо́йня 1. sláughter-house 2. *(массовое избиение)* mássacre, sláughter

бок side ◇ ~ о́ ~ side by side

бока́л góblet; glass

боков||о́й side *attr.*; láteral; ~а́я у́лица side street

бо́ком *нареч.* sídeways

бокс bóxing; ~ёр bóxer

болва́н blóckhead

болга́р||ин Bulgárian; ~ский Bulgárian; ~ский язы́к Bulgárian, the Bulgárian lánguage

бо́лее *нареч.* more; ~ всего́ most of all; ~ того́ móreover, more than that; тем ~ что all the more that

боле́зненный 1. síckly; féeble *(хилый)*; ~ ребёнок a délicate child 2. *(причиняющий боль)* páinful

боле́знь illness; diséase *(определённая)*; душе́вная ~ méntal disórder; морска́я ~ séasickness

боле́льщик *спорт. разг.* fan

бо́лен *предик. см.* больно́й 1

бол||е́ть 1. *(быть больным)* be ill 2. *(об органе, части тела)* ache, hurt; у меня́ ~и́т голова́ I have a héadache; у меня́ ~и́т го́рло I have a sore throat; у меня́ ~я́т глаза́ my eyes hurt

болеутоля́ющее *(средство)* sédative; páin-killer *разг.*

болоти́стый swámpy, márshy

боло́тный swámpy, márshy

боло́то swamp, marsh

болт *(двери и т. п.)* bolt

болта́ть I *(взбалтывать)* stir, shake up ◇ ~ нога́ми dangle one's legs

болта́ть II *(говорить)* chátter

болта́ться *разг.* 1. *(висеть)* dangle; hang lóosely 2. *(слоняться)* hang abóut

болт||ли́вый tálkative; ~овня́ chátter; jábber; twáddle; (idle) talk

болту́н (idle) tálker; chátter-box

боль pain, ache; pang *(острая)*

больни́ца hóspital

больни́чный hóspital *attr.*; ~ лист sick-list

бо́льно I *предик. безл.* it hurts; вам бу́дет ~ it will give you pain

бо́льно II *нареч.* bádly, hard; ~ уши́биться hurt oneself bádly

больн||о́й 1. *прич.* sick, ill; sore *(об органах, частях тела)*; он бо́лен he is ill; ~а́я нога́ bad foot ◇ ~ вопро́с préssing próblem; ~ое ме́сто ténder *(или* sore) spot 2. *сущ.* sick man; pátient; ínvalid; in-pátient *(находящийся в больнице)*

бо́льше 1. *прил.* lárger, bígger; gréater 2. *нареч.* more; ~ не no more, no lónger; как мо́жно ~ as much as póssible; не ~ чем no more than; no lónger than *(о времени)*; чем ~, тем лу́чше the more, the bétter

бо́льш||ий gréater; ~ая часть the gréater part, most *(of)*; ~ей ча́стью for the most part

большинств||о́ majórity; most *(of)*; в ~е́ слу́чаев in most cáses

больш||о́й big, large; great *(значительный)*; придава́ть ~о́е значе́ние attách great impórtance; в ~о́й сте́пени lárgely ◇ ~ па́лец thumb *(на руке)*; big toe *(на ноге)*; ~а́я доро́га main road; ~а́я бу́ква cápital létter

боля́чка sore

бо́мб||а bomb; оско́лочная ~ personnél bomb; сбра́сывать ~ы drop bombs

бомбарди́р||овать bombárd; ~о́вка bombárdment; ~о́вщик bómber

бомб||ёжка *разг.* bómbing; ~и́ть *разг.* bomb

бомбоубе́жище bomb shélter

бор pine fórest
бор||е́ц 1. fíghter *(for)*; chámpion *(of)*; ~цы́ за мир fíghters for peace 2. *спорт.* wréstler
бормота́ть mútter
бо́рн||ый bóric; ~ая кислота́ bóric ácid
борода́ beard
борода́вка wart
борода́тый béarded
борозда́ fúrrow
борон||а́ hárrow; ~и́ть hárrow
боро́ться 1. strúggle, fight 2. *спорт.* wrestle
борт 1. *(судна)* side; на ~у́ on board; за ~ом óverboard; с ~а парохо́да from the deck of a stéamer 2. *(одежды)* cóat-breast
борьба́ 1. strúggle, fight 2. *спорт.* wréstling
бос||ико́м *нареч.* bárefoot; ~о́й bárefoot; ~оно́жки *(обувь)* sándals; ópen-toe sándals
бота́н||ика bótany; ~и́ческий botánic(al); ~и́ческий сад botánical gárdens *pl.*
бо́тики high óvershoes
боти́нок boot; high shoe *(амер.)*
бо́чка bárrel, cask
бочо́нок keg, small bárrel
боязли́вый tímid
боя́знь fear, dread
боя́ться be afráid *(of)*, fear
брази́||лец Brazílian; ~льский Brazílian
брак I márriage; mátrimony
брак II *(в произво́дстве)* deféct; ~о́ванный deféctive; ~ова́ть rejéct as deféctive
брани́ть scold; ~ся 1. *(руга́ться)* swear 2. *(ссо́риться)* quárrel
бра́нный abúsive
брань swéaring, bad lánguage
брасле́т brácelet, bangle
брат bróther
брат||ский brótherly, fratérnal; ~ство brótherhood, fratérnity
брать *см.* взять ◇ ~ нача́ло originate *(in, from)*; ~ся *см.* взя́ться
бра́чный márriage *attr.*, cónjugal
бреве́нчатый tímbered; ~ дом lóghouse
бревно́ log
бред delírium; ра́вings *pl.*; ~ить be delírious; ~о́вый delírious
бре́згать be squéamish
брезгли́вый squéamish
брезе́нт tarpáulin
бре́мя búrden, load

брести́ make one's way, go
брешь breach, gap; пробива́ть ~ breach
бре́ющий: ~ полёт lów-level flight
брига́д||а brigáde, team; ~и́р *(ста́рший рабо́чий)* brigáde-léader
брилья́нт díamond; brílliant
брита́нский British
брит||ва rázor; ~венный: ~венный прибо́р sháving set; ~ый (cléan-)sháven
бри́ть(ся) shave
бров||ь éyebrow; brow ◇ он и ~ью не повёл ≃ he did not turn a hair; не в ~, а в глаз ≃ hit the (right) nail on the head
брод ford
броди́ть I *(о вине, пиве)* ferménf
брод||и́ть II *(стра́нствовать)* wánder; *(прогу́ливаться)* stroll; ~я́га tramp, vágrant; ~я́жничать be a vágrant, live as a tramp; ~я́чий: ~я́чий музыка́нт strólling musícian; ~я́чий о́браз жи́зни nómad life
броже́ние 1. fermentátion 2. *(недово́льство)* únrest
броневи́к ármoured car
бронепо́езд ármoured train
бронз||а bronze; ~о́вый bronze; bronzed *(о цве́те)*
брониро́ванный ármoured, íron-clad
брони́ровать *(оставля́ть за кем-л.)* resérve; book
бронирова́ть *(покрыва́ть бронёй)* ármour
бронх||и *анат.* brónchial tubes; ~и́т bronchítis
бро́ня *(на ме́сто)* resérved place
броня́ *воен.* ármour
броса́ть *см.* бро́сить ◇ его́ броса́ет то в жар, то в хо́лод he goes hot and cold; ~ся *см.* бро́ситься
бро́сить 1. *(ки́нуть)* throw 2. *(оста́вить)* abándon, desért 3. *(переста́ть)* give up; quit ◇ ~ взгляд cast a glance; ~ я́корь drop ánchor; ~ войска́ send in the troops; бро́сьте! don't!; его́ бро́сило в жар he went hot all óver; ~ся dash, rush; throw onesélf; ~ся в во́ду plunge ínto the wáter ◇ ~ в глаза́ be évident, be stríking
бро́шенный *(поки́нутый)* abándoned, desérted
бро́шка, брошь brooch
брошю́ра bóoklet, pámphlet
брус *стр.* beam ◇ паралле́льные ~ья *спорт.* párallel bars
брусни́ка red bílberry
брусо́к bar; ~ мы́ла bar of soap

бры́з||гать splash; sprinkle; spátter; ~ги spláshes; spray sg.
бры́знуть см. бры́згать
брыка́ться kick
брюзга́ grúmbler
брюзжа́ть grumble
брю́ква swede, túrnip
брю́ки tróusers
брюне́т dárk(-haired) man; ~ка brunétte
брюш||и́на анат. peritonéum; ~но́й abdóminal; ~но́й тиф týphoid (féver)
бряца́ть clank; ~ ору́жием brándish one's arms
бу́бны карт. díamonds
буго́р híllock
бу́дет I 3 л. ед. ч. буд. вр. см. быть
бу́дет II (довольно) that'll do! that's enóugh!; ~ тебе́! stop it!
буди́льник alárm-clock
буди́ть wake, call; перен. rouse, awáken
бу́дка box, cábin; телефо́нный ~ télephone kiósk; télephone booth (амер.); соба́чья ~ kénnel
бу́дни wéek-days; ~чный éveryday
будора́жить distúrb
бу́дто союз as if, as though; ~ бы ничего́ не случи́лось as if nóthing had háppened
бу́дущее the fúture (тж. грам.)
бу́дущ||ий fúture, cóming, next (следующий); to be (после сущ.; предполагаемый); в ~ем ме́сяце next month ◇ ~ее вре́мя грам. the fúture tense; ~ность fúture
бу́йвол búffalo
бу́йн||ый víolent; ~ая расти́тельность luxúriant vegetátion
бу́йство túmult, úproar; ~вать rage, storm
бук beech
бука́шка (small) ínsect
бу́ква létter
буква́льно нареч. líterally; word for word (дословно)
буква́рь ABC-book; school prímer
буке́т bunch of flówers, nósegay, bóuquet
букини́ст sécond-hand bóokseller; ~и́ческий: ~и́ческий магази́н sécond-hand bóokshop
букси́р 1. (судно) tug, túgboat 2. (канат) tow; взять на ~ take in tow
була́вка pin ◇ англи́йская ~ sáfety-pin
бу́лка roll; bun (сдобная)
бу́лочная báker's, báker's shop

бу́лыжник cóbble-stone
бульва́р bóulevard
бульдо́г búlldog
бульдо́зер búlldozer
бульо́н broth
бума́га 1. páper 2. (документ) páper, dócument
бума́жник wállet, pócket-book
бума́жный I páper attr.
бума́жный II (хлопчатобумажный) cótton attr.
бумазе́я flannelétte
бунт ríot; ~ова́ть ríot; ~овщи́к ríoter
бура́в gímlet; ~ить bore, drill
бура́н snów-storm
бурда́ разг. dish wáter
буреве́стник stórmy pétrel
буре́ние bóring, drílling
буржуа́ bóurgeois; ~зи́я bourgeoisíe; кру́пная ~зи́я big bourgeoisíe; ме́лкая ~зи́я pétty bourgeoisíe
буржуа́зный bóurgeois
бури́ть bore
бу́рка felt cloak
бу́рки felt boots
бурли́ть seethe
бу́рный stórmy; (о море тж.) héavy; ~ рост промы́шленности rápid growth of índustry
буров||о́й: ~а́я сква́жина bóre-hole
бу́рый gréyish-brown; (о растительности тж.) múddy-brown, withered ◇ ~ медве́дь brown bear; ~ у́голь brown coal
бу́ря storm, témpest
бу́сы beads
бутафо́рия 1. театр. próperties pl. 2. (в витрине) plástic dúmmies pl.
бутербро́д sándwich
буто́н bud
бу́тсы спорт. fóotball boots
буты́лка bottle
бу́фер búffer
буфе́т 1. (мебель) sídeboard 2. (закусочная) snack bar, búffet; refréshment room; ~чик atténdant (in a snack bar)
бухга́лт||ер bóok-keeper, accóuntant; ~е́рия 1. bóok-keeping 2. (помещение) accóunt's depártment
бу́хта bay
бушева́ть storm, rage (тж. перен.)
буя́н rówdy, rúffian; ~ить make a row
бы частица (употребляется для образования сослагательного наклонения): я писа́л бы, е́сли бы не́ был за́нят I would write if I were not búsy; кто бы э́то мог быть? who could that be?; что бы

ни whatéver; как бы ни howéver; когда бы ни whenéver; где бы ни wheréver; без какого бы то ни было труда without ány trouble whatéver
бывало: он ~ часто ходил туда he would óften go there, he used to go there óften ◇ как ни в чём не ~ as if nóthing had háppened, as though nóthing were the mátter
бывалый wórldly-wise, expérienced *(опытный)*
бывать 1. *(находиться)* be; он всегда бывает дома по воскресеньям he is álways at home on Súndays 2. *(случаться)* háppen 3. *(происходить)* take place, be held 4. *(посещать)* visit
бывший fórmer, late; ex- *(о председателе и т. п.)*
бык I bull; búllock *(кастрированный)*
бык II *(моста)* pier
было *частица (почти, вот-вот):* он чуть ~ не забыл he véry néarly forgót; он чуть ~ не ушёл he was just abóut to leave
был||ое the past; býgones *pl.*; ~**ой** fórmer, past, býgone
быль fact; true stóry
быстро *нареч.* fast, quíckly, rápidly
быстрота speed; quíckness, rapídity
быстрый quick, rápid, fast; swift *(стремительный)*; prompt *(немедленный)*
быт mode of life; новый ~ new life
бытие béing, exístence; общественное ~ sócial béing
бытов||ой: ~ые условия condítions of life
быть be; háppen *(случаться, происходить)*; он был здесь he was here; что будет, если он всё узнает? what will háppen if he learns éverything?; у меня есть I have; у меня было I had; ~ в отсутствии be awáy, be ábsent; ~ впору fit; ~ в состоянии be áble; ~ вынужденным be oblíged, have to; ~ начеку be on the alért; ~ свидетелем wítness; как ~? what is to be done?; будь что будет come what may; будь по-вашему! let it be as you wish!; будьте добры be so kind as, please
бюджет búdget; ~ный: ~ный год físcal year
бюллетень 1. bulletín; избирательный ~ vóting-paper; bállot(-paper) 2. *(больничный листок)* dóctor's *(или* médical*)* certíficate
бюро óffice, buréau; ~ находок lost próperty óffice; ~ погоды wéather-bureau

бюрократ búreaucrat; ~**изм** buréaucratism; red tape; ~**ический** bureaucrátic; ~**ия** buréaucracy
бюст bust
бюстгальтер brassière
бязь unbléached cálico

В

в *предл.* 1. *(для обозначения места; тж. «внутри»)* in, at; в Москве in Móscow; в институте at the ínstitute; в театре at the théatre; в ящике стола in a dráwer 2. *(при глаголах, обознач. движение куда-л.)* ínto, in; войти в дом go into the house; положить в ящик put ínto a box 3. *(для обозначения направления)* to; for *(о месте назначения)*; поехать в Москву go to Móscow; отправиться, уехать в Москву start, leave for Móscow; идти в школу go to school 4. *(для обозначения времени)* in *(при обозначении года и в названиях месяцев)*; on *(при названиях дней недели и обозначениях чисел месяца)*; at *(при обозначении часа)*; в 1980 г. in 1980; в мае in May; в среду on Wédnesday; в два часа at two o'clóck; в этом году this year; в этом месяце this month; в этот день that day 5. *(при обозначении изменения состояния)* to, ínto; превратить воду в лёд convért wáter into ice 6. *(в течение)* in; это можно сделать в три дня it can be done in three days 7. *(для обозначения размера)* не переводится: длиной в два метра two metres long 8. *(при обозначении расстояния от чего-л.)* at a dístance of; в двух километрах от Москвы at a dístance of two kilometres from Móscow 9. *(при обозначении качества, характера, состава чего-л.)* in; пьеса в пяти актах a play in five acts 10. *(при сравнении)* не переводится: в пять раз больше five times as much; в пять раз меньше five times less ◇ быть в пальто wear a coat; в войсках in the ármy; в день a day; недостаток в чём-л. lack of smth.; он пошёл в отца he takes áfter his fáther

вагон ráilway cárriage; мягкий ~ uphólstered cárriage; ехать в жёстком ~е trável hard; ехать в мягком ~е trável soft; почтовый ~ mail van; mail car *амер.*;

спа́льный ~ sléeping-car; санита́рный ~ hóspital-car

вагоне́тка trólley, truck

вагоновожа́тый trám-driver

ваго́н-рестора́н díning-car

ва́жничать put on airs, give onesélf airs

ва́жн‖о 1. *предик. безл.* it is impórtant; э́то не так ~ *разг.* it does not mátter 2. *нареч. (с ва́жным ви́дом)* with an air of impórtance; ~ость 1. impórtance; signíficance *(значение)* 2. *(надменность)* pompósity; ~ый 1. impórtant; signíficant *(значительный)* 2. *(надменный)* grand; pómpous

ва́за vase, bowl

вазели́н váseline

вака́н‖сия vácancy; ~тный vácant

ва́кса black shoe pólish; blácking

вакци́на *бакт., мед.* váccine

вал I *(земляной)* mound; *воен.* rámpart

вал II *тех.* shaft

вал III *(волна)* róller, large wave, bréaker

ва́ленки válenki *(felt boots)*

вале́т *карт.* knave, Jack

ва́лик 1. *(диванный)* bólster 2. *тех.* cýlinder

вали́ть 1. throw down; overtúrn *(опрокидывать);* fell *(деревья)* 2. *(в кучу)* heap up, pile up; ~ся tumble down, fall down

валов‖о́й *эк.* gross; ~ая проду́кция gross óutput

вальс waltz

валю́та cúrrency

валя́ть 1. *(по полу)* drag alóng 2. *(в чём-л.)* roll; drag in 3. *(сукно)* full ◇ ~ дурака́ *разг.* play the fool; ~ся 1. *(о вещах)* lie abóut; ~ся в беспоря́дке be scáttered about 2. *(о человеке)* lie; loll

вам *дт. см.* вы

ва́ми *тв. см.* вы

ванда́л Vándal

вани́ль vanílla

ва́нн‖а bath; со́лнечная ~ sún-bath; приня́ть ~у take a bath; ~ая báthroom

вар pitch

ва́рвар barbárian; ~ский bárbarous; ~ство barbárity, crúelty

ва́режки míttens

варёный boiled

варе́нье jam

вариа́‖нт vérsion, réading, váriant *(текста);* ~ция variátion

вари́ть boil; cook *(стряпать);* ~ пиво brew beer; ~ варе́нье make jam; ~ся be bóiling; be cóoking

ва́рка cóoking; ~ варе́нья jám-making

вас *рд., вн., пр. см.* вы

василёк córn-flower

васса́л vással

ва́та cótton wool; wádding *(подкладка)*

вата́га gang, band

ва́тер‖ли́ния *мор.* wáter-line; ~па́с *тех.* wáter-lével

вати́н wádding

ва́тник *разг.* quílted jácket

ва́тн‖ый wádded, quílted; ~ое одея́ло quilt

ватру́шка chéese-cake

ватт *эл.* watt

ва́фля wáfer

ва́хт‖а *мор.* watch; на ~е on dúty; стоя́ть на ~е keep watch ◇ ~ ми́ра éfforts for peace

ваш *мест. (при сущ.)* your; *(без сущ.)* yours; э́то ~а кни́га this is your book; э́та кни́га ~а this book is yours

вая́ние scúlpture

вбе‖га́ть, ~жа́ть run ín(to); rush ín(to)

вбива́ть *см.* вбить

вбира́ть absórb, drink in

вбить drive in; wedge *(клин)* ◇ ~ себе́ в го́лову, что get it ínto one's head that

вблизи́ *нареч.* near by, not far from *(или* off*)*

вброд *нареч.:* переходи́ть *(реку)* ~ ford

вва́ливаться *см.* ввали́ться

ввали́‖ться 1. *(упасть)* tumble *(in, into)* 2. *разг. (войти)* barge *(in)* 3.: глаза́ ~лись the eyes becáme súnken; щёки ~лись the cheeks became hóllow

введе́ние introdúction

ввезти́ impórt

вве́рить *(кому-л. что-л.)* (en)trúst *(smb. with smth.)*

вверну́ть, ввёртывать 1. screw in 2. *разг. (слово)* put in

вверх *нареч.* up, úpwards; ~ по реке́ úp-stream; ~ по ле́стнице upstáirs; подня́ть ~ lift up; поднима́ться ~ go up ◇ ~ дном úpside-dówn; ~у́ *нареч.* abóve; óverhead *(над головой)*

вверя́ть *см.* вве́рить

ввести́ introdúce; ~ в ко́мнату bring into the room; ~ войска́ bring the troops in ◇ ~ в де́йствие put into operátion *(или* commísion*);* ~ в заблужде́ние misléad, decéive; ~ кого́-л. в расхо́д put smb. to expénse; ~ кого́-л. в курс put smb. in the picture; ~ во владе́ние *юр.* confirm smb. in legal ownership, grant probate to smb.

ввиду́ *предл.* in view *(of);* ~ того́, что as, in view of the fact that, considering that

ввинти́ть, вви́нчивать screw in

вводи́ть *см.* ввести́

вво́дн||ый 1. introductory; prefatory 2. *грам.:* ~ое сло́во introductory word; ~ое предложе́ние parenthetical clause

ввоз import; ~и́ть *см.* ввезти́; ~ный imported; ~ная по́шлина import duty

вво́лю *нареч. разг.* to one's heart's content

ввысь *нареч.* up, upwards

ввяза́ться, ввя́зываться *разг.* put in one's oar, poke one's nose *(in)*

вглубь *нареч.* deep *(into);* ~ страны́ far inland; ~ лесо́в into the heart of the forests; проника́ть ~ penetrate deep *(into)*

вгляде́ться, вгля́дываться peer *(at, into);* look narrowly *(at)*

вгоня́ть *см.* вогна́ть

вдава́ться jut out *(into)* ◇ ~ в подро́бности go into details; ~ в кра́йности go from one extreme to the other

вдави́ть, вда́вливать press in

вдалеке́, вдали́ *нареч.* 1. in the distance 2. *(от чего-л.)* far *(from);* держа́ться ~ keep one's distance *(тж. перен.)*

вдаль *нареч.* into the distance

вдвига́ть, вдви́нуть push *(in, into),* move *(in, into)*

вдво́е *нареч.* double, twice; ~ бо́льше twice as much *(с сущ. в ед. ч.);* twice as many *(с сущ. во мн.ч.);* увели́чить ~ double; уме́ньшить ~ halve; скла́дывать ~ fold in two

вдвоём *нареч.* the two of (us, you, them); both *(of);* е́сли вы пойдёте туда́ ~ if you go there together, if both of you go there

вдвойне́ *нареч.* double; заплати́ть ~ pay double

вдева́ть *см.* вдеть

вдеся́теро: ~ бо́льше ten times as much *(с сущ. в ед. ч.);* ten times as many *(с сущ. во мн.ч.)*

вдеть: ~ ни́тку в иго́лку thread a needle; ~ но́гу в стре́мя put one's foot in the stirrup

вдоба́вок *нареч.* in addition

вдов||а́ widow; ~е́ц widower

вдо́воль *нареч.* to one's heart's content; всего́ бы́ло ~ there was plenty of everything

вдого́нку *нареч.* after; in pursuit of; бро́ситься ~ за кем-л. rush after smb.

вдолби́ть *разг.* drum, din

вдоль *нареч. и предл.* along ◇ ~ и поперёк far and wide

вдохнов||е́ние inspiration; ~е́нный inspired; ~и́тель inspirer; ~и́ть inspire; ~и́ться be inspired; ~ля́ть(ся) *см.* вдохнови́ть(ся)

вдохну́ть 1. inhale 2. *(бо́дрость, му́жество)* inspire with courage

вдре́безги *нареч.* into smithereens; to pieces; разби́ть ~ smash to pieces ◇ ~ пьян dead drunk

вдруг *нареч.* suddenly, all of a sudden

вдува́ть *см.* вдуть

вду́м||аться consider, think over; ~чивый thoughtful, serious; ~ываться *см.* вду́маться

вдуть blow in

вдыха́ть *см.* вдохну́ть 1

вегетариа́н||ец vegetarian; ~ский vegetarian

ве́дать 1. *(заве́довать)* be in charge of, manage 2. *уст. (знать)* know

ве́дени||е competence; э́то не в моём ~и it is not within my province

веде́ние: ~ хозя́йства house-keeping; ~ книг *бухг.* book-keeping; ~ суде́бного де́ла the conduct of a case

ве́дом||о: без моего́ ~а without my knowledge; without my consent *(без моего́ согла́сия)*

ве́домость list; платёжная ~ pay-sheet; pay-roll

ве́домство (government) department

ведро́ pail, bucket; ~ для му́сора wastebin

веду́щ||ий chief, leading; ~ие о́трасли промы́шленности key industries

ведь: ~ э́то пра́вда? it's true, isn't?; ~ я же ему́ сказа́ла haven't I told him?; да ~ она́ же пришла́ well, but she has come; да ~ э́то она́ why, it's she

ве́дьма witch

ве́ер fan

ве́жлив||о *нареч.* politely; ~ость civility, politeness; долг ~ости = politeness requires; ~ый polite, civil

везде́ *нареч.* everywhere

везти́ I carry; drive, take *(на автомоби́ле и т. п.);* transport *(перевози́ть);* draw *(теле́гу и т. п.)*

вез||ти́ II *безл.:* ему́ ~ёт he has luck, he is lucky

век 1. century; age *(эпо́ха)* 2. *(жизнь)*

ВЕК

life; на мой ~ хва́тит it will last my time; на своём ~у́ in one's time ◊ в ко́и-то ~и ≈ once in a blue moon

ве́ко éyelid

веково́й sécular

ве́ксель prómissory note; bill of exchánge *(переводно́й)*

веле́ть órder; tell

вели́к: э́тот костю́м мне ~ this suit is too big for me

велика́н gíant

вели́к||ий great; ~ие держа́вы the Great Pówers

великоду́ш||ие generósity, magnanímity; ~ный génerous, magnánimous

великоле́пный magníficent, spléndid; fine

вели́чественный majéstic, grand; impósing *(внуши́тельный)*

вели́чие grándeur

величина́ size; *мат.* quántity, válue; постоя́нная ~ cónstant

велосипе́д bícycle; cycle; bike *разг.*; е́здить на ~е cycle; ~и́ст cýclist

ве́на *анат.* vein

венге́рский Hungárian; ~ язы́к Hungárian, the Hungárian lánguage

венгр Hungárian

венери́ческий venéreal

вене́ц crown *(тж. перен.)*

ве́ник short brush of bound straw; switch of birch twigs *(в бане)*

вено́зный vénous

вено́к wreath

вентил||и́ровать véntilate; ~я́тор véntilator, fan; ~я́ция ventilátion

ве́ра faith; belíef

вера́нда verándah

ве́рба pússy-willow

верблю́д cámel

верб||ова́ть recrúit, enlíst; ~о́вка recrúitment

верёвка cord; rope *(толстая)*; string *(тонкая)*; ~ для белья́ clóthes-line

верени́ца row, file

ве́реск héather

вери́тельн||ый ~ые гра́моты credéntials

ве́рить belíeve *(in)*; ~ кому́-л. на́ сло́во take smb.'s word for it; take on trust; ~ся *безл.*: мне не ве́рится I can't belíeve

вермише́ль vermicélli

ве́рно I 1. *нареч. (правильно)* corréctly, right 2. *нареч. (преданно)*

ВЕС

fáithfully 3. *предик. безл.* it is right; ~! that's right!

ве́рно II *вводн. сл. (вероятно)* próbably

ве́рность 1. *(правильность)* truth, corréctness 2. *(преданность)* fáithfulness, lóyalty

верну́ть 1. *(отдать обратно)* give back, retúrn 2. *(получить обратно)* get back 3. *(заставить кого-л. вернуться)* bring smb. back; ~ся retúrn, come back

ве́рн||ый 1. *(правильный)* corréct, right 2. *(преданный)* fáithful, true, lóyal 3. *(надёжный)* relíable; sure *(несомненный)*; ~ое сре́дство infállible rémedy

ве́рование belíef, creed

вероиспове́дание relígion

вероло́мный tréacherous, perfídious

вероя́т||но véry líkely, próbably; ~ность probabílity; по всей ~ности in all probabílity; ~ный próbable, líkely

ве́рсия vérsion

верста́к jóiner's bench

верста́ть *полигр.* make up in páges; impóse

вёрстка *полигр.* páge-proofs

верте́л spit

верте́ть turn; twirl, spin *(быстро)*; ~ в рука́х twíddle; ~ся 1. turn, turn round; spin *(быстро)* 2. *(ёрзать)* fídget, move ◊ э́то ве́ртится у него́ на языке́ it is on the tip of his tóngue; ~ся под нога́ми be in the way

вертика́льный vértical

вертля́вый *разг.* fídgety

ве́рующ||ий 1. *прил.* relígious, píous 2. *как сущ.* 1) a belíever 2) *мн.*: ~ие the fáithful

верфь shípyard, dóckyard

верх 1. top *(верхушка)*; úpper part *(верхняя часть)*; hood *(экипажа)* 2. *(высшая ступень)* height; ~ний úpper; ~ний эта́ж úpper floor

верхо́вн||ый suprême; ~ая власть suprême pówer; Верхо́вный Сове́т СССР Suprême Sóviet of the USSR; Верхо́вный Суд Suprême Court of Jústice

верхов||о́й 1. *прил.*: ~а́я езда́ ríding; ~а́я ло́шадь sáddle-horse 2. *как сущ.* rider

верхо́вье úpper réaches *pl.*; ~ Во́лги the Úpper Vólga

верхо́м *нареч.* on hórseback *(на лошади)*; е́здить ~ ride

верху́шка top

верши́на ápex; súmmit, peak *(пик)*

вес weight; *перен.* weight, ínfluence

весели́ть cheer; amúse, divért *(забавля́ть)*; ~ся make mérry, have fun, enjóy onesélf

ве́село 1. *нареч.* gáily, mérrily; как ~! what fun!; ~ провести́ вре́мя have a good time **2.** *предик. безл.*: мне ~ I am enjóying mysélf

весёл||ость gáiety, chéerfulness; ~ый mérry, gay; ~ое настрое́ние a gay mood

весе́лье mérriment, mérry-making, fun

весе́нний spring *attr.*

вес||и́ть weigh; ~кий wéighty

весло́ oar; scull

весн||а́ spring; ~о́й *нареч.* in spring

весну́||шки freckles; ~шчатый freckled

вести́ 1. *в разн. знач.* condúct, lead; ~ кружо́к condúct a circle; ~ собра́ние presíde óver a méeting **2.** *(машину)* drive ◇ ~ перепи́ску keep up a correspóndence; ~ разгово́р hold a conversátion; ~ борьбу́ cárry on a strúggle; ~ войну́ с кем-л. wage war upón smb.; ~ кни́ги *бухг.* keep books; ~ хозя́йство keep house; ~ нача́ло от origináte from; ~ себя́ behave; веди́те себя́ прили́чно! behave yoursélf!; ~сь be in prógress; be únder way

ве́стник hérald

вестово́й órderly

вест||ь news, piece of news; пропа́сть без ~и be míssing

весы́ scales; bálance *sg.*

весь, вся, всё (все) *мест.* all, the whole; он всё забы́л he has forgótten éverything; по всей стране́ throughóut the cóuntry; во всю длину́ at full length; он всех уви́дел he has seen éverybody ◇ э́то всё равно́ it's all the same; при всём том for all that; во весь го́лос at the top of one's voice; всего́ хоро́шего! góod-býe!; все до одного́ to a man

весьма́ *нареч.* híghly; ~ вероя́тно most próbably

ветви́стый bránchy

ветвь branch; bough *(сук)*

вёт||ер wind ◇ броса́ть слова́ на ~ waste one's breath; держа́ть нос по ~ру wait to see which way the wind blows

ветера́н véteran

ветерина́р véterinary; ~ный véterinary

ветеро́к (light) breeze

ве́тка branch; железнодоро́жная ~ branch line

ве́то véto

ве́точка twig, shoot

ве́треный 1. *(о пого́де)* wíndy; gústy **2.** *(легкомы́сленный)* flíghty, féather-bráined

ветрян||о́й: ~а́я ме́льница wíndmill

ветря́н||ый: ~ая о́спа chícken-pox

ве́тхий old, rámshackle, dilápidated

ветчина́ ham

ве́ха 1. lándmark; пограни́чная ~ bóundary mark **2.** *мор.* spár-buoy **3.** *перен.* mílestone, lándmark

ве́чер 1. évening **2.** *(собра́ние)* párty; литерату́рный ~ líterary soirée; ~ па́мяти Пу́шкина Púshkin memórial évening

вече́ринка évening-party

вече́рн||ий évening *attr.*; ~ие заня́тия night clásses; ~яя заря́ áfterglow

ве́чером *нареч.* in the évening; сего́дня ~ tonight; за́втра ~ tomórrow night; вчера́ ~ last night; по́здно ~ late in the évening

ве́чн||о *нареч.* etérnally; álways *(всегда́)*; ~ость etérnity; я не ви́дел его́ це́лую ~ость *разг.* I háven't seen him for áges; ~ый etérnal, everlásting; perpétual *(непреры́вный)* ◇ ~ое перо́ fóuntain-pen

ве́шалка 1. dréss-hanger; cóat-hook, cóat-rack **2.** *(у пла́тья)* tab; у него́ оборвала́сь ~ the tab of his coat is torn off **3.** *разг. (помеще́ние)* clóak-room

ве́шать I hang, hang up

ве́шать II *(казни́ть)* hang

ве́шать III *(на веса́х)* weigh

вещево́й: ~ мешо́к knápsack; ~ склад store, wárehouse

веще́ственн||ый matérial; ~ое доказа́тельство matérial évidence

вещество́ súbstance, mátter

вещ||ь 1. thing, óbject **2.** *мн.:* ~и *(иму́щество)* things, belóngings

ве́ялка *с.-х.* wínnowing machíne

ве́я||ние I *(ве́тра)* breath, blówing; *перен.* trend; но́вые ~ния new idéas

ве́яние II *(зерна́)* wínnowing

ве́ять I *(о ве́тре)* blow

ве́ять II *(зерно́)* wínnow

взад *нареч.:* ~ и вперёд up and down, back and forth, to and fro

взаи́мн||ость reciprócity; ~ый mútual, recíprocal

взаимоде́йствие interáction; co-ordináted áction

взаимоотноше́ние relátion, interrelátion

взаимопо́мощ||ь mútual aid; догово́р о ~и mútual aid pact

взаимосвя́зь correlátion

взаймы́: брать ~ bórrow; дава́ть ~ lend

взаме́н *предл.* in exchánge for, in retúrn for

взаперти́ *нареч.* locked up; únder lock and key

взба́лмошный únbálanced

взба́лтывать *см.* взболта́ть

взбега́ть, взбежа́ть run up

взбеси́ть enráge, infúriate; ~ся súffer from rábies; *перен.* go mad, get fúrious

взбешённый fúrious, infúriated

взбива́ть *см.* взбить

взбира́ться *см.* взобра́ться

взбить 1. *(яйца, сливки)* beat up, whip 2. *(подушки)* shake up; fluff up *(волосы)*

взболта́ть shake up, stir

взбрести́: ~ на ум, ~ в го́лову кому́-л. occúr to smb., take a nótion

взбудора́жить distúrb, ágitate

взбунтова́ться revólt, mútiny

взва́ливать, взвали́ть load, charge; ~ на спи́ну shóulder ⬦ ~ вину́ на кого́-л. throw the blame on smb.

взве́сить *прям., перен.* weigh; ~ся weigh onesélf

взвести́ raise; ~ куро́к cock a gun ⬦ ~ обвине́ние на кого́-л. put the blame on smb.

взве́шивать(ся) *см.* взве́сить(ся)

взвива́ться *см.* взви́ться

взвизг||**ивать, ~нуть** squeak, scream; yelp *(о собаке)*

взвинти́ть, взви́нчивать work up, excíte ⬦ ~ це́ны infláte prices

взви́ться fly up

взвод *воен.* platóon

взводи́ть *см.* взвести́

взво́дный *(командир)* platóon commánder

взволно́в||**анный** ágitated, excíted; **~а́ть** ágitate, excíte; move *(растрогать)*; **~а́ться** get ágitated *(или* excíted*)*

взгляд 1. look; glance *(мимолётный)*; gaze, stare *(пристальный)*; на пе́рвый ~ on the face of it; с пе́рвого ~а at first sight; бро́сить ~ cast a glance; take a look 2. *(воззрение)* view, opínion; здра́вый ~ на ве́щи sound júdgement; на мой ~ in my opínion; ~ы на жизнь views on life

взгля||**ды́вать, ~ну́ть** cast a glance *(at)*, throw a glance *(at)*, look *(at)*

взгромозди́ться climb *(upon)*; clámber *(upon)*

вздё||**ргивать** jerk up; **~нутый**: ~нутый нос snub nose

вздёрнуть *см.* вздёргивать

вздор nónsense, rúbbish, trash; **~ный** *(о человеке)* quárrelsome

вздох sigh; **~нуть** sigh; draw breath *(перевести дыхание)*

вздра́гивать *см.* вздро́гнуть

вздремну́ть take a nap

вздро́гнуть start; give a start *(от неожиданности)*; shúdder *(от ужаса)*; wince, flinch *(от боли)*

вздува́ть *см.* вздуть 1

вздум||**а́ть** take it ínto one's head; **~аться** *безл.*: ему́ ~алось he took it ínto his head; поступа́ть как ~ается fóllow one's fáncy

взду́тие swélling

вздуть 1. infláte *(тж. о ценах)* 2. *разг. (отколотить)* thrash, lick

вздыха́ть *см.* вздохну́ть; ~ о чём-л. sigh *(for)*, long *(for)*

взим||**а́ть** lévy, raise, collect; **~а́ется** штраф a státutory fine is impósed

взира́ть *уст.* look *(на - at)*, gaze *(на - at, on, upon)*

взла́мывать *см.* взлома́ть

взлёт *ав.* táke-óff

взле||**та́ть, ~те́ть** 1. fly up 2. *ав.* take off ⬦ ~те́ть на во́здух *(взорваться)* blow up

взлом bréaking ópen; **~а́ть** break ópen; **~щик** búrglar

взмах stroke, sweep *(вёсел, косы)*; wave, móvement *(руками)*; flap *(крыльев)*

взма́х||**ивать, ~ну́ть** flap *(крыльями)*; wave *(рукой, флажком)*

взмо́рье séashore, beach

взнос páyment; fees, dues *pl.* *(членский)*; subscríption *(в добровольных обществах, клубах и т. п.)*

взнузда́ть, взну́здывать bridle

взобра́ться climb *(upon)*; mount

взойти́ 1. ascénd; mount 2. *(о солнце)* rise 3. *(о семенах)* sprout

взор look; gaze *(пристальный)*; устреми́ть ~ fix one's eyes *(on)*

взорва́ть 1. blow up 2. *(возмутить)* rouse one's indignátion, infúriate; **~ся** explóde, burst, be blown up

взро́слый grown-up, ádult

взрыв explósion; *перен.* (óut)burst; ~ сме́ха burst *(или* peal*)* of láughter; ~ гне́ва burst of ánger; **~а́ть** *тех.* fuse; **~а́ть(ся)** *см.* взорва́ть(ся); **~но́й** explósive

взрывча́т||**ый** explósive; ~ое вещество́ explósive

взъеро́шить tousle, dishével

взыва́ть appéal *(to; к кому-л.)*; call *(for; о чём-л.)*

взыскание pénalty, réprimand *(выговор)*; получить ~ be réprimanded
взыскательный exácting, strict
взыскать, взыскивать exáct; recóver *(получить)*
взятие táking; séizure *(власти)*; cápture *(крепости)*
взят||ка 1. bribe; дать ~ку bribe 2. *карт.* trick; брать ~ку take a trick
взяточни||к táker of bribes; ~чество táking of bribes; corrúption, graft
взять take; ~ взаймы bórrow; ~ напрокат hire; ~ на поруки go bail *(for)* ◊ ~ обязательство undertáke, accépt an obligátion; ~ пример с кого-л. fóllow smb.'s exámple; ~ себя в руки take onesélf in hand, pull onesélf togéther; ~ слово take the floor; ~ свои слова обратно withdráw one's words; ~ с кого-л. слово make smb. prómise; ~ за правило make it a rule; ~ чью-л. сторону side with smb.; ~ под руку take smb.'s arm; чёрт возьми! damn it!; **~ся** 1. *(приняться)* take up, set to 2. *(обязаться)* undertáke 3. *(руками)* touch; ~ся руками за что-л. take *(или* hold)* smb. in one's hands ◊ ~ся за руки hold *(или* join)* hands; откуда ни возьмись quite únexpéctedly, all of a súdden; ~ся за ум come to one's sénses
вибр||ация vibrátion; ~ировать vibráte
вид I 1. appéarance, look; air 2. *(пейзаж)* view 3. *(форма)* shape, form; condition *(состояние)*; в ~e in the form of 4. *(поле зрения)* sight; не терять из ~у keep in view 5. *тк. мн. (предположения, планы)* plans, inténtions; иметь ~ы на кого-л. have one's eye on smb.; ~ы на урожай hárvest próspects ◊ при ~е at the sight *(of)*; под ~ом únder the prétext; ни под каким ~ом by no means; делать ~ preténd; у него хороший ~ he looks well, he looks quite fit
вид II 1. *(род, сорт)* kind 2. *биол.* spécies
вид III *грам.* áspect
видение vísion
видеть see; ~ во сне dream *(of)*; ~ся see each óther
видимо *вводн. сл.* appárently, évidently
видимо-невидимо *нареч. разг.* by thóusands, by the thóusand
видим||ость visibility; *перен.* appéarance; ~ый vísible
виднеться be vísible
видн||о 1. *предик. безл.* one can see; *перен.* it is clear 2. *вводн. сл. (по-видимому)* it seems; ~ый 1. *(видимый)* vísible 2. *(значительный)* éminent; próminent *(выдающийся)*; занимать ~ый пост óccupy a high *(или* próminent)* position 3. *разг. (о внешности)* státely; ~ый мужчина a man of hándsome présence
видоизмен||ение modificátion, alterátion; ~ять, ~ять álter
виз||а vísa; получить ~у get a vísa; предоставить ~у grant a vísa
виз||г squeal; yelp *(собаки)*; ~гливый shrill; ~жать squeal, screech; yelp *(о собаке)*
визировать vísa
визит call, vísit
вика *бот.* vetch
викторина quizzing game, quiz
вилка 1. fork 2. *эл.* eléctric plug
вилы pítchfork *sg.*
вилять *(хвостом)* wag; *перен.* shúffle, prevárictate
вин||а guilt, fault; по ~е кого-л. through smb.'s fault
винегрет sálad of béetroot, ghérkins *etc.*, dréssed with oil and vínegar
винительный: ~ падеж *грам.* accúsative (case)
винить blame *(smb. for)*
винн||ый wine *attr.* ◊ ~ камень tártar; ~ая ягода fig
вино wine
виноват: ~! sórry!, excúse me; он не ~ it isn't his fault; я ~ перед вами it's all my fault; ~ый guilty
виновн||ик cúlprit; *перен.* cause; ~ торжества héro of the occásion; ~ый guilty
виноград grapes *pl.*; ~арство víticulture; ~ник víneyard; ~ный: ~ная лоза vine
вино||делие wíne-making; ~курение ~курeнный завод distillery
винт screw
винтовка rifle; автоматическая ~ automátic rifle; магазинная ~ magazíne rifle
винтов||ой spíral; ~ая нарезка thread; ~ая лестница spíral stáircase
виолончелист céllist
виолончель 'céllo
виртуоз virtuóso
вирус *биол.* vírus
виселица gállows, gíbbet
ви||сеть hang ◊ это ~сит в воздухе it is still in the air, nothing is séttled
вискоза ráyon
висок temple

высокосный: ~ год léap-year
висяч||ий hánging, péndent; ~ замóк pádlock; ~ мост suspénsion bridge; ~ая лáмпа céiling péndant
витамин vítamin
витáть soar ◇ ~ в облакáх be up in the clouds
витрина shop window (окно); shów-case (в музее)
вить twist; weave (плести) ◇ ~ гнездó make (или build) a nest; ~ся 1. (о волосáх) curl 2. (о растениях) climb 3. (о реке) wind
вихрь whirlwind
вице-адмирáл více-ádmiral
вишнёвый chérry attr.; ~ сад chérry órchard
вишня chérry (плод); chérry-tree (дерево)
вкатить, вкáтывать roll in; wheel in (на колёсах)
вклад depósit; invéstment (доля участия); subscríption; перен. contribútion; ~ в дело мира contribútion to the cause of peace
вклад||ка (в книгу) ínset; ~ной: ~ной лист loose leaf
вклад||чик depósitor; ~ывать см. вложить
вклéивать, вклéить paste in
вклин||ивáться, ~иться be wedged in
включ||áть(ся) см. включить(ся); ~ая including; included (после сущ.)
включ||ение 1. inclúsion; insértion (вставка) 2. эл., радио switching on; ~ительно нареч. inclúsive; с 1 по 10 ~ительно from the 1st to the 10th inclúsive
включить 1. inclúde; insért (вставить) 2. эл., радио switch on; ~ся join; be included (in)
вколáчивать см. вколотить
вколотить drive in; hámmer in (молотком)
вконéц нареч. útterly, thóroughly
вкóпанный dug in ◇ остановиться как ~ stop dead
вкорен||ившийся róoted; ~иться, ~яться take root
вкось нареч. aslánt, diágonally
вкрáдчивый ingrátiating
вкрá||дываться, ~сться steal (или slip) in ◇ ~ в доверие к кому-л. worm onesélf into smb.'s cónfidence
вкрáтце нареч. bríefly, in brief, in short
вкривь нареч.: ~ и вкось at rándom, hapházard

вкрутую нареч.: яйцó ~ hárd-bóiled egg
вкус taste; по ~у to smb.'s taste; перен. to smb.'s líking; это приятно на ~ it tastes nice; это дело ~а it is a mátter of taste; ~ный good; tásty, delícious; nice
влáга móisture
владé||лец ówner, propríetor; ~ние 1. posséssion, ównership 2. (собственность) próperty; estáte (земельное)
владéть own, posséss ◇ ~ собой contról onesélf; ~ языкóм máster a lánguage; ~ оружием know how to handle arms
владычество dominion, émpire
влáжн||ость humídity; ~ный damp, moist, húmid
влáмываться см. вломиться
влáствовать hold sway (over)
влáстный impérious, commánding
власт||ь I pówer; во ~и чегó-л. in the pówer of smth.; быть во ~и когó-л. be at smb.'s mércy; это не в моéй ~и it's not in my pówer
власть II authórity; rule (управление)
влачить: ~ жáлкое существовáние drag out a míserable existence
влéво нареч. to the left
влезáть, влезть get in (или into), climb in (или into); ~ на дерево climb a tree; ~ в окнó get in through the window
влетáть, влетéть fly in (или into)
влечéние (к) inclinátion (for), bent (for)
влечь attráct ◇ ~ за собой неприятности mean (или entáil) trouble
вливáние infúsion; injéction; делать внутривéнное ~ inject intravénously
вливáть, влить pour in; перен. instíl; ~ся 1. flow into 2. (присоединяться) join; нóвые кáдры вливáются в нáшу организáцию new mémbers swell our ranks (или join our organizátion)
влия||ние influence; ~тельный influéntial; ~ть influence, have influence (on, over, upon)
вложить 1. put in; enclóse (в конверт) 2. (деньги, капитал) invést, depósit
вломиться dreak in; перен. burst in
влюб||иться fall in love (with); ~лённый 1. прил. in love (после сущ.); быть ~лённым be in love (with) 2. как сущ. lóver; ~ляться см. влюбиться
вмен||ить, ~ять ~ что-л. в вину кому-л. impúte smth. to smb., lay smth. at smb.'s door; ~ что-л. в обязанность кому-

л. make smb. respónsible for smth., make it smb.'s dúty to do smth.

вмéсте *нареч.* togéther ◇ ~ с тем at the same time

вмести́||мость capácity; ~тельность spáciousness *(о помещении);* capáciousness *(о сосуде);* ~тельный spácious *(о помещении);* capácious *(о сосуде);* ~ть contáin, hold; accómmodate *(о помещении, транспорте);* seat *(о зрительном зале)*

вмéсто *предл.* instéad of; in place of; этот ящик слу́жит ему́ ~ стола́ this chest serves him as a table

вмеша́тельство interférence; intervéntion

вмеша́ться, вме́шиваться intervéne *(in); (впутаться)* interfére *(in, with),* meddle *(in)*

вмеща́ть *см.* вмести́ть

вмиг *нареч.* in a móment, in no time

внаём, внаймы́ *нареч.:* взять ~ hire, take a lease; сдава́ть ~ let; rent

внача́ле *нареч.* at first, at the beginning, at the óutset

вне *предл.* out of, óutside ◇ ~ себя́ besíde onesélf; ~ сомне́ния undóubtedly, beyónd quéstion

внедр||éние inculcátion; ~ достиже́ний нау́ки в произво́дство application of the achíevements of science to prodúction; ~и́ть incúlcate, estáblish; ~и́ть передову́ю те́хнику get progréssive techníques adópted (incórporated *или* estáblished); ~и́ться take root; ~и́ть(ся) *см.* внедри́ть(ся)

внеза́пн||о *нареч.* súddenly; all of a súdden *(вдруг);* ~ый súdden

внеочередно́й 1. *(сверх очереди)* extraórdinary 2. *(вне очереди)* out of turn

внести́ 1. carry *(или* bring) in 2. *(плату)* pay in 3. *(в список и т. п.)* énter 4. *(исправления и т. п.)* insért; ~ измене́ния introdúce chánges ◇ ~ предложе́ние bring in a mótion, move that

внешко́льный extra-currícular, out of school

вне́шне *нареч.* óutwardly, in óutward appéarance

вне́шн||ий 1. óutward, extérnal; ~ вид (óutward) appéarance 2. *(о политике, торговле и т. п.)* fóreign; ~ость appéarance; extérior

внешта́тный supernúmerary

вниз *нареч.* down, dównwards

внизу́ 1. *нареч.* belów, dównstairs *(о нижнем этаже)* 2. *предл.* at the foot of;

~ страни́цы at the foot of the page

вника́ть, вни́кнуть go deep *(into);* consíder cárefully

внима́ни||е atténtion; care *(заботливость);* не обраща́йте на это ~я take no nótice of that, néver mind that; быть в це́нтре ~я be at the céntre of atténtion; be in the límelight *(быть на виду)* ◇ приня́ть во ~ take ínto considerátion; принима́я во ~ in view of, táking ínto considerátion

внима́тельн||о *нареч.* atténtively; ~ый 1. atténtive 2. *(любезный)* kind, consíderate

ничью́ *нареч.:* око́нчиться ~ end in a draw

вновь *нареч.* 1. agáin, anéw 2. *(недавно)* néwly; ~ прибы́вший néw-cómer

вноси́ть *см.* внести́

внук grándson, grándchild

вну́тренний 1. ínside, ínner; *перен.* ínward 2. *(о политике, торговле и т. п.)* home, intérnal, doméstic

вну́тренн||ости intérnal órgans; ínside *sg. разг.;* éntrails *(кишки);* ~ость intérior

внутри́ 1. *нареч.* in, ínside 2. *предл.* withín, ínside

внутрь *нареч. и предл.* in, ínto, ínside; путеше́ствие ~ страны́ ínland vóyage

вну́чка gránddaughter; grándchild

внуш||а́ть suggést *(мысль);* inspíre *(with; чувство);* impréss *(upon; заставить понять);* ~éние suggéstion; inspirátion ◇ сде́лать кому́-л. ~éние give smb. a good tálking *(или* a dréssing down),* tear a strip off smb.; ~и́тельный impréssive; ~и́ть *см.* внуша́ть

вня́тн||о *нареч.* distínctly; áudibly; ~ый distínct; áudible

во *см.* в ◇ ~ что бы то ни ста́ло at ány price; ~ главе́ at the head *(of)*

вобра́ть *см.* вбира́ть

вовлека́ть, вовле́чь draw in *(или* ínto); invólve *(запутать)*

во́время *нареч.* in time; не ~ inóppоrtunely; at the wrong móment

во́все *нареч. разг.:* ~ нет not at all, not in the least

во́всю *нареч. разг.* to the útmost extént, with might and main

во-вторы́х *вводн. сл.* sécondly, in the sécond place

вогна́ть drive in ◇ ~ кого́-л. в кра́ску *разг.* make smb. blush

во́гнутый concáve

вод||á wáter; **минерáльная ~** mineral wáter; **морскáя ~** sea wáter ◊ **он вы́шел сухи́м из ~ы́** he got out of it; **мнóго ~ы́ утеклó с тех пор** much wáter has flowed únder the bridge since then

водвор||и́ть 1. install; séttle 2. *(устанóвить)* estáblish; **~и́ться** séttle; **~я́ть(ся)** *см.* **водвори́ть(ся)**

водеви́ль váudeville, cómic sketch

води́тель *(трáнспорта)* dríver; **~ автóбуса** bús-dríver; **~ такси́** táxi-dríver; **~ский** dríver's; **~ские правá** dríving licence

води́ть *см.* **вести́** 2

води́ться *(имéться)* be found ◊ **как вóдится** as úsual; **э́то за ним вóдится** *разг.* it's the sort of thing that háppens with him, he is álways dóing that

вóдка vódka

вóдн||ый: **~ путь** wáterway; **~ым путём** by wáter; **~ая стáнция** aquátic sports céntre

водобоя́знь *мед.* hydrophóbia

водоворóт whirlpool; éddy *(небольшóй)*

водоём básin, réservoir

водоизмещéние displácement, tónnage

водокáчка púmp-house

водолáз díver

водолечéние hydrópathy, wáter-cure

водопáд falls *pl.*, wáterfall; cascáde *(небольшóй)*

водопóй wátering-place

водопровóд wáter-pipe; wáter-supply *(водоснабжéние)*; rúnning wáter *(в квартире)*; **~чик** plúmber

водораздéл *геогр.* wátershed

водорóд *хим.* hýdrogen; **~ный** hydrógenous; hýdrogen *attr.*

вóдоросль aquátic plant; séaweed *(морскáя)*

водостóчн||ый drain *attr.*; **~ая трубá** dráin-pipe

водохрани́лище réservoir, tank

водру||жáть, ~зи́ть put up, raise, eréct; **~ знáмя** raise a stándard *(или* bánner); **~ флаг** raise *(или* hoist) a flag

водяни́стый wátery, thin; *перен.* insípid

водя́нка *мед.* drópsy

водян||óй wáter *attr.*; aquátic *(живýщий в водé)*; **~áя мéльница** wáter-mill

воевáть wage *(или* make) war, be at war

воеди́но *нареч.* togéther

военачáльник military léader; commánder

воениз||áция militizátion; **~и́рованный** militarized; **~и́ровать** militarize

воен||кóм (военный комиссáр) military commissár; **~комáт** (военный комиссариáт) recrúitment óffice; **~кóр** (воéнный корреспондéнт) military correspóndent

воéнно-воздýшн||ый: **~ые си́лы** Air Force *sg.*

военнообя́занный resérvist

военноплéнный prísoner of war

воéнно-полевóй: **~ суд** court mártial

военнослýжащий sérving sóldier; régular; **он ~** he is in the sérvices

воéнн||ый 1. *прил.* military, war *attr.*; **~ завóд** munitions fáctory; **~ корáбль** mán-of-wár, wárship; **~ флот** návy; **~ое положéние** mártial law; **начáло ~ых дéйствий** óutbreak of hostílities; **~ая тáйна** military sécret(s) 2. *как сущ.*: **он ~** he is in the ármy

вожáк léader

вождь léader

вóжжи reins

воз cart; cárt-load *(содержимое или мéра)*

возбуди́мость excitability

возбуди́тель stímulus; **~ болéзни** ágent of a diséase

возбуди́ть 1. excíte 2. *(вы́звать)* rouse, aróuse; **~ любопы́тство** rouse curiósity ◊ **~ вопрóс** raise the quéstion; **~ внимáние** draw atténtion; **~ иск (дéло)** bring an áction *(against)*

возбужд||áть *см.* **возбуди́ть**; **~áться** get excíted; **~áющий** excíting, stímulant; **~áющее срéдство** stímulant; **~éние** excítement; **~ённый** excíted

возвели́ч||ивать, -ить exált

возвести́, возводи́ть 1. *(строить)* eréct, raise 2. *(в стéпень)* raise *(to)* ◊ **обвинéние на когó-л.** accúse smb. *(в чём-л. — of)*; charge smb. *(with)*; **~ чтó-л. в при́нцип** make a prínciple of smth.; make smth. into a prínciple

возврáт retúrn; repáyment *(дéнег, ссýд)*; restitútion *(имýщества)*; **~ рýкописи** retúrn of a mánuscript; **~ болéзни** recúrrence of an illness, relápse ◊ **без ~а** irrevócably, beyónd recáll, irrevérsibly; **~и́ть** retúrn, give back; repáy *(дéньги)*; restóre *(имýщество, правá)*, recóver *(здорóвье, си́лы)*; **~и́ться** retúrn, come back; recúr *(о болéзни)*; **~и́ться к расскáзу** resúme one's stóry; **~ный** *грам.* refléxive

возвращ||áть(ся) *см.* **возврати́ть(ся)**

~ение 1. retúrn 2. (отдача) retúrn, reimbúrsement (денег, ссуд)

возвы||сить élevate, raise (голос); ~ситься rise (или tówer) abóve; ~шáть(ся) см. возвы́сить(ся); ~шéние éminence; elevátion

возвы́шенн||ость height; ~ый high, élevated

возглáв||ить, ~ля́ть be at the head (of)

вóзглас exclamátion, ejaculátion; ~ы одобрéния cheers of appróval; ~ы удивлéния shouts of surprise

воздавáть, воздáть rénder; ~ пóчести rénder hómage; ~ дóлжное комý-л. give smb. his due

воздвигáть, воздви́гнуть eréct, set up

воздéйств||ие ínfluence; ~овать ínfluence, éxercise ínfluence (over); afféct

воздéл||ать, ~ывать cúltivate, till

воздержáвши||йся как сущ.: ~хся нé было there were no absténtions

воздержáние absténtion; ábstinence; témperance (умеренность)

воздéржанный abstémious, témperate, spáring

воздержáться abstáin (from); refráin (from)

воздéрживаться см. воздержáться

вóздух air; на свéжем (или на открытом) ~е out of doors (или in the ópen air)

воздухонепроницáемый áirtight

воздухоплáвание aeronáutics

воздýшн||ый 1. air attr.; ~ое сообщéние air sérvice, air communicátions pl.; ~ая пóчта air mail; ~ая я́ма ав. áir-pocket 2. (лёгкий) áiry

воззвáние appéal; proclamátion

воззвáть см. взывáть

воззрéние view, opínion

возить см. везти́ I

возиться 1. (заниматься чем-л., кем-л.) take much trouble (over); я не хочý с э́тим ~ I don't want to take much trouble óver this; мне приходится мнóго с э́тим ~ I have to take a lot of trouble óver this 2. (шумно играть) romp

возлагáть см. возложи́ть; ~ надéжды put (или pin) one's hopes (on)

вóзле нареч. и предл. besíde, by, near

возложи́ть lay (upon); перен. charge (with); ~ венóк lay a wreath (on); ~ поручéние на когó-л. put the mátter in smb.'s hands; ~ отвéтственность на когó-л. make smb. respónsible (for)

возлю́бленный 1. прил. belóved 2. сущ. lóver, love; sweetheart

возмéздие requítal, retribútion; получи́ть ~ get what one desérves

возме||сти́ть make up (for), cómpensate, récompense, make good; ~ убы́тки комý-л. indémnify smb. for lósses; ~ расхóды pay (или refúnd) expénses; ~щáть см. возмести́ть; ~щéние compensátion; récompense, indémnity; ~щéние убы́тков юр. dámages pl.

возмóжн||о 1. вводн. безл. it is póssible 2. вводн. сл. póssibly, perháps, máybe; óчень ~ véry líkely 3. нареч. as... as póssible; ~ быстрéе as quick as póssible; ~ость possibílity, opportúnity; chance (удобный случай); дать ~ость give a chance, enáble; упусти́ть ~ость lose an opportúnity; ~ый 1. прил. póssible 2. как сущ.: сдéлать всё ~ое do one's best

возмужá||лость matúrity; mánhood; ~лый grówn-up; ~ть grow ínto a man

возмути́тельн||о предик. безл. it is scándalous (или revólting); ~ый scándalous, revólting, disgústing

возму||ти́ть rouse the indignátion (of); ~ти́ться be indígnant (at); ~щáть(ся) см. возмути́ть(ся); ~щéние indignátion; ~щённый indígnant

вознагра||ди́ть, ~ждáть rewárd, récompense; ~ждéние rewárd, récompense; bónus, gratúity (денежное); honorárium, fee (гонорар)

возненави́деть concéive a hátred (for), come to hate

возникáть см. возни́кнуть

возникновéние órigin(s), begínning(s); ~ жи́зни на Землé begínnings of life on Earth

возни́к||нуть aríse; возни́к вопрóс a quéstion came up (или aróse); у негó ~ла мысль it occúrred to him, be got the idéa

возня́ 1. fuss, bústle, trouble (хлопоты) 2. (шум) rómping, noise

возобнов||и́ть renéw; resúme; ~лéние renéwal; resúmption; ~ля́ть см. возобнови́ть

возраж||áть см. возрази́ть; éсли вы не ~áете if you don't mind; ~éние objéction; retórt (ответ)

возрази́ть objéct; raise an objéction; rejóin; retórt (резко ответить)

вóзраст age

возрастá||ние growth, íncrease; ~ть см. возрасти́

возрасти́ grow, incréase; rise (о ценах)

возро||ди́ть, ~ждáть revíve, regénerate; ~ к жи́зни resúscitate; ~ждéние revíval;

regenerátion; эпóха Возрождéния *ист.* Renáissance

вóзчик cárter

вóин wárrior; sóldier; ~ский military; war *attr.*; ~ская обя́занность military sérvice

вóинств‖енный wárlike; mártial; ~ующий mílitant

вой howl, hówling; wail, whine *(жалóбный)*

вóйлок felt

война́ war; термоядерная ~ núclear wárfare

войска́ troops, fórce(s); инженéрные ~ sáppers; Róyal Enginéers *(в Англии)*

вóйско ármy

войти́ 1. énter, go in; come in; войди́те! come in! 2. *(уместиться)* go *(into)*, get in ◊ ~ во вкус acquíre a taste *(for)*; ~ в довéрие к комý-л. get into smb.'s cónfidence; ~ в истóрию becóme hístory; у негó э́то вошлó в привы́чку this has becóme a hábit with him; ~ в поговóрку pass into a próverb; becóme provérbial; ~ в сúлу come into force; ~ в употреблéние come into use; ~ в мóду come into fáshion; becóme fáshionable; ~ в чьё-л. положéние put onesélf in smb.'s place

вокáльн‖ый vócal; ~ая мýзыка vócal músic

вокза́л (ráilway) státion

вокрýг *нареч. и предл.* round, aróund, about ◊ ходи́ть ~ да óколо *разг.* go round in small círcles, beat abóut the bush, díther

вол ox ◊ рабóтать как ~ work like a horse

волды́рь blíster

волевóй stróng-willed

волейбóл vólleyball

вóлей-невóлей *нареч. разг.* wílly-nílly

волк wolf

волна́ wave

волнéн‖ие 1. emótion, agitátion; нас охвати́ло глубóкое ~ we were in the grip of deep emótion; от ~ия он не мог говори́ть he was so moved he could not útter a word 2. *(народное)* únrest, distúrbance 3.: ~ на мóре rough *(или* héavy*)* sea

волни́стый wávy

волновáть ágitate; alárm *(тревóжить)*; distúrb, wórry *(беспокóить)*; upsét *(расстрáивать)*; э́то егó волнýет he is déeply concérned abóut this; ~ся 1. *(нервничать)* be nérvous; wórry (abóut), feel concérn for, be concérned abóut *(беспокóиться)*; be ágitated, be excíted *(быть возбуждённым)* 2. *(о мóре)* surge; be rough

волнообрáзный úndulating

волнýющий excíting, stírring

волоки́та *(канцелярская)* procrastinátion

волок‖ни́стый fíbrous; ~нó fibre, fílament

вóлос hair; ~áтый háiry; shággy; ~óк hair; fílament *(в лáмпочке)* ◊ быть на ~óк от чегó-л. have a háirbreadth *(или* nárrow*)* escápe, have a close shave; висéть на ~кé hang by a thread; ~яно́й hair *attr.*; ~яно́й матра́ц hair máttress *(of horse hair)*

волочи́ть drag, trail; ~ся 1. drag onesélf 2. *разг. (ухáживать)* trail áfter, hang aróund

волч‖ий wólfish; ~и́ца shé-wolf

волчóк top

волчóнок wólf-cub

волшéб‖ник magícian; ~ница sórceress, enchántress; ~ный mágic *attr.*; ~ствó mágic, witchery

вóльно! *воен.* (stand) at ease!

вольнонаёмный civílian *(in army employ)*

вольнослýшатель extérnal stúdent

вóльн‖ость líberty, fréedom; familiárity; позволя́ть себé ~ости take líberties; поэти́ческая ~ poétic lícense; ~ый free, indepéndent ◊ ~ый перевóд free translátion

вольт *эл.* volt; ~áж vóltage

вóл‖я 1. will; сúла ~и will-power 2. *(свобóда)* fréedom; líberty

вон I *нареч. (прочь)* out; вы́гнать ~ turn out; пошёл ~! get out!, out with you! ◊ э́то из рук ~ плóхо this is a real mess; сдéлать чтó-л. из рук ~ плóхо búngle smth.

вон II *нареч. (вот)* there, here; ~ там óver there

вонз‖áть, ~úть thrust, stick

вон‖ь stench, stink; ~ю́чий stínking, foul; ~я́ть stink

воображ‖áемый imáginary; ~áть *см.* вообрази́ть; ~áть о себé *разг.* have a good concéit of onesélf; ~éние imaginátion, fáncy

вообра‖зи́ть imágine, fáncy; ~зи́те! imágine!, fáncy!

вообщé *нареч.* génerally; in géneral; ~ не not at all ◊ ~ говоря́ génerally spéaking

воодушев||и́ть inspire, animate; ~ле́ние enthúsiasm, árdour; ~ля́ть см. воодушеви́ть
вооружа́ть(ся) см. вооружи́ть(ся)
вооруж||е́ние 1. (действие) árming 2. (оружие) arms pl.; ármaments pl.; ~ённый armed; ~ённое столкнове́ние armed cónflict; ~и́ть arm; ~и́ться arm (onesélf), take up arms
воо́чию нареч. with one's own eyes
во-пе́рвых вводн. сл. firstly, in the first place
вопи́ть разг. cry out, shout; howl (выть)
вопию́щ||ий crýing; ~ая несправедли́вость crýing injústice
вопло||ти́ть, ~ща́ть embódy; ~ мечту́ в жизнь make a dream come true; ~ще́ние embódiment, personificátion; ~ще́ние доброты́ kindness itsélf; ~щённый persónified; он ~щённая че́стность he is hónesty itsélf, he is hónesty persónified
вопль cry, wail
вопреки́ предл. in spite of, despíte; ~ всем пра́вилам cóntrary to all the rules
вопро́с 1. quéstion 2. (проблема) quéstion, próblem; ~ жи́зни и сме́рти a mátter of life and death; ~ не в э́том that's not the point; ~ы, стоя́щие на пове́стке дня points on the agénda; ~и́тельный interrógative; ~и́тельный знак note of interrogátion, quéstion-mark
вор thief; píckpocket (карманный)
ворва́ться burst (into)
воркова́||ние cóoing; ~ть соо
воробе́й spárrow
вор||ова́ть steal; ~о́вка thief; ~овство́ stéaling, theft
во́рон ráven
воро́на crow ◊ воро́н счита́ть разг. gape
воро́нка 1. fúnnel 2. (яма) cráter
вороно́й black
во́рот I cóllar; схвати́ть за ~ take by the scruff of the neck
во́рот II mex. windlass
воро́та 1. gate(s) 2. спорт. goal sg.
воротни́||к, ~чо́к cóllar
во́рох pile, heap
воро́ч||ать turn, roll; он ~ает все́ми дела́ми éverything goes through his hands, he is the kíngpin; ~аться turn; toss (в кровати)
вороши́ть turn óver; ~ се́но toss the hay
ворс pile; nap (сукна́)
ворч||а́ние grúmbling, grumble; snarl (собаки); ~а́ть grumble, grouse; growl; snarl (о собаке); ~а́ть себе́ под нос mútter únder one's breath; он всё вре́мя ~и́т he's for éver bléating about smth., he has álways got a grouse; ~ли́вый grúmbling, gróusing; ~у́н, ~у́нья grúmbler
восвоя́си нареч. разг. back home
восемна́дца||тый the éightéenth; ~ть éightéen
во́семь eight; ~деся́т éighty; ~сот eight húndred; ~ю нареч. eight times
воск wax
воскли||́кнуть excláim; ejáculate; ~ца́ние exclamátion; ejaculátion; ~ца́тельный exclámatory; ~ца́тельный знак exclamátion mark; ~ца́ть см. воскли́кнуть
воско́в||о́й wáxen, wáxy; ~а́я свеча́ táper
воскреса́ть см. воскре́снуть
воскресе́нье (день) Súnday
воскреси́ть resúscitate; raise from the dead; перен. revíve
воскре́снуть rise from the dead, be resurrécted (тж. перен.)
воспал||е́ние inflammátion; ~ лёгких pneumónia; ~ по́чек nephrítis; ~ённый inflámed; ~и́тельный inflámmatory; ~и́ться, ~я́ться get inflámed
воспева́ть, воспе́ть hymn, sing the práises (of), praise in song
восп||ита́ние educátion; tráining (подготовка); úpbringing (ребёнка); ~и́танник, ~и́танница púpil; ~и́танный well brought up; пло́хо ~и́танный ill-bréd, bádly brought up; ~ита́тель tútor, téacher; ~ита́ть, ~и́тывать bring up (вырастить); éducate (дать образование)
воспламен||и́ть, ~я́ть ignite; перен. infláme
восполнить, восполня́ть fill up; ~ пробе́л в на́ших зна́ниях fill a gap in our knówledge
воспо́льзоваться make use (of), prófit (by) (использовать); seize the opportúnity, take advántage (of; случаем); ~ чем-л. в ка́честве предло́га make smth. one's excúse, use smth. as an excúse
воспомина́||ние 1. recolléction, mémory 2. мн.: ~ния лит. reminíscences, mémoirs
воспрепя́тствовать hínder, prevént
воспре||ти́ть, ~ща́ть forbíd, prohíbit; ~ща́ться: кури́ть ~ща́ется no smóking; ~ще́ние prohibítion
воспри||́имчивый recéptive; suscéptible; ~нима́ть percéive; assímilate (усваи-

35

вать); ~**нять** см. воспринимать; ~**ятие** perception, apprehension

воспроиз||**ведение** reproduction; ~**вести**, ~**водить** reproduce; ~**вести**, ~**водить** в памяти call to mind; ~**водство** эк. reproduction

воспротивиться oppose, resist

воспрянуть: ~ духом cheer up, take heart

воссоединение reunion

восставать см. восстать

восстанавливать см. восстановить

восстание rising, rebellion, revolt, insurrection

восстанов||**ить** restore; recover (*силы, здоровье*); ~ кого-л. в правах restore smb.'s rights; ~ кого-л. против себя antagonize smb.; ~**ление** re-establishment, restoration; reconstruction (*промышленности и т. п.*); recovery (*сил*); rehabilitation (*прав*); ~**ление** разрушенных районов rebuilding of destroyed areas

восстать rise, revolt, rebel; oppose strongly (*быть против*)

восток east; orient; Ближний Восток Middle East; Дальний Восток Far East; на ~ eastward; к ~у (*от*) east (*of*)

восторг delight, enthusiasm, rapture; быть в ~е be in raptures, be in ecstasies (*или* in transports of joy); ~**аться** be thrilled, be in raptures, be in ecstasies

восторженный enthusiastic, ecstatic, exalted, rapturous

восторжествовать triumph (*over*)

восточный east(ern); oriental (*о культуре*)

востребован||**ие**: до ~**ия** (*о письмах*) to be called for, poste restante

восхвал||**ение** praising, ~**ять** praise

восхитительный charming, delightful; ~**ть(ся)** см. восхищать(ся)

восхищ||**ать** charm, delight, win all hearts; ~**аться** admire, be delighted (*with*); be carried away (*by*); ~**ение** admiration; с ~**ением** admiringly, with admiration

восход rise, rising; ~ солнца sunrise

восхождение ascent

восьмёрка *карт.* the eight

восьмидесят||**ый** eightieth; ~**ые** годы the eighties

восьмисотый eight-hundredth

восьмиугольный octagonal

восьмичасовой eight-hour *attr.*; ~ рабочий день eight-hour working-day

восьм||**ой** eighth; ~**ушка** eight part

вот *частица* here, there; ~, возьмите here take it; ~ он there he is; ~ и всё that's all; ~ это хорошо! splendid!, (that's) fine!; ~ как! you don't say!; ~ это человек! what a man!

воткнуть thrust (*или* drive) in

вотум vote; ~ доверия vote of confidence; ~ недоверия vote of no confidence, vote of censure

воцар||**иться**, ~**яться** (*наступить*) reign; ~**илось** молчание silence reigned; ~**илась** мёртвая тишина a deathly hush prevailed

вошь louse

воюющ||**ий** belligerent; warring; ~**ие** державы belligerent powers

вояка *ирон.* fighter

впад||**ать** 1. (*о реке*) flow (*into*) 2. *см.* впасть; ~**ение** confluence (*слияние*); mouth (*устье*)

впадина hollow, cavity; глазная ~ eye-socket

впалый hollow, sunken

впасть 1. fall (*into*) 2. (*о щеках*) sink in, become hollow ◇ ~ в немилость fall into disgrace

впервые *нареч.* for the first time, first

вперёд *нареч.* on, forward, ahead, onward; идите прямо ~ go straight on ◇ мои часы идут ~ my watch is fast; платить ~ pay in advance

впереди 1. *нареч.* ahead, in front; before (*тж. перен.*) 2. *предл.* in front of, before, ahead of

вперемежку *нареч.* in turn, turn about, alternately

вперемешку *нареч.* in confusion, in chaos, in a jumble

вперить, вперять fix; ~ взор, взгляд в кого-л. fix one's gaze on smb.

впечатл||**ение** impression; ~**ительность** impressionability, susceptibility; ~**ительный** impressionable, sensitive, susceptible

впиваться см. впиться

вписать, вписывать 1. enter; put down 2. *геом.* inscribe

впитать absorb, soak up, imbibe; ~**ся** soak in

впитывать(ся) см. впитать(ся)

впиться (*когтями, зубами и т. п.*) dig (*into*); ~ во что-л. глазами *перен.* glue one's eyes on smth.

впих||**ивать**, ~**нуть** push in; shove in; squeeze in (*втиснуть*)

вплавь *нареч.:* переправиться ~ swim across
впле||сти́, ~та́ть intertwine *(with);* plait *(into;* в косу*)*
вплотну́ю *нареч.* close, clósely
вплоть: ~ до right up to; ~ до самого ве́чера right up till the évening
вполго́лоса *нареч.* in úndertones, in a low voice
вполз||а́ть, ~ти́ crawl *(или* creep*)* in
вполне́ *нареч.* quite, fúlly, pérfectly; altogéther *(всецело)*
впопыха́х *нареч.* in a húrry; hélter-skélter
впо́ру *нареч.:* быть ~ fit; э́ти ту́фли мне ~ these shoes fit *(или* are the right size for*)* me
впосле́дствии *нареч.* áfterwards, láter on
впотьма́х *нареч.* in the dark
вправе: быть ~ have a right *(+inf.)*
вправ||ить, ~ля́ть *(вывих):* set a bone
впра́во *нареч.* to the right *(of);* возьми́те ~ turn to the right
впредь *нареч.* hénceforth, in the fúture, from this time ónward(s); ~ до until
впро́голодь *нареч.* hálf-stárving; жить ~ starve, live from hand to mouth, live in want
в продолже́ние *предл.* dúring for, in the course *(of)*
впрок: заготовля́ть ~ lay in store, presérve
впроса́к *нареч.:* попа́сть ~ put one's foot in it
впро́чем *союз* howéver, but, then
впры́г||ивать, ~нуть jump *(in, on)*
впры́с||кивание *мед.* injéction; ~кивать, ~нуть injéct
впряга́ть, впрячь hárness
впус||ка́ть, ~ти́ть let in, admit
впусту́ю *нареч.* to no púrpose, in vain
впу́тать invólve, entángle; ~ся meddle *(in),* interfére *(in, with)*
впу́тывать(ся) *см.* впу́тать(ся)
враг énemy, foe
враж||да́ énmity, hostílity; feud *(кровная);* ~де́бно *нареч.* with animósity; ~де́бность hostílity, animósity; ~де́бный hóstile, inímical
вра́жеский énemy's, hóstile
вразбро́д *нареч.* in all diréctions; *перен.* at six and sévens
вразре́з *нареч.* cóntrary *(to);* идти́ ~ с чем-л. run cóunter to smth.
вразум||и́тельный clear, intélligible;

~и́ть, ~ля́ть make smb. lísten to réason
враньё *разг.* fib
врасплох *нареч.* únawáres, by surpríse; засти́гнутый ~ táken únawáres *(или* by surpríse*)*
врассыпну́ю *нареч.:* бро́ситься ~ scútter in all diréctions
враст||а́ть, ~и́ grow ínwards; *перен.* take root
врата́рь *спорт.* góalkeeper
врать *разг.* lie, tell lies
врач physician, dóctor; вое́нный ~ ármy dóctor
враче́бный médical; ~ обхо́д dóctor's rounds *pl.*
враща́||ть revólve, turn, rotáte; ~ться revólve, rotáte; run *(о колесе)* ◇ ~ться в о́бществе кого́-л. move in smb.'s circle; ~ющийся revólving; ~ние revólving rotátion
вред harm, dámage; ínjury
вред||и́тель *с.-х.* 1. vérmin 2. *мн.:* ~и́тели vérmin *sg.;* ~и́ть ínjure, harm, do harm, dámage
вре́дн||о 1. *нареч.:* ~ влия́ть на чьё-л. здоро́вье be bad for smb.'s health; это мне ~ this is not good *(или* bad*)* for me 2. *предик. безл.* it is bad; ~ый bad; ~ый кли́мат an unhéalthy climáte; ~ое уче́ние pernícious dóctrine
вре́заться cut ínto; ~ в зе́млю *(о самолёте)* tear into the ground ◇ ~ в па́мять be engráved on one's mémory
вреза́ться *см.* вре́заться
вре́менн||о *нареч.* témporarily; ~ый témporary, provísional
врем||я 1. time; ~ го́да séason; ~ не ждёт time présses; верну́ть потерянное ~ make up for lost time; во ~ dúring; в то са́мое ~ как just as; за после́днее ~ lately, récently; ~ от ~ени from time to time *(every)* now and then, now and agáin 2. *мн.:* ~ена́ times; ~ена́ми now and then, at times 3. *грам.* tense
времяисчисле́ние cálendar
времяпрепровожде́ние pástime
вро́вень *нареч.* lével *(with);* ~ с края́ми up to the brim
вро́де *предл.* like; не́что ~ *разг.* sómething in the náture of, a kind of
врождённый ínnate, ínborn
врозь *нареч.* apárt, séparately
врун, ~ья *разг.* líar, fíbber
вруч||а́ть hand in, delíver; presént *(награду, премию)*
врыва́ться *см.* ворва́ться

вряд ли *нареч.* it's unlikely, scárcely likely

всади́ть stick *(into)*, thrust *(into)*, plunge *(into)*

вса́дник ríder, hórseman

вса́сывать *см.* **всоса́ть**

все *мн. см.* **весь**

всё I *мест. см.* **весь**

всё II *нареч.*: ~ ещё still; ~ лу́чше и лу́чше bétter and bétter; ~ же nevertheléss, howéver, still

всевозмо́жный of évery kind, all póssible

всегда́ *нареч.* álways

всего́ I *рд. см.* **весь**

всего́ II *нареч.* 1. *(итого)* in all 2. *(лишь)* ónly ◇ то́лько и ~ and nóthing more; **~-на́всего** *нареч. разг.* in all; ónly

вселе́ние installátion

вселе́нная úniverse, world

всел||и́ть install, move in ◇ ~ наде́жду give hope; ~ в кого́-л. страх make smb. afráid; **~и́ться** settle, move in; **~я́ть(ся)** *см.* **вселить(ся)**

всеме́рно *нареч.* in évery póssible way, to the útmost

всеми́рный univérsal; world *attr.*; Всеми́рный Сове́т Ми́ра The World Peace Council

всемогу́щий omnípotent, áll-pówerful

всенаро́дн||ый nátion-wide, nátional; **~ая перепись** nátional *(или* géneral*)* cénsus; ~ праздник nátional hóliday

всео́бщ||ий géneral, univérsal; **~ее избира́тельное пра́во** univérsal súffrage; **~ее одобре́ние** géneral appróval

всеору́жи||е: во ~и fúlly equípped, wéll-ármed

всепобежда́ющий áll-cónquering, áll-triúmphant

всеросси́йский All-Rússian

всерьёз *нареч.* in éarnest

всеси́льный omnípotent; áll-pówerful

всесою́зный All-Únion

всесторо́нн||ий thórough, détailed, óverall, áll-róund; **~ее разви́тие** áll-róund devélopment

всё-таки *союз* for all that, nevertheléss

всеуслы́шание: во ~ in éveryone's héaring

всеце́ло *нареч.* entírely, whólly

вска́кивать *см.* **вскочи́ть**

вска́пывать *см.* **вскопа́ть**

вскара́бкаться climb *(up)*, clámber *(upon)*

вска́рмливать *см.* **вскорми́ть**

вскачь *нареч.* at a gállop; нести́сь ~ gállop

вски||дывать, ~нуть throw up; toss up; ~ ружьё take aim

вски||па́ть, ~пе́ть boil up

вскипяти́ть boil

всколыхну́ть stir, rustle; *перен.* rouse

вско́льзь *нареч.* cásually, in pássing; сде́лать замеча́ние ~ make a pássing remárk

вскопа́ть dig

вско́ре *нареч.* soon áfter; shórtly áfter; befóre long

вскорми́ть rear; nurse *(младенца)*

вскочи́ть jump up; spring *(или* leap*)* up

вскри́к||ивать, ~нуть útter a cry, give a scream

вскружи́ть: ~ го́лову кому́-л. turn smb.'s head

вскрыва́ть(ся) *см.* **вскры́ть(ся)**

вскры́тие 1. ópening 2. *мед.* áutopsy, póst-mórtem examinátion

вскры́ть 1. ópen; ~ письмо́ tear a létter ópen, ópen a létter 2. *(обнаружить)* reveál 3. *мед.* disséct; make a póst-mórtem examinátion 4.: ~ нары́в ópen an ábscess; **~ся** 1. be found out *(или* reveáled*)* 2. *(о нарыве)* burst ◇ река́ вскры́лась the ice has bróken up on the river

вслед *нареч. и предл.* áfter; идти́ ~ за кем-л. fóllow smb.; ~ за fóllowing, immédiately áfter

всле́дствие *предл.* becáuse of, in cónsequence of, on accóunt of, ówing to

вслепу́ю *нареч.* blíndly, in a dark

вслух *нареч.* alóud

вслу́ш||аться, ~иваться listen atténtively

всма́триваться, всмотре́ться *см.* **вгляде́ться, вгля́дываться**

всмя́тку *нареч.*: яйцо́ ~ sóft-bóiled egg

всо́вывать *см.* **всу́нуть**

всоса́ть suck in *(или* up*)*; absórb

вспаха́ть, вспа́хивать plough, till

вспа́шка plóughing, tíllage

вспе́ни||ваться, ~ться 1. froth 2. *(о мыле)* láther

всплеск splash

всплесну́ть: ~ рука́ми throw up one's hands

всплыва́ть, всплыть 1. come to the súrface 2. *(обнаруживаться)* come to light, leak out

всполоши́ть startle; rouse; **~ся** take alárm; get fríghtened *(испугаться)*

вспомина́ть(ся) *см.* **вспо́мнить(ся)**

вспо́мнить recollе́ct, remе́mber recа́ll; ~ся: мне вспо́мнилось I recа́lled
вспомога́тельный auxíliary
вспорхну́ть take wing
вспоте́ть sweat, perspíre
вспры́г||ивать, ~нуть jump up
вспры́скивание *мед.* injе́ction
вспры́с||кивать, ~нуть 1. sprinkle 2. *мед.* injе́ct
вспу́г||ивать, ~ну́ть frighten awа́y
вспыли́ть flare up
вспы́льчив||ость hot tе́mper, irascibílity; ~ый hót-tе́mpered, quíck-tе́mpered
вспы́х||ивать, ~нуть 1. flash up, burst into flames; *перен.* break (*или* burst) out (*о войне, эпидемии и т. п.*); flare up (*о гневе, пламени*) 2.(*покраснеть*) blush crímson (*или* a deep red)
вспы́шка flare, flash; *перен.* óutburst; óutbreak (*эпидемии и т. п.*); ~ гне́ва fit of а́nger
встава́ние rísing, gе́tting up
встава́ть *см.* встать
встав||ить put in; insе́rt (*в текст*); ~ в ра́му frame; ~ окна́ (*застеклить*) glaze; ~ слове́чко put in a word; ~ зу́бы have a dе́nture made; ~ка insе́rtion; front, dícky (*манишка*); ~ля́ть *см.* вста́вить; ~но́й; ~ны́е зу́бы false teeth
встать get up, rise; stand up (*на ноги*) ◊ ~ на чью-л. сто́рону take smb.'s side
встрево́жить alа́rm; give the alа́rm; ~ся take alа́rm
встрепену́ться start, give a start
встре́тить 1. meet; come acróss (*случайно*) 2. (*принять*) recе́ive; wе́lcome (*приветствовать*) 3. (*найти, увидеть*) find ◊ ~ Но́вый год see the New Year in; ~ся meet
встре́ч||а 1. mе́eting; recе́ption (*приём*); ра́душная ~ hе́arty wе́lcome 2. *спорт.* match; ~а́ть *см.* встре́тить; ~а́ться *см.* встре́титься; ре́дко ~а́ться с кем-л. see vе́ry líttle of smb.
встре́чный: ~ ве́тер cóntrary (*или* head) wind; ~ по́езд train cо́ming the óther way, train from the ópposite dirе́ction ◊ пе́рвый ~ the first pе́rson one sees (*или* meets)
встря́ска shа́king
встря́х||ивать(ся) *см.* встряхну́ть(ся); ~ну́ть shake up; ~ну́ться rouse onesе́lf
вступа́ть *см.* вступи́ть
вступа́ться *см.* вступи́ться
вступи́тельн||ый introdúctory, ópening, е́ntrance *attr.;* ~ взнос е́ntrance fee; ~ые экза́мены е́ntrance examinа́tions; ~ое сло́во о́pening addrе́ss
вступи́ть 1. е́nter; join; march (*in, into, о войсках*); ~ в па́ртию join the pа́rty; ~ в профсою́з becо́me a mе́mber of a trade únion 2. (*начать что-л.*) е́nter on, start; ~ в спор start an а́rgument; ~ в перегово́ры begin negotiа́tions ◊ ~ в де́йствие come ínto operа́tion; ~ в си́лу come ínto force; ~ во владе́ние *юр.* come ínto possе́ssion; ~ в брак má́rry; ~ в сою́з form an allíance
вступи́ться stand up (*for*); take smb.'s part
вступле́ние 1. (*куда-л.*) е́ntry (*into*) 2. (*к чему-л.*) introdúction
всу́нуть put, thrust in(to); slip in
всухомя́тку *нареч.*: есть ~ eat cold food, live on dry rа́tions
всхли́пыва||ние gúlping with sobs; ~ть gulp down sobs
всходи́ть *см.* взойти́
всхо́ды young growth *sg.*
всы́пать, всыпа́ть pour (*into*)
всю *вн. ж. см.* весь
всю́ду *нареч.* е́verywhere, а́nywhere
вся *им. ж. см.* весь
вся́к||ий 1. *прил.* а́ny; ~ раз е́very time; ~ раз как whenе́ver ◊ во ~ом слу́чае at а́ny rate, in а́ny case 2. *как сущ.* е́verybody, а́nybody (*каждый*); а́nyone (*кто угодно*)
вся́чески *нареч.* in е́very way
вта́йне *нареч.* sе́cretly, in sе́cret
вта́лкивать *см.* втолкну́ть
вта́птывать *см.* втопта́ть
вта́скивать, втащи́ть drag (*или* pull) in; drag (*или* pull) up (*наверх*)
втека́ть flow in(to)
втере́ть rub in ◊ ~ очки́ кому́-л. *разг.* pull wool óver smb.'s eyes; ~ся: ~ся в дове́рие к кому́-л. gain smb.'s cо́nfidence in an únderhand way
в тече́ние *предл.* dúring, in the course of
втира́ть(ся) *см.* втере́ть(ся)
вти́скивать, вти́снуть press (*или* squeeze) in; ~ся squeeze onesе́lf (*into*)
втихомо́лку *нареч.* withóut sа́ying a word; on the quiet *разг.*
втолкну́ть push (*или* shove) in
втолк||ова́ть, ~о́вывать make understа́nd
втопта́ть trа́mple down, tread in ◊ ~ в

грязь fling mud *(at),* ride róughshod *(over)*

втор||гáться, вто́ргнуться: ~ в страну́ inváde a cóuntry; ~ в чужи́е владе́ния tréspass; ~же́ние invásion

втóрить 1. écho 2. *муз.* sing *(или* play) the sécond part

вторúчн||о *нареч.* a sécond time, for the sécond time; ~ый sécond

втóрник Túesday

второ́е *(блюдо)* sécond course

втор||óй sécond; the látter *(из двух упомянутых);* ~ час it is past one; ~óe мáя the sécond of May ◇ из ~ы́х рук sécond-hand

второ||кла́ссник sécond-form boy; ~кла́ссница sécond-form girl; ~ку́рсник sécond-year stúdent; *амер.* sóphomore

второпя́х *нареч.* in a húrry, in haste

второстепе́нный of mínor impórtance, sécondary

в-тре́тьих *вводн. сл.* thírdly, in the third place

втро́е *нареч.* three times as much; увели́чить ~ treble

втроём *нареч.* the three of (us, you, them), all three

втыка́ть *см.* воткну́ть

втя́гивать(ся) *см.* втяну́ть(ся)

втяну́ть draw in; draw up *(наверх); перен.* entángle, invólve

втяну́ться get used *(или* accústomed)

вуа́ль veil

вуз (вы́сшее уче́бное заведе́ние) hígher educátional institútion; cóllege

вулка́н volcáno; ~и́ческий volcánic

вульга́рный vúlgar

вундерки́нд ínfant pródigy

вход е́ntrance; гла́вный ~ main éntrance; ~ воспрещён no admíttance; ~а нет no éntry; ~ по биле́там éntrance by tícket; ~ беспла́тный *(или* свобо́дный) admíssion free

входи́ть *см.* войти́

входно́й éntrance *attr.;* ~ биле́т éntrance card

вцеп||и́ться, ~ля́ться hold fast, clutch *(at;* держа́ться); seize, catch hold *(of;* схвати́ться)

вчера́ *нареч.* yésterday; ~ ве́чером last night; ~шний yésterday('s); last night's

вчерне́ *нареч.* in the rough, in a rough cópy

вчетверо́ *нареч.* four times

вчита́ться, вчи́тываться read véry atténtively

вшива́ть *см.* вшить

вши́вый lóusy

вшить sew *(или* stitch) in

въеда́ться eat ínto

въезд cárriage éntrance, drive

въезжа́ть, въе́хать 1. énter; ride in *(верхом);* drive ínto *(в экипа́же)* 2. *(в кварти́ру)* move in(to)

вы you; благодарю́ вас thank you; он дал вам кни́гу he gave you the book, he gave the book to you; э́то ва́ми напи́сано? did you write this?; что с ва́ми? what's the mátter with you?

выба́лтывать *см.* вы́болтать

выбега́ть, вы́бежать run out

выбива́ть(ся) *см.* вы́бить(ся)

выбира́ть *см.* вы́брать

выбира́ться *см.* вы́браться

вы́бить beat out; knock out; ~ ковры́ beat cárpets; ~ око́нное стекло́ smash a pane; ~ неприя́теля *воен.* dislódge the énemy; ~ся: ~ся из сил be exháusted

вы́болтать let *(или* blab) out

вы́бор choice; seléction *(отбор)*

вы́борный 1. *прил.* eléction *attr.;* eléctoral *(относя́щийся к вы́борам)* 2. *как сущ.* délegate

вы́боры eléction *sg.;* всео́бщие ~ géneral eléction; дополни́тельные ~ bý-eléction *sg.*

выбра́сывать(ся) *см.* вы́бросить(ся)

вы́брать 1. choose, pick out 2. *(голосова́нием)* eléct

вы́браться get out; ~ из затрудне́ния éxtricate onesélf from a dífficulty

выбрить shave; ~ся shave onesélf clean

вы́бросить throw out ◇ вы́бросите э́то из головы́ put it *(или* the idéa) out of your head; ~ся throw onesélf out; ~ся с парашю́том bale out; ~ся на мель run agróund

выбыва́ть, вы́быть leave, quit ◇ ~ из стро́я quit the ranks; *воен.* becóme a cásualty; ~ из игры́ leave the field

выва́ливать(ся) *см.* вы́валить(ся)

вы́валить émpty, throw out; ~ся fall out

выва́ривать, вы́варить boil down

вы́ведать, выве́дывать extráct *(или* worm out) informátion

вы́везти 1. remóve, bring *(along with* — привезти́*)* 2. *(за грани́цу)* expórt

вы́верить check, vérify; régulate *(часы́)*

вы́вернуть 1. únscréw 2.: ~ наизна́нку turn ínside out

вы́вернуться *(из затрудни́тельного положе́ния)* wríggle out *(of)*

вывёртывать см. **вывернуть**
выверя́ть см. **вы́верить**
вы́весить hang out; ~ объявле́ние put up a nótice
вы́веска sígnboard
вы́вести 1. (*откуда-л.*) take (*или* lead) out; withdráw (*войска́*) 2. (*пятно*) remóve 3. (*уничтожить*) extérminate 4. (*сделать вывод*) inférr; conclúde, dedúce 5. (*вырастить*) raise; hatch (*птенцо́в*) ◇ ~ кого́-л. из себя́ drive smb. to distráction, infúriate smb.; ~ из стро́я put out of áction, wreck; ~сь disappéar
вывётривание *геол.* wéathering
выве́шивать см. **вы́весить**
вы́винтить, выви́нчивать screw out
вы́вих dislocátion; ~нуть díslocate, put out of joint
вы́вод 1. (*войск*) withdráwal 2. (*заключе́ние*) conclúsion, ínference
выводи́ть(ся) см. **вы́вести(сь)**
выводо́к brood; hátching (*о пти́цах*)
вы́воз éxport; ~и́ть см. **вы́везти**
вывола́кивать drag out
вывора́чивать см. **вы́вернуть**
вы́гадать, выга́дывать gain, save
выгиба́ть curve, bend; ~ спи́ну (*о живо́тных*) arch one's back
вы́гладить (*бельё*) íron, press
вы́глядеть look, appéar; ~ моло́же свои́х лет look young for one's age; wear one's years well
выгля́дывать, вы́глянуть look (*или* peep) out
вы́гнать 1. drive (*или* turn) out; ~ ста́до в по́ле turn cattle out to grass 2. (*исключи́ть*) expél 3. *разг.* (*уво́лить*) sack, fire (out), dismíss
выгова́ривать 1. см. **вы́говорить** 2. (*делать замеча́ние*) tick off, scold
вы́говор 1. (*произноше́ние*) pronunciátion 2. (*замеча́ние*) scólding
вы́говорить 1. pronóunce; útter (*вы́молвить*) 2. (*обусло́вить*) add provísory cláuses, stípulate
вы́год||а prófit, gain (*при́быль*); advántage (*преиму́щество*); ~но *предик. безл.* it is prófitable, it is advantágeous, it pays; ~ный prófitable, advantágeous; ~ную, remúnerative (*в дене́жном отноше́нии*); ~ное де́ло páying propósition
вы́гон pásture land
выгоня́ть см. **вы́гнать**
выгора́живать см. **вы́городить**
выгора́ть см. **вы́гореть**
вы́горе||ть 1. burn down; be destróyed by fire 2. (*о кра́ске*) fade ◇ де́ло не ~ло it all fízzled out, it was a compléte flop
вы́городить fence off; *перен.* stand up (*for*)
выгружа́ть, вы́грузить únload
вы́грузка únloading; disembarkátion (*с корабля́*)
выдава́ть см. **вы́дать**
выдава́ться protrúde, jut out
вы́давить, выда́вливать press (*или* squeeze) out ◇ ~ стекло́ break a window-pane
выда́лбливать см. **вы́долбить**
вы́дать 1. give; distríbute; ~ зарпла́ту pay a sálary 2. (*преда́ть*) betráy; give awáy; ~ себя́ give onesélf awáy ◇ ~ себя́ за пасс onesélf off as; ~ за́муж márry; ~ся: как то́лько у меня́ вы́дастся свобо́дное вре́мя as soon as I have a free móment
вы́дача 1. distribútion; páyment (*вы́плата*); за́втра ~ зарпла́ты tomórrow is páy-day 2. (*престу́пника*) extradítion
выдаю́щийся outstánding, éminent, distínguished; stríking, remárkable (*замеча́тельный*); ~ челове́к a man of mark
выдвига́ть(ся) см. **вы́двинуть(ся)**
вы́двинуть 1. pull out; ~ я́щик ópen a dráwer 2. (*тео́рию*) advánce, put fórward 3. (*кандидату́ру или на до́лжность*) promóte (*to*), nóminate (*for*); ~ся rise, be promóted
выделе́ние *физиол.* secrétion; гно́йное ~ pus
вы́делить 1. (*отличи́ть*) distínguish 2. (*отобра́ть*) pick out 3. (*часть иму́щества*) allót; ~ся stand out; be outstánding (*отличи́ться*)
вы́делка 1. (*произво́дство*) manufácture 2. (*ка́чество*) make, quálity
выде́лывать make, manufácture, prodúce; ~ ко́жу dress skins
выделя́ть 1. см. **вы́делить** 2. *физ., хим.* give off, yield, emít; ~ся 1. см. **вы́делиться** 2. *физиол.* secréte 3. *физ., хим.* be gíven off, escápe, émanate (*from*)
выдёргивать см. **вы́дернуть**
вы́держ||анный self-restráined, self-posséssed; ~анное вино́ séasoned wine; ~ать stand, bear; *перен. тж.* endúre ◇ ~ать хара́ктер stand firm; ~ать не́сколько изда́ний run ínto (*или* through) séveral edítions; ~ать экза́мен pass an examinátion; она́ не ~ала и запла́кала she broke down and cried
выде́рживать см. **вы́держать**

ВЫД

вы́держка I *(из книги и т. п.)* éxtract, pássage; éxcerpt *(цитата)*
вы́держка II 1. *(о характере)* sélf-contról; stáying pówer, pówers *pl.* of endúrance **2.** *фото* expósure
вы́дернуть pull out; ~ зуб have a tooth out, extráct a tooth
вы́долбить hóllow out
вы́дохнуть breathe out; ~ся lose the frágrance; *перен.* be used up, get exháusted
вы́дра *зоол.* ótter
вы́дум||**ать** invént; make up *(сочинить)*; ~ка invéntion; fib *(ложь)*
выду́мывать *см.* вы́думать
выдыха́ть(ся) *см.* вы́дохнуть(ся)
вы́езд depárture
выезжа́ть *см.* вы́ехать
вы́емка 1. hóllow, groove **2.** *(писем)* colléction
вы́ехать leave; depárt; move *(переехать)*
вы́жать squeeze out, press out; wring out *(бельё)*
вы́ждать seize the opportúnity; он вы́ждал удо́бный моме́нт he seized the right móment
вы́жечь burn out; burn down *(сжечь)*; ~ клеймо́ brand
выжива́ть *см.* вы́жить
выжига́ть *см.* вы́жечь
выжида́ть *см.* вы́ждать
выжима́ть *см.* вы́жать
вы́жи||**ть 1.** survíve; live *(после болезни)*; он не ~вет he won't live *(или* pull through) **2.** *разг.* *(выгнать)* drive out ◇ ~ из ума́ becóme sénile
вы́звать 1. call; súmmon(s) *(в суд и т. п.)*; ~ по телефо́ну call up; ~ к телефо́ну call to the télephone; ~ до́ктора súmmon *(или* call) a dóctor **2.** *(на соревнова́ние)* chállenge **3.** *(быть причи́ной)* evóke, cause, rouse; ~ интере́с excíte interest **4.** *(воспомина́ния и т. п.)* evóke, bring back **5.** *(заказа́ть)* órder; ~ такси́ órder a táxi; ~ся voluntéer
выздора́влива||**ть** *см.* вы́здороветь; ~ющий *прил., как сущ.* convaléscent
вы́здоров||**еть** get bétter, recóver; ~ле́ние convaléscence, recóvery
вы́зов 1. call; súmmons *(в суд и т. п.)*; ~ по телефо́ну télephone call **2.** *(на соревнова́ние)* chállenge
вы́зубрить *разг.* learn by heart
вызыва́ть(ся) *см.* вы́звать(ся)
вызыва́ющий defíant

ВЫК

вы́играть, выи́грывать win; gain *(время и т. п.)*
вы́игрыш prize; winnings *pl.* *(вы́игранные де́ньги)*; gain *(вы́года)*; ~ный: ~ный биле́т lóttery tícket; ~ный заём lóttery loan; ~ное положе́ние advantágeous position
вы́йти 1. go out, come out; get out; alíght *(из ваго́на и т. п.)* **2.** *(быть и́зданным и т. п.)* be públished, appéar, come *(или* be) out; вы́шла (из печа́ти) но́вая кни́га a new book is out **3.** *(получи́ться, уда́ться)* come *(или* turn) out; из э́того ничего́ не вы́йдет it will come to nóthing; вы́шло о́чень хорошо́ it túrned out véry well ◇ ~ из себя́ lose one's témper *(или* one's pátience); be besíde onesélf; ~ в лю́ди make one's way in life; ~ в отста́вку retíre; ~ из употребле́ния go out of use; becóme óbsolete; ~ из мо́ды go out of fáshion; ~ нару́жу *(вы́ясниться)* come out into the ópen, come to light; у нас вы́шли все спи́чки we are out of mátches; ~ из стро́я be out of áction; be disábled
вы́казать, выка́зывать show; displáy
выка́лывать *см.* вы́колоть
выка́пывать *см.* вы́копать
выка́рмливать *см.* вы́кормить
вы́качать, выка́чивать pump out
выки́дывать *см.* вы́кинуть
вы́кидыш abórtion; miscárriage *(есте́ственный)*
вы́кинуть throw out *(или* awáy) ◇ ~ флаг break out a flag; ~ шту́ку play a trick
выкла́дывать *см.* вы́ложить
выклика́ть, вы́кликнуть call out
выключа́||**тель** switch; ~ть *см.* вы́ключить
вы́ключить turn off, shut off *(газ, во́ду)*; turn out *(свет)*; switch off *(ток)*; мото́р switch *(или* turn) off the éngine
вы́ковать, выко́вывать hámmer, forge; *перен.* mould
выкола́чивать, вы́колотить knock *(или* beat) out; ~ пыль shake out dust
вы́колоть prick out
вы́копать dig; dig up *(или* out) *(откопа́ть)*
вы́кормить 1. *(ребёнка)* bring up **2.** *(дома́шних живо́тных)* rear, raise
вы́корчевать, выкорчёвывать root out *(тж. перен.)*
выкра́ивать *см.* вы́кроить
вы́красить paint; dye *(ткань, во́лосы)*

42

вы́крик cry, shout
выкри́кивать, вы́крикнуть cry out
вы́кро||ить cut out; ~йка páttern
вы́крутить únscrew; ~ся *разг.* get out of a difficulty (*или* of a scrape)
выкру́чивать(ся) *см.* вы́крутить(ся)
вы́куп ránsom
вы́купать bathe
выкупа́ть, вы́купить redéem; ránsom (*пленника*)
выку́ривать, вы́курить smoke out (*тж. перен.*)
выла́вливать *см.* вы́ловить
вы́лазка 1. *воен.* sálly 2. (*прогулка*) excúrsion
выла́мывать *см.* вы́ломать
вылеза́ть, вы́лезть 1. come (*или* climb) out; get out (*выходить*) 2. (*о волосах*) come (*или* fall) out
вы́лепить módel
вы́лет flight, táke-off (*отправление самолёта*)
вылета́ть, вы́лететь fly out; start (*о самолёте*)
вылéчивать(ся) *см.* вы́лечить(ся)
вы́лечить cure; ~ся get cured
вылива́ть(ся) *см.* вы́лить(ся)
вы́литый: он ~ оте́ц he is the véry spit of his fáther
вы́лить pour out; ~ся run out; flow out
вы́ловить fish out
вы́ложить 1. lay out 2. (*чем-л.*) lay (with); ~ дёрном turf; ~ кирпичо́м brick; ~ ка́мнем face with másonry
вы́ломать break out
вы́лупиться hatch
вы́мазать soil, smear; ~ся get dírty
выма́ливать beg, imploŕe
выма́нивать, вы́манить (*кого-л.*) lure smb. out (*или* awáy); ~ что-л. у кого́-л. wheedle smth. out of smb.
выма́чивать *см.* вы́мочить
выме́нивать, вы́менять exchánge, bárter
вы́мереть die out; become extínct (*о породе животных*)
вымерза́ть, вы́мерзнуть 1. (*промерзать*) freeze 2. (*погибать от мороза*) be destróyed by frost
вы́мести sweep
вы́местить: ~ зло́бу wreak one's ánger
вымета́ть *см.* вы́мести
вымеща́ть *см.* вы́местить
вымира́ть *см.* вы́мереть
вымога́||тель extórtioner; ~тельство extórtion, squeeze; ~ть extórt

вымока́ть, вы́мокнуть get wet through, be drenched; ~ до ни́тки get wet to the skin
вы́молвить útter
вы́мол||ить obtáin what one has begged for; он ~ил себе́ проще́ние his práyers for forgíveness succéeded
вы́мостить pave
вы́мочить drench, soak, steep
вы́мпел pénnant
вы́мысел fíction, fántasy
вы́мыть(ся) *см.* мы́ть(ся)
вы́мышленн||ый invénted; ~ое и́мя assúmed name
вы́мя údder
вы́нести 1. cárry (*или* take) out 2. (*вытерпеть*) endúre, stand ◇ ~ резолю́цию pass (*или* cárry) a resolútion; ~ пригово́р pass séntence
вынима́ть *см.* вы́нуть
выноси́ть *см.* вы́нести
выно́слив||ость endúrance; hárdiness; ~ый endúring; hárdy
вы́ну||дить, ~жда́ть force, compél; oblíge; ~жденный: ~жденная поса́дка *ав.* forced (*или* emérgency) lánding
вы́нуть take out
вы́нырнуть come up to the súrface; emérge (*тж. перен.*)
вы́пад 1. attáck 2. *спорт.* lunge; отве́тный ~ ripóste
выпада́ть *см.* вы́пасть
выпа́лывать *см.* вы́полоть
выпа́ривание *хим.* evaporátion
выпа́ривать, вы́парить *хим.* eváporate
вы́пасть 1. fall (*или* drop) out; slip out (*выскользнуть*) 2. (*о волосах*) come out 3. (*о снеге*) fall ◇ ~ на до́лю fall to one's lot
выпека́ть, вы́печь bake
выпива́ть *см.* вы́пить
выпи́вка *разг.* 1. drínking 2. (*напитки*) drinks *pl.*
выпи́ливать, вы́пилить saw out, cut out
вы́пис||ать 1. write out; cópy (*списать*) 2. (*заказать*) órder; take; каки́е газе́ты вы выпи́сываете? what (news)papers do you subscríbe to? 3.: ~ из больни́цы dischárge from hóspital; ~ка éxtract; метри́ческая ~ка birth certíficate
выпи́сывать *см.* вы́писать
вы́пить drink; take (*кофе, чай*); ~ до дна drain dry (*или* to the dregs); ~ за́лпом toss down; ~ ли́шнее have a drop too much; ~ ча́шку ча́я have a cup of tea

ВЫП

вы́плав||ить smelt; ~ка sme'lting; ~ля́ть см. вы́плавить
вы́плат||а pa'yment; ~ить pay, pay off; ~ить в рассро́чку pay by insta'lments
выпла́чивать см. вы́платить
выплёвывать см. вы́плюнуть
выплёскивать, вы́плеснуть throw (или e'mpty) out bri'skly
выплыва́ть, вы́плыть 1. swim out, eme'rge; ~ на пове́рхность come to the su'rface 2. (обнару́живаться) leak out, come to light
вы́плюнуть spit out
выполза́ть, вы́ползти crawl (или creep) out
выполн||е́ние execu'tion, fulfi'lment; ca'rrying out; ~и́мый pra'cticable; fe'asible
выполн||и́ть, ~я́ть e'xecute, fulfi'l; ca'rry out; ~ свой долг do one's du'ty; ~ зака́з comple'te (или fulfi'l) an o'rder
выполоска́ть rinse out
вы́полоть weed, weed out
вы́править correct
вы́прав||ка: вое́нная ~ mi'litary be'aring; ~ля́ть см. вы́править
выпра́шивать beg, impo'rtune
выпрова́живать, вы́проводить send pa'cking
вы́просить succe'ed in obta'ining (one's urgent request)
выпры́гивать, вы́прыгнуть jump out
выпряга́ть unha'rness
вы́прямить stra'ighten, unbe'nd; ~ся draw onese'lf up
выпрямля́ть(ся) см. вы́прямить(ся)
вы́пукл||ость 1. pro'minence 2. физ. conve'xity; ~ый 1. bu'lging, pro'minent; ~ые глаза́ pro'minent eyes; ~ые бу'квы raised le'ttering 2. физ. co'nvex
вы́пуск 1. (проду́кции) o'utput 2. (журна́ла, де́нег) issue 3. (выпускники́) gra'duates pl.; ~а́ть см. вы́пустить
выпускни́к gra'duate
выпускн||о́й: ~ кла́пан тех. exha'ust valve; ~ые экза́мены final (или pa'ssing-out) examina'tions
вы́пустить 1. let out; let go (отпусти́ть); set free, rele'ase (на свобо́ду) 2. (заём, де́ньги) issue 3. (изда́ть) bring out, pu'blish; rele'ase (фильм) 4. (пропусти́ть) omi't; ~ часть те́кста omi't a po'rtion of the text 5. (проду́кцию) produ'ce; put out; ~ в прода́жу put on sale; put on the ma'rket (на ры́нок)
вы́путаться e'xtricate onese'lf; ~ из беды́ get out of a scrape

ВЫР

вы́пытать extra'ct (или extо'rt) informa'tion from smb.
выпы́тывать try to force smb. to tell smth.
выраба́тывать, вы́работать 1. (това́ры) manufa'cture, produ'ce 2. (план) work out, draw up 3. (зараба́тывать) earn (или make) mo'ney
вы́работка (проду́кция) o'utput
выра́внивать(ся) см. вы́ровнять(ся)
выраж||а́ть(ся) см. вы́разить(ся); ~е́ние expre'ssion; ~е́ние лица́ look, expre'ssion on one's face
вы́раженн||ый 1. expre'ssed 2.: ре́зко ~ая тенде́нция a stro'ngly marked (или pronou'nced) te'ndency
вырази́тельн||о нареч. expre'ssively; ~ость expre'ssiveness; ~ый expre'ssive; significant (многозначи́тельный)
вы́разить expre'ss; ~ неудово́льствие show disple'asure; ~ слова́ми put into words; ~ся 1. (вы́сказаться) express onese'lf 2. (прояви́ться) ma'nifest itse'lf, be expre'ssed
выраста́ть, вы́расти grow; grow up (о ребёнке)
вы́растить, выра́щивать 1. (дете́й) bring up 2. (расте́ния) grow, raise from seed
вы́рвать pull (или tear) out; snatch out (из рук); ~ с ко́рнем upro'ot
вы́рв||аться 1. tear onese'lf (или break) awa'y; ~ вперёд dash fo'rward 2. (о сто́не и т. п.) esca'pe; у него́ ~ался крик a cry esca'ped him
вы́рез 1. cut 2. (пла́тья): большо́й ~ a low-cut dress; пла́тье с ~ом по ше́е a round-necked dress
выреза́ть, вы́резать cut out; carve (по де́реву); engra've (по мета́ллу)
вы́резка (газе́тная) clipping
выре́зывать см. выреза́ть
вырисо́вываться stand out (against), be silhoue'tted (against), be visible
вы́ровнять 1. e'ven; smooth out (разгла́дить) 2. воен. draw up, form a line; ~ся 1. beco'me e'ven, smooth 2. воен. draw up
вы́род||иться dege'nerate; ~ок dege'nerate, black sheep; он ~ок в семье́ he is the black sheep of the fa'mily
вырожд||а́ться см. вы́родиться; ~е́ние degenera'tion
вы́ронить drop, let fall
выруба́ть, вы́рубить (лес) cut down; fell
выруга́ть scold; ~ся swear

выруча́ть см. вы́ручить
вы́руч||ить 1. help out; réscue (спасти) 2. (деньги) gain; ~ка 1. (помощь) réscue 2. (деньги) gain, prófit
вырыва́ть I см. вы́рвать
вырыва́ть II см. вы́рыть
вырыва́ться см. вы́рваться
вы́рыть dig; dig up (или out) (откопать)
вы́сад||ить 1. (на берег) land, put ashóre; disembárk; drop, set down (из автомобиля) 2. (растение) transplánt; ~иться land; disembárk; ~ка 1. disembarkátion 2. (десанта) lánding
выса́живать(ся) см. вы́садить(ся)
выса́сывать см. вы́сосать
высве́рливать, вы́сверлить drill, bore
высека́ть см. вы́сечь I
выселе́ние eviction
вы́сел||ить, ~ять evict
вы́сечь I cut, hew
вы́сечь II (розгой) whip, flog
вы́сидеть, выси́живать 1. (некоторое время) remáin, stay; 2. (птенцов) hatch
вы́ситься rise, tówer
выска́бливать см. вы́скоблить
вы́сказ||ать expréss; ~ мне́ние expréss (или útter) an opínion; ~ предположе́ние, что... suggést that perháps...; он ~ал предположе́ние, что... his théory was that...; ~аться speak out; ~аться открове́нно speak one's mind; ~аться за suppórt; ~аться про́тив oppóse; ~ся по вопро́су speak on (или to) the súbject
выска́зыва||ние opínion, sáying, státement; ~ть(ся) см. вы́сказать(ся)
выска́кивать см. вы́скочить
выска́льзывать см. выскользну́ть
вы́скоблить scrape out (или off)
вы́скользнуть slip out
вы́скоч||ить jump out; ~ка úpstart, párvenu
вы́слать 1. (что-л.) send fórward 2. (административно) éxile, bánish; depórt (из страны)
вы́следить, высле́живать track down, trace
вы́слуг||а: за ~у лет ≈ for long and meritórious sérvice
вы́служиваться, вы́служиться разг. to seek promótion, to cúrry fávour (with)
вы́слушать, вы́слушивать 1. hear; listen 2. мед. sound, áuscultate
высме́ивать, вы́смеять rídicule
вы́сморкаться blow one's nose
высовывать(ся) см. вы́сунуть(ся)

высо́кий 1. high; tall (о человеке) 2. (возвышенный) élevated, lófty 3. (о звуке) high-pítched
высоко́ нареч. high; high up (в воздухе); alóft
высокаво́льтный эл. high-voltage attr.
высокока́чественный high-quality attr.
высококвалифици́рованный highly quálified
высокоме́р||ие háughtiness, árrogance; ~ный háughty, supercílious, árrogant
высокопа́рный pómpous, stílted
вы́сосать suck out
высот||а́ height; áltitude (над уровнем моря); súmmit (вершина); pitch (тона, звука) ◇ быть на ~é rise to the occásion
высо́тн||ый: ~ полёт ав. high-áltitude flight; ~ые зда́ния múlti-storeyed buildings, tall hóuses
вы́сох||нуть dry up; wíther (о растении); ~ший dríed-up, wíthered (о растении); wízened (о человеке)
вы́спаться sleep onesélf out, have a good sleep
вы́ставить 1. (вперёд) put fórward; expóse (на свет, воздух) 2. (на выставке) exhíbit 3. разг. (выгнать) turn out ◇ ~ чью-л. кандидату́ру nóminate smb. (for); ~ око́нную ра́му take out the window-frame
вы́ставк||а 1. exhibítion; show; ~ цвето́в flówer-show 2. (в магазине) displáy, (shop) window; shówcase (витрина); на ~e in the window
выставля́ть см. вы́ставить
вы́стирать wash
вы́страдать súffer
выстра́ивать см. вы́строить II; ~ся см. вы́строиться
вы́стрел shot; repórt (звук выстрела); на расстоя́нии ~а within range (или gúnshot); ~ить fire, shoot; ружьё ~ило the gun went off
вы́строить I (дом и т.п.) build
вы́строить II (в ряд) draw (или line) up; ~ся line up; воен. form up
вы́ступ projéction, ledge (скалы́ и т.п.)
выступа́ть, вы́ступить 1. come fórward; ~ из берего́в overflów the banks 2. (публично) come out, appéar; speak, make a speech (говорить); perfórm (на сцене); ~ в защи́ту ми́ра come out in defénce of peace; ~ в пре́ниях take the floor 3. (выдава́ться вперёд) projéct, protrúde
выступле́ние 1. воен. march, depárture

2. *(публичное)* appéarance; speech *(речи)*; státement *(заявление)*; perfórmance *(на сцене)*

вы́сунуть put *(или* poke) out; ~ язы́к put one's tongue out; ~ся hang out; ~ся из окна́ lean out of the window

вы́сушить dry

вы́сш||ий 1. *(более высокий)* hígher; supérior *(по качеству, положению)* 2. *(самый высокий)* híghest; suprême *(верховный)*; ~ее образова́ние hígher educátion; ~ая ме́ра наказа́ния cápital púnishment; ~ая шко́ла hígher ínstitutes of léarning; ~его ка́чества of éxtra quálity ◇ в ~ей сте́пени híghly, in high degrée

высыла́ть *см.* вы́слать

вы́сылка 1. dispátch, sénding 2. *(административная)* éxile, bánishment; deportátion *(из страны)*

высыпа́ть, высыпа́ть 1. pour out; émpty *(опорожнить)* 2. *(о сыпи)* break *(или* come) out

высыпа́ться spill out; be scáttered

высыпа́ться I *см.* высыпа́ться

высыпа́ться II *см.* вы́спаться

высыха́ть *см.* вы́сохнуть

высь height

выта́лкивать *см.* вы́толкнуть

вы́таращить: ~ глаза́ *разг.* stare, ópen one's eyes wide

выта́скивать, вы́тащить drag out, pull out *(выдёргивать)*; steal *(красть)*

вытека́||ть 1. *см.* вы́течь 2. *(о следствии)* fóllow; отсю́да ~ет, что it fóllows that

вы́тереть wipe; dry *(осушить)*; ~ рот wipe one's mouth; ~ лицо́ mop one's face; ~ся dry onesélf

вы́теснить, вытесня́ть force out; oust

вы́течь flow *(или* run) out

вытира́ть(ся) *см.* вы́тереть(ся)

вы́ткать weave

вы́толкнуть push out

вытря||сти, ~хнуть shake out

выть howl

вытя́гивать(ся) *см.* вы́тянуть(ся)

вытя́жка *хим.* éxtract

вытя́н||уть stretch (out); extráct; из него́ ли́шнего сло́ва не ~ешь he doesn't waste words; ~уться 1. *(растянуться)* stretch onesélf 2. *(выпрямиться)* stand erést

вы́удить, выу́живать fish out

вы́учить 1. *(кого-л.)* teach; train 2. *(что-л.)* learn; ~ся learn

выха́живать *см.* выходи́ть

вы́хватить, выхва́тывать snatch out

вы́хлопот||ать obtáin by petítioning; он ~ал разреше́ние he got the permíssion he sought

вы́ход 1. *(действие)* góing out 2. *(место выхода)* éxit, óutlet; way out *(тж. перен.)*; ~а нет *(объявление)* no éxit; друго́го ~а нет it's the ónly way out 3. *(об издании)* íssue *(журнала)*; publicátion *(книги)*

вы́ходец: ~ из крестья́нской среды́ a péasant by birth *(или* órigin)

вы́ходить rear *(ребёнка)*; pull through *(больного)*

выходи́ть 1. *см.* вы́йти; не ~ из до́му stay índoors 2. *(об окнах и т. п.)* look out *(at, on)*, have a view *(over)* ◇ выхо́дит, что it fóllows *(или* it appéars) that

вы́ход||ка trick; prank *(шаловливая)*; ~ки intólerable behaviour *sg.*

выходн||о́й: ~ день day off; rést-day, day of rest; ~о́е посо́бие gratúity, dischárge pay

вы́холенный well cáred-for, wéll-groomed

выцара́пать, выцара́пывать scratch out

вы́цве||сти, ~та́ть fade, lose cólour

вычёркивать, вы́черкнуть strike *(или* cross) out, deléte

вы́черпать, выче́рпывать scoop dry; bale out *(из лодки)*

вы́честь 1. dedúct 2. *мат.* subtráct

вы́чет dedúction; за ~ом less, mínus

вычисле́ние calculátion

вы́числ||ить, ~я́ть cálculate

вы́чистить clean; brush *(щёткой)*; pólish *(обувь)*

вычита́емое *мат.* súbtrahend

вычита́ние *мат.* subtráction

вычита́ть *см.* вы́честь

вычища́ть *см.* вы́чистить

вы́чурный ornáte, preténtious

вы́швырнуть hurl *(или* fling) out

вы́ше 1. *прил.* hígher; táller *(ростом)* 2. *нареч.* abóve; э́то ~ моего́ понима́ния it is beyónd my comprehénsion ◇ быть ~ чего́-л. rise abóve smth.

выше||озна́ченный, ~приведённый, ~ука́занный, ~упомя́нутый afóresaid, abóve-méntioned

вышива́||ние embróidery, fáncy-work; ~ть *см.* вы́шить

вышин||а́ height; ~о́й в 10 ме́тров ten métres high

вы́шитый embróidered

вы́шить embróider

вы́шка tówer; нефтяна́я ~ óil-derrick
вы́яв||ить, ~ля́ть revéal, bring to light
выясне́ние elucidátion, clarificátion
вы́ясн||ить elúcidate, make clear, find out; ascértain *(установить)*; **~иться** turn out; come to light; **как ~илось** as it turned out; **э́то сего́дня ~ится** todáy it will becóme clear; **~я́ть(ся)** *см.* вы́яснить(ся)
вьетна́м||ец Vietnamése; **~ский** Vietnamése; **~ский язы́к** Vietnamése, the Vietnamése lánguage
вью́га snów-storm; blízzard *(пурга)*
вью́чн||ый: **~ое живо́тное** beast of búrden; **~ое седло́** páck-saddle
вью́щ||ийся cúrly, crisp *(о волосах)*; clímbing *(о растении)*; **~ееся расте́ние** a clímbing plant, a clímber
вя́жущий astríngent
вяз elm
вяза́ние knítting; cróchet-work *(крючком)*
вя́занка bundle; **~ хво́роста** fággot
вяза́ть 1. *(связывать)* tie up, bind **2.** *(чулки и т. п.)* knit
вяза́ться tálly *(with)*; fit in *(with)*
вя́з||кий víscous, stícky; míry, squélchy *(топкий)*; **~нуть** stick
вя́лить drý-cúre
вя́лый slack; lífeless; spíritless
вя́нуть wíther; fade, lose heart *(о человеке)*

Г

га *см.* гекта́р
га́вань hárbour; **войти́ в ~** énter hárbour
гага́чий: **~ пух** éider-down
гад *зоол.* réptile; *перен.* vile créature
гада́||лка fórtune-teller; **~ние 1.** divinátion; fórtune-telling *(предсказывание будущего)* **2.** *(догадка)* conjécture, guéss-work; **~тельный** problemátic, conjéctural; dóubtful *(сомнительный)*; **~ть 1.** *(предсказывать)* tell fórtunes **2.** *(предполагать)* conjécture, guess
га́дить *разг.* **1.** foul, make dírty **2.** *(вредить)* make míschief; play dírty tricks *(или* a dírty trick*) (on)*
га́д||кий násty; bad; wícked; **~ость** *разг.* **1.** filth; **говори́ть ~ости о ком-л.** tell smútty stóries abóut smb.; repéat smútty góssip abóut smb. **2.** *(подлый поступок)* a dírty trick

гадю́ка *зоол.* ádder; víper *(тж. перен.)*
газ gas; **ядови́тый ~** póison gas
газе́т||а néwspaper; páper *разг.;* **у́тренняя ~** mórning páper; **вече́рняя ~** évening páper; **~ный** news *attr.;* **~ный кио́ск** néws-stand; **~ная заме́тка** páragraph; **~ая статья́** néwspaper árticle; **~ая бума́га** néwsprint
газиро́ванн||ый: **~ые напи́тки** áerated wáters
га́зов||ый gas *attr.;* **~ заво́д** gás-works; **~ая плита́** gás-stóve
газогенера́тор *тех.* gas géneràtor
газо́н lawn
газообра́зный gáseous
газопрово́д gás-main
га́йк||а nut ◇ **закру́чивать ~и** tíghten up, clamp down *(on)*
галантере́||йный: **~ магази́н** háberdasher's (shop); **~я** háberdashery
галере́я gállery
галёрка *разг.* gállery
га́лка jáckdaw, daw
галлюцина́ция hallucinátion
гало́п gállop; **~ом** *нареч.* at a gállop
гало́ши *мн.* galóshes *pl.;* rúbbers *pl.* *(амер.)*
га́лстук tie, nécktie
гальван||иза́ция galvanizátion; **~и́ческий** galvánic
га́лька pebbles *pl.;* shingle
гам *разг.* úproar
гама́к hámmock
га́мма *муз.* scale; *перен.* range, gámut
гангре́н||а *мед.* gángrene; **~о́зный** gángrenous
ганте́ли dúmb-bells
гара́ж gárage
гаранти́ровать guarantée
гара́нти||я guarantée; **с ~ей на...** guaranteéd for...
гардеро́б 1. *(помещение)* clóakroom; **где ~?** where is the clóakroom? **2.** *(шкаф)* wárdrobe **3.** *(платья)* clothes *pl.,* wárdrobe; **~щик** clóakroom atténdant
гарди́на (window-)cúrtain
гармо́ника *муз.* accórdion
гармони́ровать hármonize *(with)*; *перен.* be in hármony *(with)*, go well togéther
гармони́ст accórdion pláyer
гармон||и́ческий harmónic; **~и́чный** harmónious
гармо́ния hármony
гарнизо́н gárrison

гарни́р *кул.* gárnish; végetables *pl.* *(овощной)*
гарниту́р 1. *(комплект)* set 2. *(о ме́бели)* suite of fúrniture; спа́льный ~ bédroom suite 3. *(белья́):* да́мский ~ twó-piece *(или* thrée-piece) set of ládies' únderwear
гарцева́ть prance
гарь: па́хнет ~ю there is a smell of búrning
гаси́ть 1. extínguish, put out; blow out *(задувать);* ~ электри́чество switch *(или* turn) off the light 2. *спорт.* kill the ball
га́снуть go out; die out *(догорать); перен.* die down
гастр||оле́р guest ártist; áctor on tour; ~оли́ровать tour; ~оль tour; выезжа́ть на ~о́ли go on tour; ~о́льный: ~о́льная пое́здка tour
гастрономи́ческий: ~ магази́н grócery and provísion shop; food store *(большой)*
гауптва́хта guárd-house
гвалт *разг.* húbbub, úproar
гвард||е́ец gúardsman; ~е́йский guards *attr.*; ~е́йская часть guards únit; ~е́йское зна́мя guards bánner
гва́рдия Guards *pl.*
гвозди́ка I *(цветок)* pink; carnátion *(махровая)*
гвозди́ка II *(пряность)* clove
гвоздь nail; peg *(деревянный)* ◇ ~ сезо́на hit of the séason
где *нареч.* where; ~ бы то ни́ было wheréver, wheresoéver ◇ ~ ему́ быть писа́телем! how can such a one be a wríter?
где́-либо, где́-нибудь, где́-то *нареч.* sómewhere; ánywhere *(при вопросе);* где́-нибудь в друго́м ме́сте sómewhere else; где́-то здесь sómewhere here, héreabout(s)
гегемо́ния hegémony
гекта́р héctare
гемоглоби́н *физиол.* haemoglóbin
генеало́гия geneálogy
ге́незис génesis, órigin
генера́л géneral; ~ а́рмии full géneral
генера́л||-лейтена́нт lieuténant-géneral; ~-майо́р májor-géneral; ~-полко́вник cólonel-géneral
генера́льн||ый *в разн. знач.* géneral; ~ штаб Géneral Staff; ~ая репети́ция dress rehéarsal
генера́тор *тех.* génerator
гениа́льн||ый brílliant; of génius *(после сущ.);* ~ челове́к man of génius; ~ые произведе́ния works of génius

ге́ний génius
геогр||а́ф geógrapher; ~афи́ческий geográphic(al); ~а́фия geógraphy
геоде́зия (lánd-)survéying
гео́л||ог geólogist; ~оги́ческий geológical; ~о́гия geólogy
геом||етри́ческий geométrical; ~е́трия geómetry
георги́н dáhlia
геофизи́ческий geophýsical
гера́нь geránium
герб coat of arms; insígnia *pl.*
герба́рий herbárium
гербов||о́й||ый béaring an official stamp *(или* device); ~ сбор stámp-duty; ~ая ма́рка official stamp; ~ая бума́га officially stamped *(или* héaded) páper
герма́нский Germánic; Gérman *(немецкий)*
герметический hermétically sealed
геро́||и́зм héroism; ~и́ческий heróic
геро́й héro ◇ Геро́й Сове́тского Сою́за Héro of the Sóviet Únion; ~ский heróic; ~ский посту́пок heróic deed, feat
ге́тры gáiters, léggings *(длинные);* spats *(короткие)*
гиаци́нт hýacinth
ги́бель rúin; destrúction *(уничтожение);* loss *(города, экспедиции);* wreck *(судна);* ~ный disástrous; rúinous *(пагубный);* fátal *(роковой)*
ги́бк||ий 1. fléxible; lithe, supple; ~ая та́лия supple waist 2. *перен.* fléxible, adáptable; ~ость flexibílity; súppleness
ги́бл||ый *разг.*: ~ое де́ло bad job
ги́бнуть pérish
гибри́д hýbrid
гига́нт gíant; ~ский gigántic
гигие́н||а hýgiene; ~и́ческий hygíenic
гигроскопи́ческий hygroscópic
гид guide
гидропла́н hýdroplane
гидроста́нция hýdroeléctric power státion
гие́на hyéna
ги́льза 1. *(у патрона)* cártridge-case 2. *(папиросная)* cigarétte-wrapper
гимн hymn; госуда́рственный ~ nátional ánthem
гимна́ст gýmnast; выступле́ние ~ов gymnástics displáy; ~ика phýsical tráining *(или* éxercises); gymnástics; спорти́вная ~ика compétitive gymnástics; худо́жественная ~ика callisthénics, free stánding éxercises; ~и́ческий gymnástic; ~и́ческий зал gymnásium; gym *разг.*

гинеко́лог gynaecólogist
гипе́рбола 1. *лит.* hypérbole 2. *мат.* hypérbola
гипно́||з hypnósis; ~тизи́ровать hýpnotize
гипо́теза hypóthesis
гипотену́за *геом.* hypótenuse
гипс 1. *мин.* gýps(um) 2. *(в скульпту́ре, хирурги́и)* pláster (of Páris); ~овый pláster *attr.*; ~овая повя́зка pláster (cast)
гирля́нда gárland
ги́ря weight
гита́ра guitár
глава́ I *(в кни́ге)* chápter
глав||а́ II *(руководи́тель)* head ◇ стоя́ть во ~é чего́-л. head smth., be at the head of smth.; во ~é с кем-л. héaded by smb.
глава́рь léader; ríngleader *(зачи́нщик)*
главе́нство suprémacy; ~вать dominéer, dóminate
главнокома́ндующий Commánder-in-Chief
гла́вн||ый chief, príncipal, main; ~ го́род *(столи́ца)* cápital; ~ая у́лица main street; ~ые си́лы main fórces; ~ая кварти́ра *воен.* héadquárters *pl.*; ~ое управле́ние céntral board; ~ инжене́р chief enginéer; ~ое предложе́ние *грам.* príncipal clause; ~ым о́бразом máinly
глаг||о́л *грам.* verb; ~о́льный vérbal
глаго́л-свя́зка link-verb
гла́дить 1. *(утю́жить)* iron 2. *(ласка́ть)* stroke, caréss
гла́дкий 1. smooth 2. *(о тка́ни)* unprínted, plain
гладь I smooth súrface ◇ тишь да ~ *разг.* pérfect peace; peace and hármony
гладь II *(вы́шивка)* sátin-stitch
гла́женье íroning
глаз eye ◇ на ~ appróximately; сказа́ть пря́мо в ~ кому́-л. say straight to smb.'s face; смотре́ть кому́-л. в ~á look smb. (full) in the face; с ~у на ~ confidéntially; в ~áx кого́-л. in smb.'s opínion; смотре́ть во все ~á be all eyes; идти́ куда́ ~á глядя́т wánder áimlessly; невооружённым ~ом with the náked eye; за ~á behind smb.'s back *(в отсу́тствии кого́-л.)*; за ~á дово́льно more than enóugh
глазе́ть *(на) разг.* stare *(at)*, gape *(at)*
глазн||о́й eye *attr.*; ~ врач óculist; ~о́е я́блоко *анат.* éyeball; ~а́я впа́дина éye-hole; ~а́я лече́бница éye-hospital
глазо́к *(око́шечко)* spý-hole

глазоме́р: у него́ хоро́ший ~ he has a véry áccurate eye
глазу́нья *(яи́чница)* fried eggs *pl.*
глазу́рь 1. *(са́харная)* ícing 2. *(на посу́де)* glaze
гла́нды *мн. анат.* tónsils
гла́сност||ь publícity; ópenness; предава́ть что-л. ~и make smth. públic
гла́сный I *(публи́чный)* públic
гла́сный II *лингв.* vówel
гле́тчер glácier
гли́н||а clay; ~истый cláyey
гли́няный éarthenware *attr.* *(о посу́де)*
глисса́р hýdroplane
глист intéstinal worm
глицери́н glýcerine
гло́бус globe, sphere
глода́ть gnaw
глота́ть swállow
гло́тк||а *разг.* throat; во всю ~у at the top of one's voice
глот||о́к móuthful; sip *(ма́ленький)*; gulp *(большо́й)*; одни́м ~ко́м at one gulp; ~ воды́ a drink of wáter
гло́хнуть grow deaf
глубин||а́ depth; *перен.* depths *pl.*; измеря́ть ~у́ *(в мо́ре)* sound
глубо́к||ий deep; *перен. тж.* profóund; ~ая таре́лка sóup-plate ◇ ~ой но́чью late in the night; ~ой о́сенью in the late áutumn
глубоко́ 1. *предик. безл.* it is deep; здесь ~ it is deep here 2. *нареч.* déeply; *перен. тж.* profóundly
глубокомы́сленный profóund, thóughtful; grave *(серьёзный)*
глубь *см.* глубина́
глум||и́ться *(над)* sneer *(at)*, mock *(at)*; ~ле́ние sneer, móckery
глуп||е́ть grow stúpid; ~éц fool, dolt; ~и́ть be fóolish, make a fool of onesélf
глу́п||о *нареч.* stúpidly, fóolishly; как э́то ~! how stúpid!; ~ость 1. stupídity, fóolishness 2. *(бессмы́слица)* nónsense; ~ый stúpid, fóolish, silly
глух||и́е *мн. собир.* the deaf; ~о́й 1. *прил.* deaf; ~ звук *лингв.* vóiceless sound 2. *как сущ.* deaf man
глухонемо́й 1. *прил.* déaf-and-dúmb 2. *как сущ.* déaf-múte
глухота́ déafness
глуши́тель *тех.* sílencer, múffler
глушь báckwoods *pl.* *(лесна́я)*; *перен.* sólitary place
глы́ба block; clod *(земли́)*
глюко́за glúcose

гляде́ть *(на) разг.* look *(at)*; stare *(at; пристально)*

гля́н||**ец** pólish; lústre; ~цеви́тый glóssy, lústrous

гнать 1. *(стадо и т. п.)* drive **2.** *(преследовать)* pursúe **3.** *разг. (торопить)* húrry, urge **4.** *(спирт и т. п.)* distíl; ~ся pursúe; *перен.* hunt *(after)*; strive *(for)*; ~ся за мячо́м run áfter the ball

гнев ánger; wrath *поэт.*; ~ный ángry; wráthful *поэт.*

гнедо́й bay

гнезди́ться nest; *перен.* nestle

гнездо́ 1. nest; áerie *(хищной птицы)* **2.** *лингв.* fámily of words

гнёт oppréssion; yoke *(иго)*

гнету́щий depréssing

гние́ние rótting; *перен.* decáy; corrúption

гнило́й rótten; decáyed

гнить rot; decáy

гнои́ться féster *(о ране)*

гной pus; mátter; ~ни́к ábscess; ~ный púrulent

гнуса́вить speak with a násal twang

гнусн||**ость** ínfamy, víleness; ~ый infamous, vile

гнуть 1. bend; curve *(изгибать)*; bow *(наклонять)* **2.** *разг.* (клонить к чему-л.): я ви́жу, куда́ он гнёт I see what he is áfter; ~ся bend; stoop *(о человеке)*

гнуша́ться shun *(чуждаться)*; disdáin *(пренебрегать)*

го́вор 1. sound of vóices, múrmur **2.** *(диалект)* díalect; pátois *(местный)*

говор||**и́ть** speak, talk *(разговаривать)*; say, tell *(сказать что-л.)*; ~ пра́вду tell *(или* speak*)* the truth; ~ непра́вду tell a lie *(или* lies*)*; ~ по-англи́йски speak Énglish; они́ не ~я́т друг с дру́гом they are not on spéaking terms ◇ ~я́т *(ходят слухи)* it is said; it is rúmoured; ина́че ~я́ in óther words; по пра́вде ~я́ to tell the truth; не ~я́ ни сло́ва without *(sáying)* a word; не ~я́ уже́... not to méntion...; э́то ~и́т само́ за себя́ it speaks for itsélf

говорли́вый tálkative

говя́дина beef

гогота́ть 1. cackle **2.** *разг.* roar with láughter

год year; кото́рый ему́ ~? how old is he?; уче́бный ~ school year; про́шлый ~ last year; бу́дущий ~ next year; кру́глый ~ the whole year round; в восьмидеся́тых ~áх in the éighties

год||**и́ться 1.** do; be fitted, be súited *(о человеке)*; be of use *(быть полезным)*; я не гожу́сь на э́то де́ло I'm not the pérson for this job; э́та бума́га ~и́тся то́лько на обёртку this páper is ónly súitable *(или* fit*)* for wrápping párcels **2.** *(быть впору)* fit; э́то пальто́ мне не ~и́тся this coat doesn't fit me ◇ не ~и́тся *(+ инф.)* it does not *(+* to *inf.)*; так поступа́ть не ~и́тся one can't do that, you mustn't beháve like that

годи́чный ánnual; yéarly

го́дный fit; súitable *(подходящий)*; ~ для еды́ édible; ~ для питья́ drínkable; ни на что не ~ góod-for-nóthing

год||**о́валый** one year old; ~ово́й ánnual; ~ово́й отчёт ánnual repórt

годовщи́на annivérsary

гол *спорт.* goal; заби́ть ~ score a goal

голени́ще top of a boot

голла́нд||**ец** Dútchman; ~ский Dutch; ~ский язы́к Dutch, the Dutch lánguage

голов||**а́** head ◇ в пе́рвую го́лову first and fóremost; как снег на́ ~у like a bolt from the blue; име́ть го́лову на плеча́х have one's head on one's shóulders

голова́стик *зоол.* tádpole

голове́шка fire-brand

голо́в||**ка** *(булавки, гвоздя и т. п.)* head ◇ ~ чеснока́ a head of gárlic; ~ лу́ка an ónion; ~но́й **1.** head *attr.*; ~на́я боль héadache; ~но́й убо́р hat, héaddress; héadgear **2.** *(передний)* léading; ~но́й отря́д vánguard

головокруж||**е́ние** dízziness, giddiness; ~и́тельный dízzy, gíddy

головоло́мка puzzle; téaser, póser

головомо́йк||**а** *разг.* dréssing down, sevére scólding; зада́ть ~у кому́-л. wash smb.'s head for him

головоре́з *разг.* cútthroat

головотя́п *разг.* búngler; ~ство *разг.* búngling

го́лод húnger; starvátion; fámine *(народное бедствие)*; ~а́ть starve

голодн||**ый** húngry; ~ая смерть death from starvátion

голодо́вка *(в тюрьме)* húnger-strike

гололе́дица glássy ice on the ground; black ice; на у́лице ~ the streets are like glass *разг.*

го́лос 1. voice **2.** *(избирательный)* vote; ~а́ за и про́тив the ayes and the noes; при́нято большинство́м ~о́в the ayes have it ◇ в оди́н ~ unánimously

голосло́вн||**о** *нареч.* on one's bare

word; without proof; ~ый not furnished with proofs; ~ое обвинение an accusation unsupported by any evidence
голосов||ание vóting; открытое ~ ópen vote; тайное ~ sécret bállot; (по)ставить на ~ put to the vote; ~áть vote
голосов||ой vócal; ~ые связки *анат.* vócal chords
голубой blue, ský-blúe
голуб||ь pígeon; dove *поэт.*; ~ мира the dove of peace; ~ятня dóve-cote
гол||ый náked; bare; с ~ыми ногами báre-légged ◇ ~ые факты bare facts; ~ая истина the náked truth; ~ыми руками with bare hands
гомеопатия homeópathy
гондола góndola (*тж. ав.*)
гонение persecútion
гонец méssenger
гонка *разг.* haste, húrry; ~ вооружений árms race
гонки *спорт.* ráces; regátta *sg.* (*на воде*)
гонор *разг.* árrogance
гонорар fee; róyalties *pl.*
гоночный rácing; ~ автомобиль rácing car; rácer
гончар pótter; ~ный pótter's; ~ные изделия póttery *sg.*
гончая hound
гонять 1. drive (abóut); ~ с места на место chase from place to place 2. *разг.* (*посылать*) send abóut; send on érrands; ~ся *см.* гнаться
гор||á móuntain; идти в ~у go úphill; *перен.* rise in the world; идти под ~у go dównhill ◇ не за ~ами not far off; у меня ~ с плеч свалилась *разг.* a load was táken off my mind
гораздо *нареч.* much, far
горб hump, hunch; ~атый húmpbacked, húnchbacked
горб||иться stoop; ~ун, ~унья húnchback, húmpback
горбушка crust, the end
горделивый proud
гордиться be proud (*of*), take pride (*in*)
горд||ость pride; ~ый proud
гор||е grief, distréss; misfórtune (*несчастье*) ◇ с ~я of grief, with grief; ему и ~я мало he does not care; ~ в том, что the trouble is that; ~ мне с тобой *разг.* ≈ what a trouble you are; ~евать grieve
горелка búrner
горелый burnt

горение búrning; combústion (*сгорание*)
горестный sad
гореть burn; blaze (*ярким пламенем*); glow (*без пламени*); be on fire (*о доме и т. п.*); shine (*светиться*)
горец mountainéer
горечь bítter taste; *перен.* bítterness
горизонт horízon; ~альный horizóntal
гористый móuntainous
горка hill
горло throat; по ~ up to the neck; у меня болит ~ I have a sore throat
горлышко (*бутылки*) neck
горн I fúrnace; forge (*кузнечный*)
горн II *воен., муз.* bugle; ~ист búgler
горнорабочий míner
горностай érmine
горн||ый 1. móuntainous 2.: ~ая промышленность míning índustry; ~ое дело míning; ~ хрусталь róck-crystal; ~ институт Míning Institute, School of Mines; ~як míner
город town; city (*большой*); ~ской town *attr.*; úrban; muncipal (*об учреждениях*); ~ской совет town Sóviet
горожан||е tównspeople, tównsfolk; ~ин tównsman
горох *собир.* peas *pl.*; ~овый pea *attr.*
горошек: душистый ~ sweet peas *pl.*; зелёный ~ green peas *pl.*
горсть hándful
горта||нный gúttural; ~нь *анат.* lárynx
горчить taste bítter
горчица mústard
горчичн||ик mústard póultice (*или* pláster); ставить ~ apply a mústard pláster (*to*); ~ица mústard-pot
горшок pot; детский ~ child's pótty
горьк||ий bítter; ~ая доля bítter lot; ~ пьяница héavy drínker
горючее fuel; (*для автомобиля тж.*) pétrol; gás(oline) (*амер.*)
горяч||ий hot; *перен.* warm (*о приёме, встрече*); árdent, pássionate, férvent (*страстный*); quick-témpered (*вспыльчивый*); ~иться get ínto a pássion; ~ка búrning féver; ~ность 1. árdour, férvour 2. (*вспыльчивость*) hot témper
горячо *нареч.* hot(ly); ~ любить love déarly; ~ поздравлять congrátulate héartily; ~ взяться за что-л. set to work on smth. with enthúsiasm (*или* a will)
Госбанк (Государственный банк) the State Bank

го́спиталь (military) hóspital

господи́н 1. géntleman; Mr. *(в соединении с фамилией)* 2. *(хозяин)* máster

госпо́дств||о dominátion; suprémacy; ~овать dóminate; reign *(царить)*

госпожа́ 1. lády; Mrs. *(в соединении с фамилией)*; Miss *(о незамужней женщине)* 2. *(хозяйка)* místress

госстра́х (госуда́рственное страхова́ние) State *(или* Nátional) Insúrance

гостеприи́м||ный hóspitable; ~ство hospitálity

гости́ная 1. dráwing-room 2. *(в гостинице)* lounge

гости́ница hotél; inn *(небольшая)*

гости́ть *(у)* be on a vísit *(to)*; stay *(with)*

гост||ь guest; vísitor; идти́ в ~и pay a vísit; быть в ~я́х be on a vísit; встреча́ть ~е́й wélcome one's guests

госуда́рственн||ый State *attr.*; ~ строй regíme, political sýstem; ~ая власть the góvernment; ~ флаг nátional flag

госуда́рство state

готи́ческий Góthic

готова́льня case of dráwing (mathemátical) ínstruments

гото́вить 1. prepáre, make réady; ~ конце́ртную програ́мму work up *(или* prepáre) a cóncert prógramme 2. *(стряпать)* cook; ~ся *(к)* get réady *(for)*, prepáre onesélf *(for)*

гото́вност||ь réadiness; prepáredness; éagerness, willingness *(склонность)*

гото́в||ый réady; finished *(законченный)* ◇ ~ое пла́тье réady-máde clothes *pl.;* жить на всём ~ом be províded with board and lódging

гофриро́ванный córrugated; góffered *(о платье)*

граб||ёж róbbery; plúnder; ~и́тель róbber; ~и́тельский prédatory; ~и́тельские во́йны prédatory wars

гра́бить rob; plúnder

гра́бли rake *sg.*

гравёр engráver; étcher *(офортист)*

гра́вий grável

гравирова́ть engráve

гравю́ра engráving, print; étching *(офорт)*

град hail; ~ идёт it is háiling

гра́дом *нареч.:* с него́ пот ка́тится ~ *разг.* he is in a much sweat, he is swéating at évery pore; уда́ры сы́пались ~ blows rained thick and fast

гра́дус degrée; ско́лько сего́дня ~ов? what is the témperature todáy?; ~ник thermómeter

гражд||ани́н, ~а́нка cítizen

гражда́нск||ий cívil; cívic *(подобающий гражданину)*; civílian *(штатский)*; ~ая война́ cívil war; ~ое му́жество cívic cóurage; ~ое пла́тье civílian clothes *pl.*

гражда́нств||о cítizenship; получи́ть права́ ~а *перен.* be univérsally accépted; приня́ть ~ be náturalized; приня́ть сове́тское ~ becóme a Sóviet cítizen

грамзапи||сь (grámophone) recórding; в ~си recórded

грамм gramme, gram

грамма́т||ика grámmar; ~и́ческий grammátical; ~и́ческая табли́ца páradigm

гра́мота 1. réading and writing 2. *(документ)* deed

гра́мотн||ость líteracy; ~ый líterate

грана́т I *бот.* pómegranate

грана́т II *мин.* gárnet

грана́та *воен.* granáde *(ручная)*

грандио́зный grándiose, grand

гранён||ый fáceted *(о драгоценном камне)*; ~ое стекло́ cut glass

грани́т gránite; ~ный gránite *attr.*

грани́||ца 1. bórder, bóundary; fróntier *(государственная)*; за ~цей abróad 2. *(предел)* límit; всему́ есть ~ there's a límit to éverything; ~чить bórder *(on, упот.)*; *перен.* verge *(on, упот.)*; э́то ~чит с безу́мием this vérges on lúnacy

гра́нка *полигр.* gálley-proof

гран||ь 1. side; fácet *(драгоценного камня)* 2. *(граница)* bórder, verge; быть на ~и чего́-л. be on the verge of smth.; на ~и войны́ on the brink of war

граф count

графа́ cólumn

гра́фик graph, díagram; tíme-table *(расписание)*

гра́фика gráphic arts *pl.*, dráwing

графи́н wáter-bottle, caráfe *(для воды)*; decánter *(для вина)*

графи́ня cóuntess

графи́т 1. *мин.* gráphite 2. *(в карандаше)* lead

графи́ческий gráphic

грацио́зный gráceful

гра́ция grace

грач rook

гребёнк||а comb ◇ стри́чься под ~у have one's hair cropped

гребень 1. см. гребёнка 2. *(у птицы)* crest; comb *(петуха)* 3. ridge *(горы)*; crest *(волны)*
гребец óarsman, rówer
гребл||**я** rówing; ~**ной**: ~**ной спорт** rówing
грёза (dáy-)dream
грезить dream *(of)*
грек Greek
грелка hót-water bottle, fóotwarmer
грем||**éть** thúnder; rumble; clank, jingle, ring *(чем-л. металлическим)*; ~**ýчий**: ~**ýчая змея** ráttlesnake
грести I row, pull; scull *(одним веслом)*
грести II *(сено)* rake
греть 1. warm, heat; ~ **рýки** warm one's hands **2.** *(излучать тепло)* give out warmth; **солнце сильно греет** it's véry warm in the sun; ~**ся** warm onesélf; ~**ся на солнце** bask in the sun, sun onesélf
грех sin
грецкий: ~ **орéх** wálnut
греческий Greek; ~ **язык** Greek, the Greek lánguage
гречиха búckwheat
гречневый búckwheat attr.
грешить sin
грешный sínful
гриб múshroom
громкоговоритель радио loud spéaker
громов||**óй** thúnderous; ~**ые раскáты** peals of thúnder
громоглáсн||**о** нареч. in a loud voice; públicly *(открыто)*; ~**ый** loud
громоздить heap up, pile up; ~**ся** tówer
громóздкий cúmbersome; unwíeldy
громоотвóд lightning-condúctor
громыхáть rattle
гроссмéйстер шахм. grand chéss-master
грот gróttо
грóхнуться разг. crash (down)
грóхот crash *(от падения)*; rumble *(грома)*; rattle *(колёс и т. п.)*; **какóй ~!** what a din!; ~**áть** crash; rumble *(о громе)*
грош hálf-cópeck piece ◇ **это ~á ломáного не стóит** разг. it is not worth a brass fárthing; **быть без ~á** be pénniless; ~**óвый** not worth a fárthing, wórthless
гру||**бить** *(кому-л.)* be rude *(to)*; ~**биян** rúffian, rude féllow
грýб||**ость** cóarseness; rúdeness *(невéжливость)*; ~**ый** rough, coarse; rude

(невежливый); harsh, gruff *(о голосе)*; horny *(о руках)*; crude, rough *(о работе)*; ~**ая отдéлка** rough *(или* poor*)* finish ◇ ~**ая ошибка** gross érror, blúnder
грýда heap, pile, mass
грудинка brísket; bácon *(копчёная)*
грудн||**óй**: ~**áя клéтка** thórax; ~ **ребёнок** báby; ínfant in arms
грудь breast; chest; bósom *(бюст)* ◇ **стоять ~ю** *(за кого-л., что-л.)* stand up stáunchly *(for)*
груз 1. load; cárgo, freight *(сýдна)* **2.** *(тяжесть)* weight; búrden *(ноша)*
грузило plúmmet
грузин Géorgian; ~**ский** Géorgian; ~**ский язык** Géorgian; **the** Géorgian lánguage
грузить load; ship *(на сýда)*
грýзный mássive; córpulent *(о человеке)*
грузов||**ик** lórry; truck *(амер.)*; ~**óй**: ~**óй автомобиль** lórry; ~**óе сýдно** cárgo ship, fréighter; **cárgo attr.**
грузооборóт эк. goods túrnover
грузоподъёмность cárrying capácity
грýзчик ráilway wórker *(ж.-д.)*; dócker *(судовóй)*
грунт 1. *(почва)* soil **2.** жив. prímer; ~**овáть** жив. príme; ~**овóй**: ~**овые вóды** subterránean wáters; ~**овáя дорóга** unmétalled road; dirt road *(амер.)*
грýпп||**а** group; ~ **зрителей** clúster of spectátors; ~**ировáть**, ~**ировáться** group; ~**ирóвка** gróuping
грустить be mélancholy; ~ **по комý-л.** long for smb.
грýстн||**о** предик. безл.: **мне ~** I feel sad; ~**ый** sad
грусть sádness, mélancholy
грýш||**а 1.** *(плод)* pear **2.** *(дерево)* péar-tree; ~**евидный** péar-shaped
грыжа мед. hérnia
грызня fight *(о собаках)*; перен. quárrelling
грызть gnaw; crack *(орехи)*; bite *(нóгти)*; ~**ся** fight *(о собаках)*; перен. quárrel
грызýн зоол. ródent
гряд||**á 1.** bed **2.** *(гор)* ridge **3.** *(облаков)* bank
грядка см. грядá 1
грядýщий cóming
грязи мед. mud sg.
грязн||**ый** dírty; múddy *(о дороге и т. п.)*; ~**ая рабóта** dírty work; перен. slóvenly work; ~**ое бельё** dírty linen

грязь dirt; mud *(на улице, дороге и т. п.)* ◇ не ударить лицом в ~ *разг.* make a creditable showing, put up a good show, rise to the occasion

гря́ну||**ть** crash; break out *(разразиться - о войне)*; гром ~л there was a peal *(или* burst) of thunder; ~л выстрел a shot rang out

губа́ I lip; надуть губы pout; верхняя ~ upper lip; нижняя ~ lower lip

губа́ II *геогр.* bay; gulf *(залив)*

губерна́тор governor

губе́рния *ист.* province

губи́||**тельный** destructive, disastrous; fatal; ~ть destroy, ruin

гу́бка I sponge

гу́бка II *(на дереве)* fungus

губн||**о́й 1.** *лингв.* labial **2.** lip *attr.;* ~а́я гармо́ника mouth-organ; ~а́я пома́да lipstick

гуде́ние buzzing; drone; hum *(голосов)*

гуде́ть buzz; drone; hoot *(о гудке, сирене и т. п.)*

гудо́к hooter; siren *(фабричный)*; horn *(автомобильный)*

гудро́н tar, petroleum asphalt

гужев||**о́й** animal-drawn; ~а́я доро́га carriage-road; ~ тра́нспорт carting, cartage

гул boom; rumble *(грохот)*; ~ голосо́в drone of voices; ~кий **1.** hollow **2.** *(громкий)* loud

гуля́||**нье** stroll, walk; наро́дное ~ festive gathering in the open streets *(или* squares) on public holidays; ~ть **1.** stroll, take a turn *(или* a walk) **2.** *разг. (быть свободным от работы)* have time-off, have free time **3.** *(развлекаться)* be on the spree *разг.*

гуля́ш *кул.* goulash

гума́н||**и́зм** humanism; ~и́ст humanist; ~ита́рный humanitarian; ~ита́рные нау́ки the humanities

гума́нн||**ость** humanity; ~ый humane

гуммиара́бик gum, glue

гумно́ threshing-floor

гурт herd, drove

гурьб||**а́** crowd; ~о́й in a crowd

гу́сени||**ца** *зоол., тех.* caterpillar; track *(танка, трактора)*; ~чный: ~чный тра́ктор caterpillar tractor

гусёнок gosling

гуси́н||**ый** goose *attr.*; ~ое са́ло goose fat ◇ ~ая ко́жа goose-flesh

густе́ть thicken, get *(или* become) thick

густ||**о́й** thick, dense; ~о́е населе́ние dense population; ~ суп thick soup; ~ота́ thickness; density

гус||**ь** goose ◇ как с ~я вода́ *погов.* ≈ like water off a duck's back

гусько́м *нареч.* in single file

гуся́тина goose(-flesh)

гутали́н shoe polish, boot cream

гу́ща sediment; grounds *pl.* *(кофейная)*; lees *pl* *(пивная)*

Д

да I *утверждение* yes

да II *усилительная частица:* да не мо́жет быть!?, да ну? you don't say so!

да III *союз* **1.** *(соединительный)* and; он да я he and I **2.** *(противительный)* but; я охо́тно сде́лал бы э́то, да у меня́ нет вре́мени I would gladly do it, but I have no time

да IV *модальная частица (пусть):* да здра́вствует... long live...

дава́||**ть** *см.* дать; ~й(те)! let us; ~йте рабо́тать let's get down to work

дави́ть 1. press; squeeze *(выжимать)* **2.** *(раздавливать)* crush **3.** *(угнетать)* oppress

дави́ться choke

да́вка jam, crush

давле́ние pressure; кровяно́е ~ blood pressure; ока́зывать ~ exert pressure

да́вн||**ий** old; for ages *разг.;* с ~их пор for a long time; for ages

давно́ *нареч.* long ago, for a long time

да́вность remoteness; antiquity *(древность)*

да́же *частица* even

да́лее *нареч.* further; then *(затем)* ◇ и так ~ et cetera, etc.

далёкий far; remote *(отдалённый)*; от и́стины, це́ли wide of the truth, mark; он далёк от подозре́ний he is far from suspecting anything

далеко́ *нареч.* far off; a long way off; ~ *(от)* far *(from)* ◇ ~ за́ по́лночь far into the night; он ~ не дура́к he is far from being a fool; он ~ пойдёт he will go far

даль distance; the world's end

дальне́йш||**ий** further ◇ в ~ем later on; in the future *(в будущем)*

да́льний distant; remote *(отдалённый)*; ~ путь long way

дальнобо́йный *воен.* of lóng-ránge; lóng-ránge *attr.*
дальнови́дн||ость fóresight; ~ый fár-síghted, fár-séeing
дальнозо́ркий fár-síghted
да́льность dístance, remóteness *(удалённость)*; ~ полёта *воен.* range
да́льше *нареч.* 1. fúrther; fárther 2. *(потом)* then; что же ~? what next? ◇ ~! *(продолжайте)* go on!
да́ма 1. lády 2. *(в танцах)* pártner 3. *карт.* queen
да́мба dam; dike
да́мка *(в шашках)* king
да́мск||ий lády's; ~ая ко́мната ládies' room
да́нны||е dáta, facts, statístics; согла́сно официа́льным ~м accórding to official retúrns; по бо́лее по́лным ~м accórding to fúller informátion ◇ анке́тные ~ pérsonal particulars
да́нный *(этот)* gíven, présent
дань *ист.* tríbute, lévy; *перен.* tríbute, hómage; отда́ть ~ pay tríbute *(to)*
дар gift
дарвини́зм Dárwinism
дари́ть give, make a présent; ~ на па́мять give as a sóuvenir
даров||а́ние gift, tálent; ~и́тый gífted, tálented
даровой free (of charge); gratúitous
да́ром *нареч.* 1. grátis, for nóthing 2. *(напрасно)* in vain; ~ тра́тить вре́мя waste time
да́та date
да́тельный: ~ паде́ж *грам.* dátive (case)
дати́ровать date
да́т||ский Dánish; ~ язы́к Dánish, the Dánish lánguage; ~ча́нин Dane
дать 1. *в разн. знач.* give; да́йте, пожа́луйста I want... *(в магазине)*; pass *(the salt, etc.)* please *(за столом)*; ~ взаймы́ lend 2. *(позво́лить)* let; ~ знать кому́-л. let smb. know ◇ ~ согла́сие give one's consént; ~ нача́ло give rise *(to)*; ~ залп fire a vólley; ~ звоно́к ring the bell; ~ сло́во give one's word; ~ кля́тву swear, take an oath; ~ кому́-л. сло́во *(на собра́нии)* give smb. the floor; ~ доро́гу give way *(to)*; ~ течь spring a leak; ~ тре́щину crack, split; ~ ход де́лу allów an áction to procéed; ~ телегра́мму send a télegram; ему́ нельзя́ ~ бо́льше десяти́ лет he does not look more than ten years old; не ~ в оби́ду stand up *(for)*

да́ч||а a súmmer cóttage; dácha; cábin; жить на ~е live in the cóuntry; ~ник súmmer résident; ~ный: ~ный по́езд subúrban train
два two; ка́ждые ~ дня évery óther day ◇ в ~ счёта *разг.* in a jíffy; в двух слова́х in a word; в двух шага́х near by, a few steps awáy
двадцатиле́т||ие *(годовщина)* twéntieth annivérsary; ~ний of twénty years; twénty-year-óld *(о возрасте)*
двадца́тый twéntieth
два́дцать twénty; a score *(два десятка)*
два́жды *нареч.* twice ◇ я́сно как ~ два четы́ре *разг.* as sure as two and two make four
двена́дца||тый twelfth; ~ть twelve
дверь door; входна́я ~ éntrance
две́сти two húndred
двиг||а́тель mótor, éngine; ~ вну́треннего сгора́ния intérnal-combústion éngine; ~ать(ся) *см.* дви́нуть(ся)
движе́ние 1. móvement, mótion; привести́ в ~ set in mótion; прийти́ в ~ start móving 2. tráffic; железнодоро́жное ~ ráilway tráffic; train sérvice; интенси́вное ~ heavy tráffic 3. *(общественное)* móvement; национа́льно-освободи́тельное ~ nátional liberátion móvement
дви́жущ||ий: ~ие си́лы dríving *(или* mótive*)* force *sg.*
дви́нуть move, set in mótion; advánce *(вперёд)*; push *(толкнуть)*; ~ся move; advánce *(вперёд)*; ~ся в путь set out
дво́е two
двоето́чие cólon
дво́йка 1. *карт.* two 2. *(отметка)* low mark, two
двойни́к double, twin
двойн||о́й double; twófold; ~ подборо́док a double chin ◇ ~а́я игра́ double game
двойня́ twins *pl.*
двойственн||ый 1. *(противоречивый)* ambívalent, indecísive 2. *(двуличный)* dóuble-faced; ~ая поли́тика twó-faced pólicy ◇ ~ое число́ *грам.* the dúal númber
двор 1. court, yard, cóurtyard 2. *(крестья́нское хозя́йство)* fármstead 3. *(короле́вский)* court ◇ постоя́лый ~ inn; на ~е́ *(вне дома)* óut-of-dóors
дворе́ц pálace

дво́рник jánitor, yárd-keeper
дворня́жка móngrel, cur
дворцо́вый court *attr.;* ~ переворо́т pálace revolútion
двор‖яни́н nóbleman; ~я́нский of noble fámily, of the nobílity; ~я́нство *собир.* nobílity; nobles *pl.*
двою́родн‖ый: ~ брат, ~ая сестра́ cóusin
двоя́к‖ий double; ~о *нареч.* in two ways
двубо́ртный dóuble-bréasted
двукра́тный twófold, double; twice repéated *(повто́рный)*
двули́чный dóuble-faced, hypocrítical
двуру́шн‖ик dóuble-déaler; ~ичество dóuble-déaling; duplícity *(двули́чность)*
двусмы́сленн‖ый ambíguous, equívocal
двуспа́льн‖ый: ~ая крова́ть double bed
двусторо́нний bilátéral
двух‖годи́чный twó-year *attr.;* ~годова́лый twó-year-óld
двухле́тний of two years; two years old *(о ребёнке);* biénnial *(о расте́нии)*
двухме́стный *(об автомоби́ле и т. п.)* twó-séater
двухме́сячный twó-month *attr.;* twó-month-óld *(о во́зрасте)*
двухнеде́льный 1. for two weeks; ~ о́тпуск two weeks' leave 2. *(об изда́нии)* fórtnightly
двухсо́тый twó-húndredth
двухэта́жный twó-stóreyed
двучле́н *мат.* binómial
деба́ты debáte *sg.*
де́бет *бухг.* débit
де́бри thíckets; *перен.* maze *sg.*
дебю́т 1. début 2. *шахм.* ópening
девальва́ция *эк.* devaluátion
дева́ть(ся) *см.* деть(ся)
деви́з mótto
деви́ца girl, máiden
де́вочка (little) girl
де́вственный vírgin
де́вушка girl
девяно́ст‖о nínety; ~ый nínetieth
девятисо́тый níne-húndredth
девя́тка *карт.* nine
девятна́дц‖атый nínetéenth; ~ать nínetéen
девя́тый ninth
де́вять nine
девятьсо́т nine húndred
дегаза́ция decontaminátion

дегенера́т degénerate; ~и́вный degénerate
дёготь tar
дед grándfather ◇ Дед Моро́з Sánta Claus *(нового́дний);* ~ушка *разг. см.* дед
деепричáстие *грам.* vérbal ádverb
дежу́р‖ить be on dúty; watch *(у посте́ли больно́го);* ~ный on dúty *(по́сле сущ.);* воен. órderly ◇ ~ное блю́до stánding dish; ~ство dúty; ночно́е ~ство night dúty; night-wátch *(у посте́ли больно́го),* чьё сего́дня ~ство? who is on dúty todáy?
дезерти́р desérter; ~овать desért; ~ство desértion
дезинфе́кция disinféction
дезинфици́р‖овать disinféct; ~ующий disinféctant; ~ующее сре́дство disinféctant
дезорганиз‖а́ция disorganizátion; ~овать, ~о́вывать disórganize
де́йственный efficient; efféctive
де́йств‖ие 1. áction, work; operátion; вое́нные ~ия military operátions; ~ происхо́дит the scene is laid *(in, at)* 2. *(влия́ние)* ínfluence, efféct 3. *театр.* act; второ́е ~ начнётся че́рез пять мину́т the sécond act will begín in five mínutes 4. *мат.* operátion; четы́ре ~ия арифме́тики ◇ предоста́вить кому́-л. свобо́ду ~ий give smb. a free hand
действи́тельн‖о *нареч.* áctually, réally, in fact; ~ость reálity; ~ый 1. áctual, real 2. *(име́ющий си́лу)* válid
де́йств‖овать 1. act; fúnction, work *(рабо́тать);* run *(о маши́не и т. п.);* телефо́н не ~ует the télephone isn't wórking; у него́ не ~ует пра́вая рука́ he has lost the use of his right arm 2. *(влия́ть)* have efféct; ~ кому́-л. на не́рвы get on smb.'s nerves; ~ успокои́тельно soothe
де́йствующ‖ий in force *(по́сле сущ.);* ácting; ~ зако́н the law cúrrently in force ◇ ~ая а́рмия Ármy in the field; ~ее лицо́ *театр., лит.* cháracter; ~ие ли́ца *(на афи́ше, в програ́мме и т. п.)* drámatis persónae, cháracters in the play
дека́брь Decémber; ~ский Decémber *attr.*
дека́да tén-day périod
дека́н dean; ~а́т dean's óffice
декла‖ма́ция (públic) recitátion *(поэ́зии);* dramátic réading *(про́зы);* ~ми́ровать recíte *(или* read) in públic
деклара́ция declarátion

ДЕК   **ДЕР**   **Д**

декор||ати́вный décorative; ~а́ция scénery, set
декре́т decrée; ~ный: ~ный о́тпуск matérnity leave
де́ланный feigned, símulated; ~ смех an afféctеd láughter
де́ла||ть 1. do; make *(производить)*; ~ докла́д make a repórt; ~ заря́дку do one's mórning éxercises; ~ оши́бку make a mistáke; ~ кому́-л. одолже́ние do smb. a fávour; ~ визи́т pay a vísit; ~ вы́говор scold; reprimánd *(по службе)*; ~ вы́вод draw a conclúsion, ínfer, dedúce; ~ объявле́ние make an annóuncement 2. *(проходить расстояние)* do; по́езд ~ет 70 киломе́тров в час the train does 70 kílometres an hour ◊ что мне ~? what am I to do?; ~ вид preténd; ~ по-сво́ему have one's (own) way
де́латься 1. *(становиться)* becóme; grow; де́лается хо́лодно it is gétting *(или* grówing) cold 2. *(происходить)* háppen; что там де́лается? what is góing on there?
делег||а́т délegate; spókesman; ~а́ция delegátion
делёж sháring out; partítion *(недвижимости)*
деле́ние 1. divísion 2. *(на шкале)* point
деле́ц búsiness man; óperator *разг.*
деликат́н||ость délicacy, tact; ~ый délicate, táctful
дели́||мое *мат.* dívidend; ~мость divisibílity; ~тель *мат.* divísor; о́бщий наибо́льший ~тель the gréatest cómmon méasure
дели́ть 1. *(на части)* divíde *(тж. мат.)* 2. *(с кем-л. что-л.)* share *(smth. with smb.)*; ~ся 1. *(чем-л. с кем-л.)* share *(smth. with smb.)* 2. *(на) мат.* divíde *(into, by)* 3. *(сообщать кому-л. что-л.)* confíde *(smth. to smb.)*
де́л||о 1. affáir, búsiness, occupátion 2. *(поступок)* act, deed 3. *(цель, интересы)* cause; о́бщее ~ cómmon cause; защища́ть ~ ми́ра defénd the cause of peace 4. *юр.* case 5. *канц.* file ◊ в чём ~? what is the mátter?; ~ в том the point is; на са́мом ~е as a mátter of fact; ~ не в э́том that's not the point; то и ~ (évery) now and then; говори́ть ~ talk sense
делов||о́й búsiness-like; ~о́е свида́ние búsiness appóintment
де́льный efficient, práctical *(о человеке)*; sénsible, práctical *(о предложении)*; ~ сове́т práctical advíce
дельфи́н dólphin

демаго́г démagogue; ~ия démagogy
демаркацио́нн||ый: ~ая ли́ния line of demarcátion
демилитариза́ция demilitarizátion
демобилиз||а́ция demobilizátion; ~ова́ть demóbilize
демокра́т démocrat; ~иза́ция democratizátion; ~и́ческий democrátic
демокра́тия demócracy
демонстрати́вный: ~ отка́з a refúsal as a delíberate act of prótest; ~ ухо́д a wálk-out in prótest
демонстра́ция 1. demonstrátion; первома́йская ~ First of May paráde 2. *(показ)* displáy; show; ~ фи́льма film shówing; ~ моде́лей гото́вого пла́тья fáshion-show, fáshion paráde
деморализ||а́ция demoralizátion; ~ова́ть demóralize
де́нежн||ый móney *attr.*; pecúniary; ~ перево́д móney órder; póstal órder *(почтовый)*; ~ая рефо́рма cúrrency refórm; ~ая по́мощь pecúniary aid
день day; ~ рожде́ния birthday; ~ Сове́тской А́рмии anniversary of the Sóviet Army; ~ Побе́ды Victory day; через ~ évery óther day; до́брый ~! good áfternoon!; в оди́н прекра́сный ~ one fine day
де́ньги móney *sg.*; кру́пные ~ big bánknotes; игра́ть не на ~ *карт.* play for love
депо́ dépôt
депре́ссия depréssion
депута́||т députy; ~тский députy *attr.*; ~ция deputátion
дёргать pull *(at)*; *перен.* nag; ~ся twitch
дереве́нский rúral, rústic; cóuntry
дере́вн||я víllage; cóuntry *(в противоположность городу)*; е́хать в ~ю go to the cóuntry; жить в ~е live in the cóuntry
де́рево 1. tree 2. *(материал)* wood; чёрное ~ ébony
деревя́нный wóoden
держа́ва State, pówer
держа́ть hold; keep; ~ за́ руку hold by the hand; ~ кого́-л. в рука́х have smb. well in hand; ~ экза́мен take an examinátion; ~ себя́ behа́ve; ~ курс *(на) мор., ав.* head *(for)*; ~ речь make a speech; ~ сло́во keep one's word; ~ чью-л. сто́рону take smb.'s side
держа́ться 1. *(за кого-л., за что-л.)* hold *(on)*; ~ за пери́ла hold on to the rail 2. *(чего-л.; придерживаться)* stick *(to)* 3. *(вести себя)* behа́ve, compórt oneself

57

4. *(на чём-л.)* be supported *(by)* ◇ ~ в стороне stand aside *(или* aloof); ~ прямо hold oneself erect *(или* upright)
дерза́||**ние** daring; ~ть dare
де́рзкий 1. cheeky, impertinent; insolent, rude 2. *(смелый)* bold, daring
дерзнове́нный daring, audacious
дерзну́ть *см.* дерза́ть
де́рзос||**ть** 1. impertinence; insolence 2. *(смелость)* daring; audacity; и у него́ хвати́ло ~ти сказа́ть мне э́то he had the audacity to tell me that
дёрн turf
дёрнуть(ся) *см.* дёргать(ся)
деса́нт *воен.* landing
десе́рт dessert; на ~ for dessert
десна́ gum
де́спот despot; ~и́зм despotism; ~и́ческий despotic
десятидне́вный ten-day *attr.*
десятикра́тный tenfold
десятиле́тие 1. decade, ten-year period 2. *(годовщина)* tenth anniversary
десятиле́тний ten-year *attr.*; ten-year-old *(о возрасте)*
десяти́чн||**ый** *мат.* decimal; ~ая дробь a decimal
деся́тка 1. *разг.* ten roubles *pl.* 2. *карт.* ten
деся́тник foreman
деся́т||**ок** 1. ten 2. *мн.*: ~ки *перен. (множество)* dozens, scores ◇ ему́ пошёл шестой ~ he is past fifty; он не робкого ~ка he is no coward; ~ый tenth ◇ че́рез пя́тое на ~ое carelessly, anyhow
де́сять ten
дета́ль detail; part *(машины)*; ~но *нареч.* in detail; ~ный detailed, minute
детвора́ *собир.* children *pl.*
детёныш baby animal; cub
дет||**и** children; kids *разг.*; ~ский child's, children's; childish *(свойственный детям)*; ~ский сад kindergarten; ~ский дом children's home; ~ская (комната) nursery; ~ство childhood ◇ впасть в ~ство enter one's second childhood, become senile, be in one's dotage
деть do *(with)*; put *(положить)*; куда́ он дел мою́ кни́гу? where did he put my book?; what has he done with my book?; ~ся, go, get *(to)*; disappear; куда́ он де́лся? what has become of him?; куда́ де́лись мои́ очки́? where have my spectacles got to?
дефе́кт defect

дефици́т deficit; ~ный deficient; scarce *(редкий)*
дешев||**е́ть** fall in price, become cheaper; ~изна́ cheapness; low prices *pl.*
дёшево *нареч.* cheaply; он ~ отде́лался he got off lightly
дешёвый cheap
де́ятель: госуда́рственный ~ statesman, public figure; обще́ственный ~ public benefactor; ~ность activity; activities *pl.;* work *(работа)*; обще́ственная ~ность public work; ~ный active, energetic
дже́мпер jumper; pull-over; jersey
джу́нгли jungle *sg.*
диа́гноз diagnosis; ста́вить ~ diagnose
диагона́ль 1. *мат.* diagonal 2. *текст.* material woven on the cross; ~ный diagonal
диагра́мма diagram
диале́кт *лингв.* dialect
диале́к||**тика** dialectics; ~ти́ческий dialectical; маркси́стский ~ти́ческий ме́тод Marxist dialectical method; ~ти́ческий материали́зм dialectical materialism
диало́г dialogue
диа́метр diameter; ~ом в три ме́тра three metres in diameter
диапазо́н range; compass *(голоса, инструмента)*
дива́н sofa
диве́рс||**ант** saboteur; ~ио́нный wrecking, subversive
диве́рсия 1. diversion 2. sabotage *(в тылу)*
диви́зия division
ди́вный marvellous; wonderful
диез *муз.* sharp
дие́т||**а** diet; быть на ~е be on a diet; ~и́ческий dietetic, dietary
ди́зель *тех.* Diesel engine, diesel *разг.*
дизентери́я *мед.* dysentery
дика́рь savage; *перен.* shy fellow
ди́кий 1. wild; savage *(дикарский)* 2. *(нелепый)* odd; absurd 3. *(застенчивый)* unsociable, shy
ди́кость savagery, wildness
дикта́нт dictation
дикта́тор dictator; ~ский dictatorial
диктату́ра dictatorship; ~ пролетариа́та dictatorship of the proletariat
дикт||**ова́ть** dictate; ~о́вка dictation; писа́ть под чью-л. ~о́вку take down from smb.'s dictation
ди́ктор announcer; broadcaster *(амер.)*
ди́кция enunciation, articulation; у него́ прекра́сная ~ he articulates very well

дилетáнт ámateur, dilettánte; ~ский ámateur

динáмика dynámics

динами́т dýnamite

динами́ческий dynámic

динáмо-маши́на dýnamo

дина́стия dýnasty, house

дипло́м diplóma

дипломáт díplomat; ~и́ческий diplomátic; ~и́ческие отноше́ния diplomátic relátions; ~ия diplómacy

дипло́мн||ый: ~ая рабо́та graduátion páper

директи́в||а instrúctions *pl.*, diréctions *pl.*, diréctives *pl.*; ~ный diréctive

дире́к||тор diréctor; mánager; ~ шко́лы head máster, príncipal; ~ция board of diréctors

дирижáбль áirship

дириж||ёр condúctor; ~и́ровать condúct

диск disk; *спорт.* díscus

дискредити́ровать discrédit

дискриминáция *полит.* discriminátion; рáсовая ~ rácial discriminátion

диску́||ссия discússion, debáte; ~ти́ровать discúss, debáte

диспансе́р dispénsary

диспе́тчер contróller

ди́спут disputátion; организова́ть ~ spónsor a debáte

диссертáци||я thésis, dissertátion; защищáть ~ю defénd a thésis

диссо́н||анс díssonance, discord; ~и́ровать discórd, be out of tune

дистáнция dístance

дистилл||и́рованный distílled; ~и́ровать distíl; ~я́ция distillátion

дисципли́н||а 1. díscipline 2. (отрасль науки) branch of science; ~áрный disciplinary; ~и́рованный disciplined

дитя́ child

дифтери́т *мед.* diphthéria

дифто́нг *лингв.* díphthong

дифференц||иáл *мат.* differéntial; ~иáльный: ~иáльное исчисле́ние differéntial cálculus

дифференц||иáция differentiátion; ~и́ровать differéntiate

дичи́ться 1. be unsóciable; be shy 2. (*избегать*) shun

дичь I game

дичь II *разг.* (*вздор*) nónsense ⟐ поро́ть ~ talk rúbbish

длин||á length; ~о́й в 4 мéтра four mètres long; мéры ~ы́ línear méasures

дли́нный long

дли́тельный long, protrácted, prolónged

дли́ться contínue, go on, last; нáша бесéда дли́лась до́лго our conversátion went on a long time

для *предл.* 1. for; я сдéлаю э́то ~ вас I will do it for you; ~ чего́? what for?; кни́га ~ детéй a book for children; вагóн ~ куря́щих smóking cárriage; óчень тепло́ ~ зимы́ it is véry warm for a winter day 2. (*по отношению к*) to; э́то ~ негó ничегó не знáчит it is nóthing to him ⟐ ~ того́, чтóбы (+ *инф.*) in órder (+ *inf.*)

дневни́к díary, jóurnal; вести́ ~ keep a díary

дневно́й day *attr.*, dáily

днём *нареч.* in the dáy-time, by day; ~ и нóчью day and night

дн||о bóttom; на ~е at the bóttom; пей до ~а! bóttoms up! ⟐ золото́е ~ *разг.* góld-mine; вверх ~ом úpside-dówn

до I *муз.* C, do

до II *предл.* 1. (*указывает на пространств. предел*) to; up to, as far as (*указывает на конечный пункт движения*); от Москвы́ до Ленингрáда from Móscow to Léningrad; мы добежáли до лéса we ran as far as the wood 2. (*указывает на временно́й предел*) to, till, until; до нáших дней to our time; до сих пор so far; ждать до вéчера wait till évening 3. (*раньше*) befóre; до войны́ befóre the war 4. (*указывает предел*) to; до некоторой сте́пени to a cértain extént; до крáйности to excéss; промóк до костéй wet to the skin 5. (*меньше*) únder, less than; дéти до 16 лет children únder síxtéen 6. (*около*) abóut; у меня́ до 5000 книг I have abóut 5000 books; морóз доходи́л до 30 грáдусов it was abóut 30 degrées belów zéro ⟐ до свидáния! góod-býe!; мне не до шýток I am in no mood for jóking; что мне до э́того? what have I to do with it?

добáв||ить add; ~лéние addítion; ~ля́ть *см.* добáвить; ~очный addítional, éxtra

добе́||гáть, ~жáть (*до*) run up (*to*)

добелá *нареч.*: раскалённый ~ héated to a white heat

добивáть *см.* доби́ть

добивáться try to get; seek (*after*); strive (*for*); ~ невозмóжного attémpt the impóssible; ≈ the sky is the límit

добира́ться см. **добра́ться**
доби́ть finish
доби́ться get; obtáin; achíeve; ~ своего́ get one's own way
до́блестный válorous; váliant; heróic (*героический*)
до́блесть válour; héroism (*геройство*)
добра́ться (*до*) get (*to*); reach; ~ до су́ти де́ла *перен.* get to the heart of the matter
добр∣∣о́ I 1. (*благо*) good; жела́ть ~á кому́-л. wish smb. well **2.** (*имущество*) próperty ◇ э́то не к ~ý *разг.* it is a bad sign
добро́ II: ~ пожа́ловать! wélcome!
доброво́∣∣лец voluntéer; **~льно** *нареч.* vóluntarily, of one's own accórd (*или* free will); **~льный** vóluntary
доброде́тель vírtue; **~ный** vírtuous
доброду́ш∣∣ие good náture; **~ный** góod-nátured
доброжела́тельный benévolent; well-dispósed
доброка́чественный of good (*или* of high) quálity
доброcо́вестный consciéntious, hónest
доброта́ kíndness
**добр∣∣ый kind, good ◇ по ~ой во́ле of one's own accórd (*или* free will); ~ое у́тро! good mórning!; бу́дьте ~ы will you be so kind as; всего́ ~oro! góod-býe!
добыва́ть 1. см. добы́ть 2. (*минералы и т. п.*) extráct, mine
добы́ть mánage to get; obtáin (*с трудом*)
добы́ча 1. (*угля, руды и т. п.*) extráction; míning **2.** (*производительность шахты и т. п.*) óutput **3.** (*захваченное*) prey; bóoty
довезти́ (*до*) take (*to, as far as*); он довёз меня́ до ста́нции he took me to the státion, he took me as far as the státion
дове́ренность pówer of attórney
довер∣∣ие trust, cónfidence; **~ить** entrúst (*to*); **~иться** trust; confíde (*in*); **~чивый** trústful; crédulous (*легковерный*)
доверше́ние: в ~ всего́ to crown all
доверя́ть 1. см. дове́рить 2. trust; не ~ distrúst; **~ся** см. дове́риться
довести́ (*до*) lead (*to, as far as*); accómpany, escórt (*проводить*); ~ до до́му see home **2.** (*до какого-л. состояния*) bring (*to*); drive (*to*); ~ до конца́ bring to an end; ~ до отча́яния drive to despáir; ~

до чьего́-л. све́дения bring (offícially) to the nótice of smb., infórm smb. (offícially); ~ кого́-л. до слёз redúce smb. to tears
до́вод réason, árgument; соглаша́ться с чьи́ми-л. ~ами agrée with smb.'s árguments
доводи́ть см. довести́
довое́нный pré-wár
довози́ть см. довезти́
дово́льно 1. *нареч.* ráther, fáirly; ~ хорошо́ ráther well, fáirly well; ~ хо́лодно it's prétty cold **2.** (*хватит!*) (it is) enóugh!; that will do!
дово́льный contént (*with*), sátisfied (*with*)
дово́льств∣∣о satisfáction, conténtment ◇ жить в ~e live like a king, be in clóver
дово́льствоваться be contént (*with*)
дог mástiff
догада́ться guess (*угадать*); understánd (*понять*)
дога́д∣∣ка a guess; conjécture, supposítion (*предположение*); **~ливый** quick-wítted, quick in the úptake; **~ываться 1. см. догада́ться 2.** (*подозревать*) suspéct
до́гма dógma; **~ти́ческий** dogmátic
догна́ть catch up (*with*); overtáke (*тж. перен.*) ◇ ~ и перегна́ть overtáke and surpáss
догова́ривать см. договори́ть
догова́рива∣∣ться см. договори́ться; **~ющиеся сто́роны** contrácting párties; Высо́кие Догова́ривающиеся Сто́роны *дип.* the High Contrácting Párties
догово́р agréement; cóntract; tréaty; pact (*пакт*); **~ённость** understánding
договори́ть finish tálking; он умо́лк, не договори́в he fell sílent without fínishing what he was sáying
догов∣∣ори́ться reach agréement; ну, до чего́ вы ~ори́лись? well, what conclúsions have you réached?; **~о́рный** agréed by cóntract; на ~о́рных нача́лах on a contráctual básis
догоня́ть 1. см. догна́ть 2. run (*after*); pursúe (*преследовать*)
дого∣∣ра́ть, ~ре́ть burn out (*или* down)
доде́л∣∣ать, ~ывать finish, compléte
доду́м∣∣аться, ~ываться *разг.:* ~ до... arríve at..., take it ínto one's head to...
доеда́ть см. дое́сть
доезжа́ть см. дое́хать
дое́сть finish éating
дое́хать reach (*a place*)

дожд||а́ться: он ~а́лся наконе́ц письма́ he received a letter at long last; мы ждём не ~ёмся ва́шего прие́зда we are longing for you to arrive (или for your arrival)

дождево́||й rain attr.; ~а́я вода́ rainwater; ~ червь (earth)worm

дождли́вый rainy

дождь rain; ~ идёт it is raining; ~ мороси́т it is drizzling

дожива́ть см. дожи́ть

дожида́ться be waiting (for) ◇ вы у меня́ дождётесь! just you wait!

дожи́ть live (till); reach (достичь)

до́за dose

дозво́л||енный permitted; legal (законный); ~и́ть, ~я́ть permit, allow

дозвони́ться разг. ring till the bell is answered (у двери); get smb. on the phone (по телефону)

дозо́р patrol; ночно́й ~ night watch

дозрева́ть, дозре́ть ripen

доигра́ть finish playing; ~ся разг. finish badly, come to grief

доигрывать см. доигра́ть

доиска́ться find out, discover

доиски́ваться search (for, after), seek (for, after)

доистори́ческий prehistoric

дои́ть milk

до́йн||ый: ~ая коро́ва cow in milk, milking cow, a milker; перен. a gold mine

дойти́ (до) reach, come (to)

док dock

доказа́тельство proof; evidence; argument (довод); в ~ as proof of

доказа́ть, дока́зывать prove; что и требовалось доказа́ть which required to be proved; Q. E. D. (тж. мат.)

дока́нчивать см. доко́нчить

до́кер docker

докла́д lecture; paper; report (отчётный); ~но́й: ~на́я запи́ска memorandum, report; ~чик lecturer, speaker; ~ывать см. доложи́ть

докона́ть разг. be the end (of); ruin

доко́нчить finish, end

докрасна́ нареч.: раскалённый ~ red-hot

до́ктор doctor

доктри́на doctrine

докуме́нт document; ~а́льный documentary; ~а́льный фильм documentary

долби́ть 1. hollow; peck (о птице) 2. разг. (повторять) repeat over and over again 3. разг. (зубрить) learn by rote, cram

долг 1. (обязанность) duty; он счита́ет свои́м ~ом сказа́ть вам об э́том he considers it his duty to tell you about it 2. (взятое взаймы) debt; взять в ~ borrow; дать в ~ lend; быть в ~у́ owe, be indebted (to)

до́л||гий long; ~го нареч. long, (for) a long time

долгове́чный lasting

долговре́менный of long duration, lasting long

долгожда́нный long-awaited

долгоигра́ющ||ий: ~ая пласти́нка long-playing record

долголе́тн||ий of many years standing, long; ~яя дру́жба a friendship of many years' standing

долгосро́чный long-term

долгота́ геогр., астр. longitude

доле́е нареч. longer

до́лжен предик. 1. переводится личными формами глагола owe (to); он ~ мне де́сять рубле́й he owes me ten roubles 2. (обязан) must; он ~ идти́ he must go ◇ должно́ быть probably; вы, должно́ быть, слы́шали об э́том you must have heard of it

должни́к debtor

до́лжность position, post

до́лжн||ый due, proper; на ~ой высоте́ up to the mark; ~ым о́бразом properly

доли́на valley

до́ллар dollar

доложи́ть 1. make a report 2. (о ком-л.) announce

доло́й нареч. away, off; ~! down (with)!

долото́ chisel

до́лька lobule; clove (чеснока)

до́льше нареч. longer

до́ля I (часть) part, portion, share

до́ля II (судьба) fate, lot

дом 1. house; ~ о́тдыха rest home; ~ моде́лей fashion house 2. (дома́шний оча́г) home ◇ вне ~а out-of-doors; ~а at home; его́ нет ~а he is out; ~а ли он? is he in?

дома́шн||ий 1. прил. domestic; house attr., home attr.; ~яя хозя́йка housewife 2. как сущ.: ~ие (семья) family sg.

доме́нн||ый: ~ая печь blast-furnace

домини́он dominion

ДОМ   ДОС

до́мна blást-fúrnace
домовладе́лец lándlord
домов||ы́й: ~ая кни́га hóuse-régister
домога́ться seek *(for)*, solícit
домо́й *нареч.* home; идти́ ~ go home
домоуправле́ние house mánagement
донесе́ние repórt, dispátch
донести́ I *(до)* cárry *(to, as far as)*
донести́ II 1. *(о чём-л.)* repórt 2. *(на кого́-л.)* infórm *(against smb.)*
донести́сь *(о звуке)* be heard, reach one's ears
до́низу *нареч.* to the bóttom; све́рху ~ from top to bóttom
до́нор dónor
доно́с denunciátion; ~и́ть *см.* донести́ II
доноси́ться *см.* донести́сь
доно́счик infórmer
допива́ть drink up
дописа́ть, допи́сывать finish wríting
допи́ть *см.* допива́ть
допла́т||а addítional páyment; excéss fare *(ж.-д.)*; excéss póstage *(за письмо́)*; ~и́ть pay in addítion; я доплачу́ I'll make up the difference
допла́чивать *см.* доплати́ть
доплыва́ть, доплы́ть come to the shore
дополне́ние 1. súpplement, appéndix, addítion; в ~ in addítion 2. *грам.* óbject; прямо́е ~ diréct óbject; ко́свенное ~ indiréct óbject
дополни́тельн||о *нареч.* in addítion; ~ый addítional, suppleméntary
допо́лн||ить, ~я́ть súpplement; compléte
допра́шивать *см.* допроси́ть
допризы́в||ник youth of premílitary age; ~ный: ~ная подгото́вка premílitary tráining
допро́с cróss-examinátion, interrogátion; ~и́ть intérrogate; cróss-exámine *(на суде́)*; ~и́ть свиде́теля quéstion a witness
до́пуск pass, pérmit
допуска́ть *см.* допусти́ть
допусти́мый permíssible
допусти́ть 1. admít 2. *(позво́лить)* permít, allów; súffer *(стерпе́ть)* 3. *(предложи́ть)* assúme ◇ ~ оши́бку make a mistáke
допуще́ние assúmption
допы́тываться try to find out
дорва́ться *(до) разг.* fall gréedily *(upon)*

дореволюцио́нный pré-revolútionary
доро́г||а 1. road, way; желе́зная ~ ráilway; ráilroad *(амер.)* 2. *(путеше́ствие)* jóurney; он про́был в ~е три дня the jóurney *(или* vóyage*)* took him three days ◇ туда́ ему́ и ~! *разг.* it serves him right!; мне с ва́ми по ~е I am góing your way; мне с ва́ми не по ~е we are poles apárt, we are útterly at váriance
до́рог||о *нареч.* dear; déarly *(перен.)*; expénsive *(о сто́имости)*; ~ови́зна high príces *pl.*; ~о́й 1. *(дорогосто́ящий)* dear, expénsive 2. *(ми́лый, люби́мый)* dárling, dear
доро́дный córpulent
дорожа́ть rise in price
дорожи́ть válue; care *(for)*
доро́жка 1. path, walk 2. *(из мате́рии)* strip of cárpet; rúnner *(на стол)*
доро́жн||ый 1. road *attr.*; ~ое строи́тельство róad-búilding; ~ знак róad-sign 2. *(служа́щий для путеше́ствия)* trávelling
доса́д||а annóyance; vexátion *(разочарова́ние)*; кака́я ~! what a núisance!; what a píty! *(как жаль)*; ~и́ть annóy; ~но *предик. безл.* it is a píty; как ~но, что... what a shame that...; ему́ бы́ло ~но, что... he was vexed that...; ~ный annóying; disappóinting
досажда́ть *см.* досади́ть
доск||а́ board; plank *(то́лстая)*; гри́фельная ~ slate; ~ объявле́ний nótice-board; ~ почёта hónour roll ◇ ста́вить на одну́ до́ску put on a lével *(with)*; нельзя́ всех ста́вить на одну́ до́ску one can't put éveryone on the same plane, one can't apply the same yárdstick to éveryone; от ~и́ до ~и́ from cóver to cóver
досло́вн||о *нареч.* líterally; word for word; ~ый líteral
досро́чн||о *нареч.* ahéad of time *(или* schédule*)*, befóre the appóinted time; ~ый pré-térm
достава́ть(ся) *см.* доста́ть(ся)
доста́в||ить 1. *(това́ры, пи́сьма и т. п.)* delíver 2. *(причини́ть)* cause; give; ~ беспоко́йство give tróuble; ~ удово́льствие give pléasure; ~ка delívery; cárriage *(на большо́е расстоя́ние)*
доставля́ть *см.* доста́вить
доста́точн||о 1. *нареч.* enóugh, sufficiently 2. *предик. безл.* it is enóugh; э́того ~ that is enóugh, that will do; ~ый sufficient

62

достáть 1. reach; touch *(коснуться)* 2. *(добыть)* get; obtáin *(с трудом)* 3. *(вынуть)* take out; ~ся 1. *(выпасть на долю)* fall to smb.'s lot 2. *(при розыгрыше)* win 3. *безл. разг. (получить нагоняй)* catch it

дост||игáть, ~и́гнуть *см.* достичь

достиж||éние achíevement; impróvement, prógress *(улучшение);* ~и́мый attáinable, cápable of achíevement

дости́чь 1. reach; arríve *(at);* ~ бéрега reach the shore 2. *(успеха и т. п.)* attáin, achíeve; ~ влáсти obtáin pówer 3. *(о ценах и т. п.)* mount *(to)*

достовéрн||ый relíable, trústworthy; authéntic *(о документе, рукописи и т. п.);* из ~ых истóчников from relíable sóurces

достóинств||о 1. dígnity; чýвство сóбственного ~а sélf-respéct 2. *(качество)* quálity

достóйн||ый wórthy, desérving; быть ~ым be wórthy *(of),* desérve, mérit

достопримечáтельн||ость sights *pl.;* осмáтривать ~ости see the sights *(of);* ~ый nótable, remárkable

достояние próperty

дóступ áccess, appróach; имéть ~ к чему́-л. have áccess to smth.

достýпный accéssible

досýг léisure; на ~е at léisure

дóсуха *нареч.* dry; вытирáть ~ wipe dry

дóсыта *нареч.* to one's heart's contént

дотáция grant, súbsidy

дотлá *нареч.* útterly, complétely; сгорéть ~ burn to the ground

дотр||áгиваться, ~óнуться touch

дóхлый dead; *перен.* púny, síckly

дохóд íncome; retúrn

доходи́ть *см.* дойти́

дохóдный prófitable

доцéнт réader *(in university);* lécturer; dócent *(амер.)*

дóчиста *нареч. перен.* complétely

дочитáть, дочи́тывать read to the end, finish

дóчка, дочь dáughter

дошкóльн||ик child únder school age; ~ый pre-schóol

дощ||áтый (made) of planks *(после сущ.);* ~éчка small plank; small plate *(с надписью)*

доя́рка mílkmaid

драгоцéнн||ость jéwel; ~ый précious; ~ый кáмень précious stone, gem

дразни́ть tease

дрáка fight

дракóн drágon

дрáма dráma; ~ти́ческий dramátic; ~тýрг pláywright, drámatist

драп thick cloth; ~óвый of thick cloth

драть 1. tear 2. *(сечь)* flog

дрáться fight

дребезжáть rattle, jingle

древеси́на wood

древéсный wood *attr.;* ~ ýголь chárcoal

дрéвко *(флага)* small flág-pole

дрéвн||ий áncient; old *(старый);* ~ость antíquity

дрези́на trólley

дрейф *мор.* drift; ~овáть drift

дремáть doze; drowse; не ~ *перен.* be on the alért

дремóта drówsiness

дремýчий dense, thick

дрессир||óванный tráined; ~óванные живóтные perfórming ánimals; ~овáть train

дроби́ть 1. *(камень и т. п.)* crush 2. *(делить)* break (up) ínto small parts

дробь I *собир. (ружейная)* shot

дробь II *мат.* fráction

дровá firewood *sg.*

дровосéк wóodcutter

дрóгнуть I *(зябнуть)* shiver

дрóгну||ть II shake; move *(о мускуле);* quáver *(о голосе, звуке);* wáver *(перен. о войсках);* егó рукá не ~ла his hand did not fálter

дрожá||ть 1. trémble, shíver; ~ от хóлода shíver with cold; ~ всем тéлом trémble all óver; у неё гóлос ~л от волнéния her voice broke with emótion 2. *(за)* trémble *(for)* 3. *(над)* take excéssive care *(of),* fuss *(over);* ~щий trémbling

дрóжжи yeast *sg.;* léaven *sg. (закваска);* пивны́е ~ bréwer's yeast

дрожь trémbling, shívering

дрозд thrush

друг I friend; ~ дéтства pláyfellow

друг II: ~ ~а each óther; ~ за ~ом one áfter anóther; ~ прóтив ~а *(напротив)* face to face; ~ с ~ом with each óther

другие *как сущ.* óthers; the rest *(остальные)*

другóй *прил. и как сущ.* óther; anóther; и тот и ~ both; ни тот ни ~ néither; на ~ день the next day

63

ДРУ

друж||ба friendship; **~елю́бный, ~еский** friendly
дружи́ть be friends (with)
дру́жн||о нареч. in a friendly fashion, amicably; **~ый** 1. friendly, amicable; **~ая семья́** united family 2. (единогласный) unanimous; **разда́лся ~ый смех** everyone burst out laughing
дрянь trash
дря́хлый decrepit
дуб oak(-tree)
дуби́на cudgel; перен. разг. blockhead (о человеке)
дублика́т duplicate
дубли́ровать duplicate; театр. understudy; кино dub
дубо́вый oak attr., oaken
дуг||а́ 1. arc, arch 2. (в упряжи) shaft-bow ◇ **у него́ спина́ ~о́й** his back is bent
ду́дка pipe
ду́ло muzzle
ду́ма I (мысль) thought
ду́ма II ист. duma
ду́ма||ть 1. think 2. (+ инф.; намереваться) think (of); have the intention ◇ **недо́лго ~я** without thinking twice; **я ~ю!** (конечно) I should think so!
дунове́ние breath, whiff
ду́нуть см. дуть
дупло́ hollow
дур||а́, ~а́к fool; **~а́чить** fool; **~а́читься** play the fool
дурма́н narcotic; **~ить** intoxicate, stupefy
дурне́ть lose one's good looks
ду́рно 1. нареч. badly, bad 2. предик. безл.: **мне ~** I feel faint
дурнот||а́ giddiness; **чу́вствовать ~у́** feel faint
дурь разг. folly
ду́тый перен. exaggerated, false; inflated (о ценах)
дуть blow; **здесь ду́ет** there is a draught here
ду́ться be sulky, be in the sulks
дух 1. spirit; courage (бодрость) 2. (призрак) spirit, ghost ◇ **во весь ~** at full speed; **о нём ни слу́ху ни ~у** nothing is heard of him; **не в моём ~е** not to my taste; **быть не в ~е** be in low spirits pl.; **~ захва́тывает** it takes one's breath away
духи́ perfume sg.; scent sg.
духове́нство собир. clergy
духо́вка oven
духо́вный spiritual

ЕВР

духово́й: ~ инструме́нт wind-instrument; **~ орке́стр** brass band
духота́ closeness, stuffy air
душ shower(-bath)
душ||а́ soul ◇ **в глубине́ ~и́** in one's heart of hearts; **ско́лько ~е́ уго́дно** to one's heart's content; **жить ~ в ~у** live in concord; **не име́ть ни гроша́ за ~о́й** not have a penny to one's name; **у него́ ~ в пя́тки ушла́** разг. his heart sank to his boots; **от всей ~и́** from the bottom of one's heart; **~и́ не ча́ять** dote (upon); **на ду́шу** (населения) per head, per capita
душевнобольно́й lunatic; insane (person)
душе́вн||ый 1.: **~ое споко́йствие** peace of mind 2. (сердечный, искренний) sincere 3. (психический) mental
душегу́бка gas chamber
души́стый fragrant, sweet-scented
души́ть strangle
души́ться use scent; perfume oneself
ду́шн||о предик. безл. it is stuffy; **~ый** close; stuffy
дуэ́ль duel
дуэ́т duet
ды́бом нареч.: **у меня́ во́лосы ста́ли ~** my hair stood on end
дыбы́: встать на ~ rear; перен. kick
дым smoke ◇ **нет ~а без огня́** there's no smoke without fire; **~и́ться** smoke; **~ка** haze, mist; **~ный** smoky; **~овой** smoke attr.; **~овая заве́са** smoke-screen
дымохо́д flue
ды́ня melon
дыра́ hole
дыря́вый full of holes
дыха́||ние breathing, respiration; **~тельный** respiratory; **~тельное го́рло** анат. windpipe
дыша́ть breathe ◇ **~ здоро́вьем** look the picture of health
дья́вол devil
дю́жина dozen ◇ **чёртова ~** baker's dozen
дю́ны dunes, sand-hills
дя́дя uncle
дя́тел woodpecker

Е

ева́нгелие Gospel
евре́й Jew; **~ский** Jewish

ЕВР | **ЕЩЁ** | **Е**

europ||éец European; ~éйский European
erи́петский Egýptian
его́ I *рд., вн. см.* он, оно́
его́ II *мест. притяж.* his; its, of it
еда́ 1. *(пища)* food 2. *(трапеза)* meal; сы́тная ~ substántial *(или* héarty) meal
едва́ *нареч.* hárdly; ~ не néarly, álmost; ~-~ scárcely; ~ ли it is dóubtful
едине́н||ие únity; в те́сном ~ии in close únity
едини́||ца 1. únit 2. *(цифра)* one 3. *(отметка)* bad mark; ~чный single, ísolated
единовре́менн||ый: ~ое посо́бие one time grant, gratúity
единогла́сн||о *нареч.* unánimously; ~ый unánimous
единоду́ш||ие unánimity; ~ный unánimous
единоли́чный indivídual; pérsonal
единомы́шленник adhérent; sýmpathiser
единонача́лие óne-man mánagement
единообра́з||ие unifórmity; ~ный úniform
еди́нственн||ый the ónly, sole; ~ в своём ро́де uníque; ~ое число́ *грам.* síngular; ~ ребёнок ónly child
еди́нство únity; ~ де́йствий únity of áctions
еди́ный 1. united; indivísible *(неделимый)* 2. *(о денежной системе и т. п.)* single
е́дк||ий 1. cáustic; ácrid *(о дыме)* 2. *перен. (язвительный)* cáustic, bíting; ~ое замеча́ние cáustic remárk
едо́к éater; mouth to feed
её I *рд., вн. см.* она́
её II *мест. притяж.* her *(при сущ.)*; hers *(без сущ.)*; its, of it
ёж hédgehog
ежеви́ка bláckberry; brámble *(кустарник)*
ежего́д||ник ánnual, yéar-book; ~ный ánnual, yéarly
ежедне́вн||о *нареч.* évery day, dáily; ~ый dáily; éveryday *(будничный)*
ежеме́сячный mónthly
ежемину́тно *нареч.* évery mínute
еженеде́льн||ик wéekly; ~ый wéekly
ежеча́сно hóurly
ежо́в||ый: держа́ть в ~ых рукави́цах *разг.* rule with a rod of íron

езд||á 1. drive, dríving *(в экипаже)*; ride, ríding *(верхом, на велосипеде)*; в трёх часа́х ~ы́ *(от)* three hours' jóurney *(from)* 2. *(уличное движение)* tráffic
е́здить 1. drive *(в экипаже)*; ride *(верхом, на велосипеде)*; go *(на трамвае, поезде)* 2. *(путешествовать)* trável; vóyage *(морем)*
ей *дат. см.* она́
е́ле *нареч.* hárdly, scárcely
ёлка fir-tree; нового́дняя ~ New-Year's tree
ело́вый fir *attr.*
ель fir
ёмк||ий capácious; ~ость capácity; ме́ры ~ости méasures of capácity
ему́ *дат. см.* он
ено́т rac(c)óon
епи́скоп bíshop
е́ресь héresy
ерети́к héretic
ёрзать fídget
ерунда́ nónsense, rúbbish; trífle *(пустяк)*
е́сли *союз* if, in case; ~ бы не but for; ~ бы не она́, он никогда́ не сде́лал бы э́того but for her he would have néver done it; ~ то́лько províded, if ónly; что ~ what if; что ~ он узна́ет об э́том? what if he finds out abóut it?; ~ не unléss; if ... not; о, ~ бы! if ónly!
есте́ственн||о 1. *нареч.* náturally 2. *предик. безл.* it is nátural; ~ый nátural; ~ым о́бразом náturally; ~ый отбо́р nátural seléction
естествозна́ние nátural hístory
есть I eat
есть II 1. *см.* быть 2. *безл.* there is, there are; *переводится тж. личными формами глагола* have; у неё ~ брат she has a bróther ◇ так и ~! and so it is indéed!
ефре́йтор *воен.* lánce-córporal
е́хать 1. *см.* е́здить 2. *(уезжать)* leave *(for)*, go *(to)*
ехи́дный malícious, spíteful
ещё *нареч.* 1. *(всё ещё)* still; ~ не not yet; ли́стья ~ зелёные the leaves are still green; он ~ не уста́л he is not tíred yet 2. *(дополнительно)* some more; дай мне ~ де́нег give me some more móney; ~ раз once more, once agáin 3. *(при сравнит. степ.)* still; она́ ста́ла ~ краси́вее she has becóme still more béautiful ◇ ~ бы! I

ЕЮ

should think so!, of course!; вот ~! what next!; I like that!; что ~? what else?
ею *тв. см.* она

Ж

жа́ба I *зоол.* toad
жа́ба II *мед.* quinsy; грудна́я ~ angína pectoris
жа́бры gills
жа́воронок (sky)lark
жа́д||ничать *разг.* be gréedy; ~но *нареч.* gréedily; ~ность gréediness, greed; ~ный gréedy
жа́жд||а thirst; ~ зна́ний thirst for knówledge; ~ать thirst *(for)*, crave *(for)*; ~ущий cráving *(for, after)*
жаке́т jácket
жале́ть 1. *(кого-л.)* píty; be sórry *(for)* 2. *(беречь)* spare 3. *разг. (скупиться)* grudge
жа́лить sting
жа́л||кий pítiful, pítiable; míserable *(ничтожный)*; ~ко *см.* жаль
жа́ло sting
жа́лоб||а compláint; ~ный pláintive ◇ ~ная кни́га book of compláints
жа́лованье sálary; wáge(s) *pl.*
жа́ловаться *(на)* compláin *(of)*
жа́лостливый pítiful
жа́лость píty
жаль *предик. безл.* 1. *(кого-л.)* переводится формами глаголов píty, be sórry *(for)*; мне ~ его́ I am sórry for him 2. *(прискорбно)* it is a píty; как ~! what a pity! 3. *(чего-л.)* переводится формами глагола grudge; мне ~ тра́тить вре́мя I grudge spénding (the) time
жанда́рм géndarme
жанр genre
жар 1. *(зной)* heat 2. *(пыл)* árdour 3. *(повышенная температура)* féver 4. *(горячие угли)* émbers *pl.* ◇ чу́жими рука́ми ~ загреба́ть *посл.* get smb. else to do one's dírty work
жара́ heat, hot wéather
жарго́н járgon, slang
жа́р||еный fried *(на сковороде)*; roast *(в духовке)*; ~ картофель chips *pl.*; ~иться fry; roast ◇ ~иться на со́лнце *разг.* bask in the sun
жа́рк||ий hot; *перен.* árdent; ~о *предик. безл.* it is hot; мне ~о I am hot

ЖЕЛ

жарко́е roast meat
жаро́вня brázier
жаропонижа́ющ||ий ánti-féver; ~ее сре́дство médicine to redúce féver
жасми́н jásmin(e)
жа́тв||а hárvest; ~енный réaping; ~енная маши́на réaping-machine, réaper
жать I 1. *(давить)* squeeze, press 2. *(быть тесным)* pinch, hurt ◇ жму (ва́)шу) ру́ку *(в письме)* with best wíshes
жать II *с.-х.* reap; cut, crop *(серпом)*
жва́ч||ка cud; ~ный rúminant; ~ное живо́тное rúminant
жгут 1. a twist of smth. 2. *мед.* tóurniquet
жгу́чий búrning ◇ ~ брюне́т ráven--head
ждать wait *(for)*; expéct *(ожидать)*; заста́вить ~ кого́-л. keep smb. wáiting; вре́мя не ждёт time présses ◇ он ждёт не дождётся... *разг.* he can't wait till...
же I *союз* 1. *(при противоположении)* and; as to; but *(в смысле «но»)*; я оста́юсь, он же уезжа́ет I shall stay here and he will go; е́сли же вы не хоти́те but if you'd ráther not 2. *(в смысле «ведь»)*: почему́ же вы ему́ не ве́рите, он же до́ктор? why don't you trust him, he is a dóctor, isn't he?
же II *частица* 1. *(усилительная):* когда́ ~ вы бу́дете гото́вы? aren't you éver góing to be réady?; пойдём ~! come along!; говори́те ~! say sómething for góodness' sake! 2. *(означает тождество):* тот ~, тако́й ~ the same; тогда́ ~ on the same day, on the véry day; там ~ in the same place
жева́ть chew; rúminate *(о жвачных); перен.* harp on smth.
жезл báton
жела́н||ие wish, desíre; ~ный desírable, long wished for
жела́тельн||о *предик. безл.* it is desírable; ~ый desírable
желати́н gelatíne
жела́||ть wish, desíre; ~ю вам успе́ха! good luck!; ~ющие *как сущ.* those who wish
желе́ jélly
железа́ *анат.* gland
желе́зистый *хим.* ferríferous; chalýbeate *(о воде)*
железнодоро́ж||ник ráilwayman; ráilroadman *(амер.);* ~ный ráilway *attr.;*

ráilroad *attr. (амер.);* ~ный ýзел ráilway júnction; ~ная вéтка bránch-line; ~ный бúлет ráilway tícket
желéзн||ый íron ◊ ~ая дорóга ráilway; ráilroad *(амер.)*
желéзо íron
желéзо||бетóн reinfórced cóncrete, férro-cóncrete; ~прокáтный: ~прокáтный стан rólling mill
жёлоб *(на крыше)* gútter; *тех.* chute
желтéть 1. get *(или* grow) yéllow 2. *(виднеться)* show yéllow
желтóк yolk
жёлтый yéllow
желýд||ок stómach; ~очный gástric
жёлудь ácorn
жёлчный bílious *(тж. перен.);* ~ кáмень gáll-stone; ~ пузы́рь gáll-bladder
жёлчь gall; bile *(тж. перен.)*
жемáн||иться be afféсted; ~ный affécted
жéмч||уг, ~ýжина pearl; ~ýжный pearl *attr.*
жен||á wife; ~áтый márried
женúть márry; ~ба márriage; wédding *(свадьба);* ~ся márry
женúх fiancé; brídegroom *(во время свадьбы)*
жéнский fémale; féminine; wóman's; ~ род *грам.* féminine génder
жéнственный wómanly
жéнщина wóman
жердь pole
жеребёнок foal
жеребьёвка cásting of lots
жерлó mouth; ~ вулкáна mouth of a volcáno
жёрнов míllstone, gríndstone
жéртв||а 1. sácrifice; приносúть в ~y sácrifice 2. *(пострадавший)* víctim; ~овать 1. *(дарить)* endów, give, confér as a gift 2. *(приносить в жертву)* sácrifice
жест gésture; ~икулúровать gestículate; ~икулáция gesticulátion
жёстк||ий hard; *перен.* rígid; ~ое мя́со tough meat; ~ая водá hard wáter; ~ие мéры strict méasures
жестóк||ий crúel; *перен. (о морозе и т. п.)* sevére; ~ость crúelty
жест||ь tin; ~я́нка tin; box, can *(амер.);* ~янóй tin
жетóн cóunter
жечь burn
живúтельный invigoráting; crisp *(о воздухе)*

жúво *нареч.* 1. vívidly; stríkingly *(сильно, остро)* 2. *(оживлённо)* with animátion 3. *разг. (быстро)* quickly, prómptly
жив||óй 1. líving; alíve *predic.* 2. *(оживлённый)* ánimated, lívely ◊ ~ые цветы́ fresh flówers; ~ язы́к líving lánguage; ~áя бесéда lívely talk; жив и здорóв safe and sound; ни жив ни мёртв páralysed with fear
живопúсец páinter
живопúсный picturésque
жúвопись páinting
жúвость animátion, líveliness
живóт stómach; bélly
животновóд||ство stóck-bréeding; ~ческий stóck-breeding *attr.*
живóтное ánimal; beast *(зверь); перен.* brute
живóтн||ый ánimal ◊ ~ое цáрство the ánimal kíngdom; ~ страх blind fear
животрепéщущий búrning; of vítal impórtance *(после сущ.)*
живýчий of great vitálity *(после сущ.)*
живьём *нареч. разг.* alíve
жúдк||ий 1. líquid; wátery *(водянистый);* thin *(о каше и т. п.)* 2. *(редкий)* scánty; ~ие вóлосы thínning hair *sg.* 3. *(слабый — о чае и т. п.)* weak; ~ость líquid
жúжа *(навозная)* líquid manúre
жúзненный of life; ~ ýровень stándard of líving; ~ путь the course of life
жизнеописáние biógraphy
жизнерáдостный chéerful
жизнеспосóбный of great vitálity *(после сущ.);* víable
жизнь life
жúла 1. sínew *(сухожилие);* vein *(кровеносный сосуд)* 2. *горн.* vein
жилéт wáistcoat
жилéц lódger, ténant
жúлистый sínewy, stríngy
жилúщ||е dwélling; ~ный hóusing; ~ное строúтельство hóuse-building; ~ные услóвия líving condítions
жúлка 1. *бот.* vein 2. *(склонность)* streak, vein
жилóй dwélling *attr.;* hábitable, fit to live in *(годный для жилья);* ~ дом dwélling house
жилплóщадь (жилáя плóщадь) dwélling space; dwélling, flat
жильё dwélling
жир fat; grease

жире́ть grow fat
жи́рный 1. fat; rich *(о кушанье)* **2.** *(сальный)* gréasy
жите́йск||ий wórldly, éveryday; **~ая му́дрость** wórldly wisdom
жи́тель inhábitant; городско́й **~** tównsman, cítizen; се́льский **~** víllager; **~ство:** ме́сто **~ства** résidence, dómicile
жи́тница gránary
жи́то corn
жить live; **он живёт свое́й рабо́той** his work is meat and drink to him
жму́риться screw up one's eyes
жму́рки *мн. (игра)* blind man's buff *sg.*
жмых́и *мн.* oil cake *sg.*
жне́йка *с.-х.* réaping-machine, réaper
жнец, жни́ца réaper
жре́бий lot; *перен. тж.* fate; **броса́ть ~** throw *(или* cast*)* lots *мн.* ◇ **~ бро́шен** the die is cast
жрец priest ◇ **~ нау́ки** priest of science
жужж||а́ние hum, buzz; **~а́ть** hum, buzz
жук beetle
жу́лик rogue, swindler
жу́льничать *разг.* swindle; cheat *(в игре́)*
жура́вль crane
жури́ть repróve
журна́л 1. jóurnal, magazíne; **но́мер ~а** íssue of a magazíne; **~ мод** fáshion--magazíne, fáshions jóurnal **2.** *(книга для за́писи)* jóurnal, díary; régister; *мор.* log; **~и́ст** jóurnalist, préssman
журч||а́ние ripple, babble; múrmur; **~а́ть** ripple, babble
жу́тк||ий térrible; sínister *(зловещий)*; dréadful *(страшный)*; **~о** *предик. безл.:* **мне ~о** I am afráid, I am térrified
жюри́ júry; adjudicátors *pl.*, board of adjudicátors *(на конкурсе и т. п.)*

З

за *предл.* **1.** *(о местоположении)* behind *(позади)*; beyónd, acróss, óver *(по ту сторону)*; out of *(вне)*; **за до́мом** behind the house; **за реко́й** acróss *(или* óver*)* the ríver; **за го́родом** out of town; in the cóuntry *(в деревне)*; **за гора́ми** beyónd the móuntains; **за бо́ртом** óverboard; **за угло́м** round the córner **2.** *(вслед, следом)* áfter; **оди́н за други́м** one áfter the óther **3.** *(около, вокруг)* at; сиде́ть за столо́м sit at the table **4.** *(для обозначе́ния це́ли)* for *(при некоторых глаголах опускается)*: **посла́ть за до́ктором** send for a dóctor; **сходи́ть за водо́й** fetch some wáter **5.** *(всле́дствие):* **за недоста́тком** for want of; **за отсу́тствием** in the ábsence of **6.** *(бо́льше, сверх)* óver, past; **ему́ за 40 лет** he is óver fórty, he is past fórty; **уже́ за́ по́лночь** it is past mídnight **7.** *(на расстоя́нии)* at a distance of; **за 100 киломе́тров от Москвы́** 100 kílometres from Móscow **8.** *(како́й-л. промежу́ток вре́мени)* within, in, for; **э́то мо́жно сде́лать за час** it can be done within an hour; **за после́дние 10 лет** for the last ten years **9.** *(ра́ньше)* befóre; **за два дня до пра́здников** two days befóre the hólidays; **за день, за ме́сяц до э́того** a day, a month befóre **10.** *(вме́сто)* for; **я расписа́лся за него́** I signed for him; **он рабо́тает за трои́х** he does the work of three **11.** *(при указа́нии це́ны)* for; **купи́ть за 5 рубле́й** buy for 5 roubles **12.** *(ра́ди)* for; **боро́ться за свобо́ду** fight for fréedom **13.** *(в тече́ние, в продолже́ние)* at; **за обе́дом** at dínner; **за рабо́той** at work ◇ **за здоро́вье** to the health; **за мно́й 5 рубле́й** I owe 5 roubles; **ни за что́** on no accóunt; **за счёт кого́-л.** at smb.'s expénse; **я за э́то** I am for this
заба́в||а amúsement; **~ля́ть** amúse; **~ля́ться** amúse onesélf; **~но 1.** *нареч.* amúsingly **2.** *предик. безл.* it is fun, it is amúsing; **~ный** amúsing; fúnny
забаллоти́ровать fail to eléct, rejéct a cándidate
забастова́ть go on strike
забаст||о́вка strike; **всео́бщая ~** géneral strike; **~о́вочный: ~о́вочный комите́т** strike committee
забве́ние oblívion
забе́г *спорт.* heat; trial *(предвари́тельный)*
забе||га́ть, ~жа́ть (к кому́-л.) call on; drop in ◇ **~ вперёд** forestáll
забере́менеть become prégnant, concéive
забива́ть *см.* заби́ть
забива́ться *см.* заби́ться I
забинтова́ть bándage
забира́ть *см.* забра́ть
забира́ться *см.* забра́ться
заби́тый dówntrodden
заби́ть 1. *(вколоти́ть, вбить)* drive in, hámmer in; **~ я́щик** nail down a box **2.** *(закры́ть)* stop up; block up

забиться I (*спрятаться*) hide
забиться II (*начать биться*) begin to beat; begin to thump (*о сердце*)
забияка squábbler, brawler
заблаговременн||о *нареч.* in good time; ~ый done in good time
заблагорассуди||ться *безл.*: поступать, как ~тся do as one pleases; он делает, что ему ~тся he does what he likes (*или* whatever he pleases)
заблестеть become shiny; shine
заблудиться lose one's way, get lost
заблужд||аться err, be mistáken; ~ение érror, mistáke
забой *гор.* face; ~щик miner
заболева||емость sick rate; ~ние disease
забол||евать, ~еть fall ill (*о человеке*); ache, hurt (*о какой-л. части тела*); у него заболела голова he has a headache
забор fence
забот||a care; anxiety (*беспокойство*); trouble (*хлопоты*); без забот carefree; ~иться take care (*of*); ~иться о своём здоровье take care of one's health; ~ливый careful, thoughtful; ~ливый уход good care (*или for*)
забраковать reject
забрасывать I *см.* забросать
забрасывать II *см.* забросить
забра||ть 1. (*взять*) take away, capture (*захватить*) 2. (*задержать*) arrest
забраться 1. (*взобраться*) climb (*on*), perch (*on*) 2. (*проникнуть*) penetrate (*into*)
забрести 1. (*сбившись с пути*) wander 2. (*зайти*) drop in
забронировать reserve
забросать 1. throw (*at*), bespatter (*with*); *перен.* shower (*upon*); ~ цветами pelt with flowers; ~ вопросами bombard with questions 2. (*заполнить*) fill (*with*); fill up somehow
заброс||ить 1. (*далеко бросить*) throw; ~ мяч throw a ball 2. (*оставить без внимания*) neglect 3. (*перестать заниматься*) give up; ~шенный neglected; deserted (*необитаемый*); ~шенный сад neglected garden; ~шенный дом deserted house
забрызг||ать, ~ивать bespatter, splash
забывать *см.* забыть
забываться *см.* забыться
забывчивый forgetful; absent-minded (*рассеянный*)

заб||ытый 1. forgotten 2.: ~ые вещи lost property; ~ть 1. forget 2. (*оставить*) leave behind; вы ничего не ~ли? (*не оставили*) you've taken everything with you, haven't you?
забытьё unconsciousness (*потеря сознания*); drowsiness (*дремота*)
забыться 1. (*сном*) doze off 2. (*о поведении*) forget oneself
заваливать, завалить 1. block up (*with*) 2. (*переобременять*) overload; ~ся fall; be mislaid (*затеряться*)
завар||ивать, ~ить (*чай, кофе*) make (*tea, coffee*)
заведение institution; учебное ~ educational institution; высшее учебное ~ higher educational establishment
завед||ование management, superintendence; ~овать manage, be the head (*of*)
заведомо *нареч.* wittingly
заведующий manager, chief, head
завез||ти 1. (*мимоездом*) leave, drop off 2. (*привезти*) bring, take; куда вы нас ~ли? where on earth have you landed us?
завербовать recruit
заверить 1. (*уверить*) assure 2. (*подпись*) witness, certify
заверн||уть 1. wrap up; ~ите это, пожалуйста wrap it up, please 2. (*свернуть в сторону*) turn 3. *разг.* (*зайти*) drop in 4. (*кран*) turn off; screw down (*или tight*), tighten (*винт, гайку*); ~уться 1. (*укутаться*) wrap oneself up 2. (*загнуться*) turn up
завертеться 1. begin to spin round 2. *разг.* (*захлопотаться*) be too busy, lose one's head
завёртывать(ся) *см.* завернуть(ся)
заверш||ать *см.* завершить; ~ение completion; ~ить complete; finish
заверять *см.* заверить
завес||a curtain; screen (*дымовая и т. п.*); ~ить cover; curtain off (*занавесками*)
завести I (*куда-л.*) bring; take (*увести*)
завести II 1. (*приобрести*) get, get hold (*of*); buy (*купить*) 2. (*установить*) establish ◊ ~ разговор start a conversation; ~ знакомство strike up an acquaintance
завести III: ~ мотор start a motor; ~ часы wind up a watch

завёт précept; légacy *(наследие)*; ~ный chérished; sácred

завёшивать *см.* **завёсить**

завеща||**ние** will, téstament; ~ть bequéath; leave by will *(оставить)*

завзя́тый *разг.* invéterate; incórrigible

завива́ть(ся) *см.* **зави́ть(ся)**

зави́вка 1. *(действие)* wáving; cúrling *(локонами)* 2. *(причёска)* wave; ~ «перманёнт» pérmanent wave

зави́д||**но** *предик. безл.:* ему́ ~ he is énvious; ~ный énviable; ~овать énvy, be énvious of

завинти́ть, зави́нчивать screw (up)

завис||**еть** depénd *(on);* ~имость depéndence; ~имый depéndent *(on)*

зави́стливый énvious

за́висть énvy

завито́й curled *(локонами);* waved *(волнами)*

завито́к 1. curl 2. *(росчерк в письме)* flóurish

зави́ть wave, curl; ~ся have one's hair done *(или* set), have a háir-do *(у парикма́хера)*

завко́м (заводско́й комите́т) fáctory committee

завладева́ть, завладе́ть take posséssion *(of)*

завлека́ть, завле́чь entíce; lure *(away, into);* sedúce *(соблазнять)*

заво́д I works, fáctory, mill; plant; тра́кторный ~ tráctor plant; фарфо́ровый ~ pórcelain works; лесопи́льный ~ sáw-mill; металлурги́ческий ~ stéel-works; ко́нный ~ stúd(-farm)

заво́д II *(у часов и т. п.)* winding méchanism; у этих часо́в ко́нчился ~ this watch has run down

заводи́ть I, II, III *см.* **завести́ I, II, III**

заводно́й clóck-work *attr.,* mechánical

заводоуправле́ние fáctory mánagement

заводско́й fáctory *attr.*

завоева́||**ние** cónquest; *перен.* achíevement *(достижение);* ~тель cónqueror; ~ть, **завоёвывать** cónquer; win *(добиться);* ~ть пе́рвое ме́сто win the first place

завози́ть *см.* **завезти́**

завора́чивать(ся) *см.* **заверну́ть(ся)**

завсегда́тай *разг.* habitué

за́втра *нареч.* tomórrow; ~ у́тром tomórrow mórning

за́втрак bréakfast *(утренний);* lunch *(среди дня);* ~ать have bréakfast; have lunch *(среди дня)*

за́втрашний: ~ день tomórrow; *перен.* the fúture

завыва́ть, завы́ть begin to howl; howl

завяза́ть 1. tie up, bind, fásten; knot *(узлом)* 2. *(начать)* start, begín; ~ разгово́р start *(или* énter ínto) a conversátion; ~ся *(начаться)* begín, set in

завя́зка 1. string, lace 2. *лит.* plot

завя́знуть stick *(in)*

завя́зывать *см.* **завяза́ть;** ~ся 1. be tied up 2. *см.* **завяза́ться**

за́вязь *бот.* óvary

завя́нуть, завя́ть fade

загада́ть: ~ зага́дку ask a riddle

зага́д||**ка** riddle; puzzle *(головоломка);* mýstery *(тайна);* ~очный enigmátic, mystérious; ~ывать *см.* **загада́ть**

зага́р súnburn, tan

загво́здка *разг.* difficulty, snag

заги́б 1. bend 2. *разг.* exaggerátion; ~а́ть *см.* **загну́ть**

загла́в||**ие** title; ~ный title *attr.* ◊ ~ная бу́ква cápital létter

загла́||**дить,** ~**живать** 1. íron down; press *(складки и т. п.)* 2. *(вину и т. п.)* make aménds *(for);* make up *(for);* éxpiate *(искупить)*

загло́х||**нуть** fade out; die awáy *(о звуке)* ◊ слу́хи ~ли the rúmours stopped; сад загло́х the gárden has becóme a wilderness

заглуш||**а́ть,** ~**и́ть** drown *(звук);* suppréss *(чувства);* déaden *(боль)*

загляде́||**нье:** э́то про́сто ~! it's a sight for sore eyes; ~ться be lost in admirátion *(of)*

загля́дывать *см.* **загляну́ть**

загля́дываться *см.* **загляде́ться**

загляну́ть 1. *(бросить взгляд)* look in, peep in; ~ в слова́рь consúlt a díctionary 2. *разг. (зайти)* look in *(on);* ~ к кому́-л. look smb. up

загна́ть 1. *(заставить войти)* drive in; pen *(скот)* 2. *(замучить)* tire out, exháust; óverdrive *(лошадь)*

загнива́||**ние** rótting; *мед.* suppurátion; *перен.* decáy; ~ть, **загни́ть** rot, decáy

загну́ть bend

загова́ривать *см.* **заговори́ть**

за́говор plot; conspíracy; составить ~ plot, conspíre

заговори́ть start tálking; *(с кем-л.)* speak *(to smb.)*

загово́рщик conspírator

заголо́вок title; héading; héadline *(газетный)*

загóн enclósure ◇ быть в ~е be kept in the báckground
загоня́ть *см.* загна́ть
загора́живать *см.* загороди́ть
загора́ть *см.* загоре́ть
загора́ться *см.* загоре́ться
загоре́||лый súnburnt; ~ть becóme súnburnt
загоре́ться catch fire; *перен.* burn
загороди́ть 1. *(обнести оградой)* enclóse, fence in 2. *(преградить)* block *(off)*
загорóдка fence
зáгородный cóuntry *attr.*; subúrban
загот||а́вливать, ~о́вить prepáre *(приготавливать)*; lay in, store up *(запасаться)*; ~о́вка stórage; ~о́вка хле́ба State grain púrchase; ~овля́ть *см.* загота́вливать
загра́||дительный: ~ огóнь *воен.* defénsive fire; ~ди́ть, ~жда́ть block; ~жде́ние bárrage; проволочное ~жде́ние bárbed-wire entánglement
заграни́чный fóreign
загреба́ть rake up; *перен.* rake in
загри́вок wíthers *pl.*; *перен.* nape of the neck
загримирова́ть, ~ся make up
загромо||жда́ть *см.* загромозди́ть; ~жде́ние blócking up; *перен.* overlóading; ~зди́ть encúmber, block up; *перен.* overlóad
загрубе́||лый cóarsened, cállous; ~ть becóme cóarsened
загру́||жа́ть, ~зи́ть load; ~зи́ть когó-л. полностью *(работой)* give smb. a fúll-time job
загру́зка charge, load
загрусти́ть becóme *(или* grow*)* sad
загрыза́ть, загры́зть bite to death; tear (to píeces) *(разорвать)*
загрязн||е́ние sóiling; pollútion *(воды и т. п.)*; ~ во́здуха air pollútion; ~и́ть soil; pollúte *(воду и т. п.)*; ~и́ться becóme dírty; be soiled *(запачкаться)*; be pollúted *(о воде и т. п.)*; ~я́ть(ся) *см.* загрязни́ть(ся)
загс (отде́л за́писи а́ктов гражда́нского состоя́ния) régistry óffice
загуби́ть rúin; waste *(потратить напрасно)*
загуля́ть *разг.* go on the spree
загусте́ть get thick
зад 1. *(задняя часть чего-л.)* hind part, back; повернýться ~ом к turn one's back to 2. *(седалище)* seat, behind; rump, hind-quárters *pl.* *(у животных)*
задабривать *см.* задо́брить
задави́ть crush; run óver, knock down *(переехать)*
зада́ние task; assígnment; вы́полнить ~ fulfíl a task
зада́ривать, задари́ть load with présents
зада́тки potentiálities; ~ хоро́шего певца́ the mákings of a good sínger
зада́ток depósit
зада́ть set; ~ вопрóс ask a quéstion ◇ я тебе́ зада́м! *разг.* I'll give it to you; ~ся: ~ся це́лью сде́лать что-л. set one's mind on dóing smth.
зада́ч||а 1. próblem; sum *(арифметическая)* 2. *(цель)* task; тру́дная ~ difficult task; ~ник book of próblems (in aríthmetic)
задвига́ть *см.* задви́нуть
задви́||жка bolt; ~жно́й slíding; ~нуть 1. *(куда-л.)* push *(into)* 2. *(закрыть)* shut; ~нуть засóв bolt the door
задвóрки báckyard *sg.*; *перен.* back of beyónd *sg.*
задева́ть *см.* заде́ть
заде́л||ать, ~ывать do up; block up *(отверстие)*; wall up *(стену)*
задёргивать *см.* задёрнуть
задерж||а́ние deténtion; arrést; ~а́ть 1. *(не пустить)* detáin, keep 2. *(приостановить, оттянуть)* deláy; ~а́ть отве́т deláy the ánswer 3. *(арестовать)* arrést; ~а́ться 1. stay too long 2. *(замедлиться, отложиться)* be detáined *(или* deláyed*)*
задéрж||ивать(ся) *см.* задержа́ть(ся); ~ка deláy; без ~ки withóut deláy; из-за чего произошла́ ~ка? what caused the deláy?
задёрнуть *(штору и т. п.)* draw
заде́ть touch; be caught (in; зацепи́ться); brush agáinst *(коснуться)*; knock agáinst *(удариться)*; *перен.* hurt; ~ чьё-л. самолю́бие wound *(или* hurt*)* smb.'s féelings ◇ ~ за живо́е sting to the quick
зади́р||а bully; ~а́ть 1. *см.* задра́ть 2. *(приставать)* bully, tease ◇ ~а́ть нос turn up one's nose, put on airs
за́дн||ий back; ~яя нога́ hind leg; ~ план báckground; ~ие места́ seats at the back ◇ ~им умо́м кре́пок wise áfter the event
за́дник *(обуви)* back
задо́брить cajóle; coax, wheedle *(уговорить)*

задо́лго *нареч.* long before; in good time *(своевременно)*
задолжа́ть owe money; run into debt
задо́лженность debts *pl.;* liabilities *pl.* *(обязательства)*
за́дом *нареч.* backwards *(о движении)* ◇ ~ наперёд back to front
задо́р ardour; ю́ношеский ~ youthful energy *(или* enthusiasm); ~ный provocative; full of life *(после сущ.)*
задохну́ться suffocate; choke; be out of breath, pant *(от бега и т. п.)*; ~ от гне́ва choke with anger
задра́ть *(подня́ть)* lift up; pull up *(платье и т. п.)*
задрема́ть doze off, fall into a doze
задрожа́ть begin to tremble
задува́ть *см.* заду́ть
заду́мать plan; have the intention *(иметь намерение)*
заду́м||аться muse *(on, upon);* fall to thinking, be lost in thought, be lost in a reverie *(замечтаться);* о чём ~ался? what are you thinking about?; a penny for your thoughts *идиом.;* ~чивость reverie; ~чивый thoughtful, pensive; ~ываться *см.* заду́маться; не ~ываясь ни на мину́ту without a moment's hesitation
заду́ть 1. *(погасить)* blow out 2. *тех.:* ~ до́мну blow in a blast-furnace
задуше́вный cordial; sincere *(искренний);* ~ друг close friend
задуши́ть strangle
задыха́ться *см.* задохну́ться; ~ от гне́ва choke with anger
зае́здить exhaust by overwork, overwork
заезжа́ть *см.* зае́хать
заём loan; госуда́рственный ~ State loan
зае́хать 1. call on the way *(по пути);* fetch smb. *(за кем-л.)* 2. *(попасть)* get *(to, into)* 3. *(въехать)* ride, drive *(into)*
зажа́ть squeeze; ~ нос hold one's nose; ~ в руке́ grip hard; ~ рот кому́-л. stop smb.'s mouth
заже́чь set fire *(to);* light *(свет);* ~ся light up
зажива́ть *см.* зажи́ть II
за́живо *нареч.* alive
зажига́лка (cigarette-)lighter
зажига́||тельный *(о бомбе)* incendiary; *перен.* fiery; ~ть(ся) *см.* заже́чь(ся)
зажи́м 1. *тех.* clamp 2. *разг. (подавление)* suppression; ~а́ть *см.* зажа́ть; ~а́ть кри́тику suppress criticism

зажи́точн||ость prosperity; ~ый well-to-do; prosperous
зажи́ть I *(начать жить)* begin to live
зажи́ть II *(зарубцеваться)* heal; close *(о ране)*
зажму́рить ~ глаза́ screw up one's eyes
зазвони́ть *см.* звони́ть
зазвуча́ть *см.* звуча́ть
зазева́ться gape *(at)*
зазелене́ть turn green
заземле́ние earthing
зазнава́ться, зазна́ться give oneself airs, have a fair conceit of oneself, have a swelled head
зазре́н||ие: без ~ия со́вести without a twinge of conscience
зазу́бр||енный jagged; ~ина notch; jag; ~ить jag, notch
зазубри́ть *(урок)* learn mechanically by heart, learn off pat
заи́грыва||ние flirting; ~ть 1. flirt *(with; флиртовать)* 2. *(заискивать)* make up to
заи́к||а stammerer, stutterer; ~а́ться 1. stammer, stutter 2. *разг. (упоминать)* mention, touch *(upon);* ~ну́ться *см.* заика́ться
заимообра́зно *нареч.* as a loan, on credit
заимствов||ание adoption; borrowing; ~ать borrow
заинтересо́ванный interested *(in)*
заинтересова́ть interest, excite the curiosity *(of);* ~ся be interested *(in),* take an interest *(in)*
заи́скивать make up *(to);* ingratiate oneself *(with)*
зай||ти́ 1. *(к кому-л., куда-л.)* drop in; call on; я за ва́ми ~ду́ I'll call for you *(или* come to fetch you) 2. *(углубиться)* go; get, reach; ~ сли́шком далеко́ *перен.* go too far 3. *(о солнце)* set 4. *(о разговоре и т. п.)* turn *(on)*
закабал||и́ть, ~я́ть enslave
закады́чный: ~ друг bosom friend
зака́з order; на ~ (made) to order; ~а́ть order; ~а́ть биле́т book a ticket; ~а́ть пальто́ *(или* костю́м) have a coat *(или* a suit) made to order; ~а́ть кни́гу place an order for a book; ~но́й 1. *(сделанный на заказ)* made to order 2. *(о письме и т. п.)* registered; ~чик customer; ~ывать *см.* заказа́ть
зака́л *(стали и т. п.)* tempering; ~ённый tempered; tough *(о человеке);* ~и́ть *темпер.; перен.* harden; ~и́ться become

ЗАК   **ЗАК**

témpered; ~ка 1. hárdening 2. *(физическая)* tráining
закаливать *см.* заколо́ть 1, 2
закали́ть(ся) *см.* закали́ть(ся)
зака́нчивать(ся) *см.* зако́нчить(ся)
зака́пать 1. *(запачкать)* bespátter 2. *(начать капать)* begín to drip
зака́пывать *см.* закопа́ть
зака́т *(солнца)* súnset; *перен.* declíne; на ~е at súnset
заката́ть roll up
закати́ть *(мяч и т. п.)* roll únder *(или* awáy*)* ◇ ~ истéрику throw a fit of hystérics, make a scene; ~ся 1. *(о светиле)* set 2. *(о мяче и т. п.)* roll únder *(или* awáy*)*
зака́тывать I *см.* закати́ть
зака́тывать II *см.* закати́ть; ~ся *см.* закати́ться
зака́шляться have a fit of cóughing
закая́ться forswéar, swear to give up
заква́ска férment, yeast *(дрожжи)*
закида́ть 1. scátter 2. *(яму и т. п.)* fill *(with)* ◇ ~ вопро́сами bombárd with quéstions
заки́дывать I *см.* закида́ть
заки́дывать II *см.* заки́нуть
заки́нуть 1. *(мяч и т. п.)* throw 2. *(запрокинуть)* throw back
заки||па́ть, ~пе́ть begín to boil; símmer ◇ рабо́та ~пе́ла the work was in full swing
закиса́ть, заки́снуть turn sour
за́кись *хим.* protóxide
закла́д páwning; отдава́ть в ~ pawn
закла́дка I *(фундамента и т. п.)* láying
закла́дка II *(для книги)* bóok-mark
закладна́я mórtgage
закла́дывать I, II *см.* заложи́ть I, II
закле́ивать *см.* закле́ить
закле́ить glue *(или* stick*)* up; seal *(конверт)*; ~ щéли stop up the chinks
заклейми́ть *см.* клейми́ть
закле́пка *тех.* rívet
заклина́||ние éxorcism; incantátion; spell *(слова́, обряд)*; ~ть *(умолять)* adjúre; implóre
заключа́ть, заключи́ть *см.* заключи́ть
заключ||а́ться consíst *(in)*, be contáined *(in)*, be; тру́дность ~а́ется в том, что... the difficulty is that...
заключ||éние 1. *в разн. знач.* conclúsion, ínference; вы́вести ~ ínfer; ~ догово́ра conclúsion of a tréaty; в ~ in conclúsion 2. *(тюремное)* imprísonment; ~ённый *как сущ.* prísoner; ~и́тельный final; conclúsive; ~и́тельное сло́во clósing speech; ~и́ть 1. *в разн. знач.* conclúde; ínfer *(сделать вывод)* 2. *(договор, мир)* make; conclúde; ~и́ть сде́лку strike *(или* drive*)* a bárgain 3. *(в тюрьму)* imprison ◇ ~и́ть в ско́бки brácket, put in bráckets; ~и́ть в объя́тия enfóld *(или* clasp*)* in an embráce
закля́тый: ~ враг mórtal *(или* sworn*)* énemy
закова́ть, зако́вывать put in írons *(в кандалы́)*
заколáчивать *см.* заколоти́ть
заколдо́в||анный enchánted ◇ ~ круг vícious circle; ~áть enchánt, charm; bewitch
зако́лка *(для волос)* háirpin
заколоти́ть board up *(досками)*; nail down *(гвоздями)*
заколо́||ть 1. sláughter *(животное)*; stab *(человека)* 2. *(закрепить)* pin up; ~ була́вкой fásten with a pin 3. *безл.*: у меня́ ~ло в боку́ I have a stitch in my side
зако́н law; ~ность legálity; ~ный légal, legítimate; на ~ном основа́нии on a légal básis, on légal grounds, légally
законода́тел||ь législator; ~ьный législative; ~ьство legislátion
закономе́рн||ость conformity to nátural laws; ~ый confórming to the laws of náture; góverned by nátural laws; ~ое явлéние nátural phenómenon
законопрое́кт bill; draft law
зако́нченный fínished, compléte
зако́нчить, ~ся fínish; end
закопа́ть búry
закопт||éлый smóky; sóoty; ~и́ть blácken with smoke; cóver with soot, soot
закопчённый *см.* закопте́лый
закоренéл||ый invéterate, déep-róoted, incórrigible; ~ые предрассу́дки ingráined *(или* déep-róoted*)* préjudices; ~ преступник а hárdened críminal
закосне́лый obdúrate
закоу́лок 1. back street 2. *(уголок)* seclúded córner, nook
закочене́||лый numb; ~ть becóme numb *(with cold)*
закра́дываться steal in, creep in
закра́сить paint *(óver)*
закра́сться *см.* закра́дываться
закра́шивать *см.* закра́сить

73

закрепи́тель *фото* fíxing ágent
закреп||и́ть, ~ля́ть 1. fásten, fix; ~ успе́х consólidate a succéss 2. *(что-л. за кем-л.)* attách *(to)*, secúre; ~ за кем-л. resérve *(for)*
закрепо||сти́ть, ~ща́ть ensláve; ~ще́ние enslávement
закрича́ть begín to cry; give a shout *(вскри́кнуть)*
закро́йщик cútter
за́кром córn-bin
закругле́ние róunding; curve
закружи́ться *см.* кружи́ться
закрути́ть, закру́чивать 1. twirl, twist 2. *(кран и т. п.)* turn off *(или* tight*)*
закрыва́(ся) *см.* закры́ть(ся)
закры́||тие clósing; close *(окончание)*; ~тый closed ◊ ~тое голосова́ние vóting by bállot; в ~том помеще́нии índoors; ~тое пла́тье high-nécked dress; ~тый спекта́кль closed perfórmance; ~ть 1. close, shut; ~ть собра́ние close the méeting; ~то... closed... 2. *(покрыть)* cóver 3. *(заслонить)* hide; ~ться 1. close 2. *(накрыться)* cóver onesélf up
закряхте́ть *см.* кряхте́ть
закуда́хтать *см.* куда́хтать
закули́с||ый báckstage *attr.*; behínd the scenes *(тж. перен.)*; ~ые перегово́ры negotiátions behínd the scenes, sécret negotiátions
закуп||а́ть, ~и́ть buy in; lay in a stock *(of)*; púrchase
заку́пка púrchase
закупо́р||ивать, ~ить stop up; cork up *(пробкой)*; ~ка *мед.* émbolism
заку́р||ивать, ~и́ть light up a cigarétte *(или* a pipe*)*
закуси́ть *(поесть)* have a snack; take a bite; eat smth.
заку́с||ка snack; áppetizer *(перед обедом)* ◊ на ~ку for a títbit; ~очная snáck-bar; ~ывать *см.* закуси́ть
заку́тать wrap up; ~ся wrap onesélf up
заку́тывать(ся) *см.* заку́тать(ся)
зал hall, room; ~ ожида́ния wáiting-room; ~ суда́ court-room
зала́дить: ~ одно́ и то́ же *разг.* harp on the same string
зала́ять begín to bark
залег||а́ние *геол.* bed, seam *(пласт)*; ~а́ть *геол.* lie *(in)*, be bédded *(in)*
залежа́||вшийся: ~ това́р old stock; ~ться 1. lie a long time 2. *(о товаре)* find no márket 3. *(о продуктах)* becóme stale

за́лежь 1. *геол.* depósit 2. *(о товарах)* pile of únsalable goods
залеза́ть, зале́зть 1. climb (up) 2. *(проникать)* get *(into)*, pénetrate *(into)*
залеп||и́ть, ~ля́ть 1. close up; stick 2. *(заклеить)* glue up; paste up *(или* óver*)*
зале||та́ть, ~те́ть fly ínto
залеч||ивать, ~и́ть heal
зали́в bay; gulf
залива́ть 1. *(затоплять)* flood 2. *(обливать)* pour *(over)*; ~ся: ~ся слеза́ми break ínto tears
зали́ть(ся) *см.* залива́ть(ся)
зало́г I pledge; secúrity *(ценности)*; отдава́ть в ~ pawn; вы́купить из ~а redéem; pay off a mórtgage *(недвижимость)*; под ~ чего́-л. on the secúrity of smth.
зало́г II *грам.* voice
заложи́ть I *(отдать в залог)* pawn; mórtgage *(недвижимость)*
заложи́ть II 1. *(фундамент)* lay a foundátion 2. *(положить куда-л.)* put; misláy *(потерять)* ◊ ~ за га́лстук have had a drop too much
зало́жник hóstage
залп sálvo, vólley; дать ~ fire a vólley
за́лпом *нареч.:* вы́пить ~ drink at a *(или* one*)* gulp
зама́з||ать 1. *(замазкой)* fill with pútty 2. *(краской)* paint óver 3. *(запачкать)* (make) dírty, stain 4. *(недостатки и т. п.)* slur óver; ~ка pútty
зама́зывать *см.* зама́зать
зама́лчивать avóid gíving publícity *(to smth.)*, suppréss discússion
заман||ивать, ~и́ть lure; attráct *(привлекать)*; ~чивый témpting, allúring
замаскирова́ть disgúise; *воен.* camouflage
зама́х||иваться, ~ну́ться thréaten *(with)*; raise smth. thréateningly
зама́шки *разг.* hábits, mánners
замедле́ние slówing-down *(хода)*; deláy *(задержка)*
заме́дл||ить, ~я́ть slow down; deláy *(задержать)*; ~ ход redúce speed
заме́на 1. *(действие)* substitútion, replácement 2. *(то, что заменяет)* súbstitute 3. *юр.* commutátion; ~ сме́ртного пригово́ра пожи́зненным заключе́нием substitútion of the death pénalty for life imprísonment
замен||и́мый repláceable; ~и́тель

súbstitute; ~и́ть, ~я́ть súbstitute *(for)*; repláce *(by)*, take in place *(of)*
замере́ть stand (stóck-)still; die awáy *(о зву́ке)*; у меня́ се́рдце за́мерло my heart sank
замерз||а́ние fréezing; ~я́ть, замёрзнуть freeze
заме́рить méasure
за́мертво *нареч.* as a dead, in a dead faint; она́ упа́ла ~ she fell as though dead *(или* in a dead faint)
замеря́ть *см.* заме́рить
замеси́ть knead
заме||сти́ *безл.:* доро́гу ~ло́ сне́гом the road is blocked with snow
замести́тель assístant, députy; více-; ~ мини́стра députy mínister; ~ председа́теля více-cháirman
замести́ть act *(for)*, députize *(for)* *(исполня́ть обя́занности)*
замеча́ть *см.* замести́
заме́т||ить 1. nótice 2. *(сде́лать замеча́ние)* obsérve, remárk; ~ка 1. *(в печа́ти)* páragraph 2. *(кра́ткая за́пись)* note; mark *(на чём-л.)*
заме́тн||ый 1. *(ви́димый)* vísible 2. *(выдаю́щийся)* óutstanding; nóticeable; ~ая ра́зница a marked dífference
замеча́ние 1. remárk, observátion 2. *(вы́говор)* repróof; tálking to *разг.*
замеча́||тельный remárkable; wónderful *(удиви́тельный)*; ~ть *см.* заме́тить
замеша́тельств||о confúsion; быть в ~е be disconcérted; be confúsed *(в смуще́нии)*
замеша́ть mix up; *перен.* invólve
заме́шивать I *см.* замеша́ть
заме́шивать II *см.* замеси́ть
заме́шкаться *разг.* línger, tárry
замещ||а́ть *см.* замести́ть; ~е́ние substitútion
зами́нка hitch
замира́ть *см.* замере́ть
за́мкнут||ость resérve, réticence; ~ый resérved
замкну́ться close; *перен.* become resérved; ~ в себе́ shrink ínto onesélf
за́мок castle
зам||о́к lock; pádlock *(вися́чий)*; под ~ко́м únder lock and key
замо́лвить: ~ слове́чко *разг.* put in a word
замолка́ть, замо́лкнуть *см.* замолча́ть

замолча́ть 1. becóme sílent 2. *см.* зама́лчивать
замора́живать, заморо́зить freeze, congéal
за́морозки éarly *(или* slight) frosts
замо́рыш *разг.* stárveling; púny créature
замочи́ть wet; soak *(погрузи́ть в жи́дкость)*
замо́чн||ый: ~ая сква́жина kéyhole
за́муж *нареч.*: вы́йти ~ márry
заму́жество márried life; márriage *(брак)*
замурова́ть, замуро́вывать brick up; immúre *(тж. перен.)*
замусо́ленный bedrágged *(зата́сканный)*; wéll-thúmbed *(о кни́ге)*
заму́чить tórture to death; *перен.* wear out; ~ся be worn out
за́мш||а suède, chámois (léather); ~евый suède *attr.*, chámois (léather) *attr.*
замыка́ние: коро́ткое ~ эл. short círcuit
замыка́ть: ~ ше́ствие bring up the rear; ~ся *см.* замкну́ться
за́мысел 1. *(наме́рение)* plan, inténtion 2. *(худо́жественного произведе́ния)* scheme, concéption
замы́слить *см.* замышля́ть
замыслова́тый íntricate
замышля́ть plan, concéive
замя́ть hush up; ~ сканда́л hush up a scándal; ~ся stop short (in confúsion)
за́навес cúrtain; ~ поднима́ется the cúrtain ríses; ~ опуска́ется the cúrtain falls *(или* drops)
занаве́||сить cúrtain; ~ска cúrtain; ~шивать *см.* занаве́сить
занести́ 1. bring *(принести́)*; leave *(мимохо́дом)* 2. *(записа́ть)* put *(или* note) down; énter *(в спи́сок, протоко́л)* 3. *безл.:* доро́гу занесло́ сне́гом the road is snów-bound
занима́тельный entertáining
занима́ть I, II *см.* заня́ть I, II
занима́ться 1. *(чем-л.)* be óccupied *(with)*; be engáged *(in)* 2. *(изуча́ть)* stúdy
за́ново *нареч.* anéw, óver agáin, afrésh
зано́з||а splinter; ~и́ть get a splínter *(in)*
заноси́ть *см.* занести́
зано́счив||ость árrogance; ~ый árrogant
зано́сы *(сне́жные)* snów-drifts
заня́т||ие I 1. occupátion 2. *мн.:* ~ия stúdies; часы́ ~ий *(в шко́ле)* school hours

75

заня́тие II *(захват)* séizure
заня́тный amúsing; ínteresting *(интересный)*
за́нято *(ответ по телефону)* engáged, the line is búsy
занято́й búsy
заня́ть I *(взять взаймы)* bórrow
заня́ть II 1. óccupy; engáge, secúre *(закрепить места и т. п.)*; ~ пе́рвое ме́сто *(в состязании)* take *(или* score*)* first place 2. *(развлечь)* entertáin; amúse 3. *(заинтересовать)* ínterest; ~ся búsy onesélf *(with)*; set *(about)*
заодно́ *нареч*. 1.: де́йствовать ~ act in cóncert *(или* togéther*)*; быть ~ be at one 2. *(одновременно)* at the same time
заокеа́нский tránsoceánic; tránsatlántic, tránspacífic *(американский)*
заостр||ённый póinted; sharp *(тж. о чертах лица)*; ~и́ть *перен*. defíne more cléarly; ~и́ть внима́ние cóncentrate atténtion; ~и́ться becóme póinted; *перен*. becóme more acúte; ~и́ть *см*. заостри́ть; ~я́ться *см.* заостри́ться
заоч||ник éxtra-múral stúdent; ~но *нареч*. 1. without séeing 2. *(об обучении)* by correspóndence; ~ный: ~ое обуче́ние correspóndence course
за́пад west; на ~ (to the) west; к ~у *(от)* west *(of)*; ~ный wést(ern)
западн||я́ trap; попа́сть в ~ю́ fall ínto a trap; *перен*. be trapped
запа́здывать *см.* запозда́ть
запа́ивать *см.* запая́ть
запак||ова́ть, ~о́вывать pack; wrap up *(завёртывать)*
запа́л I *(у орудия)* fuse, prímer
запа́л II *(у лошади)* heaves *pl.*, bróken wind
запа́льчивый quick-témpered
запа́с 1. stock, supplý; отложи́ть про ~ lay by; ~ слов vocábulary 2. *воен*. resérve; ~а́ть(ся) *мн*. запасти́(сь); ~ливый thrífty; próvident *(предусмотрительный)*
запас||но́й, запа́сный emérgency *attr*.; spare; ~ вы́ход emérgency éxit; ~ путь síding; ~ы́е ча́сти spare parts
запасти́ store, stock up; ~сь *(чем-л.)* províde onesélf *(with)*; lay in; ~сь терпе́нием school onesélf in pátience
за́пах smell; scent *(приятный)*; ódour *(часто неприятный)*
запа́хиваться, запахну́ться *(в пальто и т. п.)* wrap onesélf up *(in)*

запа́чка||ть make dírty; stain, dírty; я ~ла себе́ пла́тье I've got stains *(или* a mark*)* on my dress
запа́шка *с.-х.* plóughing
запая́ть sólder
запева́||ла léading sínger, sóloist; ~ть strike up a song; set the tune
запек||а́нка 1. *(напиток)* spiced brándy 2. *(кушанье)* baked dish; ~а́ть(ся) *см.* запе́чь(ся)
запелена́ть *см.* пелена́ть
запере́ть lock; lock up; ~ дверь lock a door; ~ дом lock up a house; ~ся 1. lock onesélf up 2. *(не сознаваться)* refúse to divúlge, maintáin an óbstinate sílence
запе́ть start sínging
запеча́тать seal up
запечатлева́ть, запечатле́ть impréss, engráve
запеча́тывать *см.* запеча́тать
запе́чь bake *(in)*; ~ся 1. bake 2. *(о крови)* clot; congéal
запива́ть *см.* запи́ть; ~ ка́шу молоко́м take milk with one's pórridge
запина́ться halt; hésitate, stúmble
запи́нк||а: без ~и smóothly; flúently *(бегло)*
запира́тельство deníal, óbstinate sílence; ~ вам не помо́жет your ádamant sílence will not help you
запира́ть(ся) *см.* запере́ть(ся)
записа́ть write down; make notes *(сделать заметки)*; jot down *(торопливо)*; énter *(в бухг. книгу и т. п.)*; ~ на плёнку recórd on tape; ~ся: ~ся в библиоте́ку subscríbe to a library; ~ся к врачу́ make an appóintment with the dóctor
запи́ск||а note; дипломати́ческая ~ memorándum; любо́вная ~ lóve-létter; посла́ть ~у send a word
запи́с||ки 1. *лит.* pápers; mémoirs; путевы́е ~ trável notes 2. *(научных обществ)* transáctions; ~но́й: ~на́я кни́жка nótebook; ~ывать(ся) *см.* записа́ть(ся)
за́пись éntry, récord
запи́ть 1. *(водой и т. п.)* drink smth. down (with wáter *etc.*); ~ пилю́лю водо́й swállow a pill with wáter 2. *(пьянствовать)* take to drink; он опя́ть запи́л he's on the drink *(или* is drínking*)* agáin
запиха́ть, запи́хивать, запихну́ть *разг*. push *(under, in, into)*, cram *(in, into)*
запла́ка||нный téar-stáined; ~ть begín to cry

заплáта patch
заплатíть pay *(for);* ~ по счёту settle an accóunt
заплéсневе||лый móuldy; ~ть grow móuldy
заппе||стí, ~тáть braid, plait
заплет||áться: у него ~áется язык he is tóngue-tied; у негó нóги ~áются he is stúmbling
запломбировáть 1. *(запечатать)* seal 2. *(зуб)* stop, fill
запл||ывáть, ~ыть 1. *(о пловце)* swim in 2. *(жиром)* grow véry fat
запнýться *см.* запинáться
заповéдн||ик náture resérve; леснóй ~ fórest resérve; ~ый 1. protécted, resérved 2. *(сокровенный)* sécret
зáповедь commándment
заподóзрить suspéct
запоздá||лый beláted, báckward *(о развитии);* ~ние: поезд пришёл с ~нием the train was late; ~ть be late
запó||й hard drínking; пить ~ем have fits of hard drínking
заполз||áть, ~тí creep in
заполн||ить, ~ять fill in
запоминáть(ся) *см.* запóмнить(ся)
запóмни||ть remémber, keep in mind; ~ться: мне ~лось I still remémber; it has stuck in my mémory *разг.*
зáпонка cúff-link; stud *(для воротникá)*
запóр I bolt; lock *(замóк);* дверь на ~е the door is locked
запóр II *мед.* constipátion
запорошíть *(снегом)* pówder with snow
запотéлый *(о стекле)* místed, dim
заправíла *разг.* boss
заправ||ить 1. *(всунуть)* tuck in; ~ брюки в сапогí tuck one's tróusers into one's boots 2. *(кушанье)* thícken *(with);* ~ щи сметáной enrích *(или* impróve) cábbage soup with sour cream 3. *(машину)* fill up; ~лять *см.* запрáвить ◇ ~лять делáми *разг.* boss the show
заправочн||ый: ~ пункт, ~ая стáнция sérvice *(или* fílling) státion
запрáшивать *см.* запросíть
запрéт prohibítion; ban; наложíть ~ véto; ~ительный prohíbitive; ~ить forbíd, prohíbit; ban; ~ный forbídden
запрещ||áть *см.* запретíть; ~éние prohibítion; ban; наложíть ~éние ban;

~éние áтомного орýжия prohibítion of *(или* ban on) atómic wéapons; ~ённый forbídden, illícit
заприхóдовать *бухг.* recórd a páyment, crédit the accóunt
запрокíдывать, запрокíнуть throw back; ~ гóлову throw back one's head
запрóс 1. inquíry 2. *мн.:* ~ы *перен.* requírements, needs; духóвные ~ы spiritual needs; ~ить 1. *(сведения)* make inquíries, ask abóut smth.; ~ить áдрес inquíre abóut the addréss *(at)* 2. *(высокую цену)* overchárge
зáпросто *нареч. разг.* withóut céremony
запротоколíровать énter in the récord
запрýд||а dam; ~ить dam
запрягáть *см.* запрячь
запрятать hide awáy, concéal
запрячь hárness, put *(to);* ~ волóв yoke óxen
запугáть, запýгивать intímidate
запускáть *см.* запустíть
запустé||лый désolate, neglécted; ~ние desolátion
запустíть 1. *(бросить)* throw, fling 2. *(ракету)* launch 3. *(не заботиться)* neglect
запýта||нный tangled; *перен.* íntricate, invólved; ~ть (en)tángle; *перен.* múddle up, confúse; ~ться get entángled; *перен.* become invólved
запýщенный neglécted
запылíть cóver with dust; ~ся becóme dústy
запыхáться be out of breath
запястье *анат.* wrist
запятáя cómma
запятнáть spot; stain *(тж. перен.)*
зараб||áтывать, ~óтать earn; мнóго ~ make a lot of móney
зáработн||ый: ~ая плáта wáges *pl.* *(рабочих);* pay, sálary *(служащих)*
зáработок éarnings *pl.*
зараж||áть(ся) *см.* заразíть(ся); ~éние inféction; ~éние крóви blóod-poisoning
зарáз||а inféction, contágion; ~íтельный inféctious, contágious; ~íть inféct; ~íться catch (an íllness); be infécted *(with)* *(тж. перен.);* ~ный inféctious, contágious
зарáнее *нареч.* beforehand; in good time *(своевременно);* заплатíть ~ pay in advánce; рáдоваться ~ look fórward *(to)*

зараст||а́ть, ~и́ be overgrówn (with)
за́рево glow, áfterglow (заката)
зарегистри́ровать régister; ~ся 1. (встать на учёт) régister 2. (оформить брак) régister one's márriage
заре́зать kill; sláughter (животное)
зарека́||ться разг. make a vow not to (+ inf.); ~ пить вино́ take an oath (или make a vow) not to drink wine; не ~йся don't make vows you can't keep
зарекомендов||а́ть: ~ себя́ prove, prove oneself to be; он ~а́л себя́ с хоро́шей стороны́ he shows himsélf to good advántage
заре́чься см. зарека́ться
заржа́веть become rústy
заржа́вленный rústy
зарисо́вка sketch
зарни́ца súmmer líghtning
зароди́ть engénder, rouse; ~ наде́жду в ком-л. rouse hope in smb.'s breast, raise smb.'s hopes; ~ся перен. be born
заро́дыш émbryo
зарожд||а́ть(ся) см. зароди́ть(ся); ~е́ние concéption; перен. órigin
заро́к pledge, vow, oath; я дала́ ~ не кури́ть I have sworn I will stop smóking
за́росли óvergrowth sg.; thícket sg. (в лесу)
зарпла́та (заработная плата) см. за́работный
заруба́ть см. заруби́ть
зарубе́жн||ый fóreign; ~ые учёные scholars abróad; ~ая печа́ть the fóreign press, the press abróad
заруб||и́ть kill with an axe ◊ ~и́ это себе́ на носу́! разг. mark it well!
зару́бка notch; incísion (надрез)
зарубцева́ться, зарубцо́вываться cícatrize
заруч||а́ться, ~и́ться secúre, enlíst; ~и́ться вашим согла́сием secúre (или get) your consént
зарыва́ть(ся) см. зары́ть(ся)
зарыда́ть burst out sóbbing
зары́ть búry ◊ ~ тала́нт в зе́млю waste one's tálent; ~ся búry oneself
зарыча́ть begín to roar (или to growl)
зар||я́ 1. (утренняя) dawn; на ~е́ at dáybreak 2. (вечерняя) áfterglow 3. воен. reveille (утренняя); retréat (вечерняя)
заряби́||ть: у меня́ ~ло в глаза́х I was dázzled
заря́д charge; cártridge (снаряд); холосто́й ~ blank cártridge; ~и́ть charge; load (оружие)
заря́д||ка (физкультурная) (sétting--up) éxercises pl.; drill (тренировка)
заряжа́ть см. заряди́ть
заса́да ámbush
засади́ть, заса́живать 1. (растениями) plant (with) 2. (за работу) set down (to)
заса́ливать I см. засоли́ть
заса́ливать II, заса́лить stain with grease
заса́сывать см. засоса́ть
заса́харенный crýstallized; cándied
засвети́ться light up
за́светло нареч. befóre níghtfall
засвиде́тельствовать wítness; téstify (удостоверить)
засева́ть см. засе́ять
заседа́||ние sítting; méeting (собрание); ~тель asséssor; júryman; наро́дный ~тель péople's assessor; ~ть sit, take part in a méeting; be in séssion
засел||ённый pópulated (with); ~и́ть, ~я́ть pópulate
засе́сть 1. (где-л.) settle; remáin for a long time; ~ в заса́де lie in ámbush 2.: ~ за рабо́ту и т. п. sit down to work etc.
засе́ять sow
засиде́ться 1. sit on and on; ~ до полу́ночи sit up till mídnight 2. (о гостя́х) stay too long, óverstay one's wélcome
заси́ж||енный (мухами) flý-blown; ~иваться см. засиде́ться
заси́лье dóminant influence, prepónderance
заскрежета́ть см. скрежета́ть
заскрипе́ть см. скрипе́ть
засла́ть send
заслони́ть hide, shield (защитить)
засло́нка lid
заслоня́ть см. заслони́ть
заслу́||га mérit, desért; по ~гам accórding to one's desérts; ~женный 1. desérved, well-éarned 2. (звание) hónoured; meritórious; mérited; ~женный арти́ст Hónoured Ártist; ~женный де́ятель нау́ки Meritórious Science Wórker; ~живать, ~жи́ть desérve; mérit; be wórthy (of); ~жи́ть дове́рие win (или earn) the cónfidence
заслу́шать (отчёт) hear; ~ся listen with delight
засмея́ть разг. rídicule; scoff (at); ~ся burst out láughing

засмолить pitch, tar
заснуть fall asleep
засов bolt
засовывать см. засунуть
засол sálting
засолить resérve by sálting, salt, pickle
засор||ение obstrúction; ~ желудка indigéstion; ~ить, ~ять 1. drop bits and pieces all over the place 2. (забивать, закупоривать) obstrúct
засосать suck in, swallow up
засох||нуть dry up; wither (о растениях); ~ший dry; dead, withered (о растениях)
заспанный sleepy
застава 1. ист. gate 2. воен. picket; пограничная ~ fróntier post
заставать см. застать
заставить I make, compél, insist (on); ~ ждать keep waiting; ~ замолчать insíst on silence
заставить II block up (проход); fill, cram (комнату мебелью)
заставлять I, II см. заставить I, II
застарелый chrónic; old
застать find, catch; ~ на месте преступления catch in the act (или redhanded)
застёгивать(ся) см. застегнуть(ся)
застегнуть bútton up, fásten; hook up (на крючки); buckle, clasp (пряжкой); ~ся bútton onesélf up
застёжка fástening; ~-молния zípper
застеклить glaze
застенок tórture-chamber
застенчивый shy, díffident
заст||игать, ~игнуть catch; ~игнуть врасплох take unawáres
заст||илать, ~лать 1. cóver 2. (затуманивать) cloud
застой stagnátion; depréssion (упадок)
застраивать см. застроить
застрах||овать, ~овывать insure
застревать см. застрять
застрелить shoot; ~ся shoot onesélf
застрельщик pionéer
застро||ить erect buildings (on); óccupy (или cóver) with buildings; ~йка building
застр||ять stick ◇ слова ~яли у него в горле the words stuck in his throat
застудить: ~ кого-л. make smb. ill from cold; ~ горло get a sore throat from the cold

заступ spade
заступ||аться, ~иться intercéde (for), stand up (for); take the part (of)
заступ||ник||к deféender; pátron (покровитель); ~чество intercéssion, defénce
заст||ывать, ~ыть congéal; thícken (сгущаться); кул. jélly; hárden (затвердевать) ◇ кровь ~ыла в его жилах the blood froze in his veins; he grew cold with térror; ~ыть от холода be stiff with cold
засунуть shove in, push in
засух||а drought; борьба с ~ой combátting drought
засуч||ивать, ~ить roll up
засуш||ивать, ~ить dry; ~ цветы dry flówers; ~ливый dróughty, árid
засылать см. заслать
засыпать 1. (яму и т. п.) fill in (или up) 2. (покрыть) cóver, heap ◇ ~ кого-л. вопросами shówer smb. with quéstions
засыпать I см. заснуть
засыпать II см. засыпать
засыхать см. засохнуть
зата||ённый sécret; représsed (скрытый); ~ гнев smóuldering ánger; ~ить représs; ~ить дыхание hold one's breath; ~ить обиду nurse (или hárbour) a grudge (against smb.)
затаплывать см. затопить I
затасканный разг. háckneyed; trite (банальный)
затащить drag sómewhere; ~ кого-л. к себе insíst on smb.'s cóming in
затвер||девать см. затвердеть; ~девший hárdened; ~дение мед. callósity; ~деть hárden
затвердить (наизусть) learn by heart
затвор воен. lock (ружья); bolt (винтовки); bréech-block, bréech-piece (орудия)
затвор||ить, ~ять close
затевать см. затеять
затейливый ingénious, fánciful; ~ рисунок eláborate páttern
затекать см. затечь
затем нареч. 1. (после) then, áfter that 2. (для этого): ~ чтобы in order to (с глаголом), in order that (с сущ. или мест.)
затемн||ение dárkening; воен. bláck-out; ~ить dárken; воен. black out; перен. obscúre (смысл и т. п.)
затемно нареч. before dawn, before dáybreak

затемня́ть см. **затемни́ть**
затере́ть 1. (стереть) rub clean (или out) **2.** (кого-л., что-л.) jam, wedge; су́дно затёрло льда́ми the vessel stuck fast in the ice
затеря́ть misláy; **~ся** be misláid; **~ся в толпе́** be lost in the crowd
зате́||чь: у меня́ ~кли́ но́ги I have got pins and needles in my legs
зате́я ploy, scheme; **~ть** get up to smth.; **~ть дра́ку** start a brawl
затира́ть см. **затере́ть**
затиха́ть, зати́хнуть calm down
зати́шье calm; lull (временное)
заткну́ть stop up; **~** буты́лку про́бкой cork up a bottle; **~** у́ши ва́той stop one's ears with wool ◇ **~** рот кому́-л. keep smb. quiet
затм||ева́ть см. **затми́ть; ~е́ние** eclípse (тж. перен.); **~и́ть** eclípse
зато́ союз but, on the óther hand
затова́ривание óverstock; glut (на рынке)
затолка́ть push ínto
затону́ть be submérged; sink (пойти ко дну)
затопи́ть I (печку) make the fire
затопи́ть II, затопля́ть flood; submérge, sink (потопить)
затопта́ть trample down (или únder foot)
зато́р block, jam; tráffic jam (уличного движения)
затормози́ть brake, applý (или put on) the brake(s)
заточ||а́ть, ~и́ть уст. (в тюрьму) imprison
затрави́ть hunt down; перен. wear down by persecútion
затра́гивать см. **затро́нуть**
затра́та expénditure
затра́||тить, ~чивать spend
затре́бовать requést; send an órder, write (for; письменно)
затро́нуть affect; перен. touch; **~** вопро́с touch upón a quéstion; **~** самолю́бие wound smb.'s self-estéem
затрудн||е́ние difficulty; быть в **~е́нии** be in a difficulty, be in a fix разг.; вы́йти из **~е́ния** get out a difficulty; де́нежные **~е́ния** fináncial embárrassment; **~и́тельный** difficult; **~и́тельное** положе́ние áwkward (или difficult) situátion; **~и́ть 1.** (что-л.) make difficult, impéde **2.**

(кого-л.) make difficulties (for smb.), embárrass (smb.); вас не **~ит** сде́лать э́то? would you mind dóing it?
затума́ниться grow dim
зату́ш||евать, ~ёвывать shade in
за́тхлый músty, móuldy; перен. músty, stágnant
затыка́ть см. **заткну́ть**
заты́лок back of the head
затя́гивать I, II см. **затяну́ть I и II; ~ся** см. **затяну́ться**
затя́ж||ка 1. (при курении) inhalátion **2.** (во времени) protráction, prolongátion; **~но́й** lóng-dráwn, protrácted; **~на́я** боле́знь língering íllness; **~но́й** дождь contínuous rain
затяну́ть I 1. (узел) tíghten **2.** (задержать) drag (или spin) out; **~** де́ло drag out procéedings
затяну́ть II (запеть) begín to sing
затяну́ться 1. (задержаться) be deláyed **2.** (о ране) heal, close up **3.** (при курении) inhále
зауны́вн||ый móurnful, dóleful; **~ые** пе́сни pláintive songs
зауря́дный nóthing out of the órdinary; médiocre; **~** челове́к a nonéntity, a mediócrity
зафикси́ровать fix; **~** внима́ние на чём-л. fix atténtion on smth.
захва́т séizure; cápture; usurpátion; **~и́ть 1.** (с собой) take (with) **2.** (завладеть) cápture; seize ◇ у меня́ **~и́ло** дух it took my breath awáy
захва́тническ||ий: ~ая война́ prédatory war
захва́т||чик inváder; **~ывать** см. **захвати́ть; ~ывающий; ~ывающий** дух bréathtaking
захвора́ть разг. be táken ill, fall ill
захлебну́ться, захлёбываться choke (with)
захлестну́ть, захлёстывать swamp
захло́пнуть slam, bang; **~** дверь slam the door; **~ся** slam, close with a bang
захло́пывать(ся) см. **захло́пнуть(ся)**
захо́д 1. (солнца) súnset **2.** (о судне) stop; **~ом** в Я́лту cálling at Yálta; **~и́ть** см. **зайти́**
захолу́с||тный remóte; óut-of-the-wáy attr.; **~тье** remóte place, óut-of-the-wáy place
захоте́ть wish
захохота́ть burst out láughing

захуда́лый shabby
зацве||сти́, ~та́ть break out into blóssom
зацепи́ть get a hold *(of)*; catch *(on)*; ~ся get caught *(on)*
зацепля́ть(ся) *см.* зацепи́ть(ся)
зачасту́ю *нареч. разг.* óften, fréquently
зача́||тие concéption; ~точный rudiméntary; в ~точном состоя́нии in émbryo
зачём *нареч.* why *(почему)*; what for *(для чего)*; ~-то for some réason or óther
зачёркивать, зачеркну́ть cross *(или* strike*)* out
зачерпну́ть, заче́рпывать scoop up
зачерстве́ть *(о хлебе)* becóme stale
зачёт test; сдать ~ pass a test
зачи́нщик ínstigator
зачи́сл||ить, ~я́ть 1. inclúde 2. *(вноси́ть в спи́сок)* list, énter, put on a list; enlíst, enról(l) *(в армию)*; ~ в штат appóint to the staff
зачита́ться, зачи́тываться becóme engróssed in réading, be absórbed in a book
зашата́ться stágger
зашива́ть, заши́ть sew up
зашнурова́ть lace up
зашто́пать darn
зашуме́ть *см.* шуме́ть
защи́т||а defénce; protéction; cóver *(прикрытие)*; под ~ой únder the protéction *(of)*; ~ диссерта́ции defence of a thésis; ~и́ть defénd; protéct; stand up *(for)*; ~ник 1. protéctor; defénder 2. *(в футболе)* back 3. *юр.* cóunsel for the defénce; ~ный 1. protéctive 2. kháki *(о цвете)*
защища́ть 1. *см.* защити́ть 2. *(словесно)* speak in suppórt *(of)*; plead *(for)* 3. *юр.* act as cóunsel for the defénce; ~ся defénd onesélf
заяв||и́ть declare; он ~л о своём согла́сии he recórded his agréement
зая́вка claim *(for)*; applicátion; ~ на биле́ты applicátion for tíckets
заявл||е́ние státement; declarátion; applicátion *(ходатайство)*; пода́ть ~ hand in a written applicátion; ~я́ть *см.* заяви́ть
зая́длый *разг.* invéterate
за́яц hare
зва́ние rank; title *(титул)*
зва́ный: ~ обе́д fórmal dínner-party

звать 1. call 2. *(называться)* be called; как вас зову́т? what is your name? 3. *(приглашать)* invíte, ask
звезда́ star; о́рден Кра́сной Звезды́ Órder of the Red Star
звёздн||ый stárry; ~ая ночь stárlit night
звене́ть ring
звено́ link; séction
звери́н||ец menágerie; ~ый beast *attr.*; *перен.* béstial
звер||ский brútal; ~ство brutálity, atrócity; ~ствовать commít atrócities
зверь (wild) beast; хи́щный ~ beast of prey
звон ringing; ~и́ть ring; ring up, phone *(по телефону)*
зво́н||кий ringing; clear *(голос)*; ~о́к bell
звук sound ◇ пусто́й ~ émpty sound, mere *(или* émpty*)* words
звуково́й sound *attr.*; ~ кинофи́льм sóund-film; tálkie *разг.*
звукоза́пис||ь: сту́дия ~и sóund-recórding stúdio
звукоула́вливатель range finder for sound, sóund-locátor
звуч||а́ть sound; resóund *(отдаваться)*; be heard *(слышаться)*; его́ слова́ всё ещё ~а́т у меня́ в уша́х his words still ring in my ears
зву́чный sonórous; résonant; ~ смех rínging laugh; ~ го́лос résonant voice
звя́к||ать, ~нуть tínkle, jíngle, clink
зга: ни зги не ви́дно it is pitch dark
зда́ние búilding
зде||сь *нареч.* here; ~шний lócal
здоро́ваться greet; bow *(to;* кла́няться*)*; ~ за ру́ку shake hands
здо́рово! *нареч. разг.* well done!; fine!
здоро́в||ый 1. héalthy; strong; быть ~ым be in good health 2. *(полезный)* whólesome ◇ бу́дьте ~ы! góod-bye! *(при прощании)*; bless you! *(при чиханье)*
здоро́вье health; как ва́ше ~? how are you?; за ва́ше ~! cheers, your health!; на ~! you're wélcome!
здра́вица toast
здра́вница health resórt
здра́во *нареч.* sóundly; sénsibly *(разумно)*; ~мы́слящий sénsible
здравоохране́ние públic health; health sérvices *pl.*
здра́в||ствовать: да ~ствует! long live!;

~ствуй, ~ствуйте how do you do; hélló; good mórning *(утром);* good áfternóon *(днём);* good évening *(вечером)*
здрáвый sénsible; ~ смысл cómmon sense
зéбра zébra
зев *анат.* phárynx
зев||áка *разг.* ídler; ~áть, ~нýть yawn ◇ ~áть по сторонáм *разг.* gape; не ~áй! *разг.* keep your eyes ópen!; ~óта yawn
зеленéть 1. turn green 2. *(виднеться)* show green
зеленн||óй: ~áя лáвка gréengrocery
зелёный green
зéлень 1. *(растительность)* vérdure 2. *собир. (овощи)* végetables *pl.*
земéльный land *attr.*
землевладéлец lándowner
земле||дéлец fármer; ~дéлие ágriculture; ~дéльческий agricúltural
землекóп návvy
землемéр land-survéyor
землетрясéние éarthquake
землеустрóйство organizátion of the use of land
землечерпáлка drédge(r)
землúстый éarthy; ~ цвет лицá sállow compléxion
земл||я́ earth; land; ground; упáсть на зéмлю fall to the ground; на ~é и на мóре on land and sea
земля́к (féllow-)cóuntryman; он мой ~ we come from the same parts
земляни́ка (wild) stráwberries *pl.*
земля́нка dúg-out
землян||óй éarthen; earth *attr.;* ~ы́е рабóты éarthwork *sg.*
земнóй éarthly; ~ шар the globe
зени́т zénith
зени́тн||ый: ~ая артиллéрия ánti-áircraft artíllery; ~ое орýдие ánti-áircraft gun
зени́ц||а: берéчь как ~у óка chérish as the apple of one's eye
зéрк||ало lóoking-glass; mírror *(тж. перен.);* ~áльный mírror *attr.; перен.* unrúffled
зерни́ст||ый gránular, gráined ◇ ~ая икрá soft cáviar(e)
зернó 1. grain; кóфе в зёрнах cóffee-béans *pl.* 2. *собир.* corn; ~вы́е céreals; grain crop *sg.;* ~храни́лище gránary
зигзáг zígzag
зигзагообрáзный zígzag

зимá wínter
зи́мний wínter *attr.;* wíntry
зим||овáть spend the wínter *(at, in);* híbernate *(о животных и птицах);* ~óвка 1. wíntering 2. *(жильё)* pólar *(или* wínter) státion
зимóй *нареч.* in wínter
зи||я́ние *лингв.* hiátus; ~ть gape
злáки céreals
злéйший: ~ враг worst énemy
злить ánger; írritate *(раздражать);* ~ся be in a bad témper; be ángry *(with,* сердиться*)*
зло I *сущ.* évil; harm *(вред)*
зло II *нареч.* malíciously; ~ подшути́ть над кем-л. play a spíteful trick on smb.
злоб||а spite; ánger *(гнев)* ◇ ~ дня a búrning quéstion, the tópic of the móment; ~ный malícious
злободнéвный: ~ вопрóс búrning íssue
зловéщий óminous; ~ гóлос sínister tones *pl.*
зловóн||ие stink, stench; ~ный fétid, stínking
зловрéдный vícious
злодéй víllain, scóundrel; ~ский villaínous
злодея́ние crime; atrócity
злой wícked, malícious; bád-tempered
злокáчественный *мед.* malígnant
злонамéренный malícious
злопáмятный full of ráncour
злополу́чный íll-starred
злорáдный glóating
злослóвие malícious góssip
злóстный malícious
злос||ть málice; позеленéть от ~ти grow white with ánger
злоумы́шленник málefactor
злоупотреби́ть *см.* злоупотребля́ть
злоупотребл||éние abúse; ~ вла́стью the abúse of pówer; ~я́ть abúse
змеи́ный snake's; sérpent's
змей: бумáжный ~ kite
змея́ snake; очкóвая ~ cóbra
знак sign; tóken, sýmbol *(символ);* mark *(след);* ómen *(предзнаменование);* signal *(сигнал);* дать ~ give the sígnal; под ~ом... in the name of...; в ~ дрýжбы as a tóken of fríendship; опознавáтельный ~ identificátion mark; lándmark; ~и препинáния punctuátion marks
знакóм||ить acquáint; introdúce *(представлять);* ~иться 1. *(с кем-л.)* meet,

make the acquáintance *(of)* 2. *(с чем-л.)* acquáint onesélf *(with)*, see, get to know; vísit *(посещать)*; ~ство acquáintance; ~ый 1. *прил.* familiar; его лицо мне ~о his face is familiar to me; быть ~ым с кем-л. be acquáinted with smb. 2. *сущ.* acquáintance

знаменатель *мат.* denóminator
знаменательный signíficant, nóteworthy
знамени́||ость fame; celébrity *(человек)*; ~ый fámous
знаменовать mark; sígnify
знаменосец stándard béarer
знам||я bánner; flag; stándard; cólours *pl.*; под ~енем ... únder the bánner of ...
знание knówledge; со ~м дела with cómpetence
знатн||ый nótable, distínguished, noble
знаток éxpert, connoisséur; быть ~ом чего-л. be an éxpert in smth.
знать know ◇ дать ~ infórm, let know; дать кому-л. ~ о себе let smb. hear from one; кто знает góodness knows
значение 1. *(смысл)* méaning, signíficance 2. *(важность)* impórtance; придавать ~ attách impórtance *(to)*
значит *вводн. сл.* so; well then
значительн||ый 1. *(о степени, количестве и т. п.)* considerable; в ~ой степени to a marked degrée 2. *(важный)* impórtant
знач||ить mean, sígnify; что это ~ит? what does it mean?
значок badge, émblem; sign, mark *(пометка)*
знающий léarned; érudite *(учёный)*; éxpert, skílful *(умелый)*
зноб||и́ть *безл.*: меня ~ит I feel féverish *(или* chílly), I am shívering
зной inténse heat; ~ный hot, súltry
зоб 1. *(у птицы)* crop 2. *мед.* góitre
зов call, súmmons; явиться на ~ ánswer a súmmons
зодчий árchitect
зола ashes *pl.*
золовка síster-in-law
золотистый like gold, of gólden cólour
золотник *тех.* slide, valve
золот||о gold; ~ой gold; made of gold *(тж. перен.)*
золотоносный góld-bearing; auríferous
золотопромышленность gold índustry
золотуха *мед.* scrófula

зона zone
зонд probe; ~и́ровать sound *(тж. перен.)* ◇ ~и́ровать почву explóre the ground
зонт, ~ик umbrélla; súnshade, parasól *(от солнца)*
зоо||лог zoólogist; ~логи́ческий zoológical; ~ло́гия zoólogy
зоопарк zoológical gárdens *pl.*, zoo *разг.*
зоркий shárp-sighted; *перен.* alért; у него ~ глаз he is alért
зрачок púpil (of the eye)
зрелище sight; spéctacle
зрел||ость matúrity, rípeness; ~ый 1. matúre; ~ый возраст matúre age 2. *(спелый)* ripe
зрени||е sight; поле ~я field of vísion; в поле ~я within éyeshot; точка ~я point of view, stándpoint
зреть ripen, grow ripe; *перен.* matúre
зритель spectátor; ón-looker; ~ный 1. óptic, vísual 2.: ~ный зал hall, auditórium
зря *нареч. разг.* to no púrpose, for nóthing
зрячий one who can see
зуб tooth; у меня болит ~ I have tóothache ◇ сквозь ~ы through clenched teeth; держать язык за ~ами hold one's tongue; иметь ~ против кого-л. have a grudge agáinst smb.; ~астый *перен.* bíting, sarcástic
зубец tooth, cog
зубн||ой tooth *attr.*; déntal; ~ая щётка tóoth-brush; ~ая боль tóothache; ~ врач déntist; ~ звук *лингв.* déntal sound
зубоврачебный: ~ кабинет déntal súrgery; the déntist's
зубочистка tóothpick
зубрить *разг.* learn by rote, cram
зубчат||ый cogged; ~ая передача *тех.* gear
зуд itch
зыбк||ий únsteady *(тж. перен.)*; ~ая почва unsúre ground
зыбь ripple; мёртвая ~ swell
зычный loud, stentórian
зябкий sénsitive to cold; chílly *разг.*
зяблев||ый: ~ая вспашка *с.-х.* áutumn plóughing
зябнуть súffer from cold
зябь *с.-х.* plóughland
зять són-in-law *(муж дочери)*; bróther-in-law *(муж сестры)*

И

и *союз* 1. *(соединение)* and; and then *(последовательность)*; and to think that *(для усиления)*; они стояли и ждали they stood and waited; и он уехал and then he left; и они смеют! and to think that they dare! 2. *(соответствие тому, что ожидалось)* and so *(+подлеж.+вспом. глагол)*: он собирался уехать и уехал he thought he would leave and so he did 3. *(в смысле «именно»)* it is (just) what; вот об этом-то я и думаю it is what I am thinking of 4. *(в смысле «хотя»)* не переводится: и рад это сделать, но не могу much as I should like to do it, I can't 5. *(в смысле «также»)* too; either, neither *(в отрицательном предложении)*; и в этом случае in this case too; и не там not there either; и он не сделал этого neither did he, he did not do it either; это и для него трудно it is not easy for him either 6.: и... и... both... and; и армия и флот both the army and the navy ◇ и так далее, и прочее etc.; and so forth, and so on; и вот and now

ибо because, for

ива willow

иволга oriole

игла 1. needle; *(вязальная)* knitting-needle; *(патефонная)* gramophone needle 2. *(у животных)* quill, spine

игнорировать ignore; disregard *(пренебрегать)*

иго yoke

иго||лка *см.* игла 1 ◇ сидеть как на ~лках be on tenterhooks; ~лочка: с ~лочки brand-new; spick and span *разг.*; ~льный needle *attr.*; ~льное ушко needle's eye

игра 1. *(действие)* play 2. *(вид игры)* game 3. *(актёра)* acting, performance, playing; ~ слов play on words ◇ ~ не стоит свеч the game is not worth the candle

играть *в разн. знач.* play; *(об актёре тж.)* act; ~ роль play a part ◇ это не играет роли it doesn't matter at all, it does not signify

игривый playful

игрок player; gambler *(в азартные игры)*

игруш||ечный toy *attr.*; ~ка toy, плаything

идеал ideal; ~изировать idealize

идеал||изм idealism; ~ист idealist; ~истический idealist, idealistic

идеальный ideal

идейный ideological, committed to philosophical principles; ~ человек a man with firm ideological principles

идеолог|| or ideologist; ~огический ideological; ~огический фронт ideological front; ~огия ideology

идея idea; notion, concept *(понятие)*; ~ романа the idea *(или* theme) of a novel; счастливая ~ happy thought

идиллия idyll

идиома *лингв.* idiom; ~тический idiomatic

идиот idiot; ~изм idiocy; ~ский idiotic

идол idol

идти 1. go; walk *(пешком)*; *(за кем-л., чем-л.)* follow *(smb., smth.)* 2. *(о времени)* go by, pass 3. *(об осадках)*: идёт дождь it is raining; снег идёт it is snowing 4. *(о дыме, паре и т. п.)* come out 5. *(о переговорах, собраниях и т.п.)* go on, proceed 6. *(быть к лицу кому-л.)* become, suit; эта шляпа идёт вам this hat suits you 7. *(о представлении)* be on; что сегодня идёт? what is on tonight? 8. *(поступать)* enter ◇ как по маслу run on oiled wheels; дело идёт о the question is about; ~ на компромисс meet half-way, compromise; идёт! right!, done!

иезуит Jesuit

иероглиф hieroglyph

иждивен||ец dependant; ~ие: быть на чьём-л. ~ии be smb.'s dependent

из *предл.* 1. *(откуда)* from, out, out of; пить из стакана drink from a glass; он приехал из Москвы he has come from Moscow; вынуть из кармана take out of one's pocket; выйти из дома go out; leave the house 2. *(для обозначения источника)* from; он узнал из газет he learned from the press 3. *(из числа)* of, out of; in *(в отрицат. предлож.)*; один из моих товарищей one of my friends; лучший из всех the best of all; один из 100 one (out) of a hundred; ни один из 100 not one in a hundred 4. *(о материале)* of; из чего вы это сделали? what did you make it of?; сделанный из дерева made of wood; дом из камня a house built of stone 5. *(по причине)* for, out of, through; из страха for fear, out of fear; из нéнависти through hátred ◇ изо всéх сил with all one's might; из негó вы́йдет хорóший рабóтник he will make a good wórker; однó из двух one or the óther

избá péasant's house, cóttage

избави́тель delíverer

избáв||и́ть save *(from);* избáвьте меня́ от э́тих разговóров spare me these conversátions; ~и́ться get rid *(of);* ~лéние delíverance *(from);* réscue *(спасéние);* ~ля́ть(ся) *см.* избáвить(ся)

избалóв||анный spoilt; ~ ребёнок a spoilt child; ~áть spoil

избá-читáльня víllage líbrary

избегáть 1. *см.* избежáть 2. shun; ~ óбщества shun socíety

избéгнуть *см.* избежáть

избеж||áние: во ~ *(чегó-л.)* to avóid *(smth.);* ~áть avóid; elúde, eváde *(спасти́сь)*

изби||вáть *см.* изби́ть; ~éние béating; mássacre

избирáт||ели *собир.* eléctorate *sg.;* ~ель eléctor; vóter

избирáтельн||ый eléctoral; eléction *attr.;* ~ая кампáния eléction campáign; ~ óкруг, ~ учáсток eléctoral district; ~ спи́сок the eléctoral roll

избирáть *см.* избрáть

изби́тый 1. *прич.* béaten 2. *прил.* trite, banál

изби́ть beat up *разг.*

избрáние eléction

и́збранн||ый selécted; ~ое óбщество seléct cómpany, the pick of socíety; ~ые произведéния selécted works

избрáть 1. choose 2. *(на вы́борах)* elect

избýшка small hut

избы́т||ок 1. abúndance, plénty; с ~ком in plénty 2. *(изли́шек)* súrplus; ~очный supérfluous; súrplus *attr.*

извая́ние státue, carved ímage

извéдать expérience; come to know

и́зверг mónster

извергáть, извéргнуть throw up; ~ся erúpt *(о вулкáне)*

извержéние erúption

извести́ *разг.* exháust *(изнури́ть);* ~ когó-л. вопрóсами get smb. down with all one's quéstions

извéст||ие 1. news *sg.;* informátion *(сообщéние);* послéдние ~ия látest news *sg.;* stóp-press news *sg.* 2. *мн.:* ~ия *(периоди́ческое издáние)* Procéedings

извести́ть infórm, let know; ~ когó-л. send word to smb.

извéстка *разг. см.* и́звесть

известкóвый lime *attr.*

извéстн||о *предик. безл.* it is known; емý *и т. п.* ~ he *etc.* knows, he *etc.* is awáre; мне всё ~ I know all; мне э́то хорошó ~ I am well awáre of it; наскóлько мне ~ to the best of my knówledge, as far as I know; э́то хорошó ~ it is wéll-knówn; ~ость fame; reputátion *(репутáция);* пóльзоваться (ширóкой) ~остью enjóy a great reputátion, have a great reputátion ◇ (по)стáвить когó-л. в ~ость о чём-л. infórm smb. abóut smth.; ~ый 1. *(знакóмый)* known 2. *(знамени́тый)* wéll-knówn, fámous; notórious *(особ. в дурнóм смы́сле)* 3. *(определённый)* cértain; в ~ых слýчаях in cértain cáses

известня́к límestone

и́звесть lime

извéчный perénnial

извещ||áть *см.* извести́ть; ~éние 1. *(дéйствие)* notificátion 2. *(повéстка)* súmmons

извивáться wind *(о рекé и т. п.);* twist *(о дорóге)*

изви́ли||на bend; ~стый wínding, twísty

извин||éние párdon, apólogy, excúse; проси́ть ~éния beg párdon; приноси́ть ~éния presént one's apólogies; ~и́ть excúse; ~и́те меня́ I beg your párdon, I am sórry ◇ ну уж ~и́те! oh no, that won't do!; ~и́ться, ~я́ться beg párdon

извл||екáть *см.* извлéчь; ~ечéние extráction, ~éчь extráct; ~éчь вы́году derive prófit; ~éчь урóк *(из)* learn a lésson *(from);* ~éчь кóрень *мат.* extráct a root

извнé *нареч.* from óutside

изводи́ть *см.* извести́

извóзчик cab; cábman *(возни́ца);* éхать на ~е drive in a cab; взять ~а take a cab

извор||áчиваться dodge; ~óтливый resóurceful

извра||ти́ть, ~щáть pervért; ~ фáкты distórt facts; ~ и́стину pervért the truth; ~щéние pervérsion; distórtion *(искажéние)*

изга́дить *разг.* 1. befoul 2. *(испортить)* spoil utterly
изги́б crook, bend; ~**а́ть** *см.* изогну́ть
изгла́||**дить, ~живать** efface; ~ из па́мяти blot out of one's memory
изгн||**а́ние** exile; **~а́нник** exile; **~а́ть** oust; banish; exile *(отправить в ссылку)*
изголо́вь||**е** head of the bed; сиде́ть у ~**я** sit by smb.'s pillow, sit at smb.'s bedside
изголода́ться 1. starve 2. *перен.* thirst *(for)*, yearn *(for)*
изгоня́ть *см.* изгна́ть
и́згородь fence; жива́я ~ (green) hedge
изготавливать, изгото́вить make, produce, manufacture
изготовле́ние making, manufacture
издава́ть *см.* изда́ть
и́здавна *нареч.* long since; since olden times *поэт.*
издалека́, и́здали *нареч.* from afar; from far away
изда́||**ние** 1. *(действие)* publication 2. *(то, что издано)* edition; **~тель** publisher; **~тельство** publishing house, publishers
изда́ть 1. *(напечатать)* publish 2. *(закон)* promulgate 3. *(звук)* utter
издева́||**тельство** mockery; **~ться** *(над)* mock *(at)*
издёвка *разг.* sneer
изде́ли||**е** 1. (manufactured) article 2. *мн.:* **~я** wares; куста́рные **~я** hand-made goods, handicrafts; промы́шленные **~я** manufactured articles
издержа́ть spend; **~ся** *разг.* spend everything
изде́ржки expenses; costs *(судебные);* ~ произво́дства *эк.* cost of production *sg.*
издо́хнуть, издыха́ть *разг.* die; croak
изжива́ть, изжи́ть overcome, get rid *(of)*
изжо́га heartburn
из-за *предл.* 1. from; ~ до́ма from behind the house; ~ угла́ from round the corner; ~ грани́цы from abroad 2. *(по причине)* because of; ~ дождя́ because of the rain; ~ неосторо́жности through carelessness
излага́ть *см.* изложи́ть
излече́ние *(выздоровление)* recovery; after-treatment

излеч||**ивать** *см.* излечи́ть; **~и́мый** curable; **~и́ть** cure
излива́ть, изли́ть pour out ◊ ~ гнев give vent to one's anger; ~ ду́шу pour out one's heart, unbosom oneself, unburden oneself *(или* one's heart*)*
изли́ш||**ек** surplus; **~ество** excess; **~ний** superfluous; unnecessary *(ненужный)*
излия́ние outpouring
изловчи́ться contrive somehow
излож||**е́ние** account; exposition *(школьное);* кра́ткое ~ summary; **~и́ть** give an account *(of);* state
изло́м||**анный** broken; **~а́ть** break (in pieces)
излуч||**а́ть** radiate, give off; **~е́ние** radiation
излу́чина bend
излю́бленный favourite
изма́зать *разг.* smear (all over); **~ся** get very dirty
измельчи́ть cut very small *(нарезать);* crush very small, pound *(истолочь)*
изме́на treason; treachery; unfaithfulness *(неверность);* госуда́рственная ~ high treason
измене́ние change; alteration, modification *(частичное)*
измен||**и́ть** I change; alter *(частично);* он ~и́л своё реше́ние he changed his mind
измен||**и́ть** II 1. *(быть неверным)* be false *(to);* be unfaithful *(to; в супру́жестве)* 2. *(предать)* betray 3.: ~ зако́н alter a law ◊ си́лы ~и́ли ему́ his strength gave way; па́мять ~и́ла мне my memory failed me
измени́ться change
изме́нник traitor
изме́нчивый changeable; unsteady *(неусто́йчивый);* fickle *(непостоянный)*
изменя́ть I, II *см.* измени́ть I, II; **~ся** *см.* измени́ться
измер||**е́ние** 1. *(действие)* measuring 2. *мат.* dimension; **~и́мый** measurable
измери́тель gauge
измер||**и́ть, ~я́ть** measure; sound *(глубину́);* survey *(делать съёмку);* ~ кому́-л. температу́ру take smb.'s temperature; ~ кого́-л. взгля́дом *(или* глаза́ми*)* look smb. up and down
изможде́нный emaciated, exhausted

и́зморозь hóar-fróst

изму́ч||енный worn out *(with)*; ~ить wéary; tire out *(утоми́ть)*; ~иться be wórried; be tíred out *(утоми́ться)*

измышл||е́ние fabricátion; ~я́ть fábricate

измя́ть crush bádly *(или* all óver) *(о пла́тье и т. п.)*; crumple *(о бума́ге)*

изна́нк||а the wrong side; с ~и on the ínner side ◇ ~ жи́зни the séamy side of life

изнаси́ловать rape, víolate

изна́шивать(ся) *см.* износи́ть(ся)

изне́женный códdled; efféminate *(о мужчи́не)*

изнемо||га́ть *(от)* be exháusted *(with)*; be dead tíred *(от уста́лости)*; ~же́ние exháustion; рабо́тать до ~же́ния work until one drops

изнемо́чь *см.* изнемога́ть

изно́с *тех.* wear, wear and tear; ~и́ть wear out; ~и́ться be worn out; be used up *(перен.)*

изно́шенный shábby, thréadbare, wórn-óut

изнур||и́ть, ~я́ть exháust

изнутри́ *нареч.* from withín, on the ínside, from the ínside

изныв||а́ть pine *(по чему́-л. — for)*; я ~а́ю от ску́ки I am bored to tears *(или* to death)

изоби́л||ие abúndance; в ~ии in abúndance; in plénty; ~овать *(чем-л.)* abóund *(in)*

изоблич||а́ть *см.* изобличи́ть; ~е́ние expósure; ~и́ть expóse; unmásk *(разоблача́ть)*; ~и́ть кого́-л. во лжи catch smb. out in a lie

изображ||а́ть *см.* изобрази́ть ◇ ~ из себя́ pose as; он ~а́ет из себя́ вели́кого учёного he póses as a great schólar; ~е́ние 1. *(де́йствие)* representátion 2. *(о́браз)* portráyal, pícture, ímage; ~е́ние в зе́ркале refléction 3. *(отпеча́ток)* ímprint

изобрази́||тельный: ~тельные иску́сства ímitative arts; fine arts; ~ть represént, pícture, pórtray

изобрести́ invént, contríve *(приду́мать)*

изобрет||а́тель invéntor; ~а́тельный invéntive; ~и́ть *см.* изобрести́; ~е́ние invéntion

изогн||у́тый curved, bent; ~у́ть bend

изодр||а́нный torn to shreds; in ríbbons; ~а́ть tear to bits *(или* pieces)

изолга́ться have becóme a hópeless liar

изол||и́ровать 1. ísolate 2. *эл., тех.* ínsulate; ~я́тор 1. *эл., тех.* insulátor 2. *(в больни́це)* isolátion ward; ~я́ция 1. isolátion 2. *эл., тех.* insulátion

изорва́ть tear to pieces

изощр||ённый refíned; ~и́ться, ~я́ться excél *(in)*; ~я́ться в остроу́мии lay onesélf out to appéar witty

из-под *предл.* from únder; ~ стола́ from únder the table ◇ буты́лка ~ молока́ émpty milk bóttle; ~ па́лки *разг.* únder préssure

изразе́ц tile

израсхо́довать spend; use up *(материа́лы)*

и́зредка *нареч.* (évery) now and then, from time to time

изре́з||ать, ~ывать cut to pieces

изрека́ть *см.* изре́чь

изрече́ние sáying, áphorism, díctum

изре́чь útter, speak pómpously

изруби́ть cut in véry small pieces; mince *(мя́со)*

изруга́ть revíle

изры́ть dig holes éverywhere

изря́дн||о *нареч.* consíderably; ~ый: ~ое коли́чество a fair amóunt; ~ая су́мма quite a sum

изуве́чить cripple

изум||и́тельный amázing; ~и́ть amáze; ~и́ться be amázed; ~ле́ние amázement; ~лённый surprísed; ~ля́ть(ся) *см.* изуми́ть(ся)

изумру́д émerald; ~ный émerald *attr.*

изуро́дов||анный disfígured; ~ать disfígure

изуч||а́ть *см.* изучи́ть; ~е́ние stúdy; ~и́ть learn, stúdy; máster *(овладева́ть)* ◇ он ~и́л его́, её *и т. п.* he knows him, her *etc.* inside out, he can read him, her *etc.* like a book

изъе́з||дить trável all óver; ~ весь свет trável all óver the world; ~женный: ~женная доро́га béaten track

изъяви́тельн||ый: ~ое наклоне́ние *грам.* indicative mood

изъяв||и́ть, ~ля́ть expréss; ~ согла́сие give one's consént

изъя́н defect

изъя́тие confiscátion; withdráwal; exémption *(исключе́ние)*

изъя́ть, изыма́ть cónfiscate; withdráw; exémpt *(исключа́ть)*

изыска́ние investigátion, reséarch
изы́сканн||ый refíned; ~ое блю́до dáinty dish, délicacy
изыска́ть find
изы́скивать try to find
изю́м ráisins *pl.;* ~инка little ráisin ◇ в нём нет ~инки he hasn't got much kick; в ней есть ~инка she's got smth.
изя́щ||ество grace; ~ный gráceful, élegant
ика́ть, икну́ть híccup
ико́на ícon
ико́та híccup
икра́ I *(рыбья)* spawn, roe; cáviar(e) *(как кушанье)*
икра́ II *(ноги́)* calf
ил silt
и́ли *союз* or; ~ ... ~ éither...or
иллю́зия illúsion
иллюмина́тор *мор.* pórthole
иллюмин||а́ция illuminátion; ~и́ровать illúminate
иллюстр||ати́вный íllustrative; ~а́ция illustrátion; ~и́рованный íllustrated; ~и́ровать íllustrate
им 1. *тв. см.* он, оно́ 2. *дат. см.* они́
имби́рь gínger
име́ние estáte, cóuntry próperty
имени́ны náme-day *sg.*
имени́тельный: ~ паде́ж *грам.* nóminative (case)
и́менно *частица* 1. *(как раз)* just, exáctly; э́то ~ то, что мне ну́жно it is just what I want, it is exáctly what I want; вот ~ that's it 2. *(перед перечислением)* námely
име́ть have; posséss *(владеть)* ◇ ~ в виду́ have in mind; mean *(подразумевать);* ~ значе́ние be of impórtance; ~ ме́сто *(происходить)* occúr, take place; ~ де́ло с кем-л., чем-л. have déalings with smb., smth.; have smth. to do with smb., smth.; ~ возмо́жность be in a position to; ~ успе́х have *(или* be) a succéss; ~ся перево́дится действ. фо́рмами глаго́ла have *и* оборо́тами there is, there are; в прода́же име́ются... are on sale
и́ми *тв. см.* они́
имит||а́ция imitátion; ~и́ровать ímitate
иммигра́||нт ímmigrant; ~ция immigrátion
иммуните́т immúnity
импера́тор émperor
империал||и́зм impérialism; ~и́ст impérialist; ~исти́ческий imperialístic;

~исти́ческая война́ impérialist war
импе́рия émpire
импони́ров||ать impréss, make an impréssion *(on);* ей ~а́ла его́ хра́брость his cóurage impréssed her
и́мпорт ímport; ~и́ровать impórt; ~ный impórted
импровиз||а́ция improvisátion; ~и́ровать ímprovise
и́мпульс ímpulse, urge; ~ к тво́рчеству créative urge
иму́щество próperty; дви́жимое ~ pérsonal próperty; недви́жимое ~ réal próperty *(или* estáte)
иму́щ||ий própertied; wéalthy; ~ие кла́ссы the própertied clásses
и́м||я 1. name 2. *грам.:* ~ существи́тельное noun; ~ прилага́тельное ádjective; ~ числи́тельное númeral ◇ заво́д ~ени Ки́рова Kírov works; во ~ ми́ра in the name of peace; от ~ени on behálf of; челове́к с ~енем a wéll-knówn man; запятна́ть своё ~ lose one's good name; до́брое ~ good name, reputátion
ина́че 1. *союз (а то)* or (else); ótherwise 2. *нареч. (по-другому)* dífferently, in anóther way ◇ так и́ли ~ in éither case, in ány evént
инвали́д ínvalid, disábled pérson; ~ войны́ disábled sóldier; ~ность disáblement
инвента́рь 1. *(список)* ínventory 2. *(оборудование)* stock; сельскохозя́йственный ~ agricúltural ímplements *pl.;* живо́й ~ (líve-)stock; спорти́вный ~ sport equipment
инд||е́ец (Américan) Índian; ~е́йский (Américan) Índian
и́ндекс índex
индивидуа́льный indivídual
инд||и́ец Índian; ~и́йский Índian
индонез||и́ец Indonésian; ~и́йский Indonésian
инду́с Híndu; ~ский Híndu
индустри||ализа́ция industrializátion; ~а́льный indústrial
индустри́я índustry; лёгкая ~ light índustry; тяжёлая ~ héavy índustry
индю́||к túrkey(-cock); ~шка túrkey (-hen)
и́ней hóar-fróst
ине́рт||ность ínertness, passívity; ~ый inért, pássive
ине́рция inértia
инжене́р enginéer; ~-меха́ник mechánical engineér; ~-строи́тель civil

enginéer; ~ный enginéering *attr.*; ~ное дело enginéering; ~ые войска enginéer troops; enginéers, sáppers *разг.*

инициа́лы inítials

иници||ати́ва inítiative; прояви́ть ~ати́ву displáy *(или* show) inítiative; ~а́тор inítiator

инквизи́ция inquisítion

инкуба́тор íncubator

иногда́ *нареч.* sómetimes, at tímes

иногоро́дний of anóther town

инозе́м||ец fóreigner, stránger; ~ный fóreign

ин||о́й 1. dífferent; óther, anóther; ~ыми слова́ми in óther words 2. *(некоторый)* some; ~ раз on occásion, sómetimes, at óther times

иноро́дный fóreign, álien

иносказа́тельный allegórical

иностра́н||ец fóreigner; ~ный fóreign; ~ный язы́к fóreign lánguage

инспе́ктор inspéctor

инспе́кция inspéction

инспири́ровать inspíre

инста́нция ínstance; суд пе́рвой ~ии court of first ínstance ◇ по ~ям through the próper chánnels, fóllowing the corréct *(или* próper) procédure

инсти́нкт ínstinct; ~и́вный instínctive

институ́т ínstitute

инструкти́ровать instrúct

инстру́к||тор instrúctor; ~ция instrúction(s) *pl.*

инструме́нт ínstrument, tool; ímplement *(сельскохозяйственный); собир.* tools *pl.* *(рабочий инструмент)*; ~а́льный 1. *муз.* instruméntal 2. *тех.* tóol-máking

инсцени́р||овать drámatize; stage; feign *(симулировать);* frame up *(судебный процесс);* ~о́вка dramatizátion; stáging

интелле́кт íntellect; ~уа́льный intelléctual

интеллиге́н||тный cúltured; ~ция intelligéntsia; intelléctuals *pl.*

интенда́нт *воен.* quártermaster

интенси́вный inténsive

интерва́л ínterval

интерве́н||т aggréssor; ~ция armed intervéntion

интервью́ ínterview; взять ~ ínterview; дать ~ give an ínterview

интере́с ínterest; э́то в мои́х ~ах it is to my ínterest; с ~ом with ínterest; ~но 1. *нареч.* ínterestingly 2. *предик. безл.* it is ínteresting; е́сли вам ~но if it is of ány ínterest to you; ~ный 1. ínteresting 2. góod-lóoking, attráctive; ~ова́ть ínterest; его́ интересу́ет э́та кни́га he is ínterested in this book; ~ова́ться take an ínterest *(in),* be ínterested *(in)*

интерна́т bóarding-school

Интернациона́л *(гимн)* the Internationále

интернациона́л *(объединение)* Internátional

интернацион||али́зм internátionalism; ~а́льный internátional

интерни́ровать intérn

интерпрет||а́ция interpretátion; ~и́ровать intérpret

инти́мный íntimate

интона́ция intonátion

интри́г||а intrígue; plot; ~ова́ть 1. *(вести интригу)* intrígue, scheme 2. *(возбуждать чьё-л. любопытство)* rouse smb.'s curiósity; intrígue smb.

интуи́ц||ия intuítion; по ~ии by intuítion

инфекцио́нный *мед.* inféctious

инфе́кция inféction, contágion

инфинити́в *грам.* infínitive

инфля́ция *эк.* inflátion

информ||ацио́нный informátion *attr.*; ~а́ция informátion

информбюро́ informátion buréau

информи́ровать infórm

инциде́нт íncident

инъе́кция injéction

ипподро́м ráce-course

иприт *хим.* mústard gas

ира́н||ец Iránian; ~ский Iránian

ирла́нд||ец Írishman; ~ский Írish; ~ский язы́к Írish, the Írish lánguage

ирон||изи́ровать speak irónically; ~и́ческий irónical

иро́ния írony; зла́я ~ bíting írony ◇ ~ судьбы́ írony of fate

ирригация irrigátion

иск áction, suit; гражда́нский ~ cívil áction

иска||жа́ть distórt; misrepresént *(неправильно передавать);* ~же́ние distórtion; misrepresentátion *(о фактах);* ~жённый distórted; ~зи́ть *см.* искажа́ть

искалéчить cripple
искáть *в разн. знач.* look *(for);* search
исключáть *см.* исключи́ть
исключ||éние 1. *(из учебного заведения и т. п.)* expúlsion 2. *(из правил и т. п.)* excéption; за ~éнием with the excéption *(of),* excépt; без ~éния withóut excéption; в ви́де ~éния as an excéption, by way of excéption; ~и́тельно *нареч.* 1. *(лишь)* sólely 2. *(особенно)* excéptional; ~и́тельный excéptional; ~и́ть 1. exclúde; excépt 2. *(из учебного заведения и т. п.)* expél 3. *(вычеркнуть)* strike off
исковéркать defórm
исколеси́ть roam *(over),* trável all óver
ископáем||ое fóssil; ~ые: полéзные ~ые *горн.* mínerals
искорен||и́ть, ~я́ть root out, erádicate; extérminate *(уничтожить)*
и́скоса *нареч.* askánce
и́скр||а a spark ◇ у меня́ ~ы из глаз посы́пались ≈ I saw stars
и́скренн||е *нареч.* sincérely, fránkly, from the heart; ~ прéданный вам *(в пи́сьмах)* yours trúly; ~ий sincére; ~ость sincérity
искрив||и́ть bend; distórt; ~и́ться twist, becóme distórted; егó лицо́ ~и́лось от бо́ли his face was distórted with pain; ~лéние bend; distórtion; ~лённый bent; distórted; ~ля́ть *см.* искриви́ть
искри́ться sparkle, scíntillate
искромсáть slash, cut askéw, make a hash of cútting
искроши́ть crumble
искупáть I *см.* купáть
искупáть II *см.* искупи́ть
искуп||и́ть éxpiate, atóne *(for);* ~лéние expiátion
иску́сный skílful
иску́сственн||ый artifícial; mán-máde *(созданный руками человека);* ~ые зу́бы false teeth
иску́сств||о 1. art; произведéние ~а work of art 2. *(умение)* skill ◇ из любви́ к ~y for the fun of it
искуш||áть tempt; ~éние temptátion; ~ённый schooled; ~ённый в поли́тике schooled by ~ о́пытом schooled by expérience
Ислáм Íslam
ислáнд||ец Ícelander; ~ский Íceland *attr.,* Icelándic; ~ский язы́к Icelándic, the Icelándic lánguage

испáн||ец Spániard; ~ский Spánish; ~ский язы́к Spánish, the Spánish lánguage
испарéн||ие evaporátion; врéдные ~ия fumes
испáрина perspirátion
испар||и́ться, ~я́ться eváporate, váporize
испáчкать make dírty; ~ся get dírty
испéчь bake
испещр||ённый cóvered *(with);* ~и́ть, ~я́ть cóver *(with)*
исписáть, испи́сывать 1. *(страницу)* cóver with wríting 2. *(карандаш)* use up
испито́й hóllow-cheeked, emáciated
исповéдовать conféss
и́споведь conféssion
исподло́бья *нареч.:* смотрéть ~ look súllenly *(на — at)*
исподтишкá *нареч.* on the sly, stéalthily; смея́ться ~ laugh up one's sleeve
испоко́н: ~ веко́в *(или* вéку*)* from time immemórial, since the begínning of time
исполи́н gíant; ~ский gigántic
исполко́м (исполни́тельный комитéт) exécutive commíttee
исполн||éние 1. fulfílment; execútion; приводи́ть в ~ put into execútion, cárry out 2. *театр.* perfórmance 3. *(музыкального произведения)* perfórmance, réndering; ~и́мый féasible; ~и́тель 1. exécutor 2. *театр.* perfórmer; состáв ~и́телей cast
исполни́тельн||ый 1. exécutive; ~ая власть exécutive pówer 2. *(добросовестный)* cáreful, páinstaking, thórough
испо́лн||ить 1. cárry out, fulfíl; ~ свой долг do one's dúty; ~ обещáние keep one's prómise 2. *муз., театр.* perfórm, act, play; ~и́ться 1. *(осуществиться)* come true 2.: ему́ ~илось двáдцать лет he is twénty; ~я́ть(ся) *см.* испо́лнить(ся)
испо́льзов||ание utilizátion, use; ~ать use
испо́р||тить spoil; ~титься detériorate, be spoiled; go bad *(о продуктах);* ~ченный spoilt; deprávved *(о человеке)*
исправи́тельный: ~ дом refórmatory
исправ||ить 1. corréct; impróve *(улучшить)* 2. *(починить)* repáir; ~иться impróve, refórm; ~лéние corréction; ~ля́ть(ся) *см.* испрáвить(ся)
испрáвн||ость 1. *(старательность)* assidúity 2. *(машины)* good condítion; в по́лной ~ости in good wórking órder; ~ый 1. *(старательный)* assíduous,

consciéntious 2. *(о машине и т. п.)* in (good) repáir, in órder

испро́бовать *см.* про́бовать

испу́г fright, fear; в ~е in fright; с ~y from fright; **~анный** fríghtened, stártled

испуга́||ть fríghten, scare; он меня́ о́чень ~л he scared me out of my wits; **~ться** get fríghtened

испуска́ть, испусти́ть emít; útter *(крик, вздох);* give off *(запах)* ◇ ~ дух breathe one's last

испыта́ние 1. trial, test; вы́держать ~ stand the test **2.** *(экзамен)* examinátion; вы́держать ~ pass an examinátion **3.** *(мора́льное)* ordéal

испы́т||анный tried, tésted; **~а́ть, ~ывать 1.** try, test **2.** *(ощутить)* feel, expérience

иссле́дова||ние 1. investigátion; reséarch; explorátion *(страны и т. п.)* **2.** *мед.* examinátion **3.** *(сочинение)* stúdy; éssay; **~тель** invéstigator; explórer *(страны и т. п.);* **~тельский** reséarch *attr.;* **~ть 1.** invéstigate; explóre *(страну и т. п.)* **2.** *мед.* anályse; **~ть кровь** anályse the blood

исстари *нареч.* from old times ónwards

исступл||е́ние frénzy; **~ённый** frénzied

иссуши́ть dry up

иссяка́ть, исся́кнуть dry up; run low *(или* short)

истека́ть *см.* исте́чь

исте́кший last, past

исте́рзанный disfígured; *перен.* worn out

исте́р||ика hystérics; **~и́ческий** hystérical

исте́ц pláintiff

ист||ече́ние *(срока)* expirátion; **~е́чь** *(о времени)* expíre; срок истёк time is up ◇ **~е́чь кро́вью** bleed to death

и́стин||а truth; **~ный** true

истлева́ть, истле́ть 1. rot, decáy **2.** *(сгорать)* be redúced to áshes

исто́к source

истолкова́ть ínterpret; cómment *(комментировать)*

истоло́чь pound

исто́ма lánguor

исто́м||иться be worn out; **~лённый** tíred, wéary

исто́пник stóker

исто́р||ик histórian; **~и́ческий** históric(al); **~и́ческая побе́да** époch- -making víctory; **~ия 1.** *(наука)* hístory **2.** *(рассказ)* stóry

исто́чник spring; *перен.* source

истоща́ть *см.* истощи́ть

истощ||е́ние exháustion; **~ённый** exháusted; worn out; **~и́ть** exháust

истра́тить spend; waste, squánder *(понапрасну)*

истреб||и́тель *ав.* fíghter; **~и́тельный** destrúctive; **~и́ть** destróy; extérminate; **~ле́ние** destrúction; exterminátion; **~ля́ть** *см.* истреби́ть

истрепа́ть wear out; tear *(книгу);* **~ся** be torn *(или* worn) out

и́стый true

истяз||а́ние tórture; **~а́ть** tórture

исхо́д óutcome, resúlt

исходи́ть I *(много ходить)* go all óver

исходи́ть II 1. *(основываться на чём-л.)* procéed *(из чего-л.* = from) **2.** *(происходить)* originate *(from)*

исхо́дн||ый inítial; **~ое положе́ние** point of departure

исхуда́||лый emáciated; **~ть** becóme emáciated

исцел||е́ние cure; recóvery; **~и́ть, ~я́ть** cure, make well

исчез||а́ть *см.* исче́знуть; **~нове́ние** disappéarance

исче́знуть disappéar, vánish

исче́рп||ать, ~ывать exháust; вопро́с ~ан the quéstion is settled; **~ывающий** exháustive; **~ывающие све́дения** exháustive informátion *sg.*

исчисл||е́ние calculátion; **~я́ть** cálculate

ита́к *союз* thus, so, and so

италья́н||ец Itálian; **~ский** Itálian; **~ский язы́к** Itálian, the Itálian lánguage

и т. д. (и так да́лее) etc. (et cétera); and so on

ито́г sum; tótal; *перен.* resúlt; в ~е on the whole, as a resúlt; в коне́чном ~е in the end, fínally

итого́ *нареч.* altogéther, in all

и т. п. (и тому́ подо́бное) and the like; etc. (et cétera)

их I *рд., вн. см.* они́

их II *мест. притяж.* their *(при сущ.);* theirs *(без сущ.)*

ишак ass

и́шиас *мед.* sciática

ище́йка blóodhound; políce dog

ию́ль Julý; **~ский** Julý *attr.*

ию́нь June; **~ский** June *attr.*

Й

йог yógi
йод íodine; **óкись ~а** íodine óxide; **~истый** iódic; **~истый кáлий** potássium íodide; **~истый нáтрий** sódium íodide
йодофóрм *фарм.* íodoform
йóт||**а** ióta, jot; **дéло ни на ~у не сдвинулось** things haven't budged (an inch); **он ни на ~у не уступит** he will not yield one ióta

К

к *предл.* 1. to; towards *(по направлению к)*; **плыть к бéрегу** sail towards the shore; **обращáться к комý-л.** addréss smb.; **приблизиться к комý-л.** appróach smb. 2. *(при указании срока)* by; **к зáвтрашнему дню** by tomórrow; **я приду́ к трём часáм** I shall be there by three o'clóck 3. *(по отношению к)* for; of; to; **любóвь к дéтям** love of children; **любóвь к рóдине** love for one's cóuntry; **довéрие к комý-л.** trust in smb.; **он внимáтелен ко мне** he is good to me 4. *(для)* for; **к чемý это?** what is that for?; **к зáвтраку, к обéду** for bréakfast, for dinner ◇ **к вáшим услýгам** at your sérvice; **лицóм к лицý** face to face; **к томý же** besídes, moreóver; **к счáстью** lúckily
кабал||**á** sérvitude, bóndage; **попáсть в ~у́ к комý-л.** be entírely depéndent on smb.
кабáн wild boar
кабачóк I *бот.* végetable márrow; squash *(амер.)*
кабачóк II small réstaurant
кáбель cable
кабина cábin; **душевáя ~** shówer (room); **~ для голосовáния** pólling-booth; **~ лифта** lift car; **~ пилóта** cóckpit; **~ космического корабля́** space cábin
кабинéт 1. stúdy; **~ врачá** consúlting-room; **~ хирургá** súrgery 2. *полит.* cábinet
каблýк heel; **на высóком ~é** high-heeled; **на низком ~é** low-heeled; **на срéднем ~é** médium-heeled
каботáж *мор.* cóasting trade, cábotage; **~ный** cóastal; **~ное плáвание** cóastal navigátion
кавалер||**ийский** cávalry *attr.*; **~ист** cávalryman

кавалéрия cávalry; **лёгкая ~** light horse
кáверзный *разг.* trícky; **~ вопрóс** a tícklish *(или* a trícky*)* quéstion
кавкáзский Caucásian
кавычки invérted cómmas; quotátion marks *(при цитате)*
кáдка tub
кадр *кино* still; frame
кáдровый *воен.* régular
кáдры básic pérsonnel *sg.*; staff; spécialists; **квалифицированные ~** skilled wórkers; trained spécialists
кадык Ádam's apple
каждодневный dáily, éveryday
кáждый 1. *прил.* each, évery; **~ день** every day; **~ из нас** each of us 2. *как сущ.* éveryone
кáжется it seems; **он, ~, довóлен** he seems to be sátisfied
казáк Cóssack
казáрмы bárracks
казá||**ться** seem; look *(выглядеть)*; **~лось бы** one would think
казáх Kazákh; **~ский** Kazákh; **~ский язык** Kazákh, the Kazákh lánguage
казённый 1. state *attr.*; góvernment *attr.*; **на ~ счёт** at públic expénse 2. *(бюрократический)* fórmal; **~ язык** officialése; **~ подхóд** bureaucrátic appróach
казнá tréasury; **~чéй** tréasurer
казнить éxecute
казн||**ь** execútion; **приговорить к смéртной ~и** séntence to death
каймá édging, bórder
как I *нареч.* how; what; **~ поживáете?** how are you?; **~ жáрко!** how hot it is!; **~ он это сдéлал?** how did he do it?; **~ вас зовýт?** what is your name? ◇ **~ ни...** howéver; **~ ни старáйтесь** howéver hard you may try; **~ бы то ни бы́ло** howéver it may be; **вот ~!** really!; you don't say so!; **сказáть ~ мóжно** how can one say; **~ знать** who knows; **~ когдá** it depénds
как II *союз* 1. *(при сравнении)* as, like; **он сдéлал, ~ вы сказáли** he did as you told him; **широ́кий ~ мо́ре** wide as the sea; **~ ..., так и...** both... and...; **~ áрмия, так и флот** both the ármy and the návy 2. *(о времени)* **пóсле тогó ~**, с тех пор **~** since; **в то врéмя ~** while 3. *(что)* не перевóдится: **я видел, онá ушлá** I saw her go ◇ **видно апáрently**; **~ напримéр** as for instance; **~ раз** just; **~ бýдто** as if; **~ вдруг** when all of a súdden

какáо cócoa
кáк-нибудь *нареч.* 1. sómehow; in some way or óther 2. *(когда-нибудь в будущем)* some time 3. *(небрежно)* ányhow
какóв *мест.* what; ~ы́ результáты? what are the resúlts? ~ он собóй? what does he look like?; ~ы́ результáты игры́? what is the score of the game? ◇ ~! how do you like him!; ~ó *нареч.* how
как||óй *мест.* what; which *(какой из)*; такóй..., ~ such... as; ~ бы то ни́ бы́ло whatéver; ~и́м óбразом? how?; ~и́е духи́ вы мне рекоменду́ете? what pérfume can you recomménd me?
какóй-нибудь *мест.* some; ány *(в отрицат. и условн. оборотах)*; abóut, some *(перед числ. с сущ.)*; он сдéлал э́то в каки́е-нибудь 2-3 мéсяца he did it in some 2-3 months
какóй-то *мест.* 1. some 2. *(похожий на)* a kind of; sómething like
кáк-то *нареч.* 1. *(однажды)* one day 2. *(каким-то образом)* sómehow
каламбу́р pun
каланчá wátch-tower; пожáрная ~ fíre-tower
калéка crípple
календáрный cálendar *attr.*
календáрь cálendar; настóльный ~ desk *(или* lóose-leaf*)* cálendar; отрывнóй ~ téar-off cálendar
калéни||e incandéscence; бéлое ~ white heat ◇ довести́ когó-л. до бéлого ~я *разг.* make smb. hópping mad, infúriate smb.
калéчить crípple
кали́бр cálibre, gauge
кáлий *хим.* potássium
кали́на guélder-rose
кали́тка wícket(-gate)
калóрия *физ.* cálorie
калóши *см.* галоши
кáлька trácing-paper
калькуля́ция calculátion
кальсóны dráwers, pants
кáльций *хим.* cálcium
камени́стый stóny, rócky
каменноу́гольн||ый coal *attr.*; ~ бассéйн cóal-field; ~ая промы́шленность cóal-mining industry
кáменный stone *attr.*; ~ у́голь coal
каменолóмня quárry
кáменщик máson, brícklayer
кáм||ень stone; не оста́вить ~ня на ~не raze to the ground
кáмера 1. *(в тюрьме)* cell; ward 2. *фото* cámera 3. *тех.* chámber ◇ ~ хранéния багажá clóak-room
кáмерный chámber *attr.*; ~ концéрт chámber cóncert
камертóн *муз.* túning fork
ками́н fíre-place
камóрка clóset, cell
кампáния campáign
камфарá cámphor
камы́ш reed
канáва ditch; gútter *(сточная)*; drain *(осушительная)*
канáд||ец Canádian; ~ский Canádian
канáл canál *(морской; тж. перен.)*; chánnel; судохóдный ~ navigátion canál; ~изáция séwerage
канарéйка canáry
канáт rope; cable *(якорный)*
канвá cánvas; *перен.* gróundwork
кандалы́ shackles, fétters
кандидáт cándidate ◇ ~ нау́к báchelor of science; ~у́ра cándidature; вы́ставить чью-л. ~у́ру nóminate smb.
кани́кулы hólidays; vacátion *sg.* *(студéнческие)*; recéss *sg.* *(в парламенте, суде)*
канонéрка *мор.* gúnboat
кант píping *(отделка платья)*
кану́н eve
кáнуть: ~ в вéчность pass into oblívion
канцеля́р||ия óffice; ~ский óffice *attr.*; clérical; ~ские принадлéжности státionery *sg.*, writing matérials
кáп||ать drop, drip ◇ над нáми не ~лет *разг.* ≈ there is no húrry; we are not in a húrry
капельди́нер *театр.* úsher, bóx-keeper, box atténdant
кáпельк||а dróplet; ~ росы́ déw-drop; ни ~и not a little bit
капитáл cápital; кру́пный ~ big búsiness
капитал||и́зм cápitalism; ~и́ст cápitalist; ~исти́ческий cápitalist
капиталовложéние invéstment
капитáльн||ый cápital; ~ое строи́тельство cápital constrúction; ~ая стенá chief wall; ~ ремóнт thórough repáirs
капитáн cáptain
капитул||и́ровать capítulate; ~я́ция capitulátion
капкáн trap
кáпл||я drop; по ~е drop by drop ◇ ни ~и not a bit; похóжи как две ~и воды́ as like as two peas; послéдняя ~ the last straw

КАП   **КАТ**

ка́пнуть *см.* ка́пать
капри́з whim; capríce; ~ничать be capríсious; ~ный capríсious; uncértain *(неустойчивый)*
капро́н kápron *(kind of nylon)*
ка́псула cápsule
капу́ста cábbage; ки́слая ~ sáuerkraut
капюшо́н hood
ка́ра retribútion
караба́каться clámber
карава́й round loaf
карава́н 1. caraván 2. *мор.* cónvoy
кара́кул||и *разг.* scrawl *sg.*; писа́ть ~ями scrawl, scríbble
кара́куль astrakhán
караме́ль cáramel
каранда́ш péncil; цветно́й ~ cóloured péncil, cráyon; хими́ческий ~ indélible péncil
каранти́н quárantine
карапу́з *разг.* tot, little féllow
кара́сь crúcian
кара́||тельный púnitive; ~ть púnish; visit with retribútion
карау́л guard; почётный ~ guard of hónour; нести́ ~ be on guard ◇ ~! *(на помощь)* help!; ~ить guard; watch *(over)*
карбо́лов||ый: ~ая кислота́ *хим.* carbólic ácid
карбюра́тор *тех.* cárburettor
каре́||л Karélian; ~льский Karélian ◇ ~льская берёза silver birch
каре́та cárriage; coach ◇ ~ скоро́й по́мощи ámbulance(-car)
ка́рий brown, házel
карикату́р||а caricatúre; cartóon *(политическая)*; ~ный caricatúre *attr.*
карка́с frámework
ка́рк||ать, ~нуть croak, caw
ка́рлик dwarf; ~овый dwárfish
карма́н pócket; боково́й ~ side pócket; за́дний ~ híp-pocket ◇ э́то мне не по ~у *разг.* this is beyónd my pócket *(или* means); не лезть за сло́вом в ~ *разг.* have a réady tóngue; ~ник píck-pocket; ~ный pócket *attr.*; ~ный фона́рик pócket torch, flásh-light; ~ный слова́рь pócket dictionary; ~ные часы́ (pócket-)watch *sg.*
карнава́л cárnival
карни́з *архит.* córnice
карп carp
ка́рт||а 1. *геогр.* map; chart *(морская)* 2. *(игра́льная)* card ◇ ста́вить на ~у stake; раскры́ть свои́ ~ы turn up one's cards, show one's hand
карта́вить speak with a burr

карте́ль *эк.* cartél
карте́чь cáse-shot
карти́н||а 1. pícture; óil-painting *(маслом)* 2. *театр.* scene; ~ка print, illustrátion; кни́га с ~ками pícture-book
карти́нн||ый picturésque; ~ая галере́я pícture-gallery
картон́ cárdboard; ~ка *(для шляп)* cárdboard hát-box
картоте́ка card índex
карто́фель potátoes *pl.*; ~ный potáto *attr.*
ка́рточка card; ~ ку́шаний ménu; фотографи́ческая ~ phótograph
карто́шка *разг. см.* карто́фель
карту́з peaked cap
карусе́ль mérry-go-round
ка́рцер púnishment room, deténtion house
карье́р I *(аллю́р)* rápid gállop, full gállop; ~ом at full speed
карье́р II *горн.* quárry; sánd-pit *(песча́ный)*
карье́р||а caréer; де́лать ~у make one's *(или* а) caréer; ~и́ст caréerist
каса́тельная *мат.* tángent
каса́ться 1. touch 2. *(упомина́ть о)* touch *(upon)* 3. *(име́ть отноше́ние)* concérn ◇ что каса́ется меня́ as far as I am concérned, for my part
ка́ска hélmet
ка́сса 1. bóoking-office *(билетная)*; cásh-desk *(в магази́не)*; bóx-office *(театра́льная)* 2.: ~ взаимопо́мощи mútual aid fund; ~-автома́т slót-machine
кассацио́нн||ый *юр.*: ~ суд Court of Appéal; ~ая жа́лоба compláint to the Court of Appéal
касса́ци||я *юр.* appéal; пода́ть на ~ю refér to the Court of Appéal
кассе́та *фото* cassétte
касси́р cashíer
ка́ста caste
касто́ров||ый: ~ое ма́сло cástor oil
кастр||а́ция castrátion, emasculátion; ~и́ровать castráte
кастрю́ля sáucepan, pot
катало́г cátalogue
ката́ние dríving; ~ верхо́м ríding; ~ на ло́дке bóating; ~ на конька́х skáting
ката́р catárrh
ката́ракта *мед.* cátaract
катастро́ф||а catástrophe; железнодоро́жная ~ ráilway áccident; ~и́ческий catastróphic
ката́ть 1. *(вози́ть)* drive, take for a

drive 2. *(что-л.)* см. кати́ть 3. *(раска́тывать)* roll out *(те́сто)*; ~ся go for a drive *(в автомоби́ле, экипа́же)*; ~ся на ло́дке go rówing; go bóating; ~ся на конька́х skate

катафа́лк hearse, bíer

категори́ческ||и *нареч.* categórically; ~ий categórical, explícit

катего́ри||я cátegory; пе́рвой ~и of the first cátegory

ка́тер *мор.* cútter; торпе́дный ~ torpédo-boat

ка́тет *мат.* cáthetus

кати́ть(ся) roll

като́д *физ.* cáthode; ~ный *физ.* cathódic

като́к *спорт.* skáting-rink; ле́тний ~ artificial íce-rink

като́лик (Róman) Cátholic

ка́тор||га pénal sérvitude, hard lábour; ~жа́нин *уст.* éx-cónvict; ~жник *уст.* cónvict; ~жный: ~жные рабо́ты *см.* ка́торга

кату́шка 1. bóbbin; spool *(текст.)* 2. *эл.* coil

каучу́к rúbber; ~оно́сы rúbber-bearing plants

кафе́ café; ~ самообслу́живания sélf-service cafetéria; ле́тнее ~ ópen-áir café

ка́федр||а (sub-)fáculty; заве́дующий ~ой филосо́фии hólder of the chair of philósophy

кача́||лка rócking-chair; ~ние swinging, rócking

кача́||ть 1. rock, swing; shake; ~ головой shake one's head 2. *(насосом)* pump ◇ ло́дку си́льно ~ло the boat was rólling *(или* pítching) héavily; ~ться 1. rock, swing 2. *(пошатываться)* stágger

каче́ли swing *sg.*

ка́чественный quálitative

ка́честв||о quálity; вы́сшего ~а best quálity; плохо́го ~а bad quálity; коли́чество перехо́дит в ~ quántity is transfórmed into quálity ◇ в ~e *(кого-л.)* in the capácity of, as

ка́чк||а tóssing; rólling *(боковая)*; pítching *(килевая)*; не переноси́ть ~и be a bad sáilor

качну́ть *см.* кача́ть; ~ся sway

ка́ш||а gruel; pórridge; *перен.* mess, jumble ◇ завари́ть ~у *разг.* make a mess; расхлёбывать ~у *разг.* put things right; c ним ~и не сва́ришь you can't get alóng with him; сапоги́ прося́т ~и boots are gáping at the toes

каш||ель cough; ~лять cough

кашне́ múffler, scarf

кашта́н chéstnut; ~овый chéstnut *attr.*

каю́та cábin; státe-room

ка́яться repént; он сам тепе́рь ка́ется he is now repéntant himsélf

квадра́т square; возводи́ть в ~ *мат.* square; ~ный square; ~ный ко́рень *мат.* square root; ~ное уравне́ние *мат.* quadrátic equátion

квак||ать, ~нуть croak

квалифи||ка́ция lével of profíciency, proféssional skill; qualificátion; повыше́ние ~ка́ции ráising the lével of one's skill; ~ци́рованный skilled; quálified; ~ци́рованный труд skilled lábour; ~ци́ровать evaluáte, éstimate

кварта́л 1. *(часть города)* block 2. *(четверть года)* quárter

кварте́т *муз.* quartét

кварти́р||а 1. flat; apártment *(амер.)*; lódgings *pl.*; ~ и стол board and lódging; она́ сдаёт ~y she lets lódgings, she takes lódgers 2. *мн.: ~ы воен.* quárters, billets; ~а́нт lódger; ~ный: ~ная пла́та rent

кварц quartz

квас kvass

квасцы́ álum *sg.*

ква́шеный sour; léavened

све́рху *нареч.* up, úpwards

квита́нция recéipt; бага́жная ~ ба́ggage check

кви́ты *разг.* quits

кво́рум quórum

ке́гли skittles

кедр cédar; ~о́вый cédar *attr.*; ~о́вый оре́х cédar nut

кекс cake

ке́лья cell

кем *тв. см.* кто; ~ вы рабо́таете? what is your occupátion?

кенгуру́ kangaróo

ке́пка cap

кера́м||ика cerámics; ~и́ческий cerámic

кероси́н paráffin, kérosene; ~ка óil-stove; ~овый paráffin *attr.*

кет||а́ Sibérian sálmon; ~о́вый: ~о́вая икра́ red cáviar(e)

кив||а́ть, ~ну́ть nod; ~ голово́й *(в знак согласия)* nod assént; ~ок nod

кида́ть(ся) *см.* ки́нуть(ся)

кий (billiard) cue

кило́ *см.* килогра́мм

килова́тт *эл.* kílowatt

килогра́мм kílogram(me)

киломе́тр kílometer
киль *мор.* keel
ки́лька sprat
кинематогра́фия cinematógraphy
кинжа́л dágger
кино́ cínema; móvies *pl.* *(амер.)*; píctures *pl.*; звуково́е ~ sóund-film; ~арти́ст film áctor; ~журна́л néws-reel; ~зри́тель fílm-goer; ~опера́тор cámeraman; ~режиссёр diréctor; ~сту́дия film stúdio; ~сцена́рий scenário, film script
кино‖съёмка fílming; ~теа́тр cínema; ~фильм film; ~хро́ника néws-reel
ки́нуть throw, cast; ~ся throw onesélf; ~ся бежа́ть dart off
кио́ск kíosk, booth; кни́жный ~ bóokstall
ки́па pile; stack *(бумаги)*; bale, pack *(хлопка)*
кипари́с cýpress
кипе́ние bóiling
кип‖е́ть boil; ~ ключо́м be on the boil ◇ рабо́та ~и́т work is in full swing, things are fáirly húmming
кипу́чий bóiling; *(неутомимый)* tíreless
кипя‖ти́льник immérsion héater; ~ти́ть boil; ~ти́ться be boiled; *перен.* be excited
кипя‖то́к bóiling wáter; ~чёный boiled
кирги́з Kirghíz; ~ский Kirghíz; ~ский язы́к Kirghíz, the Kirghíz lánguage
кирка́ píckaxe
кирпи́ч brick; ~ный brick *attr.*; ~ный заво́д brick works; ~ная кла́дка bríckwork
кисе́ль kissél
кисе́т tobácco-pouch
кислоро́д *хим.* óxygen; ~ный óxygenous
кислота́ *хим.* ácid
ки́слый sour ◇ ~ вид sour look, long face
ки́сточка brush; ~ для бритья́ sháving--brush
кисть 1. brush 2. *(винограда)* bunch 3. *(руки)* hand 4. *(украшение)* tássel
кит whale
кита́‖ец Chinése, Chínaman; ~йский Chinése; ~йский язы́к Chinése, the Chinése lánguage
кичи́ться *(чем-л.)* boast *(of)*, show off
кичли́в‖ость árrogance; ~ый árrogant
кише́ть throng; teem *(with)*
кише́чн‖ик *анат.* intéstines *pl.*; ~ый intéstinal

кишка́ *анат.* intéstine
кишми́ *нареч.*: ~ кише́ть *разг.* teem *(with)*
клавиату́ра kéyboard
кла́виш(а) key
клад tréasure
кла́дбище cémetery
кла́дка *тех.* láying; ка́менная ~ másonry
клад‖ова́я pántry; stóre-room *(для товаров)*; ~овщи́к stórekeeper
кла́няться 1. bow *(to, before)*; greet *(приветствовать)* 2. *(передавать привет)* send one's regárds 3. *(униженно просить)* húmbly beg
кла́пан valve
кларне́т *муз.* clárinet
класс I *полит.* class; рабо́чий ~ wórking class
класс II 1. *(подразделение)* class 2. *(в школе)* class, form; grade *(амер.)*; cláss--room *(комната)*
кла́ссик clássic
классифи‖ка́ция classificátion; ~ци́ровать clássify, class
класси́ческий clássical
кла́ссн‖ый: ~ая ко́мната schóol-room, cláss-room; ~ые заня́тия léssons; ~ая доска́ bláckboard
класть put; place *(помещать)* ◇ ~ я́йца *(о птице)* lay eggs; ~ под сукно́ put únder dust cóvers, shelve
клева́ть peck *(о птице)*; bite *(о рыбе)* ◇ ~ но́сом *разг.* nod
кле́вер clóver
клевет‖а́ slánder, líbel, cálumny; ~а́ть slánder, calúmniate; ~ни́к slánderer, calúmniator; ~ни́ческий slánderous, calúmnious
клеёнка óil-cloth
кле́ить glue; paste
кле́иться stick ◇ рабо́та не кле́ится the work is not gétting on
клей glue; paste *(мучной)*
кле́йкий stícky
клейми́ть brand; *перен. тж.* stígmatize
клеймо́ brand; фабри́чное ~ trade mark
клён maple
клепа́ть *тех.* rívet
клет‖ка 1. *(помещение)* cage 2. *(рисунок)* check; в ~ку checked; check *attr.* 3. *биол.* cell; ~очка *биол.* cell; ~чатка *биол.* céllular tíssue; ~чатый *(о материи)* chéckered
клешня́ claw, nípper
клещи́ pincers

клие́нт client, cústomer; ~ýра clientéle
кли́зма énema
кли́ка clique
кли́мат climate; ~и́ческий climátic
клин wedge
кли́ника hóspital
клино́к blade
клич call; боево́й ~ wár-cry
кли́чка álias; nickname *(человека)*; name *(животного)*
кло||к shred, piece; tuft, wisp *(волóс)*; разорва́ть в ~чья tear to shreds *(или pieces)*
клокота́ть boil, seethe, bubble óver
клон||и́ть 1. incline; bend 2. *перен.* drive *(at)*; к чему́ ты кло́нишь? what are you dríving at?; меня́ кло́нит ко сну I am sléepy; ~и́ться bend, incline; де́ло кло́нится к развя́зке mátters are móving towards a solútion; день ~и́лся к ве́черу évening was appróaching
клоп béd-bug
клоун clown
клочо́к scrap *(бума́ги)*; wisp *(сена)*; plot *(земли́)*
клуб I club
клуб II *(дыма и т. п.)* puff; ~ы́ пыли clouds of dust
клу́бень *бот.* túber
клуби́ться wreathe, curl
клубни́ка stráwberry
клубо́к ball; *перен.* tangle; ~ противоре́чий a welter of contradictions
клу́мба (flówer-)bed
клык fang; tusk *(слона, моржа и т. п.)*; cánine tooth *(у человека)*
клюв beak
клю́ква cránberry
клю́нуть *см.* клева́ть
ключ I key; *перен. тж.* clue
ключ II *муз.* key, clef
ключ III *(источник)* spring ◊ бить ~о́м be in full swing
ключи́ца *анат.* cóllar-bone, clávicle
клю́шка hóckey stick
кля́кса blot
кля́нчить *разг.* be for éver ásking for
кля́сться swear
кля́т||ва oath; ~венный on oath *(после сущ.)*; дать ~венное обеща́ние prómise on oath
кляу́з||а *разг.* cávil; ~ничать *разг.* cávil
кля́ча jade
кни́га book; ~ жа́лоб и предложе́ний compláints and suggéstion book

книгопеча́тание (book-)printing
книгохрани́лище library
книж||ка 1. *уменьш. от* кни́га 2. *(для записей)* nóte-book 3. *(документ)* book; пенсио́нная ~ pénsion card; чеко́вая ~ chéque-book; положи́ть де́ньги на ~ку *разг.* depósit móney at a sávings-bank; ~ный 1. book *attr.*; ~ный магази́н bóokshop; bóokstore *(амер.)* 2. *перен.* literary, bóokish
кни́зу *нареч.* dównwards
кно́пка 1. *(звонка и т. п.)* púsh-button 2. *(канцелярская)* dráwing-pin 3. *(на одежде)* préss-stud; snápper; snáp-fástener *(амер.)*
кнут whip
князь prince
ко *см.* к
коали́ция coalition
кобура́ hólster
кобы́ла mare
ко́ваный forged; hámmered
кова́р||ный perfidious, tréacherous; ~ство pérfidy, tréachery
кова́ть 1. forge 2. *(подковывать)* shoe ◊ куй желе́зо, пока́ горячо́ *посл.* strike while the iron is hot
ковёр cárpet; rug *(небольшой)*
кове́ркать distórt; *перен.* spoil
ко́вк||а 1. fórging 2. *(лошади)* shóeing; ~ий málleable
коври́жка hóney-cake
ковш scoop, búcket
ковы́ль féather-grass
ковыля́ть hobble, stump; toddle *(о ребёнке)*
ковыря́ть *разг.* 1. pick 2. *(делать неумело)* make a bad job of smth.; ~ся *разг.* mess abóut
когда́ *нареч.* when; ~ бы ни whenéver; ~-нибудь *нареч.* some time, some day *(в будущем)*; éver *(в прошлом)*; ~-то *нареч.* fórmerly, once
кого́ *рд., вн. см.* кто
ко́готь claw
ко́декс code; гражда́нский ~ civil code; уголо́вный ~ criminal code
ко́е-где́ *нареч.* here and there
ко́е-ка́к *нареч.* 1. *(небрежно)* ányhow 2. *(с трудом)* with difficulty
ко́е-како́й *мест.* some
ко́е-кто́ *мест.* sómebody; some péople *pl.*
ко́е-куда́ *нареч.* sómewhere
ко́е-что́ *мест.* sómething; a little *(немного)*

КОЖ КОЛ

ко́ж‖а 1. skin 2. *(материал)* léather ◇ из ~и лезть *разг.* lay onesélf out; ~аный léathern

кожéв‖енный léather-pròcessing; ~ заво́д tánnery; ~ник tánner

ко́жиц‖а 1. thin skin; ~ колбасы́ sáusage skin 2. *(плода)* peel; снима́ть ~у peel

кожура́ rind, peel

коз‖а́ shé-goat; ~ёл (billy-)goat; ~лёнок kid

ко́злы 1. *(экипажа)* coach-box *sg.* 2. *(подставка)* trestle *sg.*

ко́зни machinátions, intrígues; стро́ить ~ scheme

козырёк peak; vísor

козырну́ть *см.* козыря́ть

ко́зыр‖ь trump; ходи́ть ~ем lead *(или* play*)* a trump

козыря́ть *карт.* trump; *перен.* play one's trump card

ко́йка cot; bunk; berth *(корабельная)*

коке́т‖ка coquétte; ~ливый coquéttish; ~ничать coquét, flirt; ~ство coquétry, flirtátion

коклю́ш *мед.* (w)hóoping-còugh

коко́сов‖ый: ~ оре́х cóconut; ~ая па́льма cóconut trèe

кокс coke

кол stake ◇ ни ~а́ ни двора́ *разг.* néither house nor home, not a thing in the world

ко́лба *хим.* retórt

колбаса́ sáusage; варёная ~ boiled sáusage; копчёная ~ smoked sáusage; ли́верная ~ liver sáusage

колго́тки tights

колдовство́ witchcraft

колду́н wízard; ~ья witch

колеб‖а́ние 1. *физ.* oscillátion, vibrátion 2. *(изменение)* fluctuátion 3. *(нерешительность)* hesitátion; ~а́ть в *разн. знач.* shake; ~а́ться 1. *(о маятнике)* óscillate 2. *(о температуре)* flúctuate 3. *(не решаться)* hésitate

коле́н‖о 1. knee; стать на ~и kneel; по ~ knee-hígh; knee-déep 2. *тех.* bend

коле́нчатый: ~ вал cránk-shàft

колесни́ца cháriot

колесо́ wheel ◇ вставля́ть кому́-л. па́лки в колёса *разг.* put a spoke in smb.'s wheel

коле́чко ríng1et

кол‖ея́ 1. rut 2. *ж.-д.* line, track ◇ вы́битый из ~и́ off the rails, únsettled

коли́чественн‖ый quántitative; ~ое чисти́тельное cárdinal númber

коли́чество quántity; amóunt *(сумма)*; númber *(число)*

ко́лк‖ий *(колючий)* príckly; *перен.* stínging, bíting; ~ость stínging remárk

коллéга cólleague

колле́гия board; суде́йская ~ *спорт.* júdges *pl.*, board of referées

коллекти́в colléctive (bódy); group

коллективиза́ция collectivizátion

коллекти́вн‖ый colléctive; ~ое хозя́йство *(колхоз)* colléctive farm

коллекцион‖е́р colléctor; ~и́ровать collect

колле́кция colléction

коло́да I *(бревно)* log

коло́да II *(карт.)* pack

коло́дец well

коло́дка last ◇ о́рденская ~ médal ríbbon

ко́лок‖ол bell; уда́рить в ~ strike the bell; ~о́льня bélfry, bell tówer

колоко́льчик 1. bell 2. *бот.* blúebell

колониали́зм colónialism

колониа́льн‖ый colónial; ~ые стра́ны cólonies

колониза́ция colonizátion

колони́ст cólonist

коло́ния cólony

коло́нка 1. *(при ванне)* géyser; 2.: бензи́новая ~ filling státion

коло́нна в *разн. знач.* cólumn

колори́тный picturésque, vívid

ко́лос ear; ~и́ться form ears, be in the ear

колосники́ *тех.* fire-bars

колосса́льный enórmous, huge

колоти́ть beat; ~ в дверь bang on the door

коло́тый: ~ са́хар lump súgar

коло́ть I *(булавкой и т. п.)* prick; thrust, stab *(штыком)*; sting *(о колючке и т. п.)* ◇ ~ глаза́ кому́-л. be a thorn in smb.'s side *(или* flesh*)*

коло́ть II *(дрова)* chop; ~ са́хар break súgar; ~ оре́хи crack nuts

колпа́к cap; стекля́нный ~ béll-glàss ◇ держа́ть под стекля́нным ~о́м wrap in cótton wool, keep únder a glass case

колу́н axe

колхо́з (колле́ктивное хозя́йство) kolkhóz, colléctive farm; ~ник colléctive fàrmer; ~ный colléctive-farm *attr.*

колыбе́ль cradle ◇ с колыбе́ли from the cradle; ~ный: ~ная пе́сня lúllaby

98

колых||а́ть(ся), ~ну́ть(ся) sway; flicker *(о пламени)*
ко́лышек peg
кольну́ть *см.* коло́ть I
кольцево́й circular
кольцо́ ring
кольчу́га *ист.* chain mail
колю́ч||ий prickly; thorny *(имеющий шипы)*; ~ая про́волока barbed wire; ~ка thorn prickle
коля́ска carriage; де́тская ~ perambulator; pram *разг.*
ком lump; ball *(снега)*; clod *(земли)* ◊ пе́рвый блин ~ом one learns by one's mistakes, ≈ walk before you run
кома́нд||а 1. *(приказ)* command; по ~е at the command *(of)* 2. crew *(мор.)*; team *(спорт.)*
команди́р commander
команди́р||ова́ть send on an official journey *(или* trip); ~о́вка official journey, business trip
кома́ндн||ый commanding; ~ соста́в commanders *pl.*; ~ое пе́рвенство *спорт.* team's championship
кома́ндова||ние command; headquarters *pl.*; ~ть give orders, command
кома́ндующий commander
кома́р gnat, mosquito
комба́йн combine; ~ер combine driver *(или* operator)
комбин||а́т works, plant; ~ бытово́го обслу́живания everyday service centre, personal-service shop; ~а́ция 1. combination 2. *(бельё)* slip ◊ ло́вкая ~ crafty trick
комбинезо́н overalls *pl.*
комбини́ровать combine
коме́дия comedy; музыка́льная ~ musical comedy
коменда́||нт 1. *воен.* commandant; ~ го́рода town major 2. *(здания)* superintendent; ~ту́ра commandant's office; town-major's office
коме́та comet
ко́мик comic actor; comedian; *перен. разг.* humorist, wit
комисса́р 1. commissar 2. *(за границей)* commissioner
комиссариа́т commissariat
комиссио́нный: ~ магази́н commission shop
коми́ссия commission, committee of experts
комите́т committee; Центра́льный Комите́т Central Committee

коми́ч||еский comic; ~ный comical
ко́мкать crumple
коммент||а́рий commentary; ~и́ровать comment *(on, upon)*
комме́рческий commercial
комму́на commune; Пари́жская Комму́на *ист.* the Commune of Paris
коммуна́льн||ый communal; municipal; ~ое хозя́йство municipal economy; ~ые услу́ги public utilities
коммуна́р *ист.* Communard
коммуни́зм communism
коммуника́ция communication; *воен.* line of communication
коммуни́ст communist; ~и́ческий communist; коммунисти́ческая па́ртия Communist Party
коммута́тор switchboard; commutator
ко́мнат||а room; ~ный room *attr.*; ~ные цветы́ indoor plants
комо́д chest of drawers
комо́к lump; сверну́ться в ~ curl up in a ball ◊ ~ в го́рле ≈ a lump in the throat
компа́ктный compact; solid
компа́н||ия company; party; води́ть ~ию *разг.* consort *(with)*; состави́ть ~ию keep company
компаньо́н companion, partner
ко́мпас compass
компенс||а́ция compensation; ~и́ровать compensate *(for)*; recompense; make up *(for)*
компете́н||тный competent; ~ция competence; э́то не в мое́й ~ции I am not the competent authority; it's not up my street *разг.*
компиля́ция compilation
ко́мплекс complex; ~ неполноце́нности inferiority complex
компле́кт complete set; ~ белья́ set of underclothes; ~ова́ть collect sets *(of)*; supply *(снабжать)*; ~ова́ть полк bring a regiment up to strength
компле́кция build, (bodily) constitution
комплиме́нт compliment
компози́||тор composer; ~ция composition
компости́ровать *ж.-д.* punch
компо́т stewed fruit, compote
компре́сс compress; поста́вить согрева́ющий ~ apply a hot compress
компромети́ровать compromise
компроми́сс compromise; идти́ на ~ make a compromise

99

КОМ

комсомо́л Ко́msomol; ~ец, ~ка member of Ко́msomol
комсомо́льский Ко́msomol *attr.*; ~ биле́т Ко́msomol membership card, Ко́msomol card
кому́ *дт. см.* кто
комфо́рт cómfort; ~а́бельный cómfortable
конве́йер convéyor; ~ный convéyor *attr.*
конве́нция convéntion
конве́рт énvelope, cóver
конвои́ровать convóy, escórt
конво́й cónvoy, éscort, guard
конву́льсия convúlsion
конгре́сс cóngress; Всеми́рный Конгре́сс сторо́нников ми́ра World Peace Cóngress
конде́нс||а́тор *эл.* capácitor; ~а́ция condensátion; ~и́ровать condénse
конди́терск||ая báker's shop; ~ий: ~ие това́ры pástries, cakes
конду́ктор guard; condúctor
коневодство hórse-breeding
конёк (*излюбленный предмет разговора*) hóbby
кон||е́ц 1. (*в разн. знач.*) end 2. (*расстояние, путь*) distance, way; в оди́н ~ one way; в о́ба ~ца́ there and back ◇ положи́ть ~ put an end (*to*); вре́мя подхо́дит к ~цу́ time is néarly up; со всех ~цо́в све́та from évery córner of the world; своди́ть ~цы́ с ~ца́ми make both ends meet; па́лка о двух ~ца́х dóuble-édged wéapon; ~ — всему́ де́лу вене́ц *погов.* all's well that ends well; в ~це́ ~цо́в áfter all; finally, in the end
коне́чно of course, cértainly
коне́чности extrémities
коне́чн||ый final, términal; ~ая ста́нция términus ◇ в ~ом счёте últimately
кони́на hórseflesh
кони́ческий cónic
конкретизи́ровать give cóncrete expréssion (*to*)
конкре́тн||о *нареч.* specifically; ~ый specific, cóncrete
конкур||е́нт compétitor; ~е́нция competítion ◇ он вне ~е́нции nóbody can compéte with him; ~и́ровать compéte
ко́нкурс competítion; ~ный compétitive; ~ный экза́мен compétitive examinátion
ко́нница cávalry
ко́нный horse *attr.*; ~ заво́д stud
конопа́тить caulk

КОН

конопля́ hemp; ~ный hémpen; ~ное ма́сло hémpseed oil
консерв||ати́вный consérvative; ~ати́зм consérvatism; ~а́тор consérvative
консервато́рия consérvatoire
консерв||и́рование presérving (*of food*); ~и́ровать presérve, tin; can (*амер.*)
консе́рвн||ый: ~ая фа́брика tinned food fáctory; cánnery; ~ая ба́нка tin; can (*амер.*)
консе́рвы tinned food *sg.*; canned food *sg.* (*амер.*); овощны́е ~ tinned végetables; фрукто́вые ~ tinned fruit *sg.*
конси́лиум cónference of spécialist dóctors
конспе́кт súmmary; ~и́ровать súmmarize
конспир||ати́вный sécret; ~а́ция conspíracy
констати́ровать state, cértify
констит||уцио́нный constitútional; ~у́ция constitútion
констру́к||тор desígner; ~ция design, strúcture, constrúction
ко́нсул cónsul
ко́нсуль||ский cónsular; ~ство cónsulate; генера́льное ~ство cónsulate géneral
консульт||а́нт consúltant; ~а́ция 1. (*совет*) consultátion; получи́ть ~а́цию get an opínion 2. (*учреждение*) consúlting room; же́нская ~а́ция matérnity wélfare céntre (*или* clínic); ~и́ровать (*давать совет*) advíse (*on, about*); ~и́роваться consúlt
конта́кт cóntact; установи́ть ~ с кем-л. get in touch with smb.
конте́кст cóntext
континге́нт 1. quóta 2. (*группа, категория*) group; ~ студе́нтов увели́чился the quóta of stúdents has been incréased
контине́нт cóntinent, máinland
континента́льный continéntal
конто́р||а óffice; ~ский óffice *attr.*; ~ская кни́га *бухг.* lédger; ~щик clerk
контраба́нд||а cóntraband, smúggling; занима́ться ~ой smúggle; ~и́ст smúggler, cóntrabandist
контраба́с *муз.* dóuble-báss
контра́кт cóntract, agréement; ~а́ция contrácting; ~ова́ть contráct (*for*)
контра́ст cóntrast
контрата́ка cóunter-attáck
контрибу́ци||я contribútion; наложи́ть ~ю на кого́-л. lay smb. únder contribútion

контрнаступлéние cóunter-offénsive
контрол||**ёр** 1. contróller, inspéctor 2. *ж.-д., театр.* tícket-collèctor; **~и́ровать** contról, check up, inspéct
контрóль contról, check; **~** за кáчеством inspéction to check quálity; **~ный** contról *attr.*
контрразвéдка secúrity sérvice, sécret sérvice
контрревол||**юционéр** cóunter-revolutionary; **~юцио́нный** cóunter-revolutionary; **~ю́ция** cóunter-revolution
конту́||**женный** contúsed; **shéll-shocked**; **~зить** contúse; shéll-shock; **~зия** contúsion; shéll-shock
кóнтур cóntour
конурá kénnel; *перен. разг.* dóg-house *(амер.)*
кóнус *геом.* cone
конусообрáзный cónical
конферансьé compère
конферéнция cónference; ми́рная **~** peace cónference
конфéта sweet; cándy *(амер.)*
конфиденциáльн||**о** confidéntially; **~ый** confidéntial
конфиск||**áция** confiscátion; **~овáть** cónfiscate
конфли́кт cónflict
конфу́з discómfiture, embárrassment; **~ить** disconcért, embárrass, put smb. out; **~иться** be disconcérted, be embárrassed, be put out; **~ливый** báshful, shy
концéнтр||**ацио́нный** concentrátion *attr.;* **~** лáгерь concentrátion camp; **~áция** concentrátion; **~и́ровать** cóncentrate
концéпция concéption
концéрн *эк.* búsiness concérn
концéрт cóncert; вы бы́ли на **~е**? have you been to the cóncert?
концéссия concéssion
концóвка 1. *полигр.* táilpiece 2. conclúsion
кончáть(ся) *см.* **кóнчить(ся)**
кóнчик tip
кончи́на death, decéase; безврéменная **~** untímely death *(или* decéase)
кóнч||**ить** finish; **~** учéбное заведéние gráduate *(from);* **~** вуз gráduate from a higher school; **~** рабóту cease wórking; **~иться** end, finish, come to an end; be óver; expíre *(о сроке);* вáше врéмя **~илось** your time's up; всё **~илось** благополу́чно all énded well
конъюнкту́ра situátion, state of affáirs; полити́ческая **~** political situátion

конь 1. horse; steed *поэт.* 2. *шахм.* knight 3. *спорт.* váulting-horse
коньки́ skates; беговы́е **~** rácing skates
конькобéж||**ец** skáter; **~ный** skáting
конья́к cógnac, brándy
кóнюх groom, stábleman
коню́шня stable
кооперати́в co-óperative; **~ный** co-óperative
коопер||**áция** 1. *(сотрудничество)* co-operátion 2. *(общественная организáция)* co-óperative societies *pl.;* **~и́рование** co-operátion; **~и́ровать** co-óperate
коопт||**áция** co-optátion; **~и́ровать** co-ópt
координ||**áция** co-ordinátion; **~и́ровать** co-órdinate
копáть dig, dig up; **~ся** 1. *(рыться)* rúmmage 2. *(медлить)* dawdle
копéйка cópeck
копи́лка móney-box
копировáльн||**ый**: **~ая** бумáга cárbon páper
копи́р||**овать** cópy; imitate *(подражать);* **~овщик** cópyist
копи́ть save up
кóпи||**я** cópy; réplica *(картины);* снимáть **~ю** cópy, dúplicate, make a cópy
копнá rick, stack
кóпоть soot, lámpblack
копоши́ться 1. *(о насекомых)* swarm 2. *разг. (о человеке)* pótter *(about)*
коптéть smoke
коп||**ти́ть** smoke; **~чёный** smoked
копы́то hoof
копьё spear
корá 1. *(дерева)* bark 2. *(земная)* crust
корабéл *(судостроитель)* shipwright
кораблекрушéние shipwreck
кораблестроéние ship-building
корáбл||**ь** ship, véssel; воéнный **~** wárship; сади́ться на **~** go on board, embárk; на **~é** on board ◇ сжечь свои́ **~и́** burn one's boats
корáлл córal
кордóн *воен.* córdon
корé||**ец** Koreán; **~йский** Koreán; **~йский** язы́к Koreán, the Koreán lánguage
коренáстый thicksét, stócky
корен||**и́ться** root; **~нóй** rádical, fundaméntal ◇ **~нóй** жи́тель nátive, indigenous inhábitant, aboríginal; **~нóй** зуб mólar (tooth)
кóр||**ень** *(в разн. знач.)* root; выры-

КОР   КОС

вáть с ~нем upróot; erádicate *(тж. перен.)* ◇ в ~не fundaméntally, rádically; смотрéть в ~ get at the root *(of smth.)*; ~ зла root of all évil; пустúть ~ни take root
корешóк 1. *бот.* róotlet 2. *(книги)* back 3. *(чéка)* cóunterfoil
корзúн||а, ~ка básket
коридóр córridor
корифéй coryphǽus; léading fígure
корúца cínnamon
корúчневый brown
кóрка crust *(хлéба)*; rind *(сыра)*
корм fórage; fódder *(сухой)*
корм||á *мор.* stern; на ~é aft, at the stern; за ~óй astérn
кормúлец bréad-winner
кормúлица wét-nurse
кормúть 1. feed; ~ грýдью nurse 2. *(содержáть)* keep; ~ся live on; ~ся урóками make a líving by gíving léssons
кормов||óй fódder *attr.*; ~ые культýры fódder crops
кормýшка trough, mánger
кóрмчий hélmsman
корнев||óй root *attr.*; ~áя часть слóва root of the word; ~ые словá root words
корнеплóды róot-crops
корóбить warp; *перен.* shock; ~ся warp
корóбка box; ~ конфéт box of sweets
коров||а cow; ~ий cow *attr.*; ~ье мáсло bútter; ~ник ców-shed
королéв||а queen; ~ский róyal; ~ство kíngdom
корóль king *(тж. шáхм., карт.)*
коромýсло 1. yoke 2. *(у весóв)* beam
корóна crown
корóнк||а *(зýба)* crown; стáвить ~у на зуб crown a tooth
короновáть crown
коротáть: ~ врéмя *разг.* beguíle *(или while awáy)* the time
корóтк||ий short; ~ие вóлны *рáдио* short waves ◇ быть на ~ой ногé с кем-л. be on a fríendly *(или* íntimate*)* fóoting with smb.; ~ая пáмять short mémory; рýки кóротки! ≈ you'll néver make it!
корóтко *нареч.* bríefly, short; ~ говоря́ in short; изложúть ~ state bríefly
коротковолнóвый *рáдио* short-wave *attr.*
короткометрáжный: ~ фильм short film; a short *разг.*
корпéть *(над чем-л.) разг.* work hard *(at)*, sweat *(over)*; ~ над кнúгой pore óver a book

корпорáция corporátion
кóрпус 1. *(здáние)* búilding 2. *воен.* corps 3. *(тýловище)* bódy ◇ дипломатúческий ~ diplomátic corps
корректúровать corréct
коррéктный corréct
коррéкт||ор corréctor of the press, próof-reader; ~ýра proof, próof-sheet
корреспондéн||т correspóndent; ~ция correspóndence
коррóзия corrósion
коррýпция corrúption
корт *(тéннисный)* (ténnis-)court
кóртик dirk
кóрточк||и: сидéть на ~ах squat
корчевáть root out
кóрчить: ~ гримáсы make fáces; ~ из себя́ preténd to be, pose as
кóрчи||ться writhe; он ~ся от бóли he is writhing with pain
кóршун kite; vúlture
корыстный mércenary
корысто||любúвый sélf-ínterested; ~любие sélf-ínterest, cupídity
кóрысть 1. sélf-ínterest 2. *разг. (выгода)* prófit
корыт||о trough ◇ оказáться у разбúтого ~а find onesélf no whit the bétter
корь *мед.* measles *pl.*
корявый rough; cróoked; únéven *(о почерке)*
косá I *с.-х.* scythe
косá II *геогр.* spit
косá III *(волóс)* plait, tress, braid
косáрь *(тот, кто косит)* mówer, háymaker
кóсвенный indiréct; *грам. тж.* oblíque
косúлка *с.-х.* mówing-machine, mówer
кóсинус *мат.* cósine
косúть I *с.-х.* mow
косúть II *(о глазáх)* squint
косúться 1. *(поглядывать úскоса)* look askánce *(at)* 2. *(смотрéть недружелюбно)* look with an únfávourable eye *(upón)*
космáтый shággy
космéт||ика cosmétics *pl.*; ~úческий cosmétic; ~úческий кабинéт béauty párlour
космúческ||ий cósmic; ~ корáбль spácecraft; ~ая ракéта space rócket; ~ая стáнция space *(или* cósmic*)* státion
космодрóм cósmodrome
космонáвт cósmonaut, spáceman
космополúт cosmopólitan; ~úзм cosmopólit(an)ism

102

ко́смос cósmos, (óuter) space
ко́смы *разг.* dishévelled hair *sg.*
ко́сность stágnancy, inértness
косноязы́чный tóngue-tied
коснуться *см.* каса́ться
ко́сный stágnant, inért, slúggish
ко́со *нареч.* sídelong, aslánt
косогла́зие squint
косого́р declívity, slope
косо́й 1. slánting 2. *(о глаза́х)* squínting; *(о челове́ке)* squínt-eyed; ~ взгляд a scowl
косола́пый ín-toed; *перен.* clúmsy, áwkward
костёл (Pólish Róman-Cátholic) church
костёр camp fire; bónfire *(большо́й)*
кости́стый bóny
костля́вый ráw-boned
ко́сточка *(пло́да)* stone; seed
костыль crutch
кост||ь 1. bone 2. *мн.*: ~и *(игра́льные)* dice
костю́м cóstume; dress; *(мужско́й тж.)* suit; ~иро́ванный: ~иро́ванный бал fáncy-dréss ball
костя́к skéleton
костяно́й bone *attr.*; ívory *attr.* *(из слоно́вой ко́сти)*
косы́нка thrée-córnered kérchief, scarf
коса́к *(окна́, две́ри)* jamb
кот tóm-cát
кота́нгенс *мат.* cotángent
котёл bóiler
котело́к pot, kettle; méss-tin *(солда́тский)*
коте́льная bóiler-room, bóiler-house
котёнок kitten
ко́тик 1. *(живо́тное)* fúr-seal, sea bear 2. *(мех)* séalskin, seal; ~овый seal *attr.*, séalskin *attr.*
котле́та cútlet, chop *(отбивна́я)*
котлова́н excavátion
котлови́на hóllow
кото́мка knápsack
кото́рый *мест.* 1. относит. which *(об одуше́вл. и неодуше́вл. предм.)*; who *(о лю́дях)*; that *(с ограничит. знач.)* 2. вопросит. which, what, who; ~ раз? how mány times?, which time?; ~ час? what is the time?
ко́фе cóffee
кофе́йник cóffee-pot
ко́фта, ко́фточка blouse
коча́н head of cábbage
кочева́ть lead a nómad's life
коче́в||ник nómad; ~о́й nomádic

кочега́р stóker
кочене́ть stíffen, grow numb
кочерга́ póker
кочеры́жка cábbage stump
ко́чка híllock
коша́чий cat's, cátlike; féline
кошелёк purse
ко́шка cat
кошма́р nightmare; ~ный áwful, hórrible
кощу́нство blásphemy
коэффицие́нт coefficient; fáctor; ~ поле́зного де́йствия efficiency
краб crab
кра́деный stólen
краеве́дческий: ~ музе́й Museum of Lócal Lore
краеуго́льный: ~ ка́мень córner-stone
кра́жа theft; ~ со взло́мом búrglary
кра||й I bórder; edge; brim *(сосу́да)*; ли́ться через ~ brim óver ◇ из ~я в ~ from end to end; на ~ю све́та at the world's end; на ~ю ги́бели on the brink of ruin; слу́шать ~ем у́ха listen with half an ear
кра||й II *(страна́)* land; cóuntry; в на́ших ~я́х in our parts, in our part of the world
кра́йне *нареч.* extrémely; ~ необходи́мый úrgent; я ~ удивлён I'm útterly amázed
кра́йн||ий extréme ◇ по ~ей ме́ре at least; в ~ем слу́чае in the last resórt; ~ость extréme; extrémity; дойти́ до ~ости run to extrémes ◇ до ~ости to excéss
кран 1. *(водопрово́дный)* tap; fáucet *(амер.)* 2. *тех.* crane *(подъёмный)*
крапи́ва nettle
кра́пинк||а spot; в ~у spótted, dótted
крас||а́вец hándsome man; ~а́вица béautiful wóman, beauty
краси́вый béautiful, hándsome; fine *(изя́щный)*; prétty *(хоро́шенький)*
краси́л||ьня dýe-works; ~щик dýer
крас||и́ть cólour; paint; dye *(ткань, пря́жу, во́лосы)*; ~иться *разг.* make up one's face; ~ка 1. paint; dye *(для тка́ней)* 2. *(цвет, тон)* cólour
красне́ть 1. rédden, blush *(от стыда́ и т. п.)*; turn red 2. *(видне́ться)* show red
красноарм||е́ец Red Ármy man; ~е́йский Red Ármy *attr.*
красногварде́ец *ист.* Red Guard
краснознамённый décorated with the Órder of the Red Bánner

красно||речи́вый éloquent; ~ре́чие éloquence
краснощёкий réd-chéeked
кра́сн||ый red; ~ое зна́мя Red Bánner ◇ ~ое де́рево mahógany
красова́ться pose; show off
красота́ béauty
кра́сочный cólourful, picturésque
красть steal
кра́сться sneak, creep, steal
кра́сящ||ий: ~ие вещества́ dýe-stuffs
кра́тер cráter
кратко||вре́менный tránsitory; of short durátion, shórt-lived; ~сро́чный shórt-térm
кра́ткость brévity
крат||ное мат. múltiple; о́бщее наиме́ньшее ~ least cómmon múltiple; ~ный divísible
крах crash, fáilure
крахма́л starch; ~ить starch
крахма́льный starched
кра́шеный páinted, cóloured; dyed (о ткани, волосах)
краю́ха hunk of bread
креди́т crédit; покупа́ть в ~ buy on crédit; ~ный crédit attr.; ~ова́ние créditing; ~ова́ть crédit; ~о́р créditor
кредитоспосо́бный sólvent
крейс||ер crúiser; ~и́ровать cruise
крем cream; ~ для бритья́ sháving cream; ~ для о́буви shoe pólish
крем||ато́рий crematórium; ~а́ция cremátion
креме́нь flint
кремлёвский Krémlin attr.
Кремль Krémlin
кремнезём sílica
крем||ний хим. sílicon; ~ни́стый silíceous
кре́мовый (о цвете) créam-coloured
крен 1. мор. list 2. ав. bank; ~и́ть make heel; ~и́ться heel
креп crêpe; crape (траурный)
крепи́ть 1. stréngthen 2. prop; suppórt (горн.); reinfórce (тех.) 3. мор. reeve; ~ся take a hold on onesélf; я креплю́сь ско́лько могу́ I am hólding out (или béaring up) as best I can
креп||кий в разн. знач. strong; firm; robúst (здоровый); ~ сон sound sleep; ~ моро́з hard frost; ~ чай strong tea; ~ко нареч. stróngly; firmly; ~ко вы́ругаться swear fíercely; ~ко заду́маться fall into deep thought; ~ко поцелова́ть kiss wármly

крепле́ния: лы́жные ~ ski bínding sg.
кре́пнуть get stronger; перен. тж. get firmly estáblished
крепостни́чество ист. sérfdom
крепостн||о́й I ист. 1. прил. bond; serf attr.; ~о́е пра́во sérfdom 2. сущ. serf
крепостно́й II воен. fórtress attr.; ~ вал rámpart
кре́пость I воен. fórtress
кре́пость II (прочность, сила) strength; напи́ток ~ю до 20 гра́дусов a drink of 20 degrées proof
крепча́ть grow stronger; blow hárder (о ветре); increase in sevérity
кре́сло éasy chair, árm-chair; stall (в театре)
крест cross ◇ поста́вить ~ на чём-л. разг. give smth. up for good (или as a bad job)
крест-на́крест críss-cross, crósswise
крестья́н||ин péasant; ~ка péasant-woman; ~ский péasant attr.; ~ство péasantry
крива́я мат. curve
кривизна́ cúrvature
криви́ть: ~ душо́й speak against one's convíctions
кривля́||ка разг. afféctеd pérson; ~ние affectátion, pútting on airs; ~ться grimáce; give onesélf airs
крив||о́й 1. cróoked, curved; ~а́я ли́ния curve 2. разг. (одноглазый) óne-eyed
кривоно́гий bów-legged, bándy, bándy-legged
кривото́лки false rúmours
кри́зис crísis
крик shout, cry; call (призыв)
крикли́вый loud; перен. тж. gárish
крик||нуть см. крича́ть; ~у́н báwler
криминальный críminal
криста́лл crýstal
криста́льн||ый crýstal-clear; ~ая чистота́ crýstal púrity
крите́рий critérion
крит||ик crític; ~ика críticism; ~икова́ть críticize; ~и́ческий crítical
крича́||ть shout, cry; ~щий (бросающийся в глаза) loud, fláshy, stríking
кров shélter, home; лишённый ~a hómeless
крова́вый blóody
крова́ть bed
кро́вельн||ый: ~ое желе́зо róofing iron, sheet íron
кровено́сн||ый: ~ сосу́д blóod-vessel; ~ая систе́ма círculatory sýstem

КРО КРЮ К

кровинк‖а: ни ~и в лицé déathly pale

крóвля roof, róofing

крóвн‖ый 1. (*о родстве*) blood *attr.* **2.** (*о животных*) thóroughbred, blood, pédigree *attr.* **3.** (*об обиде и т. п.*) deep, grievous, mórtal; ~**ая обида** mórtal offénce ◇ **это ~ое дéло каждого** it is a mátter of close concérn to all

кровожáдный blóodthirsty

кровоизлияние háemorrhage

кровообращéние circulátion of the blood

кровоподтёк bruise

кровопролит‖ие blóodshed; **~ный** blóody

крово‖течéние bléeding; háemorrhage (*мед.*); **остановить ~** stop the bléeding; **~точить** bleed; **~харканье** spítting blood

кровь blood

кровян‖óй blood *attr.*; ~**ые шарики** blood córpuscles

кроить cut, cut out

крóйка cútting-out

крокéт cróquet

крокодил cródodile; ~**овы слёзы** crócodile tears

крóлик rábbit

кролиководство rábbit brééding

кроль (*стиль плавания*) crawl

крóме *предл.* excépt; ~ **тогó** besídes (that), moreóver

крóмка edge; sélvage (*ткани*); brim (*кружки*)

кромсáть *разг.* shred

крóна (*дерева*) top (*of a tree*)

кронштéйн *тех.* brácket, hólder

кропотлив‖ый labórious; (*о человеке тж.*) páinstaking; ~**ая** работа tédious work

крот 1. mole **2.** (*мех*) móleskin

крóт‖кий mild, meek, gentle; **~ость** mildness, méekness

крóха 1. crumb **2.** *мн.:* **крóхи** (*остатки*) léavings, remáins

крóхотный, крóшечный *разг.* tíny

крошить crumble

крóшк‖а 1. crumb; ни ~**и** not a bit **2.** (*о ребёнке*) little one

круг 1. *в разн. знач.* circle; **в семéйном ~ý** in the fámily circle **2.** (*знаний, интересов*) scope, sphere, range, reach; ~ **интерéсов** range of interests ◇ **на ~** *разг.* on the áverage

круглолиц‖ый róund-faced; chúbby

крýгл‖ый round ◇ ~ **год** all the year round; ~**ые сýтки** all day and night, round the clock

кругов‖óй círcular ◇ ~**ая порýка** group responsibility

кругозóр óutlook, horízon; **с ýзким ~ом** nárrow-mínded; **с широким ~ом** bróad-mínded

крýгом *нареч.:* **у меня головá идёт ~** my thoughts are in a whirl; my head spins

кругóм *нареч. и предл.* round; aróund (*вокруг*); **он ~ виновáт** it's his fault all the way through

кругооборóт circulátion

кругосвéтн‖ый róund-the-wórld *attr.;* ~**ое путешéствие** vóyage round the world

кружевнóй lace *attr.*, lácy

крýжево lace

кружить 1. whirl **2.** (*описывать круги*) circle **3.** (*плутать*) walk round in circles; **~ся** whirl, spin, go round ◇ **у меня крýжится головá** I feel giddy

крýжка mug; ~ **пива** glass of beer

кружóк 1. small disk **2.** (*группа людей*) circle, group

круп‖á céreals *pl.;* ~**инка,** ~**ица** grain

крýпн‖о *нареч.* large; ~ **писáть** write large ◇ ~ **поговорить** have it out, have words (with); ~**ый 1.** (*большой*) large; big; lárge-scale *attr.* (*большого масштаба*) **2.** (*выдающийся*) great; próminent

крупчáтка finest flour

крутизнá stéepness

крутить 1. (*вращать*) turn **2.** (*свёртывать*) roll up; roll (*сигарету*); **~ся** turn

крýто *нареч.* **1.** (*внезапно*) súddenly; abrúptly (*резко*) **2.** (*сурово*) stérnly

крут‖óй 1. (*обрывистый*) steep; ~ **поворóт** sharp turn **2.** (*внезапный*) súdden; abrúpt (*резкий*) **3.** (*суровый*) stern ◇ ~**ое яйцó** hárd-bóiled egg

крýча précipice

крушéние 1. áccident, wreck **2.** dównfall (*падение*); rúin (*гибель*)

крыжóвник góoseberry

крылáтый winged

крылó wing

крыльцó porch

крымский Criméan

крыса rat

крыть cóver; coat (*краской*); roof (*крышу*)

~ся: здесь что-то крóется there is smth. behind this

крыша roof

крышка cóver; lid

крюк 1. hook **2.** (*окольный путь*)

105

détour; сделать ~ *разг.* go a long way round
крючкова́тый hooked
крючо́к hook
кряж móuntain-ridge
кря́к||ать, ~нуть quack
кряхте́ть groan
ксёндз Pólish Cátholic priest
кста́ти *нареч.* **1.** *(уместно)* to the point, to the púrpose; at the same time *(заодно)*; Это бы́ло бы ~ that could come in hándy **2.** *(между прочим)* by the way; как, ~, его́ здоро́вье? by the way, how is he?; ~ об Этом... tálking abóut this...
кто *мест.* who; *косв.* whom; ~ Это? who is that?; тот, ~ he who; кому́ что нра́вится tastes díffer; ~ бы ни whoéver; **~-либо, ~-нибудь** sómebody; **~-то** sómeone, sómebody
куб I *мат.* cube
куб II *(котёл)* bóiler
ку́барем *нареч. разг.* head óver heels
кубату́ра vólume
ку́бик *(игрушка)* brick
куби́ческий cúbic
куб||о́к góblet, cup; ро́зыгрыш ~ка tóurnament
кубоме́тр cúbic métre
кувши́н jug; pítcher *(большой)*
кувыр||ка́ться tumble; **~ко́м** *нареч.* tópsy-túrvy
куда́ *нареч.* where; ~ идёт авто́бус? what's the route of the bus?; ~ бы ни wheréver ◇ ~ лу́чше much bétter; **~-либо, ~-нибудь, ~-то** sómewhere
куда́хтать cluck, cackle
ку́др||и curls; **~я́вый 1.** cúrly; cúrly--headed *(о человеке)*; búshy *(о дереве)* **2.** *(о стиле и т. п.)* flówery
кузне́ц blácksmith
кузне́чик grásshopper
кузне́чный: ~ мех béllows *pl.*
ку́зница forge, smíthy
ку́зов bódy
кукаре́кать crow
ку́кла doll
кукова́ть cúckoo
ку́колка *(насекомого)* chrýsalis
ку́кольный doll's; dóll-like; ~ теа́тр púppet-show
кукуру́за maize; corn *(амер.)*
куку́шка cúckoo
кула́к fist
кулёк páper bag
кули́к sándpiper

кулина́рн||ый cúlinary; ~ое иску́сство art of cóokery
кули́с||ы *театр.* wings; за ~ами behínd the scenes
кулуа́ры lóbby *sg.*
кульминацио́нный cúlminating, híghest
культ cult, wórship
культиви́ровать cúltivate
культма́сс||овый: ~ая рабо́та cúltural work amóng the másses
культрабо́та cúltural and educátion work
культу́ра I cúlture
культу́р||а II *с.-х.* cultivátion; техни́ческие ~ы indústrial crops
культу́рный 1. cúltural; cúltured *(о человеке)* **2.** *с.-х.* cúltivated
кума́ч red búnting
куми́р idol
кумовство́ *перен.* népotism
кумы́с kóumiss
куни́ца márten
купа́||льный báthing; ~ костю́м báthing suit; ~льня bath house; ~льщик báther; ~ние báthing; **~ть** bathe; **~ться** take a bath; bathe *(в реке и т. п.)*
купе́ compártment
купе́||ц mérchant; **~ческий** mérchant *attr.*; **~чество** *собир.* the mérchants *pl.*
купи́ть buy
купле́т cóuplet
ку́пля búying, púrchase
ку́пол dome
купо́н cóupon
купоро́с *хим.* vítriol
курга́н bárrow, túmulus
курд Kurd; **~ский** Kurd; **~ский** язы́к Kurd, the Kurd lánguage
кур||е́ние smóking; **~и́льщик** smóker
кури́ный hen's
кури́ть smoke; **~ся** *(о сигарете и т. п.)* burn
ку́рица 1. hen; fowl **2.** *(кушанье)* chícken
курно́сый snúb-nosed; ~ нос túrned-up nose
куро́к cock; взвести́ ~ cock the gun, raise the cock
куро́рт health resórt; spa *(с минера́льными во́дами)*
курс 1. *в разн. знач.* course; *перен. тж.* pólicy **2.** *(год обучения)* year; он на тре́тьем ~е he is in his third year **3.** *(валюты)* rate of exchánge ◇ быть в ~е be well infórmed abóut smth.; держа́ть кого́--л. в ~е keep smb. infórmed; кора́бль де́-

ржит ~ на юг the ship is stánding south (*или* sétting its course south)

курсáнт stúdent; mílitary cadét *(военный)*

курсив *полигр.* itálics *pl.*

курси́ровать ply (betwéen); парохо́д курси́рует от... до... the ship plies from... to...

ку́рсы cóurses; я слу́шаю ~ ...I'm dóing a course...

ку́ртка jácket

курча́вый cúrly; cúrlyheaded *(о человеке)*

курьёз cúrious thing; ~ный cúrious; fúnny

курьéр méssenger; cóurier

курьéрский: ~ поезд expréss train

куря́тник hén-house

куря́щ||ий *как сущ.* smóker; вагóн для ~их smóking-cárriage, smóker *разг.*

куса́ть bite; sting *(жалить)*; ~ся bite

кусковóй: ~ cáхар lump súgar

кус||óк piece, bit; scrap *(обрывок, обломок)*; lump *(сахара)*; slice *(тонкий ломтик)*; разбить на ~ки break in pieces, smash to bits; ~óчек bit; лáкомый ~óчек *разг.* títbit

куст bush, shrub

куста́рник búshes *pl.;* shrúbbery; заро́сший ~ом óvergrówn with shrubs

куста́рн||ый hánd-máde, hóme-máde; ~ая промы́шленность cóttage índustry; ~ые изделия hóme-máde goods

куста́рь hándicraftsman

ку́тать múffle up; ~ся wrap onesélf up

кутёж caróuse

кутерьма́ *разг.* bustle, disórder

кути́ть lead a díssipated life, caróuse

куха́рка cook

кух||ня 1. kítchen 2. *(стряпня)* cóokery; ~онный kítchen *attr.;* ~онная посу́да kitchen uténsils *pl.*

ку́цый 1. docked 2. *(об одежде)* short, míni; *перен.* scánty

куч||а heap, pile; навóзная ~ dúnghill; скла́дывать в ~у heap

ку́чер cóachman; dríver *(возница)*

ку́чка 1. small heap 2. *(группа людей)* small group

куша́к sash, girdle

ку́ша||нье food; dish *(блюдо)*; ~ть eat; ~йте, пожа́луйста, пиро́г please have some pie; почему́ вы не ~ете? why aren't you éating?

куше́тка couch

Л

лабири́нт lábyrinth

лабора́нт labóratory assístant

лаборато́рия labóratory

ла́ва láva

лави́на ávalanche

лави́ровать manóeuvre

ла́вка I *(скамейка)* bench

ла́вка II *(магазин)* shop; commissáriat, cantéen *(войсковая);* store *(амер.);* овощна́я ~ gréengrocery

ла́вочник shópkeeper

лавр láurel, bay

ла́вровый láurel *attr.*, bay; ~ венóк láurel wreath

ла́герный camp *attr.;* ~ сбор ánnual camp

ла́г||ерь camp; жить в ~еря́х camp (out)

лад: запе́ть на другóй ~ sing anóther tune; жить в ~у́ get on *(with);* они́ не в ~а́х they don't get on; на нóвый ~ in a new way; на ста́рый ~ in the old mánner; де́ло идёт на ~ things are beginning to tick; де́ло не идёт на ~ things won't get góing

ла́дан íncense ◇ дыша́ть на ~ have one foot in the grave

ла́д||ить *разг.* get on togéther; они́ не ~ят they don't get on; ~иться *разг.:* де́ло не ~ится things aren't *(или* are not) góing well; nóthing goes right

ла́дно *нареч. разг.* well, all right

ладо́нь palm

ладо́ши: хло́пать в ~ clap one's hands

ладья́ *шахм.* rook, castle

лазаре́т sick quárters *pl.;* field--ambulance *(полевой)*

лаз||ать *см.* ла́зить; ~ейка lóop-hole

ла́зить climb

лазу́рный, лазу́рь ázure

лазу́тчик spy

лай bárk(ing)

ла́йка I *(собака)* Éskimo dog, húsky

ла́йк||а II *(кожа)* kid; ~овый kid *attr.;* ~овые перча́тки kid-gloves

лак várnish; lácquer; ~ для ногте́й nail várnish

лака́ть lap

лаке́й fóotman; *перен.* láckey, flúnkey; ~ский *перен.* sérvile

лакиро́в||анный várnished; ~анная ко́жа pátent léather; ~а́ть várnish

ла́кмусов||ый: ~ая бума́га lítmus-páper

ла́ковый várnished, lácquered

ла́ком||**иться** regále (on); **~ка** góurmand; **~ство** dáinties pl., délicacies pl.; **~ый** dáinty

лакони́чный lacónic

ла́мп||**а** lamp; *ра́дио* valve; **~** дневно́го све́та fluoréscent (*или* dáylight) bulb; **~очка** bulb (*электри́ческая*); **~очка** перегоре́ла the bulb has fused

ландша́фт lándscape

ла́ндыш líly of the válley

лань doe

лап||**а** paw ◇ попа́сть в **~ы** к кому́-л. fall into smb.'s clútches

ла́поть bast shoe

лапша́ noodles pl.; кури́ная **~** chicken soup with noodles

ларёк stall

ла́ска caréss; kíndness (*доброта́*)

ласка́тельн||**ый** caréssing; **~ое** и́мя pet name

ласка́ть caréss; pet (*балова́ть*); **~ся** fondle; fawn (*upon*; *о соба́ке и т. п.*)

ла́сковый ténder, afféctionate; caréssing (*ласка́ющий*)

ла́стик (*для стира́ния*) índia-rúbber, eráser

ла́сточка swállow

латви́йский Látvian

лати́нский Látin

лату́нь brass

латы́нь Látin

латы́ш Lett; **~ский** Léttish; **~ский** язы́к Léttish, the Léttish lánguage

лауреа́т láureate; **~** Но́белевской пре́мии the Nóbel Prize láureate

лафе́т *воен.* gún-carriage

лачу́га hut

ла́ять bark

лгать lie

лгун líar

лебеди́н||**ый** swan attr. ◇ **~ая** пе́сня swan song

лебёдка *тех.* winch

ле́бедь swan

лебези́ть (*пе́ред*) fawn (*on*)

лев líon

левко́й stock

левша́ léft-hánded pérson, léft-hander

лёв||**ый** I left, léft-hand ◇ встать с **~ой** ноги́ *разг.* get out of bed on the wrong side

ле́вый II *полит.* left, léft-wing attr.

лега́в||**ый**: **~ая** соба́ка póinter

лега́льный légal

леге́нд||**а** légend; **~а́рный** légendary

легио́н légion

лёг||**кий** 1. *прям., перен.* light; **~** за́втрак light mórning meal; **~кая** похо́дка light step 2. (*нетру́дный*) éasy 3. (*незначи́тельный*) slight; **~кая** просту́да slight cold ◇ **~кая** атле́тика *спорт.* track and field sports pl.; **~кое** чте́ние *разг.* light réading; у него́ **~кая** рука́ *разг.* he has a light (*или* a háppy) touch; с ва́шей **~кой** руки́ with your light (*или* háppy) touch

легко́ 1. *нареч.* lightly; éasily 2. *предик. безл.* it is éasy

легкоатле́т (track and field) áthlete

легкове́рный crédulous

легкове́сный light

легково́й: **~** автомоби́ль (mótor-)car

лёгкое *анат.* lung

легкомы́с||**ленный** lightmínded, frívolous (*о челове́ке*); cáreless (*о посту́пке*); irrespónsible (*об отноше́нии*); **~лие** flíppancy, frivólity, lévity

лёгкость 1. (*по ве́су*) lightness 2. (*нетру́дность*) éasiness

лёгочный *мед.* púlmonary; **~** больно́й lung pátient

ле́гче *сравнит. ст. см.* лёгкий *и* легко́

лёд ice; сухо́й **~** artifícial ice; поста́вить на **~** put on ice

ледене́ть freeze; becóme numb with cold (*коченеть*)

ледене́ц frúit-drop

леденя́щий ícy, chílling

ле́дник íce-house; íce-box (*комнатный; амер.*)

ледни́к *геогр.* glácier; **~овый** glácial; **~овый** пери́од *геол.* íce-age

ледоко́л íce-breaker

ледохо́д flóating of ice

ледян||**о́й** *прям., перен.* ícy; **~о́е** по́ле *спорт.* íce-rínk

леж||**а́ть** 1. lie 2. (*находи́ться*) be; be situated (*быть располо́женным*); где лежа́т газе́ты? where are the néwspapers? ◇ на нём **~и́т** отве́тственность за... he is respónsible for...; на ней **~и́т** всё хозя́йство she has all the hóusekeeping on her hands; **~а́чий** recúmbent

ле́звие edge, blade; **~** для безопа́сной бри́твы sáfety rázor blade

лезть I 1. (*взбира́ться*) climb; (*влеза́ть*) get (*into*) 2. *разг.* (*вме́шиваться*) meddle (*in, with*); intrúde (*upon*; *надоеда́ть*)

лезть II (*о волоса́х*) fall out, come out

лейбори́ст Lábourite

ле́йка wátering-can

лейтенант liеuténant; **младший ~** júnior liеuténant; **старший ~** sénior liеuténant
лекарст||**венный** medícinal; **~венное растéние** herb; **~во** médicine, drug
лéксика vocábulary
лексикон vocábulary; **у него бéдный ~** he has a poor word-stock (или vocábulary)
лéктор lécturer
лéкция lécture
лелéять chérish
лéмех с.-х. plóughshare
лён flax
ленивый lázy
лениться be lázy
лéнта ríbbon; band (на шляпе); tape
лентяй lázy féllow; lázy-bones разг.
лентяйничать разг. be idle
лень láziness; **ей ~ встать** she is too lázy to move
леопард léopard
лепесток pétal
лéпет babble; **~áть** babble
лепёшка 1. flat round cake 2. (лекарственная) táblet, lózenge
лепить módel, scúlpture
лéп||**ка** módelling; **~ной** pláster attr.; **~ное украшéние** stúcco móulding
лес 1. fórest; wood 2. (материал) tímber
леса I (на стройке) scáffold(ing) sg.
леса II рыб. fishing-line
лесистый wóoded
лесник fórest guard
лесни́ч||**ество** fórestry; **~ий** fórester
лесной 1. fórest attr. 2. (о материале) tímber attr.; lúmber attr. (амер.)
лесо||**водство** fórestry; **~заготовки** tímber félling (или cútting) sg.
лесозащитн||**ый:** **~ые полосы** fórest shélter belts
лесонасаждéние afforestátion
лесо||**пильня** sáwmill; **~промышленность** tímber índustry; **~разработки** fórest exploitátion sg.; **~руб** wóodcutter; **~сплав** tímber ráfting; **~степь** fórest-stéppe
лéстница stáircase; stairs pl.; ládder (приставная); **пожарная ~** fire-escape; **чёрная ~** báckstairs pl.; **спускаться по ~e** go dównstairs
лéстный fláttering
лесть fláttery; **тонкая ~** súbtle fláttery
лёт: **на лету** in the air; **схватывать на лету** be véry quick in the úptake
летá (возраст) years; age sg.; **сколько ему лет?** how old is he?; **ему десять лет** he is ten years old, he is ten; **на старости лет** in one's old age
летáтельный flýing
летáть, летéть fly
лéтний súmmer attr.
лёт||**ный** flýing; **~ая погода** flýing wéather
лéто súmmer; **~м** нареч. in súmmer
лéтопись chrónicle; ánnals pl.
летоисчислéние chronólogy, éra
лету́ч||**ий** 1. flýing 2. хим. vólatile ◊ **~ая мышь** bat
летучка 1. (листовка) léaflet 2. (совещание) bríefing
лётчик pílot; **~-истребитель** fíghter-pílot; **~-наблюдатель** obsérver-pílot
лечéб||**ница** spécializing hóspital; **~ный** médical, therapéutic
леч||**éние** (médical) tréatment; cure; **~и́ть** treat; **~и́ть от болéзни** treat for an illness; **~и́ться** undergó a cure; **где вы лéчитесь?** what clínic do you atténd?; **у кого́ вы лéчитесь?** who is your dóctor?
лечь lie down; go to bed (пойти спать); turn in разг.; **~ в больни́цу** go to hóspital
лещ bream
лжесвидéтель, ~ница false witness, pérjurer
лжец líar
лжи́вый lýing, false
ли 1. вопросит. частица переводится вопросит. оборотом: **знаешь ли ты это?** do you know this? 2. союз (косвенно-вопросит.) whéther, if; **я не знаю, дома ли он** I don't know whéther he is at home
либер||**ализм** líberalism; **~альный** líberal
ли́бо союз or; **ли́бо... ли́бо...** éither... or...
ли́вень héavy shówer, dównpour
ли́га league
ли́дер léader
лиз||**áть, ~нуть** lick
ликвид||**ация** liquidátion; eliminátion; abolítion; **~и́ровать** líquidate; elíminate; abólish
лик||**ование** exultátion, tríumph; **~áть** exúlt, tríumph
ли́лия lily
лиловый violet
лими́т límit; **~и́ровать** límit
лимон lémon ◊ **(как) выжатый ~** ≈ (he is) fágged out (или done up)
лимонад lémonade, lémon squash

лимо́нн||ый lémon *attr.*; ~ая кислота́ cítric ácid; ~ое де́рево lémon tree
ли́мфа *физиол.* lymph; ~ти́ческий lymphátic
лингви́ст línguist; ~и́ческий linguístic
лине́йка 1. rúler; счётная ~ slíde-rule 2. *(линия)* line; ла́герная ~ róll-call
лине́йн||ый: ~ые ме́ры línear measures; ~ кора́бль báttle-ship
ли́нза lens
ли́ни||я *в разн. знач.* line; крива́я ~ curve; проводи́ть ~ю draw a line; *перен.* cárry out a pólicy; ~ метро́ métro line
лино́в||анный lined, ruled; ~а́ть rule
лин||ю́чий fádable, not fast; ~я́ть 1. fade; run *(в воде)* 2. *(о животных)* shed hair, cast the coat; moult *(о птицах)*
ли́па líme-tree
ли́п||кий stícky; ~нуть stick
ли́повый lime *attr.*
ли́ра lyre
ли́р||ика lýric póetry; ~и́ческий 1. *(о жанре)* lýric 2. *(о настроении и т. п.)* lýrical
лис||а́, ~и́ца fox
лист I *(мн.* ~ья*)* leaf
лист II *(мн.* ~ы́*)* sheet; leaf
листва́ fóliage
ли́ственный léaf-bearing; ~ лес decíduous fórest
листо́вка léaflet
листов||о́й: ~ое желе́зо sheet iron
листопа́д fall of the leaves
лите́й||ная fóundry; ~ный: ~ный заво́д fóundry; ~щик fóundryman
литера́т||ор man of létters; ~у́ра líterature; худо́жественная ~у́ра fiction, bélles-léttres; ~у́рный líterary
литературове́д spécialist in líterature; ~ение hístory and críticism of líterature
лито́в||ец Lithuánian; ~ский язы́к Lithuánian, the Lithuánian lánguage
литогра́фия lithógraphy
лит||о́й cast; ~а́я сталь cast steel
литр lítre
лить 1. pour; shed *(слёзы, кровь)* 2. *(течь):* дождь льёт как из ведра́ the rain is cóming down in búckets; пот льёт с него́ гра́дом he is póuring with sweat, sweat is póuring off him 3. *тех.* cast, found
литьё *тех.* cásting
ли́ться pour, flow
лифт lift; élevator *(амер.);* подни́мемся на ~e let's take the lift; ~ёр lift boy, lift óperator; élevator boy *(амер.)*

ли́фчик brassiére, bra *разг.*
лиха́ч dáredevil dríver
лихо́й I *(удалой)* dáshing
лихо́й II *(злой)* évil ◇ лиха́ беда́ нача́ло *погов.* the first step is the worst
лихора́д||ка féver; ~очный féverish
лицев||о́й: ~а́я сторона́ right side *(материи);* façáde *(здания)*
лицеме́р hýpocrite; ~ие hypócrisy; ~ный hypocrítical
лице́нзия *эк.* lícence
лиц||о́ 1. face 2. *(человек)* pérson; де́йствующее ~ cháracter; в ~е́ кого́-л. in the pérson of smb. 3. *(материи)* right side 4. *грам.* pérson ◇ измени́ться в ~е́ change expréssion *(или* cólour)*;* э́то вам к ~у́ this suits you, this becómes you; знать в ~ know by sight; показа́ть това́р ~о́м display to advántage; на нём ~а́ нет he looks áwful; ~о́м в грязь не уда́рить rise to the occásion; невзира́я на ~а without respéct of pérsons
личи́на mask, guise
личи́нка lárva
ли́чно *нареч.* pérsonally
ли́чн||ость personálity; ~ый pérsonal; ~ый соста́в personnél; mémbers *pl.*
лиша́й 1. *бот.* líchen 2. *мед.* hérpes
лиша́ть(ся) *см.* лиши́ть(ся)
лише́н||ие 1. deprivátion; ~ прав *юр.* loss of cívil right 2. *мн.:* ~ия privátions; терпе́ть ~ия súffer hárdship; have a rough time *разг.*
лиши́ть deprive *(of);* ~ себя́ жи́зни take one's own life; ~ся lose; ~ся чувств faint
ли́шн||ий supérfluous; unnécessary *(ненужный);* spare *(запасной);* нет ли у вас ~его карандаша́? have you an éxtra péncil?; мне ничего́ не сто́ит ~ раз съе́здить туда́ an éxtra run or two means nóthing to me
лишь I *нареч. (только)* ónly; ~ бы if ónly
лишь II *союз (как только)* as soon as, no sóoner than
лоб fórehead; ~ный *анат.* fróntal
лови́ть catch; ~ ры́бу fish ◇ ~ ка́ждое сло́во hang on smb.'s words *(или* évery word)*;* ~ моме́нт seize the móment; ~ кого́-л. на сло́ве take smb. at his word
ло́вк||ий adróit; ~ость adróitness
ло́вля cátching; ры́бная ~ físhing
лову́шк||а a snare, trap; пойма́ть в ~у ensnáre, entráp
логари́фм *мат.* lógarithm

ло́г||ика lógic; ~и́ческий, ~и́чный lógical
ло́говище lair, den
ло́д||ка boat; ~очник bóatman
ло́дырь *разг.* ídler, lóafer
ло́ж||а *театр.* box; места́ в ~e seats in a box
ложби́на hóllow
ло́же couch
ложи́ться *см.* лечь
ло́жка spoon; ча́йная ~ téa-spoon; разли́вательная ~ ladle
ло́жный false
ложь lie, fálsehood ◊ свята́я ~ white lie
лоза́ *(виноградная)* vine
ло́зунг slógan; *(девиз)* mótto
лока́ут lóck-óut
локомоти́в lócomotive
ло́кон lock, curl
ло́коть élbow
лом 1. *(инструмент)* crów-bar 2. *собир.* *(металлический)* scrap; ~аный bróken
лома́ть break ◊ ~ себе́ го́лову над чем-л. rack one's brains óver smth.; ~ся *(кривляться) разг.* play the fool; be extrémely affécted
ломба́рд páwnshop
ломи́ть *безл.:* у него́ ло́мит ко́сти his bones ache
ломи́ться: ~ в откры́тую дверь knock at an ópen door; по́лки ло́мятся от книг the shelves are bénding únder the weight of books
ло́мк||а bréaking; ~ий brittle, frágile
ломов||о́й: ~ изво́зчик cárter; ~а́я ло́шадь cárt-horse
ломо́та rheumátic pain
ломо́ть hunk, chunk
ло́мтик slice
лон||о *уст.* bósom, lap ◊ на ~е приро́ды in the ópen air
ло́пасть blade
лопа́та spade; *shóvel (совковая)*
лопа́тк||а 1. *анат.* shóulder-blade; положи́ть на о́бе ~и *спорт.* throw (in wrestling) 2. *тех.* blade
лоп||а́ться, ~нуть burst; split *(треснуть);* моё терпе́ние ~нуло *разг.* my pátience is exháusted
лопу́х búrdock
лорд lord
лоск lústre; pólish; gloss *(тж. перен.)*
лоску́т rag, shred
лосни́ться be glóssy, shine, glísten
лососи́на sálmon
лось elk
лот *мор.* lead
лотере́я lóttery, raffle
лото́ lótto
лото́к (háwker's) tray
лото́чник háwker, pédlar, stréet-vendor
лоха́нка, лоха́нь tub
лохма́тый shággy; dishévelled *(растрёпанный)*
лохмо́тья rags
ло́цман *мор.* pílot
лошади́||ный horse *attr.;* ~ая си́ла *mex.* hórse-power *(сокр.* h. p.) ◊ ~ая до́за huge dose
ло́шадь horse
лощёный pólished; glóssy *(тж. перен.)*
лощи́на dell
лоя́льн||ость lóyalty; ~ый lóyal
лубо́к I *мед.* splint
лубо́к II *(картинка)* cheap print
луг méadow
луди́ть tin
лу́ж||а puddle, pool ◊ сесть в ~y get into a mess
лужа́йка lawn
лу́з||а pócket; загна́ть шар в ~y pócket a ball
лук I ónion; зелёный ~ spring ónions *pl.*
лук II *(оружие)* bow
лука́в||ить be cúnning; ~ство slýness, árchness; ~ый sly; cúnning *(хитрый)*
лу́ковица 1. ónion 2. *(цветочная)* bulb
луна́ moon
луна́тик sléep-walker
лу́нка hole
лу́нн||ый lúnar; ~ая ночь móonlit night; ~ая пове́рхность moon's súrface; ~ое затме́ние lúnar eclípse
луноход Lunokhód, Mooncar
лу́па mágnifying glass
лупи́ться peel; *(о краске, штукатурке тж.)* peel off, come off
луч ray; beam
лучев||о́й rádial ◊ ~ая боле́знь radiátion sickness
лучеза́рный rádiant
лучеиспуска́ние *физ.* radiátion
лучи́на spill, splínter
лучи́стый *прям., перен.* rádiant
лу́чше 1. bétter; тем ~ so much the bétter; ~ всего́ best of all; мне тепе́рь ~ I am bétter now 2. *предик. безл.* it is bétter; ~ оста́ться здесь it is bétter to stay here
лу́чш||ий bétter; best; choice *(отбо́рный);* в ~ем слу́чае at best; за неиме́ни-

ем ~его for want of smth. better; всего ~его! all the best!

лущи́ть shell, husk

лыж||а ski; snow-shoe; ~ник skier; ~ный ski *attr.*; ~ный спорт skiing; ~ный костю́м skiing outfit; ~ня ski track

лы́ко bast, bass

лысе́ть grow bald

лы́с||ина bald patch (*или* spot); ~ый bald

льви́||ный lion's; ~ца lioness

льго́т||а privilege, advantage; ~ный favourable, reduced (*более дешёвый*); ~ные усло́вия favourable terms; easy payment terms (*о плате*)

льди́на block of ice, ice-floe

льно||во́дство cultivation of flax; ~пряде́ние flax-spinning; ~пряди́льня flax-mill

льнуть (*к кому-л.*) cling (*to*), stick (*to*)

льня́н||о́й flaxen; linen (*о материи*); ~ое ма́сло linseed-oil

льст||е́ц flatterer; ~и́вый flattering; ~ить flatter ◇ ~ить себя́ наде́ждой flatter oneself with hope

любе́зн||ость courtesy; kindness (*одолжение*); сде́лать ~ do a favour; говори́ть ~ости pay compliments (*to*); ~ый amiable, kind, obliging; polite; бу́дьте ~ы... be so kind as...

люби́м||ец pet, favourite; ~ый beloved; favourite (*предпочитаемый*); ~ый а́втор favourite author

люби́тель 1. lover 2. (*дилетант*) amateur; ~ский amateur *attr.*; ~ский спекта́кль amateur performance

люби́ть love; like, be fond (*of; нравиться*); люби́те ли вы му́зыку? do you like music?; ~ чита́ть be fond of reading

любова́ться admire

люб||о́вник lover; ~о́вница mistress; ~о́вный love *attr.*; loving (*любящий*); ~о́вный взгляд amorous glance; ~о́вное отноше́ние loving care

любо́вь love; ~ к де́тям love of children; ~ к ро́дине love for one's country

любозна́тельн||ость inquisitiveness; ~ый curious, inquisitive; быть ~ым have an inquiring mind

любо́||й 1. any; в ~е вре́мя at any time 2. *как сущ.* anyone; either (*из двух*)

любопы́т||ный curious; ~ное собы́тие curious incident; ~ство curiosity

лю́бящий loving; affectionate; ~ Вас yours affectionately (*подпись в письмах*)

лю́ди people; men; ~ до́брой во́ли people of good will

людн||ый 1. crowded; ~ая у́лица crowded street 2. (*густонаселённый*) populous

людое́д cannibal; ogre (*в сказках*); ~ство cannibalism

людско́й human

люк hatch

лю́лька (*колыбель*) cradle

лю́стра chandelier

лю́тик buttercup

лютня lute

лю́тый 1. fierce; cruel 2. (*сильный*) severe; ~ моро́з severe frost

ля *муз.* A; la

ляга́ть(ся) kick

лягну́ть *см.* ляга́ть

лягу́шка frog

ля́жка thigh, haunch

ля́зга||ть: он ~ет зуба́ми his teeth are chattering

лямк||а a strap ◇ тяну́ть ~у *разг.* drudge, toil

ля́пис silver nitrate; lunar caustic (*палочка*)

ля́псус blunder

М

мавзоле́й mausoleum

магази́н shop; store (*амер.*); ~ гото́вого пла́тья ready-made clothes shop; ме́бельный ~ furniture shop

магистра́ль main road; *ж.-д.* main line; га́зовая ~ gas main; во́дная ~ main waterway

маги́ческий magic

магна́т magnate

магне́то *тех.* magneto

ма́гний *хим.* magnesium

магни́т magnet; ~ный magnetic; ~ная стре́лка magnetic needle

магно́лия magnolia

магомета́нство Mohammedanism

мажо́р *муз.* major key

ма́зать 1. (*смазывать*) oil; spread; ~ ма́слом butter 2. (*пачкать*) soil; ~ся (be) smear oneself

мазня́ *разг.* daub

мазо́к 1. *жив.* touch 2. *мед.* smear

мазу́т *тех.* black mineral oil

маз||ь ointment; сапо́жная ~, ~ для о́буви blacking, shoe polish ◇ де́ло на ~и *разг.* things are off to a good start, things are well únder way

ма||**й** May; Пéрвое ~я May Day, the First of May

мáйка fóotball shirt; games shirt (*амер.*)

майóр májor

мáйский May *attr.*; Máy-Day *attr.* (*о празднике*) ◇ ~ жук cóckchafer

мак póppy

макарóны macaróni

макáть dip

макéт módel, móck-úp

максимáльный máximum *attr.*

мáксимум máximum; at most

макýшка 1. (*головы*) crown 2. (*дерева*) top

мал: это пальтó мне ~ó this coat is too small for me; от ~а до велика young and old; ~ золотник, да дóрог ≈ little bódies may have great souls

малéц Maláyan

малáйский Maláy, Maláyan; ~ язык Maláy, the Maláyan lánguage

малéйш||**ий** least, slíghtest; ни ~его сомнéния not the slíghtest doubt

мáленький little, small

малин||**а** ráspberry; ~овый 1. ráspberry *attr.* 2. (*цвет*) crímson

мáло little (*с сущ. в ед.*); few (*с сущ. во мн.*); not much, not enóugh (*недостáточно*) ◇ ~ тогó moreóver; ~ ли что мóжет случиться ánything may háppen; им и гóря ~ they don't care a bit

маловáжный únimpórtant, insignificant

маловáт a little too small; ~о *нареч.* bárely sufficient, not quite enóugh

маловероятный impróbable

маловóдный (*о реке*) shállow

малогрáмотный hálf-éducated; sémi-literate

малодýш||**ие** fáint-héartedness, cówardice; ~ный cówardly, fáint-héarted

малоизвéстный little known

малоимýщий poor

малокрóв||**ие** anáemia; ~ный anáemic

малолéтний véry young, of ténder years; ~ вóзраст ténder age; ~ престýпник júvenile delínquent

малолитрáжный: ~ автомобиль a míni (car), a car with low pétrol consúmption

малолюдный 1. (*малонаселённый*) thinly pópulated 2. (*малопосещáемый*) únfrequénted; póorly atténded (*о собрáнии и т. п.*)

мáло-мáльски *нареч.* in the slíghtest degrée

мáло-помáлу *нареч.* little by little, grádually

малопродуктивный únprodúctive

малорóслый úndersízed

малосодержáтельный émpty

малосóльный lightly sálted (*о селёдке и т. п.*); fresh sálted (*об огурцáх*)

малоупотребительный séldom used, rare

малоцéнный of little válue

малочисленный not númerous, scánty

мáл||**ый** II 1. *прил.* small; little; с ~ых лет from childhood 2. *как сущ.* the little; сáмое ~ое the least; без ~ого álmost, all but

мáлый II *как сущ. разг.* féllow, lad

мáлыш little one; kíddy

мáльва hóllyhock, mállow

мáльч||**ик** boy; ~ишеский bóyish; ~ишка boy, úrchin; ~угáн láddie

малютка báby, little one

маляр hóuse-páinter

малярия *мед.* maláría

мáма *разг.* mammá, móther, ma

мáмень||**ка** *уст. см.* мáма ◇ ~кин сынóк móther's dárling

мандарин (*фрукт*) tangerine, mándarin

мандáт mándate, wárrant

манёвр manóeuvre

маневрировать *прям., перен.* manóeuvre; *ж.-д.* shunt

манёвры *воен.* manóeuvres

манéж manège; ríding-school

манекéн mánnequin; ~щица mánnequin

манéр||**а** mánner; way; style; ~ исполнéния style of perfórmance; ~ный afféctod; ~ы mánners; хорóшие ~ good mánners; плохие ~ bad mánners

манжéта cuff

маникюр mánicure; ~ша mánicurist

манипул||**ировать** manípulate; ~яция manipulátion

манить 1. (*звать*) béckon 2. (*привлекáть*) attráct

манифéст manifésto

манифестáция (mass) demonstrátion

манишка false shirt-front; dícky *разг.*

мáния mánia; ~ величия mégalománia

манкировать: ~ своими обязанностями negléct one's dúties

мáнн||**ый**: ~ая крупá semolína; ~ая кáша cooked semolína

манóметр préssure-gauge

мáнтия robe, gown

мануфакту́р||а 1. *ист.* manufáctory 2. (*матерuя*) téxtiles *pl.*
манья́к mániac
мара́ть make dírty ◇ ~ бума́гу waste páper
марафо́нский: ~ бег *спорт.* Márathon race
ма́рганец *хим.* mangánese
маргари́н margaríne
маргари́тка dáisy
марино́ванный márinated, pickled
маринова́ть 1. márinate, pickle 2. *разг.* (*откладывать*) put off, shelve
марионе́т||ка marionétte; *перен.* púppet; теа́тр ~ок púppet-show (théatre); ~очное прави́тельство púppet góvernment
ма́рка 1. (*почтовая*) (póstage-)stamp 2. (*фабричная*) tráde-mark; brand (*знак качества*)
ма́ркий éasily soiled
маркси́зм Márxism
маркси́ст Márxist; ~ский Márxian, Márxist
ма́рля gauze
мармела́д cándied fruit jélly
мароде́р maráuder, lóoter; ~ство lóoting
марселье́за Marseilláise
март March
марте́новск||ий: ~ая печь ópen-héarth fúrnace; ~ая сталь ópen-héarth steel
ма́ртовский March *attr.*
марты́шка mármoset
марш march
ма́ршал márshal
марширова́ть march; ~о́вка márching
маршру́т route, itínerary; како́й у вас ~? what is your itínerary?
ма́ск||а (*в разн. знач.*) mask ◇ сбро́сить ~y throw off the mask; сорва́ть ~y с кого́-л. unmásk smb.
маскара́д fáncy-dress ball; ~ный: ~ный костю́м fáncy dress
маскир||ова́ть mask, disguíse; *воен.* cámouflage; ~ова́ться put on a mask; ~о́вка másking, disguíse; *воен.* cámouflage
ма́сленица Shróvetide; ≈ Páncake (*или* Shrove) Túesday ◇ у них не житьё, а ~ ≈ they are in clóver
масле́нка 1. bútterdish 2. *тех.* lúbricator; oil-can
масли́на 1. (*плод*) ólive 2. (*дерево*) ólive-tree
ма́сл||о 1. bútter (*коровье*); oil (*растительное, минеральное*); lúbricant (*смазочное*) 2. *жив.* oils *pl.*; писа́ть ~ом

paint in oils ◇ ката́ться как сыр в ~е ≈ live in clóver
маслобо́й||ка churn; ~ный: ~ный заво́д créamery; végetable oil refínery (*растительного масла*)
масляни́стый óily; (*похожий на коровье масло*) búttery
ма́слян||ый 1. bútter *attr.*; oil *attr.* (*о растительном масле*) 2. *жив.* oil *attr.*; ~ая кра́ска óil-páint; писа́ть ~ыми кра́сками paint in oils
ма́сс||а 1. (*в разн. знач.*) mass 2. (*много*) a lot (*of*) ◇ в ~е in the mass, in bulk, as a whole
масса́ж mássage; де́лать ~ mássage
масси́в mássif; лесны́е ~ы huge tracts of fórest; ~ный mássive
массо́вка mass méeting; group excúrsion
ма́ссов||ый mass *attr.*; pópular (*общедоступный*); ~ое произво́дство mass prodúction
ма́ссы the másses
ма́стер 1. (*на заводе*) fóreman, skilled wórkman 2. (*знаток чего-л.*) éxpert; он ~ своего́ де́ла in his own field he is a past máster; ~ спо́рта máster of sports (*a highly qualified athlete*) ◇ ~ на все ру́ки Jack of all trades; ~и́ть make by hand
мастерска́я 1. wórkshop 2. (*художника*) stúdio
ма́стер||ско́й másterly; ~ство́ skill; mástery; высо́кое спорти́вное ~ство́ outstánding spórtsmanship
масти́ка (*для полов*) flóorpolish
масти́тый vénerable
маст||ь 1. (*о животных*) cólour 2. *карт.* всех ~е́й of évery cólour
масшта́б scale; в большо́м ~е on a large scale; учёный мирово́го ~а scientist of wórld-wide fame
мат *шахм.* checkmáte; объяви́ть ~ mate
матема́т||ик mathematícian; ~ика mathemátics; ~и́ческий mathemátical
материа́л matérial
материал||и́зм matérialism; ~и́ст matérialist; ~исти́ческий materialístic
материа́льный 1. matérial, phýsical 2. (*о денежных средствах*) fináncial, pecúniary
матери́к máinland, cóntinent; ~о́вый continéntal
матери́н||ский matérnal; ~ство matérnity, mótherhood
мате́рия I *филос.* súbstance, mátter
мате́рия II (*ткань*) cloth, matérial,

МАТ

stuff; ~ на пальто́ cóating; ~ на костю́м súiting; ~ на пла́тье dress matérial
   ма́тка 1. (у пчёл) queen 2. анат. úterus, womb
   ма́тов||ый mat; lústreless, dull; ~ое стекло́ frósted glass
   матра́с, матра́ц ма́ttress
   ма́трица полигр. mátrix
   матро́с sáilor, séaman; ~ский sáilor attr.
   матч спорт. match
   мать móther
   мах: одни́м ~ом разг. at one stroke; дать ~y разг. make a blúnder
   маха́ть wave (рукой, платком); wag (хвостом); beat, flap (крыльями)
   махина́ция разг. machinátion, plot
   махну́ть см. маха́ть ◊ ~ руко́й на что-л. give smth. up as a bad job
   махов||и́к тех. fly-wheel; ~о́й: ~о́е колесо́ тех. flý-wheel
   махо́рка makhórka (a coarse tobacco)
   махро́вый бот. double
   ма́чеха stépmother
   ма́чта mast
   маши́на 1. machíne; éngine (двига́тель) 2. разг. (автомобиль) car
   маши́нальн||о нареч. mechánically, automátically; ~ый mechánical
   машини́ст 1. machínist, machíne-óperator 2. ж.-д. éngine-driver
   машини́стка týpist
   маши́нка 1. (пишущая) týpewriter 2. (швейная) séwing-machine 3. (для стрижки) clíppers pl.
   маши́нн||ый machíne attr.; ~ая обрабо́тка machíne fínishing; ~ое отделе́ние éngine room; ~ое обору́дование machínery
   машиностро||е́ние machíne-building; ~и́тельный machíne-building attr.; ~и́тельный заво́д machíne works
   мая́к líghthouse; béacon (тж. перен.)
   ма́ятник péndulum
   ма́ячить stand (или stick) out
   мгл||а mist, haze; ~и́стый házy
   мгнове́н||ие ínstant, móment; ~ный instantáneous, mómentary
   ме́бель fúrniture; мя́гкая ~ uphólstered fúrniture
   меблирова́ть fúrnish
   мёд hóney
   меда́ль médal; вручи́ть ~ bestów a médal; получи́ть ~ get a médal
   медве́||дица shé-bear ◊ Больша́я Медве́дица the Great Bear; Ма́лая Медве́дица the Little Bear; ~дь bear; ~жий bear attr.; ~жо́нок béar-cub

МЕЛ

медеплави́льный: ~ заво́д cópper--smelting works
   медикаме́нты médicines, médical supplíes, médicaments
   медици́н||а médicine; ~ский médical; ~ский персона́л médical staff; ~ская сестра́ (médical) nurse; ~ская по́мощь médical aid; ~ское обслу́живание health sérvice
   ме́дленн||о нареч. slówly; ~ый slow
   медли́тельный slow
   ме́дл||ить línger; be slow (in); он ~ит с прихо́дом he is slow in cóming; не ~я ни мину́ты withóut lósing a móment
   ме́дник cópper-smith
   ме́дный cópper
   медо́вый hóney attr.; hóneyed ◊ ~ ме́сяц hóneymoon
   медпу́нкт (медици́нский пункт) first--áid post
   меду́за medúsa, jélly-fish
   медь cópper
   межа́ bóundary path
   междоме́тие грам. interjéction
   ме́жду предл. betwéen; amóng (среди) ◊ ~ на́ми (говоря́) betwéen oursélves; ~ тем méanwhile; ~ тем как whereás, while; ~ тем э́то так nevertheléss it is so; ~ про́чим incidéntally, by the way; чита́ть ~ строк read betwéen the lines; ~ двух сту́льев betwéen two stools
   междугоро́дный: ~ телефо́н trúnk-line
   междунаро́дный internátional; Междунаро́дный день студе́нтов Internátional Stúdent's Day; Междунаро́дный же́нский день Internátional Wóman's Day
   межплане́тн||ый: ~ые полёты interplánetary navigátion
   мел chalk; whítening (для побелки); писа́ть ~ом chalk
   меланх||оли́ческий méláncholy; melanchólic; ~о́лия mélancholy
   меле́ть grow shállow
   мелиора́ция с.-х. meliorátion
   ме́лк||ий 1. (некрупный) small; ~ие де́ньги (small) change sg.; ~ песо́к fine sand 2. (неглубокий) shállow; ~ая таре́лка dínner plate
   мелкобуржуа́зный pétty-bóurgeois
   мелково́дный shállow
   мелкосо́бственнический of pétty ówners
   мелоди́чный melódious
   мело́дия mélody, tune
   ме́лочн||ость méanness; ~ый méan--spirited, pétty

мёлоч||ь 1. *собир.* (*деньги*) change; у меня нет ~и I have no change 2. (*пустяк*) trifle; détail 3. (*мелкие вещи*) small things *pl.*

мел||ь shállow; shoal; на ~и agróund; stránded (*тж. перен.*)

мельк||áть, ~нýть flash, gleam

мéльком *нареч.* in pássing; я его видел ~ I caught a glimpse of him

мéльни||к míller; ~ца mill

мемориáльн||ый: ~ая доскá memórial plaque

мемуáры *лит.* mémoirs

мéна exchánge

мéнее *нареч.* less; ~ чем в два дня in less than two days; ~ всего least of all; всё ~ и ~ less and less ⋄ бóлее или ~ more or less; не бóлее не ~, как... néither more nor less than...

мензýрка méasuring-glass

менов||óй: ~áя торгóвля bárter; ~áя стóимость exchánge válue

мéньше 1. *прил.* smáller 2. *нареч.* less; ~ всего least of all

мéньш||ий lésser ⋄ по ~ей мéре at least

меньшинствó minórity

меню́ ménu, bill of fare

меня́ *рд., вн. см.* я

меня́ть 1. (*изменя́ть, переменя́ть*) change 2. (*обмéнивать*) exchánge; ~ся 1. change 2. (*обмéниваться*) exchánge

мéр||а *в разн. знач.* méasure; приня́ть ~ы take méasures ⋄ в значительной ~е lárgely; по ~е возмóжности as far as one can, within the límits of the póssible; в ~у móderately; в извéстной ~е to a cértain degrée

мерéщит||ься: ей ~ся, что... it seems to her that...

мерзáвец ráscal, scóundrel

мéрзкий vile

мёрз||лый frózen; ~нýть freeze

мéрзость násty thing

мериди||áн merídian; ~онáльный meridional

мерило stándard, critérion

мéр||ить 1. (*измеря́ть*) méasure; ~ температýру у больнóго take a pátient's témperature 2. (*плáтье*) try on ⋄ ~ на свой аршин apply one's own yárdstick; ~ка méasure; по ~ке to méasure; снять ~ку с когó-л. take smb.'s méasure

мéркнуть grow dim

мéрный méasured, slow and régular

мероприя́тие méasure, step

мéртвенный déathly

мертвéц corpse; ~кая mórtuary

мёртв||ый dead ⋄ ~ая петля́ *ав.* loop; ~ая зыбь *мор.* swell; ~ая тишинá dead silence; спать ~ым сном be dead asléep

мерцá||ние shímmer, glímmer; ~ть shímmer, glímmer

мéс||иво mash; ~ить knead

местáми *нареч.* here and there

мéстечко small town

мести sweep

мéстн||ость place, cóuntry; locálity; ~ый lócal; ~ые влáсти lócal authórities; ~ый жи́тель nátive

мéст||о 1. place; room (*пространство*); ~ стоя́нки автомобилей cár-park, párking-place; táxi rank (*такси*); в другóм ~е élsewhere 2. (*дóлжность*) post; job; без ~а out of work 3. (*в театре и т. п.*) seat; berth (*спальное*); вéрхнее ~ úpper berth; нижнее ~ lówer berth; свобóдное ~ vácant seat (*или* berth); уступить ~ комý-л. give up one's seat to smb. 4. (*часть текста*) pássage 5. (*багаж*) piece of lúggage ⋄ стáвить когó-л. на ~ put smb. in his place; на ~е on the spot; на вáшем ~е if I were in your shoes; не к ~у out of place

местожи́тельство place of pérmanent résidence

местоимéние *грам.* prónoun

местонахождéние locátion; whéreabouts

местопребывáние abóde

месторождéние *геол.* depósit; ~ ýгля cóalfield; ~ нéфти óilfield

месть véngeance, revénge

мéсяц 1. (*часть года*) month 2. (*луна*) moon; молодóй ~ new moon

мéсячный mónthly

метáлл métal; ~ист métal-worker; ~ический metállic

металлóид métalloid

металлообрабáтывающ||ий: ~ая промышленность métal-working industry

металлýрг||ический metallúrgical; ~ия métallurgy; чёрная ~ия férrous métallurgy; цветнáя ~ия non-férrous métallurgy

метáние cásting, thrówing; ~ копья́ jávelin thrówing; ~ диска discus thrówing

метáть 1. throw, cast; ~ жрéбий cast lots; ~ копьё throw the jávelin 2.: ~ икрý spawn; ~ся rush abóut; toss (*в постели*)

метафиз||ика metaphýsics; ~ический metaphýsical

метáфора métaphor

метёлка whisk

метéль snówstorm, blízzard
метеóр méteor
метеорúт méteorite
метеорол||огúческий meteorológical; ~огúческая свóдка wéather-report; ~óгия meteorólogy
мéтить I 1. (бельё и т. п.) mark 2. разг. (стремиться) aspíre (to)
мéтить II (целить) aim (at)
мéтка mark
мéтк||ий 1. wéll-aimed (о пуле); keen (о глазе); ~ стрелóк good shot 2. (о замечании) apt, to the point; ~ость 1. áccuracy; kéenness (глаза) 2. (замечания и т. п.) áptness
метлá broom, bésom
мéтод méthod; ~úческий systemátic
метр mètre
мéтрика birth certíficate
метрúческ||ий métric; ~ая системá mер the métric sýstem
метрó, метрополитéн the únderground; métro (в Москвé); tube (в Лóндоне); súbway (амер.)
метропóлия párent state, móther cóuntry
мех I (мн. ~á; животнóго) fur; на ~ý fúr-lined
мех II (мн. ~и; кузнечный) béllows pl.
мех III (мн. ~и; для винá) wíneskin
механ||изáция mechanizátion; ~изúровать méchanize; ~úзм méchanism (тж. перен.)
механ||ик mechánic; ~ика mechánics; ~úческий mechánical; ~úческое оборýдование machínery
мехов||óй fur attr.; ~ воротнúк fur cóllar; ~щúк fúrrier
меч sword
мéченый marked
мечéть mosque
мечтá dream; ~тельный dréamy; ~ть dream (of)
мешанúна разг. jumble, mixture
мешáть I 1. (размéшивать) stir 2. (смéшивать) mix
мешáть II distúrb (беспокóить); prevént (препятствовать); hínder (стеснять) ◇ не мешáло бы... it wouldn't be a bad thing..., it would do no harm...
мешáться (вмéшиваться) meddle (in), interfére (in, with); не вмéшивайтесь не в своё дéло! mind your own búsiness!
мéшкать línger

мешковáтый 1. (о плáтье) bággy 2. (неуклюжий) áwkward, clúmsy
меш||óк sack (большóй); похóдный ~ kít-bag ◇ ~кú под глазáми bags únder one's eyes; кот в ~кé разг. pig in a poke
мещан||úнский pétty-bóurgeois, péttily subúrban; перен. nárrow, without cúltural interests; ~ство 1. собир. pétty bourgeoísie 2. перен. méanness, ígnorance, vulgárity
ми муз. E, mi
миг ínstant
миг||áть, ~нýть 1. (комý-л.) wink (at) 2. (о свéте) twínkle
мúгом нареч. in a flash, in the twínkling of an eye
мигрéнь migraine
мизéрный scánty, méagre
мизúнец the little fínger (на рукé); the little toe (на ногé)
микрóб mícrobe, germ
микробиолóгия microbíology
микрорайóн (гóрода) microdístrict (of a town)
микроскóп microscope; ~úческий microscópic
микрофóн microphone; mike разг.
микстýра mixture
мúленький 1. prétty, dear 2. (в обращéнии) dárling
милитар||изáция militarizátion; ~úзм mílitarism; ~úст mílitarist; ~истúческий militarístic
милиционéр milítiaman; постовóй ~ milítiaman on póint-duty
милúция milítia
миллиáрд mílliard; bíllion (амер.)
миллимéтр míllimetre
миллиóн míllion
мúло нареч. nícely; swéetly; Это óчень ~ с вáшей стороны́ it is véry sweet (или kind) of you
миловúдный prétty, nice-looking
милосéрд||ие mércy; ~ный mérciful
мúлостивый grácious, kind
мúлостыня alms pl.
мúлост||ь 1. (благоволéние) fávour, kíndness 2. (пощáда) mércy; из ~и out of chárity ◇ ~и прóсим! разг. please come in!; we'll be delíghted to see you!
мúлый 1. nice, sweet 2. (в обращéнии) dear
мúля mile
мúмика fácial expréssion
мúмо нареч. и предл. past, by; пройтú ~ go past; pass by; бить ~ miss the mark
мимóза mimósa

мимолётный fleeting, passing
мимохо́дом *нареч.* 1. in passing by; заеха́ть ~ drop in when passing by 2. *(между прочим)* by the way
мин||**а** I *(о лице)* face, countenance; сде́лать ки́слую ~у make a wry face
ми́на II *воен.* mine
минда́ль 1. *(дерево)* almond (tree) 2. *собир. (плоды)* almonds *pl.*
минда́льн||**ый** almond *attr.*; ~ые оре́хи almonds
минера́л mineral; ~о́гия mineralogy
минера́льн||**ый** mineral; ~ые во́ды mineral waters
миниатю́рный miniature; tiny
минима́льный minimum *attr.*
ми́нимум minimum; доводи́ть до ~а reduce to a minimum, minimize
мини́ровать *воен.* mine
министе́рс||**кий** ministerial; ~тво ministry; board; department *(амер.)*; ~тво иностра́нных дел Ministry of Foreign Affairs; Foreign and Commonwealth Office *(в Англии)*; State Department *(в США)*; ~тво вну́тренних дел Ministry of Internal Affairs; Home Office *(в Англии)*; Department of the Interior *(в США)*
мини́стр minister, secretary; ~ вну́тренних дел Minister for Internal Affairs; Home Secretary *(в Англии)*; Secretary of the Interior *(в США)*; ~ иностра́нных дел Minister for Foreign Affairs; Foreign Secretary *(в Англии)*; Secretary of State *(в США)*; вое́нный ~ Secretary of State for Defence *(в Англии)*; Secretary of War *(в США)*
ми́нн||**ый** mine *attr.*; ~ загради́тель minelayer; ~ое по́ле minefield
минова́||**ть** 1. *(окончиться)* be over, pass; о́сень ~ла the autumn is over; кри́зис ~л the crisis passed 2. *(оставить позади)* pass 3. *(избежать)* escape; ему́ э́того не ~ he can't escape it
миномёт *воен.* mortar
миноно́сец *мор.* torpedo-boat; эска́дренный ~ destroyer
мино́р 1. *муз.* minor key 2. *(о настроении)*; в ~е in the blues; ~ный 1. *муз.* minor 2. *(печальный)* sad
мину́вш||**ий** past; ~им ле́том last summer
ми́нус 1. *мат.* minus 2. *(недостаток)* defect
мину́т||**а** 1. minute 2. *(момент)* moment, instant; сию́ ~у immediately; ~ный momentary

мину́ть *см.* минова́ть 1, 2
мир I *(вселенная)* world, universe
мир II peace; в ~е at peace; заключа́ть ~ make peace; борьба́ за ~ struggle for peace
мири́ть reconcile *(with)*; ~ся make peace *(with)*; make it up *(with)*
ми́рный peaceful, peaceable; peace *attr.*; ~ догово́р peace treaty
мировоззре́ние world outlook
миров||**о́й** world *attr.*; ~а́я держа́ва world power; ~а́я война́ World War
миролюби́в||**ый** peace-loving, peaceful; ~ые наро́ды peace-loving nations
ми́ска (serving) bowl; basin *(большая)*
ми́ссия mission; иностра́нная ~ legation
ми́стика mysticism
мистифика́ция hoax; practical joke
мисти́ческий mystical
ми́тинг meeting; rally *(амер.)*
миф myth; ~и́ческий mythical; ~оло́гия mythology
мише́нь target; shooting mark
мишура́ tinsel
младе́н||**ец** baby; infant; ~ческий infantile; ~чество infancy
мла́дший *(по возрасту)* younger; junior *(по положению)*
млекопита́ющие *сущ.* mammalia, mammals
мле́чный: Мле́чный Путь *астр.* the Milky Way; galaxy
мне *дт., пр. см.* я
мне́ни||**е** opinion; быть хоро́шего ~я о ком-л. have a high opinion of smb.; по моему́ ~ю in my opinion; быть о себе́ сли́шком высо́кого ~я think too much of oneself
мни́м||**ый** seeming, imaginary, apparent; ~ая опа́сность apparent danger
мни́тельный 1. hypochondriac 2. mistrustful *(недоверчивый)*; suspicious *(подозрительный)*
мнить: сли́шком мно́го ~ о себе́ think too much of oneself
мно́гие many, a great many
мно́го 1. much *(с сущ. в ед.)*; many *(с сущ. во мн.)* 2. *с прил. и нареч.* much; a great deal; ~ лу́чше much better ◊ ни ~ ни ма́ло no less than
многовеково́й centuries-old
многово́дный abounding in water, full-flowing
многогра́нный *перен.* versatile, many-sided

многодетн||ый: ~ая мать móther of mány children
мнóго||е much; a great deal; во ~м in mány respécts
многожёнство polýgamy
многозначительный méaning; ~ взгляд a méaning look
многознáчн||ый: ~ое числó мат. númber of mány fígures
многокрáтн||о нареч. mány times; óver and óver agáin; ~ый 1. repéated; fréquent; ~ый чемпиóн (мира) repéated (world) chámpion 2. грам. frequéntative
многолéтний 1. of long stánding 2. бот. perénnial
многолю́дный crówded (о собрании и т. п.); pópulous (о городе и т. п.)
многонационáльн||ый multinátional; ~ое госудáрство multinátional state
многообещáющий prómising
многообрáзный divérse, váried
многосемéйный with a large fámily
многослóвный loquácious, verbóse
многослóжный грам. polysyllábic
многосторóнний мат. polýgonal; перен. mány-sided
многотирáжка разг. fáctory néwspaper
многотóмный in mány vólumes
многотóчие dots pl.
многоуважáемый gréatly respécted; dear (в письмах)
многоугóльник pólygon
многоцвéтный mány-cóloured
многочисленный númerous
многочлéн мат. polynómial
многоэтáжный mány-stóreyed
многоязычный 1. pólyglot 2. (о словарях) multilíngual
мнóжественн||ый: ~ое числó грам. plúral
мнóжеств||о múltitude, a great númber; lots pl.; во ~е in númbers; ~ хлопóт a great deal of trouble
мнóжи||мое мат. multiplicánd; ~тель мат. múltiplier; ~ть 1. (увеличивать) incréase 2. мат. múltiply
мной, мнóю тв. см. я
мобилиз||áция mobilizátion; ~овáть móbilize
моги||ла grave; ~льщик gráve-digger
могу́чий pówerful, míghty
могу́щественный míghty
могу́щество pówer, might
мóд||а fáshion, vogue; быть в ~е be in fáshion (или in vogue); последние ~ы látest styles ◇ после́дний крик ~ы the last word in fáshion
модé||ль módel; дом ~лей fáshion house; выставка ~лей fáshion show; ~льный: ~льная óбувь fáshion shoes pl.
мóдн||ый fáshionable; это сейчáс óчень ~o it's all the rage now разг.
моё с. см. мой
мóжет быть perháps, may be
можжевéльник júniper
мóжно предик. безл. one may; one can; it is póssible; как ~ скорéе as soon as póssible
мозг brain; márrow (костный) ◇ шевелить ~áми разг. use one's brains; ~овóй анат. cérebral
мозó||листый hórny; ~лить: ~лить глазá комý-л. разг. be an éyesore to smb.; ~ль corn
мой 1. мн. см. мой 2. как сущ. (родные) my fámily
мой мест. my (при сущ.); mine (без сущ.); это ~ карандáш this is my péncil; этот карандáш ~ this péncil is mine
мóкнуть get wet, be steeped; ~ под дождём be expósed to rain
мокрóта phlegm
мóкрый wet
мол pier, bréakwater
молвá rúmour
мóлвить разг. say, útter
молд||авáнин Moldávian; ~áвский Moldávian; ~áвский язык Moldávian, the Moldávian lánguage
молéкул||а mólecule; ~я́рный molécular
мол||итва práyer; ~иться pray (for), beséech
молниенóсный swift as líghtning
мóлни||я 1. líghtning 2. (застёжка) zípper; куртка с ~ей jácket with zípper
молодёжь youth; young people pl.
молодéть grow young agáin
молод||éц fine féllow; well done! (восклицание); вести себя ~цóм put up a good show, do well; ~éцкий váliant; удаль ~éцкая válour
молодня́к собир. 1. разг. (о людях) the yóunger generátion; the youth 2. (о скоте) young ánimals pl. 3. (о лесе) young growth; sáplings pl.
молод||óй 1. прил. young; (о неодуш. предметах) new; ~ картóфель new potátoes pl.; ~óе винó young (или immatúre) wine 2. как сущ. brídegroom; ~áя bride

мо́лодость youth
моложа́вый yóung-looking
молоко́ milk
молокосо́с *разг.* gréenhorn
мо́лот (large) hámmer
молоти́лка thréshing-machine, thrésher
молоти́ть thresh
молото́к hámmer
моло́ть grind, mill ◇ ~ вздор *разг.* talk nónsense
молотьба́ thréshing
моло́чн||ая créamery, dáiry; ~ик (*посуда*) milk jug; ~ица (*торговка*) mílkwoman; ~ый milk *attr.*; ~ое хозя́йство dáiry farm
мо́лч||а *нареч.* sílently; ~али́вый táciturn; sílent; ~а́ние sílence
молча́ть keep sílent; ~! sílence!
моль moth
мольба́ entréaty
мольбе́рт éasel
моме́нт móment; ~а́льно *нареч.* in a móment; ~а́льный mómentary; ~а́льный сни́мок snápshot
мона́рх||и́ст mónarchist; ~и́ческий monárchic(al)
мона́рхия mónarchy
монасты́рь clóister
мона́х monk; ~и́ня nun
монго́л Mongól
монго́льский Mongólian; ~ язы́к Mongólian, the Mongólian lánguage
моне́т||а coin ◇ плати́ть кому́-л. той же ~ой pay smb. in his own coin; приня́ть за чи́стую ~у take at its face válue, accépt in all good faith; ~ный mónetary; ~ный двор mint
моногра́фия mónograph
моноли́тный monolíthic
моноло́г mónologue
монопо||лизи́ровать monópolize; ~ли́ст monópolist; ~листи́ческий monopolístic
монопо́лия monópoly
моното́нный monótonous
монт||а́ж assémbling, móunting; cútting (*кинофи́льма*); ~а́жный assémbly *attr.*; ~а́жные рабо́ты installátion; eréction; ~ёр fítter; electrícian (*электромонтёр*); ~и́ровать assémble, mount
монуме́нт mónument; ~а́льный monuméntal; ~а́льный труд monuméntal work
мопе́д móped
мор péstilence, plague

мора́ль mórals *pl.*; ~ный móral; ~ное состоя́ние morále
морг morgue
морг||а́ть, ~ну́ть blink; wink
мо́рда muzzle
мо́р||е sea; в откры́том ~ on the ópen sea; за ~ем óverséas
морепла́ва||ние navigátion; ~тель návigator
морж wálrus
мори́ть 1. (*крыс*) extérminate 2.: ~ го́лодом starve
морко́вь cárrot
моро́женое ice-créam
моро́з frost; ~ить freeze; ~ный frósty
морозоусто́йчивый fróst-resistant, fróst-hardy
моро́с||ить: ~и́т it is drízzling
морс frúit-drink
морск||о́й sea *attr.*; náutical, nával (*мореплавательный*); ~ флот mérchant maríne; ~ на́вы (*военно-морско́й*) ◇ ~а́я звезда́ *зоол.* stárfish
морфоло́гия 1. morphólogy 2. (*отдел грамматики*) áccidence
морщи́н||а wrinkle; ~истый wrinkled
мо́рщить wrinkle; ~ лоб knit one's brow; ~ся wrinkle; make a grimáce (*делать гримасы*)
моря́к séaman, sáilor
москате́льн||ый: ~ые това́ры chándlery *sg.*
москви́ч Múscovite, inhábitant of Móscow
моско́вский Móscow; Моско́вская о́бласть Móscow Région
мост bridge
мости́ть pave
мостки́ planked fóotway *sg.*
мостова́я paved róadway, road
мота́ть I 1. (*наматывать*) wind 2. (*головой*) shake ◇ ~ что-л. на ус take in smth.
мота́ть II (*деньги*) squánder
мота́ться 1. (*висеть*) dangle 2. (*скитаться*) wánder 3. (*суетиться*) fuss abóut
моти́в 1. mótive, réason 2. *муз.* theme, súbject; tune (*мелодия*); на ~... to the tune of...; ~и́ровать mótivate; ~иро́вка motivátion, réason
мото́вство́ prodigálity, squándering
мото́к ball, skein
мото́р mótor, éngine; ~изо́ванный mótorized; ~ный mótor *attr.*; ~ный ваго́н front car; ~ная ло́дка mótor boat

моторо́ллер (mótor) scóoter
мотоци́кл mótor cycle; ~и́ст mótor-cýclist
моты́га hoe, máttock
мотылёк bútterfly, moth
мох moss
мохна́т||ый háiry, shággy; ~ое полоте́нце Túrkish tówel; ~ые бро́ви búshy éyebrows
моча́ úrine
моча́лка wisp (of bast)
мочево́й: ~ пузы́рь bládder
мочи́ть wet; steep (*вымачивать*); ~ бельё steep línen
мочь I *гл.* can, be able (*быть в состоя́нии*); may (*име́ть разреше́ния*); он сде́лает всё, что мо́жет he will do all he can; мо́жет ли он пойти́ туда́? (*име́ет ли разреше́ние*) may he go there?
моч||ь II *сущ. разг.*: что есть ~и with all one's might; кри́кнуть что есть ~и shout at the top of one's voice
моше́нни||к swíndler; ~чать swíndle; ~чество swíndle, fraud
мо́шка midge
мощён||ый paved
мо́щн||ость pówer, capácity; ~ый pówerful
мощь pówer, might
моя́ *ж. см.* мой
мрак dárkness, gloom
мракобе́с obscúrantist; ~ие obscúrantism
мра́мор marble; ~ный marble *attr.*
мра́чный dark, glóomy
мсти́тельный vindíctive
мстить take one's revénge
мудрёный invólved, cómplicated (*сло́жный — о языке́ и т. п.*)
мудре́ц sage
мудри́ть *разг.* cómplicate mátters unnécessarily
му́др||ость wísdom; ~ый wise, sage
муж húsband
мужа́ться take heart (*или* cóurage)
мужéств||енный courágeous; mánly; ~о cóurage
мужско́й másculine; male; ~ род *грам.* másculine génder, the másculine
мужчи́на man, male
му́за muse
музе́й muséum
му́зык||а músic; ~а́льный músical; ~а́льная шко́ла músic school; ~а́нт musícian
му́ка tórment, súffering
мука́ meal; flour

мул mule
мула́т muláto
мультипликацио́нный: ~ фильм ánimated cartóon
му́мия múmmy
мунди́р úniform
мундшту́к cigarétte-holder
муниципа́льный munícipal
муравéй ant; ~ник ánt-hill
мура́шки the creeps; у меня́ от э́того ~ по спине́ бе́гают it gives me the creeps
мурлы́кать purr
му́скул muscle; ~истый múscular
му́сор rúbbish; dust (*сор*); ~ный: ~ я́щик dústbin; gárbage-can (*амер.*); ~опрово́д rúbbish chute
мут||и́ть 1. stir up 2. *безл.*: меня́ ~ит I've got a sick feeling
му́тн||ый túrbid ◇ в ~ой воде́ ры́бу лови́ть *погов.* fish in troubled wáters
му́фта muff
му́ха fly
мухомо́р tóadstool
муче́ние tórment, pain
му́ченик mártyr
мучи́тель torméntor; ~ный ágonizing
му́чить tórment; ~ся súffer; be tórtured
мучно́й méaly; of meal (*после сущ.*)
мчать, ~ся rush alóng
мще́ние véngeance
мы *мест.* we; *косв.* us; нас там не́ бы́ло we were not there; у нас есть we have; он дал нам кни́гу he gave us the book; he gave the book to us; он говори́т о нас he speaks abóut us; мы с тобо́й you and I
мы́л||ить soap; ~кий sóapy
мы́ло soap; туале́тное ~ tóilet soap; хозя́йственное ~ hóuse-hold soap; ~ва́рение sóap-boiling; ~ва́ренный: ~ва́ренный заво́д sóap-works
мы́ль||ница sóap-dish; sóap-box; ~ный sóapy; ~ный пузы́рь sóap-bubble; ~ная пе́на láther
мыс cape
мы́сленный méntal
мы́слимый thínkable, concéivable
мысли́тель thínker
мы́слить think
мысль thought; idéa (*иде́я*); refléction (*размышле́ние*)
мы́слящий intélligent, thínking
мыть wash; ~ся wash (onesélf); ~ся в ва́нне take a bath; ~ся под ду́шем take a shówer
мыча́ть low, moo (*о коро́ве*); béllow (*о быке́*)

мышело́вка mousetrap
мы́шечный muscular
мышле́ние thinking, mode of thinking; mentality
мы́шца muscle
мышь mouse
мышья́к arsenic
мя́гк||ий soft; tender; gentle *(о характере)*; mild *(о климате)*; ~ое кре́сло upholstered chair, easy-chair; ~ая вода́ soft water
мя́киш *(хле́ба)* the crumb (of the loaf)
мя́коть flesh *(мя́са)*; pulp *(пло́да)*
мя́млить *разг.* mumble
мясни́к butcher
мясн||о́й meat *attr.*; ~ы́е консе́рвы tinned meat *sg.*; canned meat *sg. (амер.)*
мя́со flesh; meat *(как еда́)*
мясору́бк||а mincing-machine, mincer; пропусти́ть мя́со че́рез ~у put meat through the mincer
мя́та mint
мяте́ж rebellion; revolt; ~ник rebel, insurgent; ~ный rebellious
мять crumple; trample *(нога́ми)*; ~ся *(о мате́рии и т. п.)* crumple
мяу́кать mew
мяч ball; пропусти́ть ~ *спорт.* miss the ball; спо́рный ~ *спорт.* referee ball

Н

на I *предл.* 1. *(на вопро́сы «куда́»?, «где?», е́сли обознача́ет «све́рху чего́-л.»)* on, upon; на стол, на столе́ on the table 2. *(на вопро́с «где?», е́сли не обознача́ет «све́рху чего́-л.»)* in, at; на со́лнце in the sun; на у́лице in the street; на заво́де at the factory 3. *(на вопро́с «когда́?»)* 1) on; на пя́тый день on the fifth day 2) *(не перево́дится)*: на э́той неде́ле this week; на э́тих днях one of these days; на Но́вый год on New-Year's day 4. *(во вре́мя чего́-л.)* during; на зи́мних кани́кулах during the winter holidays 5. *(о сро́ке, в значе́нии «до»)* till; отложи́ть на за́втра put off till tomorrow 6. *(в значе́нии «для»)* for; на чёрный день for a rainy day; на́ зиму for winter; на что вам э́то? what do you want it for?; ко́мната на двои́х a room for two; на два ме́сяца for two months ◇ на ва́те wadded; на вес by weight; на за́пад westwards; говори́ть на

францу́зском языке́ speak French; ру́копись на англи́йском языке́ manuscript in English; коро́че на фут shorter by a foot; на лю́дях in public; на мои́х глаза́х in my presence; на два рубля́ two rubles worth
на II *межд. (возьми́)* there, take it!; here you are!
наба́в||ить, ~ля́ть add; increase *(увели́чить)*; ~ це́ну на что-л. raise the price of smth.
набалда́шник knob
наба́т alarm; бить в ~ ring the alarm bell; sound *(и́ли* raise*)* the alarm
набе́г raid
набега́ть *см.* набежа́ть
набега́ться be tired with running about
набежа́ть 1. *(натолкну́ться)* run against *(и́ли* into*)*; ~ на прохо́жего run into a passer-by 2. *(о ту́че, о волне́)* cover, run over 3. *(прибежа́ть)* come running
набекре́нь *нареч. разг.*: наде́ть ша́пку ~ wear one's hat on one side
набело́ *нареч.*: переписа́ть ~ make a fair copy
на́бережная embankment, quay
набива́ть *см.* наби́ть
наби́в||ка 1. padding, stuffing 2. *текст.* printing; ~но́й *текст.* printed
набира́ть(ся) *см.* набра́ть(ся)
наби́||тый packed ◇ ~ дура́к blockhead; ~ть 1. fill, pack; stuff *(матра́сы, ме́бель)* 2. *(чем-л. мя́гким)* pad 3. *текст.* print ◇ ~ть ру́ку на чём-л. become a practised hand *(at)*; acquire skill *(in)*; ~ть це́ну raise the price
наблюд||а́тель observer; ~а́тельность observation; ~а́тельный 1. *(о челове́ке)* observant 2. *(для наблюде́ния)* observation *attr.*; ~а́тельный пункт *воен.* observation post; ~а́ть 1. observe; watch *(следи́ть за)*; ~а́ть за кем-л. keep an eye on smb. 2. *(надзира́ть)* look (after), supervise; ~а́ть за рабо́тами supervise *(и́ли* superintend*)* a job *(и́ли* the work*)*; ~е́ние 1. observation; вести́ ~е́ние keep a look-out 2. *(надзо́р)* supervision
набо́йка 1. *текст.* printed cloth 2. *(на каблуке́)* heel
набо́к *нареч.* on one side
наболе́вший sore, painful ◇ ~ вопро́с sore point *(и́ли* subject*)*
набо́р 1. *(уча́щихся и т. п.)* admission 2. *воен.* conscription, levy, recruitment 3. *(рабо́чих)* engaging, taking on 4. *полигр.* type-setting 5. *(компле́кт)* set; collection

◇ ~ слов mere verbiage; ~щик полигр. compósitor, týpe-setter
набра́сывать I см. наброса́ть
набра́сывать II см. набро́сить
набра́сываться см. набро́ситься
набра́ть 1. (собрать) gáther, colléct 2. (произвести набор) take; recrúit 3. полигр. set up (in type) 4. (номер телефона) dial; ~ся: ~ся сме́лости screw (или múster) up one's cóurage; ~ся сил múster one's strength
набрести́ come acróss, háppen upón ◇ ~ на мысль hit on an idéa
наброса́ть sketch; óutline; draft (рисунок, чертёж)
набро́сить (одежду) throw on (или óver); ~ся attáck
набро́сок sketch; draft; rough cópy (черновик)
набуха́ть см. набу́хнуть
набу́х||**нуть** swell; ~ший swóllen
нава́га navága (a fish of the cod family)
нава́ливать(ся) см. навали́ть(ся)
навали́ть heap (up), pile (up); перен. (обременить) load (with); ~ся lean héavily (on)
нава́р fat (on soup); ~истый rich
навева́ть см. наве́ять
наве́даться разг. call in (on), go and see
наведе́ние: ~ спра́вок condúcting an inquiry; ~ поря́дка gétting things put in órder (или to rights)
наве́дываться см. наве́даться
наве́ки нареч. for éver, for good, for éver and éver
наве́рно(е) 1. нареч. (несомненно) súrely, cértainly 2. вводн. сл. (вероятно) most likely; próbably; он ~, опозда́ет he is likely to be late
наверняка́ нареч. разг. for sure, for a cértainty; он ~ придёт it's dead cértain he will come
наверста́ть, навёрстывать make up (for); ~ потерянное вре́мя make up for lost time
наве́рх нареч. up; úpstáirs (по лестнице)
наверху́ нареч. abóve; úpstáirs (в доме); он живёт ~ he lives úpstáirs
наве́с cóver, róofing; áwning (из парусины)
навеселе́ нареч. разг. tipsy, a bit tight
наве́сить hang up
навести́ (направить) diréct; ~ бино́кль на diréct one's gláss(es) on ◇ ~ мост make a bridge; ~ спра́вку condúct an inquiry; ~ кого́-л. на мысль put smb. on to an idéa; ~ поря́док (где-л.) put a place in órder
навести́ть visit, call on, come to see
наве́тренный windward
наве́шивать см. наве́сить
навеща́ть см. навести́ть
наве́ять waft, blow; перен. evóke; ~ тоски́ на кого́-л. evóke a mood of sádness in smb.
на́взничь нареч. on one's back; лежа́ть ~ lie supine
навзры́д: пла́кать ~ sob víolently
навига́ция navigátion
нависа́ть см. нави́снуть
навис||**нуть** hang óver; ~ла опа́сность dánger is imminent; ~ший óverhánging
навлека́ть, навле́чь attráct, bring (on)
наводи́ть см. навести́
наво́дк||**а** (орудия) láying, tráining; бить прямо́й ~ой hit with a straight aim
наводне́ние flood, inundátion
наводн||**и́ть, ~я́ть** прям., перен. flood, inundate
наво́дчик воен. gúnner
наводя́щий: ~ вопро́с léading quéstion
наво́з manúre; muck, dung
на́воло||**ка, ~чка** pillow-case
навостри́ть: ~ у́ши prick up one's ears; ~ лы́жи разг. take to one's heels
навра́ть разг. 1. tell a pack of lies; tell a lie (соврать) 2. (ошибиться) make a mistáke; ~ в вычисле́ниях go wrong in one's calculátions
навря́д ли нареч. разг. it's unlikely, scárcely likely; ~ он придёт сего́дня he is not likely to come todáy
навсегда́ нареч. for éver, for good
навстре́чу нареч.: идти́ ~ кому́-л. go to meet smb.; перен. meet smb. hálf-wáy
на́вык acquired hábit (привычка); expérience (опыт); skill (в работе)
навы́кат(е) нареч.: глаза́ ~ protrúding eyes
навы́лет нареч.: он был ра́нен ~ the búllet went right through him
навью́чи||**вать, ~ть** load
навяза́ть (заставить принять) force (upon); press smth. on; ~ своё мне́ние (кому́-л.) thrust one's opinion (on smb.); ~ся (кому́-л.) разг. thrust onesélf (upón smb.)
навя́зчив||**ый** obtrúsive; impórtunate; ~ая иде́я obséssion, fixed idéa; idée fixe

НАВ НАД

навя́зывать(ся) *см.* навяза́ть(ся)
нага́йка whip
нагиба́ть(ся) *см.* нагну́ть(ся)
нагишо́м *нареч.* stárk-náked
нагле́ц ínsolent féllow
на́глость ínsolence; име́ть ~ сде́лать что-л. have the ínsolence to do smth.
на́глухо *нареч.* tíghtly, secúrely; заколоти́ть дверь ~ nail up a door fírmly; ~ застегну́ться bútton right up
на́глый ínsolent
наглядеться: гляде́ть и не ~ be néver tíred of lóoking *(at)*
нагля́дн||ый clear; vísual *(основанный на показе)*; ~ уро́к práctical lésson; ~ые посо́бия vísual aids
нагна́ть *(догнать)* overtáke, catch up ◇ ~ ску́ку bore; ~ страх на кого́-л. scare smb. stiff
нагнет||а́тельный force *attr.*; ~ насо́с fórce-pump; ~а́ть pump; force
нагное́ние suppurátion, féster
нагну́ть bend; ~ся stoop, bend
нагова́ривать *см.* наговори́ть
наговори́ть 1. *разг.* *(на кого-л.)* slánder 2. *(много и т. п.)* say a lot; ~ кому́-л. с три ко́роба *разг.* talk smb.'s head off 3. *(о звукозаписи)* recórd; ~ пласти́нку make a recórding; ~ся have a good long talk
наго́й nude; *(без растительности тж.)* bare
на́голо *нареч.*: остри́женный ~ clósely cropped
наголо́ *нареч.*: с ша́шкой ~ with náked sword
на́голову *нареч.*: разби́ть ~ deféat útterly, rout
нагоня́й *разг.* scólding, télling-óff
нагоня́ть *см.* нагна́ть
наго||ра́ть, ~ре́ть *безл. разг.*: ему́ за э́то ~ре́ло he got it hot for that
нагороди́ть *разг.* pile up, heap up ◇ ~ вздо́ру talk a lot of nónsense
нагота́ núdity
наготавливать *см.* нагото́вить
нагото́ве *нареч.* in réadiness, réady; быть ~ be réady
нагото́вить prepáre, make réady
награб||и́ть amáss by róbbery, loot; ~ленное spoil, loot
награ́||да rewárd; decorátion *(знак отличия, орден)*; prize *(в школе)*; ~ди́ть, ~жда́ть rewárd; décorate *(орденом)*; ~жде́ние rewárding; decorátion

(орденом); ~жде́ние за долголе́тнюю слу́жбу long sérvice gratúity *(или* award*)*
нагрева́ние héating
нагрева́ть, нагре́ть warm, heat; ~ся get warm
нагромо||жда́ть pile up, heap up; ~жде́ние *(груда)* conglomerátion; ~зди́ть *см.* нагромозжда́ть
нагруби́ть speak rúdely, be rude
нагру́дник *(детский)* bib
нагружа́ть(ся) *см.* нагрузи́ть(ся)
нагрузи́ть load *(with)*; ~ся load onesélf *(with)*
нагру́зка lóading
нагря́нуть *разг.* turn up out of the blue
над *предл.* *(поверх)* óver *(тж. перен.)*; abóve *(выше)*; ~ головой óverhead ◇ рабо́тать ~ чем-л. work on smth.
надави́ть, нада́вливать press
надба́в||ить add, incréase; raise *(цену)*; ~ка increase
надбавля́ть *см.* надба́вить
надвиг||а́ть *см.* надви́нуть; ~а́ться appróach, draw near; ~а́ющийся appróaching; ímminent *(об опасности)*
надви́нуть pull óver, pártly screen; ша́пку на лоб pull one's hat óver one's eyes
надво́дн||ый abóve wáter; súrface *attr.*; ~ая часть су́дна superstrúcture of a véssel
на́двое *нареч.* in two
надвяза́ть, надвя́зывать add by knítting
надгро́бн||ый: ~ па́мятник monuméntal másonry; tómbstone; ~ая речь fúneral speech
надева́ть *см.* наде́ть
наде́жд||а hope; в ~е *(на что-л.)* in the hope *(of)*; теря́ть вся́кую ~у give up all hope
надёжный safe; relíable; trústworthy *(о человеке)*
наде́л *(земельный)* *уст.* plot of árable land
наде́ла||ть 1. make a quántity *(of)*; ~ оши́бок *(грубых)* commit a lot of blúnders 2. *(причинить)* cause; эта пье́са ~ла мно́го шу́му this play made a great sensátion; что ты ~ла? what have you done?; ~ хлопо́т cause trouble
наде||ли́ть, ~ля́ть give; endów *(качествами)*
наде́||ть put on; что бы́ло на ней ~то? what did she have on?, what was she wéaring?

124

надеяться hope *(for — на что-л.)*; rely *(on — на кого-л.)*

надзёмный above the ground

надзир||**а́тель** overseer, supervisor; **~а́ть** oversee, supervise

надзо́р supervision; surveillance *(за подозреваемым)*; санита́рный ~ sanitary inspection

надко́стница *анат.* periosteum

надкуси́ть, надку́сывать take a nibble *(at)*, bite into smth.

надлеж||**а́ть** *безл.*: ему́ ~и́т э́то сде́лать he is to do it; **~а́щий** proper, fitting; **~а́щим о́бразом** properly; **в ~а́щий срок** at the appointed time

надло́м fracture; **~и́ть** fracture; **~ленный** *перен.* wretched

надме́нный arrogant, haughty

на днях one of these days *(о предстоящем)*; the other day, lately *(о прошлом)*

на́до *см.* ну́жно ◊ так ему́ и ~ *разг.* it serves him right

на́добност||**ь** need, necessity; в слу́чае **~и** in case of need; нет **~и** there is no need

надо||**еда́ть** *см.* надое́сть; **~е́дливый** boring, tiresome; **~е́дливый челове́к** a bore; **~е́сть** bore; мне **~е́ло** (+ *инф.*) I am tired *(of)*, I am sick *(of)*; де́тям **~е́ло** сиде́ть ти́хо the children were fed up with sitting still

надо́лго *нареч.* for a long time

надорва́ть 1. tear slightly 2. *(силы)* overstrain; **~ся** overstrain oneself

надоу́мить suggest an idea *(to)*

надписа́ть, надпи́сывать write on smth.; ~ конве́рт address an envelope

на́дпись inscription; legend *(на монете)*; сде́лать ~ have an inscription made

надр||**е́з** small cut *(или* incision); **~еза́ть, ~е́зывать** make an incision, cut in

надруга́||**тельство** outrage; **~ться** treat outrageously

надры́в *перен.* anguish; он говори́л с **~ом** he spoke in anguish; **~а́ть(ся)** *см.* надорва́ть(ся)

надсмо́тр supervision; **~щик** overseer; slave-driver *(над рабами)*

надстав||**ить** lengthen; ~ пла́тье lengthen a dress; **~ка** a piece put on; **~ля́ть** *см.* надставля́ть

надстр||**а́ивать, ~о́ить** add a superstructure

надстро́йка superstructure *(тж. фи-*

лос.); ~ но́вых этаже́й building on of additional stories

наду||**ва́тельство** *разг.* cheating, swindling; **~а́ть** *см.* наду́ть

наду́м||**анный** far-fetched; **~ать** make up one's mind

наду́т||**ый** *(угрюмый)* sulky ◊ **~ые гу́бы** pouted lips

наду́ть 1. *(газом, воздухом)* inflate; ~ мяч blow up a ball 2. *разг. (обмануть)* cheat; dupe ◊ ~ гу́бы pout; **~ся** *(обидеться)* sulk, pout

надуши́ть put scent *(on)*; ~ плато́к духа́ми drench a handkerchief with scent; **~ся** put on scent, use perfume

наеда́ться *см.* нае́сться

наедине́ *нареч.* tête-à-tête, à deux

нае́здник horseman; цирково́й ~ circus rider

нае́здом on a flying visit

наезжа́ть 1. *(посещать)* come now and then 2. *(на что-л.)* collide *(with)*, run *(against, into)*

наём 1. *(рабочих)* hire 2. *(квартиры и т. п.)* rent; **~ник** hireling; **~ный** hired; **~ный труд** wage *(или* hired) labour

нае́сться eat plenty of; ~ сла́дкого eat lots of dessert

нае́хать *см.* наезжа́ть 2

нажа́ть 1. press; ~ кно́пку press a button 2. *разг. (оказать воздействие)* exert pressure, pull wires

наждак emery

нажи́ва profit, gain; лёгкая ~ easy money

нажива́ть(ся) *см.* нажи́ть(ся)

нажи́м pressure; **~а́ть** *см.* нажа́ть

нажи́ть acquire; ~ боле́знь contract an illness; ~ враго́в make enemies; **~ся** profiteer

наза́втра *нареч.* the next day

наза́д *нареч.* back, backwards; ~ ! get back! ◊ два го́да тому́ ~ two years ago

назва́||**ние** name; title *(книги)*; **~ть** call, name; назови́те мне... tell me the name(s)...; **~ться** call oneself

назе́мный ground *attr.*; land *attr.*

на́земь *нареч.* to the ground, down

назида́||**ние** edification; в ~ for edification; **~тельный: ~тельный приме́р** an object lesson; **~тельный тон** a didactic tone (of voice)

назло́ *нареч.* to spite (smb.); де́лать что-л. кому́-л. ~ do smth. to spite smb.

назнач||**а́ть** *см.* назна́чить; **~ение** 1. fixing 2. *(на должность)* assignment 3.

НАЗ

(предписание) prescríption **4.** *(цель)* púrpose; ~е́ние писа́теля high aspirátion of a wríter ◇ ме́сто ~е́ния destinátion

назна́чить **1.** fix, set; ~ пе́нсию fix a pénsion **2.** *(на работу)* assign **3.** *(предписать)* prescríbe

назо́йлив‖о *нареч.* impórtunately; ~ость impórtunity; ~ый impórtunate, tíresome; ~ая мело́дия háunting tune

назрева́ть, назре́ть come to a head *(тж. перен.)*

назыв‖а́ть *см.* назва́ть; ~ ве́щи свои́ми имена́ми call a spade a spade; так ~а́емый só-cálled; ~а́ться be called

наибо́лее *нареч.* most

наи́вн‖ость naïvety; ~ый naïve

наивы́сш‖ий the híghest, the útmost; в ~ей сте́пени to the útmost extént, to the híghest degrée

наи́грывать play sóftly

наизна́нку *нареч.* inside out; вы́вернуть ~ turn inside out

наизу́сть *нареч.* by heart; чита́ть ~ recíte

наилу́чш‖ий the best; ~им о́бразом in the best way

наиме́нее *нареч.* least

наименова́ние name, denominátion; title *(книги.)*

наискосо́к, на́искось *нареч.* aslánt, oblíquely

наиху́дший the worst

найти́ **1.** find; discóver *(открыть)*; ~ нефть strike oil **2.** *(счесть, признать)* consíder, find

най‖ти́сь **1.** be found; не ~дётся ли у вас 5 рубле́й? do you háppen to have 5 roubles on you?; рабо́та для всех ~дётся there will be work for éverybody **2.** *(не растеря́ться)* find the right thing *(to do or say)*; он нашёлся, что отве́тить he knew just what to replý

нака́з órder, instrúction; mándate *(избирателей)*

наказ‖а́ние púnishment; pénalty ◇ что за ~! *разг.* what a núisance!, what a curse!; ~а́ть púnish

нака́зывать *см.* наказа́ть

нака́л incandéscence; ~ённый incandéscent; réd-hót *(докрасна)*, white-hót *(добела)*

нака́л‖ивать(ся) *см.* накали́ть(ся); ~и́ть heat; ~и́ть докрасна́ *(или* добела́*)* make réd-hót *(или* white-hót*)*; ~и́ться become hot; *перен.* become héated

нака́лывать *см.* наколо́ть I 1

НАК

накаля́ть(ся) *см.* накали́ть(ся)

накану́не **1.** *нареч.* the day befóre **2.** *предл. (чего-л.)* on the eve *(of)*

нака́пать pour *(или* spill*)* drops; ~ лека́рство méasure out the médicine by drops

нака́пливать(ся) *см.* накопи́ть(ся)

накача́ть, нака́чивать pump

наки́дка **1.** *(одежда)* cloak **2.** *(на поду́шку)* lace cóver for pillows

наки́дывать *см.* наки́нуть; ~ся *см.* наки́нуться

наки́нуть **1.** throw (on) **2.** *(повы́сить це́ну)* add, put on

наки́нуться rush *(on)*, attáck *(тж. перен.)*; ~ на еду́ attáck the food

на́кипь **1.** scum **2.** *(осадок)* fur, depósit; scale

накладн‖а́я ínvoice, wáy-bill; ~о́й: ~ы́е расхо́ды óverhead expénses; ~о́е серебро́ pláted silver

накла́дывать *см.* наложи́ть

наклёвыва‖ться *разг.* be afóot; ничего́ не ~ется there's nóthing dóing; как бу́дто что́-то ~ется it seems that smth. is bréwing

накле́‖ивать, ~ить glue on, paste on; ~ ма́рку stick a stamp on

накле́йка stícky lábel

накло́н inclinátion; slope *(горы)*

наклоне́ние *грам.* mood

накло́н‖и́ть bend, bow; ~и́ться stoop *(нагну́ться)*; bend fórward *(вперёд)*; bend óver *(над)*

накло́нность bent; inclinátion

накло́н‖ный inclíned; slóping; ~я́ть(ся) *см.* наклони́ть(ся)

накова́льня ánvil

наколо́ть I **1.** *(приколо́ть)* pin **2.** *(уко́лоть)* prick

наколо́ть II *(расколо́ть)* chop; break *(сахар)*

наконе́ц **1.** *нареч.* at last; fínally *(в заключе́ние)*; lástly *(при перечисле́нии)* **2.** *вводн. сл.:* когда́ же, ~, домо́й? well when *(или* when on earth*)* are we góing home?

наконе́чник tip; point; head

накоп‖и́ть accúmulate; pile up; ~и́ться accúmulate; ~ле́ние accumulátion

накорми́ть feed

накра́пыва‖ть: ~ет дождь it is spítting rain

накрахма́лить starch

накрен‖и́ть, ~и́ться, ~я́ться *(о корабле́)* take a list, heel

на́крест *нареч.* crósswise

126

накричать *(на кого-л.)* shout *(at)*
накрывать(ся) *см.* накрыть(ся)
накрыть cóver; ~ (на) стол lay the table ◇ ~ на месте преступления catch rédhánded; ~ся cóver onesélf
накуп||ать, ~ить buy (a quántity of); ~ конфет buy a supplý of sweets
накурить: здесь накурено the room is full of smoke
налагать *см.* наложить
нала||дить, ~живать arránge, set góing; put smth. right; repáir *(исправлять)*
налево *нареч.* to the left; ~ от меня to my left
налегать *см.* налечь
налегке *нареч.* light; ехать ~ trável light; быть ~ be líghtly clad
налёт I *воен.* raid
налёт II 1. thin láyer; taint *(окраска)*; *перен.* touch; ~ мещанства a touch of vulgárity 2. *(в горле, на языке)* fur
налетать, налететь 1. *(сталкиваться)* collíde *(with)* 2. *(набрасываться)* swoop down; *перен.* fly *(at)*, attáck 3. *(о пыли, комарах)* fly in, drift in
налётчик one of a smash-and-grab gang
налечь *разг.* applý, lean; ~ на работу get down to work
наливать(ся) *см.* налить(ся)
наливка córdial
налим búrbot
налитой: ~ кровью blóod-shot
налить pour out; fill *(наполнить)*; ~ся 1. fill 2. *(о плодах)* rípen
налицо *нареч.* présent *(о человеке)*; on hand, aváilable *(о вещах)*
наличие aváilability
наличн||ость *бухг.* cash, réady móney; ~ый on hand; за ~ый расчёт for cash down; ~ые деньги cash *sg.*; réady móney *sg.*
наловчиться get the hang *(of)*
налог tax; прямой ~ diréct tax; косвенный ~ indiréct tax
налогоплательщик táx-payer
наложенны||й: ~м платежом cash on delivery, C.O.D.
наложить put on; ~ штраф impóse a fine; ~ взыскание delíver an official réprimand; ~ отпечаток leave traces *(on)*; ~ резолюцию на заявление endórse an applicátion ◇ ~ на себя руки commít súicide
налюбоваться: он не может ~ этим he can't admíre this enóugh

нам *дт. см.* мы
намазать spread *(on)*, put *(on)*; ~ хлеб маслом spread bread with bútter; ~ мазью applý an óintment *(to)*; ~ся rub onesélf *(with)*
наматывать *см.* намотать
намачивать *см.* намочить
намаяться have had a lot of trouble
намёк hint, dig; понять ~ take the hint
намек||ать, ~нуть make hints *(about)*, hint that
намереваться inténd, be abóut to
намерен *предик.*: он ~ he inténds; что вы ~ы делать? what are you góing to do?
намерен||ие inténtion; aim *(цель)*; ~но *нареч.* delíberately; ~ный inténtional, delíberate
наметить I 1. *(ставить метку)* mark 2. *перен.* óutline
наметить II *(заранее назначить)* fix; ~ день отъезда fix the day of depárture
намечать I, II *см.* наметить I *и* II
нами *тв. см.* мы
намного by far; ~ лучше much bétter
намокать, намокнуть get wet
намордник muzzle; надевать ~ muzzle
намотать wind, reel
намочить móisten; soak *(бельё)*
намучиться *разг.* have the hell of a lot of trouble
намыли||вать, ~ть soap
нанести 1. *(принести)* bring a quántity *(of)*; heap *(кучу чего-л.)*; depósit *(песок, ил)* 2. *(причинить)* inflíct, cause; ~ оскорбление insúlt; ~ поражение deféat; ~ ущерб dámage 3. *(на карту)* mark *(on)*
нанизать, нанизывать string, thread
нанима||тель 1. *(помещения)* ténant 2. *(рабочих)* emplóyer; ~ть *см.* нанять; ~ться applý for work
нанос *геол.* allúvium, depósit; ~ить *см.* нанести; ~ный *геол.* allúvial; *перен.* superficial
нанять 1. *(помещение)* rent 2. *(людей)* hire; engáge; ~ся go ínto sérvice, take a job
наоборот 1. *нареч. (не так, как следует)* the wrong way round; как раз ~ quite the revérse 2. *вводн. сл.* on the cóntrary; и ~ and více vérsa
наобум *нареч.* at rándom
наотмашь *нареч.* with the back of the hand
наотрез *нареч.* flátly, póint-blánk; отказаться ~ refúse póint-blánk
на ощупь *нареч.* to the touch

напад||а́ть см. напа́сть I; **~е́ние** 1. attack; воен. offensive; aggression (агрессия) 2. (в футболе) forwards pl., the forward line

напа́дки attacks, accusations

напа́сть I гл. 1. attack 2. (о страхе, тоске и т. п.) come over

напа́сть II сущ. разг. misfortune

напе́в tune; **~а́ть** hum

наперебо́й нареч.: говори́ть ~ try to speak first; угоща́ть ~ outdo others in piling food on a guest's plate

напереве́с нареч. atilt

наперегонки́ нареч.: бежа́ть ~ chase each other; race (with) one another (в состязании)

наперёд нареч. разг. beforehand, in advance

напереко́р нареч. разг. contrarily; contrary to ◇ ~ стихи́ям flying in the face of nature

наперечёт нареч. all without exception; он знал всех ~ he knew every (single) one of them ◇ таки́е лю́ди ~ there are not many such people

напёрсток thimble

напеча́тать print; publish (издать); type (на машинке)

напива́ться см. напи́ться

напи́льник file

напира́ть разг. 1. press 2. (подчёркивать) emphasize; stress (on)

написа́ть см. писа́ть

напи́т||ок 1. drink 2. мн.: **~ки** beverages

напи́ться 1. have smth. to drink; quench one's thirst (утолить жажду) 2. (пьяным) get drunk

напиха́ть, напи́хивать разг. cram in (или into) with; stuff (with — чем-л.)

наплева́ть spit; ~ на перен. разг. spit on; мне ~ на э́то I don't give a damn for that

наплы́в 1. flow, influx 2. кино fade-in

наповал нареч.: уби́ть ~ kill outright

наподо́бие предл. like

напои́ть give to drink; water (животных)

напока́з нареч. for show (тж. перен.); выставля́ть ~ put out for show

напо́лнить fill; **~ся** fill

наполня́ть(ся) см. напо́лнить(ся)

наполови́ну нареч. half; де́лать де́ло ~ do things by halves

напомина́||ние 1. reminding; reminder (то, что напоминает) 2. (извещение) notice; **~ть** 1. см. напо́мнить 2. (быть похожим) resemble

напо́мн||ить remind (of); **~ите мне...** remind me...

напо́р pressure, force (тж. перен.); ~ ве́тра the force of the wind; под ~ом проти́вника under enemy pressure; **~истый** разг. energetic, forceful

напосле́док нареч. at last, in the end

напра́в||ить 1. direct; ~ взгляд direct one's glance; ~ разгово́р direct (или turn) the conversation 2. (послать) send; ~ больно́го в го́спиталь send a patient to hospital; ~ заявле́ние в суд send a statement to the court; ~ кого́-л. на рабо́ту assign smb. to a post; **~иться** go, make (for); **~ле́ние** в разн. знач. direction; по ~ле́нию к in the direction of; **~ле́ние ума́** turn of mind; **~ля́ть** см. напра́вить; **~ля́ться** 1. см. напра́виться 2. (о судне) be bound (for)

напра́во нареч. to the right; ~ от меня́ to my right

напра́сн||о нареч. 1. (зря) in vain, uselessly 2. (несправедливо) without reason (или grounds); вы ~ так говори́те you shouldn't say that; **~ый** 1. (бесполезный) vain, useless 2. (несправедливый) without grounds, unfounded; на́ши опасе́ния оказа́лись ~ыми our fears proved unfounded

напра́шив||аться 1. ask for; ~ на комплиме́нты fish for compliments; ~ на неприя́тности ask for trouble 2. (о мысли и т. п.) suggest itself; **~ается** сравне́ние one is tempted to compare; вы́воды ~аются са́ми собо́й the obvious conclusions spring to mind

наприме́р вводн. сл. for example, for instance; вот, ~,... let's take for instance...

напрока́т нареч. for (или on) hire; брать ~ hire

напролёт нареч. on end; но́чи ~ nights on end; весь день ~ all day long

напроло́м нареч. ahead; идти́ ~ barge ahead

напроси́ться см. напра́шиваться 1

напро́тив 1. нареч. (наоборот) on the contrary 2. нареч. (на противоп. стороне) opposite 3. предл. opposite; vis-à-vis

напря́||га́ть(ся) см. напря́чь(ся); **~же́ние** 1. strain; effort (усилие) 2. эл. tension, voltage 3. тех. stress; **~жённая** strained, tense; **~жённая борьба́** tense struggle; с ~жённым внима́нием with strained attention

напрямик *нареч.* by the direct *(или* shortest) way; *перен.* straight, plainly; говорить ~ speak plainly

напрячь strain; ~ все силы strain every nerve; **~ся** strain *(или* exert) oneself

напуг||анный frightened *(at, of);* **~ать** frighten; **~аться** get frightened

напудрить powder; **~ся** powder oneself

напуск||ать(ся) *см.* **напустить(ся)**; **~ной** affected; feigned

напустить *(наполнить)* fill *(with)* ◇ ~ на себя важность put on an air of importance

напуститься *(на кого-л.) разг.* fall *(on)*, fly *(at)*

напутать mix up; make a mess of *(всё перепутать)*

напутствие parting words *pl.*, parting wishes *pl.*

напыщенный pompous, inflated; bombastic *(о стиле)*

наравне *нареч.* on a level *(with)*, in a line *(with)*; она работала ~ со взрослыми she worked on a level with the grown-ups

нараспашку *нареч. разг. (о пальто и т. п.)* unbuttoned ◇ у него душа ~ he is generously open-hearted

нараспев *нареч.* in a sing-song, in a singing voice

нараст||ание growing, growth; **~ать**, **~и** grow, increase

нарасхват *нареч. разг.*: эта книга продаётся ~ this book is selling like hot cakes; эта пластинка ~ this record is in great demand

нарвать I *(цветов, фруктов)* pick

нарвать II *см.* **нарывать**

нарваться *разг.* run up *(against);* ~ на неприятность run into trouble

нарез||ать, **~ать** 1. cut; carve *(мясо)* 2. *(резьбу винта)* thread; **~ка** *(винта)* thread; **~ной** threaded

нарекани||е censure; вызвать **~я** give rise to unfavourable criticism

наречие I *(диалект)* dialect; местное ~ local dialect

наречие II *грам.* adverb

нарисовать draw

нарицательн||ый 1. *эк.* nominal 2. *грам.:* имя **~ое** common noun

наркоз anaesthetic; под **~ом** under anaesthetic

наркоман drug addict

наркотик drug

народ people

народиться *см.* **нарождаться**

народность *(народ)* a people, a nationality

народнохозяйственный national economic

народн||ый people's; national *(национальный);* folk *attr. (о музыке и т. п.);* ~ суд People's Court; ~ фронт Popular Front; **~ая** республика People's Republic; **~ые** сказания folklore *sg.*; ~ артист People's artist

народонаселение population

нарождаться *(возникать)* arise, come into being

нарост growth

нарочитый deliberate, intentional

нарочно *нареч.* 1. on purpose, purposely 2. *(в шутку)* for fun ◇ как ~ as if on purpose, as luck would have it

нарты sleigh *sg.*, sledge *sg.*

наружное *(о лекарстве)* for external use; "not to be taken" *(надпись)*

наружн||ость appearance; **~ый** external; outward; **~ое** лекарство external remedy

наружу *нареч.* out, outside; выйти ~ *перен.* come to light, leak out

наруш||ать *см.* **нарушить**; **~ение** breach; violation; infringement *(закона, правила);* disturbance *(тишины);* **~ение** правил уличного движения infringement of traffic regulations; **~итель** law breaker; **~итель** порядка one who commits a breach of the peace; **~итель** границы a spy

нарушить violate, break; infringe *(закон, правила);* disturb *(тишину)*

нарцисс narcissus, daffodil

нары plank bed *sg.*

нарыв abscess; **~ать** come to a head

нарываться *см.* **нарваться**

наряд I *(костюм)* dress; attire

наряд II 1. *(документ)* order, warrant 2. *воен.* duty *(задание);* detachment *(люди)*

нарядить(ся) dress up

нарядный well dressed; smart *(о платье)*

наряду *нареч.* side by side; at the same time *(одновременно);* ~ со всеми like everyone else

наряжать(ся) *см.* **нарядить(ся)**

нас *рд., вн. см.* **мы**

наса||дить 1. plant 2. *см.* **насаждать**; **~ждать** *(культуру и т. п.)* spread; **~ждение** plantation; зелёные **~ждения** green plantations

насвистывать whistle

насе́дка а broody (*или* а sitting) hen
насеко́мое insect
насел||е́ние population; городско́е ~ townspeople *pl.*; се́льское ~ rural population; ~ённый po̒pulated; ~ённый пункт populated area
насели́ть fill with people, populate
населя́ть 1. (*обитать*) inhabit 2. *см.* насели́ть
насе́ст roost; сиде́ть на ~е roost, perch
насе́чка incision
наси́женный *разг.* long-occupied
наси́л||ие violence; ~овать violate; force (*заставлять*)
наси́лу *нареч. разг.* hardly
наси́ль||но *нареч.* by force; ~ственный violent; ~ственная смерть violent death
наска́кивать *см.* наскочи́ть
наскво́зь *нареч.* through, throughout; промо́кнуть ~ get wet through ◇ ви́деть кого́-л. ~ see through smb.
наско́лько *нареч.* 1. (*вопросит.*) how much? 2. (*относит.*) as far as
наско́ро *нареч.* hastily, hurriedly
наскочи́||ть 1. (*столкнуться*) run into (*или* onto); ~ на неприя́тность run into trouble 2. (*наброситься*) fly (*at*); он ~л на меня́ с руганью he jumped down my throat and swore at me
наску́ч||ить bore, annoy; мне ~ило I am bored (*with*)
насла||ди́ться, ~жда́ться enjoy; take pleasure (*in*)
наслажде́ние delight, pleasure, enjoyment
насле́дие legacy
насле́д||ник heir; ~ница heiress; ~овать 1. (*что-л.*) inherit 2. (*кому-л.*) succeed (*to*); ~ственность heredity; ~ственный hereditary; ~ство inheritance; получи́ть по ~ству inherit
наслое́ние *геол.* stratification; stratum (*слой*)
на́смерть *нареч.* mortally, to death
насмеха́ться mock (*at*); sneer (*at*)
насмеши́ть make laugh
насме́ш||ка mockery; ~ливый mocking; ~ник mocker
на́сморк cold (*in the head*); схвати́ть ~ catch a cold
насмотре́ться (*чего-л.*) see a lot (*of*); (*на кого-л., что-л.*) see as much (*of smb., of smth.*) as one wanted
насоли́ть (*кому-л.*) *разг.* make things hot (*for smb.*)

насо́с pump
на́спех *нареч.* in a hurry; slapdash (*небрежно*)
наст snow crust
наставать *см.* наста́ть
наста́вить (*нацелить*) aim (*at*), point (*at*)
наставле́ние admonition; instruction (*указание*)
наста́вник mentor, tutor
наста́ивать I, II *см.* настоя́ть I *и* II
наста́||ть come; ~л час the hour has come
на́стежь *нареч.* wide open; раскры́ть ~ fling open
настига́ть, насти́гнуть overtake
наст||ила́ть, ~ла́ть lay; plank (*доски*); ~ пол lay a floor
насто́й infusion; ~ка infusion; cordial
насто́йчив||ость persistence; ~ый (*о человеке*) persistent; urgent (*о просьбе и т. п.*)
насто́лько *нареч.* so; ~, что so that; ~ наско́лько as much as
насто́льн||ый table *attr.*; ~ая ла́мпа table lamp; ~ те́ннис table tennis ◇ ~ая кни́га a book I am never without
настора́живаться *см.* насторожи́ться
насторо́же *нареч.*: быть ~ be on the alert
насторожи́ться prick up one's ears
настоя́||ние insistence; по его́ ~нию at his urgent request; ~тельный urgent, pressing; ~тельная про́сьба urgent request
настоя́ть I insist (*on, упон*); persist (*in*)
настоя́ть II (*сделать настойку*) infuse; draw
настоя́щее *как сущ.* the present
настоя́щ||ий 1. (*о времени*) present, nowadays; в ~ее вре́мя now, at present 2. (*подлинный*) genuine, real; regular; ~ая дру́жба true friendship ◇ ~ее вре́мя *грам.* the present tense
настра́ивать *см.* настро́ить
на́строго *нареч.* strictly, severely
настрое́н||ие mood, frame of mind; быть в хоро́шем ~ии be in good mood, be in high spirits; быть в плохо́м ~ии be in a bad mood, be in low spirits
настро́ить 1. (*инструмент*) tune; tune in (*радио*) 2. (*кого-л.*) turn; ~ про́тив turn (*или* set) against
настро́й||ка *муз.* tuning; ~щик tuner
наступа́тельный *воен.* offensive
наступа́ть I *см.* наступи́ть I
наступа́ть II *см.* наступи́ть II

наступа́ть III *воен.* attáck; advánce (*приближа́ться*)

наступи́ть I (*ного́й*) tread on, step on

наступи́ть II come; ~ла хоро́шая пого́да fine wéather has set in; ~ла тишина́ sílence fell

наступле́н||**ие** I (*прихо́д*) cóming, appróach; с ~ием но́чи at níghtfall; до ~ия зимы́ befóre winter sets in

наступле́ние II *воен.* offénsive, attáck

насту́рция nastúrtium

насу́питься frown

на́сухо *нареч.* dry

насу́щн||**ый** úrgent, préssing; ~ые потре́бности préssing (*или* immédiate) needs

насчёт *предл.* concérning, as regárds; ~ чего́? abóut what?; ~ кварти́ры on the súbject of a flat; ~ э́того on that score

насчи́тывать númber; ~ся *безл.* be númbered

насы́п||**ать**, ~**а́ть** pour (*on*), spread (*on*; наброса́ть на пове́рхность*); fill (*наполня́ть*)

на́сыпь embánkment

насы́тить sátiate (*with*), sátisfy (*with*); ~ся sátisfy one's húnger; sate onesélf (*до пресыще́ния*)

насыщ||**а́ть** 1. *см.* насы́тить 2. *хим.* sáturate; ~**а́ться** 1. *см.* насы́титься 2. *хим.* be sáturated; ~**е́ние** 1. satiátion 2. *хим.* saturátion

насы́щенный sáturated

ната́лкивать(ся) *см.* натолкну́ть(ся)

ната́скивать, ната́скивать: ~ к экза́мену coach for an examinátion

натвори́||**ть**: что ты ~л? what have you gone and done?

натере́ть rub (*with*); ~ пол pólish the floor; ~ во́ском wax; ~ на тёрке grate; ~ мозо́ль get a corn; я натёр себе́ но́гу my foot is rubbed sore

натере́ться (*ма́зью и т. п.*) rub onesélf

натерпе́ться have súffered a great deal

натира́ть *см.* натере́ть

на́тиск charge; attáck *спорт.*; си́льный ~ ónslaught

наткну́ться run into (*тж. перен.*); ~ на гвоздь catch onesélf on a nail; ~ на неприя́теля run into the énemy

натолкну́ть: ~ на мысль put an idéa into smb.'s head; ~ся *см.* наткну́ться; ~ся на сопротивле́ние encóunter resistance

натопи́ть heat thóroughly; ~ пе́чку heat the stove próperly

наточи́ть shárpen

натоща́к *нареч.* on an émpty stómach

натрави́ть, натра́вливать *прям., перен.* set on

нату́р||**а** náture; сня́то с ~ы táken from life; ~**а́льный** nátural; ~**а́льный** ко́фе real cóffee; в ~**а́льную** величину́ life-size

нату́рщ||**ик**, ~**ица** módel

натыка́ться *см.* наткну́ться

натя́гивать *см.* натяну́ть

натя́жк||**а** stretch; с ~ой at a stretch

натя́нутый tight; taut (*о верёвке*); *перен.* strained, stiff

натяну́ть 1. stretch, draw; ~ се́тку fix the net tight 2. (*наде́ть*) pull on

науга́д *нареч.* at rándom

нау́ка science ◇ э́то тебе́ ~! let this be a lésson (*или* an óbject-lésson) to you!

науте́к *нареч. разг.* héadlong, in full flight; пусти́ться ~ (*о лю́дях*) take to one's heels

нау́тро *нареч.* the fóllowing (*или* the next) mórning

научи́ть teach; ~ся learn

нау́чно-иссле́довательский (scientific) reséarch; ~ институ́т reséarch institute

нау́чно-популя́рный: ~ кинофи́льм pópular science film

нау́чный scientific; ~ рабо́тник scientist

нау́шники 1. (*у ша́пки*) éar-flaps 2. *ра́дио* héad-phones

нафтали́н náphthalene

наха́||**л** impudent féllow; ~**льный** impudent; ~**льство** impudence

нахвата́ть *разг.* seize, pick up; grab; ~ся: ~ся зна́ний *разг.* get a smáttering of knówledge

нахле́бник spónger

нахлобу́ч||**ивать, ~ить**: ~ ша́пку pull one's cap óver one's eyes; ~ка *разг.* scólding

нахлы́ну||**ть** overwhélm (*тж. перен.*); воспомина́ния ~ли на него́ mémories flóoded in on him

нахму́рить: ~ бро́ви knit one's brows; ~ся frown

находи́ть *см.* найти́ ◇ ~ удово́льствие в чём-л. take pleasure in smth.; ~ утеше́ние find consolátion (*in*); ~ся 1. *см.* найти́сь 2. (*пребыва́ть*) be; ~ся под судо́м be únder tríal

нахо́д||**ка** find; ~**чивый** resóurceful, quick-witted; réady, quick (*об отве́те и т. п.*)

нахо́хлиться ruffle up

наце́ли||**ваться, ~ться** aim (*at*)

наце́нка éxtra charge

НАЦ

национализ||áция nationalizátion; **~и́ровать** nátionalize
национали́зм nátionalism
национáльн||ость nationálity; **~ый** nátional
нáция nátion
начáл||о 1. beginning 2. *(основа, принцип)* básis, prínciple 3. *(источник)* órigin, source; брать ~ spring *(from)*, originate *(in)* ◊ под ~ом under the commánd *(of)*; в ~е пя́того soon áfter four
начáльник head, chief; supérior; ~ стáнции státion-master; ~ цéха shop superinténdent
начáльн||ый 1. *(элементарный)* eleméntary; ~ая шкóла eleméntary school 2. *(находящийся в начале)* inítial, first; ~ые стрóчки the ópening lines
начáльство 1. *собир.* authórities *pl.* 2. commánd *(над кем-л.)*
начáльствующий: ~ состáв commánding staff
начáть begín, start; **~ся** begín, start
начекý *нареч.* on the alért
нáчерно *нареч.* róughly; написáть ~ make a rough cópy
начертá||ние trácing; **~тельный:** ~тельная геомéтрия descríptive geómetry; **~ть** trace
начерти́ть draw
начинá||ние undertáking; innovátion *(новаторство)*; **~ть(ся)** *см.* начáть(ся); **~ющий** *как сущ.* begínner; ~я: ~я с... beginning with...; ~я с сегóдняшнего дня as from now; ~я с сегóдняшнего дня я занимáюсь тóлько англи́йским from todáy I will stúdy Énglish ónly
начини́ть stuff *(with)*; fill *(with)*
начи́н||ка filling; **~я́ть** *см.* начини́ть
начислéние éxtra charge
начи́сто *нареч.* clean; переписáть ~ make a clean cópy
начи́танный wéll-réad
наш *мест.* our *(при сущ.)*; ours *(без сущ.)*; э́то **~а** кни́га it is our book; э́та кни́га **~а** this book is ours
нашатырный: ~ спирт líquid ammónia
нашёптывать *(кому-л.)* whísper in smb.'s ear
нашéствие invásion
нашивáть *см.* наши́ть
наши́||вка *воен.* stripe *(на рукаве)*; tab *(на воротнике)*; **~ть** sew on
нашлёпать *разг.* slap
нашумéть make much noise; *перен.* cause a sensátion

НЕВ

нащу́п||ать find ◊ ~ пóчву для перегово́ров explóre the ground for negotiátions; **~ывать** *прям.*, *перен.* grope *(for)*
наявý *нареч.* in one's wáking hours
не *частица* not; no; скажи́ ему́, чтóбы он меня́ не ждал tell him not to wait for me; э́то не шу́тка! it is no joke! ◊ ему́ бы́ло не по себé he was ill at ease; не за что! not at all!, don't méntion it!; не раз time and agáin; more than once; не мог не сказа́ть (не показа́ть *и т. п.*) couldn't help sáying (shówing *etc.*)
неаккурáтн||ость 1. *(небрежность)* cárelessness 2. *(неточность)* ináccuracy; únpunctuálity *(во времени)*; **~ый** 1. *(небрежный)* cáreless 2. *(неточный)* ináccurate; unpúnctual *(во времени)*
небéсный celéstial; héavenly; ~ свод fírmament
неблагови́дный unséemly
неблагодáр||ность ingrátitude; **~ый** ungráteful; *перен.* thánkless
неблагожелáтельный malévolent
неблагозву́чный discórdant, díssonant
неблагонадёжный únrelíable
неблагополу́чн||о 1. *нареч.* not fávourably 2. *предик. безл.:* у них ~ things are not well with them; **~ый** unfórtunate
неблагоприя́тный únfávourable
неблагоразу́мный imprúdent
нéб||о sky; héaven ◊ превозноси́ть до ~éс praise to the skies
нéбо *анат.* pálate
небогáтый of módest means *(после сущ.)*; poor *(бедный)*
небольш||óй small; short *(о расстоянии, сроке)*; на ~ высотé at low áltitude ◊ с ~и́м odd, a little óver; 500 с ~и́м five húndred odd
нéбо||свод fírmament; **~склóн** horízon; sky
небоскрёб ský-scraper
небрéжный cáreless; slípshod *(о стиле)*
небывáлый unprécedented, unparálleled
небыли́ц||а imáginary stóry, flight of fáncy; он расскáзывает ~ы he tells tall stóries
невáжн||о 1. *предик. безл. (несущественно)* it is únimpórtant; néver mind 2. *нареч. (плохо)* póorly, not véry well; он чу́вствует себя́ ~ he doesn't feel véry well; **~ый** 1. *(несущественный)* únimpórtant 2. *(плохой)* bad, poor

невдалеке́ *нареч.* not far off
неве́дение ignorance
неве́домый unknówn
неве́жа churl, boor
неве́ж||да ignorámus; ~ественный ígnorant; ~ество ignorance
неве́жлив||ость rúdeness; ~ый rude, impolíte
неве́рие lack of belíef, disbelíef
неве́рн||о 1. *нареч.* incorréctly, wrong; ~ понима́ть misunderstánd; ~ истолко́вывать misintérpret 2. *предик. безл.* it is not true; ~ый 1. *(неправильный)* wrong, incorréct 2. *(вероломный)* unfáithful, dislóyal; false *(лживый)*
невероя́тный incrédible, inconcéivable
неве́рующий *как сущ.* átheist
невесёлый jóyless, sad; ~ смех mírthless láughter
невесо́м||ость: состоя́ние ~ости wéightlessness; ~ый wéightless *(тж. перен.)*
неве́ста bride, fiancée
неве́стка dáughter-in-law *(жена сына)*; síster-in-law *(жена брата)*
невзго́да advérsity, misfórtune
невзира́я: ~ на ли́ца without respéct of pérsons
невзнача́й *нареч. разг.* quite unexpéctedly, by chance
невзра́чный insignificant, plain
невзыска́тельный undemánding
неви́данный not seen befóre
неви́димый invísible
неви́нн||ость ínnocence; ~ый ínnocent
невино́вн||ость ínnocence; ~ый *юр.* not guílty
невку́сный unpálatable
невменя́емый 1. *юр.* of diminished responsibility; insáne 2. *(вне себя)* crázy, insáne
невмеша́тельство nón-intervéntion
невмоготу́ *предик. безл. разг.* unbéarable; мне уже́ ~ it's more than I can stand *(или* abíde*)*
невнима́||ние, ~тельность inatténtion; ~тельный inatténtive
невня́тн||о *нареч.* indistínctly; ~ый indistínct, inartículate
не́вод seine, swéep-net
невозврати́мый, невозвра́тный irrévocable; irretríevable
невозде́ланный untílled, waste
невозде́ржанный intémperate; unrestráined *(невыдержанный)*
невозмо́жн||о *предик. безл.* impóss-ible; э́то ~ it is impóssible; ~ость impossibílity; ~ый impóssible
невозмути́м||ость imperturbabílity; ~ый impertúrbable
нево́л||ить force; ~ьник slave
нево́льный invóluntary
нево́ля captívity *(плен)*; slávery *(рабство)*
невообрази́мый unimáginable, inconcéivable
невооружённ||ый unármed ◇ ~ым гла́зом with the náked eye
невоспи́танный ill-bréd
невпопа́д *нареч.* not to the point, out of place, out of turn
невразуми́тельный unintélligible, obscúre
невралг||и́ческий *мед.* neurálgic; ~и́я *мед.* neurálgia
неврастени́я neurasthénia
невреди́мый unhármed, safe
невы́годный disadvantágeous; unprófitable
невы́держанный lácking sélf-contról, unrestráined
невыноси́мый intólerable, unbéarable
невыполне́ние nón-execútion; ~ пла́на nón-fulfilment of the plan
невыполни́мый imprácticable
невырази́мый inexpréssible, unspéakable
невырази́тельный inexpréssive
невысо́кий low, not high; not tall, short *(о росте)*
невы́ясненный obscúre, uncértain
не́га bliss
негати́в *фото* négative
не́где *нареч.* nówhere; there is no room; мне ~ взять э́ту кни́гу there is nówhere I could get this book from; мне ~ положи́ть э́то there is no room for my pútting it
неги́бкий infléxible, stiff
негла́сный prívate, sécret
неглубо́кий not deep, shállow; *перен.* superficial
неглу́пый sénsible; он неглу́п he is no fool
него́ *рд. см.* он, оно́
него́дн||ость 1. únfitness 2. *(плохое состояние)* wórthlessness; прийти́ в ~ becóme wórthless; ~ый 1. *(неподходящий)* únfit; ~ый к вое́нной слу́жбе únfit for mílitary sérvice 2. *(плохой)* wórthless
негодов||а́ние indignátion; ~а́ть be indígnant *(with)*, rail *(against)*
негодя́й víllain, scóundrel

НЕГ

негостеприи́мный inhóspitable
негр Négro
неграмотн||ость 1. illíteracy 2. *(невежество)* ígnorance; ~ый illíterate
негритя́нский Négro *attr.*
неда́вн||ий récent; с ~их пор of late
неда́вно *нареч.* látely, récently, not long agó
недал||ёкий 1. near; not far off; в ~ёком бу́дущем in the near fúture; в ~ёком про́шлом not long agó 2. *(о человеке)* none too cléver *(после сущ.)*; ~еко́ *нареч.* not far
недальнови́дный shórt-síghted
неда́ром *нареч.* not without réason, not for nóthing *(не без основания)*; not in vain *(не зря)*
недви́жим||ость immóvable próperty; immóvables *pl.*; ~ый immóvable; ~ое иму́щество *см.* недви́жимость
недвусмы́сленный únequívocal
недействи́тельный *юр.* inválid
неделика́тн||ость indélicacy; ~ый indélicate
недели́мый indivísible
неде́льный wéekly
неде́л||я week; че́рез ~ю in a week; две ~и a fórtnight
недисциплини́рованн||ость lack of díscipline, indíscipline; ~ый undísciplined
недоброжела́тельн||ость malévolence, ill-will; ~ый malévolent
доброка́чественн||ость bad quálity; ~ый of poor quálity *(после сущ.)*; bad
недобросо́вестн||ость unconsciéntiousness, unscrúpulousness; ~ый unconscíentious, unscrúpulous
недо́бр||ый 1. unkínd; ~ое чу́вство évil féeling 2. *(плохой)* bad; ~ая весть bad news ◇ чу́ять ~ое have a forebóding
недове́р||ие distrúst, mistrúst; ~чивый distrústful, mistrústful
недове́с short weight
недово́ль||ный discónténted, displéased; dissátisfied *(неудовлетворённый)*; ~ство discóntént; displéasure; dissatisfáction *(неудовлетворённость)*
недога́длив||ость slow wits *pl.*; ~ый slów-wítted, únpercéptive; dense *разг.*
недогляде́ть overlóok, fail to obsérve
недоеда́||ние málnutrítion; ~ть be únderféd, be undernóurished
недозво́ленный únláwful; illícit
недои́мки arréars
недоко́нченный únfínished
недо́лго *нареч.* not long

НЕД

недолгове́чный shórt-líved
недолю́бливать dislíke
недомога́ние indispoition; чу́вствовать ~ be indispósed, not feel quite well
недомо́лвка reservátion; omíssion
недомы́слие thóughtlessness, stupídity
недоно́сок premáture báby
недооцён||ивать, ~и́ть underéstimate; ~ка underestimátion
недопусти́мый inadmíssible
недоразуме́ние misunderstánding
недорого́й inexpénsive
недоро́д poor hárvest
недосмо́тр óversight; по ~у by an óversight
недосмотре́ть overlóok
недоспа́ть not have enóugh sleep
недоста́||ва́ть *безл.* lack, be míssing; мне вас о́чень ~ва́ло I missed you bádly; чего́ вам ~ёт? what do you lack?; ему́ ~ёт де́нег he is short of móney ◇ э́того ещё ~ва́ло! it néeded ónly that!
недоста́вленн||ый undelívered; ~ое письмо́ úndelívered létter
недоста́т||ок 1. lack, defíciency; shórtage, scárcity *(нехватка)*; из-за ~ка for want *(of)*; for lack *(of)*; нет ~ка *(в чём-л.)* there is no shórtage *(of)* 2. *(дефект)* deféct; dráwback, shórtcoming; досто́инства и ~ки mérits and demérits
недоста́точн||ость insufficiency; корона́рная ~ *мед.* córonary defíciency; ~ый insufficient, scánty *грам.* deféctive
недоста́ть *см.* недостава́ть
недоста́ча *разг.* déficit, shórt-fall
недостижи́мый únattáinable
недостове́рный doubtful, not authéntic
недосто́йный unwórthy
недосту́пный inaccéssible
недосу́г *разг.*: мне ~ I have no time; за ~ом for lack of time
недосчита́||ться, недосчи́тываться be short of *(или* by); он ~лся трёх рубле́й he was 3 roubles short
недосыпа́ть *см.* недоспа́ть
недосяга́емый únattáinable
недотро́га a tóuchy *(или* príckly) pérson
недоум||е́ние perpléxity; быть в ~е́нии be puzzled, be perpléxed; be at a loss
недоуме́нный puzzled, perpléxed
недоу́чка a hálf-táught pérson

недочёт 1. *(в товаре, деньгах)* déficit 2. *(в работе)* shórtcoming, deféct
недра *(земли́)* bówels (of the earth)
недруг énemy, foe
недружелю́бный únfríendly
неду́г íllness
недурн||**о** *нареч.*: ~! not bad!; **~о́й** 1. *(неплохой)* not bad 2. *(о наружности)* ráther góod-lóoking, not bád-lóoking
недю́жинный outstánding; он ~ челове́к he is one in a thóusand
неё *рд. см.* она́
неесте́ственный unnátural
нежела́||**ние** únwíllingness, relúctance; **~тельный** úndesírable
нежена́тый únmárried
не́женка *разг.* pámpered pet, móther's dárling
нежи́зненный *(нереальный)* imprácticable, únpráctical
нежило́й úninhábited; úninhábitable *(непригодный для жилья)*
не́жить coddle; cuddle *(детей)*; ~ся luxúriate; ~ся на со́лнце bask in the sun
не́жн||**ость** 1. ténderness 2. *мн.*: ~ости *разг.* *(ласковые слова, поступки)* endéarments ◇ теля́чьи ~ости slóppy endéarments; **~ый** ténder
незабве́нный únforgéttable, néver-to-be-forgótten
незабу́дка forgét-me-not
незабыва́емый *см.* незабве́нный
незави́дный únénviable, poor
незави́сим||**о** *нареч.* 1. indepéndently *(of)* 2. *(вне связи с чем-л.)* apárt *(from)*, irrespéctive *(of)*; **~ость** indepéndence; **~ый** indepéndent
незави́сящ||**ий** indepéndent *(of)*; по ~им от меня́ обстоя́тельствам о́wing to círcumstances óver which I have no contról
незада́ч||**а** *разг.* ill luck; **~ливый** ill-stárred, lúckless
незадо́лго *нареч.* shórtly *(before)*, not long *(before)*; ~ до ва́шего прие́зда shórtly befóre your arríval
незако́нный illégal, illegítimate, illícit
незако́нченный únfínished
незамени́мый irrepláceable
незаме́тный impercéptible
незамыслова́тый simple, únpreténtious
незапа́мятн||**ый**: с ~ых времён from time immemórial
незапя́тнанный stáinless; únblémished
незара́зный non-contágious
незаслу́женный únmérited, úndesérved

незате́йливый plain, simple
незауря́дный uncómmon, outstánding
не́зачем *нареч.* (there is) no need
незащищённый únprotécted; ~ от ве́тра expósed to the wind
незва́ный únbídden, úninvíted
нездоро́||**виться** *безл.*: мне ~вится I do not feel well; **~вый** 1. *(о климате и т. п.)* unhéalthy 2. *(о человеке)* síckly; únwéll; ill; **~вье** ill health; indisposítion *(недомогание)*
незе́мной unéarthly
незлоби́вый mild, gentle
незнако́м||**ец** stránger; **~ство** *см.* незна́ние; **~ый** únknówn; быть ~ым *(с)* be únacquáinted *(with)*
незна́ние ígnorance
незначи́тельный insígnificant, únimpórtant; small *(небольшой)*; slight *(маленький)*
незре́лый únrípe; green *(о плодах и т. п.);* перен. тж. immatúre
незри́мый invísible
незы́блемый firm, stable
неизбе́жный inévitable
неизве́данный nóvel, únexplóred
неизве́стн||**о** *предик. безл.* it is únknówn; мне ~ I am not awáre *(of)*; **~ость** uncértainty; быть в ~ости be uncértain *(about)*; **~ый** únknówn, strange
неизглади́м||**ый** indélible; ~ое впечатле́ние an indélible impréssion
неи́зданный únpúblished
неизлечи́мый incúrable
неизме́нный inváriable
неизмери́мый imméasurable
неиме́ни||**е**: за ~ем for lack of, for want of
неимове́рный incrédible
неиму́щий poor, néedy
неи́скрен||**ий** insincére; false; **~ость** insincérity
неиску́сный únskílful
неискушённый not versed *(in)*; ~ в поли́тике not versed in pólitics
неиспо́лн||**ение** nón-execútion *(приказания);* nón-obsérvance *(закона, правил);* nón-fulfílment *(просьбы, желания);* **~и́мый** imprácticable
неисправи́мый incórrigible
неиспра́вн||**ость** *(машины и т. п.)* disrepáir; **~ый** *(о машине и т. п.)* out of órder
неиссяка́емый inexháustible
нейсто́в||**ство** frénzy; rage *(ярость);*

приходи́ть в ~ rave, fly into a rage; ~ый frántic, fúrious

неистощи́мый inexháustible

неисчерпа́емый *см.* неистощи́мый

неисчисли́мый incálculable

нейло́н nýlon

нейтрал||иза́ция neutralizátion; ~изова́ть néutralize

нейтралите́т neutrálity

нейтра́льный néutral

нейтро́н *физ.* néutron

неквалифици́рованный únskilled

не́кем *тв. см.* не́кого

не́кий *мест.* a cértain

не́когда I *нареч. (нет времени)* there is no time; мне ~ I have no time

не́когда II *нареч. (когда-то)* once; in fórmer times

не́кого *мест. (+ инф.)* there is nóbody (+ *inf.*); ~ посла́ть there is nóbody to send; ~ вини́ть nóbody is to blame

некомпете́нтный not cómpetent, incómpetent

не́кому *дт. см.* не́кого

не́котор||ый *мест.* some; до ~ой сте́пени to some extént

некраси́вый not béautiful, plain; not nice

некроло́г obítuary (nótice)

некста́ти *нареч.* 1. *(несвоевре́менно)* inópportunely 2. *(не к ме́сту)* out of place, inéptly

не́кто *мест.* sómeone; ~ Ивано́в a cértain Ivanóv

не́куда *нареч. (+ инф.)* nówhere (+ *inf.*)

некульту́рн||ость lack of cúlture; ~ый únéducated, withóut báckground

некуря́щ||ий *как сущ.* nón-smóker; ваго́н для ~их nón-smóking cárriage

нела́дно: здесь что́-то ~ sómething is wrong here

нелады́ discord *sg.;* у них ~ they have fállen out

нелега́льный illégal

неле́п||ость absúrdity; ~ый absúrd, odd

нело́вк||ий 1. áwkward, clúmsy; ~ое движе́ние áwkward móvement 2. *(затрудни́тельный)* embárrassing, áwkward; ~ чу́вствовать себя́ ~o feel ill at ease; ~ость áwkwardness; blúnder *(нело́вкий посту́пок)*

нельзя́ *предик. безл.* 1. *(невозмо́жно)* it is impóssible; one cánnot; здесь ~ пройти́ there's no way through here; там ~ дыша́ть it is impóssible to breathe there; ~ не согласи́ться с ва́ми I cánnot but agrée with you 2. *(воспреща́ется)* it is not allówed, it is prohíbited; здесь кури́ть ~ smóking is not allówed *(или* is prohíbited) here; ему́ ~ бе́гать *(вре́дно)* he is forbídden to run ◊ как ~ лу́чше in the best way póssible

нелюбе́зный unkínd, disoblíging

нелюби́мый unlóved

нелюбо́вь *(к)* díslike *(for)*

нелюди́мый unsóciable, shy

нема́ло *нареч.* not a little

нема́лый consíderable, sízable

неме́дленн||о *нареч.* immédiately; right awáy; at once *(сейча́с же);* ~ый immédiate

неме́ть 1. grow dumb 2. *(коченеть)* grow numb

не́мец Gérman

неме́цкий Gérman; ~ язы́к Gérman, the Gérman lánguage

немилосе́рдн||о *нареч.* unmércifully; ~ый unmérciful, pítiless

неми́лость disgráce; впасть в ~ fall into disgráce

неминуемый inévitable

не́мка Gérman (wóman)

немно́гие not mány, few

немно́го *нареч.* 1. some, few, a little 2. *(слегка́)* sómewhat, slíghtly

немногосло́вный terse, short; of few words *(о челове́ке)*

немногочи́сленный not númerous

немно́жко *нареч. см.* немно́го

немо́дный únfáshionable, out of fáshion

нем||о́й 1. *прил.* dumb; sílent *(о фи́льме);* mute *(бесслове́сный; тж. о зву́ке)* 2. *как сущ.* dumb pérson 3. *мн.:* ~ые соби́р. the dumb

немолодо́й éldercy

немота́ dúmbness

не́мощный infírm; feeble *(сла́бый)*

нему́ *дт. см.* он, оно́

немудрено́ *предик. безл.* no wónder

не́мцы *мн. соби́р.* the Gérmans

немы́слимый inconcéivable

ненави́||деть hate; ~стный háteful

не́нависть hátred

ненагля́дный belóved

ненаде́жный 1. insecúre, únreliable; frail *(непрочный)* 2. *(о челове́ке)* úntrústworthy

ненадо́бность: за ~ю becáuse it is no lónger néeded

ненадо́лго *нареч.* not for long, for a short while

ненападе́ни||е nón-aggréssion; пакт о ~и nón-aggréssion pact

ненаруши́мый sácred, invíolable *(о клятве)*; únbróken *(о тишине)*

нена́с||тный ráiny, foul; ~тье bad wéather

ненасы́тный insátiable

ненорма́льный abnórmal

ненужный unnécessary; úseless *(бесполезный)*

необду́манный rash, hásty, réckless

необеспе́ченн||ость lack of means; ~ый without means

необита́емый úninhábited; ~ о́стров désert ísland

необозна́ченный not índicated, not marked

необозри́мый boúndless

необосно́ванный gróundless

необрабо́танный untílled *(о почве)*; raw *(о материале)*

необразо́ванный únéducated

необу́зданный unbrídled, ungóvernable

необу́ченный úntráined

необходи́м||о *предик. безл.* it is nécessary; ~ость necéssity, need; кра́йняя ~ость désperate extrémity; в слу́чае ~ости in case of need; ~ый nécessary; мне ~а по́мощь I must have help

необщи́тельный unsóciable, sélf--contáined

необъясни́мый inéxplicable, únaccóuntable

необъя́тный imménse

необыкнове́нный unúsual, uncómmon; extraórdinary *(из ряда вон выходящий)*

необы́чный unúsual; óut-of-the-wáy

необяза́тельный óptional, not óbligatory

неограни́ченный unlímited; ábsolute

неоднокра́тно *нареч.* repéatedly; time and agáin

неодобр||е́ние disappróval; ~и́тельный disappróving

неодушевлённый inánimate

неожи́данн||ость unexpéctedness; surpríse; súddenness *(внезапность)*; кака́я ~! what a surpríse!; ~ый únexpécted; súdden *(внезапный)*

неоконча́тельный inconclúsive, not final

неоко́нченный unfínished

неопи́суемый indescríbable; unspéakable *(невыразимый)*

неопла́||тный that cánnot be repáid; ~ченный únpáid

неопра́вданный unjústified

неопределённ||ый indéfinite, vágue, uncértain; ~ арти́кль *грам.* indéfinite árticle; ~ое наклоне́ние *грам.* infinitive

неопровержи́мый incontéstable *(о факте)*; irréfutable *(о доводе)*

неопря́тный untídy

неопублико́ванный únpúblished

нео́пыт||ность inexpérience; ~ый inexpérienced

неоргани́ческий inorgánic

неосведомлённый ill-infórmed

неосла́бн||ый assíduous, unremítting, cónstant; ~ое внима́ние unremítting atténtion

неосмотри́тельный imprúdent

неоснова́тельный únfóunded; gróundless

неоспори́мый indispútable

неосторо́жный cáreless; imprúdent, íll--advísed *(неблагоразумный)*

неосуществи́мый imprácticable

неосяза́емый intángible, impálpable

неотврати́мый inévitable

неотвя́зный nágging, persístent

неотёсанный uncóuth, rough

нео́ткуда *нареч.* from nówhere

неотло́жн||ый úrgent; ~ая по́мощь first aid

неотлу́чно *нареч.* all the time

неотрази́мый irresístible, fáscinating

неотсту́пн||ый persístent; ~ое пресле́дование reléntless pursúit; ~ страх contínual fear

неотъе́млем||ый ináliénable; ~ая часть an íntegral part *(of)*

неофициа́льный únofficial, infórmal

неохо́та relúctance, unwíllingness

неохо́тно *нареч.* with relúctance, unwíllingly

неоцени́мый inváluable; inéstimable

неощути́мый impercéptible

непа́рный únpáired, odd

непереводи́мый intránslátable

непередава́емый inexpréssible

неперехо́дный: ~ глаго́л *грам.* intránsitive verb

неплатёж nón-páyment

неплате́льщик deláulter

неплодоро́дный inférile

непобеди́мый invíncible, uncónquerable

неповинове́ние disobédience

неповоро́тливый clúmsy, slów-moving

неповтори́мый uníque

137

непого́да foul weather
непогреши́мый infallible
неподалёку *нареч.* (*om*) not far away (*или* from)
неподатливый stubborn, intractable
неподви́жн||ость immobility; ~ый immovable, motionless
неподде́льный genuine, sincere, unfeigned (*искренний*)
неподку́пный incorruptible
неподоба́ющий unseemly, unbecoming
неподража́емый inimitable
неподсу́дный *юр.* not under the jurisdiction (*of*)
неподходя́щий unsuitable; inappropriate
неподчине́ние insubordination
непозволи́тельный impermissible; inadmissible
непоколеби́мый firm, steadfast, steady
непоко́рн||ость recalcitrance; ~ый unruly, rebellious
непокры́т||ый 1. uncovered; с ~ой головой bare-headed
непола́дки defects
неполноце́нный defective; imperfect
непо́лный incomplete; short (*вес, мера*)
непоме́рный exorbitant, excessive
непонима́ние incomprehension, lack of understanding
непоня́т||ливый dull, slow-witted; ~но *предик. безл.* it is incomprehensible, it is impossible to understand; ~ный incomprehensible; strange
непоправи́мый irreparable, irremediable
непоря́док disorder
непоря́дочный dishonourable
непосвящённый uninitiated
непосе́да *разг.* fidget, restless person
непоси́льный beyond one's strength
непосле́довательный inconsistent
непослуша́ние disobedience
непослу́шный disobedient
непосре́дственн||о *нареч.* directly; ~ость spontaneity; ~ый 1. direct, immediate 2. (*естественный*) spontaneous
непостижи́мый inconceivable
непостоя́нный changeable; inconstant, fickle (*о человеке*)
непостоя́нство inconstancy, instability
непохо́жий unlike, different
непоча́тый not begun, untouched; *перен.* untapped ◇ ~ край masses of

непочти́тельный disrespectful
непра́вда untruth, lie, falsehood; это ~ it is not true
неправдоподо́бный incredible, improbable
непра́вильн||о *нареч.* incorrectly; erroneously (*ошибочно*); ~ поня́ть misunderstand; ~ый 1. irregular (*не следующий общему правилу*); erroneous (*ошибочный*); ~ые черты́ лица́ irregular features; ~ое воспита́ние abnormal education; ~ая то́чка зре́ния an erroneous point of view 2. (*несправедливый*) unjust; ~ое обвине́ние an unjust accusation ◇ ~ая дробь *мат.* improper fraction; ~ый глаго́л *грам.* irregular verb
неправомо́чный incompetent
неправот||а́ mistakenness; созна́ться в свое́й ~е́ admit to being in the wrong
непра́вый 1. (*несправедливый*) unjust; ~ суд unfair trial 2. (*заблуждающийся*) wrong; ты непра́в you are wrong
непракти́чный unpractical
непревзойдённый unsurpassed
непредви́денн||ый unforeseen; ~ая заде́ржка unforeseen delay
непредубеждённый unprejudiced
непредусмотри́тельный improvident
непрекло́нный uncompromising; inexorable
непрело́жный immutable
непреме́нн||о *нареч.* surely, certainly; without fail; он ~ придёт he is sure to come; ~ приходи́те come without fail; ~ый indispensable
непреодоли́мый irresistible; unsurmountable (*о препятствии, трудности*)
непреры́вн||ый non-stop, unremitting, persistent; ~ шум persistent noise; ~ая боль unremitting pain
неприве́тливый ungracious, unfriendly
непривлека́тельный unattractive
непривы́чный 1. (*непривыкший*) unaccustomed (*to*) 2. (*необычный*) unusual, unfamiliar
непригля́дный unattractive
непригодный unfit
неприе́млем||ый unacceptable; ~ые условия unacceptable conditions
прикоснове́нн||ость inviolability; immunity (*дипломатическая*); ~ый inviolable
неприкра́шенн||ый plain, unvarnished; ~ая и́стина unvarnished truth
неприли́чный indecent; obscene

неприменимый inapplicable
непримиримый irreconcilable
непринуждённ||ость ease; ~ый natural, free and easy; **чувствовать себя ~о** feel at ease
неприспособленный 1. not suited *(to)*; not adapted *(to)* 2. *(о человеке)* unpractical
непристойный obscene; indecent
неприступный 1. inaccessible; impregnable *(о крепости)* 2. *(о человеке)* unapproachable
непритворный unfeigned
непритязательный modest, unpretentious
неприхотливый *см.* **непритязательный**
непричастный having nothing to do *(with)*; not implicated *(in)*
неприязненный hostile
неприязнь hostility; dislike
неприятель enemy; ~ский hostile; enemy *attr.*
неприятн||о 1. *нареч.* unpleasantly 2. *предик. безл.* it is unpleasant; ~ость trouble; ~ый unpleasant, disagreeable; annoying *(досадный)*; ~ый вкус nasty taste
непроверенный unverified, unchecked
непроводник *физ.* non-conductor
непроглядный pitch-dark
непродолжительный of short duration
непродуктивный unproductive
непродуманный insufficiently considered; ~ доклад a report which has not been given due thought
непрозрачный opaque
непроизводительн||ый unproductive; wasteful *(напрасный)*; ~ая затрата waste
непроизвольный involuntary
непролазн||ый *разг.* impassable; ~ая грязь thick mud
непромокаемый waterproof; impermeable *(непроницаемый)*; ~ плащ waterproof coat, raincoat, mackintosh
непроницаем||ый impenetrable; impermeable; ~ая тьма complete darkness; ~ая тайна deep secret
непропорциональный disproportionate
непростительный unpardonable
непроходимый impassable
непрочный fragile, insecure; unstable
непрошенный unbidden
неработоспособный disabled, unable to work
нерабочий: ~ день off-day, free day, day off

неравенство inequality
неравномерн||ость unevenness, irregularity; ~ый uneven; irregular
неравный unequal
нерадивый negligent, indolent
неразбериха *разг.* confusion
неразборчивый 1. not fastidious; unscrupulous *(в средствах)* 2. *(о почерке)* illegible
неразвитый undeveloped
неразговорчивый taciturn; он ~ человек he is a man of few words
нераздельный indivisible
неразличимый indiscernible; indistinguishable
неразлучный inseparable
неразрешённый 1. *(нерешённый)* unsolved; ~ вопрос an unsolved question 2. *(недозволенный)* forbidden, prohibited, banned
неразрешимый insoluble
неразрывный indissoluble
неразумный unwise, unreasonable
нерасположение *(к чему-л., кому-л.)* dislike *(for)*; disinclination *(for, to;* несклонность*)*
нерасчётливый wasteful; improvident
нерв nerve; ~ничать be nervous; ~ный nervous; ~ный припадок fit of nerves, attack of nerves; ~ная система nervous system
нереальный unreal
нерегулярный irregular
нередко *нареч.* not infrequently
нерешительн||ость indecision; irresolution; быть в ~ости hesitate; ~ый irresolute, hesitating
нержавеющ||ий non-corrosive; ~ая сталь stainless steel
неровн||ый unequal; uneven; ~ая местность rough country
нерушимый inviolable
неря||ха sloven; slut, slattern *(о женщине)*; ~шливый untidy; slovenly
несамостоятельный not independent; not original *(о творчестве)*
несбыточн||ый unrealizable; ~ые мечты castles in the air
несварение: ~ желудка indigestion
несведущий *(в чём-л.)* ignorant *(of)*
несвежий not fresh; stale *(испорченный)*
несвоевременный inopportune; ill-timed
несвязный incoherent
несгибаемый inflexible

несгово́рчивый intractable, not easy to manage

несгора́емый incombustible; fireproof; ~ шкаф safe

несде́ржанн||ость lack of restraint; **~ый** unrestrained

несерьёзный not serious; light *(легкомысленный)*

несессе́р dressing-case; sponge bag

нескла́дный 1. awkward, ungainly, clumsy 2. *(о речи)* incoherent

несклоня́емый *грам.* indeclinable

не́сколько I *числит.* several, a few; че́рез ~ дней in a few days

не́сколько II *нареч. (слегка)* somewhat, slightly, in a way

несконча́емый interminable; perpetual

нескро́мный immodest; indelicate, indiscreet *(нетактичный)*

несло́жный simple

неслы́ханный unheard-of, unprecedented

неслы́шн||ый inaudible; **~ые** шаги́ noiseless steps

несме́тный innumerable, countless

несмолка́емый incessant, unceasing

несмотря́: ~ на in spite of, notwithstanding

несно́сный unbearable, intolerable

несоблюде́ние non-observance; ~ пра́вил те́хники безопа́сности non-observance of safety regulations; ~ дие́ты not keeping to a diet

несовершенноле́т||ие minority; **~ний** 1. *прил.* under age *(после сущ.)* 2. *как сущ.* minor

несоверше́нн||ый imperfect; **~ство** imperfection

несовмести́мый incompatible

несогла́с||ие 1. difference, disagreement 2. *(разлад)* discord 3. *(отказ)* refusal; **~ный** 1. not agreeing *(to, with)*, discordant *(with)* 2. *(несоответствующий)* inconsistent *(with)*

несогласо́ванн||ость lack of agreement; non-co-ordination; **~ый** unco-ordinated; not in agreement *(with)*

несозна́тельн||ость irresponsibility; **~ый** irresponsible; **~ое** отноше́ние к свои́м обя́занностям irresponsible attitude to one's obligations

несоизмери́мый incommensurable

несокруши́м||ый indestructible, unconquerable; **~ая** во́ля unconquerable will

несомне́нн||о *вводн. сл.* undoubtedly,

without doubt; **~ый** doubtless; evident, manifest *(очевидный)*; **~ый** факт certainty

несообра́зный incompatible; absurd *(нелепый)*

несоотве́тств||енный not corresponding *(with)*; **~ие** discrepancy

несоразме́рный disproportionate

несостоя́тельный 1. insolvent, bankrupt 2. *(о теории и т. п.)* that won't hold water, unsound

неспе́лый unripe

неспоко́йный restless, uneasy

неспосо́бн||ость lack of ability; **~ый** incapable, unfit; dull

несправедли́в||ость injustice; **~ый** unjust, unfair

непроста́ *нареч. разг.* not without purpose; э́то ~ there must be smth. behind it

несравн||е́нный, ~и́мый incomparable

нестерпи́мый unbearable, intolerable

нес||ти́ I 1. carry 2. *(терпеть)* bear; ~ после́дствия take the consequences; ~ убы́тки suffer losses 3. *(выполнять)* perform; ~ обя́занности perform duties; ~ отве́тственность bear the responsibility ◇ ~ вздор talk nonsense; от окна́ ~ёт there is a draught from the window

нести́ II: ~ я́йца lay eggs

нести́сь I *(быстро двигаться)* rush along; drift *(об облаках)*

нести́сь II *(класть яйца — о птицах)* lay eggs

нестойкий unstable; ~ газ volatile gas

нестрое́в||о́й *воен.* non-combatant; **~а́я** слу́жба non-combatant service

нестро́йный discordant

несудохо́дный unnavigable

несуще́ственный inessential

несчастли́вый unfortunate; unlucky

несча́с||тный 1. *прил.* unhappy, unfortunate, unlucky; ~ слу́чай accident 2. *как сущ.* wretch; **~тье** misfortune; disaster *(бедствие)* ◇ к **~тью** unfortunately

несчётный innumerable

несъедо́бный inedible

нет 1. *(отрицание)* no; not; ~ ещё not yet 2. *(не имеется)* there is no, there are no, there is none; у меня́ и *т. д.* ~ I *etc.* have no, I *etc.* have none 3. *безл.:* его́ и *т. д.* ~ he *etc.* is not here

нетакти́чный tactless

нетвёрдый *(неуверенный)* shaky, unsteady

нетерп||ели́вый impatient; **~е́ние** impatience

НЕТ **НЕЧ** **Н**

нетерпи́м||ость intólerance; **~ый** intólerant (*о человеке*); intólerable (*о поступке*)

неточн||ость inexáctitude; **~ый** inexáct, ináccurate

нетре́бовательный undemánding; módest (*скромный*)

нетре́звый not sóber, drunk, intóxicated

нетро́нут||ый úntouched; intáct; **~ая** по́чва vírgin soil

нетрудово́й: **~** дохо́д únearned íncome

нетрудоспосо́бн||ость disáblement, incapácity for work; **~ый** disábled

неубеди́тельный unconvíncing

неуваж||е́ние disrespéct; **~и́тельный** (*о причине*) inádequate

неуве́ренн||ость uncértainty; **~ый** uncértain; **~ый** в себе́ díffident, not sure of onesélf

неувядае́м||ый unfáding; **~ая** сла́ва everlásting glóry

неувя́зка *разг.* hitch; **~** в рабо́те hitch in the work

неугомо́нный *разг.* réstless; indefátigable (*неутомимый*)

неуда́ч||а fáilure; потерпе́ть **~у** fail; **~ник** а fáilure; **~ный** unsuccéssful; unháppy; **~ное** предприя́тие unsuccéssful énterprise

неудержи́мый irrepréssible

неудо́бб||но 1. *нареч.* uncómfortably 2. *предик. безл.* it is uncómfortable; *перен.* it is inconvénient; мне, пра́во, **~** беспоко́ить вас I do hate to bóther you; **~ный** 1. uncómfortable 2. (*неуместный*) inconvénient; **~ство** inconvénience

неудовлетворённ||ость dissatisfáction; **~ый** dissátisfied

неудовлетвори́тельный unsatisfáctory; inádequate (*об объяснении и т. п.*)

неудово́льствие displéasure

неуже́ли *нареч.* indéed?, réally?; **~** э́то так? can it réally be true?

неужи́вчивый quárrelsome, unaccómmodating, únsóciable; **~** челове́к difficult pérson

неузнава́емый unrécognizable

неукло́нн||ый stéady; **~ая** реши́мость firm determinátion

неуклю́жий clúmsy, áwkward

неукроти́мый indómitable

неукрощённый untámed

неулови́мый elúsive; difficult to catch; subtle (*неощутимый*)

неуме́||лый 1. (*о человеке*) únskilful 2. (*сделанный неумело*) clúmsy; **~ние** inabílity, lack of skill

неуме́ренн||ость lack of moderátion; **~ый** 1. (*о человеке*) immóderate, gíven to excéss 2. (*чрезмерный*) immóderate, excéssive; **~ая** стро́гость excéssive sevérity

неуме́стный out of place *predic.*; inappróprіаte

неумоли́мый inéxorable; implácable

неумы́шленный unintentional

неупла́та nón-páyment

неупотреби́тельный not in use *predic.*; rare

неуравнове́шенный únbálanced

неурожа́й cróp-faílure, bad hárvest

неуро́чн||ый unúsual; в **~ое** вре́мя at an unúsual time

неуря́дица confúsion, disórder

неуспева́емость poor prógress

неуспе́х fáilure, lack of succéss

неусто́йка fórfeit

неусто́йчив||ый únstéady; **~ая** пого́да únreliable weather

неустраши́мый féarless, undáunted

неуступчивый únyielding, óbstinate

неусы́пный indefátigable, unremítting

неуте́шный inconsólable, désolate

неутоли́м||ый unquénchable; insátiable; **~ая** жа́жда unquénchable thirst

неутоми́мый indefátigable

неу́ч *разг.* ignorámus

неучти́вый impolíte, discóurteous

неую́тный uncómfortable; cómfortless; not cósy

неуязви́мый invúlnerable

не́фте||наливно́й: ~наливно́е су́дно (oil-)tánker; **~провод** (oil) pípeline

нефт||ь oil; **~яно́й** oil *attr.*; **~яна́я** промы́шленность oil índustry

нехва́тка *разг.* shórtage

нехоро́ший bad

нехорошо́ 1. *нареч.* bádly; bad 2. *предик. безл.* it is wrong; чу́вствовать себя́ **~** feel únwéll; как **~!** what a shame!

не́хотя *нареч.* únwillingly

нецелесообра́зн||о *нареч.* to no púrpose; **~ый** púrposeless; inexpédient; **~ая** тра́та waste

нецензу́рный únprintable; obscéne

нечая́нн||о *нареч.* by áccident; uninténtionally; **~ый** únexpécted

не́чего I *мест.* (+ *инф.*) there is nóthing (+ *inf.*); **~** де́лать there is nóthing to be done; мне **~** де́лать I have nóthing to do; **не́чему** удивля́ться there is nóthing to be surprísed at; **не́чем** писа́ть there is

141

nóthing to write with ◇ дéлать ~! it can't be helped!

нéчего II *предик. безл. (бесполезно)* it's no use; there is no need *(незачем)*; вам ~ беспокóиться you don't need to get excíted; ~ и говорить, что it goes withóut sáying that

нечеловéческий superhúman; inhúman *(бесчеловечный)*

нéчем *тв.,* **нéчему** *дт. см.* нéчего I

нечéсти||о *нареч.* dishónestly; ~ость dishónesty; ~ый dishónest, únfáir

нечёткий 1. *(о почерке)* illégible 2. *(о работе и т. п.)* slipshod, cáreless

нечётный odd

нечистоплóтный dírty; *перен.* unscrúpulous; dishónourable, disgráceful

нечистóты séwage *sg.*

нечистый únclean, dírty ◇ нечист нá руку dishónest

нечленораздéльный inartículate

нéчто *мест.* sómething

нечувствительный *(к чему-л.)* insénsitive *(to)*

нешýточный *разг.* sérious, grave

нещáдный unmérciful, mérciless

неэтичный unéthical

неявка ábsence, nón-atténdance

неяркий not bright; soft; dull

неясн||**ость** vágueness; ~ый vague

ни: ни... ни néither... nor; ни он, ни онá néither he nor she; я не вижу ни однóй лóдки I cánnot see a single boat; как бы пóздно ни бы́ло howéver late it may be ◇ ни за что́ not for the world; ни за что́ ни про что́ for no réason at all; ни с того́ ни с сего́ withóut ány réason; ни то ни сё néither one thing nor the óther

нива córnfield

нигде́ *нареч.* nówhere; её ~ нет she's not to be found ánywhere

ниже 1. *нареч.* lówer; спуститься ~ go lówer; descénd; этажóм ~ one stórey lówer; ~ рóстом shórter; смотри ~ see belów 2. *предл.* belów, benéath, únder; ~ нуля́ belów zéro ◇ ~ его́ досто́инства benéath his dignity; ~ вся́кой кри́тики benéath críticism

нижеподписа́вшийся the úndersigned

ниже||**приведённый** úndermentioned; ~следующий fóllowing; ~упомя́нутый úndermentioned

нижн||**ий** lówer; ~ эта́ж ground floor; ~яя че́люсть lówer jaw; ~ее бельё úndercloths *pl.;* ~яя руба́шка úndershirt

низ bóttom

низверга́ть *см.* низве́ргнуть

низвер||**гнуть** overthrów; ~же́ние óverthrow

низк||**ий** 1. low; ~ого ро́ста short 2. *(подлый)* base, mean

низко *нареч.* low

низкопокло́н||**ник** gróveller; ~нича́ть *(перед)* fawn *(upon);* gróvel, cringe *(to);* ~ство servility, tóadyism

низкопро́бный of low stándard *(после сущ.);* *перен.* base

низкоро́слый úndersized, dwárfish

низменн||**ость** *геогр.* lówland; ~ый 1. *геогр.* lów-lying 2. *(подлый)* low, base

низово́й *(об организации и т. п.)* lócal

низо́вье the lówer réaches *pl.;* ~ Во́лги the Lówer Vólga

низость báseness; э́то ~! it is mean!

низший lówer; the lówest; ~ сорт inférior quálity

ника́к *нареч.* by no means, in no way; нельзя́ it is quite impóssible ◇ как ~ áfter all

никако́й *мест.* по; нет ~ возмо́жности it is ábsolutely impóssible

никел||**евый** níckel *attr.;* ~иро́ванный níckel-plated; ~ирова́ть plate with níckel

ни́кель níckel

нике́м *тв. см.* никто́

никогда́ *нареч.* néver; почти ~ hárdly éver; ~ в жи́зни néver in one's life

никого́ *рд., вн. см.* никто́

нико||**й** *мест.:* ~им о́бразом by no means, in no way

никому́ *дт. см.* никто́

никоти́н nícotin

никто́ *мест.* nóbody; no one; ~ из них none of them

никуда́ *нареч.* nówhere ◇ э́то ~ не годи́тся this is no use whatsoéver

никчёмный *разг.* góod-for-nothing

нима́ло *нареч.* not at all

ниотку́да *нареч.* from nówhere

нипочём *предик. безл. разг.:* ему́ всё ~ he does not care a straw; э́то ему́ ~ it is a child's play to him

ниско́лько *нареч.* not in the least; not a bit; мне от э́того ~ не ле́гче I am none the bétter for it

ниспада́ть fall

ниспроверга́ть, ниспрове́ргнуть overthrów

нисходя́щий descénding

нитк||**а** thread; чёрные, бе́лые ~и

НИТ   **НОР**   **Н**

black, white cótton *sg.;* ~ жéмчуга string of pearls ◇ промóкнуть до ~и get wet to the skin; на живу́ю ~у *разг.* róughly

нить *в разн. знач.* thread ◇ проходи́ть крáсной ~ю stand out

ниц *нареч.*: пáдать ~ prostráte onesélf

ничего́ 1. *мест.* nóthing; ~ подóбного nóthing of the kind; не имéть ~ óбщего *(с)* have nóthing in cómmon *(with);* из э́того ~ не вы́шло it came to nóthing **2.** *нареч. (неплóхо)* not bad **3.** *предик. разг. (невáжно)* it does not mátter!, néver mind!

ничéй *мест.* nóbody's

ничём *тв.,* **ничему́** *дт. см.* **ничтó**

ничкóм *нареч.*: лежáть ~ lie face dównwards, lie prone

ничтó *мест.* nóthing

ничтóж||ество *(о человéке)* a nóbody, a nonéntity; **~ность** insignificance; **~ный** insignificant, contémptible; *(о человéке тж.)* wórthless

ничу́ть *см.* **нисколько**

ничь||я́ *спорт.* draw; они́ сдéлали ~ю́ it was a draw

ни́ша niche

ни́щен||ский míserable; **~ствовать** beg; pass a béggarly exístence

нищетá póverty

ни́щий I *прил.* béggar *attr.;* wrétched, póverty-strícken

ни́щий II *сущ.* béggar

но *союз* but

новáтор ínnovator

новéйший néwest; látest *(послéдний);* módern, up to date *(совремéнный)*

новéлла short stóry

новéнький bránd-néw

нов||изнá nóvelty; **~и́нка** nóvelty; **~ичóк** *(в шкóле)* new boy; *перен.* nóvice

новобрáнец recrúit

новобрáчные néwly márried cóuple *sg.*

нововведéние innovátion

новогóдний new-year's

новолу́ние new moon

новомóдный new-fáshioned

новоприбы́вший 1. *прил.* néwly-arrívеd **2.** *как сущ.* néw-cómer

новорождённый 1. *прил.* néw-born **2.** *как сущ.* néw-born child

новосёл new séttler

новосéлье 1. new dwélling **2.** *(прáзднование)* hóuse-warming

новостройка *(нóвое здáние и т. п.)* new building

нóвость 1. *(извéстие)* news **2.** *(новинка)* nóvelty

новшество innovátion, nóvelty

нов||ый new; Нóвый год New Year ◇ **~ые** языки́ módern lánguages; что ~ого? what's the news?

ног||á foot *(ступня́);* leg *(выше ступни́)* ◇ идти́ в нóгу keep in step; со всех ног *разг.* as fast as one can; подня́ть всех нá ~и raise the alárm; стать нá ~и stand on one's own feet; положи́ть нóгу нá ~у cross one's legs; быть без ног *(от устáлости) разг.* be déad-béat; жить на широ́кую нóгу live in grand style; с головы́ до ног from head to foot; быть на корóткой ~é с кем-л. be íntimate with smb., be (well) in with smb.; встать с лéвой ~и́ *разг.* get out of bed on the wrong side; вверх ~áми úpside-dówn; под ~áми underfóot

нóготь nail

нож knife; столóвый ~ táble-knife ◇ ~ в спи́ну stab in the back; быть на ~áх be at dággers drawn

нóжик *см.* **нож**

нóжк||а 1. *см.* **ногá**; пры́гать на однóй ~е hop **2.** *(у сту́ла, столá)* leg **3.** *(грибá)* stem

нóжницы scíssors, pair of scíssors *sg.*

ножнóй foot *attr.*

нóжны sheath *sg.*

ноздревáтый spóngy, pórous

нóздря nóstril

ноль *см.* **нуль**

нóмер 1. númber **2.** *(в гости́нице)* room, apártment; у вас есть свобóдные номерá? have you ány vácant accommodátion? **3.** *(размéр)* size **4.** *(газéты и т. п.)* íssue, númber **5.** *(в концéрте и т. п.)* piece, ítem ◇ э́тот ~ не пройдёт! *разг.* you can't get awáy with that!; ~óк check

номинáльн||ый nóminal; **~ая стóимость** nóminal cost; **вы́ше ~ой стóимости** abóve par

норá hole, búrrow; lair *(крупного зве́ря)*

норвéж||ец Norwégian; **~ский** Norwégian; **~ский язы́к** Norwégian, the Norwégian lánguage

норд *мор.* north; **~-вéст** nórth-wést; **~-óст** nórth-éast

нóрка *зоол.* mink

нóрм||а a stándard, quóta; rate *(размéр чего́-л.);* вы́полнить дневну́ю ~у fulfíl the dáily quóta норма́льный nórmal; sane *(психически здоро́вый)*

нормир||ова́ние rate sétting *(или* fixing); rátioning *(снабжения);* ~о́ванный standárdized; ~о́ванный рабо́чий день fixed wórking hours *pl.;* ~ова́ть set norms; rátion *(снабжение)*

нос 1. nose 2. *(судна)* bow ◇ оста́ться с ~ом ≈ be duped, be made a fool; пове́сить ~ ≈ be discóuraged; води́ть кого́-л. за ~ ≈ lead smb. up the gárden path; под са́мым ~ом únder one's nose

но́сик *(у чайника)* spout

носи́лки strétcher *sg.;* litter *sg. (амер.);* hánd-barrow *sg. (для груза)*

носи́льщик pórter

носи́тель béarer, cárrier

носи́ть 1. cárry 2. *(одежду и т. п.)* wear; ~ся *(об одежде)* wear ◇ ~ся с чем-л. make fuss óver smth.; ~ся с кем-л. make too much of smb.

носово́й 1.: ~ плато́к hándkerchief 2. *лингв.* násal

носо́к 1. sock 2. *(обуви)* toe

носоро́г rhinóceros

но́та I *муз.* note

но́та II *(дипломатическая)* note

нотариа́льн||ый notárial; ~ая конто́ра nótary's óffice

нота́риус nótary

нота́ция réprimand, lécture

нот||ы *(тетрадь)* músic *sg.;* игра́ть по ~ам play from músic; игра́ть без нот play withóut músic

ноч||ева́ть spend the night; ~ёвка pássing the night; прийти́ с ~ёвкой come to stay the night; ~лёг lódging for the night; останови́ться на ~лёг put up for the night

ночни́к níght-light

ночн||о́й night *attr.;* níghtly; ~а́я сме́на night shift; ~а́я ба́бочка moth; в ~ тишине́ in the still of the night

ноч||ь night; по ~а́м, ~ью at night, by night; глубо́кой ~ью in the dead of night; всю ~ напролёт all night long, the whole night

но́ша búrden

ноя́брь Novémber; ~ский Novémber *attr.*

нрав dispósition; Это ему́ не по ~у he doesn't like it; it goes agáinst the grain with him *идиом.*

нра́вит||ься please; ~ся ли вам э́та пье́са? do you like this play?

нравоуч||е́ние lécture; чита́ть ~ кому́-л. preach to smb.; ~и́тельный móralizing

нра́вственн||ость mórals *pl.;* ~ый móral

нра́вы *(обычаи)* cústoms

ну *межд. и частица* 1. *(побуждение)* now; ну же! now then, be quick!; ну, начина́йте! come on! 2. *(для выражения связи с предыдущим)* well; ну, что же он тебе́ сказа́л? well, what did he tell you?; ну и что же да́льше? well and what then? 3. *(как выражение удивления)* what; ну, а вы? and what abóut you?; ну, так что же? what abóut it?; ну и пого́да! what násty wéather!; ну, неуже́ли? what! réally? ◇ ну его́! to hell with him!; ну коне́чно! why, of course!

ну́дный tíresome, tédious; како́й он ~! what a bore he is!

нужд||а́ 1. *(надобность)* need; испы́тывать ~у́ в чём-л. be in need of smth.; без ~ы́ without necéssity; в слу́чае ~ы́ in case of need 2. *(бедность)* want; жить в ~е́ live in want, be hard up

нужда́||ться 1. *(в чём-л.)* be in need *(of);* ~ в почи́нке need repáir 2. *(не иметь денег)* be hard up, be short of móney; ~ющийся *(бедный)* néedy

ну́жн||о предик. безл. 1. *(+ инф.)*: мне ~ идти́ I must go 2.: что вам ~? what do you want?; мне ~ I want, I need; не ~ it's not necessary; вы ~ы́ you are wánted; ~ый nécessary

нуль 1. nought; zéro *(о температуре);* о *(при обозначении телефонного номера);* nil *(в играх при подсчёте очков)* 2. *(о человеке)* a nóbody

нумер||а́ция numerátion; ~ова́ть númber

нумизма́т numísmatist, coin colléctor

нутр||о́ *разг.* inside; Это ему́ не по ~у́ it goes agáinst the grain with him

ны́не *нареч.* now, at présent; ~шний présent; ~шний год this year

ныр||ну́ть, ~я́ть dive

ны́тик whíner

ныть 1. *(жаловаться)* compláin; whine 2. *(болеть)* ache, hurt

нытьё 1. *(жалобы)* móaning 2. *(жалобные звуки)* whining

нюа́нс núance, shade

нюх scent; *перен.* flair; у него́ хоро́ший ~ he has a good nose *(for);* ~ательный табак snuff; ~ать smell

ня́нчить nurse; ~ся nurse; *перен.* fuss *(over)*

нянька *см.* **няня** ◇ **у семи нянек дитя без глазу** *посл.* ≈ too many cooks spoil the broth
няня nurse

O

о I *предл.* 1. *(относительно)* of, about; **говорить о чём-л.** talk about smth.; **заботиться о ком-л.** take care of smb.; **книга о живописи** a book on painting 2. *(при обозначении соприкосновения)* against, on, upon; **он опёрся о стол** he leant on *(или* upon) the table; **удариться о камень** hit against a stone ◇ **бок о бок** side by side
о! II *межд.* oh!
оазис oasis
об *см.* **о I**; ◇ **рука об руку** hand in hand
оба both ◇ **смотреть в ~** *разг.* watch one's step; keep one's eyes open
обагр||ить, ~ять: ~ руки в крови steep one's hands in blood
обал||девать, ~деть *разг.* be stupefied *(или* stunned)
обанкротиться go bankrupt
обая||ние, ~тельность fascination, charm; **~тельный** fascinating, charming
обвал collapse; land-slide *(земли́, бе́рега)*; **снежный ~** avalanche; **~иваться, ~иться** fall, break *(или* come) off
обвалять: ~ в муке́ roll in flour
обва́ривать(ся) *см.* **обвари́ть(ся)**
обвари́ть scald; **~ся** scald oneself
обве́сить give short weight
обве||сти́ 1. *(кого-л.)* lead round 2. *(что-л.)* go over *(карандашом и т. п.)* ◇ **~ кого-л. вокру́г па́льца** *разг.* twist smb. round one's little finger; **она́ ~ла́ ко́мнату глаза́ми** she looked all round the room
обве́тренный weather-beaten
обветша́||лый decayed; **~ть** fall into decay
обве́шивать *см.* **обве́сить**
обвива́ть(ся) *см.* **обви́ть(ся)**
обвин||е́ние accusation, charge; **~и́тель** accuser; *юр.* prosecutor; **обще́ственный ~и́тель** public prosecutor; **~и́тельный** accusatory; **~и́тельная речь** speech of *(или* for) the prosecution; **~и́тельный акт** indictment; **~и́тельный пригово́р** verdict of guilty; **~ить** accuse

(of); charge *(with)*; **~яемый как сущ.** the accused; the defendant *(ответчик)*
обвиня́ть *см.* **обвини́ть**; **~ся** be charged *(with)*, be accused *(of)*
обвиса́ть, обви́снуть sag
обви́ть wind round, entwine ◇ **~ рука́ми** throw one's arms round; **~ся** wind round
обводи́ть *см.* **обвести́**
обводн||е́ние irrigation; **~и́ть, ~я́ть** supply with water; irrigate
обворожи́||тельный enchanting, bewitching; **~ть** enchant, bewitch
обвяза́ть, обвя́зывать tie *(round)*
обгла́дывать, обглода́ть gnaw round; **~ мя́со с косте́й** pick meat from *(или* off) the bones
обгоня́ть *см.* **обогна́ть**
обго||ра́ть *см.* **обгоре́ть**; **~ре́лый** burnt; charred; **~ре́ть** be burnt
обдава́ть, обда́ть: ~ водо́й pour water *(on)*; **~ гря́зью** splash all over with mud
обде́лать 1. *(драгоце́нный ка́мень)* cut; polish; set 2. *разг. (де́ло)* manage, arrange
обдел||и́ть, ~я́ть *(кого-л.)* do smb. out of his share
обдира́ть *см.* **ободра́ть**
обдува́ть *(о ве́тре)* blow on *(или* round)
обду́манн||о *нареч.* deliberately, after careful consideration; **~ый** deliberate, well-considered
обду́м||ать, ~ывать consider, think over
обду́ть *см.* **обдува́ть**
о́бе *ж. см.* **о́ба**
обе́д dinner; **~ать** have *(или* take) dinner; dine; **~енный** dinner *attr.*; **~енный переры́в** dinner-hour
обедне́||вший impoverished; **~ние** impoverishment; **~ть** grow *(или* become) poor
обезбо́ливание *мед.* anaesthesia; **~ ро́дов** relieving the pains of childbirth
обезвре́||дить, ~живать render harmless
обездо́л||енный deprived of one's share, destitute; **~ить** make destitute
обеззара́||живание disinfection; **~живать, ~зить** disinfect
обезли́ч||ивать, ~ить deprive of (one's) individuality; deprive of individual responsibility *(на произво́дстве)*; **~ка** lack of personal responsibility
обезобра́||живать, ~зить disfigure

обезопа́сить protéct

обезору́ж||ивание disármament; ~ивать, ~ить disárm

обезу́меть lose one's head; go mad; ~ от стра́ха go mad with fright

обезья́н||а mónkey; ape *(человекообра́зная)*; ~ий mónkey *attr.*; а́pish; *перен.* áре-like; ~ничание áping; ~ничать ape

обел||и́ть, ~я́ть whítewash

оберега́ть guard *(against)*; protéct *(from)*; defénd *(from; защища́ть)*; ~ся guard onesélf; protéct onesélf; defénd onesélf *(защища́ться)*

обере́чь(ся) *см.* оберега́ть(ся)

оберну́ть wrap up; ~ кни́гу put a páper-cover on a book

оберну́||ться 1. turn round 2. *(о чём-л.)* turn out; де́ло ~лось про́тив нас things have gone agáinst us

обёрт||ка wrápper, énvelope; cóver *(обло́жка)*; ~очный: ~очная бума́га wrápping *(или* brown) páper; ~ывать *см.* оберну́ть

обескро́в||ить bleed white; ~ленный blóodless; *перен.* lífeless

обескура́жи||вать, ~ть discóurage

обеспе́чен||ие 1. *(де́йствие)* ensúring; provísion *(чем-л.)*; ~ про́чного ми́ра ensúring a lásting peace 2. *(гара́нтия)* secúrity, guarantée; под хоро́шее ~ on good secúrity 3. *(сре́дства к жи́зни)* secúrity; социа́льное ~ sócial secúrity; ~ность 1. *(чем-л.)* provísion *(with)* 2. *(достато́к)* secúrity; материа́льная ~ность matérial secúrity; ~ный 1. *(чем-л.)* províded *(with)* 2. *(зажи́точный)* well-to-dó, cómfortably off

обесп||е́чивать, ~е́чить 1. *(снабжа́ть)* províde *(with)* 2. *(гаранти́ровать)* make sure; ensúre; ~е́чить мир ensúre peace 3. *(материа́льно)* províde *(for)*

обесси́||леть break down, grow weak; ~ливать, ~лить wéaken, depríve of strength

обессме́ртить immórtalize

обесцве́||тить discólour; *перен.* make cólourless; ~чивание discolourátion, bléaching; ~чивать *см.* обесцве́тить

обесце́н||ение depreciátion; ~ивать, ~ить depréciate

обесче́стить dishónour

обе́т vow, prómise; дава́ть ~ prómise, vow

обеща́||ние prómise; сдержа́ть ~ keep

one's prómise; не сдержа́ть ~ния break one's prómise; ~ть prómise

обжа́лова||ние *юр.* appéal; ~ть *юр.* appéal

обже́чь 1. *(ру́ку и т. п.)* burn 2. *тех.* fire *(кирпичи́)*; ~ся burn onesélf; *перен.* burn one's fingers

о́бжиг *тех.* búrning; firing *(кирпиче́й)*; ~а́ть(ся) *см.* обже́чь(ся)

обжо́р||а *разг.* glútton; ~ство glúttony

обза||вести́сь, ~води́ться províde onesélf *(with)*, acquíre; ~ семьёй settle down to fámily life

обзо́р súrvey

обзыва́ть *см.* обозва́ть

обива́ть *см.* оби́ть

оби́вка 1. *(де́йствие)* uphólstering 2. *(материа́л)* uphólstery

оби́д||а offénce; нанести́ ~у offénd ◇ не в ~у бу́дет ска́зано *разг.* no offénce meant; не дать себя́ в ~у be able to stand up for onesélf

оби́деть offénd, hurt; ~ся take offénce; be offénded, feel hurt

оби́дн||о 1. *нареч.* offénsively 2. *предик. безл.:* it is a píty; мне о́чень ~ I feel hurt; ~ , что он не пришёл it's a shame he didn't come; ~ый insúlting, offénsive

оби́дч||ивый suscéptible; tóuchy; ~ик offénder

обижа́ть(ся) *см.* оби́деть(ся)

оби́женный offénded, hurt; ~ судьбо́й ill-fáted, lúckless

оби́||лие abúndance; ~льный abúndant, pléntiful; héarty *(о еде́)*; héavy *(об урожа́е)*

обиня́к: говори́ть без ~о́в speak pláinly *(или* diréctly); not mince words

обира́ть *см.* обобра́ть

обита́емый inhábited

обита́||тель inhábitant; ~ть inhábit

оби́ть cóver; pad *(мя́гким)*; uphólster *(ме́бель)*; ~ желе́зом sheet with íron

обихо́д mode of life; úsage; войти́ в ~ becóme cúrrent *(о слова́х и т. п.)*; come into cómmon use *(о ме́бели и т. п.)*; в дома́шнем ~е in doméstic use; ~ный éveryday

обкла́дывать *см.* обложи́ть

обкра́дывать *см.* обокра́сть

обла́ва drive *(на охо́те)*; *перен.* raid

облага́ть *см.* обложи́ть 3

облаго||ра́живать, ~ро́дить ennóble

облада́||ние posséssion; ~тель ~тель posséssor, ówner; ~ть posséss; own; ~ть хоро́шим здоро́вьем enjóy good health

о́блак||о cloud; не́бо заволокло́ ~а́ми the sky is óvercast
обла́мывать см. обломáть
обласка́ть show much kíndness (или considerátion)
областно́й régional; ~ сове́т régional Sóviet; ~ комите́т régional commíttee
о́бласть région, district; próvince; перен. field, domáin, sphere
обла́тка фарм. cápsule; wáfer
о́блачн||**ость** clouds pl.; си́льная ~ héavy clouds; **~ый** clóudy
облега́ть (о платье) fit clósely, cling (to)
облегч||**а́ть** см. облегчи́ть; **~е́ние** relief; **~и́ть** make lighter, lighten (груз и т. п.); relieve (боль); make éasier (зада́чу и т. п.); **~и́ть** чью-л. у́часть ease smb.'s lot; **~и́ть** наказа́ние юр. commúte
обледене́||**лый** ice-covered; **~ть** becóme cóvered with ice
облéзлый shábby
облéзть разг. 1. (о мехе и т. п.) grow bare, wear off 2. (о краске и т. п.) peel off
облека́ть(ся) см. обле́чь(ся)
облени́ться разг. grow lázy
облеп||**и́ть**, **~ля́ть** 1. stick (to), cling (to) 2. разг. (окружить) swarm round
обле||**та́ть**, **~те́ть** 1. (вокруг чего-л.) fly (round) 2. (о листьях) fall
обле́чь clothe; перен. invést (with); ~ в фо́рму give the form (of); ~ полномо́чиями invést with authórity; **~ся**: **~ся** в фо́рму take the form, assúme the appéarance (of)
облив||**áние** dóusing; douche; **~áть(ся)** см. обли́ть(ся); **~áться** слеза́ми melt into tears; **~áться** по́том be drípping with sweat; сéрдце кро́вью **~áется** one's heart is bléeding
облига́ция bond
облиза́ть, **обли́зывать** lick
обли́зываться lick one's lips; lick itsélf (о животных)
о́блик appéarance, figure
обли́ть 1. sluice, douse, douche 2. (пролить) spill; **~ся** 1. sluice (или douse) onesélf 2. (опрокинуть на себя что-л.) spill óver onesélf
облиц||**eва́ть** face (with); **~о́вка** fácing; **~о́вывать** см. облицева́ть
облич||**а́ть** см. обличи́ть; **~е́ние** expósure
обличи́||**тельный** reveáling; **~тельная** литерату́ра a literature which expóses

sócial évils; **~ть** 1. (разоблачить) show up, expóse 2. (показывать) revéal
облож||**éние** (налогами) taxátion; **~и́ть** 1. face; cóver (покрыть); не́бо **~и́ло** ту́чами the sky is óvercast with clouds 2. (окружить зверя) close round 3. (налогом) tax, rate ⬦ **~и́ло** язы́к the tongue is furred
обло́жка cóver, dúst-jacket (суперобло́жка); case (для документа)
обло́к||**áчиваться**, **~оти́ться** lean one's élbows (on); ~ не разреша́ется no léaning
обло́м||**а́ть**, **~и́ть** break off
обло́м||**ок** frágment; **~ки** круше́ния wréckage sg., flótsam sg.
облупи́ть (яйцо) shell
облысé||**вший** bald; **~ть** grow bald
облюбова́ть take fáncy (to)
обма́з||**ать**, **~ывать** coat (with); pútty (up) (замазкой)
обма́к||**ивать**, **~ну́ть** dip
обма́н fraud; decéption; ~ зре́ния óptical illúsion; **~ный** decéitful, fráudulent; **~ным путём** fráudulently, by fraud
обман||**у́ть** decéive; cheat; take in (обставить); ~ чьё-л. дове́рие betráy smb.'s trust; ~ чьи-л. наде́жды disappóint smb.'s hopes; **~ся** be decéived; be disappóinted; **~ся** в ком-л. be mistáken in smb.
обма́н||**чивый** decéptive; **~щик** decéiver; **~ывать(ся)** см. обману́ть(ся)
обма́тывать см. обмота́ть
обма́хивать см. обмахну́ть
обма́хиваться (веером) fan onesélf
обмахну́ть brush awáy
обмелé||**ние** (о реке) drýing up; **~ть** becóme shállow
обме́н exchánge; в ~ in exchánge; ~ мне́ниями interchánge (или exchánge) of opínions; ~ о́пытом exchánge of expérience; ~ веще́ств биол. metábolism; **~ивать(ся)** см. обменя́ть(ся)
обменя́ть bárter; swop (for) разг.; **~ся** exchánge; **~ся** взгля́дами exchánge glánces
обме́р 1. méasurement 2. (обман) false méasure
обме́р||**ить** 1. méasure 2. разг. (обмануть) cheat in méasuring; **~я́ть** см. обме́рить 1
обмести́, **обмета́ть** I dust (пыль)
обмета́ть II, **обмётывать** óvercast (шов); búttonhole (петли)
обмозгова́ть разг. mull óver, turn óver in one's mind

обмола́чивать *см.* обмолоти́ть
обмо́лв||иться *(ошибиться)* make a slip in spéaking; ~ка slip of the tongue
обмоло́т *с.-х.* thréshing; ~и́ть thresh
обморо́женный fróst-bitten
о́бморок faint; па́дать в ~ faint
обмота́ть wind round
обмо́тка *эл.* winding
обмо́тки *(для ног)* púttees
обмундирова́||ние úniform; ~ть issue úniform; ~ться be issued with úniform
обмыва́ть, обмы́ть wash *(round)*, bathe ◊ ~ поку́пку drink to célebrate a púrchase
обмяка́ть, обмя́кнуть *разг.* becóme soft *(тж. перен.)*
обнагле́ть grow impúdent *(или* insolent)
обнадёжи||вать, ~ть (re)assúre
обнаж||а́ть(ся) *см.* обнажи́ть(ся); ~ённый náked; *жив.* nude; ~и́ть 1. bare; únsheathe *(саблю)* 2. *(обнаруживать)* expóse; ~и́ться 1. becóme bare; strip náked 2. *(обнаружиться)* revéal itsélf
обнаро́дова||ние promulgátion, publicátion; ~ть prómulgate, procláim
обнару́жи||вать(ся) *см.* обнару́жить(ся); ~ть discóver; displáy *(проявить)*; ~ться come to light; be found *(отыскаться)*
обнести́ 1. *(окружить)* enclóse *(with)*; ~ огра́дой fence; ~ стено́й wall 2. *(кушаньем)* serve round 3. *(пропускать при угощении)* miss smb. out while sérving
обнима́ть(ся) *см.* обня́ть(ся)
обнища́||ние destitútion; ~ть be redúced to béggary
обнови́ть renéw; rénovate *(старое)*; ~ репертуа́р work up a new répertoire; ~ся be renéwed
обно́вка new dress
обновл||ённый renéwed, rénovated; ~я́ть(ся) *см.* обнови́ть(ся)
обноси́ть *см.* обнести́
обно́ски *разг.* cást-óff clothes
обню́х||ать, ~ивать sniff round
обня́ть, ~ся embráce
обо *см.* о I
обобра́ть 1. *(ягоды и т. п.)* pick 2. *(обокрасть)* fleece
обобщ||а́ть *см.* обобщи́ть; ~е́ние generalizátion
обобществ||и́ть nátionalize; ~ле́ние nationalizátion; ~ля́ть *см.* обобществи́ть
обобщи́ть géneralize
обога||ти́ть enrích *(тж. перен.)*; ~ свои́ зна́ния enrích one's knówledge;

~ти́ться enrích onesélf; ~ща́ть(ся) *см.* обогати́ть(ся); ~ще́ние enríchment; ~ще́ние поле́зных ископа́емых dréssing *(руды́)*; preparátion *(угля́)*
обогна́ть leave behind, pass, outstríp
обогну́ть walk *(или* drive) round; *мор.* double; ~ о́стров sail round the ísland
обогрева́ть(ся) *см.* обогре́ть(ся)
обогре́ть warm up a bit; ~ся warm onesélf
обо́д rim; ~о́к rim, circle
ободра́ть 1. skin *(шку́ру)*; tear *(пальто́ и т. п.)* 2. *(кого-л.)* fleece
ободр||е́ние encóuragement; ~и́ть put heart in smb.; э́та встре́ча ~и́ла его́ this meeting cheered him up; ~и́ться take heart; ~я́ть(ся) *см.* ободри́ть(ся)
обожа́||ние adorátion; ~ть adóre
обожествля́ть ídolize
обо́з 1. string of carts; string of sledges *(санный)* 2. *воен.* train
обозва́||ть call; он ~л его́ дурако́м he called him a fool
обозли́ть make hópping mad; ~ся fly into a rage
обознача́ть mean
обозна́чить *(пометить)* mark in
обозр||ева́тель revíewer, cómmentator; ~ева́ть 1. *(осматривать)* survéy; look round 2. *(в печати)* revíew; ~е́ние revíew
обо́и wáll-paper *sg.*
обо́йма *(патронная)* cártridge clip; *перен.* range
обойти́ 1. *(вокруг чего-л.)* go round 2. *(избегнуть)* avóid; evade *(закон и т. п.)* ◊ ~ подро́бности avóid góing into détail; ~сь 1. *(стоить)* cost, come to 2. *(без чего-л.)* do withóut; dispénse with 3. *(чем-л.)* mánage *(with)* 4. *(поступить с кем-л.)* treat ◊ ~сь в копе́ечку cost plénty, cost a prétty pénny
обо́йщик uphólsterer
обокра́сть rob
оболо́чка 1. cóver 2. *тех.* cásing 3. *анат.* mémbrane
обо́лтус *разг.* ídiot
обольсти́||тель sedúcer; ~тельный sedúctive; chárming, fáscinating *(очаровательный)*; ~ть sedúce
обольщ||а́ть *см.* обольсти́ть; ~а́ться flátter onesélf, be únder a delúsion; ~а́ться наде́ждами chérish vain hopes; ~е́ние sedúction
обомле́ть *разг.* be stúpefied; be stunned *(with)*
обоня́||ние sense of smell; ~ть smell

оборачивать(ся) *см.* обернуть(ся)
оборванец rágamuffin, rágged féllow
оборванный torn, rágged
оборвать 1. *(верёвку и т. п.)* break *(off)* 2. *(ягоды, листья и т. п.)* pick *(off)* 3. *(остановить кого-л.)* cut smb. short; ~ся 1. break *(off)*; вешалка у пальто оборвалась the tab on one's coat has bróken off 2. *(упасть)* fall off 3. *(прерываться)* stop súddenly
оборка flounce
оборон||а defénce; ~ительный defénsive; ~ительные сооружения defénces; занять ~ительную позицию stand on the defénsive; ~ный: ~ная промышленность war industry
обороноспособность defénsive poteniálities *pl.*
оборонять defénd; ~ся defénd onesélf
оборот 1. revolútion; rotátion *(колеса)* 2. *эк.* túrnover; пускать в ~ put into circulátion 3. *(листа)* back; смотри на ~e p.t.o. (please turn óver) 4. *(речи)* turn of speech ◇ дело приняло плохой ~ the affáir took a turn for the bad; взять в ~ take to task
оборотн||ый 1. *эк.:* ~ капитал circulating cápital 2. revérse; ~ая сторона листа the revérse side of the page ◇ ~ая сторона медали the revérse (side) of the coin
оборудова||ние equipment; machínery *(машины)*; ~ть equíp, fit out
обоснование básis, ground
обоснов||анный gróunded, well fóunded, well gróunded; ~ать base one's árguments on facts
обосноваться settle in *(или* down)
особоб||ить séparate *(или* fence) off; ~иться keep onesélf to onesélf; stand *(или* keep) alóof *(держаться в стороне)*; ~ленный isolated; ~лять(ся) *см.* обособить(ся)
обостр||ение shárpening; aggravátion *(отношений)*; ~ённый 1. keen; ~ённый интерес keen interest 2. *(напряжённый)* strained; ~ённые отношения strained relátions; ~ить inténsify; ~ить разногласия inténsify *(или* exácerbate) differences; ~ить отношения make strained relátions more acúte; ~иться *(ухудшиться)* becóme ággravated; becóme acúte *(об отношениях)*; becóme acúte *(о противоречиях)*; ~ять(ся) *см.* обострить(ся)
обоюдный mútual
обоюдоострый dóuble-édged

обрабатыва||ть 1. *(землю)* cúltivate, work the land 2. *(сырьё)* work up; ~ющий: ~ющая промышленность manufácturing industry
обработ||ать *см.* обрабатывать; ~ка 1. *(земли)* cultivátion 2. *(сырья)* prócessing
обрадовать make glad, gládden; ~ся be glad, rejóice
образ 1. *(вид)* form, shape 2. *(представление; тж. лит., жив.)* image 3. *(способ, приём)* mode, mánner; ~ жизни mode of life; ~ мыслей way of thinking; ~ правления form of góvernment
образец 1. *(пример)* exámple, módel 2. *(образчик)* spécimen, sample
образный figurative; vivid *(живой, яркий)*; ~ язык figurative language
образование I formátion
образование II *(просвещение)* educátion; дать ~ éducate; получить ~ be éducated
образованный éducated
образовать form, make; órganize *(организовать)*; ~ся form
образовывать(ся) *см.* образовать(ся)
образумить bring to réason; ~ся come to réason
образцовый módel *attr.;* éxemplary
образчик spécimen, sample
обраст||ать, ~и be *(или* becóme) óvergrówn
обратить turn; ~ внимание *(на)* pay atténtion *(to)*; ~ своё внимание *(на)* turn one's atténtion *(to)*; ~ чьё-л. внимание *(на)* draw smb.'s atténtion *(to)*; ~ на себя внимание draw atténtion to onesélf ◇ ~ в шутку make a joke of, turn into a joke; ~ в бегство put to flight; ~ся 1. *(к кому-л.)* address *(smb.)*, apply *(to smb.)* 2. *(превратиться)* turn into ◇ ~ся в бегство take to flight
обратн||о *нареч.* 1. *(назад)* back; туда и ~ there and back 2. *(наоборот)* inversely; ~ пропорциональный invérsely propórtional; ~ый 1. revérse; ~ый ход revérse mótion; ~ая сторона *перен.* revérse side 2. *(противоположный)* ópposite; в ~ую сторону in the ópposite diréction; ~ое действие advérse effect 3. *(о билете и т. п.)* retúrn *attr.*
обращать *см.* обратить; ~ся 1. *см.* обратиться 2. *(обходиться)* treat *(с кем-л.)*; handle *(с чем-л.)*
обращение 1. *(к кому-л.)* address *(to)*, appéal *(to)* 2. *(с кем-л.)* treátment *(of)* 3. *(денег)* circulátion

обре́з *(книги)* edge ◇ в ~ *разг.* bárely *(или* ónly just) enóugh

обре́з||а́ть, ~а́ть 1. cut off 2. *(прервать кого-л.)* cut smb. short; ~а́ться cut onesélf; ~ки scraps, pieces

обрека́ть *см.* обре́чь

обремен||и́тельный árduous, labórious; ~и́ть, ~я́ть búrden

обре||сти́, ~та́ть find; он обрёл душе́вный поко́й he found peace for his soul

обречённ||ость doom; ~ый condémned; doomed *(to)*

обре́чь condémn

обрисова́ть, обрисо́вывать *перен.* descríbe

обро́к *ист.* tax, quítrent

оброни́ть let fall, drop; lose *(потерять)*

обро́сший overgrówn

обруб||а́ть, ~и́ть chop off

обру́бок stump

обруга́ть *разг.* swear *(at)*, call names

о́бруч hoop; набива́ть ~и на бо́чку hoop a bárrel

обру́ши||ваться come down, collápse

обры́в precípice; bluff, cliff *(на берегу)*

обрыва́ть(ся) *см.* оборва́ть(ся)

обры́вистый steep, precípitous

обры́в||ок (torn) scrap; ~ки фраз scraps of conversátion; ~очный scráppy

обры́зг||ать, ~ивать *(грязью)* splash; besprínkle

обрю́зг||лый, ~ший fat and flábby

обря́д rite; céremony; ~овый rítual

обсервато́рия obsérvatory

обсле́дова||ние inspéction; investigátion; ~ть inspéct; invéstigate

обслу́ж||ивание sérvice; культу́рно-бытово́е ~ provísion of cúltural and líving facílities; ~ивать, ~и́ть serve, attend *(to)*

обсо́хнуть dry off

обста́в||ить, ~ля́ть 1. *(комнату)* fúrnish 2. *разг. (обмануть)* cheat

обстано́вка I *(мебель)* fúrniture

обстано́вка II *(положение)* condítions *pl.;* situátion; междунаро́дная ~ internátional situátion

обстоя́тельный détailed; relíable *(о человеке)*

обстоя́тельств||о 1. circumstance; семе́йные ~а doméstic círcumstances; в затрудни́тельных ~ах in difficulties; ~а измени́лись the círcumstances have áltered 2. *грам.* advérbial módifier

обсто||я́ть: всё ~и́т благополу́чно

éverything is all right; как ~я́т дела́? how are things góing?, how does the land lie?

обстре́л fire; находи́ться под ~ом be únder fire; взять под ~ *перен.* attáck

обстре́л||ивать, ~я́ть fire *(at)*, take únder fire

обстрога́ть plane; whittle *(ножом)*

обстру́кция obstrúction

обступ||а́ть, ~и́ть surróund

обсу||ди́ть, ~жда́ть discúss; talk óver *разг.;* ~жде́ние discússion; начало́сь ~жде́ние кандидату́р the discússions to eváluate the ápplicants have begún; предме́т ~жде́ния point at íssue

обсчита́ть cheat (in cóunting); ~ся miscóunt, miscálculate

обсчи́тывать(ся) *см.* обсчита́ть(ся)

обсы́п||ать, ~а́ть strew; ~ муко́й sprínkle with flour

обсыха́ть *см.* обсо́хнуть

обта́чивать *см.* обточи́ть

обтека́емый stréamlined; *перен.* evásive; ~ отве́т evásive replý

обтере́ть(ся) *см.* обтира́ть(ся)

обтеса́ть, обтёсывать square; *перен.* knock smb. ínto shape

обтир||а́ние spónging down; ~а́ть wipe; ~а́ться *(делать обтирание)* sponge onesélf down

обточи́ть *(на станке)* turn

обтрёпанный shábby

обтрепа́ть fray

обтя́||гивать 1. *см.* обтяну́ть 2. *(прилегать)* fit close; ~жка: в ~жку clóse-fítting

обтяну́ть *(чем-л.)* cóver

обува́ть(ся) *см.* обу́ть(ся)

обувн||о́й shoe *attr.;* ~ магази́н shoe shop; shóe-store *(амер.);* ~а́я промы́шленность shoe índustry

о́бувь fóot-wear; boots and shoes *pl.*

обу́глива||ние carbonizátion; ~ть cárbonize; char; ~ться be cárbonized; be charred

обу́за búrden, encúmbrance

обузда́ть, обу́здывать brídle

обу́зить make too tight

обуревá||емый overwhélmed *(by);* он ~ем стра́стью he is racked by pássion; ~ть overwhélm

обусло́в||ить 1. límit; stípulate *(for);* ~ чем-л. своё уча́стие в рабо́те make reservátion óver participáting in a job 2. *(быть причиной)* cause, call forth; ~ливать *см.* обусло́вить; ~ливаться be condítioned *(by)*

обу́ть 1. *(надеть ботинки)* put on shoes **2.** *(снабдить обувью)* provide with shoes; **~ся** put on one's shoes

о́бух butt *(thicker end)*

обуч||а́ть(ся) *см.* обучи́ть(ся); **~е́ние** instrúction, tráining; **~и́ть** give tráining; **~и́ться** take a tráining course

обхвати́ть, обхва́тывать embráce, clasp

обхо́д 1. round; де́лать ~ make one's round **2.** *(кружный путь)* détour **3.** *(закона)* circumvéntion

обходи́тельный urbáne; mánnerly

обходи́ть(ся) *см.* обойти́(сь)

обхожде́ние *разг.* beháviour; mánners *pl.;* tréatment *(of)*

обша́р||ивать, ~ить rúmmage

обшива́||ть 1. *см.* обши́ть **2.**: она́ ~ет всю семью́ she sews for the whole fámily

обши́вка 1. édging **2.** *тех.* cóvering, cóating

обши́рн||ый spácious, vast; **~ые** знако́мства wide circle of acquáintances

обши́ть 1. sew round; edge **2.** *архит.* pánel; board óver *(досками)*

обшла́г cuff

обща́ться assóciate, mix *(with)*

общедосту́пн||ый 1. withín éveryone's reach; **~ые** це́ны príces withín the reach of éveryone **2.** *перен.* comprehénsible by éveryone

общежи́тие 1. hóstel **2.** *(общественная жизнь)* sócial behávior; commúnity

общеизве́стный génerally known; well--known

общенаро́дный públic, nátional

обще́ние associátion; ли́чное ~ pérsonal cóntact

общеобразова́тельный providing géneral educátion

общепри́нятый génerally accépted

общесою́зный All-Únion *attr.*

обще́ственн||ик públic-spírited pérson; **~ость** the públic; нау́чная **~ость** respónsible sciéntific opínion; **~ый** sócial, públic; **~ый** строй sócial sýstem; **~ое** мне́ние públic opínion; **~ое** пита́ние cantéen feeding

о́бщество 1. *в разн. знач.* society **2.** *эк.* cómpany

общеупотреби́тельный in géneral use *(после сущ.)*

о́бщ||ий cómmon; géneral *(не ча́стный)* ◇ ~ ито́г sum tótal; **~ее** ме́сто cómmonplace; в **~ем** in géneral; **~ее** бла́го the públic weal; не име́ть ничего́ **~его** с кем-л. have nóthing in cómmon with smb.

общи́на commúnity

общи́тельный sóciable

о́бщность commúnity; ~ интере́сов commúnity of ínterests

объеда́ться *см.* объе́сться

объеде́ние: э́то про́сто ~ this is délicious

объедин||е́ние 1. *(действие)* unificátion; amalgamátion *(слияние)* **2.** *(союз)* únion; **~ённый** united; Объединённые На́ции United Nátions; **~и́ть, ~и́ться** unite; **~и́ть(ся)** *см.* объедини́ть(ся)

объе́дки *разг.* léavings, léft-overs, scraps

объе́зд divérsion *(for traffic)*, détour; **~ить 1.** trável all óver **2.** *(лошадь)* break in

объезжа́ть 1. *см.* объе́здить **2.** *см.* объе́хать

объе́кт 1. óbject **2.** *воен.* objéctive **3.** *(стройка и т. п.)* building site

объекти́в óbject-lens, objéctive

объекти́вный objéctive; impártial *(беспристрастный)*

объём cúbic capácity; vólume *(тж. перен.)*; ~ рабо́т the vólume of works

объёмистый capácious; búlky; ~ паке́т búlky páckage *(или* párcel*)*

объе́сться *разг.* overéat (onesélf)

объе́хать 1. go round **2.** *(посетить)* visit *(as much as possible)*

объяв||и́ть decláre; annóunce *(известить)*; ~ вне зако́на óutlaw; **~ле́ние 1.** *(действие)* declarátion; **~ле́ние** войны́ declarátion of war **2.** *(извещение)* annóuncement; advértisement *(в газетах, афишах и т. п.)*; **~ля́ть** *см.* объяви́ть

объясн||е́ние explanátion ◇ ~ в любви́ declarátion of love; **~и́мый** éxplicable; **~и́тельный** explánatory; **~и́ть** expláin; **~и́ться 1.** expláin (onesélf) **2.** *(переговорить)* have a talk; have it out *(with;* вы́яснить *недоразуме́ние)* ◇ **~и́ться** в любви́ make a declarátion of love; **~я́ть** *см.* объясни́ть

объясня́ться 1. *см.* объясни́ться; ~ на иностра́нном языке́ make onesélf understóod in a fóreign lánguage **2.** *(чем--л.)* be accóunted for *(by)*

объя́тия embráce *sg.*; сжать в **~x** embráce; заключи́ть в ~ fold in one's arms; embráce

обыва́тель nárrow *(или* pétty*)* pérson; **~ский** cómmonplace, nárrow-minded

ОБЫ

обыгра́ть, обы́грывать *(кого-л.)* beat; win *(выиграть)*
обы́денный órdinary, úsual, éveryday; cómmonplace
обыкнове́н||ие hábit, routíne; име́ть ~ be in the hábit *(of)*; по ~ию as úsual; про́тив ~ия cóntrary to one's úsual práctice; ~но *нареч.* úsually, as a rule; ~ный órdinary *(обычный)*; simple, plain *(заурядный)*
о́быск search; ~а́ть condúct a search
обы́скивать *см.* обыска́ть
обы́ч||ай cústom; ~но *нареч.* úsually, as a rule; ~ный órdinary, úsual
оба́занн||ость dúty; исполня́ющий ~ости ácting; ~ый obliged, bound; он обя́зан э́то сде́лать he is bound to do it, it is his dúty to do it; быть ~ым кому́-л. жи́знью owe one's life to smb.; я вам о́чень обя́зан I am much obliged to you; челове́к, всем ~ый самому́ себе́ a sélf-máde man
обяза́тель||но *нареч.* without fail; он ~ придёт he is sure to come; ~ный obligatory; compúlsory *(об обучении и т. п.)*; ~ство obligátion; pledge; взять на себя́ ~ство pledge onesélf
обяза́ть oblíge; bind; ~ся pledge onesélf *(to)*, take upón onesélf
обя́зыв||ать *см.* обяза́ть; э́то вас ни к чему́ не ~ает this doesn't commít you to ánything; ~аться *см.* обяза́ться
ова́льный óval
ова́ция ovátion
овдове́||вший widowed; ~ть becóme a widow *(о женщине)*; becóme a widower *(о мужчине)*
овёс oats *pl.*
ове́чий sheep *attr.*, sheep's
ови́н *с.-х.* barn
овла||дева́ть, ~де́ть 1. *(чем-л.)* take posséssion *(of)*; seize; им ~де́ло беспоко́йство anxiety seized him; ~де́ть собо́й be in contról of onesélf, exercise sélf-contról 2. *(усваивать)* máster; ~ зна́ниями acquire knówledge
о́вод gádfly
о́вощ||и vegetables; ~но́й végetable; ~но́й магази́н gréengrocer's shop
овра́г ravine
овся́нка 1. *(крупа, мука)* óatmeal 2. *(каша)* pórridge
овца́ sheep
овцево́дство shéep-breeding
овча́рка shéep-dog

ОГО

овчи́н||а shéepskin; ~ка: ~ка вы́делки не сто́ит ≈ not worth bóthering abóut
ога́рок cándle-end
огиба́ть *см.* обогну́ть
оглавле́ние cóntents *pl.*, table of cóntents
огласи́ть 1. read out, annóunce; ~ пригово́р read out the séntence 2. *(наполнить звуками)* make resóund; ~ся resóund *(with)*; ring *(with)*
огла́ск||а publícity; получи́ть ~у be given publicity; избега́ть ~и avóid publicity
оглаш||а́ть(ся) *см.* огласи́ть(ся); ~е́ние publicátion; не подлежи́т ~е́нию off the récord
огло́бля shaft
огло́хнуть becóme deaf
оглуш||а́ть *см.* оглуши́ть; ~и́тельный déafening; ~и́ть déafen; stun *(ударом)*
огляде́ть take a look at; ~ся look round; take a look round *(ориентироваться)*
огля́д||ка: бежа́ть без ~ки run for one's life; ~ывать *см.* огляде́ть; ~ываться 1. *см.* огляде́ться 2. *см.* огляну́ться
огляну́ться look back; turn to look at smth. ◊ не успе́л ~, как ≈ befóre he could say "knife"
огнемёт fláme-thrower
о́гненный fíery
огнеопа́сный inflámmable
огнестре́льн||ый: ~ое ору́жие fire-arms *pl.*
огнетуши́тель fire-extínguisher
огнеупо́рный fireproof; ~ кирпи́ч fire-brick
огова́ривать(ся) *см.* оговори́ть(ся)
оговори́ть 1. *(оклеветать)* slánder 2. *(обусловить)* stípulate; ~ся 1. *(сделать оговорку)* spécify 2. *(ошибиться)* make a slip (in spéaking)
огово́р||ка 1. *(условие)* reservátion, stipulátion; с ~кой with resérve; без ~ок without resérve 2. *(обмолвка)* slip of the tongue
оголённый bare
оголи́ть bare; ~ся strip (onesélf)
оголте́лый *разг.* wild; frántic
оголя́ть(ся) *см.* оголи́ть(ся)
огонёк little light
ого́нь 1. *в разн. знач.* fire; гре́ться у огня́ warm onesélf at the fire; в огне́ in flames 2. *(свет)* light; заже́чь ~ light a lamp ◊ гото́в в ~ и в во́ду réady for ánything; из огня́ да в по́лымя *погов.* out of the frýing-pan into the fire; пройти́ ~ и во́ду *разг.* go through fire and wáter

огора́живать(ся) *см.* огороди́ть(ся)
огоро́д kitchen-garden; végetable-garden; márket-garden
огороди́ть fence in; ~ся fence oneself in
огоро́дни||к márket-gardener; trúck-farmer *(амер.)*; ~чество márket-gardening; trúck-farming *(амер.)*
огоро́шить *разг.* dumbfóund
огорч||а́ть(ся) *см.* огорчи́ть(ся); ~е́ние grief, chágrin; ~ённый grieved; ~и́ть grieve, pain; ~и́ться grieve, be pained; не ~а́йтесь! cheer up!
огра́б||ить rob; ~ле́ние róbbery; búrglary *(со взломом)*
огра́||да fence; wall *(стена)*; ~ди́ть, ~жда́ть guard *(from, against)*; protéct *(against)*
огран||иче́ние limitátion; restríction; ~и́ченный *в разн. знач.* limited; в ~и́ченном коли́честве in limited quántity; ~и́ченный челове́к a limited pérson; ~и́чивать(ся) *см.* ограни́чить(ся); ~и́чить limit; restríct; ~и́читься limit oneself; confine oneself
огро́мный huge, vast, enórmous
огрубе́||лый cóarsened; ~ть becóme rough; cóarsen
огрыз||а́ться, ~ну́ться *разг.* snap *(at)*
огры́зок chewed stump; *перен.* stump, bit; ~ карандаша́ stump of a péncil; ~ расчёски bróken end of a comb
огу́льн||о *нареч.* without discriminátion; ~ый indiscríminate; swéeping; ~ое обвине́ние únfounded accusátion
огуре́ц cúcumber
о́да ode
одарённый gífted, tálented
одар||и́ть, ~я́ть *(наделять)* endów *(with)*
одева́ть(ся) *см.* оде́ть(ся)
оде́жд||а clothes *pl.;* ве́рхняя ~ óutdoor clothes; снять ве́рхнюю ~у take off one's coat
одеколо́н éau-de-Cológne
оде́л||и́ть, ~я́ть *(кого-л. чем-л.)* appórtion
одёргивать *см.* одёрнуть
одержа́ть, оде́рживать: ~ верх gain the úpper hand; ~ побе́ду win a víctory; *спорт.* score a víctory
одержи́мый posséssed *(by, of)*
одёрнуть *(платье и т. п.)* pull down, stráighten; *перен.* check, pull up
оде́ть dress; ~ся dress (onesélf); ~ся во что-л. put smth. on

одея́ло blánket
оде́яние gárment, attíre
оди́н 1. *числит.* one 2. *мест. (некий)* a, a cértain 3. *мест. (без других)* alóne 4. *мест. (тот же)* the same; ~ и тот же one and the same ◇ одни́м сло́вом in a word; ~ на ~ in prívate; just our two selves *(о разговоре);* hand to hand *(о борьбе);* в ~ миг in a flash, in a sécond, in a jiffy, in no time; все до одного́ to the last man, all to a man
одина́ков||о *нареч.* équally; ~ый the same, idéntical; в ~ой ме́ре équally
оди́ннадца||тый the eléventh; ~ть eléven
одино́||кий lónely, sólitary; single *(бессемейный);* чу́вствовать себя́ ~ким feel lónely; ~ко *нареч.* lónely; жить ~ко lead a lónely life
одино́чество sólitude; lóneliness
одино́ч||ка single pérson; ~ный individual; ~ное заключе́ние sólitary confínement
одио́зный ódious
одича́||вший, ~лый gone wild; ~ть becóme antisócial
одна́ *ж. см.* оди́н
одна́жды *нареч.* once
одна́ко *вводн. сл.* howéver, yet, still
одни́ *мн. см.* оди́н
одно́ *с. см.* оди́н
однобо́ртный single-bréasted
одновреме́нн||о *нареч.* simultáneously; at the same time; ~ый simultáneous
однодне́вный óne-day *attr.;* ~ дом о́тдыха a rést-home where one can go for a day at a time
однозву́чный monótonous
однозна́чн||ый 1. synónymous 2.: ~ое число́ digit
одноимённый of the same name
однокла́ссник cláss-mate; они́ ~и they are in the same class
однопуте́йный *ж.-д.* single-track *attr.*
однокурсник in the same year; мы ~и we are in the same year at univérsity *etc.*
однолетки of the same age
одноме́стн||ый háving room for one; ~ самолёт single-séater áircraft *(или* plane); ~ая каю́та single cábin
однообра́з||ие monótony; ~ный monótonous
однора́зовый: ~ шприц dispósable sýringe
однородный homogéneous

односло́жный monosyllábic; *перен. тж.* curt, lacónic

односторо́нн||ий óne-síded; ~ отка́з от догово́ра únilátéral denunciátion of a tréaty; ~ее движе́ние óne-wáy tráffic

однофами́лец pérson béaring the same súrname, námesake

одноцве́тный of one cólour; *полигр.* monochromátic

одноэта́жный óne-stóreyed

одобр||е́ние appróval; ~и́тельный appróving

одо́бр||ить, ~я́ть appróve *(of)*; не ~ disappróve *(of)*

одо||лева́ть, ~ле́ть 1. overcóme 2. *(справиться с работой и т. п.)* get on top *(of)*; succéed *(in)*

одолж||а́ть *см.* одолжи́ть; ~е́ние fávour; сде́лайте мне ~е́ние do me a fávour; ~и́ть lend

одряхле́ть becóme decrépit

одува́нчик dándelion

оду́ма||ться think bétter of it; ~йтесь! think what you're dóing!

одура́чить *разг.* make a fool *(of)*

одуре́||лый *разг.* stúpid; ~ть lose one's head *(или* wits*)*

одурма́н||ивать, ~ить stúpefy

о́дурь *разг.* stúpor

одуря́ющий: ~ за́пах overpówering scent

одутлова́тый púffy

одухотвор||ённый inspíred; exálted; ~и́ть, ~я́ть spíritualize; inspíre

одушев||и́ть ánimate; ~и́ться be ánimated; ~ле́ние animátion; ~лённый ánimated

одушевля́ть(ся) *см.* одушеви́ть(ся)

оды́шка difficulty in bréathing, lack of breath

ожере́лье nécklace

ожесточ||а́ть(ся) *см.* ожесточи́ть(ся); ~е́ние 1. bítterness 2. *(упорство)* víolence; ~ённый 1. *(о человеке)* hárdened; bítter 2. *(о борьбе и т. п.)* fierce; ~и́ть hárden, embítter; ~и́ться becóme hárdened *(или* embíttered*)*

ожива́ть *см.* ожи́ть

ожив||и́ть resúscitate; *перен.* revíve; ~и́ться becóme ánimated; brighten *(о лице)*; ~ле́ние animátion; ~лённый ánimated, bright; ~ля́ть(ся) *см.* оживи́ть(ся)

ожида́||ние expectátion; wáiting *(for)*; лоо́кing fórward *(to; приятного)*; сверх ~ния beyónd expectátion; про́тив ~ния unexpéctedly; в ~нии awáiting; ~ть wait *(in hope)*

ожире́ние obésity

ожи́ть come to life agáin

ожо́г burn; scald *(кипятком)*

озабо́||титься atténd to; ~ченность preoccupátion; anxiety *(беспокойство)*; ~ченный preóccupied; ánxious, wórried *(обеспокоенный)*

озагла́в||ить, ~ливать give a títle

озада́ч||енный perpléxed; ~ивать, ~ить perpléx; puzzle

озар||и́ть *прям., перен.* light up, brighten up, illúminate; ~и́ться light up *(with)*, brighten *(with)*; ~я́ть(ся) *см.* озари́ть(ся)

озвере́ть lose contról

оздоров||и́ть rénder (more) héalthy; bring ínto a héalthy state; impróve from a health point of view *(о местности)*; *перен.* impróve; ~ля́ть *см.* оздорови́ть

о́зеро lake

ози́м||ые winter crops; ~ый winter *attr.*

озира́ться look *(или* gaze*)* round

озло́б||ить embítter; ~иться grow bítter; ~ле́ние bítterness, animósity; ~лённый bítter, ángry; ~ля́ть(ся) *см.* озлоби́ть(ся)

ознако́м||ить acquáint *(with)*; ~иться becóme acquáinted, famíliarize onesélf *(with)*; ~ле́ние acquáintance; ~ля́ть(ся) *см.* ознако́мить(ся)

ознаменов||а́ние: в ~ to mark the occásion; in hónour *(of; в честь)*; ~а́ть mark

означа́ть sígnify, mean

озно́б shíver

озо́н ózone

озор||ни́к míschievous *(или* náughty*)* child; ~нича́ть be míschievous *(или* náughty*)*; ~но́й náughty, míschievous; ~ство́ míschief, náughtiness

озя́б||нуть be cold *(или* chílly*)*; у меня́ ~ли ру́ки my hands are fréezing

ой! *межд.* oh!

оказа́ть rénder, show; ~ соде́йствие rénder assístance; ~ предпочте́ние show preféence; ~ влия́ние exért ínfluence; ~ честь do hónour; ~ услу́гу do *(smb.)* a sérvice *(или* a good turn*)*

оказа́ться 1. *(обнаружиться)* turn out to be; prove to be 2. *(очутиться)* find onesélf

ока́з||ия *уст.* opportúnity; посла́ть с ~ией send by smb.

ока́зывать(ся) *см.* оказа́ть(ся)

окайм||и́ть, ~ля́ть bórder, fringe (with)

окамене́||лость (*ископаемое*) fóssil; **~лый** pétrified; **~ть** turn into stone; *перен. тж.* be pétrified

ока́нчивать(ся) *см.* око́нчить(ся)

ока́пывать(ся) *см.* окопа́ть(ся)

окая́нный *как сущ.* dévil

океа́н ócean; **~ский** ócean *attr.;* **~ский парохо́д** ócean líner

оки́||дывать, ~нуть: ~ взгля́дом take in at a glance

окисл||е́ние *хим.* oxidátion; **~и́тель** óxidizer; **~я́ть** óxidize; **~я́ться** óxidize

о́кись *хим.* óxide

оккуп||а́нт inváder; **~а́ция** occupátion; **~и́ровать** óccupy

окла́д rate of pay; **ме́сячный ~** mónthly sálary

оклевета́ть slánder

окле́ивать, окле́ить paste (with); **~ обо́ями** páper

оклика́ть, окли́кнуть call (to), hail

окно́ window

о́ко eye ◇ **в мгнове́ние о́ка** in the twínkling of an eye

окова́ть (*сундук и т. п.*) strap with métal

око́вы fétters (*тж. перен.*); **~вать** *см.* окова́ть

окола́чиваться *разг.* lounge abóut, prop up street córners

околдо́вывать, околдова́ть bewítch

околева́ть, околе́ть (*о животных*) die

о́коло *предл.* 1. (*возле, рядом*) by, near, aróund (*вокруг*); **~ меня́** near me; **дом ~ мо́ря** a house by the sea 2. (*приблизительно*) abóut; néarly (*почти*); **~ трёх дней** abóut three days; **бы́ло ~ полу́ночи** it was néarly mídnight

о́колыш cáp-band

око́льн||ый róundabout; **~ым путём** in a róundabout way

око́нн||ый window *attr.;* **~ое стекло́** wíndow-pane

оконча́||ние 1. (*действие*) fínishing; graduátion (*учебного заведения*) 2. (*конец*) end 3. *грам.* infléxional énding; **~тельно** *нареч.* fínally; defínitively; **~тельный** final; decísive, définitive; compléte (*полный*)

око́нчить finish, end; **~ университе́т** gráduate from the univérsity; **~ся** finish, end, be óver

око́п trench; **~а́ть** 1. (*дерево*) dig up 2. (*окружить канавой*) dig round; **~а́ться** *воен.* entrénch onesélf

о́корок ham, gámmon

окостене́||лый óssified; hárdened (*затвердевший*); **~ть** óssify; hárden (*затверде́ть*)

окочене́||лый stiff with cold; **~ть** becóme stiff (with cold)

око́шко small window; ópening (*в кассе и т. п.*); **~ко** window

окра́ина óutskirts *pl.* (*города*); fróntier áreas *pl.* (*страны*)

окра́с||ить paint (*поверхность*); dye (*платье, волосы и т. п.*); tinge (*слегка*); **осторо́жно, окра́шено! bewáre, wet paint!;** **~ка** 1. (*действие*) páinting (*поверхности*); dýeing (*платья, волос*) 2. (*цвет*) cólour (*тж. перен.*)

окра́шивать *см.* окра́сить

окре́пнуть grow strong

окрест||ность envírons *pl.;* **в ~ости** in the néighbourhood, in the vicínity; **~ый** néighbouring

о́крик cry, call, shout

окрова́вленный blóod-stained

о́круг dístrict

округл||и́ть, ~я́ть *прям., перен.* round off

окруж||а́ть *см.* окружи́ть; **~а́ющий** surróunding; **~а́ющая среда́** envíronment; **~е́ние** 1. encírclement; **быть в ~е́нии** *воен.* be encírcled; **вы́рваться из ~е́ния** *воен.* break out of énemy encírclement 2. (*среда*) envíronment; **~и́ть** (*чем-л.*) surróund (with, by)

окружн||о́й 1. dístrict *attr.* 2.: **~а́я желе́зная доро́га** círcuit ráilway

окру́жность circúmference; circle

окрыл||и́ть, ~я́ть inspíre, lend wings (to)

окта́ва *муз.* óctave

октя́брь Octóber; **~ский** Octóber *attr.*

окун||а́ть, ~а́ться dip; plunge; **~у́ть(ся)** *см.* окуна́ть(ся)

о́кунь perch

окуп||а́ть(ся) *см.* окупи́ть(ся); **~и́ть** repáy; cómpensate; **~и́ться** pay; be worth while

оку́ривать, окури́ть fúmigate; **~ се́рой** fúmigate with súlphur

оку́рок cigarétte-butt

окут||а́ть wrap up; **~а́ться** wrap onesélf up; **~ывать(ся)** *см.* окута́ть(ся)

окучи||вать, ~ть *с.-х.* earth up

ола́дья thick páncake

оледене́||лый frózen; ~ть freeze; be cóvered with ice, ice up
оле́||ний deer's; ~ньи porá ántlers; ~нь deer; réindeer *(северный)*
оли́в||а, ~ка ólive; ~ковый ólive *attr.*
олига́рхия óligarchy
олимпиа́да *спорт.* Olýmpiad; Olýmpic games
олимпи́йск||ий: ~ие и́гры Olýmpic games, Olýmpics
оли́фа linseed oil
олицетвор||е́ние personificátion; embódiment *(воплощение);* ~ённый persónified; ~и́ть, ~а́ть persónify
о́лов||о tin; ~я́нный tin *attr.*
ольха́ álder
ом *эл.* ohm
ома́р lóbster
омерз||е́ние lóathing; ~и́тельный lóathsome
омертве́ние *мед.* necrósis
омле́т ómelette
омоложе́ние rejuvenátion
омо́ним *лингв.* hómonym
омрач||а́ть(ся) *см.* омрачи́ть(ся); ~и́ть dárken; ~и́ться becóme dárkened *(или* glóomy)
о́мут pool ◊ в ти́хом ~е че́рти во́дятся ≈ still wáters run deep
омыва́ть, омы́ть wash
он *мест.* he *(косв.* him); it, he *(о животном);* его́ здесь не́ было he was not here; я дал ему́ кни́гу I gave him the book, I gave the book to him; э́то сде́лано им it was made by him, he made it
она́ *мест.* she *(косв.* her); it, she *(о животном);* её здесь не́ было she was not here; я дал ей кни́гу I gave her the book, I gave the book to her; э́то сде́лано е́ю it was made by her, she made it
онеме́ть 1. becóme dumb; *перен.* be struck dumb 2. *(окоченеть, затечь)* becóme numb
они́ *мест.* they *(косв.* them)
оно́ *мест.* it *(косв.* it)
опада́ть *см.* опа́сть
опа́здывать *см.* опозда́ть
опа́л||а disgráce; быть в ~е be in disgráce
опал||и́ть, ~я́ть burn; singe
опас||а́ться fear; ~е́ние fear; apprehénsion; misgíving
опа́с||ка *разг.:* с ~кой cáutiously; ~ливый cáutious
опа́сн||о 1. *нареч.* dángerously 2. *предик. безл.* it is dángerous; ~ость dánger; подверга́ться ~ости run the risk *(of);* с ~остью для жи́зни at the risk of one's life; ~ый dángerous; ~ая перепра́ва périlous cróssing
опа́сть fall, drop; fall in *(уменьшаться в объёме)*
опе́к||а guárdianship; trustéeship; ~а́емый *как сущ.* ward; ~а́ть be guárdian *(to); перен.* look áfter, protéct; ~у́н guárdian; tútor *(несовершеннолетнего);* trustée *(над имуществом)*
о́пера ópera
операти́вн||ый 1. *мед.* súrgical; ~ое вмеша́тельство súrgical intervéntion 2. *воен.* operátional; ~ая сво́дка operátions repórt 3. *(действенный)* áctive; ~ое руково́дство áctive léadership; ~ые указа́ния operátional instrúctions
опера́||тор óperator; ~цио́нный óperating; ~ция operátion; сде́лать ~цию óperate
опере||ди́ть, ~жа́ть outstríp; foreståll *(во времени)*
опере́ние plúmage ◊ хвостово́е ~ самолёта tail únit
опере́тта operétta
опере́ться lean on *(тж. перен.);* не́ на кого́ бы́ло ~ there was no one to lean on
опери́ровать óperate
опери́ться becóme flédged; *перен.* stand on one's own legs
о́перн||ый: ~ теа́тр ópera-house; ~ певе́ц ópera-singer; ~ая му́зыка operátic músic
опери́ться *см.* опери́ться
опеча́лить grieve, pain, sádden; ~ся grieve, becóme sad
опеча́тать seal up
опеча́т||ка mísprint; спи́сок ~ок corrigénda *pl.*
опеча́тывать *см.* опеча́тать
опе́шить *разг.* be táken abáck
опи́лки sáwdust *sg.*
опира́ться 1. *см.* опере́ться 2. *(основываться)* be based *(on)*
описа́||ние description; ~тельный descríptive
описа́ть 1. descríbe *(тж. мат.)* 2. *(сделать опись)* make an ínventory 3. *юр. (имущество)* distráin
опи́ска slip of the pen
опи́сывать *см.* описа́ть
о́пись 1. *(список)* list 2. *юр. (имущества)* distráint
о́пиум ópium

оплáк||ать, ~ивать mourn *(for, over)*; deplóre *(smth.)*
оплá||та páy(ment); ~тить pay; remúnerate *(вознаградить)*; settle *(счёт)*; ~тить расхóды pay *(или* cóver) expénses; ~ченный paid; c ~ченным отвéтом replý paid; ~чивать *см.* оплатить
оплевáть, оплёвывать spit *(upon)*; insúlt
оплеýха *разг.* slap in the face
оплодотвор||éние fertilizátion, impregnátion; искýсственное ~ artifícial inseminátion; ~ить, ~ять fértilize, ímpregnate
оплóт strónghold
оплóшность blúnder, óversight; сдéлать ~ make a blúnder
опове||стить, ~щáть nótify; ~щéние notificátion
опоздá||вший *как сущ.* láte-comer; ~ние cóming late; deláy *(задержка)*; пóезд пришёл с ~нием на 10 минýт the train arríved ten mínutes late; без ~ния in time; ~ть be late *(for)*; ~ть на пóезд miss one's train; пóезд, самолёт *и т. п.* опáздывает the train, plane *etc.* is overdúe
опозн||авáть, ~áть idéntify
опозóрить disgráce; ~ся disgráce onesélf
бпóлзень lándslide
ополч||áться *см.* ополчиться; ~éние home guard
ополчиться *(против кого-л.)* be up in arms *(against)*
опóмниться colléct onesélf, pull onesélf togéther; come to one's sénses
опóр: во весь ~ at full *(или* at top) speed
опóр||а *прям., перен.* suppórt; тóчка ~ы fúlcrum
опорожн||ить, ~ять émpty
опорóчить defáme; discrédit *(признать негóдным)*
опохмел||иться, ~яться *разг.* take a hair of the dog that bit you
опóшл||ить, ~ять vúlgarize, debáse
опоя́с||ать, ~ывать girdle
оппоз||иционный in opposition *(после сущ.)*; ~иция opposítion
оппонéнт oppónent
оппортун||изм ópportunism; ~ист ópportunist; ~истический ópportunist *attr.*
опрáв||а sétting *(камня)*; rim *(очков)*; вставить в ~у set; mount; в зóлотой ~е set in gold
оправдá||ние 1. justificátion; excúse *(извинение, объяснение)* 2. *юр.* acquíttal; ~тельный: ~тельный пригóвор vérdict of "not gúilty"; ~тельный докумéнт officíal authorizátion
оправдáть 1. jústify; find an excúse *(извинить)* 2. *юр.* acquít 3. *(быть достóйным)* jústify; ~ чьё-л. довéрие jústify smb.'s cónfidence; ~ся 1. jústify onesélf 2. *(оказаться правильным)* be well fóunded
оправдывать(ся) *см.* оправдáть(ся)
опрáвить 1. *(платье и т. п.)* smooth out, tídy 2. *(вставить в оправу)* set, mount *(камни)*; ~ся *(от болезни)* recóver, get well
оправлять(ся) *см.* опрáвить(ся)
опрáшивать *см.* опросить
определéние 1. definítion 2. *(суда)* decísion 3. *грам.* áttribute
определённ||ый 1. définite; ~ артикль *грам.* définite árticle 2. *(некоторый)* cértain; при ~ых условиях únder cértain condítions
определ||ить 1. defíne, detérmine 2. *(установить)* fix; detérmine; ~иться *(выработаться)* be fórmed; take shape; ~ять(ся) *см.* определить(ся)
опровер||гáть, опровéргнуть refúte; ~жéние refutátion; deníal
опрокидывать(ся) *см.* опрокинуть(ся)
опрокинуть overtúrn; upsét *(тарелку и т. п.)*; ~ся overtúrn; capsíze *(о судне)*
опромéтчив||ость ráshness; ~ый imprúdent, rash, precípitate; ~ый постýпок rash *(или* thóughtless) áction
óпрометью *нареч.* at top speed, héadlong
опрóс interrogátion; ~ить intérrogate, quéstion; ~ный: ~ный лист questionnáire
опротестовáть *юр.* protést
опротив||еть: мне это ~ело I am sick of it
опрыс||кивать, ~нуть sprinkle
опрятный tídy, neat
óптика óptics
оптим||изм óptimism; ~ист óptimist; ~истический óptimistic
оптический óptic(al); ~ обмáн óptical illúsion
оптóв||ый whólesale; ~ая торгóвля whólesale trade
óптом *нареч.* whólesale; ~ и в рóзницу whólesale and retáil
опублик||овáние publicátion; promulgátion *(закона и т. п.)*; ~овáть, ~óвывать públish; prómulgate *(закон)*

опуска́ть(ся) *см.* опусти́ть(ся)
опусте́ть become émpty; become désolate *(стать пустынным)*
опусти́||ть 1. lówer, put down; ~ глаза́ look down; ~ го́лову hang one's head; ~ што́ры (draw) down the blinds; ~ письмо́ в я́щик put a létter in the (píllar-)box 2. *(пропустить)* omít ◇ ~ нос be down in the mouth; ~ кры́лья have no énergy; ~ться 1. be lówered; sink *(медленно)* 2. *(морально)* go to seed ◇ у меня́ ру́ки ~лись I lost heart
опустош||а́ть *см.* опустоши́ть; ~е́ние devastátion; ~и́тельный dévastating; ~и́ть dévastate, lay waste
опу́т||ать, ~ывать wind *(round)*; *перен.* entángle
опуха́ть, опу́хнуть swell
о́пухоль swélling; túmour *мед.*
опу́шка *(леса)* edge of fórest
опыл||е́ние *бот.* pollinátion; ~и́ть póllinate; ~и́ться be póllinated; ~я́ть(ся) *см.* опыли́ть(ся)
о́пыт 1. *(практика)* expérience 2. *(эксперимент)* expériment; провести́ ~ condúct an expériment ◇ го́рький ~ bitter expérience; ~ный 1. *(о человеке)* expérienced 2. *(экспериментальный)* experiméntal
опьяне́||ние intoxicátion *(тж. перен.)*; ~ть become drunk
опьян||и́ть, ~я́ть make drunk *(тж. перен.)*
опя́ть *нареч.* agáin
ора́ва *разг.* gang, horde
ора́нжевый órange(-coloured)
оранжере́я hót-house
ора́тор órator, (públic) spéaker
ора́ть *разг.* yell, shout
орби́т||а órbit; вы́йти на ~у énter an órbit
о́рган *в разн. знач.* órgan; bódy; ~ы вла́сти góvernment bódies
орга́н *муз.* órgan
организа́||тор órganizer; ~цио́нный organizátion *attr.*; ~ция organizátion; Организа́ция Объединённых На́ций (ООН) United Nátions Organizátion (UNO)
органи́зм órganism
организо́в||анно *нареч.* in an órganized mánner; ~анный órganized; ~а́ть órganize; arránge; ~а́ться be órganized
органи́ческий orgánic
о́ргия órgy
орда́ horde

о́рден órder; decorátion; получи́ть ~ be décorated with an órder
орденоно́сец hólder of an Órder
о́рдер órder; ~ на аре́ст wárrant for arrést; ~ на кварти́ру docúment entítling smb. to a flat
ордина́рец *воен.* órderly
орёл eagle ◇ ~ и́ли ре́шка? heads or tails?
орео́л hálo
оре́х 1. *(плод)* nut; земляно́й ~ péanut; лесно́й ~ házel-nut 2. *(дерево)* nút-tree; ~о́вый nut *attr.*; wálnut *attr.* *(из оре́хового дерева)*
оре́шник nút-grove
оригина́||л 1. *(подлинник)* oríginal 2. *(о человеке)* eccéntric pérson, queer féllow; ~льный oríginal
ориент||а́ция orientátion; ~и́роваться take one's béarings; ~иро́вка orientátion; ~иро́вочный as a guide; appróximate; ~иро́вочные да́нные points to serve as a rough guide
орке́стр órchestra *(симфонический)*; jazz band *(джаз)*; brass band *(духовой)*
орли́ный aquiline; ~ взор eagle eye
орна́мент órnament
оробе́ть be abáshed, feel tímid
оро||си́ть, ~ша́ть írrigate; ~ше́ние irrigátion ◇ поля́ ~ше́ния séwage-farm *sg.*
ору́ди||е 1. *прям.*, *перен.* ínstrument; tool; ~я произво́дства ímplements of prodúction 2. *воен.* gun
оруди́йный gun *attr.*; ~ ого́нь gún-fire
ору́д||овать *разг.* run the show; он там всем ~ует he bósses the whole show
оруже́йный: ~ заво́д small arm(s) fáctory
ору́жие wéapon; arms *pl.*; сложи́ть ~ lay down arms
орфогр||афи́ческий orthográphical; ~афи́ческая оши́бка spélling mistáke; ~а́фия spélling
оса́ wasp
оса́да siege
осади́ть I *воен.* besíege
осади́ть II check; rein in *(лошадь)*
оса́дки precipitátion(s)
оса́дн||ый: ~ое положе́ние state of siege
оса́док sédiment; *перен.* áfter *(или* bad*)* taste; неприя́тный ~ an unpléasant taste
осажда́ть *см.* осади́ть I ◇ ~ про́сьбами impórtune
осажда́ться *хим.* precípitate
оса́живать *см.* осади́ть II

оса́нка béaring; го́рдая ~ proud béaring
осва́ивать(ся) *см.* осво́ить(ся)
осведоми́тель infórmer
осве́дом||ить infórm *(of);* ~иться inquíre *(about),* ask *(after);* ~ле́ние infórming; notificátion; ~лённость knówledge; ~лённый infórmed *(знающий);* ~ля́ть(ся) *см.* осве́домить(ся)
освеж||а́ть(ся) *см.* освежи́ть(ся); ~и́тельный refréshing; ~и́ть refrésh; cool; air; ~и́ться refrésh onesélf; take an áiring
освети́ть light up; *перен.* throw light *(upon),* elúcidate; ~ся light up, bríghten, be líghted
освещ||а́ть(ся) *см.* освети́ть(ся); ~е́ние líght(ing); *перен.* elucidátion; ~ённый lit; ~ённый со́лнцем súnlit
освиде́тельствова||ние *мед.* examinátion; ~ть *мед.* exámine
освиста́ть, осви́стывать hiss
освободи́тель líberator; ~ный of liberátion; liberátion *attr.;* ~ная война́ war of liberátion
освободи́ть set free, reléase, líberate *(from);* excúse *(from; от обязанности);* ~ помещение vacáte prémises; ~ся 1. *(от чего-л.)* free onesélf, get free 2. *(о месте и т. п.)* be free
освобожд||а́ть(ся) *см.* освободи́ть(ся); ~е́ние 1. *(выпуск на свободу)* reléase, liberátion 2. *(избавление)* delíverance; reléase *(from)* 3. *(территории)* liberátion
освое́ние mástering; ~ о́пыта léarning from smb.'s expérience; ~ цели́нных и за́лежных земе́ль devélopment of vírgin and únused lands
осво́ить máster; ~ся feel at home; ~ся с обстано́вкой be at home in a situátion
оседа́||ние séttling, súbsidence *(здания, земли́);* ~ть *см.* осе́сть
оседла́ть saddle
осе́длый nón-nomádic, séttled
осека́ться *см.* осе́чься
осёл dónkey, ass
осело́к whétstone
осен||и́ть *(о мысли и т. п.)* occúr; его́ ~и́ло, что... it dawned on him that...
осе́нний áutumn *attr.;* autúmnal
о́сень áutumn; fall *(амер.);* глубо́кая ~ late áutumn; ~ю *нареч.* in áutumn
осеня́ть *см.* осени́ть
осе́сть 1. *(о доме и т. п.)* settle, subsíde 2. *(поселиться)* settle
осети́н Ósset(e); ~ский Ossétic
осетри́на stúrgeon

осе́||чка mísfire; *перен.* fáilure; дать ~чку mísfire; ~чься *перен.* stop short
оси́лить *см.* одоле́ть
оси́н||а áspen; ~овый áspen *attr.*
оси́н||ый: ~ое гнездо́ hórnet's nest
оси́пнуть grow *(или* get) hoarse
осироте́ть become an órphan
оска́лить: ~ зу́бы bare one's teeth
оскверне́ние profanátion; defílement
оскверн||и́ть, ~я́ть profáne; defíle
оско́лок splínter; frágment; ~ снаря́да shell-splínter
оско́мин||а: наби́ть (себе́) ~у have a dry mouth; *перен.* set one's teeth on edge
оскорби́||тельный insúlting, outrágeous; ~ть insúlt, offénd; óutrage; ~ться feel insúlted, take offénce
оскорбл||е́ние insult, offénce; óutrage *(тяжкое);* ~ де́йствием *юр.* assáult and báttery; ~я́ть(ся) *см.* оскорби́ть(ся)
осла||бева́ть, ~бе́ть grow weak *(или* feeble), slácken, reláx *(о внимании, дисциплине)*
осла́б||ить make wéak(er); reláx *(внимание, дисциплину);* ~ле́ние wéakening; relaxátion *(внимания, дисциплины);* ~ля́ть *см.* осла́бить
ослеп||и́тельный blínding; ~и́ть blind; *перен.* dázzle; ~ле́ние blíndness; ~ля́ть *см.* ослепи́ть
ослепну́ть get blind
осложн||е́ние complicátion; ~и́ть cómplicate; ~и́ться be cómplicated; ~я́ть(ся) *см.* осложни́ть(ся)
ослу́шаться disobéy
ослы́шаться mishéar
осма́тривать(ся) *см.* осмотре́ть(ся)
осме́ивать *см.* осмея́ть
осмеле́ть become bóld(er)
осме́ли||ваться, ~ться dare
осмея́ть rídicule, mock
осмо́тр examinátion; sightséeing tour *(достопримечательностей)*
осмотре́ть exámine, survéy; vísit; look round *(выставку, дом);* search *(обыскать);* ~ся look abóut; *перен.* look round
осмотри́тельн||ость circumspéction; cáution; prúdence *(разумность);* ~ый círcumspect; cáutious
осмы́сл||енный sénsible, intélligent; ~ить comprehénd; grasp the méaning *(of;* осозна́ть);* make sense *(of;* прида́ть смысл)*
оснасти́ть *мор.* rig
осна́||стка *мор.* rígging; ~ща́ть *см.* оснасти́ть; ~ще́ние equípment

ОСН

осно́в||а 1. básis, foundátion; на ~е чего́-л. on the básis of smth.; положи́ть в ~у take as a prínciple 2. *текст.* warp 3. *грам.* stem

основа́н||ие 1. *(действие)* fóunding 2. foundátion *(здания)*; foot *(горы́)* 3. *(причина)* básis; grounds *pl.*; réason; на ~ии in vírtue of; на како́м ~ии? on what grounds?; нет ~ий there is no réason 4. *хим., мат.* base

основа́тель fóunder

основа́тельн||о *нареч.* thóroughly; ~ый 1. *(солидный)* sólid, sound; thórough *(тщательный)* 2. *(обоснованный)* well-gróunded

основа́ть found

основн||о́й príncipal, main, básic; ~ капита́л *эк.* fixed cápital; ~о́е пра́вило fundaméntal rule; ~о́е значе́ние prímary méaning; ~ зако́н básic law ⟡ в ~о́м in the main, on the whole

основополо́жник fóunder

осно́вывать *см.* основа́ть; ~ся be fóunded *(on)*, be based *(on)*

осо́ба pérson

осо́бенн||о *нареч.* espécially, partícularly ⟡ не ~ not partícularly; ~ость peculiárity; в ~ости espécially; ~ый spécial; partícular; pecúliar ⟡ ничего́ ~ого nóthing spécial

особня́к prívate résidence, mánsion

особняко́м *нареч.:* держа́ться ~ keep alóof

осо́б||о *нареч.* 1. apárt, séparately 2. *(очень)* partícularly; ~ый 1. *(отдельный)* spécial; оста́ться при ~ом мне́нии stand by *(или* on*)* one's own opínion 2. *(особенный)* partícular

осозн||ава́ть, ~а́ть réalize

осо́ка *бот.* sedge

о́спа *мед.* smállpox

оспа́ривать dispúte

осрами́ть *разг.* disgráce públicly; ~ся disgráce onesélf

остава́ться *см.* оста́ться

оста́в||ить, ~ля́ть 1. leave; abándon; ~ в поко́е let *(или* leave*)* alóne; ~ без внима́ния ignóre 2. *(сохранить)* keep; retáin; ~ за собо́й что-л. resérve smth. for onesélf 3. *(отказаться)* give up; ~ наде́жду give up hope ⟡ оста́вь!, оста́вьте! stop it!

остальн||о́е *как сущ.* the rest; в ~о́м in óther respécts; ~о́й 1. *прил.* the rest of 2. *как сущ. мн.:* ~ы́е the óthers

ОСТ

остана́вливать(ся) *см.* останови́ть(ся); ни перед чем не ~ся stop at nóthing

оста́нки remáins

останови́ть stop, interrúpt *(прервать)*; pull up *(коня и т. п.)*; check *(сдержать)*; ~ внима́ние на чём-л. fix one's atténtion on smth.; ~ся 1. stop; pull up *(об автомобиле)* 2. *(в гостинице)* put up *(at)*, stop *(at)* 3. *(на теме, вопросе)* dwell *(upon, on)*

остано́в||ка 1. *(в пути, в работе)* stop, halt; interrúption *(перерыв)*; без ~ки withóut stópping 2. *(трамвайная и т. п.)* stop, státion; коне́чная ~ términus ⟡ ~ то́лько за разреше́нием all we need now is to get permíssion

оста́т||ок 1. rest; remáinder *(тж. мат.)*; rémnant *(материи)* 2. *мн.:* ~ки remáins; tráces; ~ки пре́жней красоты́ the tráces of fórmer good looks; ~очный resídual, remáining

оста́||ться remáin, stay; ~ в живы́х survíve; ~ в си́ле remáin válid; remáin in force; hold good ⟡ за ним ~лось 10 рубле́й he owes ten roubles; нам не ~ётся ничего́ ино́го, как there is nóthing for us but; ~ безнака́занным go unpúnished

остекли́ть glaze

остепени́ться settle down, sóber down

остер||ега́ться, ~е́чься bewáre *(of)*; be on one's guard *(against)*

осто́в 1. frámework 2. *анат.* skéleton

остолбене́ть be dumbfóunded

осторо́жн||о *нареч.* cárefully; ~! handle with care! *(надпись на упаковке)*; take care! *(берегись)*; ~ость care; prúdence *(благоразумие)*; cáution *(предусмотрительность)*; ~ый cáreful; prúdent *(благоразумный)*; cáutious *(предусмотрительный)*

остри́гать *см.* остри́чь

остриё point, edge

остри́ть make wítty jokes *(или* remárks*)*; неуда́чно ~ make féeble jokes

остри́чь cut; crop *(коротко)*; shear *(овец)*; ~ся cut one's hair; have one's hair cut

о́стров island; isle *(поэт.)*; ~о́к little island

островоконе́чный póinted

острота́ 1. *(ножа)* shárpness 2. *(положения и т. п.)* acúteness 3. *(слуха, зрения)* kéenness

остро́та *(остроумное выражение)* joke, witticism; wísecrack *разг.*

остроу́м||ие wit; ~ный wítty;

ingénious; clever *(ловко придуманный, сделанный)*

остр||ый sharp; *перен.* sharp, acute, keen; ~ое положение critical situation; ~ соус piquant sauce; ~ угол acute angle; ~ая боль acute pain

осту||дить, ~жать cool, chill

оступ||аться, ~иться stumble

ост||ывать, ~ыть cool, become cold

осу||ждать, ~дить 1. *(порицать)* blame 2. *юр.* condemn, convict; **~ждение** 1. *(порицание)* blame, censure 2. *юр.* conviction; **~ждённый** 1. *прил.* condemned; sentenced 2. *как сущ.* convict

осунуться become thin and hollow-cheeked, become peaky

осуш||ать *см.* осушить; **~ение** drainage; **~ить** 1. *(почву)* drain 2. *(выпить до дна)* drink up, drain dry

осуществ||имый practicable, feasible; **~ить** carry out; realize; accomplish; **~иться** be carried out (accomplished *или* fulfilled); come true *(о желании и т. п.)*; **~ление** carrying out, realization, accomplishment; **~лять(ся)** *см.* осуществить(ся)

осчастливить make happy

осыпать cover *(with)*; *перен.* pile *(with)*, heap; ~ подарками pile with presents; ~ оскорблениями heap insults *(on)*; **~ся** fall

осыпать(ся) *см.* осыпать(ся)

ось axis; *тех.* axle *(вал)*

осяза||емый tangible; **~ние** touch, sense of touch; **~тельный** 1. tactile 2. perceptible, tangible; **~ть** touch; feel

от *предл.* 1. from; от Москвы from Moscow; от трёх до пяти from three to five; я узнал это от матери I learned it from my mother 2. *(по причине)* with, of; from; дрожать от холода tremble with cold; от радости for joy; он умер от воспаления лёгких he died of pneumonia 3. *(против)* against, from; for; защищать от defend against; средство от a remedy for ◇ время от времени from time to time; день ото дня from day to day

отапливать heat; **~ся** be heated; have heating

отбав||ить, ~лять take away

отбе||гать, ~жать run off

отбивать 1. *см.* отбить 2.: ~ такт beat time; **~ся** 1. *см.* отбиться 2. *(сопротивляться)* put up a resistance

отбирать *см.* отобрать

отбить 1. *(отразить)* beat off, repulse; repel 2. *(мяч)* return 3. *(отнять)* win

over 4. *(отколоть)* break off ◇ ~ охоту discourage; **~ся** 1. *(защититься)* defend oneself *(against)* 2. *(отстать)* fall behind 3. *(отколоться)* break off ◇ ~ся от рук *разг.* get out of hand

отблеск reflection

отбо||й 1.: бить ~ *воен.* beat a retreat *(тж. перен.)*; ~ воздушной тревоги the "all clear" signal 2. *(телефонный)*: дать ~ ring off ◇ нет ~ю от чего-л. there is no peace from smth.

отбойный: ~ молоток pneumatic pick

отбор selection; choice *(выбор)*; **~ный** choice, select(ed); picked *разг.*

отборочн||ый: ~ая комиссия selection board

отбр||асывать, ~осить 1. throw away *(или* aside) *(тж. перен.)*; ~ сомнения cast aside doubts 2. *(неприятеля)* repulse

отбросы refuse *sg.*, rubbish *sg.*

отбывать *см.* отбыть

отбыть 1. *(уехать)* depart, leave 2. *(наказание, службу)* serve

отвага bravery, courage

отвадить *разг.* break smb. of the habit *(отучить)*; drive off *(прогнать)*

отваж||иваться, ~иться dare; risk, venture; **~ный** brave, fearless

отвал: наесться до ~а *разг.* eat one's fill

отвал||иваться, ~иться fall off

отвар broth *(мясной)*; рисовый ~ rice-water; **~ивать, ~ить** *~* **~ной** boiled

отвед||ать, ~ывать try, taste

отвезти take away; ~ на станцию drive to the station

отвергать, отвергнуть reject, turn down; vote down *(голосованием)*; ~ законопроект reject a bill

отвер||девать, ~деть harden

отверженный outcast

отвернуть 1. *(отвинтить)* unscrew; ~ кран turn on the tap 2. *(отогнуть)* turn back; **~ся** turn away

отверстие opening; hole; slot *(для опускания монеты)*

отвертеться *разг.* get *(или* wriggle) out *(of smth.)*

отвёрт||ка screwdriver; **~ывать(ся)** *см.* отвернуть(ся)

отвес plummet

отвесить weigh out

отвесн||о *нареч.* plumb; sheer *(о скале и т. п.)*; **~ый** plumb; sheer *(о скале и т. п.)*

отвести 1. *(кого-л. куда-л.)* lead, take;

~ в сто́рону take aside 2. *(уда́р)* párry; ~ обвине́ние refúte an accusátion 3. *(кандида́та)* rejéct 4. *(зе́млю, помеще́ние)* allót ◇ ~ ду́шу *разг.* unbúrden one's heart; ~ глаза́ look aside

отве́т ánswer, replý; в ~ на in ánswer to

отве́твл||е́ние óffshoot, branch; **~я́ться** branch off

отве́ти||ть *см.* отвеча́ть 1, 2; вы за э́то ~те! you'll ánswer for it!

отве́твенн||ость responsibílity; привле́чь к ~ости hold respónsible; **~ый** 1. respónsible; **~ый реда́ктор** éditor-in-chief 2. *(ва́жный)* crúcial; **~ое поруче́ние** a véry impórtant commission; **~ое реше́ние** crúcial decísion; **~ый рабо́тник** a sénior cívil sérvant

отве́тчик *юр.* deféndant

отвеча́ть 1. ánswer, replý; ~ на письмо́ ánswer a létter 2. *(за что-л.)* ánswer *(for)* 3. *(соотве́тствовать)* correspónd *(to)*; ~ назначе́нию be exáctly what's néeded ◇ ~ уро́к repéat a lésson

отве́шивать *см.* отве́сить

отви́||ливать, ~льну́ть dodge, evade

отвинти́ть, отви́нчивать únscrew

отв||иса́ть *см.* отви́снуть; **~и́слый** ságging; с ~ислыми уша́ми lop-eared; **~и́снуть** hang down, sag

отвле||ка́ть(ся) *см.* отвле́чь(ся); **~чё́нный** ábstract

отвле́чь distráct *(from)*; divért *(from)*; ~ внима́ние distráct the atténtion *(from)*; **~ся** be distrácted *(from)*; wánder *(from)*; digréss *(from; от те́мы)*

отво́д 1. *(кандида́та и т. п.)* objéction 2. *(земе́ль и т. п.)* allótment ◇ для **~а** глаз *разг.* as a distráction, to divért atténtion; **~и́ть** *см.* отвести́; **~ный: ~ный кана́л** drain

отвоева́ть, отвоё́вывать 1. win back 2. *разг. (ко́нчить воева́ть)* finish fighting

отвози́ть *см.* отвезти́

отвора́чивать(ся) *см.* отверну́ть(ся)

отвори́ть ópen; **~ся** ópen, be ópened

отворо́т lapél

отворя́ть(ся) *см.* отвори́ть(ся)

отврати́тельный disgústing

отвра||ти́ть, ~ща́ть *(опа́сность и т. п.)* avért; **~ще́ние** avérsion, disgúst; чу́вствовать ~ще́ние feel an avérsion *(for)*; loathe

отвыка́ть, отвы́кнуть 1. lose the hábit *(of)* 2. *(забыва́ть)* become a stránger *(to)*

отвя||за́ть úntie; **~за́ться** 1. come úntied; get loose 2. *разг. (отде́латься)* get rid *(of)*; **~жи́сь от меня́!** leave me alóne!

отвя́зывать(ся) *см.* отвяза́ть(ся)

отгада́ть, отга́дывать guess; solve *(зага́дку)*

отгиба́ть *см.* отогну́ть

отглаго́льный *грам.* vérbal

отгла́||дить, ~живать *iron (или* press) thóroughly

отгова́ривать(ся) *см.* отговори́ть(ся)

отговори́ть dissuáde *(from)*; **~ся** *(чем-л.)* excúse onesélf, use as an excúse

отгово́рка prétext, excúse

отголо́сок écho *(тж. перен.)*

отгоня́ть *см.* отогна́ть

отгор||а́живать, ~оди́ть fence off; partítion off *(перегоро́дкой)*

отгр||ыза́ть, ~ы́зть bite *(или* gnaw) off

отдава́ть I *см.* отда́ть

отдава́ть II: ~ чем-л. give off an unpléasant smell *(о за́пахе)*; have an unpléasant taste *(о вку́се)*

отдава́ться I *см.* отда́ться

отдава́ться II *(о зву́ке)* resóund

отдави́ть: ~ кому́-л. но́гу tread on smb.'s foot

отдал||е́ние 1. *(де́йствие)* remóval 2. *(расстоя́ние)* distance; держа́ть в ~е́нии keep at a dístance; держа́ться в ~е́нии keep alóof; **~ё́нность** distance, remóteness; **~ё́нный** remóte, dístant

отдал||и́ть remóve; postpóne *(о сро́ке)*; **~и́ться** move awáy *(from)*; *перен.* keep awáy *(from)*; shun; **~я́ть(ся)** *см.* отдали́ть(ся)

отда́ть 1. give back, retúrn; give *(переда́ть)* 2. *(посвяти́ть)* give up, devóte ◇ ~ под суд put on *(или* bring to) tríal, prósecute; ~ в шко́лу send to school; ~ прика́з give órders; ~ до́лжное кому́-л. give smb. his due

отда́ться give onesélf up *(to)*; devóte onesélf *(to)*

отда́ча 1. retúrn, páyment 2. *(винто́вки)* recóil, kick

отде́л 1. *(учрежде́ния)* depártment; ка́дров personnél depártment 2. *(кни́ги и т. п.)* séction

отде́лать finish; trim *(пла́тье)*

отде́латься 1. *(от чего́-л.)* get rid *(of)* 2. *(чем-л.)* escápe *(with)*, get out of smth. *(by)*; счастли́во ~ have a lúcky escápe

отдел||е́ние 1. *(де́йствие)* séparating 2. *(филиа́л)* depártment, branch; ~ мили́ции local milítia státion 3. *воен.* séction 4.

(концерта) part, half; ~и́ть séparate *(from)*; ~и́ться séparate from *(или* off*)*; come off *(о предмете)*
отде́лка 1. *(действие)* finishing 2. *(украшение)* trímming; ornamentátion *(здания и т. п.)*
отде́лывать *см.* отде́лать
отде́лываться *см.* отде́латься
отде́льн||о *нареч.* séparately; apárt; ~ый séparate; indivídual
отделя́ть(ся) *см.* отдели́ть(ся)
отдёр||гивать, ~нуть draw back quickly
отдира́ть *см.* отодра́ть
отдохну́ть rest
отду́шина vent, áir-hole; *перен.* escápe, distráction
о́тдых rest; дом ~а rest home; ~а́ть *см.* отдохну́ть; ~а́ющий *как сущ.* hóliday-maker; guest at a rest home
отдыша́ться recóver one's breath
отёк *мед.* oedéma
отека́ть *см.* оте́чь
отели́ться calve
оте́ц fáther
оте́ческий fátherly; patérnal
оте́чественн||ый home, nátive; Вели́кая Оте́чественная война́ the Great Patriótic War; ~ого произво́дства not impórted; home *attr.*
оте́чество móther cóuntry; fátherland
оте́чь swell, becóme drópsical
отжива́ть *см.* отжи́ть
отжи́вший óbsolete
отжима́ть: ~ бельё wring out the wáshing
отжи́ть becóme óbsolete; ~ свой век have had one's day
о́тзвук écho
о́тзыв réference; testimónial *(официальный)*; opinion *(суждение)*; review *(рецензия)*; ~а́ть(ся) *см.* отозва́ть(ся)
отзы́вчив||ость sýmpathy; ~ый sympathétic
отка́з 1. refúsal; rejéction; получи́ть ~ be refúsed 2.: ~ от чего́-л. gíving smth. up ◇ по́лный до ~а full to overflówing; crám-fúll; ~а́ть refúse, dený; ~а́ться refúse, decline; give up, renóunce *(лишить себя)*; ~а́ться от своего́ мне́ния withdráw one's opinion; ~а́ться от предложе́ния decline an óffer ◇ не откажу́сь, не отказа́лся бы I won't say no, I don't mind if I do; ~ывать(ся) *см.* отказа́ть(ся)
отка́лывать(ся) *см.* отколо́ть(ся)
отка́пывать *см.* откопа́ть

отка́рмливать *см.* откорми́ть
откати́ть, ~ся roll awáy
откача́ть, отка́чивать pump out *(воду)* ◇ ~ уто́пленника admínister artifícial respirátion to a drowned man
отка́шл||иваться, ~яться clear one's throat
откидн||о́й fólding, collápsible; ~ сто́лик fólding table; ~о́е сиде́нье hinged seat; ~ верх *(автомобиля)* fólding hood
отки́дывать(ся) *см.* отки́нуть(ся)
отки́нуть throw awáy; throw back *(назад);* ~ся *(в кресле)* lean back
откла́дывать *см.* отложи́ть
откла́няться take one's leave
откле́||ивать(ся) *см.* откле́ить(ся); ~ить unstíck; ~иться come unstíck
о́тклик respónse; cómment *(отзыв)*; ~а́ться respónd *(to)*; cómment *(ирон*; отзыва́ться о чём-л.*)*
откли́кнуться *см.* откликаться
отклон||е́ние 1. defléction; ~ в сто́рону deviátion; ~ от те́мы digréssion 2. *(отказ)* declíning; refúsal; ~и́ть 1. defléct 2. *(о просьбе и т. п.)* decline; ~и́ться move aside; ~и́ться в сто́рону deviáte; ~и́ться от те́мы digréss *(from)*; ~я́ть(ся) *см.* отклони́ть(ся)
отколоти́ть *разг.* beat up, lambáste
отколо́ть 1. *(кусок чего-л.)* chop off 2. *(булавку)* únpin; únfasten *(открепить)*; ~ся break off
отко́лать dig up; *перен.* únearth
откорми́ть fátten
отко́рмленный fat *(о животном)*; well-féd *(о человеке)*
отко́с slope ◇ пуска́ть под ~ deráil
откреп||и́ть 1. únfasten 2. *(снимать с учёта)* take off a pánel, dé-régister; ~и́ться becóme únfastened 2. *(снимать с учёта)* take onesélf off a pánel, ~ля́ть(ся) *см.* открепи́ть(ся)
открове́н||ничать *разг.* ópen one's heart; ~но *нареч.* fránkly, cándidly; ~ность fránkness; ~ный frank; *(о челове́ке тж.)* outspóken
открыва́ть(ся) *см.* откры́ть(ся)
откры́тие 1. *(научное и т. п.)* discóvery 2. *(памятника)* unvéiling; ópening *(выставки)* 3. *(неожиданное)* revelátion
откры́тка póstcard
откры́т||о *нареч.* ópenly; ~ый ópen; frank *(искренний);* úndisguised *(явный)* ◇ ~ое заседа́ние ópen méeting; ~ый суд ópen tríal

откры́ть 1. *в разн. знач.* ópen; ~ кастрю́лю take the lid of a sáucepan; ~ роя́ль ópen the top of a grand piáno 2. *(делать видимым)* revéal, disclóse; ~ па́мятник unvéil a memórial 3. *(ввести в действие)* turn on; ~ свет turn on the light 4. *(начать что-л.)* ópen, ináugurate; ~ заседа́ние ópen a méeting; ~ вы́ставку ináugurate an exhibítion; ~ ого́нь *воен.* ópen fire 5. *(тайну)* revéal 6. *(сделать научное открытие)* discóver ◇ ~ Аме́рику state the óbvious; ~ объя́тия greet with ópen arms; ~ся 1. ópen 2. *(обнаружиться)* come to light 3. *(кому-л.)* confíde *(in smb.)*; ópen one's heart (to)

отку́да *нареч.* where... from; *(из чего; перен.)* whence; ~ вы? where do you come from?; ~ вы зна́ете? how do you know?; ~ сле́дует whence it fóllows; ~-нибудь from sómewhere or óther

отку́пори(ва)ть úncork

откуси́ть, отку́сывать bite off

отлага́тельств||о: де́ло не те́рпит ~а the mátter is úrgent

отла́мывать(ся) *см.* отлома́ть(ся)

отлежа́ть: ~ ру́ку have pins and needles in one's arm

отлеп||и́ть únstick; ~и́ться come únstuck; ~ля́ть(ся) *см.* отлепи́ть(ся)

отлёт *ав.* táke-off ◇ дом стои́т на ~е the house stands quite by itsélf

отле||та́ть, ~те́ть 1. fly awáy 2. *(быть отброшенным)* fly off; be thrown off 3. *(отрываться)* come off

отле́чь: у меня́ отлегло́ от се́рдца I feel much relíeved

отли́в 1. ebb; low tide 2. *(оттенок)*: с си́ним ~ом shot with blue

отлива́ть 1. *см.* отли́ть 2. *(каким-л. цветом)* be shot *(with)*

отли́ть 1. pour off 2. *(металл)* cast; ~ ста́тую из бро́нзы cast a státue in bronze

отлича́ть *см.* отличи́ть; ~ся 1. *(разниться)* differ *(from)* 2. *(характеризоваться)* be distínguished *(by)*; be nótable *(for)* 3. *см.* отличи́ться

отли́ч||ие difference; в ~ от únlike 2. *(признание заслуг)* distínction; знаки ~ия decorátion; око́нчить университе́т с ~ием gráduate from the univérsity with hónours; ~и́тельный distínctive; ~и́тельная черта́ characterístic féature; ~и́ть distínguish; ~и́ть одно́ от друго́го tell one from the óther; ~и́ться distínguish onesélf

отли́чник éxcellent púpil

отли́чн||о 1. *нареч.* éxcellently, pérfectly; éxcellent *(отметка)* 2. *предик. безл.* it is éxcellent; éxcellent! *(восклицание)*; ~ый 1. *(от)* different *(from)* 2. *(превосходный)* éxcellent, pérfect

отло́гий slóping

отложе́ние *геол.* depósit

отложи́ть 1. *(в сторону)* lay aside; lay by, put aside *(сбережения)* 2. *(отсрочить)* put off; *юр.* suspénd; ~ся 1. *геол.* be depósited 2. *уст. (отпасть от)* fall awáy *(from)*

отложно́й: ~ воротни́к túrn-down cóllar

отлома́ть(ся) break off

отломи́ть(ся) *см.* отлома́ть(ся)

отлуч||а́ться, ~и́ться absént onesélf *(from)*

отлу́ч||ка ábsence; быть в ~ке be ábsent

отлы́нивать *разг.* shirk; ~ от уро́ков play trúant

отма́х||иваться, ~ну́ться *(от чего-л., кого-л.)* brush *(smth., smb)* off *(или* aside*)*, put off

отмеж||ева́ться, ~ёвываться dissóciate onesélf *(from)*

о́тмель shállow

отме́на abolítion; abrogátion *(закона)*; cóuntermand *(приказания)*

отмен||и́ть, ~я́ть abólish; ábrogate *(закон)*; cóuntermand *(приказание)*; ~я́ться: конце́рт ~я́ется the cóncert is cáncelled

отмере́ть die out

отме́р||ить, ~я́ть méasure off

отмести́ *(что-л.)* sweep *(smth.)* awáy *(или* aside*)*; *перен.* brush *(smth.)* aside

отме́стк||а: в ~у in revénge

отмета́ть *см.* отмести́

отме́т||ить 1. mark 2. *(обратить внимание)* note 3. *(упомянуть)* méntion 4. *(отпраздновать)* célebrate; ~ка 1. note; stamp *(штамп)* 2. *школ.* mark

отмеча́ть *см.* отме́тить

отмира́||ние dýing off; ~ть die off; *перен.* die out; ста́рые обы́чаи ~ют old cústoms are dýing out

отмор||а́живать, ~о́зить: он ~о́зил себе́ ру́ки his hands are fróst-bitten

отм||ыва́ть, ~ы́ть wash off

отмы́чка máster-key

отне́киваться repéatedly refúse

отнести́ 1. take *(to)*; ~ что-л. на ме́сто put smth. in its place 2. *(ветром, течением)* cárry awáy 3. *(приписать)* attríbute; ~сь *см.* отнести́сь 1

отнима́ть(ся) *см.* отня́ть(ся)

относи́тельн||о 1. *нареч.* rélatively 2. *предл.* abóut; concérning; ~ый rélative; ~ое местоиме́ние *грам.* rélative prónoun
относи́ть *см.* отнести́
относи́ться 1. treat; он ко мне хорошо́ отно́сится he is nice to me 2. *(принадлежа́ть)* belóng *(to);* ~ к кла́ссу млекопита́ющих belóng to the class of mámmals 3. *(име́ть отноше́ние)* reláte *(to),* be connécted *(with)* ◇ как вы к э́тому отно́ситесь? what is your view?
отноше́н||ие 1. *(обраще́ние)* tréatment 2. *(взгляд, о́браз де́йствия)* áttitude; ~ к жи́зни áttitude to life 3. *мн.:* ~ия reláttions; reláttionships; terms; семе́йные ~ия fámily reláttionships; дру́жеские ~ия friendly terms; быть в хоро́ших ~иях be on good terms 4. *(связь)* reláttionship; connéction *(with),* réference *(to);* э́то не име́ет ко мне никако́го ~ия it does not concérn me; I have nóthing to do with it 5. *мат.* rátio ◇ по ~ию к with réference to; во всех ~иях in all respécts
отны́не *нареч.* hénceforward, from now on *(или* ónwards)
отню́дь *нареч.* not in the least, by no means, not at all
отня́||ть 1. take awáy; take *(о вре́мени);* rob *(of; лиши́ть);* э́то о́тняло у меня́ 2 часа́ it took me two hours 2. *(ампути́ровать)* ámputate ◇ ~ от груди́ wean; ~ться be páralyzed; у него́ ~лся язы́к he has lost the use of his tongue
отобра́||жа́ть(ся) *см.* отобрази́ть(ся); ~же́ние refléction; ~зи́ть refléct; ~зи́ться be refléctéd
отобра́ть 1. take awáy; cónfiscate *(конфискова́ть)* 2. *(выбра́ть)* choose, pick out
отовсю́ду *нареч.* from éverywhere
отогна́ть drive awáy
отогну́ть bend back *(наза́д);* turn back *(или* up) *(манже́ты и т. п.)*
отогрева́ть(ся) *см.* отогре́ть(ся)
отогре́ть warm; ~ся warm onesélf
отодвига́ть(ся) *см.* отодви́нуть(ся)
отодви́нуть 1. move awáy *(или* aside) 2. *(отложи́ть)* put off, postpóne; ~ся move awáy *(или* aside); ~ся наза́д draw back
отодра́ть *(оторва́ть)* tear off
отождеств||и́ть idéntify; ~ле́ние identificátion; ~ля́ть *см.* отождестви́ть
отозва́ть 1. *(в сто́рону)* take aside 2. *(посла́ и т. п.)* recáll; ~ся 1. *(отве́тить)* ánswer, respónd 2. *(о ком-л., о чём-л.)* speak *(of)* 3. *(повлия́ть на)* tell

(upón); хорошо́ ~ся на ком-л. *или* чём-л. have a good efféct on smb. *or* smth.
отойти́ 1. move *(или* go) awáy; ~ в сто́рону step aside *(from)* 2. *(о по́езде и т. п.)* leave, depárt 3. *воен.* withdráw, fall back 4. *(от те́мы и т. п.)* digréss; depárt
отомсти́ть revénge onesélf *(upon);* ~ за кого́-л. avénge smb.
отоп||и́ть *см.* ота́пливать; ~ле́ние héating
отобра́нн||ость alienátion, detáchment; ~ый álienated *(from);* estránged *(from)*
оторва́||ть 1. tear off 2. *(от рабо́ты)* distúrb, interrúpt; divért *(отвлека́ть);* ~ться come off; пу́говица ~ла́сь a bútton has come off; *перен.* tear onesélf awáy; ~ться от масс lose cóntact with the másses; ~ться от земли́ *ав.* take off
оторопе́ть *разг.* be struck dumb
отосла́ть send off; send back *(посла́ть обра́тно)*
отоща́ть be emáciated
отпада́ть *см.* отпа́сть
отпа́рывать(ся) *см.* отпоро́ть(ся)
отпа́||сть 1. fall off; fall awáy 2. *(минова́ть)* pass, fade; э́тот вопро́с ~л the quéstion no lónger arises
отпере́ть ópen *(дверь);* unlóck *(замо́к)*
отпере́ться I ópen, be unlócked
отпере́ться II *(от свои́х слов и т. п.)* dený
отпеча́||тать imprínt; print *(напеча́тать);* ~таться *прям., перен.* be prínted *(in, on);* ~ток imprínt; ~тывать(ся) *см.* отпеча́тать(ся)
отпива́ть take a drink
отпи́л||ивать, ~и́ть saw off
отпира́тельство deníal, disavówal
отпира́ть *см.* отпере́ть
отпира́ться I, II *см.* отпере́ться I, II
отпи́ть *см.* отпива́ть
отпи́х||ивать, ~ну́ть push awáy, kick *(ного́й);* ~ну́ться push onesélf off
отпла́||та repáyment; *перен.* requítal; в ~ту in retúrn; ~ти́ть, ~чивать repáy; ~ти́ть кому́-л. той же моне́той pay smb. back in his own coin
отплыва́ть *см.* отплы́ть
отплы́||тие depárture; sáiling; ~ть sail; swim off *(о лю́дях, живо́тных)*
о́тповедь repróof
отполз||а́ть, ~ти́ crawl awáy
отпо́р rebúff; repúlse; встре́тить ~ meet with a rebúff; дать ~ repúlse
отпоро́ть rip off; ~ся come off

отправи́тель sénder
отпра́вить send, fórward, dispátch; ~ по по́чте post; mail
отправ||и́ться set off (for); leave (for); ~ка см. отправле́ние I 1
отправле́ние I 1. (писем, багажа) dispátch, sénding 2. (поезда, парохода) depárture
отправле́ние II 1. (исполнение) perfórmance; ~ обя́занностей fulfilment of one's dúties 2. физиол. fúnction
отправля́||ть см. отпра́вить; ~ться см. отпра́виться; по́езд ~ется в 5 часо́в the train leaves at 5 o'clóck
отправн||о́й: ~ пункт point of depárture; ~а́я то́чка stárting-point
отпра́здновать célebrate
отпра́шиваться, отпроси́ться ask for leave
отпры́г||ивать, ~нуть jump back (назад); jump aside (в сторону); rebóund (о мяче)
о́тпрыск óffspring
отпряга́ть unhárness
отпря́нуть recóil, shrink back
отпу́г||ивать, ~ну́ть fríghten (или scare) awáy
о́тпуск leave, hóliday (служащего); vacátion (амер.); ~ по боле́зни sick-leave; в ~е on leave; брать ~ take leave; ~а́ть см. отпусти́ть; ~но́й: ~ны́е де́ньги hóliday pay sg.
отпусти́ть 1. let go; reléase (освободить); ~ кого́-л. с рабо́ты на два часа́ let smb. off work for two hours; ~ на во́лю set free 2. (товар) hand óver goods (when paid for) 3. (бороду, волосы) grow, let grow 4. (ослабить верёвку и т. п.) slácken ◊ ~ шу́тку wísecrack, make wísecracks разг.
отпу́щен||ие: козёл ~ия разг. scápegoat
отраба́тывать см. отрабо́тать
отрабо́та||нный waste; ~ть 1. work (for a certain period) 2. (возместить работой) work off
отра́в||а bane, póison; ~и́ть póison; ~и́ть удово́льствие spoil the pléasure; ~и́ться póison onesélf; ~ле́ние póisoning; ~ля́ть(ся) см. отрави́ть(ся)
отра́д||а pléasure, cómfort; ~ный pléasant, cómforting; э́то ~ное явле́ние it's a great cómfort
отраж||а́ть(ся) см. отрази́ть(ся); ~е́ние 1. refléction 2. (звука) reverberátion 3. (нападения) repúlse

отрази́||ть 1. прям., перен. refléct 2. (отбить) repúlse, ward off; párry (удар); ~ться 1. be reflécted 2. (оказать влияние) afféct; have an efféct (on); э́то ~тся на его́ здоро́вье that will tell on his health
о́трасл||ь branch; основны́е ~и промы́шленности main bránches of índustry, key índustries
отраст||а́ть, ~и́, ~и́ть grow
отре́з (материи) length; ~ на пла́тье dress length
отре́з||ать 1. cut off; carve (мясо и т. п.) 2. (резко ответить) cut short; ~а́ть см. отреза́ть 1
отрезв||и́ть sóber; ~и́ться becóme sóber, sóber down; ~ле́ние sóbering; ~ля́ть(ся) см. отрезви́ть(ся)
отре́зок piece; мат. ségment; ~ вре́мени périod of time
отрека́ться см. отре́чься
отрекомендова́ть introdúce; ~ся introdúce onesélf
отре́пья rags
отрече́ние renunciátion; abdicátion (от престола)
отре́чься go back (on), renóunce; repúdiate (не признать своим); он отрёкся от свои́х слов he went back on his word(s)
отреш||а́ться, ~и́ться книжн. renóunce
отрица́||ние negátion; denial (отпирательство); ~тельно нареч. négatively; ~тельно покача́ть голово́й shake one's head; ~тельный в разн. знач. négative
отрица́ть deny; refúte (опровергать)
отро́ги spurs
отро́дье разг. spawn
отро́сток 1. бот. shoot 2. анат. appéndix
о́трочество adoléscence
отруба́ть см. отруби́ть
о́труби bran sg.
отруби́ть cut (или chop) off
отры́в isolátion, estrángement; в ~е out of touch with; без ~а от произво́дства without giving up work; ~а́ть(ся) см. оторва́ть(ся)
отры́вист||о нареч. abrúptly; ~ый abrúpt
отрыво́||к frágment; éxtract, pássage (из книги); ~чный interrúpted (прерывистый); frágmentary, scráppy (о сведениях)
отры́жка belch

отря́д detáchment; передово́й ~ vánguard
отря||ди́ть, ~жа́ть detách; tell off
отря́хивать(ся) см. отряхну́ть(ся)
отряхну́ть shake off; ~ся shake onesélf
отсве́чивать shine (with); be refléctеd (in)
отсебя́тина разг. one's own words; теа́тр. gag
отсе́в 1. sífting out; перен. wéeding out 2. (остатки) síftings pl.
отсе́ивать(ся) см. отсе́ять(ся)
отсе́к compártment
отсека́ть см. отсе́чь
отс||ече́ние cútting off, séverance ◇ даю́ го́лову на ~ разг. I'd stake my life on it; ~е́чь cut off
отсе́ять sift; перен. elíminate; ~ся fall out; drop out (о студентах и т. п.)
отска́кивать, отскочи́ть 1. jump awáy; recóil (отпрянуть) 2. (о мяче) rebóund 3. (отвалиться) fall (или break) off
отслужи́ть 1. (срок) serve 2. (о вещах) have served one's púrpose, be worn out
отсове́товать dissuáde
отсро́ч||ить postpóne, deláy; ~ка postpónement, deláy; дать ~ку grant a deláy; ~ка по вое́нной слу́жбе deférment of military sérvice
отстав||а́ние lag; lágging behínd; ~а́ть см. отста́ть
отста́в||ить set aside ◇ ~! (команда) as you were!; ~ка resignátion (уход с должности); dismissal (увольнение); вы́йти в ~ку retíre; получи́ть ~ку be dismíssed; ~ля́ть см. отста́вить; ~но́й retíred
отста́ивать см. отстоя́ть II
отста́иваться см. отстоя́ться
отста́л||ость báckwardness; ~ый báckward
отста́ть 1. fall (или lag) behínd; be báckward (или behínd) (в занятиях) 2. (о часах) be slow 3. (отделиться) come off 4. разг. (оставить в покое) leave (или let) alóne
отстёгивать(ся) см. отстегну́ть(ся)
отстегну́ть únfásten; úndó; únbútton (пуговицу); únhóok (крючок); ~ся come únfástened (или úndóne)
отстоя́ть I (находиться на расстоянии от) be awáy (from)
отстоя́ть II (защитить, спасти) stand up (for), defénd; ~ свои́ права́ stand upón one's rights
отстоя́ться settle
отстра́ивать см. отстро́ить

отстран||е́ние 1. púshing aside 2. (увольнение) remóval; dismíssal; ~и́ть 1. push asíde; ~и́ть от уча́стия в чём-л. debár from participátion in smth. 2. (от должности) dismíss; remóve; ~и́ться move awáy; ~я́ть(ся) см. отстрани́ть(ся)
отстре́ливаться retúrn fire
отстр||ига́ть, ~и́чь cut off
отстро́ить finish buílding
отступа́ть см. отступи́ть
отступа́ться см. отступи́ться
отступи́ть 1. step back 2. воен. retréat; fall back 3. (от правила) déviate
отступи́ться give up, renóunce
отступле́ние 1. воен. retréat (тж. перен.) 2. (от правила) deviátion 3. (от темы) digréssion
отсту́пник apóstate
отступно́||е сущ. redémption móney; дать ~го buy out (или off)
отступя́ нареч. off, awáy (from)
отсу́тств||ие ábsence; lack (of); want (of; недостаток); в моё ~ in my ábsence; находи́ться в ~ии be ábsent; ~овать be ábsent; ~ующий ábsent; vácant (о взгляде)
отсчита́ть, отсчи́тывать count out
отсыла́ть см. отосла́ть
отсы́п||ать, ~а́ть pour out; méasure off (отмерить)
отсыре́ть becóme damp
отсю́да нареч. from here; перен. hence; ~ сле́дует hence it follows
отта́ивать см. отта́ять
отта́лкива||ть(ся) см. оттолкну́ть(ся); ~ющий repúlsive
отта́чивать см. отточи́ть
отта́ять thaw out
оттени́ть shade; перен. set off, underline
отте́нок shade; hue (о цвете)
оттеня́ть см. оттени́ть
о́ттепель thaw
оттесн||и́ть, ~я́ть drive back (назад); drive awáy (прочь)
о́ттиск 1. impréssion 2. полигр.: отде́льный ~ óffprint
оттого́ нареч. that is why; ~ что becáuse
оттолкну́ть push awáy; kick (ногой); перен. repél; ~ся push off
оттопы́ри||ваться, ~ться stick out
отточи́ть shárpen
отту́да нареч. from there
оття́гивать, оттяну́ть 1. defér; deláy;

ОТУ

чтобы оттянуть время to gain time 2. *(о войсках)* draw off

отупе́ние dull stúpor
отупе́ть be in a stúpor
отутю́жить íron, press
отуча́ть(ся) *см.* отучи́ть(ся)
отучи́ть break of a hábit *(of)*; ~ кого́-л. от куре́ния make smb. stop smóking; ~ся lose the hábit *(of)*, become únused *(to)*
отха́ркивать expéctorate
отхлебну́ть take a gulp
отхлы́нуть rush back
отхо́д 1. *(отправление)* depárture; до ~а по́езда оста́лось 5 мину́т the train leaves in 5 minutes 2. *(отклонение)* deviátion *(от правила)* 3. *воен.* withdráwal
отходи́ть *см.* отойти́
отхо́дчивый: он челове́к ~ his témper quickly subsides
отхо́ды waste *sg.*
отцве||сти́, ~та́ть fade *(тж. перен.)*
отцеп||и́ть únhóok; úncóuple; ~и́ться get loose; come úncóupled; ~ля́ть(ся) *см.* отцепи́ть(ся)
отцо́в||ский patérnal; ~ство patérnity
отча́иваться *см.* отча́яться
отча́ли||вать, ~ть push *(или* move) off
отча́сти *нареч.* pártly
отча́ян||ие despáir; ~ный désperate
отча́яться despáir *(of)*
отчего́ *нареч.* why
о́тчество patronýmic
отчёт accóunt, repórt; дать кому́-л. ~ в чём-л. accóunt to smb. for smth. ◇ отдава́ть себе́ ~ в чём-л. fúlly réalize smth.; не отдава́я себе́ ~а not réalizing
отчётлив||о *нареч.* distínctly, cléarly; ~ый distinct, clear
отчётн||ость bóok-keeping *(счетоводство)*; accóunts *pl.* *(документы)*; ~ый: ~ый год the cúrrent year; ~ый докла́д (súmmary) repórt
отчи́зна nátive *(или* móther) cóuntry
о́тчим stépfather
отчисле́н||ие 1. *(вычет)* dedúction 2. *(денег)* allocátion; доброво́льные ~ия contribútions 3. *(студентов)* sénding down
отчи́сл||ить, ~я́ть 1. *(вычесть)* dedúct 2. *(деньги)* állocate 3. *(студентов)* send down
отчита́ть réprimand
отчита́ться give an accóunt *(of)*
отчи́тывать *см.* отчита́ть
отчи́тываться *см.* отчита́ться

ОХО

отчужд||а́ть *юр.* álienate; ~е́ние alienátion; *перен.* estrángement
отшатну́ться, отша́тываться shrink (back) *(from)*, recóil, start back; *перен.* forsáke
отшвы́р||ивать, ~ну́ть fling awáy
отше́льник ánchorite
отшути́ться, отшу́чиваться párry with a jest, pass off with a joke
отщепе́нец rénegade
отъе́з||д depárture; léaving *(for)*; ~жа́ть *см.* отъе́хать
отъе́хать *(в экипаже, автомобиле)* go off; drive off
отъя́вленный thórough; invéterate
отыгра́ться, оты́грываться 1. *(в играх)* get one's revénge 2. *перен.* take it out *(на ком-л. — on smb.)*
отыска́ть find
оты́скивать look for
офице́р ófficer
официа́льный offícial
официа́нт wáiter; stéward *(на пароходе)*
официо́з sémi-offícial órgan
офо́рм||ить 1. *(книгу)* design; draw up *(документы)*; ~ догово́р draw up a cóntract; ~ на рабо́ту régister for work 2. *(узаконить)* régister; ~и́ться 1. take shape 2. *(узаконить своё положение)* be régistered; ~ле́ние 1. *(украшение)* decorátion; design *(книги)*; звуково́е ~ле́ние *(фильма, пьесы)* sound efféсts *pl.* 2. *(узаконение)* registrátion; ~ля́ть(ся) *см.* офо́рмить(ся)
ox! *межд.* oh!, ah!
оха́пк||а ármful ◇ взять в ~у gáther up in one's arms
о́хать sigh, moan
охва́т 1. scope 2. *(включение)* inclúsion; ~и́ть, ~ывать 1. take in *(взглядом)*; comprehénd *(умом)* 2. *(о чувстве)* overcóme; seize 3. *(распространиться)* embráce, spread *(to)*
охла||дева́ть, ~де́ть become cold; *перен.* lose ínterest *(in)*; ~ди́ть cool; ~ди́ться become cool; cool down; ~жда́ть(ся) *см.* охлади́ть(ся); ~жде́ние cóoling; *перен.* cóolness
охмеле́ть take a drop too much
о́хнуть *см.* о́хать
охо́та I húnting, hunt
охо́та II *(желание)* wish, desíre
охо́титься hunt
охо́тник I húnter
охо́тник II 1. *(желающий)* volunteer 2.

168

(до чего-л.) lover; он большой ~ до грибов he is a great mushroom lover; быть ~ом до шахмат be very fond of chess

охотничий hunting *attr.*, hunter's

охотно *нареч.* willingly

охра ochre

охран||а 1. *(действие)* guarding 2. *(стража)* guard; ~ить *см.* охранять; ~ный: ~ная грамота safe-conduct; ~ять guard *(from, against)*; protect *(from, against;* защищать*)*

охрип||нуть become hoarse; ~ший hoarse, husky

оцарапать scratch; ~ся scratch oneself

оцен||ивать, ~ить 1. value, evaluate 2. *(признавать ценность)* value, appreciate; ~ по достоинству assess at its true value; ~ка 1. appraisal; appreciation *(высокая)* 2. *(отметка)* mark

оценщик valuer

оцепенеть grow numb

оцеп||ить, ~лять surround

оцинков||анный galvanized; ~ать galvanize

очаг 1. hearth; домашний ~ home 2. *(средоточие)* centre; ~ инфекции centre *(или* source*)* of infection

очарова||ние charm; ~тельный charming, fascinating

очаровать, очаровывать charm, fascinate

очевидец eye-witness

очевидн||о 1. *предик. безл.* it is obvious 2. *вводн. сл.* apparently; obviously; ~ый obvious

очень *нареч.* very; very much *(при гл.)*; мне ~ нравится I like very much; мне ~ нужна была эта книга I needed this book badly

очередной next; ~ отпуск annual leave; ~ взнос instalment

очеред||ь 1. turn; на ~и next; в свою ~ in my (his *etc.*) turn; по ~и in turn; ~ за вами it is your turn; что у вас на ~и? what's next on the list? 2. *(ожидающих)* queue; line; становиться в ~ line *(или* queue*)* up

очерк essay; sketch; (feature) article

очернить slander, blacken

очерстветь harden

очертания contour(s), outlines

очертить outline; trace

очертя: ~ голову *разг.* headlong

очерчивать *см.* очертить

очёски *текст.* combings; flocks *(шерстяные)*

очинить sharpen

очист||ить 1. clean 2. *(яблоко, картофель)* peel; shell *(от скорлупы)* 3. *(освободить)* clear *(of)* 4. *тех., хим.* refine *(металл)*; purify *(воздух)* ◇ ~ желудок give an aperient *(слабительным)*; give an enema *(клизмой)*; ~иться clear oneself *(of)*; ~ка cleaning; purifying *(воздуха)*; refining *(металла)*; clearance *(от лишнего)* ◇ для ~ки совести to clear one's conscience

очистки peelings

очищать(ся) *см.* очистить(ся)

очки glasses, spectacles, goggles *(защитные)*; ~ без оправы rimless glasses; тёмные ~ dark glasses

очк||о point; дать несколько ~ов вперёд give points *(to)*

очнуться come to oneself, regain consciousness

очн||ый: ~ая ставка *юр.* confrontation

очутиться find oneself *(in, on)*; come to be

ошейник collar

ошелом||ить, ~лять stun, stupefy; ~ляющий stupefying

ошиб||аться make mistakes; err *(заблуждаться)*; ~иться be mistaken; ~иться в расчёте miscalculate

ошиб||ка mistake; error *(заблуждение)*; blunder *(грубая)*; miscalculation *(при подсчёте)*; fault *(вина, неправильный поступок)*; по ~ке by mistake; ~очный mistaken, erroneous

ошпарить scald

оштрафовать fine; ~ на 5 рублей fine five roubles

оштукатурить plaster

ощетиниться bristle up, raise hackles

ощипать, ощипывать pluck

ощуп||ать, ~ывать feel, touch

ощупь: на ~ to the touch; идти на ~ grope, feel one's way

ощупью *нареч.* groping; идти ~ grope, feel one's way

ощутимый palpable, tangible; perceптible *(заметный)*

ощу||тить, ~щать feel; ~щение sensation; feeling *(чувство)*

П

па step (in a dance)

павильон pavilion

павли́н péacock
па́водок spring floods *pl.*
па́губный pernícious; fátal
па́даль cárrion, cárcases *pl.*
па́да||ть *в разн. знач.* fall; drop ◇ ~ ду́хом lose heart; ~ с ног be réady to drop; ~ю́щий fálling ◇ ~ю́щие звёзды shóoting stars
паде́ж *грам.* case
падёж loss of cattle
паде́ние 1. fall 2. *(моральное)* móral fall, deteriorátion
па́д||кий gréedy *(of, for, about)*; ~ на де́ньги gréedy abóut móney; он ~о́к на лесть he is a súcker for fláttery, he álways falls for fláttery
па́дчерица stépdaughter
паёк rátion
па́зух||а: за ~ой inside one's shirt
пай share; ~щик sháreholder
паке́т pácket, párcel; régistered létter *(почтовый, заказной)*
па́кля tow
пакова́ть pack
па́кость filth; *перен.* dírty trick
пакт pact; ~ о взаимопо́мощи mútual aid pact; ~ о нападе́нии nón-aggréssion pact
пала́та 1. *(законодательный орган)* House, Chámber; ве́рхняя ~ Úpper House *(или* Chámber*) амер.;* ни́жняя ~ Lówer House *(или* Chámber*) амер.;* ~ ло́рдов House of Lords; ~ общин House of Cómmons 2. *(учреждение)* chámber; ~ мер и весо́в Board of Weights and Méasures; торго́вая ~ Chámber of Cómmerce 3. *(в больнице)* ward ◇ Оруже́йная ~ the Ármoury *(in the Kremlin);* Грановѝтая ~ the Hall of Fácets *(in the Kremlin)*
пала́тка 1. tent 2. *(киоск)* stall, booth
пала́ч hángman, execútioner; *перен.* bútcher
па́лец fínger *(руки́)*; toe *(ноги́)*; большо́й ~ thumb *(руки́)*; big toe *(ноги́)* ◇ он па́льцем никого́ не тро́нет ≈ he wouldn't hurt a fly; ~ о ~ не уда́рить not raise a fínger; смотре́ть на что-л. сквозь па́льцы wink at smth.; знать что-л. как свои́ пять па́льцев know smth. backwards
палиса́дник small front gárden
пали́тра pálette
пали́ть I *(жечь)* burn; scorch *(обжигать)*
пали́ть II *разг. (стрелять)* fire

па́лк||а a stick; cane, wálking-stick *(для прогулки)* ◇ из-под ~и únder the lash
пало́мник pílgrim
па́лочка 1. stick; дирижёрская ~ báton 2. *(бацилла)* bacíllus ◇ волше́бная ~ mágic wand
па́луба deck
пальба́ fíring
па́льма pálm(-tree)
пальто́ (óver)coat
паля́щий: ~ зной scórching heat
па́мятник mónument; memórial *(тж. перен.)*
па́мятн||ый 1. mémorable 2. *(служащий для напоминания):* ~ая кни́жка nótebook
па́мят||ь 1. mémory 2. *(воспоминание)* recolléction; подари́ть на ~ give as a kéepsake ◇ быть без ~и *(без сознания)* be uncónscious; быть без ~и от кого́-л. be enchánted with smb.; люби́ть без ~и кого́-л. love smb. to distráction, be mádly in love with smb.; на ~ *(наизусть)* by heart
пане́ль 1. pávement 2. *(стенная)* wáinscot 3. *стр.* pánel
па́ник||а pánic; наводи́ть ~у *разг.* cause a pánic
паникёр pánic-monger, alármist
панихи́да sérvice for the dead; гражда́нская ~ state fúneral, fúneral méeting
пани́ческ||ий pánic *attr.;* pánicky, pánic-stricken; ~ое настрое́ние a mood of pánic; ~ое бе́гство pánic-stricken flight
панора́ма panoráma
пансио́н 1. *(учебное заведение)* bóarding-school 2. *(гостиница)* bóarding-house; по́лный ~ board and lódging; ~е́р bóarder; guest *(в гостинице)*
панте́ра *зоол.* pánther
па́нцирь 1. *(латы)* coat of mail, ármour 2. *зоол.* shell
па́па I *разг. (отец)* papá, dád(dy)
па́па II *(римский)* Pope
папиро́с||а cigarétte; ~ный cigarétte *attr.;* ~ная бума́га tíssue-paper
па́пка file, fólder
па́поротник fern
пар I steam; exhalátion *(от дыхания)* ◇ на всех ~а́х at full speed, (at) full steam
пар II *с.-х.* fállow; находи́ться под ~ом lie fállow
па́ра pair, couple ◇ ~ пустяко́в *разг.* piece of cake
пара́граф páragraph

парáд paráde; *воен.* review; принимáть ~ take a paráde
парáдн||ый 1.: ~ая дверь front door; ~ подъéзд main éntrance 2. *(торжественный)* gála; ~ая фóрма full dress *(или úniform)*
парадóкс páradox; ~áльный paradóxial
паразńт 1. *биол.* párasite *(тж. перен.)* 2. *мн.:* ~ы *собир.* vérmin *sg.;* ~ńческий parasńtic
парализовáть páralyse; *перен. тж.* pétrify
паралńч parálysis
параллéль párallel; ~ный párallel
парапéт párapet
парафńн páraffin (wax)
парашют párachute; ~ńст párachute júmper; párachutist; ~ный párachute *attr.;* ~ный десáнт párachute lánding
парéние sóaring
пáрень lad, féllow, chap; guy *(амер.)*
парń bet; держáть ~ (lay a) bet
парńк wig
парикмáхер háirdresser *(женский);* bárber *(мужской);* ~ская háirdresser's *(женская);* barber's *(мужская)*
парńровать párry
паритéт párity; ~ный: на ~ных началах on a par *(with)*
парńть soar ◇ ~ в облакáх live in the clouds
пáр||ить 1. *(варить на пару)* steam 2. *безл. (о погоде):* ~ит it is stéamy *(или stéamily)* hot; ~иться *(в бане)* take a steam bath *(in a Russian bath)*
парк park; ~ культýры и óтдыха park of cúlture and rest
паркéт párquet
парлáмент párliament; díet *(неанглийский);* ~áрный parliaméntary
парламентёр truce énvoy
парнńк frame
парнńшка *разг.* lad, boy
парн||óй: ~óе молокó new milk; ~óе мясо fresh meat
пáрный twin
паровóз (steam) locomótive
паров||óй steam *attr.;* ~áя машńна steam-engine; ~óе отоплéние steam héating; céntral héating *(центрáльное)*
парóдия párody
пароксńзм paróxysm, fit
парóль paróle, pássword
парóм férry(-boat); ~щик férryman
паро||обрáзный váporous; ~образовáние *физ., тех.* vaporizátion, steam generátion
парохóд stéamer; stéamship *(морскóй)*
пáрта desk
парт||актńв (партńйный актńв) the most áctive mémbers of the Párty organizátion *pl.;* ~билéт (партńйный билéт) Párty-mémbership card
партéр the pit; the stalls *pl. (передние ряды);* пéрвый ряд ~а first row of the stalls
партизáн partisán, gueríla; ~ский partisán *attr.;* gueríla *attr.;* ~ская войнá guerílla wárfare
партńйность *(члéнство)* Párty--mémbership
партńйн||ый 1. *прил.* Párty *attr.;* ~ая организáция Párty organizátion; ~ комитéт Párty Committee; ~ стаж stánding in the Párty; ~ съезд Párty Cóngress; ~ое собрáние Párty méeting; ~ое взыскáние Párty repróof; ~ые взнóсы Párty dues 2. *как сущ.* member of the Párty
партитýра *муз.* score
пáртия I *полит.* párty; лейборńстская ~ Lábour Párty
пáртия II 1. *(отряд)* párty; detáchment *(воен.)* 2. *(товара)* batch, lot 3. *(в игре)* game, set 4. *муз.* part
партнёр pártner
пáрус sail; поднять ~á set sail; идтń под ~áми sail; на всех ~áх *прям., перен.* únder full sail
парусńн||а cánvas; ~овый cánvas *attr.*
пáрусн||ик sáiling boat *(или* ship); ~ый: ~ое сýдно sáiling véssel
парфюмéрия perfúmery
парч||á brocáde; ~óвый brocáded
пáсе||ка ápiary; ~чник bée-keeper
пáсмурный clóudy, dull; *перен.* glóomy, súllen
пасовáть *карт.* pass; *перен.* be únable to cope *(with)*
пáспорт pássport; ~ный: ~ный стол pássport óffice
пассажńр pássenger; зал для ~ов wáiting-room; ~ский pássenger *attr.;* ~ское движéние pássenger sérvice; ~ский самолёт áirliner
пассńвный pássive
пáста paste; зубнáя ~ tóoth-paste
пáстбище pásture
пастń herd, look áfter a herd of ánimals
пастńсь graze
пастý||х herd, hérdsman; shépherd

ПАС

(*овец*); ~шеский pástoral (*о поэзии и т. п.*)
пасть I *гл.* fall; ~ в бою fall in áction
пасть II *сущ.* mouth; jaws *pl.*
пáсха Éaster
пáсынок stépson
патéнт pátent; ~бванный pátent; ~бванное лекáрство pátent médicine
патефóн grámophone; phónograph (*амер.*)
пáтока treacle (*тёмная*), sýrup (*очищенная*)
патриáрх pátriarch; ~áльный patriárchal
патриóт pátriot; ~изм pátriotism; ~ический patriótic
патрóн 1. *воен.* cártridge 2. *тех.* chuck 3. *эл.* lámp-socket
патрýль *воен.* patról
пáуза pause
паýк spíder
паутина cóbweb, spíder's web
пáфос páthos
пах *анат.* groin
пáхарь plóughman
пахáть plough, till
пáхнуть smell (*of*); reek (*of; неприятно*)
пáхот||а ploughed (*или* árable) land; ~ный árable
пахýчий frágrant
пациéнт pátient
пацифист pácifist
пáчка bundle; batch (*писем, бумаг*); pácket, pack (*папирос*); párcel (*книг*)
пáчкать soil, stain; ~ся soil onesélf
пáшня field; árable land
паштéт paste (*edible*), pâté
пáюсн||ый: ~ая икрá pressed cáviar(e)
пáйль||ник *тех.* sóldering íron; ~щик tínker
пáясничать play the buffóon
пáять sólder
пáяц clown
пев||éц, ~ица sínger; ~учий melódious
пéвч||ий: ~ая птица sínging bird, sóng-bird
пéгий piebald, skéwbald
педагóг téacher, educátional spécialist; ~ика pedagógics; ~ический pedagógic(al)
педáль pédal
педáнт pédant; ~ичный pedántic
пейзáж view; lándscape (*особ. в живописи*); ~ист lándscape páinter
пекáрня bákery, bákehouse
пéкарь báker

ПЕР

пéкло *разг.* (*жара*) scórching heat
пеленá cóver; снéжная ~ mantle of snow
пеленáть swáddle
пелён||ки swáddling clothes ◊ с ~ок from the cradle
пеликáн pélican
пельмéни *кул.* pelméni, meat dúmplings
пéмза púmice(-stone)
пéн||а 1. foam; scum (*накипь*); froth, head (*на пиве*); (sóap-)suds *pl.*, láther (*мыльная*) 2. (*на лошади*) láther
пенáл péncil-case
пéние sínging; ~ петухá crówing
пéнистый fóamy, fróthy; fóaming, héady (*о пиве*)
пéниться foam, froth
пéнк||а skin; scum (*на варенье и т. п.*)
пенсионéр pénsioner
пéнси||я pénsion; ~ по инвалидности disability pénsion; ~ по стáрости óld-áge pénsion; переходить на ~ю be pénsioned off
пенснé pínce-nez
пень stumb, stub; *перен. разг.* blóckhead
пеньк||á hemp; ~óвый hémpen
пéня fine
пенять repróach, blame
пéпел áshes *pl.*; обращáть в ~ turn to áshes; ~ище site of a burnt house ◊ роднóе ~ище old home
пéпельница ásh-tray
пéпельный áshy
пéрвен||ец first-born; ~ство 1. (*превосходство*) superióriy 2. *спорт.* chámpionship
первичный primary; initial (*первоначальный*)
первобытный primitive; pristine (*древний*)
первоисточник (primary) source, órigin
первоклáссный first-class; first-rate
первокýрсник first-year man (*или* stúdent); fréshman
первоначáльный primary; eleméntary (*элементарный*)
первосóртный (*о товаре*) of the best quálity
первостепéнный páramount
перв||ый first; fórmer (*из упомянутых выше*); с ~ого рáза from the véry first; прийти ~ым *спорт.* win ◊ ~ым дéлом first of all

пергáмент párchment; ~ный párchment attr.; ~ная бумáга gréase-proof páper

перебе||гáть, ~жáть 1. (через) cross, run acróss 2. (к неприятелю) desért ◇ ~жáть комý-л. доρóгу cross smb.'s path

перебéж||ка attácking in bounds; ~чик desérter; перен. túrncoat

перебивáть см. перебить II; ~ся: кое- -кáк ~ся разг. live from hand to mouth

перебирáть 1. см. перебрáть 2. (струны) pluck

перебирáться см. перебрáться

перебить I (разбить) break

перебить II (прервать) interrúpt

перебóй stóppage (остановка); interrúption (перерыв); irregulárity (неправильность)

переборóть overcóme; ~ себя́ máster onesélf

переборщить разг. overdó it

перебрáнка разг. wrangle; squabble

перебрáсывать см. перебрóсить

перебрáсываться см. перебрóситься

перебрáть 1. (рассортировать) sort out 2. (пересмотреть) look óver

перебрáться 1. (переправиться) get óver, cross 2. (переселиться) move

перебрóсить 1. (через что-л.) throw óver; ~ мост чéрез рéку lay a bridge acróss the ríver 2. (войскá, товары) transfér

перебрóситься: ~ нéсколькими словáми exchánge a few words

перебрóска tránsference

перевáл (через горы) (móuntain) pass

перевáливаться: ~ с бóку нá бок разг. waddle

перевал||и́ть (через горный хребет и т. п.) cross, top ◇ емý ~и́ло за сóрок he is past fórty; ~и́ло зá полночь it is past midnight

перевáривать I digést (тж. перен.)

перевáривать II (чрезмерно) overdó

переварить I, II см. перевáривать I, II

перевезти́ 1. transpórt; remóve (мебель) 2. (через реку и т. п.) take acróss

перевернýть 1. turn óver; overtúrn, upsét (опрокинуть); ~ вверх дном turn úpside-dówn 2. (наизнанку) turn inside out; ~ся turn óver

перевёртывать(ся) см. перевернýть(ся)

перевéс prepónderance (превосходство); predóminance (преобладание); с ~ом в пять голосóв with a majórity of five votes

перевéсить 1. (на другое место) hang sómewhere else 2. (взвесить заново) weigh agáin 3. (иметь перевес) outwéigh

перевести́ 1. transfér 2. (на другой язык) transláte (письменно); intérpret (устно) 3. (деньги) remít 4.: ~ часы́ вперёд, назáд put the clock fórward, back; ~ пóезд (на другой путь) switch a train ◇ ~ дух take breath; ~ взгляд shift one's gaze

перевести́сь I (на другое место) be transférred, be moved

перевести́сь II разг. (исчезнуть) come to an end, disappéar

перевéшивать см. перевéсить

перевирáть см. переврáть

перевóд 1. (в другое место) tránsfer 2. (на другой язык) translátion 3. (денег) remíttance; почтóвый ~ póstal órder; ~и́ть см. перевести́

переводи́ться I, II см. перевести́сь I, II ◇ у негó дéньги не перевóдятся he is néver out of cash

переводн||óй: ~áя карти́нка tránsfer; ~áя литератýра fóreign literature in translátion

перевóдный: ~ бланк (почтовый) póstal órder

перевóдчик translátor; intérpreter (устный)

перевóз 1. (действие) tránsport; férrying (через реку и т. п.) 2. (место) férry; ~и́ть см. перевезти́

перевóз||ка tránsport; ~чик férryman; bóatman (на лодке)

перевоорý||жáть(ся) см. перевооружи́ть(ся); ~жéние reármament; ~жи́ть, ~жи́ться reárm

перевопло||ти́ться, ~щáться be reincarnáted; ~щéние reincarnátion

переворáчивать(ся) см. перевернýть(ся)

переворóт 1. revolútion; uphéaval; госудáрственный ~ coup d'état 2. (перелом) ради́кал change

перевос||пита́ние ré-educátion; ~пита́ть, ~пи́тывать ré-éducate

переврáть разг. misintérpret, mísquóte (цитату)

перевы́борный eléctoral, eléction attr.

перевы́боры eléction sg.

перевыполнéние overfulfilment

перевы́полн||ить, ~я́ть overfulfíl, excéed

перевязáть 1. (связать) tie up; cord

(*толстой верёвкой*) 2. (*перебинтовать*) bándage; dress (*рану*)

перевя́з||ка bándaging, dréssing; сде́лать ~ку bándage; ~очный: ~очный пункт dréssing státion; ~очный материа́л dréssing; ~ывать *см.* перевяза́ть

пе́ревязь 1. (*через плечо*) shóulder-belt 2. (*для больной руки*) sling

переги́б bend, twist ⋄ допусти́ть ~ в чём-л. cárry smth. too far; ~а́ть(ся) *см.* перегну́ть(ся)

перегля́||дываться, ~ну́ться exchánge glánces

перегна́ть I (*обогнать*) leave behínd, outstríp (*тж. перен.*); outrún (*бегом*); outwálk (*пешком*)

перегна́ть II *хим., тех.* distíl

перегно́й húmus

перегну́ть bend ⋄ ~ па́лку go too far; ~ся lean óver

переговори́ть (*о чём-л.*) talk smth. óver; discúss (*обсудить*)

перегово́ры negotiátions; talks; *воен.* párley *sg.*; вести́ ~ condúct negotiátions

перего́н (*между станциями*) stage (betwéen státions)

перего́нка *хим., тех.* distillátion

перегоня́ть I, II *см.* перегна́ть I, II

перегора́живать *см.* перегороди́ть

перего||ра́ть, ~ре́ть burn out, fuse

перегороди́ть partítion off

перегоро́дка partítion

перегре́в overhéating

перегрева́ть, перегре́ть overhéat

перегру||жа́ть, ~зи́ть overlóad; óverwórk (*работой*)

перегру́зка overlóad; óverwórk (*работой*)

перегруппир||ова́ть, ~ова́ться regróup; ~о́вка regróuping

перегрыза́ть, перегры́зть gnaw through

пе́ред *предл.* 1. (*впереди*) in front of, befóre 2. (*до*) befóre 3. (*в отношении*) to; он извини́лся ~ ней he apólogized to her

перёд front

передава́ть *см.* переда́ть

переда́точный transmíssion *attr.*

переда||́ть 1. pass, give; hand (*из рук в руки*) 2. (*воспроизвести*) reprodúce 3. (*по радио*) bróadcast 4. (*сообщить*) tell, commúnicate ⋄ ~а́йте приве́т ва́шему дру́гу remémber me to your friend; ~ де́ло в суд bring the case befóre the law

переда́ча 1. (*действие*) tránsference 2. *радио* bróadcast 3. *тех.* gear, transmíssion

передв||ига́ть(ся) *см.* передви́нуть(ся); ~иже́ние móvement; сре́дства ~иже́ния means of communicátion; ~и́жка: библиоте́ка-~и́жка móbile líbrary; ~ижно́й itínerant; móvable

передви́нуть move; shift; ~ стре́лки часо́в вперёд, наза́д move the hands of a clock on, back; ~ся move

переде́л repartítion, redivísion

переде́л||ать do óver agáin; álter; ~ка alterátion; отда́ть что-л. в ~ку have smth. áltered ⋄ попа́сть в ~ку *разг.* get ínto a prétty mess; ~ывать *см.* переде́лать

передёр||гивать, ~нуть 1. (*в картах*) cheat 2. (*исказить*) distórt

пере́дн||ий front; ~ее колесо́ the front wheel; ~ план the fóreground

пере́дник ápron; pínafore (*детский*)

пере́дняя *сущ.* hall, ánteroom, lóbby

передови́ца léading árticle, léader, editórial

передов||о́й advánced, fóremost; ~ы́е взгля́ды advánced views; ~ы́е пози́ции *воен.* front line *sg.*; ~а́я статья́ *см.* передови́ца

передохну́ть *разг.* stop and take breath; take a rest (*отдохнуть*)

передра́зн||ивать, ~и́ть mímic

передря́га *разг.* scrape

переду́м||ать, ~ывать change one's mind

переды́шка réspite, bréathing-space

перее́зд I pássage; cróssing (*по воде*); removál (*на другую квартиру*); léaving (*for; в другой город*)

перее́зд II *ж.-д.* (level) cróssing

переезжа́ть *см.* перее́хать 1, 2

перее́||хать 1. (*через что-л.*) cross 2. (*куда-л.*) move 3. (*раздавить*) run óver

пережа́р||енный overdóne, burnt; ~ивать, ~ить overdó

пережда́ть wait till smth. is óver; ~ непого́ду sit out a storm, wait till the bad wéather is óver

пережёвывать másticate; chew; *перен. разг.* repéat óver and óver agáin

пережива́||ние expérience; ~ть *см.* пережи́ть

пережида́ть *см.* пережда́ть

пережи́ток survíval

пережи́ть 1. (*испытать*) go through, expérience; endúre, súffer (*претерпеть*) 2. (*остаться в живых*) survíve; outlíve (*кого-л.*)

перезаря||ди́ть, ~жа́ть recharge, reload

перезимова́ть spend the winter

перезре́||лый overripe; ~ть become overripe *(тж. перен.)*

переизб||ира́ть, ~ра́ть re-elect

переизд||ава́ть *см.* переизда́ть; ~а́ние reissue, republication; ~а́ть republish

переимен||ова́ть, ~о́вывать rename

перейти́ 1. cross; ~ у́лицу cross the street 2. *(в другие руки)* pass *(to)* 3. *(превратиться)* turn into ◇ ~ все грани́цы exceed all bounds; ~ в наступле́ние go over to the offensive

перека́рмливать *см.* перекорми́ть

переквалифи||ка́ция training for a new profession; ~ци́роваться train for a new profession

переки́||дывать(ся) *см.* переки́нуть(ся); ~нуть throw over; ~нуться *(взглядом, словами)* exchange

перекиса́ть, переки́снуть turn sour

пе́рекись *хим.* peroxide

перекла́дина 1. cross-beam, cross-piece 2. *спорт.* horizontal bar

перекла́дывать *см.* переложи́ть

перекликáться shout to one another

перекли́ч||ка roll-call; ~ городо́в *(по радио)* exchange of messages between towns; дела́ть ~ку call over, call the roll

переключ||а́ть(ся) *см.* переключи́ть(ся); ~е́ние *тех.* switching; *перен.* switching over *(to);* ~и́ть *тех.* switch *(тж. перен.);* ~и́ть разгово́р switch the conversation, change the subject; ~и́ться *тех.* switch; *перен.* switch over *(to)*

перек||ова́ть, ~о́вывать reshoe; *перен.* remould

перекорми́ть overfeed

перекоси́ться *(о лице)* become distorted

переко||чева́ть, ~чёвывать move to a new place

переко́шенный distorted

перекра́ивать *см.* перекрои́ть

перекра́||сить, ~шивать 1. repaint; dye over again *(материю и т. п.)* 2. paint everything

перекрёстный cross; ~ ого́нь *воен.* cross-fire; ~ допро́с cross-examination

перекрёст||ок cross-roads *pl.* ◇ крича́ть на всех ~ках proclaim (smth.) from the house-tops

перекре́щиваться cross

перекрича́ть *разг.* outvoice, shout down

перекрои́ть cut out again; *перен.* remake

перекр||ыва́ть *см.* перекры́ть; ~ы́тие *стр.* floor; ~ы́ть 1. re-roof *(крышу и т. п.);* cover again 2. *разг. (превысить)* exceed 3. *(воду и т. п.)* shut *(или* turn) off

перек||упа́ть, ~упи́ть: ~ у кого́-л. buy second-hand from smb.; ~у́пщик dealer, middleman

перекуси́ть 1. *(откусить)* bite through 2. *разг. (поесть)* take a quick bite, have a snack

перелага́ть *см.* переложи́ть 3

перела́мывать *см.* переломи́ть

пере||леза́ть, ~ле́зть climb over

переле́сок coppice, copse

перелёт 1. *(птиц)* migration 2. *(самолёта)* flight; беспоса́дочный ~ non-stop flight

переле||та́ть, ~те́ть fly over

перелётн||ый: ~ая пти́ца bird of passage *(тж. перен.)*

перелив||а́ние *мед.* transfusion; ~ кро́ви blood transfusion; ~а́ть *см.* перели́ть; ~а́ть из пусто́го в поро́жнее *разг.* waste words; ~а́ться 1. *см.* перели́ться 2. play *(о красках);* modulate *(о звуках)*

пере||листа́ть, ~ли́стывать turn over; look through *(просмотреть)*

перели́ть 1. pour *(into)* 2. *(через край)* let overflow 3. *мед.:* ~ кровь give a blood transfusion; ~ся *(через край)* overflow

перелиц||ева́ть, ~о́вывать turn; have smth. turned *(отдать в перелицовку)*

переложи́ть 1. move *(from, to),* transfer; *перен.* transfer, shift *(ответственность и т. п.)* 2. *(чем-л.)* interlay *(with)* 3. *муз.* arrange *(для другого инструмента);* transpose *(на другую тональность);* ~ на му́зыку set to music

перело́м 1. *(кости)* fracture 2. *(кризис)* sudden change; crisis *(болезни);* turning-point *(поворотный пункт);* ~а́ть break to pieces; crush; ~и́ть break in two ◇ ~и́ть себя́ change one's character; restrain oneself

перема́лывать *см.* перемоло́ть

перема́н||ивать, ~и́ть win *(или* gain) over, entice

перемеж||а́ться intermit; ~а́ющийся: ~а́ющаяся лихора́дка intermittent fever

переме́н||а 1. change 2. *(перерыв)* recess; interval, break *(в школе);* ~и́ть change; ~и́ться change; ~ный vа́riable; ~чивый chа́ngeable; únstéady (*неусто́йчивый*)

перемести́ть(ся) *см.* перемеща́ть(ся)

перемеша́ть mix; ~ся get mixed

переме́шивать(ся) *см.* перемеша́ть(ся)

перемещ||а́ть, ~а́ться move; ~е́ние 1. trа́nsference, shift 2. *геол.* dislocа́tion; ~ённый: ~ённые ли́ца displа́ced pе́rsons

переми́||гиваться, ~гну́ться (*с кем.-л.*) wink (at); (*между собо́й*) wink at each óther

переми́рие а́rmistice, truce; заключи́ть ~ conclúde a truce

перемога́ть (try to) overcóme; ~ся *разг.* make oneself keep góing

перемоло́ть grind, mill

пере||мыва́ть, ~мы́ть wash up agа́in ◇ перемыва́ть кому́.-л. ко́сточки *разг.* pick smb. to pieces

перенапр||яга́ться óverstráin oneself; ~яже́ние óverstrа́in; ~я́чься *см.* перенапряга́ться

перенаселе́ние óverpopulа́tion

перенести́ I 1. transfе́r, cа́rry acróss 2. (*на другу́ю строку́*) divíde into sýllables 3. (*отложи́ть*) postpóne, put off

перенести́ II (*стерпе́ть*) go through; bear; ~ мно́го го́ря go through much sо́rrow; ~ боле́знь have had an illness; ~ за́суху survíve a drought

перенести́сь (*мы́сленно*) be cа́rried awа́y

перенима́ть *см.* переня́ть

перено́с 1. trа́nsfer 2. (*на другу́ю строку́*) division into sýllables

переноси́ть I, II *см.* перенести́ I, II

переноси́ться *см.* перенести́сь

перено́сица bridge of the nose

перено́ска pórterage; cа́rrying from place to place

перено́сный 1. pórtable 2. *лингв.* (*о значе́нии*) fígurative; metaphórical

переночева́ть spend the night

перенумерова́ть númber (*страни́цы*)

переня́ть take óver, adópt

переобору́д||ование re-equípment; ~овать re-equíp

переобуче́ние retrа́ining

переодев||а́ние 1. chа́nging clothes 2. (*маскиро́вка*) disguíse; ~а́ть(ся) *см.* переоде́ть(ся)

переоде́||тый (*замаскиро́ванный*) disguísed (*as*), in disguíse; ~ть 1. (*кого́-л.*) change smb.'s clothes 2. (*замаскиро-*

вать) disguíse; ~ться 1. (*переме ни́ть пла́тье*) change 2. (*замаскирова́ться*) disguíse oneself

переосвиде́тельствование *мед.* re-examinа́tion

переоце́нивать *см.* переоцени́ть

переоцени́ть 1. (*дать сли́шком высо́кую оце́нку*) óver-éstimate, óverrа́te; ~ свои́ си́лы óver-éstimate one's abíliti es 2. (*сно́ва оцени́ть*) а́lter príces, revа́lue

переоце́нка 1. (*сли́шком высо́кая оце́нка*) óver-estimа́tion 2. (*зано́во*) revaluа́tion

перепа́чкать make dírty; ~ся make oneself dírty

перепёлка quail

перепеча́т||ать 1. repríntt 2. (*на маши́нке*) type; ~ка repríntt(ing); ~ывать *см.* перепеча́тать

перепи́л||ивать, ~и́ть saw through, saw in two

переписа́ть 1. cópy; type (*на пи́шущей маши́нке*) 2. (*соста́вить спи́сок*) make a list (*of*); take a cе́nsus (*для стати́стики*)

перепи́с||ка 1. cópying; týping (*на пи́шущей маши́нке*) 2. (*корреспонде́нция*) correspóndence; быть в ~ке correspónd (*with*); ~чик cópyist; týpist (*на пи́шущей маши́нке*); ~ывать *см.* переписа́ть; ~ываться correspónd (*with*)

пе́репись cе́nsus

переплав||и́ть, ~ля́ть (*мета́лл*) smelt (down)

пере||плати́ть, ~пла́чивать pay too much; ≈ pay through the nose *идиом.*

переплести́ 1. (*кни́гу*) bind 2. (*ме́жду собо́й*) interlа́ce, interwе́ave; ~сь interlа́ce, interwе́ave

переплёт 1. bóok-cover; bínding; в ~е with a hard cóver; без ~а únbóund 2. (*око́нный*) sash

переплета́ть(ся) *см.* переплести́(сь)

переплётчик bóokbinder

пере||плыва́ть, ~плы́ть cross; swim acróss (*впла́вь*); row acróss (*на ло́дке*); sail acróss (*на корабле́ и т. п.*); ferry acróss (*на паро́ме*)

переподгот||а́вливать, ~о́вить train (anе́w); ~о́вка retrа́ining

переполз||а́ть, ~ти́ crawl (*или* creep) óver

перепо́лн||енный overcrо́wded (*о ваго́не и т. п.*); ~ить óverfíll; ~иться be full to overflówing; ~я́ть(ся) *см.* перепо́лнить(ся)

ПЕР ПЕР П

перепол||х alárm; commótion; ~шйть alárm; ~шйться be thrown ínto a pánic; get excíted

перепóн||ка mémbrane; web *(у летучей мыши, утки и т. п.)*; ~чатый webbed; wéb-footed

переправ||а pássage, cróssing; ford *(брод)*; ~ить 1. *(перевезти)* put acróss; férry óver *(на пароме)* 2. *(переслать)* fórward; ~ить что-л. с кем-л. send smth. by hand of smb.; ~иться cross; ~лять(ся) *см.* переправить(ся)

перепрод||авать *см.* перепродать; ~ажа résále; ~ать réséll

перепроизвóдство *эк.* óverprodúction

перепрыг||ивать, ~нуть jump óver

перепугать: ~ когó-л. fríghten smb. out of his wits; ~ся be dead scared

перепýтать entángle; *перен.* confúse, mix up

перепýтье cróss-roads *pl.* ◇ на ~ at the cróss-roads, at the crítical túrning-point

перерабáтывать *см.* переработать

переработать 1. *тех.* prócess 2. *(переделать)* work óver agáin, rémáke 3. *(сверх нормы)* óverwórk

перераспредел||éние rédistribútion; ~ить, ~ять rédistríbute

перераст||áние 1. óvergrówing 2. *(во что-л.)* devélopment *(into)*; ~áть, ~й 1. óvergrów 2. *(во что-л.)* devélop *(into)*, grow *(into)*

перерасхóд óver-expénditure; óverdraft *(фин.)*; ~овать spend too much; óverdráw *(фин.)*

перерасчёт ré-calculátion

перервáть break; tear up; ~ся break

перерегистр||áция ré-registrátion; ~íровать ré-régister

перерезать 1. cut; cut off *(дорогу)* 2. *(убить большое количество)* kill

перерезáть *см.* перерезать 1

перереш||áть, ~ить change one's mind

переро||дйться, ~ждáться 1. take on a new life 2. *(выродиться)* degénerate; ~ждéние 1. regenerátion 2. *(вырождение)* degenerátion

переруб||áть, ~йть cut; ~йть пополáм cut ínto two

перерыв 1. interrúption; без ~а without interrúption 2. *(промежуток)* interval, break; ~ на 10 минýт ten mínutes' break

пере||рывáть, ~рыть 1. dig up 2. *(вещи и т. п.)* dig amóng rúmmage

пересадйть 1. transplánt 2. *(кого-л.)* make smb. change his seat

пересáд||ка 1. transplantátion 2. *ж.-д.* change; éхать без ~ок trável withóut ány chánges

пересáживать *см.* пересадить; ~ся *см.* пересéсть

пересáливать *см.* пересолить

пересекáть(ся) *см.* пересéчь(ся)

пересел||éнец séttler; ~éние 1. migrátion 2. *(с квартиры на квартиру)* move; ~йть move; ~йться move; migráte; ~я́ть(ся) *см.* переселить(ся)

пересéсть 1. take anóther seat 2. *ж.-д.* change

пересечéние cróssing, interséction

пересéчь(ся) cross, interséct

пересил||ивать, ~ить overpówer; overcóme *(о чувстве боли и т. п.)*

перескáз rétélling; réndering *(изложение)*; ~áть, ~ывать rétéll

переск||áкивать, ~очить jump óver; *перен.* skip *(from, to)*

переслáть send on; ~ письмó fórward a létter

пересмáтривать *см.* пересмотреть

пересмóтр 1. *(текста)* revision 2. review *(приговора)* rétríal *(судебного дела)* 3. *(решения)* reconsiderátion

пересмотреть 1. *(решение, вопрос)* réconsíder 2. *(приговор)* review

пересолить óversált; *перен.* overdó it

пересóх||нуть dry up, get dry ◇ у меня в гóрле ~ло my throat is parched

переспéлый overrípe

переспóрить out-árgue

пере||спрáшивать, ~спросйть ask agáin, ask to repéat

перессóриться quárrel with éverybody

переставáть *см.* перестáть

переста||вить, ~влять 1. reárránge 2.: ~ часы́ вперёд put the clock fórward; ~нóвка reárrángement

перестарáться try too hard, overdó it

перестáть stop; cease

перестрадáть have gone through much súffering

перестрáивать(ся) *см.* перестрóить(ся)

перестрéл||ка skírmish; ~я́ть *(убить)* shoot all *(или* mány*)*

перестрó||ить 1. rébuíld 2. *(реорганизовать)* reórganize, reconstrúct, restrúcture; ~иться 1. *воен.* réfórm; ~иться в однý шерéнгу réfórm ínto single file 2. *(перестроить свою работу)* reórganize; impróve one's méthods of work

перестрóйка 1. rébuílding 2. *(реорга-*

177

низация) reorganizátion, reconstrúction, restrúcturing

переступ||а́ть, **~и́ть** cross; step óver (*поро́г*)

пересу́ды idle góssip *sg.*

пересчита́ть 1. (*всё*) count all 2. (*заново*) count óver agáin ◇ ~ ко́сти кому́-л. beat up smb.

пересчи́тывать *см.* пересчита́ть

пересыла́ть *см.* пересла́ть

пересы́л||ка sénding; cárriage (*товаров*); сто́имость **~ки** póstage (*по почте*)

пересыха́ть *см.* пересо́хнуть

перета́скивать *см.* перетащи́ть

перета́с||овать, **~о́вывать** (*карты*) reshúffle

перетащи́ть drag óver; lug acróss (*перенести*)

перет||ере́ть, **~ере́ться** (*о верёвке и т. п.*) fray through; **~ира́ть(ся)** *см.* перетере́ть(ся)

перетопи́ть melt down (all)

перетя́||гивать, **~ну́ть** (*перевешивать*) tip the scales ◇ **~ну́ть** на свою́ сто́рону win óver to one's side

переубе||ди́ть, **~жда́ть** make smb. change his mind

переу́лок bý-street, síde-street; Lane (*в названиях*)

переустро́йство reorganizátion; *перен.* reconstrúction

переутом||и́ться overstráin onesélf; overwórk onesélf (*работой*); **~ле́ние** overstráin; overwórk (*работой*); **~ля́ться** *см.* переутоми́ться

переформир||ова́ть, **~о́вывать** refórm

пере||хвати́ть, **~хва́тывать** (*письмо и т. п.*) intercépt

перехитри́ть outwít

перехо́д 1. pássage; cróssing; *воен.* march 2. (*превращение*) transítion; **~и́ть** *см.* перейти́; **~ный** 1. transítional; **~ный пери́од** transítion périod 2. *грам.* (*о глаголе*) tránsitive

переходя́щий tránsitory; ~ ку́бок chállenge cup

пе́рец pépper

пе́речень list

перечёркивать, **перечеркну́ть** cross out

перече́сть *см.* перечита́ть

перечисле́ние 1. enumerátion 2. *фин.* transférring

перечи́сл||ить, **~я́ть** 1. enúmerate 2. *фин.* transfér

перечит||а́ть 1. read a lot (of); он **~а́л** мно́го книг he has read much 2. (*заново*) read agáin

перечи́тывать *см.* перечита́ть 2

пере́чить *разг.* árgue back

пе́речница pépper-box

перешагну́ть step (*over*); ~ поро́г cross the thréshold

переше́ек *геогр.* ísthmus

перешёптываться whisper to one anóther

пере||шива́ть, **~ши́ть** (*платье и т. п.*) álter; have smth. áltered (*отдать в переделку*)

перещеголя́ть (*кого-л.*) *разг.* outdó, go one bétter than smb. (*in*)

переэкзамено́вка re-examinátion

пери́ла ráil(ings); bánisters (*у лестницы*)

пери́метр perímeter

пери́на féather bed

пери́од périod

периодика *собир. разг.* periódical press; periódicals *pl.*

периоди́ческ||ий periódic(al); **~ая** дробь *мат.* recúrring décimal

периско́п períscope

перифери́я 1. perí́phery 2. próvinces *pl.*

**перламу́тр* móther-of-péarl

перло́в||ый: **~ая** крупа́ péarl-bárley

перло́н pérlon

перна́т||ый 1. *прил.* féathered 2. *в знач. сущ. мн.*: **~ые** birds

перо́ 1. (*птичье*) féather; plume (*украшение*) 2. (*для писания*) pen

перочи́нный: ~ нож(ик) pénknife

перпендикуля́р *мат.* perpendícular; опусти́ть ~ drop a perpendícular (*on*); **~ный** perpendícular

перро́н *ж.-д.* plátform

перс Pérsian; **~и́дский** Pérsian; **~и́дский язы́к** Pérsian, the Pérsian lánguage

пе́рсик peach

персо́н||а pérson; со́бственной **~ой** in pérson

персона́ж cháracter (*in a play*)

персона́л personnél, staff

персона́льн||ый pérsonal

перспекти́ва 1. perspéctive; vista (*открывающийся вид*) 2. próspect(s) (*pl*); óutlook (*виды на будущее*)

пе́рстень ring

пе́рхоть dándruff

перча́тка glove

перш||и́ть *безл.:* у меня́ **~и́т** в го́рле I have a tíckling in my throat

пёс dog

песе́ц pólar fox
песнь, пе́сня song
песо́к sand
песо́чный 1. sand *attr.; (о цвете тж.)* sánd-coloured 2. *(о тесте)* short
пессим||и́зм péssimism; ~и́ст péssimist; ~исти́ческий pessimístic
пе́стик *бот.* pístil
пестрота́ divérsity of cólours; *перен.* variety, divérsity
пёстрый váriegated; gay *(о красках); перен.* mixed
песча́||ник *геол.* sándstone; ~ный sándy
петли́ца 1. búttonhole 2. *(нашивка на воротнике)* tab
пе́тл||я 1. loop; де́лать ~ю *ав.* loop the loop 2. búttonhole *(для пуговицы);* eye *(для крючка)* 3. *(в вязании)* stitch 4. *(у окна, двери)* hinge
петру́шка I *театр.* Punch
петру́шка II *бот.* pársley
пету́х cock ◇ вставать с ~а́ми *разг.* rise at cóck-crow
петь sing; crow *(о петухе)*
пехо́т||а ínfantry; ~и́нец ínfantryman; ~ный ínfantry *attr.;* ~ный взвод platóon
печа́лить grieve; ~ся grieve, be sad
печа́ль sórrow; grief; ~ный sad
печа́тать print; type *(на машинке);* ~ся 1. *(находиться в печати)* be at the prínter's 2. *(печатать свои произведения в журнале и т. п.)* write *(for),* appéar *(in)*
печа́тн||ый 1. *(напечатанный)* prínted; чита́ть по ~ому read in print 2. *(о станке и т. п.)* prínting ◇ ~ лист *полигр.* sígnature
печа́ть I *прям., перен.* seal, stamp
печа́т||ь II *(пресса)* the press 2. *(печатание)* prínt(ing); вы́йти из ~и come out 3. *(шрифт)* print, type
печёнк||а *кул.* líver ◇ сиде́ть в ~ах у кого́-л. be a pain in the neck to smb.
печёный baked
пе́чень *анат.* líver
пече́нье bíscuits *pl.;* cóokies *pl. (амер.)*
пе́чка *см.* печь I
печь I *сущ.* stove; óven *(духовая);* fúrnace *(доменная и т. п.)*
печь II *гл.* 1. *(хлеб)* bake 2. *(о солнце)* scorch, parch; ~ся 1. be baked 2. *разг.* *(греться на солнце)* bake in the sun
пешехо́д pedéstrian; ~ный pedéstrian *attr.;* ~ная доро́жка fóot-path; ~ный перехо́д pedéstrian cróssing
пе́ший únmóunted; foot *attr.,* on foot
пе́шка *шахм.* pawn *(тж. перен.)*
пешко́м *нареч.* on foot; идти́ ~ walk, go on foot
пеще́ра cave
пиан||и́но (úpright) piáno; ~и́ст, ~и́стка piánist
пивн||а́я *сущ.* pub, távern; ~о́й beer *attr.*
пи́во beer; ale; ~ва́ренный: ~ва́ренный заво́д bréwery
пиджа́к coat
пижа́ма pyjámas *pl.*
пи́ка *(оружие)* lance, spear
пика́нт||ный 1. *(о соусе)* píquant, sávoury 2. *(о внешности)* séxy 3. *перен.* sávoury, spícy; ~ые анекдо́ты spicy stóries
пике́т pícket
пи́ки *кар.* spades
пики́ровать *ав.* dive
пики́роваться áltercate, exchánge cáustic remárks
пики́рующий: ~ бомбардиро́вщик díve-bomber
пикни́к pícnic
пил||а́ saw; ~и́ть saw
пило́т pílot; ~а́ж píloting
пилю́ля pill
пингви́н pénguin
пинце́т *хир.* píncers *pl.*
пио́н péony
пионе́р pionéer; ~ский pionéer *attr.;* ~ский отря́д pionéer detáchment; ~ский ла́герь pionéer súmmer camp
пипе́тка pipétte; *(для лекарства тж.)* médicine drópper
пир feast
пирами́||да pýramid; ~льный pyrámidal
пира́т pírate
пирова́ть feast, caróuse
пиро́г pie
пиро́ж||ное fáncy cake; *собир.* pástry; ~о́к pátty
писа́ка *разг.* scríbbler; прода́жный ~ hack
писа́рь *уст.* clerk
писа́тель wríter, áuthor; ~ница wríter, áuthoress
писа́ть 1. write; type *(на машинке)* 2. *(красками)* paint; ~ ма́слом paint in oils 3. *(музыку)* compóse
писк squeak; ~ли́вый squéaky; ~нуть *см.* пища́ть

пистолёт pistol
пистон percussion cap
писчебумажный: ~ магазин a stationer's (shop)
писч||ий: ~ая бумага writing-paper
письменн||ый 1. (для писания) writing; ~ стол writing-desk, writing-table 2. (написанный) written; в ~ой форме in writing
письмо letter; открытое ~ postcard (открытка); open letter (в газете)
письмоносец postman
пита||ние 1. nourishment, nutrition 2. *тех.* feeding; ~тельный nourishing, nutritious; ~ть 1. feed; nourish 2. (снабжать) supply; ~ться feed (on), live (on)
питомец pupil (воспитанник); alumnus (университета)
питомник nursery
питон *зоол.* python
пить drink; я хочу ~ I'm thirsty; ~ лекарство take medicine
пить||ё 1. (действие) drinking 2. (напиток) drink; ~евой drinking; ~евая вода drinking water
пихта silver fir
пичкать *разг.* stuff (with)
пишущ||ий: ~ая машинка typewriter
пища food
пищать squeak; cheep (о цыплятах)
пищеварени||е digestion; расстройство ~я *мед.* digestive disorder
пищевод *анат.* gullet
пищев||ой food *attr.*; ~ые продукты food-stuffs; ~ая промышленность food industry
пиявка leech
плавание 1. swimming 2. (на судах) voyage; он ушёл в ~ he's gone on a voyage
плавать *см.* плыть ◊ ~ на экзамене be completely at sea in an examination
плавильн||ый *тех.*: ~ая печь smelting furnace; ~ завод steel works
плав||ить smelt; melt; ~иться fuse; ~ка smelting
плавки *спорт.* (swimming) trunks
плавк||ий fusible; ~ость fusibility
плавник fin
плавный 1. fluent, flowing; smooth 2. *лингв.* (о звуке) liquid
плавуч||ий floating; ~ая льдина ice-floe
плагиат plagiarism
плакат placard, poster
плакать weep, cry; ~ся *разг.* grouse

плакс||а cry-baby; ~ивый whining
пламенный flaming, fiery; *перен.* ardent, flaming
пламя flame, blaze (ослепительное)
план plan
планёр *ав.* glider
планет||а planet; ~арий planetarium
планирование I planning
планирование II *ав.* gliding
планировать I plan
планировать II *ав.* glide
планка lath, plank
планов||ый planned, systematic; ~ое хозяйство planned economy
планомерный systematic, planned
плантация plantation
пласт layer; (*геол.*) stratum
пластинка 1. plate 2. (патефонная) (gramophone) record
пластическ||ий plastic; ~ая хирургия plastic surgery
пластмасса plastic (synthetic material)
пластырь plaster
плата pay; fee (гонорар); fare (за проезд); ~ за вход entrance fee
платёж payment
платёжеспособный solvent
плательщик payer
платина platinum
платить pay; ~ по счёту pay the bill; settle an account
платн||ый 1. (оплачиваемый) paid; ~ая работа paid work 2. (оплачивающий) paying
плато *геогр.* plateau, tableland
платок shawl (на плечи); head scarf (на голову); handkerchief (носовой)
платформа 1. (перрон) platform (*тж.* *перен.*) 2. (товарный вагон) open (railway) truck
плат||ье 1. *собир.* clothes *pl.*; clothing 2. (женское) dress, gown, frock; вечернее ~ evening dress; ~яной: ~яной шкаф wardrobe; ~яная щётка clothes-brush
плацдарм bridge-head
плацкарта reserved seat ticket
плач weeping, crying; ~евный pitiful; в ~евном состоянии in a pitiful state
плашмя *нареч.* flat, prone
плащ cloak; raincoat, waterproof (непромокаемый)
плебисцит plebiscite
плева||тельница spittoon; ~ть *см.* плюнуть
плевок spit(tle)
плеврит *мед.* pleurisy

плед rug; plaid *(шотландский)*
племенно́й 1. tribal 2.: ~ скот pédigree cattle
пле́мя 1. tribe 2. *(поколение)* generátion
племя́нни||к néphew; ~ца niece
плен captívity; брать кого́-л. в ~ take smb. prísoner; попа́сть в ~ be táken prísoner
плена́рный plénary
плени́||тельный fáscinating; ~ть fáscinate, cáptivate; ~ться be fáscinated *(by)*
плёнка *в разн. знач.* film
пле́нн||ик prísoner, cáptive; ~ый cáptive
пле́нум plénum
пленя́ть(ся) *см.* плени́ть(ся)
пле́сень mould
плеск splash; ~а́ть(ся) splash
плесневе́ть grow móuldy
плести́ 1. plait; ~ ко́су plait one's hair; ~ се́ти make nets; ~ корзи́ны plait *(или* weave*)* báskets 2. *перен.* plot; ~ ко́зни intrígue ◇ ~ вздор talk rot
плести́сь drag oneself alóng; ~ в хвосте́ lag behínd
плетёный wicker *attr.*; ~ стул wicker chair
плете́нь (wáttle-)fence
плеть knótted rope, lash
плечо́ 1. shóulder 2. *(рычага)* arm
плеши́вый háving a bald patch
плешь bald patch
плита́ 1. plate; slab; flágstone *(тротуара)*; моги́льная ~ grávestone 2. *(кухонная)* cóoker, stove; (kítchen)range
пли́тка 1. *см.* плита́ 2; электри́ческая ~ eléctric stove 2. *(облицовочная)* tile 3.: ~ шокола́да bar of chócolate
плове́ц swímmer
плод *прям., перен.* fruit; приноси́ть ~ы́ bear fruit
плоди́ть(ся) própagate
плодови́т||ый *прям., перен.* prolífic; ~ые кро́лики prolífic rábbits; ~ компози́тор a prolífic compóser
плод||ово́дство frúit-grówing; ~о́вый fruit *attr.*
плодоро́д||ие fertílity; ~ный fértile
плодотво́рный frúitful
пломб||а́ 1. *(зубная)* stópping, fílling; ста́вить ~у stop *(или* fill*)* a tooth 2. *(на двери и т. п.)* seal; ~ирова́ть 1. *(зуб)* stop, fill 2. *(дверь)* seal
пло́ский flat; plane *(о поверхности)*

плоского́рье pláteau, táhleland
плоскогу́бцы *тех.* plíers
пло́скост||ь *прям., перен.* plane; súrface ◇ кати́ться по накло́нной ~и go to the bad
плот raft, float
плоти́на dam; dike *(защитная)*
пло́тник cárpenter
пло́тн||ость dénsity; ~ый dense; close *(о ткани)* ◇ ~ый за́втрак square *(или* héarty*)* meal
плотоя́дный carnívorous
плоть flesh
пло́х||о 1. *нареч.* bád(ly); ~ себя́ чу́вствовать feel unwéll, not feel too *(или* véry*)* well; ~ отзыва́ться о ком-л. speak ill of smb. 2. *предик. безл.* that's bad; ~ой bad; poor *(о качестве; о здоровье)*
площа́дка 1. ground; pláyground, (spórts-)ground *(спортивная)* 2. *(лестничная)* lánding 3. *(вагона)* plátform
пло́щадь 1. área *(тж. мат.)* 2. *(в го́роде)* square
плуг plough
плут cheat, swíndler; rogue *(шутл.)*
плута́ть *разг.* walk round in circles (and lose one's way)
плут||ова́ть *разг.* cheat; ~овско́й knávish
плыть 1. *(о человеке, животном)* swim 2. *(о предмете)* float, drift; sail *(о су́дне)* 3. sail *(на судне)*; go bóating *(на лодке)*
плю́нуть spit
плюс 1. *мат.* plus 2. *(преимущество)* advántage
плюш plush
плющ ívy
пляж beach
пляса́ть dance, do folk dáncing ◇ ~ под чью-л. ду́дку dance to smb.'s tune
пляс||ка folk dance; square dance *(амер.)*; cóuntry dáncing; ~ово́й dance *attr.*; dáncing *attr.*
пневмати́ческий pneumátic
по *предл.* 1. on *(на поверхности)*; alóng *(вдоль поверхности)*; е́хать по доро́ге drive alóng the road; ходи́ть по у́лицам walk abóut the streets; путеше́ствовать по стране́ jóurney through the cóuntry; кни́ги разбро́саны по всему́ столу́ the books are scáttered all óver the table 2. *(согласно)* by, accórding to, áfter; по чьему́-л. сове́ту on smb.'s advíce; по приказа́нию by órder; знать по и́мени know by name; по происхожде́нию by

órigin; по образцу́ áfter the módel 3. *(вследствие)* by; through; ówing to *(благодаря)*; по рассе́янности through ábsent-míndedness; по оши́бке by mistáke 4. *(посредством)* by; óver; по желе́зной доро́ге by rail; по ра́дио óver the rádio 5. *(до)* to, up to; с ию́ля по сентя́брь from Julý to Septémber; по 1-е сентября́ up to the first of Septémber; по по́яс up to one's waist 6. *(при обозначении времени)* in, at; on *(после чего-л.)*; по утра́м in the mórning; по ноча́м at night; по его́ прибы́тии on his arríval; по оконча́нии on the complétion *(или* termina´tion) *(of)* 7. *(в разделительном смысле):* по 5 рубле́й шту́ка at five roubles each; по́ двое two by two, in twos; по ча́су в день an hour a day ◇ по де́лу on búsiness; по пра́ву by right

побагрове́ть becóme purple
побаи́ваться be ráther afráid *(of)*
побе́г I flight; escápe
побе́г II *(росток)* shoot, sprout
побегу́ш||ки: быть у кого́-л. на ~ках *разг.* be smb.'s érrand-boy *(тж. перен.)*
побе́д||а víctory; ~и́тель cónqueror; *спорт.* winner; ~и́ть cónquer; win a víctory *(over)*; overcóme *(затруднения и т. п.)*; ~ный tríumphal, tríumphant
победоно́сный victórious, tríumphant
побежа́ть run
побежда́ть *см.* победи́ть
побеле́ть grow white; turn pale *(побледнеть)*
побели́ть whitewash
побере́жье shore, sea coast
побира́ться *разг.* beg
поби́ть 1. beat 2. beat down, lay *(о ливне, граде)*; kill *(о морозе)*; ~ся: ~ся об закла́д bet
поблагодари́ть thank
побла́жка *разг.* pámpering
побледне́ть turn *(или* grow) pale
поблёк||нуть wither, fade; ~ший withered, fáded
побли́зости *нареч.* near at hand, héreabouts
побо́и béating *sg.;* blows; ~ще sláughter, mássacre
побо́рник chámpion
поборо́ть overcóme
побо́чн||ый sécondary; ~ продукт *эк.* bý-product; ~ые соображе́ния sécondary considerátions
по-бра́тски *нареч.:* раздели́ть по ~ go half and half

побри́ть(ся) *см.* бри́ть(ся)
побу́||ди́ть, ~жда́ть impél; indúce; make *(заставить)*; ~жде́ние indúcement; mótive
побыва́||ть be, vísit; он всю́ду ~л he has been éverywhere
побы́в||ка *разг.:* прие́хать на ~ку come on leave
повад||иться get the hábit *(of)*; ~ка hábit
повали́ть I throw down; overtúrn *(опрокинуть)*
повали́ть II *(о толпе)* throng
повали́ться fall down
пова́льн||ый mass *attr.;* ~ая боле́знь mass epidémic; ~ое бе́гство mass flight
по́вар cook
поваре́нн||ый cúlinary; ~ая кни́га cóokery-book; ~ая соль édible salt
по-ва́шему *нареч.* 1. *(по вашему мнению)* as you think, in your opínion, to your mind 2. *(по вашему желанию)* as you want, as you would have it; пусть бу́дет ~ have it your own way
поведе́ние cónduct, beháviour
повезти́ I cárry, take
повез||ти́ II *безл.:* ему́ ~ло́ he was in luck
повелева́ть lord it óver
повели́тельный impérative *(тж. грам.);* authóritative
поверга́ть, пове́ргнуть throw down; *перен.* throw *(into);* ~ в уны́ние throw ínto the depths of despáir
пове́ренный *(адвокат)* attórney ◇ ~ в дела́х chargé d'affaires
пове́рить 1. believe 2. *(доверить)* entrúst *(to)*
пове́рк||а 1.: ~ вре́мени time sígnal 2. *(перекличка)* róll-call ◇ на ~у in áctual fact
поверну́ть, повёртывать turn; ~ся turn
пове́рх *предл.* óver, abóve
пове́рхностный 1. supérficial, shállow 2. *физ., тех.* súrface *attr.*
пове́рхность súrface
пове́рье pópular belief
повесели́ть cheer up
пове́сить hang; ~ся hang onesélf
повествова́||ние narrátion; ~тельный nárrative
пове́стка nótice, súmmons *(в суд)*; ~ дня agénda
по́весть stóry; nárrative
пове́трие *разг.* epidémic; э́то ~ *перен.* it's all the rage

повздо́рить have a quárrel
повида́ть see; ~ся meet; see each óther
по-ви́димому ввводн. сл. óbviously, évidently, cléarly
пови́дло кул. jam
пови́нность dúty; во́инская ~ conscríption
повинов||а́ться obéy; ~éние obédience
повы́снуть hang, be suspénded
повле́чь: э́то повлечёт за собо́й большо́е несча́стье this will lead to disáster
повлия́ть ínfluence (on, upon); afféct (затронуть)
по́вод I occásion; cause (причина); ground (основание); по ~y in connéction (with); on the occásion (of)
по́вод II (у лошади и т. п.) rein ◇ он у неё на ~у́ she holds the reins
пово́зка hórse-drawn véhicle
повора́чивать(ся) см. поверну́ть(ся)
поворо́т túrn(ing); bend (реки); перен. change; ~ный: ~ный пункт túrning-point
повре||ди́ть, ~жда́ть dámage; hurt, injure (ногу, руку и т. п.); ~жде́ние dámage
повремени́ть wait a little (before doing smth.)
повседне́вный dáily, éveryday
повсеме́стн||о нареч. éverywhere; ~ый occúrring éverywhere
повста́н||ец rébel; ~ческий rébel attr.
повсю́ду нареч. éverywhere, far and wide
повтор||éние repetítion; ~и́ть repéat; ~и́ться be repéated, recúr
повто́р||ный repéated, sécond; ~я́ть(ся) см. повтори́ть(ся)
повы́сить прям., перен. raise ◇ ~ го́лос (или тон) raise one's voice; ~ся rise
повыш||а́ть(ся) см. повы́сить(ся); ~е́ние rise; íncrease (зарплаты и т. п.); получи́ть ~е́ние be promóted
повы́шенн||ый abnórmally high; у неё ~ая температу́ра her témperature is up
повяза́ть tie
повя́зк||а bándage; наложи́ть ~y на ра́ну dress (или bándage) a wound
повя́зывать см. повяза́ть
погаси́ть 1. (огонь) put out; extínguish; ~ свет turn off the light 2. (долг) pay off
пога́снуть go out
погаш||а́ть см. погаси́ть 2; ~е́ние (долгов и т. п.) páying (или cléaring) off
погиба́ть, поги́бнуть pérish, be lost
поги́бший lost; killed
погла́дить см. гла́дить

погло||ти́ть, ~ща́ть absórb; swállow up (проглотить); ~ще́ние absórption; ~щённый absórbed (in — чем-л.); immérsed (in)
погля́дывать 1. (на кого-л.) look (at) occásionally 2. (за кем-л.) keep an eye (on)
погна́ть drive
погна́ться run (after)
погово́рка sáying
пого́д||а wéather; прогно́з ~ы wéather fórecast
поголо́вн||о нареч. all withóut excéption; ~ый géneral
поголо́вье (скота) tótal númber (или head) of lívestock
пого́н воен. shóulder-strap
пого́нщик (скота) dróver
пого́н||я pursúit; ~я́ть перен. urge on
погоре́лец one who lost all in a fire
пограни́чн||ик fróntier-guard; ~ый fróntier attr.; ~ая стра́жа fróntier guards pl.; ~ая полоса́ bórder
по́греб cold céllar; ви́нный ~ wine céllar
погреб||а́льный fúneral; ~éние búrial
погрему́шка (игрушка) rattle
погре́ть(ся) см. гре́ть(ся)
погре́шность érror, mistáke
погруж||а́ть см. погрузи́ть II; ~а́ться см. погрузи́ться; ~éние immérsion
погрузи́ть I см. грузи́ть
погрузи́ть II dip, immérse; ~ся sink (о корабле); submérge (о подводной лодке); перен. be immérsed (или sunk) (in)
погру́зка lóading
погр||яза́ть, ~я́знуть: ~ в долга́х be up to the ears in debt; ~ в неве́жестве be bogged down (или steeped) in ígnorance
погуби́ть ruin
погуля́ть см. гуля́ть
под предл. 1. únder; ~ водо́й únder wáter; ~ землёй undergróund; ~ кома́ндой únder the commánd (of); быть ~ ружьём be únder arms; ~ зна́менем únder the bánner of 2. (при звуках чего-л.) to; ~ зву́ки му́зыки to the sound of músic 3. (возле) near, by; ~ Москво́й near Móscow; ~ окно́м by the window; би́тва ~ Ленингра́дом the battle of Léningrad 4. (приблизительно) abóut; ей ~ со́рок she is abóut fórty 5. (о времени) towárds; on the eve of (накануне); ~ ве́чер towárds évening; ~ Но́вый год on New-Year's eve 6. (наподобие) in imitátion; ~ мра́мор in imitátion of marble ◇ под го́ру dównhill;

ПОД

по́ле ~ карто́фелем a field únder potátoes; ~ коне́ц towárds the end

подава́ть *см.* пода́ть; ~ наде́жду give hope

подави́ть *прям., перен.* suppréss

подави́ться choke

подавле́ние suppréssion; crúshing; repression

пода́вленн||ость depréssion; ~ый dispírited, depréssed

подавля́||ть 1. *см.* подави́ть 2. *(силой оружия)* suppréss, crush; ~ющий: ~ющее большинство́ overwhélming majórity

пода́вно *нареч.* so much the more, all the more

пода́гр||а gout; ~и́ческий góuty

подари́ть give as a présent; présent smb. *(with)*

пода́рок présent, gift

пода́тель béarer *(письма́);* petitioner *(прошения)*

пода́тливый pliant, weak *(о человеке);* ~ хара́ктер a weak cháracter

по́дать *ист.* tax

пода́ть give; serve *(за столом);* ~ сове́т give advíce; ~ ру́ку hold out one's hand; ~ жа́лобу lodge a compláint *(against);* ~ заявле́ние hand in an applicátion; ~ го́лос *(за)* vote *(for);* ~ в отста́вку resign; ~ в суд bring an áction *(against); спорт.* ~ мяч serve

пода́ться: ~ вперёд, наза́д draw fórward, back

пода́ча 1. giving; preséntíng *(заявления и т. п.)* 2. *тех.* feed 3. *спорт.* sérvice, serve ⟡ ~ голосо́в vóting

пода́||чка *прям., перен.* sop; ~я́ние alms

подба́дривать *см.* подбодри́ть

подбе||га́ть, ~жа́ть run up *(to)*

подбива́ть *см.* подби́ть

подбира́ть *см.* подобра́ть

подбира́ться *(подкрадываться)* steal up *(to),* appróach stéalthily

подби́ть 1.: ~ подмётки resóle 2. *(подкладку)* line 3. *(подстрекать)* incíte *(to)* ⟡ ~ кому́-л. глаз give smb. a black eye

подбодри́ть cheer up, encóurage

подбо́р *(отбор)* seléction ⟡ как на ~ wéll-mátched

подборо́док chin

подбоче́ни||ваться, ~ться place one's arms akimbo, stand with one's hands on one's hips

подбр||а́сывать, ~о́сить throw up *(кверху)*

ПОД

подва́л 1. *(подвальный этаж)* básement 2. *(погреб)* céllar

подвез||ти́ 1. *(привезти)* bring up 2. *(попутно пешехода)* give a lift ⟡ ему́ ~ло́ he had a stroke of luck

подверга́ть(ся) *см.* подве́ргнуть(ся)

подвер||гнуть subjéct *(to);* expóse *(to; опасности, риску);* ~ сомне́нию call in quéstion; ~гнуться undergó *(наказанию);* be expósed *(to; опасности);* ~женный súbject *(to)*

подве́с||ить hang up, suspénd; ~но́й hánging, suspénded; ~ная доро́га *(в горах)* cháir-lift

подвести́ 1. *(привести)* bring up 2. *разг. (поставить в неприятное положение)* let down ⟡ ~ ито́г sum up; ~ фунда́мент base

подве́шивать *см.* подве́сить

по́двиг éxploit, feat

подвига́ть(ся) *см.* подви́нуть(ся)

подвижно́й móbile ⟡ ~ соста́в *ж.-д.* rólling-stock

подви́жность agílity, súppleness

подви́жный áctive, ágile; он ~ челове́к he doesn't sit still for five mínutes

подвиза́ться pursúe one's activities *(in, at),* be áctive *(in)*

подви́нуть move; push; ~ся move; advánce *(вперёд);* make room *(посторониться)*

подвла́стный belónging to *(или* béing part of) smb.'s realm

подво́да cart, float

подводи́ть *см.* подвести́

подво́дник 1. sáilor on a súbmarine 2. frógman

подво́дный súbmarine

подво́з tránsport; supplý *(снабжение);* ~и́ть *см.* подвезти́

подворо́тня gáteway

подво́х *разг.* trick

подвы́пивший *разг.* a bit tight

подвяза́ть tie up

подвя́зка suspénder, gárter

подвя́зывать *см.* подвяза́ть

подгиба́ть *см.* подогну́ть

подгляде́ть, подгля́дывать peep *(at);* spy *(on;* следи́ть)

подгов||а́ривать, ~ори́ть: ~ кого́-л. на что́-л. put smb. up to smth.

подголо́сок yés-man

подгоня́ть *см.* подогна́ть

подго||ра́ть, ~ре́ть *(о мясе и т. п.)* get a bit burnt

подгот||ови́тельный preparátory;

ПОД   **ПОД**   **П**

~обить, ~овиться prepáre; preparátion; tráining *(обучение)*; ~овлять(ся) *см.* подготовить(ся)

поддаваться *см.* поддаться ◊ не ~ описанию defý descríption

поддакивать *разг.* écho

поддан||ный *сущ.* súbject; ~ство citizenship; принять ~ство take out citizenship

поддаться give in, give way

подде||лать cóunterfeit; forge *(документ, подпись)*; ~лка cóunterfeit; fórgery *(документа)*; ~лывать *см.* подделать; ~льный false; forged *(о документе, подписи)*; imitátion *attr.* *(искусственный)*

поддержать suppórt; back (up), sécond *(мнение, кандидатуру)*

поддерж||ивать 1. *см.* поддержать 2. *(порядок, переписку)* keep up; ~ка suppórt; encóuragement *(моральная)*; при ~ке with the suppórt *(of)*

поддразн||ивать, ~ить tease

поддувало ásh-pit

подействовать have an efféct *(on)*

подела||ть *разг.:* ничего не ~ешь it can't be helped

поделить share; ~ся 1. share *(smth. with)* 2. *(рассказать)* tell *(smb. of)*

поделка hánd-made árticle

по-деловому in a búsiness-like mánner

поделом *нареч. разг.:* ~ тебе it serves you right

подён||но *нареч.* by the day; ~ный by the day *(после сущ.)*; ~ная оплата pay by the day; ~щик, ~щица smb. who is paid by the day

подёргиваться *(о лице)* twitch

подёржанный sécond-hánd

подёрнуться be cóvered *(with)*

подешеветь becóme chéaper

поджари||вать(ся) *см.* поджарить(ся); ~стый brown; ~ть(ся) roast, fry

поджать: ~ губы purse one's lips; ~ ноги sit with one's legs tucked únder one; ~ хвост put one's tail betwéen one's legs *(тж. перен.)*

поджечь set on fire; set fire *(to)*

поджигатель incéndiary; *перен.* instigator

поджигать *см.* поджечь

поджидать *разг.* wait *(for)*

поджимать *см.* поджать

поджог árson

подзаголовок súbtitle

подзадори||вать, ~ть stímulate, set on; put up *(to)*

подзащитный *сущ.* client

подземелье cave; dúngeon

подземный únderground; ~ переход súbway

подзорн||ый: ~ая труба spýglass, télescope

подзывать *см.* подозвать

подкапывать(ся) *см.* подкопать(ся)

подкараули||вать be on the watch *(for)*, lie in wait *(for)*; ~ть catch

подкармливать *см.* подкормить

подкатить, подкатывать 1. *(подо что-л.)* roll *(under)* 2. *(в автомобиле, экипаже)* drive up *(to)*

подкашиваться *см.* подкоситься

подки||дывать, ~нуть *см.* подбрасывать, подбросить

подкладк||а líning; на шёлковой ~е silk-lined, with a silk líning

подкладывать *см.* подложить

подкле||ивать, ~ить paste, glue

подков||а (hórse)shoe; ~ать, ~ывать shoe

подкожный hypodérmic

подкоп 1. dígging únder 2. únderground pássage; ~ать undermíne; ~аться dig únder

подкормить feed up

подкоси||ться: у него ~лись ноги legs gave way únder him

подкрадываться *см.* подкрасться

подкрасить cólour; touch up *(губы)*; ~ся put on a little máke-up

подкрасться steal up *(to)*

подкрашивать(ся) *см.* подкрасить(ся)

подкреп||ить stréngthen, fórtify; confírm *(подтвердить)*; ~иться refrésh onesélf; ~ление 1. *(подтверждение)* confirmátion; corroborátion 2. *воен.* reinfórcement; ~лять(ся) *см.* подкрепить(ся)

подкуп bríbery

подкуп||ать, ~ить bribe

подлаживаться *(к кому-л.)* make up *(to)*

подламываться *см.* подломиться

подле *предл.* near, by

подлеж||ать be súbject *(to)*; ~ит исполнению is to be cárried out; ~ит суду is indíctable ◊ не ~ит сомнению is beyónd *(или* past*)* doubt

подлежащее *грам.* súbject

под||лезать, ~лезть creep *(under)*

подлец víllain,ráscal

подливать *см.* подлить

подливка sauce; grávy *(мясная)*

ПОД

подли́з||а *разг.* tóady; whéedler; **~ываться** *разг.* make up *(to),* wheedle

по́длинн||ик oríginal; **~ый** authéntic; real *(действительный);* с ~ым ве́рно cértified true cópy

подли́ть pour; add ◇ **~ ма́сла в ого́нь** add fuel to the fire

подло́г fórgery; fake

подложи́ть 1. *(подо что-л.)* put smth. *(under)* 2. *(прибавить)* add ◇ **~ свинью́ кому́-л.** *разг.* do the dírty on smb.

подло́жный false

подломи́ться break (únder)

по́дл||ость méanness, báseness; **~ый** mean, base

подма́зать grease; oil *(жиром);* paint *(краской); перен. разг.* oil the wheels

подмасте́рье appréntice

подме́н||а substitútion; **~и́ть, ~я́ть** súbstitute *(for)*

подме||сти́, ~та́ть sweep

подме́тить just nótice

подмётк||а sole ◇ он в ~и ей не годи́тся *разг.* ≈ he can't hold a candle to her

подмеча́ть *см.* подме́тить

подмеша́ть, подме́шивать mix *(in);* dilúte

подми́г||ивать, ~ну́ть wink *(at)*

подмо́г||а *разг.* help; идти́ на ~у give *(или* lend) a hélping hand

подм||ока́ть, ~о́кнуть get slíghtly wet

подмор||а́живать, ~о́зить *безл.:* ~а́живает it is fréezing

подмо́стки 1. scáffolding *sg.* 2. *театр.* boards; stage *sg.*

подмо́ченный 1. a bit wet 2. *перен. (о репутации)* smirched

подмыва́ть, подмы́ть 1. *(ребёнка)* wash underné ath 2. *(берегá)* undermíne

подмы́шки árm-pits

поднево́льный 1. *(о человеке)* depéndent 2. *(о труде)* forced

поднести́ 1. *(принести)* bring 2. *(подарок и т. п.)* presént *(with)*

поднима́||ть *см.* подня́ть; **~ться** *см.* подня́ться ◇ у него́ рука́ не ~ется he can't bring himsélf *(to)*

поднов||и́ть, ~ля́ть rénovate

подно́жие 1. *(горы́)* foot 2. *(памятника)* pédestal

подно́жка step, fóotboard

подно́жный: ~ корм pásture, grass

подно́с tray

подноси́ть *см.* поднести́

подноше́ние presentátion

ПОД

подня́ть 1. lift; raise *(повысить)* 2. *(подобрать упавшее)* pick up ◇ **~ вопро́с** raise a quéstion; **~ крик** raise a cry; **~ на́ смех** hold up to rídicule; **~ ору́жие** take up arms; **~ трево́гу** raise the alárm; **~ нос** *разг.* give onesélf *(или* assúme) airs; **~ся** 1. rise; climb *(на гору);* go upstáirs *(по лестнице);* get up *(с постели)* 2. *(восстать)* revólt; rise

подоба́||ть become; befit; **~ющий** próper

подо́б||ие 1. *(сходство)* líkeness 2. *мат.* similárity; **~ный** símilar; я ничего́ ~ного не ви́дел I have néver seen ánything like it ◇ и тому́ ~ное *(сокр.* и т. п.*)* and so on, and so forth *(сокр.* etc.*)*

подобостра́ст||ие servílity; **~ный** sérvile

подобра́ть 1. *(поднять)* pick up 2. *(платье)* tuck up 3. *(найти подходящее)* sélect; pick out

подобра́ться *см.* подбира́ться

подогна́ть 1. urge on; húrry *(поторопить)* 2. *(приспособить)* adápt

подогну́ть bend (únder), tuck in

подогр||ева́ть, ~е́ть warm up

пододв||ига́ть, ~и́нуть push up *(to, against)*

пододе́яльник cótton case to cóver a blánket *(или* quilt)

подожда́ть wait *(for)*

подозва́ть call up; béckon *(жестом)*

подозр||ева́ть suspéct; **~е́ние** suspícion; **~и́тельный** 1. *(вызывающий подозрение)* suspícious 2. *(недоверчивый)* suspícious, místrustful

подо́йник mílk-pail

подой||ти́ 1. come up to, appróach 2. *(соответствовать)* fit; suit; do *(for);* э́то вам ~дёт this'll suit you

подоко́нник window-sill

подо́л hem *(of a skirt)*

подо́лгу *нареч.* long; for hours (days *или* months *etc.)*

подо́нки dregs; *перен. тж.* scum *sg.,* ríff-raff *sg;* **~ о́бщества** the dregs of society

подоплёка hídden mótive, underlýing réason

подорва́ть 1. *(взорвать)* blow up 2. *(здоровье, силы)* undermíne 3. *(доверие)* shake

подорожа́ть becóme déarer

подоро́жник *бот.* plántain

подосла́ть send for a púrpose

подоспе́ть *разг.* come in time

подостла́ть spread únder
подотде́л séction
подотчётный accóuntable *(to, for)*
подо́хнуть *(о животном)* die
подохо́дный: ~ нало́г income-tax
подо́шва 1. *(ноги́, боти́нка)* sole 2. *(горы́)* foot
подпада́ть *см.* подпа́сть
подпа́ивать *см.* подпои́ть
подпа́сть: ~ под чьё-л. влия́ние fall únder smb.'s ínfluence
подпева́ла yés-man
подпере́ть prop up; suppórt
подпи́л||ивать, ~и́ть saw *(пило́й);* file *(напи́льником)*
подпира́ть *см.* подпере́ть
подписа́ть sign; ~ся 1. sign 2. *(на что-л.)* subscríbe *(to)*
подпи́с||ка 1. subscríption 2. *(обяза́тельство)* engágement; ~но́й: ~но́й лист subscríption list; ~чик subscríber
подпи́сывать(ся) *см.* подписа́ть(ся)
по́дпись sígnature; за ~ю signed *(by)*
подпои́ть make típsy
подполко́вник lieuténant-cólonel
подпо́ль||е the únderground (organizátion); *(де́ятельность)* únderground work; рабо́тать в ~ do únderground work; ~ный únderground
подпо́рка prop
подпры́г||ивать, ~нуть jump up
подпус||ка́ть, ~ти́ть allów to appróach ◊ ~ти́ть шпи́льку *разг.* have a dig *(at)*
подража́||ние imitátion; ~ть imitate
подразде́л||е́ние 1. subdivísion 2. *воен.* subúnit; ~и́ть, ~я́ть subdivíde
подразумева́ть implý, mean; ~ся be implied
подраст||а́ть *см.* подрасти́; ~а́ющий: ~а́ющее поколе́ние the rísing generátion
подрасти́ grow up; *(о челове́ке тж.)* get a little ólder
подра́ться come to blows
подре́з||ать, ~а́ть cut, trim; prune *(ветви)*
подро́бн||о *нареч.* in détail; ~ость détail; ~ый détailed
подровня́ть trim
подро́сток téenager; júvenile, youth *(юноша);* young girl *(де́вушка)*
подруб||а́ть, ~и́ть *(подшива́ть)* hem
подру́га friend; pláymate *(де́тства)*
по-дру́жески *нареч.* in a fríendly way
подружи́ться make friends *(with)*
подру́чный *как сущ.* appréntice, assistant

подры́в undermíning *(тж. перен.)*
подрыва́ть I *см.* подорва́ть
подрыва́ть II *см.* подры́ть
подрывно́й *воен.* sápping; *перен.* undermíning, subvérsive
подры́ть dig the earth from benéath; déepen
подря́д I *нареч.* one áfter the óther; три дня ~ three days rúnning
подря́д II *сущ.* cóntract; ~чик contráctor
подса́живаться *см.* подсе́сть
подсве́чник cándlestick
подсе́сть sit down *(by)*
подск||а́зать, ~а́зывать prompt
подска́кивать, подскочи́ть 1. *(подпры́гивать)* jump up 2. *(подбега́ть к)* run up *(to)*
подслепова́тый wéak-síghted
подслу́ш||ать overhéar; ~ивать éavesdrop
подсма́тривать *см.* подсмотре́ть
подсме́иваться *(над кем-л.)* have a bit of fun *(at smb.'s expense)*
подсмотре́ть spy
подсне́жник snówdrop
подсо́бный subsídiary
подсо́вывать *см.* подсу́нуть
подсозна́тельный subcónscious
подсо́лнечн||ик súnflower; ~ый: ~ое ма́сло súnflower-seed oil
подсо́хнуть dry off a little
подспо́рье *разг.* help; служи́ть больши́м ~м be a great help
подста́в||ить 1. place *(under)* 2. *мат.* súbstitute ◊ ~ но́жку trip (up); ~ка stand; prop; ~ля́ть *см.* подста́вить
подставно́й false
подстака́нник gláss-hólder
подста́нция 1. substátion 2. *(телефо́нная)* lócal télephone exchánge
подстер||ега́ть be on the watch *(for);* lie in wait *(for);* ~е́чь catch
подст||ила́ть *см.* подостла́ть; ~и́лка 1. *(для спа́нья)* bédding 2. *(для скота́)* litter
подстра́ивать *см.* подстро́ить
подстрек||а́тель instigator; ~а́тельство instigátion; ~а́ть, ~ну́ть instigate
подстрели́ть wound (by a shot)
подстрига́ть(ся) *см.* подстри́чь(ся)
подстри́чь cut, trim; ~ся cut one's hair; have one's hair cut *(в парикма́херской)*
подстро́ить *разг.* arránge
подстро́чный: ~ перево́д wórd-for-wórd translátion

ПОД

подсту́п appróach; ~а́ть, ~и́ть appróach
подсуди́мый *сущ.* the accúsed; the deféndant
подсу́дн||ый: э́то ~ое де́ло it is a púnishable offénce; it is agáinst the law
подсу́нуть 1. put *(under)* 2. *разг. (всучить)* slip *(under)*, palm off
под||счёт calculátion; ~ голосо́в the count (at an eléction); ~счита́ть, ~счи́тывать count (up), cálculate; ~счи́тывать голоса́ count the votes
подсыла́ть *см.* подосла́ть
подсыха́ть *см.* подсо́хнуть
подта́лкивать *см.* подтолкну́ть
подтас||ова́ть, ~о́вывать garble, fake; ~о́вывать фа́кты give a garbled vérsion
подта́чивать *см.* подточи́ть
подтвер||ди́ть confírm; acknówledge *(получение)*; ~ди́ть(ся) be confírmed; ~жда́ть(ся) *см.* подтверди́ть(ся); ~жде́ние confirmátion; acknówledgement *(получение письма и т. п.)*
под||тере́ть, ~тира́ть mop up
подтолкну́ть *(кого-л.)* give smb. a shove *(тж. перен.)*
подточи́ть 1. shárpen up 2. eat awáy 3. *перен.* undermíne
подтру́н||ивать, ~и́ть tease; bánter
подтя́гивать(ся) *см.* подтяну́ть(ся)
подтя́жки bráces; suspénders *(амер.)*
подтяну́ть 1. pull up *(кверху)*; tíghten up *(тж. перен.)* 2. *(подпевать)* join in a cróoning song; ~ся 1. *(об отстающих)* catch up with the rest 2. *(подобраться)* brace onesélf up
поду́м||ать think; ~ывать think *(of, about)*
подучи́ть 1. *(урок и т. п.)* learn 2. *(обучить чему-л.)* teach
поду́шка píllow; cúshion *(диванная)*
подхали́м bóotlicker; sýcophant, tóady; ~ничать bóotlick, tóady, cringe; ~ство bóotlicking
подхвати́ть, подхва́тывать 1. take, catch up 2. *(песню)* join in a refráin
подхо́д 1. appróach 2. *(умение подойти)* méthod of appróach 3. *(точка зрения)* point of view; ~и́ть *см.* подойти́
подходя́щий súitable
подцепи́ть hook; *перен. разг.* pick up; catch *(болезнь и т. п.)*
подча́с *нареч.* now and agáin
подчёркивать, подчеркну́ть underlíne; *перен.* émphasize
подчин||е́ние 1. *(действие)* submíssion 2. *(состояние)* subordinátion;

ПОЖ

depéndence *(зависимость)*; ~ённый *прил. и как сущ.* subórdinate; súbject; ~и́ть subórdinate *(to)*; ~и́ться submít *(to)*; obéy *(повиноваться)*; ~я́ть(ся) *см.* подчини́ть(ся)
подшёфный únder the pátronage *(of)*
подшива́ть *см.* подши́ть
подши́пник *тех.* béaring
подши́ть 1. hem 2. *(бумаги к делу)* file
под||шути́ть, ~шу́чивать play a práctical joke *(on)*
подъе́зд porch, éntrance
подъезжа́ть *см.* подъе́хать
подъём 1. *(восхождение)* ascént 2. *(грузов и т. п.)* lífting 3. *(промышленности и т. п.)* bóosting; devélopment *(развитие)* 4. *(воодушевление)* enthúsiasm; úplift; animátion *(оживление)* 5. *(ноги)* ínstep ◇ он лёгок на ~ he is réady for ánything; он тяжёл на ~ he is hard to budge
подъёмн||ый: ~ кран crane; ~ая маши́на lift ◇ ~ые (де́ньги) trávelling allówance *sg.*
подъе́хать drive up *(to)*
подыма́ть(ся) *см.* подня́ть(ся)
подыска́ть find; seléct *(выбрать)*
поды́скивать look *(for)*, try to find
подыто́ж||ивать, ~ить sum up
подыша́ть breathe; ~ чи́стым во́здухом have *(или take)* a breath of fresh air
поеди́нок dúel
по́езд train
пое́здка jóurney; trip, óuting; excúrsion *(экскурсия)*
пое́сть have smth. to eat
пое́хать go; depárt *(отправиться)*
пожале́ть *см.* жале́ть
пожа́ловаться *см.* жа́ловаться
пожа́луй perháps, véry líkely
пожа́луйста *частица* 1. please; пе́йте чай, ~ have some tea, please 2. *(в ответ на «спасибо»)* not at all, that's nóthing
пожа́р fire; ~ный 1. *прил.* fire *attr.;* ~ная кома́нда fire-brigáde; ~ная маши́на fire-éngine 2. *как сущ.* fíreman
пожа́тие: ~ руки́ hándshake
пожа́ть I press; ~ ру́ку shake hands *(with)*, shake smb. by the hand ◇ ~ плеча́ми shrug one's shóulders
пожа́ть II *прям., перен.* reap; ~ плоды́ свои́х трудо́в reap the fruits of one's lábour
пожела́||ние wish; ~ть wish
пожертвова́||ние contribútion; ~ть sácrifice *(чем-л.)*

пожива́||ть: как вы ~ете? *разг.* how are you (gétting on)?
пожи́ться *разг.* prófit *(by)*
пожи́зненный life *attr.*, for life
пожило́й élderly
пожима́ть *см.* пожа́ть I
пожина́ть *см.* пожа́ть II
пожира́ть devóur *(тж. перен.)*
пожи́тк||и *разг.* belóngings; things *(вещи)* ◇ со все́ми ~ами with bag and bággage
по́за pose, áttitude
позабо́титься take care *(of)*; see *(to; о выполнении)*
поза́втракать (have) bréakfast *(о пе́рвом завтраке)*; (have) lunch *(о втором завтраке)*
позавчера́ *нареч.* the day befóre yésterday
позади́ *нареч. и предл.* behínd
запапро́шлый befóre last; ~ год the year befóre last
позва́ть call; send *(for; послать за кем-л.)*
позвол||е́ние permíssion; leave; с ва́шего ~е́ния with your permíssion; by your leave ◇ с ~е́ния сказа́ть *разг.* if I may say so; ~и́тельный permíssible
позво́л||ить, ~я́ть allów, permít
позвони́ть ring; ~ по телефо́ну télephone; ring up
позвоно́||к *анат.* vértebra; ~чник *анат.* spine, spínal cólumn; ~чные *сущ. зоол.* vértebrates; ~чный vértebral; ~чный столб *см.* позвоно́чник
по́зд||ний late; ~но 1. *нареч.* late 2. *предик. безл.* it is late
поздоро́ваться say "how do you do", greet *(smb.)*
поздра́в||ить congrátulate *(on)*; ~ле́ние congratulátion; ~ля́ть *см.* поздра́вить
поземе́льный land *attr.*; ~ нало́г lánd-tax
позицио́нн||ый: ~ая война́ trench wárfare
пози́ци||я *в разн. знач.* posítion; áttitude *(отношение)*; заня́ть ~ю take one's stand
познава́ть *см.* позна́ть
познако́мить acquáint *(with)*; introdúce *(to; представить)*; ~ся make smb.'s acquáintance *(с кем-л.)*; acquáint onesélf *(with; с чем-л.)*; рад с ва́ми ~ся glad to meet you
позна́||ние 1. *филос.* cognítion 2. *мн.:*
~ния *(сведения)* knówledge *sg.;* ~ть 1. get to know 2. *(горе и т. п.)* expérience
позоло́т||а gílding; ~и́ть gild
позо́р disgráce, shame; ínfamy; ~ить disgráce; ~ный shámeful, disgráceful
позы́в: ~ к рво́те féeling of náusea
поимённ||о *нареч.* by name; вызыва́ть ~ róll-call; ~ый: ~ый спи́сок list of names
по́иск||и search *sg.;* в ~ах in search *(of)*
пои́стине *нареч.* indéed, in truth
пои́ть give to drink; wáter *(скот)*
по́йло swill; hóg-wash *(для свиней)*
пойма́ть catch; ~ на ме́сте преступле́ния catch in the act; ~ на сло́ве take smb. at his word
пойти́ *см.* идти́ 1, 3, 4, 6, 7, 8; ему́ пошёл девя́тый год he is in his ninth year; пошёл вон! off with you!
пока́ 1. *союз (в то время, как)* while 2. *союз (до тех пор, пока)* until 3. *нареч.* for the présent; ~ что in the méanwhile ◇ ~! *разг.* so long!
пока́з show, demonstrátion
показа́ние 1. *юр.* deposítion; téstimony, évidence *(свидетельство)*; affidávit *(под присягой)* 2. *(термометра и т. п.)* réading
показа́тель 1. índex 2. *мат.* expónent; ~ный 1. *(характерный)* signíficant 2. *(для всеобщего ознакомления)* demonstrátion *attr.* 3. *(образцовый)* módel *attr.*
показа́ть 1. show; ~ лу́чшее вре́мя *спорт.* clock *(или* make) the best time 2. *юр.* bear wítness, téstify *(свидетельствовать)*; ~ под прися́гой téstify on oath
пока́з||аться 1. show onesélf 2. *безл.:* мне ~а́лось it seemed to me *(that)*
показно́й for show; *(после сущ.)* ostentátious
пока́зывать *см.* показа́ть; ~ся *см.* показа́ться 1
пока́т||ость declívity; slope *(скат)*; ~ый slóping
покача́ть rock; swing ◇ ~ голово́й shake one's head
пока́чивать rock (slíghtly); ~ся rock, stágger, tótter
покачну́ть shake; ~ся sway
покая́ние 1. conféssion 2. *(раскаяние)* repéntance
покая́ться 1. conféss 2. *(раскаяться)* repént
поквита́ться *разг.* be quits *(with)*
покида́ть, поки́нуть leave, abándon

поклáдистый complíant
поклáжа load; lúggage *(багаж);* freight *(груз)*
поклёп *разг.* false accusátion; slánder, cálumny
поклóн bow; передáть ~ give one's cómpliments *(to),* remémber one to *(smb.)*
поклонéние wórship
поклоня́ться bow
поклóнник admírer, wórshipper
поклоня́ться wórship
покля́сться swear
покóиться 1. rest *(on)* 2. *(об умершем)* lie
покóй I rest ◊ уйти́ на ~ retíre
покóй II *уст. (комната)* room, chámber ◊ приёмный ~ *(в больнице)* recéption room
покóйник the decéased
покóйн||ый I *(спокойный)* calm; quiet *(тихий)* ◊ ~ой нóчи! good night!
покóйный II 1. *прил. (умерший)* late 2. *как сущ.* the decéased
поколебáть shake, sháttter; ~ся wáver
поколéние generátion
поколотíть give a thráshing
покóнчить finish; ~ с чем-л. put an end to smth., do awáy with smth. ◊ ~ с собóй commít suícide
покор||éние subjugátion; *перен.* cónquest; ~и́ть subdúe, súbjugate; *перен.* cónquer; ~и́ться submít *(to);* give in *(уступить)*
покóрн||о *нареч.* submíssively, obédiently; ~ость submíssion, obédience; ~ый submíssive, obédient
покоробить(ся) *см.* корóбить(ся)
покоря́ть(ся) *см.* покори́ть(ся)
покóс 1. *(сенокос)* mówing, háymaking 2. *(луг)* a méadow which is béing mown
покосíться 1. *(о здании)* sink to one side 2. *(посмотреть искоса)* look askánce *(at)*
покрáжа *разг.* theft
покрáсить paint; dye *(ткань, волосы)*
покраснéть blush
покри́кивать shout *(at)*
покрóв cóver; *перен. тж.* shroud
покрови́тель pátron, protéctor; ~ственный pátronizing; ~ство pátronage, protéction; ~ствовать pátronize; protéct
покрóй cut
покрывá||ло cóunterpane *(на кровать);* veil *(вуаль);* ~ть(ся) *см.* покры́ть(ся)
покры́||тие *(долгов и т. п.)* discharge; páyment *(платёж);* ~ть 1. cóver; coat *(краской)* 2. *(долг и т. п.)* discharge; pay off; ~ться cóver onesélf
покры́шка 1. cóver 2. *авт.* týre, óuter cóver
покупáтель búyer, púrchaser; cústomer *(постоянный);* ~ный: ~ная спосóбность púrchasing pówer *(денег или населения)*
покупáть buy, púrchase
покýп||ка 1. búying 2. *(купленное)* púrchase; пойти́ за ~ками go shópping; ~нóй púrchase *attr.;* ~нáя ценá púrchase price
покуш||áться 1. attémpt; ~ на чью-л. жизнь make an attémpt on smb.'s life; ~ на самоубийство attémpt suícide 2. *(посягать)* encróach *(on);* ~éние 1. attémpt *(at);* ~éние на чью-л. жизнь attémpt upón smb.'s life 2. *(посягательство)* encróachment *(on, upon)*
пол I floor
пол II *биол.* sex
пол- *в сложных словах (половина)* half; полчасá half an hour; полкóмнаты half of the room; на полпути́ hálf-wáy
пол||á flap of coat ◊ из-под ~ы́ on the side *разг.*
полагá||ть think, believe, suppóse *(предполагать);* guess *(амер.);* ~ться 1. relý *(upon)* 2.: ~ется one is suppósed *(to);* не ~ется one is not suppósed *(to)* 3. *(причитаться)* be due *(to);* кáждому ~ется по 5 рублéй éveryone is to have five roubles
полáдить come to an understánding *(with)*
полгóда half a year; six months *pl.*
пóлдень noon
пóл||е 1. field 2. *(фон)* ground 3. *(книги и т. п.)* márgin 4. *мн.:* ~я́ *(шляпы)* brim *sg.* 5. *физ.* field; ~евóй field *attr.;* ~евы́е цветы́ wild flówers
полéзн||о *предик. безл.* it is úseful *(to);* ~ый úseful; good *(for);* héalthy *(для здоровья);* быть ~ым be of use *(to)*
полемизи́ровать pólemize, indúlge in polémics
полéм||ика cóntroversy; polémics, dispúte; ~и́ческий polémic(al), controvérsial
полéно log for the fire
полéсье márshy scrub
полёт flight; пилоти́руемые косми́ческие ~ы mánned space flights ◊ вид с пти́чьего ~а bird's-eye view

полете́ть 1. fly 2. *разг.* (*упасть*) fall down
по́лзать *см.* ползти́
полз||ко́м *нареч.* on all fours; crawling; **~ти́** creep, crawl; **~у́чий**: **~у́чие расте́ния** creepers
полива́ть *см.* поли́ть
поли́вка wátering; **~ у́лиц** wátering the streets
полиго́н *воен.* range
полигра́ф||и́ческий: **~и́ческая промы́шленность** prínting and públishing índustry; **~ия** polýgraphy
поликли́ника óut-patients' clínic, polyclínic
полиня́лый fáded, discóloured
поликя́ть fade
полир||ова́ть pólish; **~о́вка** pólish(ing)
политехни́ческий polytéchnic
поли́тика pólitics; pólicy; **ми́рная ~** peace pólicy, the pólicy of peace
полити́ческ||ий political ◇ **~ая эконо́мия** polítical ecónomy
поли́ть pour (*on*); wáter (*водой*)
полице́йский 1. *прил.* police *attr.* 2. *сущ.* políceman
поли́ция políce
поли́чн||ое: **пойма́ть с ~ым** catch réd-hánded
полк régiment
по́лка I shelf
по́лка II *с.-х.* wéeding
полко́вник cólonel
полково́дец géneral
полково́й regiméntal
полне́ть put on weight
полно́ *разг.* (*перестаньте*) enóugh; that will do! **~ ворча́ть!** stop that grúmbling!
полно́ *нареч. разг.*: **там ~ наро́ду** there are plénty of péople there; **у него́ ~ де́нег** he's got plénty of móney
полновла́стный sóvereign
полнокро́вный fúll-blóoded
полнолу́ние full moon
полномо́ч||ие pówer; plénary pówers *pl.*; **превы́сить ~ия** go beyónd one's commíssion; **дава́ть ~ия** empówer, commíssion; **~ный**: **~ный представи́тель** plenipoténtiary
полнопра́вный enjóying full rights
по́лностью *нареч.* complétely, útterly; in full (*подробно*)
полнота́ 1. compléteness (*цельность*) 2. (*человека*) stóutness, obésity (*чрезмерная*)

полноце́нный of full válue (*после сущ.*)
по́лночь mídnight
по́лн||ый 1. (*наполненный*) full; packed (*набитый*); **~ая таре́лка** a full plate 2. (*целый*, *весь*) compléte, tótal; **в ~ом соста́ве** in a bódy 3. (*абсолютный*) ábsolute; pérfect (*совершенный*) 4. (*о человеке*) stout; obése (*чрезмерно*)
полны́м-полно́ full (of); **в ко́мнате ~ наро́ду** the room is full of people
полови́к mat
полови́н||а half; **~ тре́тьего** half past two; **в ~е ию́ля** in the middle of Julý; **~ка** 1. half 2. (*створка двери и т. п.*) leaf; **~чатый** *перен.* cómpromise *attr.*; **~чатое реше́ние** a cómpromise decísion
полово́дье spring flood
полов||о́й I floor *attr.*; **~а́я тря́пка** hóuse-flánnel; **~а́я щётка** broom
полово́й II *биол.* séxual
по́лог (béd-)cúrtains *pl.*
поло́гий gently slóping
положе́н||ие 1. (*местоположение*) position, locátion 2. (*ситуация*) situátion; **быть на высоте́ ~ия** rise to the occásion 3. (*состояние*) condítion, state; **вое́нное ~** mártial law; **оса́дное ~** state of siege 4. (*тезис*) thésis 5. (*устав*) regulátions *pl.*; státutes *pl.*; **~ о вы́борах** eléction regulátions
поло́жим *вводн. сл.* (*допустим*) assúming that
положи́тельн||ый pósitive; **~ ответ** affírmative ánswer ◇ **~ая сте́пень сравне́ния** *грам.* pósitive degree
положи́ть put; place (*поместить*) ◇ **~ нача́ло чему́-л.** get smth. off the ground; **~ на му́зыку** set to músic; **~ за пра́вило** make it one's rule (*to*); **~ся** *см.* полага́ться 1
поло́зья rúnners
поло́мка bréakage
полоса́ 1. strip, piece (*материи*, *бумаги*); bar (*железа*) 2. (*область*) région, zone 3. (*период времени*) períod (*of*)
полоса́тый striped
полоска́||ние 1. (*действие*) rínsing; gárgling (*горла*) 2. (*жидкость*) móuth-wash; gargle (*для горла*); **~тельница** slóp-basin; **~ть** rinse (*бельё*, *посуду*, *рот*); gargle (*горло*); **~ться** 1. (*плескаться в воде*) splash abóut 2. (*от ветра*) flap
по́лость *анат.* cávity

полоте́нце towel; посу́дное ~ dish-cloth, dish towel
полотёр floor-polisher
полотни́ще breadth (of cloth)
полотн||о́ 1. linen 2.: железнодоро́жное ~ railway bed, permanent way; ~я́ный linen *attr.*
полы́нь weed
полтора́ one and a half; ~ста́ a hundred and fifty
полуботи́нки lacing (*или* walking) shoes
полугод||ие half-year; six months *pl.*; ~и́чный half-yearly, semi-annual
полугодова́лый six months old, half-year-old
полуго́лый half-naked
полугра́мотный semi-literate
полу́денный midday *attr.*
полукру́г semicircle; ~лый semicircular
полуме́ра half measure
полумёртвый half-dead; more dead than alive (*от страха*)
полуме́сяц half-moon; crescent (*серп*)
полумра́к semi-darkness
полуно́чный midnight *attr.*
полуоборо́т half-turn
полуо́стров peninsula
полуоткры́тый half-open; ajar (*о двери*)
полусо́нный half asleep
полуста́нок request halt; flag-station (*амер.*)
полутьма́ *см.* полумра́к
полуфабрика́т half-finished product
получ||а́тель (*адресат*) addressee; ~а́ть(ся) *см.* получи́ть(ся); ~е́ние receipt; подтверди́ть ~е́ние acknowledge the receipt
получи́||ть receive; get; obtain (*добыть*); ~ по заслу́гам get one's deserts; ~ться (*оказаться*) come out; результа́ты ~лись блестя́щие the results exceeded all expectations; из э́того ничего́ не ~лось nothing came of it
получка *разг.* 1. (*зарплата*) pay (-packet) 2. (*выдача зарплаты*) pay-day
полуша́рие hemisphere
полушу́бок half-length (sheepskin) coat
полцены́: за ~ at half-price
полчаса́ half an hour
по́лчище horde(s); *перен.* thousands *pl.*; masses *pl.*
пол||ый 1. (*пустой*) hollow 2.: ~ая вода́ high water in spring; spring flood
полы́нь wormwood

по́льз||а use; profit (*выгода*); в ~у кого́-л. in smb.'s favour
по́льзование use
по́льзоваться make use (*of*); profit (*by*; извлека́ть вы́году); ~ креди́том have credit; ~ отсу́тствием кого́-л. take advantage of smb.'s absence; ~ слу́чаем take an opportunity; ~ уваже́нием enjoy (*или* be held in) respect
по́лька I Pole
по́лька II (*танец*) polka
по́льский Polish: ~ язы́к Polish, the Polish language
польсти́ть flatter; ~ся be tempted (*by*)
полюби́ть 1. get (*или* come) to like 2. (*влюбиться*) fall in love (*with*)
полюбо́вн||ый amicable, friendly; ~ое соглаше́ние a settlement out of court (*или* by agreement)
по́люс pole
поля́к Pole
поля́на glade
поляриза́ция polarization
поля́рн||ый arctic, polar; ~ое сия́ние Aurora Borealis
пома́да pomade; губна́я ~ lipstick
помазо́к (little) brush
помале́ньку *нареч. разг.* little by little
пома́лкивать hold one's tongue
пома́рка blot
помаха́ть wave; ~ руко́й give a wave
пома́хивать swing
поменя́ть(ся) *см.* меня́ть(ся)
поме́рить *см.* ме́рить 2
поме́риться: ~ си́лами с кем-л. measure swords with smb.
поме́ркнуть grow dim
помести́тельный roomy; spacious (*просторный*)
помести́ть 1. place; ~ статью́ get an article placed 2. (*поселить*) accommodate 3. (*капитал*) invest; ~ся 1. (*устроиться*) settle down, lodge 2. (*уместиться*) find room (*for; о людях*); go in (*о вещах*)
поме́стье estate; patrimony (*родовое, наследственное*)
по́месь crossbreed, hybrid
помеся́чн||о *нареч.* once a month; per month; ~ый monthly
помёт I dung, excrement; droppings *pl.*
помёт II (*выводок*) litter, brood; farrow (*поросят*)
поме́т||ить mark; ~ число́ date; ~ка mark, note
поме́х||а hindrance; obstacle (*препят-*

ствие); служи́ть ~ой stand in the way *(of)*

помеча́ть *см.* поме́тить

поме́ш||анный 1. *прил.* crázy 2. *как сущ.* mádman; ~а́тельство cráziness; insánity *(безумие)*

помеша́ть I *(размешать)* stir

помеша́ть II *(воспрепятствовать)* prevént *(from);* distúrb *(побеспокоить)*

помеша́ться go mad; *перен.* be mad *(on, about)*

поме́шивать stir slówly

помещ||а́ть *см.* помести́ть; ~а́ться 1. *см.* помести́ться 2. *(находиться)* be; be situated *(in);* ~е́ние 1. *(действие)* locátion; invéstment *(капитала)* 2. lódging *(квартира);* prémises *pl. (для учреждения и т. п.)*

помещи||к lándowner; ~ца lánd-owning lády; ~чий lánd-owner's; ~чий дом mánor-house

помидо́р tomáto

поми́лова||ние fórgiveness, párdon; ~ть show mércy, éxercise clémency

поми́мо *предл.* 1. *(сверх)* besídes 2. *(без участия кого-л.)* apárt from *(smb.);* всё соверши́лось ~ меня́ I have had nóthing to do with this

поми́н: лёгок на ~е *разг.* ≃ talk of the dévil (and he is sure to appéar)

помин||а́ть *см.* помяну́ть ◇ ~а́й как зва́ли *разг.* he (she *etc.)* has vánished into thin air; не ~ ли́хом *разг.* think kíndly of smb.

помину́тно *нареч.* évery móment *(или* minute)

помири́ть réconcile *(with);* ~ся make it up *(с кем-л. — with);* be réconciled *(с чем-л. — to)*

по́мнить remémber; bear *(или* keep) in mind

помн||ожа́ть, ~о́жить múltiply *(by)*

помога́ть *см.* помо́чь

по-мо́ему *нареч.* 1. *(по моему мнению)* as I think, in my opínion, to my mind 2. *(по моему желанию)* as I want; as I would like

помо́||и dish *(или* waste) wáter *sg.;* slops ◇ обли́ть кого́-л. ~ями *разг.* fling mud at smb.

помо́йн||ый: ~ая я́ма céssрit; ~ое ведро́ sló́р-рail

помо́л grínding

помо́лвка engágement; betróthal

помолоде́ть look yóunger

помо́ст plátform, scáffold

помо́чь help; assíst; rénder aid

помо́щник assístant

по́мощ||ь help, assístance; aid; пе́рвая ~ first aid; пода́ть ру́ку ~и lend a hélping hand; при ~и, с ~ью with the help of; без посторо́нней ~и únassisted

по́мпа I *(насос)* pump

по́мпа II *(пышность)* pomp, state

помутне́ние clóuding

помча́ться dart off

помыка́ть *(кем-л.)* órder *(smb.)* abóut

по́мысел thought *(мысль);* design, inténtion *(намерение)*

помяну́ть make méntion *(of);* ~ до́брым сло́вом *разг.* speak well *(of)*

помя́||тый crúmpled; ~ть crúmple

понаде́яться pin one's hope *(на кого-л. — on;* на что-л. — upón)

пона́добит||ься: мне э́то мо́жет ~ I may be in need of it; е́сли ~ся if nécessary

понапра́сну *нареч.* in vain; for nóthing *(зря)*

понаслы́шке by héarsay

по-настоя́щему *нареч.* próperly; trúly *(сильно)*

по-на́шему *нареч.* 1. *(по нашему мнению)* as we think, in our opínion, to our mind 2. *(по нашему желанию)* as we want; as we would like

понево́ле *нареч.* agáinst one's will *(против воли);* ≃ needs must when the dévil drives

понеде́льник Mónday

понемно́||гу, ~жку *нареч.* little by little

понести́ *см.* нести́ I 1, 2; ~сь *см.* нести́сь I

понижа́ть(ся) *см.* пони́зить(ся)

пониже́ние drop, fall; ~ цен fall in príces; ~ в до́лжности demótion

пони́зить lówer; ~ся fall, drop

поника́ть, пони́кнуть droop; wilt *(о растениях);* пони́кнуть голово́й hang one's head

понима́||ние understánding, comprehénsion; ~ть *см.* поня́ть

по-но́вому *нареч.* in a new fáshion; нача́ть жить ~ begin a new life

поно́с diarrhóea

поноси́ть I *(некоторое время)* 1. cárry (for a while) 2. *(платье)* wear (for a while)

поноси́ть II *(бранить)* abúse

поно́шенный shábby, thréadbare

понра́ви||ться catch the fáncy *(of);* пье́са мне ~лась I liked the play

193

ПОН

понто́нный: ~ мост pontóon bridge
пону́||дить, ~жда́ть compél; ~жде́ние compúlsion
понука́ть urge on
пону́р||ить: ~ го́лову hang one's head; ~ый dówncast
поню́хать см. ню́хать
поня́т||ие 1. idéa, nótion 2. филос. concéption, cóncept; ~ливый quick, bright; ~но 1. нареч. cléarly 2. предик. безл. it is clear; ~ный intélligible; clear (ясный)
поня́ть understánd; comprehénd (постичь); réalize (осознать)
пообе́дать eat (или have) dínner
пообеща́ть prómise
пода́ль нареч. fúrther off (или awáy)
поодино́чке нареч. one by one, one at a time
поочерёдно нареч. in turn, by turns, singly
поощр||е́ние encouragement, stimulátion; ~и́ть, ~я́ть encourage, stímulate
попада́||ние (в цель) scóring a hit; ~ть(ся) см. попа́сть(ся)
попа́рно нареч. in pairs, in twos
попа́||сть 1. get; catch (на поезд и т. п.); chance to find onesélf (очутиться); ~ за грани́цу chance to find onesélf abróad 2. (в цель) hit ◇ мне ~дёт I'll get a scólding; как ~ло́ any old how; ~сться be caught; ~сться на у́дочку take (или swállow) the bait
поперёк нареч. и предл. acróss; он стои́т ~ доро́ги he blocks smb.'s way ◇ стать ~ го́рла кому́-л. stick in smb.'s gúllet
попереме́нно нареч. altérnately
попере́чн||ик díameter; ~ый diamétrical; ~ое сече́ние мат. cróss--séction ◇ ка́ждый встре́чный и ~ый разг. ánybody and éverybody
попече́н||ие care; быть на ~ии be in (или left to) smb.'s care
попира́ть trample (on); перен. defý; ~ права́ víolate the rights (of)
поплаво́к float
попла́кать shed a few tears
поплати́ться (have to) pay (for)
попо́йка drínking órgy
попола́м нареч. in two, in half; fífty-fífty ◇ с грехо́м ~ só-so
поползнове́ние faint (или feeble) éffort
пополне́ние в разн. знач. reinfórcement; replénishment

ПОР

попо́лн||ить, ~я́ть 1. fill (up); replénish 2. воен. get reinfórcements
пополу́дни нареч. in the afternóon
пополу́ночи нареч. áfter mídnight
попо́на hórse-blanket
попра́в||ить 1. (починить) repáir, mend 2. (ошибку и т. п.) corréct 3. (привести в порядок) put straight, réadjúst; ~ причёску smooth one's hair; ~иться 1. get well, recóver; gain weight (пополнеть) 2. (о делах) impróve; ~ка 1. (здоровья и т. п.) recóvery 2. (исправление) corréction; améndment (к закону и т. п.); ~ля́ть(ся) см. попра́вить(ся)
попра́ть см. попира́ть
по-пре́жнему нареч. as befóre; as úsual (как всегда)
попрека́ть upbráid
попрёки nágging sg.
попрекну́ть см. попрека́ть
по́прище field; walk of life; на э́том ~ in this walk of life
попро́бовать см. про́бовать
попроси́ть см. проси́ть
по́просту нареч. разг. símply, without céremony
попроша́||йка béggar; ~ничать beg
попуга́й párrot
популя́рн||ость populárity; ~ый pópular
попусти́тельство connívance; ~вать connive (at)
по́пусту нареч. разг. in vain
попу́т||но нареч. in pássing, on one's way; at the same time (в то же время); ~ный pássing; ~ный ве́тер fair wind; ~чик féllow-tráveller
попыта́ть: ~ сча́стья try one's luck; ~ся try
попы́тка attémpt
попя́тный: идти́ на ~ разг. go back upón one's word
по́ра pore
пор||а́ 1. time; séason (сезон) 2. предик. безл. it is time; давно́ ~ it is high time ◇ до ~ы́ до вре́мени for a cértain time; до каки́х пор? how long?; с каки́х пор? since when?; до сих пор so far; up to now (о времени); up to here (о месте); на пе́рвых ~а́х at first; с неда́вних пор since recently
порабо||ти́ть, ~ща́ть ensláve; ~ще́ние enslávement
поравня́ться draw lével (with)
поря́довать(ся) см. ра́довать(ся)
поража́ть(ся) см. порази́ть(ся)

поражёние deféat ◊ ~ в правáх disfránchisement

пораз||ительный stríking; ~ить 1. strike; deféat *(неприятеля)*; hit *(о пуле)* 2. *(удивить)* strike; ~иться be surprísed

порáнить wound

порáньше *нареч.* a bit éarlier

порвáть 1. tear 2. *(с кем-л.)* break *(with)*

порéз cut; ~ать cut; ~аться cut onesélf

пóристый pórous

порицá||ние blame, repróach; обществéнное ~ públic cénsure; ~ть blame, repróach

пóровну *нареч.* équally, in équal parts

порóг 1. thréshold 2. *(речной)* weir; rápids *pl.*

порóда I *с.-х.* breed; *перен.* kind

порóда II *геол.* rock

породистый pédigree *attr.*, púre-bred *(о скоте, собаке)*

породить give birth *(to)*; *перен.* give rise *(to)*

породниться becóme reláted to by márriage

порождáть *см.* породить

порóжний *разг.* empty

пóрознь *нареч.* séparately

порóй *нареч.* now and then

порóк vice; deféct *(недостаток)*; ~ сéрдца *мед.* válvular diséase of the heart

поросёнок súcking-pig

пóросль young growth

порóть I *(сечь)* flog, whip

порóть II *(распарывать)* úndó; únpíck ◊ ~ горячку *разг.* be in a frántic húrry; ~ чушь *разг.* talk rot

пóрох (gun)powder ◊ он ~а не выдумает *разг.* he won't set the Thames on fire; ~овóй pówder *attr.*; ~овóй склад pówder-magazine

порóчный vícious, depráved

порошóк pówder; зубнóй ~ tóoth-powder

порт port, hárbour *(гавань)*

портативный pórtable

портвéйн port

пóртить spoil; dámage *(повреждать)*; corrúpt *(развращать)*; ~ся go bad; rot *(гнить)*; decáy *(о зубах)*

портн||иха dréssmaker; ~óй táilor

портóвый port *attr.*; ~ гóрод séaport

портрéт pórtrait, pícture

портсигáр cigarétte-case

португá||лец Portuguése; ~льский Portuguése; ~льский язык Portuguése, the Portuguése lánguage

портфéль bag, brief-case; portfólio *(тж. министерский)*

портьéра drápery, cúrtain; hángings *pl.*

портянка fóot-cloth

порýганный óutraged

поругáться quárrel *(with)*

порýк||а bail; guarantée *(гарантия)*; на ~и on bail

по-рýсски *нареч.* in Rússian; Rússian; говорить ~ speak Rússian; это написано ~ it is written in Rússian

поруч||áть *см.* поручить; ~éние commíssion; méssage *(устное)*; míssion *(миссия)*; ~ить 1.: ~ить комý-л. сдéлать что-л. set smb. to do smth. 2. *(доверить)* entrúst

поручиться vouch *(for)*

порхáть flit, flútter; fly abóut

пóрци||я pórtion; hélping *(кушанья)*; две ~и салáта sálad for two sg.

пóрча spóiling; dámage *(повреждение)*

пóршень *тех.* píston

порыв 1. *(ветра и т. п.)* gust 2. *(о чувстве)* súdden lónging; óutburst

порывáть *см.* порвáть 2

порывáться try, endéavour

порывист||ый gústy *(о ветре)*; impétuous *(о человеке)*; ~ые движéния jérky móvements

порядков||ый: ~ое числительное *грам.* órdinal númeral

поряд||ок в разн. знач. órder; по ~ку one áfter anóther ◊ ~ дня *(на повестке)* agénda, órder of the day; слóво к ~ку ведéния собрáния spéaking to a point of órder; в обязáтельном ~ке withóut fail; в спéшном ~ке in haste; всё в ~ке éverything is all right; не в ~ке out of órder; это в ~ке вещéй it is quite nátural

порядочн||о *нареч.* 1. *(изрядно)* fáirly, ráther, much 2. *(довольно много)* fair amóunt *(of)* 3. *(честно)* hónestly, décently; ~ость hónesty, décency; ~ый 1. hónest *(честный)*; décent *(приличный)* 2. *(довольно большой)* considerable

посадить 1. *(растение)* plant 2. *(усадить)* ask to sit down; seat 3. *(в тюрьму)* *разг.* put in jug

посáдк||а 1. *(деревьев и т. п.)* plánting 2. *(на пароход, самолёт, поезд)* bóarding 3. *ав.* lánding; совершить ~у land

посáдочн||ый *ав.* lánding; ~ая площáдка lánding ground

посветить *(кому-л.)* hold the light *(for)*; light the way *(for)*
посвистывать whistle
по-своему *нареч.* in one's own way
посвя||тить, ~щать 1. devóte 2. *(книгу)* dédicate 3. *(в тайну и т. п.)* let into *(a secret etc.)*; ~щение 1. *(в книге)* dedicátion 2. *(в тайну и т. п.)* initiátion *(into)*
посев 1. *(действие)* sówing 2. *(посеянное)* crops *pl.*; ~ной sówing; ~ная площадь sown área, área únder grain
поседеть turn grey
поселён||ец séttler; ~ие *(посёлок)* séttlement
поселить 1. settle 2. *(недоверие и т. n.)* cause, rouse; ~ся settle
посёлок séttlement
поселять(ся) *см.* поселить(ся)
посети||тель vísitor; guest *(гость)*; частый ~ a fréquent vísitor; ~ть *см.* посещать
посещ||аемость *(лекций и т. п.)* atténdance; ~ать vísit; call on; atténd *(лекции и т. п.)*; ~ение vísit; atténdance *(лекций и т. п.)*
посеять sow
посильный withín one's pówers *(после сущ.)*
посинеть turn blue
поскользнуться slip
поскольку *союз* so far as, since
посланец méssenger, énvoy
послание méssage
посланник énvoy
послать send; dispátch; ~ кого-л. за чем-л. *(или* с каким-л. поручением) send smb. on an érrand; ~ телеграмму send a télegram; ~ по почте mail, post; ~ привет send one's best wíshes *(или* one's regárds)
после 1. *нареч.* áfterwards; láter on *(позже)* 2. *предл.* áfter; он пришёл ~ всех he came last; ~ этого áfter that
послевоенный póst-wár
последн||ий 1. last; látter *(из упомянутых)*; в ~ раз for the last time 2. *(самый новый)* new, the látest; ~ие события the látest devélopments
последователь fóllower; ~ный 1. succéssive 2. consistent; lógical
последовать fóllow
последствие cónsequence
последующий fóllowing; next *(следующий)*

послезавтра *нареч.* the day áfter tomórrow
послеобеденный áfter-dinner *attr.*; ~ сон siésta
послесловие épilogue
пословица próverb
послужить serve for a cértain time; ~ примером serve as an exámple
послужной: ~ список sérvice récord
послушание obédience
послушать(ся) *см.* слушать(ся)
послушный obédient
послыша||ться be heard; мне ~лось I thought I heard
посматривать glance at from time to time
посмеиваться chuckle
посмертный pósthumous
посметь dare; vénture *(отважиться)*
посмешище láughing-stock
посмеяться *см.* смеяться
посмотреть look *(at)*; gaze *(at; пристально)*
пособие 1. bénefit 2. *(учебник)* téxtbook
пособник accómplice
посол ambássador
посолить salt
посольство émbassy
поспать get some sleep
поспевать I *см.* поспеть I
поспевать II 1. *см.* поспеть II 2. *разг. (за кем-л.)* keep up (in step) *(with)*
поспеть I *(созреть)* rípen
поспеть II *разг.* be in time; не ~ be late; ~ на поезд catch one's train; не ~ к поезду miss one's train
поспешить be in a húrry
поспешн||о *нареч.* prómptly, hástily; húrriedly *(торопливо)*; ~ый 1. prompt, hásty; húrried *(торопливый)* 2. *(необдуманный)* rash
посреди *предл., нареч.* in the middle of
посредине *нареч.* in the middle
посредн||ик médiator; ~ичество mediátion
посредственн||ость mediócrity; ~ый médiocre; satisfáctory *(об отметке)*
посредством *предл.* by means of
поссорить(ся) quárrel
пост post, job; занимать ~ hold a post
поставить 1. put, place; put up; eréct *(памятник)* 2. *театр.* prodúce, stage, put on 3. *(в картах)* stake ◇ ~ себе за правило make it one's rule (to + *inf.*); ~ часы set a watch; ~ кого-л. на колени

force smb. on to his knees; ~ на вид réprimand

постав||ка delivery; supply(ing); **~лять** supply; **~щик** supplier

постанов́ить 1. decrée 2. *(решить)* decíde

постано́вка 1. *(дела и т. п.)* organizátion 2. *театр.* stáging, prodúction 3.: ~ го́лоса voice tráining

постановл||е́ние 1. *(общего собрания)* resolútion 2. *(решение)* decísion 3. *(распоряжение)* decrée; **~я́ть** *см.* постанови́ть

постара́ться try

постаре́ть grow old, age

по-ста́рому *нареч.* as befóre; as of old

посте́ль bed; **~ный** bed *attr.*; **~ные** принадле́жности bédding *sg.*; **~ный** режи́м kéeping one's bed

постепе́нн||о *нареч.* grádually, little by little; **~ый** grádual

постига́ть, **пости́гнуть** *см.* пости́чь

постила́ть *см.* постла́ть

пости́чь grasp, comprehénd

постла́ть spread; **~ посте́ль** get a bed réady

по́стн||ый lénten ◊ **~ое ма́сло** végetable oil

посто́й *воен.* billeting

посто́льку *союз* in so far as; **~ поско́льку** so far as

посторони́ться step asíde

посторо́нн||ий 1. *прил.* strange, fóreign 2. *как сущ.* stránger, óutsider; **~им** вход воспрещён no admíttance

постоя́нн||о *нареч.* cónstantly; **~ый** cónstant; pérmanent; **~ый а́дрес** pérmanent addréss

постоя́нство cónstancy

постоя́ть: **~ за себя́** stand up for onesélf

пострада́вший *как сущ.* víctim

пострада́ть 1. súffer *(from — от чего--л.)* 2. súffer *(for — за что-л.)*

постр||ое́ние 1. constrúction 2. *воен.* formátion; **~о́ить** 1. build, constrúct 2. *воен.* form, draw up; **~о́иться** *воен.* form; draw up *(in)*; **~о́йка** búilding

постро́мка trace

поступа́тельный progréssive

поступ||а́ть, **~и́ть** 1. act; do 2. *(обходиться)* treat; deal *(with)* 3. *(зачисляться, вступать)* énter; join 4. *(о заявлении и т. п.)* be recéived

поступи́ться waive; forgó

поступле́ние 1. *(куда-л.)* éntering; jóining *(в какую-л. организацию)* 2. *(доходов, налогов)* recéiving; recéipt

посту́пок deed, áction

по́ступь step

постуча́ть(ся) knock *(at)*

посты́дный shámeful

посу́д||а díshes *pl.*; **~ный**: **~ный шкаф** cúpboard

посчастли́ви||ться *безл.*: мне, ему́ **~лось** I, he was lúcky (enóugh) *(to)*

посчита́||ться 1. *см.* счита́ться 1 2. *(с кем-л.)* be quits *(with)*, be éven *(with)*; я с ним **~юсь** I shall get éven with him

посыла́ть *см.* посла́ть

посы́лка 1. *(действие)* sénding 2. *(пакет)* párcel

посы́льный *сущ.* méssenger

посы́п||ать, **~а́ть** pówder; strew; sprínkle

посяг||а́тельство encróachment *(upon)*; **~а́ть**, **~ну́ть** encróach *(upon)*

пот sweat, perspirátion

потайно́й sécret

потака́ть indúlge, give way *(to)*

потасо́вка *разг.* brawl, fight

по-тво́ему *нареч.* 1. *(по твоему мнению)* in your opínion; to your mind 2. *(по твоему желанию)* as you want; as you would have it; пусть бу́дет **~** let's have it your own way

потво́рствовать connive *(at)*

потёмки the dark *sg.*

потемне́ть grow dark

потепле́ть grow wármer

потерпе́ть *см.* терпе́ть

потер||я́ 1. loss; waste *(времени, денег и т. п.)* 2. мн.: **~и** *воен.* cásualties; **~я́ть** lose; **~я́ть из ви́ду** lose sight *(of)*; **~я́ть вре́мя** waste time; **~я́ться** 1. get lost 2. *(растеряться)* be at a loss

потесни́ться make room

поте́ть sweat; perspíre; **~ (над)** *разг.* sweat *(at)*

поте́ха fun

поте́шный fúnny, amúsing

потира́ть rub

потихо́ньку *нареч.* 1. *(бесшумно)* nóiselessly, sílently 2. *(тайком)* sécretly, by stealth 3. *(медленно)* slówly

по́тн||ый swéaty; damp with perspirátion; **~ые ру́ки** clámmy hands

по-това́рищески *нареч.* as a cómrade

пото́к flow, stream, tórrent; **~ слов** stream *(или* flood*)* of words

потоло́к céiling *(тж. ав.)*

потолсте́ть grow fat *(или* stout*)*

ПОТ

потóм *нареч.* áfterwards *(после);* then *(затем)*
потóм||**ок** descéndant, óffspring; ~ство postérity
потомý 1. *нареч.* that's why 2. *союз:* ~ что becáuse, for
потонýть get drowned; sink *(о судне)*
потóп déluge; flood *(наводнение)*
потопи́ть *(судно)* sink
потреб||**и́тель** consúmer; ~ле́ние consúmption; ~ля́ть consúme
потрéб||**ность** requírements *pl.*, need; demánd *(спрос);* ~овать *см.* трéбовать
потрёпанный worn; shábby
потрéскаться crack; chap *(о коже)*
потрéскивать crackle
потро||**хá** pluck *sg.;* ~ши́ть disembówel; draw *(о птице)*
потруди́||**ться** *см.* труди́ться; он дáже не ~лся he didn't éven take the trouble
потряс||**áть** *см.* потрясти́; ~ орýжием brándish arms; ~а́ющий terrífic, stúnning; treméndous; ~éние shock; ~ти́ 1. shake 2. *(поразить)* shock, astóund
потýги *(родовые)* lábour *sg.;* перен. vain attémpts
потупи́ть: ~ взор cast down one's eyes
потускнéть *см.* тускнéть
потухáть, потýхнуть go out
потуши́ть I, II *см.* туши́ть I, II
потя́гиваться *см.* потянýться 1
потяну́||**ть** 1. pull *(at, by)* 2. *(весить)* weigh 3. *безл. (повлечь):* егó ~ло домóй he was hómesick
потянýться 1. stretch onesélf 2. *(за чем-л.)* reach out *(for)*
поумнéть grow wíser
поучи́тельный instrúctive
похвал||**á** praise; ~и́ть praise; ~и́ться boast *(of)*
похвáльный práiseworthy ◇ ~ лист testimónial
похвáстать(ся) boast *(of),* brag *(about)*
похи́||**тить,** ~**щáть** steal; kídnap *(человека);* ~**щéние** theft; kídnapping *(человека)*
похлёбка *разг.* (thick) soup
похлóп||**ать,** ~**ывать** pat; ~ по плечý tap on a shóulder
похмéлье the mórning-áfter; hángover *(амер.)*
похóд *воен.* campáign; выступить в ~ set out, take the field
походи́ть *(напоминать)* look like; resémble
похóдка walk, gait

ПОЧ

похóдн||**ый:** ~ поря́док márching órder; ~ая кýхня field kítchen; ~ая кровáть cámp-bed, fólding bed
похождéние advénture
похóжий símilar, resémbling, like
похор||**они́ть** búry; ~**óнное** fúneral; ~**óнное бюрó** úndertaker's óffice; ~**óнный марш** fúneral march
пóхороны búrial *sg.,* fúneral *sg.*
пóхоть lust
похудéть grow thin
поцеловáть(ся) kiss
поцелýй kiss
пóчва soil; ground *(тж. перен.)*
почём *нареч. разг.* *(по какой цене)* how much?; ~ молокó? how much is milk? ◇ ~ я знáю? how on earth should I know?
почемý *нареч.* why; вот ~ that is why
почемý-либо *нареч.* for some réason or óther
пóчерк hand(writing); имéть хорóший ~ write a good hand
почернéть turn black
почерпнýть deríve *(from);* ~ знáния из книг deríve knówledge from books
почесáть(ся) *см.* чесáть(ся)
пóчесть hónour
почёт hónour; óрден «Знак Почёта» the Badge of Hónour; ~ный 1. hónourable 2. *офиц.* hónorary; ~ное звáние hónorary títle; ~ член hónorary mémber 3.: ~ное мéсто place of hónour; ~ный караýл guard of hónour
почи́н inítiative
почини́ть repáir; mend *(обувь, одежду)*
почи́н||**ка** repáiring; ménding *(обуви, одежды);* ~**я́ть** *см.* починить
почитáние hónouring; respéct, estéem *(уважение)*
почитáть I *(чтить)* hónour; estéem, respéct; wórship
почитáть II *см.* читáть
почи́ть: ~ на лáврах rest on one's láurels
пóчка I *бот.* bud
пóчка II *анат.* kídney
пóчт||**а** 1. post 2. *(корреспонденция)* mail; ~**альóн** póstman; ~**áмт** head póst-office
почтéн||**ие** respéct; ~**ный** hónourable; vénerable *(о возрасте)*
почти́ *нареч.* álmost, néarly
почти́тельн||**ый** respéctful; на ~ом расстоя́нии at a respéctful dístance; at arm's length
почти́ть hónour *(by);* ~ чью-л. пáмять

198

вставанием stand up in hónour of smb.'s mémory

почто́в||ый post *attr.*; póstal; ~ я́щик létter-box; ~ая откры́тка póstcard; ~ по́езд mail train

почу́вствовать feel

почу́ди||ться seem; мне ~лось, что I had the impréssion that

пошатну́ть shake; ~ся stágger; lean on one side *(накрениться набок)*; break down, give way *(о здоровье)*

поши́в||ка séwing; ~о́чный séwing *attr.*; ~о́чная мастерска́я séwing-shop

по́шлина dúty; cústoms *pl.*

по́шл||ость banálity, plátitude; ~ый cómmonplace; platitúdinous

поштучный by the piece *(после сущ.)*

пощад||а mércy; ~и́ть spare; have mércy *(upon)*

пощёчина slap in the face *(тж. перен.)*; box on the ear

пощу́пать *см.* щу́пать

поэ́зия póetry

поэ́ма póem

поэ́т póet; ~и́ческий poétic

поэ́тому *нареч.* thérefore, that is why

появ||и́ться appéar; emérge *(на пове́рхности)*; ~ле́ние appéarance; ~ля́ться *см.* появи́ться

по́яс 1. belt, girdle; по ~ wáist-déep, wáist-hígh 2. *геогр.* zone

пояс||не́ние explanátion; ~и́тельный explánatory; ~и́ть expláin

поясни́ца small of the back

поясня́ть *см.* поясни́ть

праба́бушка gréat-grándmother

пра́вд||а truth; э́то ~ that's true ◇ всеми ~ами и непра́вдами by hook or by crook; ~и́вый trúthful

правдоподо́бный líkely; próbable *(возможный)*

пра́вил||о rule; как ~ as a rule; ~а у́личного движе́ния tráffic regulátions

пра́вильн||о 1. *нареч.* corréctly *(без ошибок)* 2. *предик. безл.* it is corréct; э́то ~! that's right!; ~ый right; corréct *(без ошибок)*

прави́тельственный góvernment *attr.*; governméntal

прави́тельство góvernment

пра́вить 1. góvern, rule 2. *(лошадьми, автомобилем)* drive

правле́ние 1. góvernment 2. *(учреждение)* administrátion, mánagement

пра́внук gréat-grándson

пра́в||о I *сущ.* 1. right; ~ го́лоса the vote, súffrage; ~ на образова́ние right to educátion 2. *мн.*: ~а́ *(свидетельство)* lícense *sg.*; води́тельские ~а́ dríving lícense 3. *(наука)* law; изуча́ть ~ stúdy law

пра́во II *вводн. сл.* réally, trúly, indéed

правово́й légal, jurídical

правомо́чный cómpetent; áuthorized

правонаруши́тель delínquent, offénder

правописа́ние spélling, orthógraphy

правосу́дие jústice; отправля́ть ~ adminíster jústice

правота́ ríghtness, corréctness

пра́вый I *(расположенный справа)* right

прав||ый II *(правильный, справедли́вый)* right; ~ое де́ло just cause

пра́вый III *полит.* right-wing *attr.*

пра́вящ||ий rúling; ~ие кла́ссы the rúling classes

пра́дед gréat-grándfather

пра́здн||ик hóliday; ~овать célebrate

пра́здн||ость ídleness; ~ый idle

пра́ктик||а práctice; на ~е in práctice; ~овать práctise

практи́ч||еский, ~ный práctical

прах dust; áshes *pl. (останки)* ◇ всё пошло́ ~ом all went to rack and ruin

пра́ч||ечная láundry; wásh-house *(помещение)*; ~ка láundress

пребыва́||ние stay, sójourn; ~ть be; ~ть в неве́дении be in the dark

превзойти́ surpáss; excél *(кого-л.)*; ~ чи́сленностью outnúmber ◇ ~ самого́ себя́ surpáss onesélf

превозмо́чь overcóme

превозне́сти́, превозноси́ть praise, extól

превосходи́ть *см.* превзойти́

превосхо́д||ный éxcellent, pérfect ◇ ~ная сте́пень *грам.* supérlative degrée; ~ство superiórity

преврати́ть turn *(into)*, convért *(into)*; ~ся turn *(into)*

преврат||но *нареч.* wróngly; ~ поня́ть get hold of the wrong end of the stick; ~ый wrong

превращ||а́ть(ся) *см.* преврати́ть(ся); ~е́ние transformátion

превы́||сить, ~ша́ть *(полномочия, права и т. п.)* excéed; ~ше́ние excéeding; excéss *(излишек)*

прегра́да bar, óbstacle ◇ грудобрю́шная ~ *анат.* díaphragm

прегра||ди́ть, ~жда́ть bar, block up; ~ доро́гу bar the way *(to)*

предава́ть *см.* преда́ть

предава́ться give oneself up *(to)*, abandon oneself *(to)*
преда́ние legend; tradition *(поверье)*
пре́данн||ость loyalty, faithfulness; devotion; ~ый loyal, faithful; devoted
преда́тель traitor; ~ский treacherous; ~ство treachery, betrayal
преда́ть 1.: ~ суду́ bring to trial; ~ забве́нию consign to oblivion; ~ земле́ commit to the earth 2. *(изменить)* betray
преда́ться *см.* предава́ться
предвари́тельн||ый preliminary; ~ая прода́жа биле́тов advance booking (of tickets) ◇ ~ просмо́тр фи́льма, спекта́кля preview of a film, of a play; по ~ым подсчётам by rough calculation; ~ое заключе́ние *юр.* imprisonment before trial
предве́стник forerunner, precursor
предвеща́ть foretell; portend *(недоброе)*
предвзя́тый preconceived, biassed
предви́деть foresee; ~ся be expected
предвку||си́ть, ~ша́ть look forward *(to)*; anticipate
предводи́тель leader; ~ствовать command, lead
предвос||хи́тить, ~хища́ть anticipate
предвы́борн||ый pre-election *attr.*; ~ая кампа́ния pre-election campaign
преде́л limit; bound; положи́ть ~ put an end *(to)*
преде́льн||ый: ~ая ско́рость top speed; ~ое напряже́ние *тех.* breaking point
предзнаменова́ние omen
предикати́вный *грам.* predicative
предисло́вие preface
предлага́ть *см.* предложи́ть
предло́г I *(повод)* pretext, excuse; под ~ом on *(или* under) the pretext *(of)*
предло́г II *грам.* preposition
предложе́ние I 1. offer, suggestion; motion *(на собрании)*; proposal *(о браке)*; де́лать ~ кому́-л. make smb. an offer; propose to smb. *(о браке)*; принима́ть ~ accept an offer; accept a proposal *(о браке)* 2. *эк.*: спрос и ~ demand and supply
предложе́ние II *грам.* sentence; прида́точное ~ subordinate clause
предложи́ть 1. offer; suggest; move, propose *(на собрании)* 2. *(приказать)* order, tell
предло́жный: ~ паде́ж *грам.* prepositional (case)
предме́стье suburb
предме́т 1. object; ~ы пе́рвой необходи́мости top priorities 2. *(тема)* subject, topic; ~ спо́ра point at issue 3. *(в преподавании)* subject 4. *эк.* article
предназ||нача́ть, ~на́чить intend, mean
преднаме́ренный premeditated
пре́док ancestor
предоста́в||ить, ~ля́ть let, give; leave *(to; позволять)*; ~ удо́бный слу́чай give an opportunity; ~ в чьё-л. распоряже́ние place at smb.'s disposal
предостер||ега́ть *см.* предостере́чь; ~еже́ние warning; ~е́чь warn, caution *(against)*
предосторо́жност||ь precaution; ме́ры ~и precautionary measures
предосуди́тельный reprehensible
предотвра||ти́ть, ~ща́ть prevent; ward off *(опасность)*
предохране́ние protection, preservation
предохрани́тель safety-lock, safety-catch; ~ный precautionary; ~ный кла́пан *тех.* safety-valve
предохран||и́ть, ~я́ть protect *(from, against)*
предпи́с||ание instructions *pl.*; order; согла́сно ~а́нию by order; ~а́ть, предпи́сывать order; dictate
предполага́ть 1. *(намереваться)* intend, propose 2. suppose *(думать)*; assume *(допускать)*
предполож||е́ние supposition; assumption *(допущение)*; ~и́ть *см.* предполага́ть 2
предпосле́дний last but one
предпосы́лка 1. *филос.* premise 2. *(основание)* reason, ground
предпоч||есть, ~ита́ть prefer *(to)*; я бы ~ёл I would rather; ~те́ние preference; ~ти́тельный preferable
предприи́мчив||ость enterprise; ~ый enterprising
предпринима́тель employer; owner (of a firm, of a business)
предприн||има́ть, ~я́ть undertake
предприя́тие enterprise; undertaking *(промышленное)*; business *(торговое и т. п.)*; venture *(рискованное)*; совме́стное ~ joint venture
предрасположе́ние predisposition *(to)*
предрассу́док prejudice
предреш||а́ть, ~и́ть decide beforehand
председа́тель chairman *(собрания)*; president *(правления и т. п.)*; ~ствовать preside *(at, over)*
предск||аза́ние prophecy; forecast

(особ. погоды); ~а́зть, ~а́зывать foretell; predict; prophesy; forecast *(особ. погоду)*
предсме́ртный death *attr.*
представа́ть *см.* предста́ть
представи́тель representative
представи́тельный I *полит.* representative
представи́тельный II *(о внешности)* impressive
представи́тельство representation; торго́вое ~ СССР Trade Delegation of the USSR
предста́в‖ить 1. *(что-л.)* present; offer, produce *(предъявить)* 2. *(кого-л.)* introduce 3. *(себе что-л.)* imagine 4. *театр.* perform; ~иться 1. *(о случае и т. п.)* occur, present itself 2. *(познакомиться)* introduce oneself *(to)*
представле́ние 1. *театр.* show, performance 2. *(документов и т. п.)* presentation 3. *(понятие)* idea, notion
представля́ть 1. *см.* предста́вить 2. *(быть представителем)* represent ◇ ~ собо́й что-л. represent *(или* be) smth.; ~ся *см.* представиться
предста́ть appear *(before)*; ~ перед судо́м appear before the court
предсто‖я́ть: мне ~и́т тру́дная рабо́та I have a hard job ahead of me; ~я́щий coming, impending
предубежде́ние prejudice
пред‖угада́ть, ~уга́дывать foresee
предупреди́тель‖ность courtesy; attention *(внимание)*; ~ный 1. *(о мерах)* preventive, precautionary 2. *(о человеке)* obliging; attentive
предупре‖ди́ть, ~жда́ть 1. notify; let (smb.) know *(уведомить)* 2. *(предостеречь)* warn; prevent *(предотвратить)* 3. *(опередить)* forestall, get ahead; ~жде́ние 1. notice 2. *(предостережение)* warning
предусм‖а́тривать, ~отре́ть foresee
предусмотри́тельный foreseeing; prudent; ~ челове́к a man of foresight
предчу́вств‖ие presentiment; ~овать have a presentiment
предше́ств‖енник predecessor; ~овать предше́ствовать
предъяв‖и́тель bearer; чек с упла́той на ~и́теля a cheque payable to the bearer; ~и́ть, ~ля́ть present, produce; ~и́ть иск bring a suit *(against)*; ~и́ть пра́во raise a claim *(to)*
предыду́щий previous, preceding
прее́мник successor

прее́мственность succession
пре́жде *нареч.* before; formerly *(в прежние времена)* ◇ ~ всего́ first of all
преждевре́менный premature, untimely
пре́жний previous, former
президе́нт president
прези́диум presidium
презира́ть despise
презре́н‖ие contempt; scorn; ~ный contemptible
презри́тельный contemptuous; scornful
преиму́щественн‖о *нареч.* mainly; ~ый 1. primary; principal 2. *юр.* preferential
преиму́щество advantage; preference *(предпочтение)*
преклоне́ние admiration *(for)*; worship *(of)*
прекло́нный: ~ во́зраст a venerable (old) age
преклоня́ться admire, worship
прекра́сн‖о *нареч.* excellently, perfectly; ~ый 1. *(красивый)* beautiful, fine 2. *(отличный)* excellent, capital ◇ в оди́н ~ый день one fine day; ~ый пол the fair sex
прекра‖ти́ть stop, cease, end; break off *(прервать)*; ~ войну́ put an end to the war; ~ подпи́ску discontinue the subscription; ~ти́ться cease, end; ~ща́ть(ся) *см.* прекрати́ть(ся)
прекраще́ние cessation
преле́стный charming, lovely, delightful
пре́лесть charm, fascination
преломл‖е́ние *физ.* refraction; ~я́ть *физ.* refract; ~я́ться *физ.* be refracted
пре́лый rotten
прельсти́ть entice, attract; ~ся be attracted *(by)*
прельща́ть(ся) *см.* прельсти́ть(ся)
премиа́льные *как сущ.* bonus *sg.*
преми́нуть: не ~ сде́лать что-л. not fail to do smth.
премиров‖а́ть award a premium; его́ ~а́ли кни́гой he was awarded a book as a prize
пре́мия prize; reward; bonus
премье́р prime minister
премье́ра *театр.* first night, première
пренебре‖га́ть neglect, disregard; scorn *(презирать)*; ~же́ние neglect, disregard; scorn *(презрение)*; ~жи́тельный scornful
пренебре́чь *см.* пренебрега́ть
пре́ния debate *sg.*, discussion *sg.*
преоблада́‖ние predominance, preva-

ПРЕ

lence; ~ть predóminate *(over)*, prevail *(over)*
преобража́ть(ся) *см.* преобрази́ть(ся)
преобрази́ть transfórm; ~ся be transfórmed
преобразова́||ние transformátion; refórm, réorganizátion *(реорганизация)*; ~ть refórm; réorganize
преодо||лева́ть, ~ле́ть get óver; ~ тру́дности get óver dífficulties
препара́т preparátion
препира́||тельство altercátion, dispúte; ~ться wrangle
преподава́||ние téaching; ~тель téacher; ~ть teach
препод||несу́, ~носи́ть presént
препя́тств||ие óbstacle, híndrance; ~овать prevént *(from)*; hínder *(from)*; create óbstacles *(to)*
прерва́ть interrúpt; break off *(внезапно прекратить)*; cut short *(оборвать)*
перека́ться wrangle *(with)*, árgue *(with)*
пре́рии práiries
прерыва́ть *см.* прерва́ть
пресека́ть, пресе́чь stop, put an end *(to)*
преследова́||ние 1. persecútion, pursúit *(погоня)* 2. *юр.* prosecútion; ~ть 1. *(гнаться)* pursúe, chase, be áfter 2. *(притеснять)* pérsecute 3. *юр.* prósecute 4. *(о мысли и т. п.)* haunt ◇ ~ть цель pursúe an óbject
пресловутый notórious
пресмыка́||ться creep, crawl; *перен.* cringe; ~ющиеся *зоол.* réptiles
пре́сный fresh *(о воде)*; únleavened *(о хлебе)*; insípid *(безвкусный)*
пресс press
пре́сса the press
пресс-конфере́нция press cónference
престаре́лый áged
прести́ж prestíge
престо́л throne
преступле́ние crime
престу́пн||ик críminal; вое́нный ~ war críminal; ~ость criminálity; ~ый críminal
пресы́||титься, ~ща́ться súrfeit; ~ще́ние súrfeit, satíety
претвор||и́ть: ~ в жизнь put ínto práctice; ~и́ться: ~и́ться в жизнь be réalized; ~я́ть(ся) *см.* претвори́ть(ся)
претенде́нт cláimant *(to)*; conténder *(for; в спорте)*
претендова́ть claim
прете́нзи||я 1. claim 2. *(стремление*

ПРИ

произвести впечатление) preténsion ◇ быть в ~и на кого́-л. be annóyed with smb.
прете́р||пева́ть, ~пе́ть súffer, undergó
преувел||иче́ние exaggerátion; ~и́чивать, ~и́чить exággerate
преуменьша́ть, преуме́ньшить únderéstimate
преуспева́ть 1. succéed *(in)* 2. *(процветать)* prósper
преуспе́ть *см.* преуспева́ть 1
пре́фикс *грам.* préfix
преходя́щий pássing, tránsient
при *предл.* 1. *(около, возле, у чего-л.)* by, at, near; ~ доро́ге by the road; би́тва ~ Бородине́ the Battle of Borodinó 2. *(присоединённый к чему-л.)* attáched to; го́спиталь ~ диви́зии a hóspital attáched to a divísion 3. *(в присутствии)* in smb.'s présence; ~ мне in my présence; ~ де́тях befóre chíldren; ~ посторо́нних befóre strángers 4. *(во время, в период, в эпоху)* in the time of; únder; ~ Пу́шкине in Púshkin's time; ~ сове́тской вла́сти únder Sóviet pówer 5. *(о сопутствующих обстоятельствах)* by, on; ~ электри́ческом све́те by eléctric light; ~ перехо́де через у́лицу when cróssing the street; ~ э́тих слова́х héaring this 6. *(при наличии)* with, when; in spite of, for *(несмотря на)*; ~ таки́х зна́ниях with such knówledge; ~ тако́м здоро́вье нельзя́ when one's health is so poor, one shóuldn't; ~ всём моём уваже́нии к вам я не могу́ in spite of all my respéct for you, I can't 7. *(с собой)* with, abóut; де́ньги бы́ли ~ мне I had the móney with me; у меня́ не́ было ~ себе́ де́нег I had no móney on me ◇ ~ всём том for all that
приба́в||ить add; incréase *(увеличить)*; ~ ша́гу mend one's pace; ~ в ве́се put on weight; ~и́ться incréase *(увеличиться)*; becóme lónger *(о дне)*; ~ка, ~ле́ние addítion; íncrease *(увеличение)*; ~ля́ть(ся) *см.* приба́вить(ся); ~очный addítional; ~очная сто́имость *эк.* súrplus válue
прибега́ть I *см.* прибежа́ть
приб||ега́ть II, ~е́гнуть resórt *(to)*
прибежа́ть come rúnning
прибе́жище réfuge
прибер||ега́ть, ~е́чь save up, resérve
прибива́ть *см.* приби́ть
прибира́ть *см.* прибра́ть
приби́ть 1. fásten; nail *(гвоздями)* 2.

(к берегу) wash ashore 3. *(пыль и т. п.)* lay

приближ||а́ть(ся) *см.* прибли́зить(ся); ~е́ние appróach, dráwing near; ~ённый appróximate

приблизи́тельн||о *нареч.* appróximately, róughly; ~ый appróximate

прибли́зить bring néarer; ~ся draw near, appróach

прибо́й surf

прибо́р 1. device, ínstrument 2. *(комплект)* set

прибра́ть 1. put in órder, tídy; ~ ко́мнату do a room; ~ посте́ль make a bed 2. *(спря́тать)* put awáy

прибре́жный cóastal, of the séa-shore *(у мо́ря);* ríverside *attr. (у реки́)*

прибыва́ть *см.* прибы́ть

при́быль prófit, gain; извлека́ть ~ prófit *(by);* приноси́ть ~ pay; bring (in) prófit *(о предприя́тии);* ~ный prófitable

прибы́||тие arrival; ~ть 1. arríve; get in *(о по́езде)* 2. *(увели́читься)* incréase; rise, swell *(о воде́)*

прива́л halt

привезти́ bring

приверед||ливый fastídious; ~ничать be fastídious, be hard to please

приве́ржен||ец adhérent; ~ный devóted *(to)*

привести́ suspénd

привести́ 1. bring 2. *(к чему́-л.)* lead *(to);* resúlt *(in; ко́нчиться чем-л.)* 3. *(цита́ты и т. п.)* addúce, cite 4. *мат.* redúce 5. *(в како́е-л. состоя́ние):* ~ в восто́рг enrápture; ~ в отча́яние drive to despáir; ~ в замеша́тельство throw ínto confúsion; ~ в поря́док put in órder; ~ в де́йствие set in mótion

приве́т regárds *pl.,* gréetings *pl.;* ~ливость warmth, friéndliness; ~ливый friéndly; ~ствие gréeting; ~ствовать greet, wélcome; hail

приве́шивать *см.* привесить

привива́ть(ся) *см.* приви́ть(ся)

приви́вка 1. *мед.* inoculátion; vaccinátion *(о́спы)* 2. *бот.* gráfting

привиде́ние ghost

привилегиро́ванный privileged

привиле́гия privilege

привинти́ть, приви́нчивать screw (up)

приви́ть 1. *мед.* inóculate; váccinate *(о́спу)* 2. *бот.* graft; ~ся *(о вакци́не, черенке́)* take

при́вкус touch *(of)*

привлека́тельный attráctive

привлека́ть *см.* привле́чь

привлече́ние: ~ к суду́ *юр.* prosecútion

привле́чь 1. attráct; ~ чьё-л. внима́ние attráct smb.'s atténtion 2.: ~ к суду́ *юр.* prósecute

при́вод *тех.* drive

приводи́ть *см.* привести́

приводно́й *тех.* dríving; ~ реме́нь dríving-belt

приво́з brínging; ímport *(из-за грани́цы);* ~и́ть *см.* привезти́; ~но́й ímported

приво́льный free

привста́ть hálf-rise *(to greet smb. etc.)*

прив||ыка́ть, ~ы́кнуть get used *(to);* get accústomed *(to);* ~ы́чка hábit; ~ы́чный habítual, úsual

привя́занность attáchment

привяза́ть tie; fásten; ~ся 1. *(полюби́ть)* get attáched *(to)* 2. *(надоеда́ть)* bóther

привя́з||чивый *разг.* 1. afféctionate 2. *(приди́рчивый)* quárrelsome 3. *(надое́дливый)* tíresome; ~ывать(ся) *см.* привяза́ть(ся)

при́вя||зь téther *(пасу́щегося живо́тного);* leash *(соба́ки);* на ~зи on a leash

пригла||си́тельный: ~ биле́т invitátion card; ~си́ть, ~ша́ть 1. invíte, ask; call *(врача́)* 2. *(наня́ть)* engáge; ~ше́ние invitátion

пригляде́ться, прігля́дываться 1. exámine (with atténtion) 2. get accústomed *(to)*

пригна́ть 1. *(скот)* gáther (in), bring (in) 2. *(прила́дить)* adjúst, fit

пригово́р séntence; ~и́ть séntence, condémn

приг||оди́ться be of use *(или* úseful*);* ~о́дный fit; súitable; good *(for)*

пригоня́ть *см.* пригна́ть

приго||ра́ть, ~ре́ть burn

при́город súburb; ~ный subúrban; ~ный по́езд lócal *(или* subúrban*)* train

пригоро́к híllock

при́горшня hándful

приготови́тельный prepáratory

пригото́в||ить 1. *(уро́ки и т. п.)* prepáre 2. *(обе́д и т. п.)* cook; ~иться prepáre; ~ле́ние preparátion; ~ля́ть(ся) *см.* пригото́вить(ся)

пригрози́ть *см.* грози́ть

придава́ть *см.* прида́ть

прида́ное dówry

прида́ток appéndage; *мед.* appéndix

прида́ть give; add *(приба́вить)*

придáч||а: в ~у in addition; into the bárgain

придвигáть(ся) *см.* придвѝнуть(ся)

придвѝнуть move up, draw; ~ся draw near, move up

придéл||áть, ~ывать attách, fix

придéрживаться hold on *(to); перен.* stick *(to)*, adhére *(to)*; ~ мнéния be of the opínion; ~ бéрега keep close to the shore

придирáться *см.* придрáться

придѝр||ка cávil, cáptious objéction; ~чивый cáptious

придрáться find fault *(with)* ◇ ~ к слýчаю seize upón a chance

придýм||ать, ~ывать think *(of)*; invént *(выдумать)*

приéз||д arríval; по ~де on one's arríval; с ~дом! welcome!; ~жáть *см.* приéхать; ~жий *как сущ.* néw-cómer, vísitor

приём I 1. *(гостей)* recéption 2. *(в организáцию)* admíttance 3. *(доза)* dose; за одѝн ~ at one time, at one go *разг.*

приём II *(способ)* méthod, way

приéмлемый accéptable

приёмная *сущ.* recéption room; wáiting room *(у врача и т. п.)*

приёмник *радио* recéiver; wíreless set

приёмн||ый 1. recéption *attr.;* ~ день recéption day; ~ые часы́ recéption hours 2.: ~ые испытáния éntrance examinátions 3. *(об отце и т. п.)* fóster-adópted; ~ отéц fóster-fáther; ~ сын fóster-son, adópted son

приéхать arríve, come

прижáть press; ~ся press onesélf; ~ся к стенé flátten onesélf agáinst the wall

при||жéчь cáuterize; ~жигáние cauterizátion; ~жигáть *см.* прижéчь

прижимáть(ся) *см.* прижáть(ся)

прижѝмистый *разг.* clóse-físted, tíght-físted

приз prize

призадýм||аться, ~ываться become thóughtful

призвáни||е vocátion, cálling; по ~ю by vocátion

призвáть call; call up *(на военную службу)*

приземл||éние *ав.* lánding; ~ѝться *ав.* land

прѝзма prism; ~тѝческий prismátic

признавáть(ся) *см.* признáть(ся)

прѝзнак sign

признáние 1. *(чего-л.)* acknówledgement, recognítion 2. *(в чём-л.)* conféssion; declarátion *(в любви)*

прѝзнанный acknówledged

признáтельн||ость grátitude, thánkfulness; ~ый gráteful, thánkful

признáть 1. acknówledge, récognize 2. *(сознаться в чём-л.)* admít, own; ~ себя́ винóвным plead guílty; не ~ себя́ винóвным plead not guílty; ~ся conféss, own

прѝзра||к spéctre, ghost; ~чный illúsory

призы́в 1. call, appéal; по ~у at the call *(of)* 2. *(лозунг)* slógan 3. *воен.* cáll-úp; seléction *(амер.);* ~áть *см.* призвáть; ~áться *воен.* be called up; ~нѝк man called up for mílitary sérvice; ~нóй: ~нóй вóзраст cáll-up age

прѝиск mine; золоты́е ~и góld-fíeld(s)

прийтѝ come; arríve *(прибыть)* ◇ ~ к заключéнию come to the conclúsion; ~ в упáдок fall into decáy; ~ в восхищéние be delíghted *(with)*; ~ в отчáяние fall into despáir; ~ в ýжас be hórrified; ~ в себя́ come to onesélf

прийтѝсь *безл.:* емý пришлóсь уéхать he was forced to leave ◇ ~ комý-л. по вкýсу be to smb.'s taste

прикáз, ~áние órder; ~áть, ~ывать órder

прикáлывать *см.* приколóть

прикасáться *см.* прикоснýться

прикѝдывать *см.* прикѝнуть(ся)

прикѝнуть *разг.* 1. *(на весах)* weigh róughly 2. *(в уме)* get a rough idéa *(of)*; ~ся *разг.* preténd (to be), feign

приклáд I *(ружья)* butt

приклáд II *(для платья)* accéssories *pl.*

приклáдн||óй applíed; ~ые наýки applíed sciences

приклáдывать *см.* приложѝть

при||клéивать, ~клéить stick, paste

приключ||áться *см.* приключѝться; ~éние advénture; ~éнческий advénture *attr.;* ~ѝться *разг.* háppen, occúr

прик||овáть, ~óвывать chain; *перен.* rívet

прикóл: на ~е *(о судах)* tied up, moored

прикол||áчивать, ~отѝть nail, fásten with nails

приколóть pin

прикомандировáть attách *(to)*

прикосн||овéние touch; ~ýться touch

прикра||сить, ~шивать embéllish

прикреп||ѝть 1. fásten; attách 2. *(при-*

ПРИ

нять на учёт) register; ~ление fastening; attachment; ~лять см. прикрепить

прикрывать(ся) см. прикрыть(ся)

прикры||тие воен. cover; ~ть cover, close softly (окно, дверь); protect (защитить); ~ться cover oneself (with)

прикур||ивать, ~ить get a light from smb.'s cigarette; дайте, пожалуйста, ~ить! give me a light, please!

прикусить bite

прилав||ок counter; работник ~ка shop assistant

прилагательное грам. adjective

прилагать см. приложить

прила́||дить, ~живать fit

приласкать caress, fondle; ~ся snuggle up (to)

прилега́||ть 1. (быть смежным) adjoin, border 2. (об одежде) fit closely; ~ющий 1. (смежный) adjoining, adjacent (to) 2. (об одежде) close-fitting

прилежание diligence

прилежный diligent

прилеп||ить, ~лять stick (to)

приле||тать, ~теть come flying; arrive; arrive by air (на самолёте); перен. разг. rush up, arrive in haste

прилечь have a lie down

прилив 1. (морской) high tide 2. (приток) inflow; ~ крови rush of blood, flush; ~ать см. прилить

при||липать, ~липнуть stick (to)

прилить (о крови) rush

прилич||ие decency; правила ~ия rules of decency; ~ный decent

прилож||ение 1. (к журналу и т. п.) supplement 2. (к письму) enclosure 3. грам. apposition; ~ить 1. put; apply 2. (к письму и т. п.) enclose ◇ ~ить все старания do one's utmost

прильнуть cling (to)

приманка bait; lure

примен||ение application; employment; use (употребление); ~ить, ~ять apply; employ; use; ~ить на практике put into practice

пример example, instance; привести в качестве ~а cite as an example; подавать ~ set an example

пример||ить try on (на себя); fit (на другого); ~ка fitting

пример||но нареч. 1.: ~ себя вести be an example 2. (приблизительно) approximately; ~ный 1. exemplary 2. (приблизительный) approximate

примерять см. примерить

ПРИ   **П**

примесь admixture

примет||а sign, token; ~ы distinctive marks

примечание note; foot-note (в конце страницы)

при||мешать, ~мешивать add, admix

приминать см. примять

примир||ение reconciliation; ~ить reconcile (to, with); ~иться make it up (with — с кем-л.); reconcile oneself (to — с чем-л.); ~ять(ся) см. примирить(ся)

примитивный primitive

примкнуть (к чему-л.) join, side (with)

приморский seaside attr.

примочк||а lotion; делать ~и apply lotion

примус primus stove

примчаться come tearing along

примыкать 1. см. примкнуть 2. (быть смежным) adjoin

примять flatten; trample

принадлежать belong (to)

принадлежн||ости accessories; письменные ~ writing-materials; ~ость membership (of), belonging (to)

принести 1. bring 2. (дать; об урожае) yield ◇ ~ пользу be of use

принимать(ся) см. принять(ся)

приноровить adapt; fit; ~ся adapt oneself (to), accommodate oneself (to)

приносить см. принести

приношение offering, gift

принудительный compulsory; ~ труд forced labour

прину||дить, ~ждать compel; force; ~ждение compulsion; ~ждённый forced

принцип principle; ~иально нареч. on principle; ~иальный of principle

приня||тие (закона, резолюции и т. п.) adoption; ~ть 1. (кого-л.) receive 2. (пищу, лекарство и т. п.) take 3. (подарок, извинение) accept; ~ть решение decide 4. (на работу) take on; admit (в школу) 5. (за кого-л.) take (for) ◇ ~ть участие take part (in); ~ться 1. (за что-л.) set (to), begin; ~ться за работу set to work 2. (о растении, прививке) take

приободрить encourage; ~ кого-л. cheer smb. up; ~ся cheer up

приободрять(ся) см. приободрить(ся)

приобре||сти, ~тать 1. acquire; ~ знания acquire knowledge 2. (купить) buy; ~тение acquisition

205

ПРИ

приобщ||а́ть, ~и́ть join, unite; ~ к де́лу file
приостан||а́вливать, ~ови́ть stop; suspénd *(о приговоре и т. п.)*
приотвор||и́ть, ~я́ть ópen slíghtly; *(о двери тж.)* set ajár
припа́док fit, attáck
припас||а́ть, ~ти́ store (up), lay in store
припа́сы provísion *(съестные)*; munítions *(военные)*
припе́в refráin
приписа́ть 1. *(к письму и т. п.)* add 2. *(что-л. кому-л)* ascríbe *(to)*, attríbute *(to)*; impúte *(to; дурное)*
припи́с||ка póstscript; ~ывать *см.* приписа́ть
припла́||та éxtra pay, addítional páyment; ~ти́ть pay éxtra
припла́чивать *см.* приплати́ть
приплод́ litter, óffspring
припл||ыва́ть, ~ы́ть sail up *(to; о судне)*; swim up *(to; вплавь)*
приплю́снуть fláttten
приподнима́ть(ся) *см.* приподня́ть(ся)
приподня́ть raise a little; ~ся hálf-ríse *(to greet smb. etc.)*
прип||омина́ть, ~о́мнить remémber, recolléct
приправ||а séasoning; ~ить, ~ля́ть séason, flávour
припря́т||ать, ~ывать hide; lay up *(отложить)*
припугну́ть *разг.* intímidate; thréaten *(пригрозить)*
при́работок suppleméntary *(или* éxtra*)* éarnings *pl.*
приравн||ивать, ~я́ть equáte
прираст||а́ть, ~и́ adhére *(to)*
прирóд||а náture; ~ный nátural
прирождённый innáte, ínbórn
приро́ст íncrease
приру́ч||а́ть, ~и́ть tame
приса́живаться *см.* присе́сть
присва́ивать I, II *см.* присво́ить I, II
присвое́ние I appropriátion
присвое́ние II awárding *(звания и т. п.)*; conférment *(степени)*
присво́ить I *(завладеть)* appróprite; misappróprite *(незаконно)*; ~ себе́ пра́во usúrp the right
присво́||ить II give, awárd *(звание)*; confér *(степень)*; ему́ ~или сте́пень до́ктора the degree of dóctor was confeŕred upón him
присе́сть sit down, take a seat

ПРИ

прискака́ть come gálloping
приско́рбный sórrowful, regréttable
присла́ть send
прислон||и́ть, ~и́ться lean *(against)*; ~я́ть(ся) *см.* прислони́ть(ся)
прислу́||га *собир.* sérvants *pl.*; ~живать wait *(upon)*; ~живаться suck up *(to)*
прислу́ш||аться, ~иваться lísten *(to)*
присма́тривать(ся) *см.* присмотре́ть(ся)
присмо́тр care; под ~ом únder the care *(of)*
присмотре́ть *(за)* look *(after)*; ~ся look атте́нтively *(at)*
присни́||ться: мне ~лось, что I had a dream that; она́ мне ~лась I dreamt abóut her
присоедине́ние 1. jóining; addítion *(прибавление)* 2. *тех.* connéction
присоедин||и́ть join; add *(прибавить)*; ~и́ться join; ~я́ть(ся) *см.* присоедини́ть(ся)
приспосо́бить fit, adápt; ~ся adápt onesélf *(to)*, accómmodate onesélf *(to)*
приспособл||е́ние 1. *(действие)* adaptátion, accommodátion 2. *(прибор)* devíce; ~я́ть(ся) *см.* приспосо́бить(ся)
пристава́ть *см.* приста́ть
приста́вить put *(against)*, lean *(against)*; *перен.* leave in charge *(of)*, attách smb. *(to)*
приста́вка *грам.* préfix
приставля́ть *см.* приста́вить
при́стальный fixed, intént; ~ взгляд fixed stare
при́стань quay, pier; wharf *(грузовая)*
приста́ть 1. *(к берегу)* put in, land 2. *(прилипнуть)* stick *(to)* 3. *(надоесть)* bádger, wórry 4. *(присоединиться)* join
прист||ёгивать, ~егну́ть búckle *(on)*, hook *(on)*
пристра́ивать(ся) *см.* пристро́ить(ся)
пристра́ст||ие líking *(for; склонность)*; partiálity *(to; необъективное отношение)*; ~ный pártial, únfáir, préjudiced *(предвзятый)*
пристро́ить 1. *(к зданию)* attách, add 2. *разг. (устроить)* settle, place; ~ся find a place
пристро́йка ánnex(e)
при́ступ 1. *воен.* assáult, storm 2. *(боли, гнева и т. п.)* fit, attáck
приступ||а́ть, ~и́ть begin; start
прист||ыди́ть shame; ~ыжённый ashámed
прису́||ди́ть, ~жда́ть 1. *(осудить)*

sentence *(to)*, condemn *(to)* 2. *(премию)* award; confer *(степень)*; ~ждение awarding *(награды, премии)*; conferment *(степени)*
присутств||ие presence ◊ ~ духа presence of mind; ~овать be present; attend *(на лекции и т. п.)*; ~ующий как сущ. present; все ~ующие all those present
присущ||ий usual, habitual; с ~им ему юмором with his usual humour
присылать см. прислать
присяг||а oath; приводить к ~е swear in; ~ать, ~нуть swear; take an oath
притаиться keep quiet; hide *(спрятаться)*
притащить lug in, drag in *(или* up); ~ся *разг.* drag oneself along
притвориться pretend (to be), feign; ~ больным pretend to be ill, feign illness
притвор||ный affected, pretended, feigned; ~ство pretence; ~щик pretender; hypocrite; ~яться см. притвориться
притесн||ение oppression; ~ять oppress
притихать, притихнуть grow quiet; quiet down
приток 1. *(реки)* tributary 2. *(наплыв)* flow, influx
притом *союз* (and) besides
притон den; haunt
приторный sickly sweet
притр||агиваться, ~онуться touch
притуп||ить blunt; *перен.* deaden; ~иться become blunt; *перен.* become dull; ~лять(ся) см. притупить(ся)
притягательный attractive
притягивать см. притянуть
притяжательн||ый: ~ое местоимение *грам.* possessive pronoun
притяжение attraction
притязание pretension, claim
притянуть attract
приуроч||ивать, ~ить time
приуч||ать, ~ить accustom; train *(тренировать)*
прихв||арывать, ~орнуть be unwell
приход I *(прибытие)* coming, arrival; ~ к власти coming to power
приход II *(доход)* receipts *pl.*
приходить см. прийти
приходиться см. прийтись
приходящ||ий: ~ая домработница a daily (woman), home help
прихотливый whimsical, capricious
прихоть whim, caprice, fancy

прихрамывать limp
прицел sight; взять на ~ aim *(at)*; ~иваться, ~иться take aim *(или* a sight)
прицен||иваться, ~иться *разг.* inquire the price *(of an article before buying it)*
прицеп||ить hook; *ж.-д.* couple; ~иться stick *(to)*; cling *(to)*; *перен. разг.* nag *(at)*; ~лять(ся) см. прицепить(ся); ~ной ~ной вагон trailer
причал||ивать, ~ить moor
причастие *грам.* participle
причём 1. *союз* and what's more, and besides 2. *нареч.:* а ~ же я тут? what's that got to do with me?
причесать do the hair *(of)*; ~ся do one's hair; have a hair-do, have one's hair done *(в парикмахерской)*
причёс||ка hair-do *(женская)*; haircut *(мужская)*; ~ывать(ся) см. причесать(ся)
причина cause; reason *(основание)*
причин||ить, ~ять cause; ~ вред (do) harm; ~ боль pain, hurt
причисл||ить, ~ять number *(among)*, rank *(among)*
причитание lamentation
причи||таться be due *(to)*; ему ~тается десять рублей he is due ten roubles; с вас ~тается два рубля two roubles are due from you
причуд||а whim, fancy; ~ливый whimsical; fantastic *(фантастический)*
пришибленный crest-fallen, dejected
приш||ивать, ~ить sew *(on)*
пришпор||ивать, ~ить spur
прищем||ить, ~лять pinch; shut *(in; прихлопнуть)*
прищур||иваться, ~иться screw up one's eyes
приют asylum; orphanage *(детский)*; *перен.* shelter, refuge; ~ить shelter; ~иться take shelter
приятель friend; ~ский friendly, amicable
приятн||о 1. *нареч.* pleasantly, agreeably 2. *предик. безл.* it is pleasant *(или* agreeable); ~ый agreeable, pleasant; ~ый на вкус palatable, nice
про *предл.* about, of ◊ подумать ~ себя think to oneself; читать ~ себя read silently
проб||а 1. *(действие)* trial, test; assay *(испытание металла)* 2. *(образчик)* sample 3. *(пробирное клеймо)* hallmark; золото 56-ой ~ы 14-carat gold
пробе||г run; *спорт.* race; ~гать,

~жа́ть 1. (расстояние) cover 2. (мимо) run by (или past)
пробе́л 1. (оставленное место) blank, gap 2. (недостаток) flaw
пробива́ть см. проби́ть I; ~ся 1. см. проби́ться 2. (о траве) (begin to) shoot
пробира́ться см. пробра́ться
проби́рка test-tube
проби́ть I (отверстие) make a hole
проби́ть II (прозвонить) strike
проби́ться make one's way through
про́бк||а 1. cork, stopper (стеклянная) 2. эл. fuse 3. (затор) traffic jam (или block); block-age; ~овый cork attr.
пробле́ма problem
про́блеск flash, gleam, ray
про́б||ный trial attr. ◇ ~ ка́мень touchstone; ~овать 1. (пытаться) attempt, try 2. taste (на вкус); feel (на ощупь)
пробо́ина hole
проболта́||ться blab, blurt out, come out (with smth.); не ~йтесь! don't breathe a word!
пробо́р parting; косо́й ~ side parting; прямо́й ~ middle parting; де́лать ~ part one's hair
пробра́ться make one's way through
пробу||ди́ть(ся), ~жда́ть(ся) wake up; ~жде́ние awakening
пробура́в||ить, ~ливать bore
пробы́ть stay, remain
прова́л (неудача) failure; ~иваться 1. fall through 2. (терпеть неудачу) fail
прова́нск||ий: ~ое ма́сло olive oil
прове́дать 1. (навестить) come to see; pay a visit (нанести визит) 2. (разузнать) find out
провезти́ transport, get through, carry; smuggle in (контрабандой)
прове́р||ить 1. check, verify 2. examine, inspect; ~ка checking, inspection, examination (испытание); ~я́ть см. прове́рить
провести́ 1. (проложить) build (железную дорогу); ~ водопрово́д, газ и т. п. lay on water, gas etc. 2. (осуществить) conduct; carry out; hold (собрание, конференцию) 3. (время) spend, pass; хорошо́ ~ вре́мя have a good time 4. (кандидата) pass 5. разг. (обмануть) fool ◇ ~ в жизнь put into practice; ~ мысль develop an idea; ~ черту́ draw a line

прове́три||вать, ~ть air, ventilate (тж. о помещении)
прови́зия provisions pl., food-stuff
провини́ться be at fault; be guilty (of — в чём-л.); ~ пе́ред кем-л. owe smb. an apology
провинциа́льный provincial
прови́нция province
про́вод wire; связа́ться по прямо́му ~у с кем-л. get a direct line to smb.
проводи́мость физ. conductivity
проводи́ть I (кого́-л. куда́-л.) accompany; see smb. off; ~ кого́-л. домо́й see smb. home ◇ ~ глаза́ми follow with one's eyes
проводи́ть II 1. см. провести́ 2. физ. conduct ◇ ~ поли́тику ми́ра pursue the policy of peace
прово́дка 1. эл. wiring 2. (провода) wires pl.
проводни́к I 1. guide 2. (в поезде) guard; conductor (амер.)
проводни́к II физ. conductor
про́воды 1. seeing out (или to the door) (after a party) 2. (на станцию и т. п.) seeing off 3. farewell party sg.
провож||а́тый guide; ~а́ть см. проводи́ть I
провоз transport
провозгла||си́ть, ~ша́ть proclaim; announce (объявить); ~ тост (за) propose (или drink) a toast (to); ~ше́ние proclamation
провози́ть см. провезти́
провока́||тор agent provocateur; stool-pigeon разг.; ~ция provocation
про́воло||ка wire; ~чный wire attr.
прово́р||ный quick, prompt; ~ство quickness, promptness
провоци́ровать provoke
прогада́ть miscalculate
прога́лина glade
прогл||а́тывать, ~оти́ть swallow ◇ словно арши́н ~оти́л as stiff as a ramrod (или a poker)
прогляде́ть 1. (не заметить) overlook; miss (пропустить) 2. (книгу и т. п.) look through, skim
прогля́||дывать 1. см. прогляде́ть 2 2. см. прогляну́ть 3. (обнаруживаться) be perceptible; ~ну́ть (о солнце и т. п.) peep out, appear
прогна́ть drive away
прогн||ива́ть, ~и́ть be rotten through
прогно́з prognosis, forecast

проговори́ть *(произнести)* say; útter; ~ся let out a secret
проголода́ться get húngry
прогоня́ть *см.* прогна́ть
прого||ра́ть, ~ре́ть 1. burn through 2. *разг. (разориться)* go bánkrupt, be rúined
прого́рклый rank, ráncid
програ́мма prógram(me); pláybill *(театральная)*; телевизио́нная ~ TV schédule
прогре́сс prógress; ~и́вный progréssive; ~и́ровать progréss, advánce
прогре́ссия *мат.* progréssion
прогр||ыза́ть, ~ы́зть gnaw through
прогу́л trúancy; shírking work
прогу́л||ивать *см.* прогуля́ть; ~иваться take a walk, stroll; ~ка walk
прогу́льщик shírker; trúant
прогуля́ть *(не работать)* shirk work
прогуля́ться go for a walk
продава́ть *см.* прода́ть; ~ся 1. *(о предметах)* be on *(или* for) sale 2. *см.* прода́ться
продав||е́ц shóp-assistant; ~щи́ца shóp-girl, shóp-assistant
прода́ж||а sale, sélling; ~ный 1. *(для продажи)* for sale 2. *(подкупный)* corrúptible, corrúpt, vénal
прода́ть sell; ~ся *(о человеке)* sell onesélf
продви||га́ть(ся) *см.* продви́нуть(ся); ~же́ние adváncement; prógress
продви́нуть move on, push fórward; *перен.* promóte; ~ся advánce
проде́лать 1. *(выполнить)* do; perfórm 2. *(сделать)* make
проде́лка trick; prank *(шаловливая)*
проде́лывать *см.* проде́лать
продёргивать *см.* продёрнуть
продержа́ть hold (for a while); ~ся hold out, stand
продёрнуть 1. pass, run through; ~ ни́тку в иго́лку thread a needle 2. *разг. (в газете и т. п.)* críticize sevérely
продешеви́ть make a bad bárgain *(of)*
продиктова́ть dictáte
продл||е́ние prolongátion; ~и́ть prolóng, exténd
продли́ться last
продово́льств||енный food *attr.;* ~ магази́н grócery; provísion *(или* food) store *(амер.);* ~ие fóod-stuff
продолгова́тый óblong
продолж||а́тель contínuer; successor; ~а́ть contínue; go on; ~а́ться last; ~е́ние

continuátion; séquel; ~е́ние сле́дует to be contínued
продолжи́тельн||ость durátion; ~ый long; на ~ое вре́мя for a long time
продо́льный longitúdinal
продро́гнуть be chilled; ~ до мо́зга косте́й be chilled to the márrow
проду́кт 1. próduct; ~ы животново́дства ánimal próducts 2. *мн.:* ~ы fóod-stuff *sg.,* provísions
продукти́вн||о *нареч.* efféctively, efficiently; ~ость productívity; efficiency; ~ый prodúctive
продукто́вый: ~ магази́н grócery; provísion store, food store *(амер.)*
проду́кция prodúction, óutput
проду́м||ать, ~ывать think óver; think out *(тщательно обдумать)*
продыря́вить make a hole *(in)*
прое́дать *см.* прое́сть
прое́зд pássage; thóroughfare; ~а нет! no thóroughfare!; ~и́ть 1. *см.* е́здить 2. *разг. (истратить на проезд)* spend (on trávelling); ~но́й: ~но́й биле́т trável pass; ~на́я пла́та fare; ~ом *нареч.* on one's way *(to)*
проезжа́ть *см.* прое́хать
прое́зж||ий 1. *прил.:* ~ая доро́га highway 2. *сущ.* tráveller
прое́кт prójct; ~ резолю́ции draft resolútion; ~и́ровать projéct; ~ор projéctor
прое́кция *мат.* projéction
прое́сть 1. eat awáy *(о ржавчине, моли)*; corróde *(о кислоте)* 2. *разг. (истратить на еду)* spend on food
прое́хать pass *(by, through)*; go *(by, past)*
проже́ктор séarchlight
проже́чь burn through
прожива́ть 1. live, resíde; stay *(временно)* 2. *см.* прожи́ть 2
прожига́ть *см.* проже́чь
прожи́точный: ~ ми́нимум mínimum *(или* líving) wage
прожи́ть 1. live 2. *(истратить)* spend
прожо́рлив||ость vorácity; ~ый vorácious
про́за prose; ~и́ческий prosáic
прозва́ть níckname; call *(назвать)*
про́звище níckname
прозева́ть *разг. (случай и т. п.)* let slip, miss
прозорли́вый cléar-héaded, shrewd, fár-síghted
прозра́чный transpárent

прозяба́||ние vegetátion; vegetáting; ~ть végetate
проигра́ть, проигрывать lose
про́игрыш loss
произведе́ние 1. work 2. *мат.* próduct
произвести́ 1. *(выполнить)* make; éxecute *(работу)*, efféct *(платежи)* 2. *(породить)* give birth *(to)*; ~ на свет bring into the world ◇ ~ впечатле́ние make an impréssion
производи́тельн||ость productívity; ~ труда́ lábour productívity; productívity *(или* óutput*) per man;* ~ый prodúctive; ~ые си́лы prodúctive fórces
производи́ть 1. *см.* произвести́ 2. *(товары)* prodúce
произво́дный *лингв., мат.* derívative
произво́дственн||ый indústrial; ~ые отноше́ния indústrial reláltions; ~ стаж récord of sérvice; ~ое совеща́ние cónference on productívity *(или* on óutput*)*; ~ое зада́ние óutput prógram
произво́дств||о 1. prodúction, manufácture; сре́дства ~а means of prodúction 2. *(выполнение)* execútion; effécting *(платежей)* 3. *разг. (фабрика, завод)* fáctory, works
произво́л týranny; árbitrary rule ◇ оста́вить на ~ судьбы́ leave to the mércy of fate
произво́льный árbitrary
произнести́ pronóunce; ~ речь make a speech
произно||си́ть *см.* произнести́; ~ше́ние pronunciátion
произойти́ 1. *(случиться)* take place; háppen; occúr 2. *(откуда-л.)* come *(from)*; descénd 3. *(из-за чего-л.)* be the resúlt *(of)*
про́иски schemes, íntrigues
проистека́ть, происте́чь resúlt *(from)*
происхо||ди́ть *см.* произойти́; ~жде́ние órigin; по ~жде́нию by órigin
происше́ствие íncident; evént *(событие)*; áccident *(несчастный случай)*
пройт||и́ 1. pass; go 2. *(о времени)* pass, elápse 3. *(кончиться)* be óver, pass 4. *(изучить)* learn, stúdy ◇ ему́ э́то да́ром не ~ёт he will have to pay for it; ~и́сь go for a walk
прок *разг.* gain; что в э́том ~у? what does one gain by this?
прока́за I *мед.* léprosy
прока́з||а II *(шалость)* míschief, trick; ~ник míschievous child *(о ребёнке)*; ~ничать be up to míschief

прока́лывать *см.* проколо́ть
прока́т I hire
прока́т II *тех.* rolled métal
прокати́ться go for *(или* take*)* a drive
прокипяти́ть boil thóroughly
прок||иса́ть, ~и́снуть turn sour
прокла́д||ка láying; constrúction; ~ывать *см.* проложи́ть
проклама́ция léaflet
прокл||ина́ть, ~я́сть curse; ~я́тие 1. curse 2. *(восклицание)* damn(átion); ~я́тый cursed, damned
проколо́ть pierce
прокорми́ть keep; províde *(for)*; ~ся subsíst, live *(on)*
прокра́||дываться, ~сться steal *(into)*
прокурату́ра prósecutor's óffice
прокуро́р públic prósecutor
прокути́ть díssipate
пролега́||ть *(о дороге)* lie, run; доро́га ~ла че́рез по́ле the road lay *(или* ran*)* acróss a field
про́лежень bédsore
прол||еза́ть, ~е́зть get through; pénetrate *(проникнуть)*
пролёт 1. *(лестницы)* well 2. *(моста)* span
пролетариа́т proletáriat
пролета́р||ий proletárian; ~ии всех стран, соединя́йтесь! wórkers of the world, uníte!; ~ский proletárian; ~ская револю́ция proletárian revolútion
проле||та́ть, ~те́ть fly (past); *перен.* pass rápidly; fly past *(или* by*)*
проли́в strait(s), sound
пролива́ть *см.* проли́ть
проливно́й: ~ дождь póuring *(или* torréntial*)* rain
проли́ть spill; shed *(кровь, слёзы)* ◇ ~ свет throw light *(upon)*
проло́г prólogue
проложи́ть lay *(трубы)*; ~ доро́гу build a road; *перен.* pave the way *(for)*, blaze a trail ◇ ~ себе́ доро́гу make one's way in life
проло́м break
пролом||а́ть, ~и́ть break; проломи́ть че́реп frácture the skull
прома́тывать *см.* промота́ть
про́мах 1. miss 2. *(грубая ошибка)* blúnder
промахну́ться miss
промедле́ние deláy
промежу́т||ок ínterval, space; ~очный intermédiate

промелькну́ть 1. flash 2. *(о времени и т. п.)* fly by

променя́ть exchánge

промерза́ть, промёрзнуть freeze through

промока́тельн||ый: ~ая бума́га blótting-paper

пром||ока́ть, ~о́кнуть get wet; ~о́кнуть до косте́й get wet to the skin

промо́лвить útter, say

промолча́ть keep sílent

промота́ть squánder

промочи́ть wet thóroughly, drench, soak; ~ но́ги have wet feet

пром||това́рный: ~ магази́н stores *pl.*; department store *(амер.)*; ~това́ры (промы́шленные това́ры) manufáctured goods

промча́ться rush past *(мимо)*; fly by *(о времени)*

промыв||а́ние wáshing; báthing *(раны)*; ~а́ть wash; bathe *(рану)*

про́мыс||ел 1. *(ремесло)* trade; охо́тничий ~ húnting 2. *(предприятие):* ры́бные ~лы fishery *sg.;* соляны́е ~лы sált-mines

промысло́в||ый: ~ая коопера́ция prodúcers' co-operátion

промы́шлен||ник manufácturer, indústrialist; ~ность índustry; ~ный indústrial

пронести́ cárry *(by, past)*

пронести́сь rush past; fly by; пронёсся слух there was a rúmour

пронзи́тельный píercing

пронзи́ть run through, pierce

прон||иза́ть, ~и́зывать pierce (through); *перен.* pénetrate; ~и́зывающий píercing

проника́ть *см.* прони́кнуть

проникнове́нный full of féeling; pathétic; móving

прони́кнуть pénetrate; run through *(пройти насквозь)*; ~ся be imbúed *(with)*; be filled *(with)*

проница́тельный pénetrating

проноси́ть *см.* пронести́

проноси́ться *см.* пронести́сь

проны́рливый púshing, sly

проню́хать nose out

пропага́нд||а propagánda; ~и́ровать propagándize; ~и́ст propagándist

пропа||да́ть *см.* пропа́сть ⋄ где вы ~да́ли всё э́то вре́мя? where did you get to all this time?

пропа́жа loss; míssing thing *(пропавшая вещь)*

про́пасть 1. précipice; abýss 2. *разг.* *(множество)* a world *(of)*

пропа́||сть 1. be míssing *(о людях)*; be lost *(о вещах)*; ~вший без вести míssing 2. *(исчезнуть)* disappéar, vánish; die *(о чувствах и т. п.)* 3. *(погибнуть)* pérish, die; я ~л! I am lost, I am done for 4. *(пройти бесполезно)* be wásted

пропа́шка *с.-х.* cúltivating *(или* prepáring) (the soil) well

пропека́ть(ся) *см.* пропе́чь(ся)

пропе́ллер propéller

пропе́чь(ся) bake to a turn

пропива́ть *см.* пропи́ть

прописа́ть 1. *(лекарство и т. п.)* prescríbe, órder; ~ лека́рство write a prescríption 2. *(паспорт)* régister; ~ся have one's pássport régistered

пропи́ска *(паспорта)* vísa, registrátion

пропис||но́й: ~на́я бу́ква cápital létter; ~на́я и́стина cómmon truth, trúism

про́пись: писа́ть (ци́фры) ~ю write out (figures) in words

пропита́ние subsístence; зараба́тывать себе́ на ~ earn one's líving

пропита́ть sáturate *(with);* soak *(водой);* oil *(маслом);* ~ся be sáturated *(with),* be impregnated *(with)*

пропи́тывать(ся) *см.* пропита́ть(ся)

пропи́ть spend *(или* squánder) on drink

пропл||ыва́ть, ~ы́ть swim *(by, past, through; о человеке, животном);* sail *(by, past, through; о судне);* float *(by, past, through; о предмете);* он ~ы́л два киломе́тра he swam two kilométres

пропове́довать preach

про́поведь sérmon; préaching

пропо́лка *с.-х.* wéeding

прополоска́ть *см.* полоска́ть

пропорциона́льн||о *нареч.* in propórtion; ~ый propórtional; propórtionate *(соразмерный)*

пропо́рция propórtion

про́пуск 1. *(непосещение)* ábsence *(from)* 2. *(упущение)* lapse, omíssion 3. *(пробел)* blank, gap 4. *(документ)* pass; pérmit *(разрешение);* ~а́ть 1. *см.* пропусти́ть 2. *(насквозь)* let pass; leak *(течь);* ~но́й: ~на́я спосо́бность тра́нспорта cárrying capácity

пропусти́ть 1. *(кого-л. куда-л.)* let pass 2. *(поезд и т. п.)* miss 3. *(оста́вить без внима́ния)* omít ⋄ ~ ми́мо уше́й turn a deaf ear *(to)*

прораб||а́тывать, ~о́тать 1. *(изучать)*

211

stúdy, work *(at)* 2. *разг. (критиковать)* pick to pieces; ~отка *(изучение)* stúdy

прораст||а́ть, ~и́ gérminate; shoot; sprout *(давать ростки)*

прорва́ть break through; ~ся 1. burst ópen; break *(о нарыве)* 2. *(через что-л.)* break through

проре́з slot, slit

проре́з||а́ть, ~а́ть cut through; ~а́ться, ~а́ться *(о зубах)* cut

проре́ха rent, tear

проро́к próphet

пророни́ть útter; не ~ ни сло́ва not to útter a word

пророч||ество próphecy; ~ить próphesy

проруб||а́ть, ~и́ть cut through; break *(лёд)*

про́рубь íce-hole

проры́в break

прорыва́ть I см. проры́ть

прорыва́ть II см. прорва́ть; ~ся см. прорва́ться

проры́ть dig (through)

проса́чиваться см. просочи́ться

просверли́ть bore, drill

просве́т clear space ◊ без ~а without a ray *(или* gleam*)* of hope

просвети́тельный instrúctive; educátional

просвети́ть I enlíghten

просвети́ть II *мед.* X-ray

просвет||ле́ние enlíghtenment; ~ле́ть clear up; *перен.* bríghten up

просвечив||ание *мед.* radióscopy; ~ать 1. *см.* просвети́ть II 2. *(быть прозрачным)* be translúcent

просвещ||а́ть *см.* просвети́ть I; ~е́ние enlíghtenment; educátion *(образование)*; наро́дное ~е́ние públic educátion

про́седь: во́лосы с ~ю gréying hair

просе́ивать *см.* просе́ять

про́сека vísta

просёлочн||ый: ~ая доро́га cóuntry road

просе́ять sift

просиде́ть, проси́живать sit; ~ всю ночь за кни́гой sit up all night óver a book

проси́тель ápplicant

проси́ть 1. ask; demánd *(требовать)*; beg *(прощения и т. п.)* 2. *(приглашать)* invíte

просия́ть bríghten; *перен.* bríghten up

проска́кивать см. проскочи́ть

проска́льзывать, проскользну́ть slip in

проскочи́ть 1. rush by; slip past *(мимо)* 2. *(об ошибке и т. п.)* creep *(или* slip*)* in

просла́в||иться becóme fámous; ~ля́ть glórify; ~ля́ться см. просла́виться

проследи́ть trace, track; obsérve

прослези́ться shed a tear

прослойка láyer, seam; strátum *(тж. перен.)*

прослу́шать 1. *см.* слу́шать 2. *(не расслы́шать)* miss, fail to hear, not catch *(what is said)*

просла́ть be repúted *(for)*

просма́тривать *см.* просмотре́ть

просмо́тр examinátion *(документов и т. п.);* ~ спекта́кля séeing a play

просмотре́ть 1. *(книгу, рукопись и т. п.)* look through 2. *(пропустить)* miss, overlóok

просну́ться wake up, awáke

про́со míllet

просо́вывать *см.* просу́нуть

просо́хнуть get dry

просо́хший dried

просочи́ться leak *(наружу);* pénetrate *(проникнуть)*

проспа́ть 1. *(до)* sleep through till 2. *(пропустить)* oversléep; miss by oversléeping

проспе́кт *(улица)* ávenue

проспо́рить *разг. (проиграть)* lose a bet

просро́ченный overdúe

просро́ч||ивать, ~ить: ~ упла́ту fall behínd with páyment(s); па́спорт ~ен the pássport has expíred; ~ка deláy

проста́к símpleton

просте́нок *(между окнами)* pier, space betwéen the wíndows

простира́ться stretch

прости́ту||тка próstitute, stréet-walker; ~ция prostitútion

прости́ть forgíve; excúse *(извинить)*

прости́ться say góod-býe *(to),* take leave *(of)*

про́сто 1. *нареч.* símply 2. *предик. безл.* it is simple; that's éasy

простоду́шный simple-héarted

прост||о́й I *прил.* 1. simple; éasy *(нетрудный)* 2. *(обыкновенный)* cómmon, órdinary; ~ые лю́ди cómmon péople 3.: ~о́е предложе́ние *грам.* simple séntence; ~о́е число́ *мат.* prime númber ◊ ~ым гла́зом with the náked eye

просто́й II *сущ.* 1. stánding idle 2.: пла́та за ~ *(вагона, судна)* demúrrage

простоква́ша sour milk
просто́р spáciousness; space, scope (раздолье); дать ~ своему́ воображе́нию give rein(s) to one's imagination; ~но *предик. безл.* there is plenty of room; ~ный spácious; róomy (*вместительный*)
простосерде́чный simple-héarted; frank (*откровенный*)
простота́ simplicity
простра́нный 1. (*обширный*) exténsive, vast 2. (*многословный*) diffúse, verbóse
простра́нство space; área (*площадь*); косми́ческое ~ (óuter) space
прострели́ть shoot through
просту́||да cold, chill; ~ди́ть (*кого-л.*) let smb. catch cold; ~ди́ться catch cold; ~жа́ть(ся) *см.* простуди́ть(ся)
просту́пок fault; offénce
просты́нь sheet
просу́нуть push through
просу́ш||ивать, ~и́ть dry; ~ка drýing
просуществова́ть exist
просч||ита́ться, ~и́тываться miscálculate
просы́пать spill
просыпа́ть *см.* проспа́ть 1; ~ся *см.* просну́ться
просыха́ть *см.* просо́хнуть
про́сьба request; у меня́ к вам ~ I want to ask you a fávour; ~ не шуме́ть! silence, please!
прота́лкивать *см.* протолкну́ть; ~ся *см.* протолка́ться
прота́пливать *см.* протопи́ть
прота́||скивать, ~щи́ть pull through; drag through
проте́з artificial limb; зубно́й ~ set of false teeth; ~ный orthopáedic
протека́||ть 1. (*о реке*) flow 2. (*просачиваться*) leak 3. (*о времени*) elápse 4. (*о процессе и т. п.*) procéed; боле́знь ~ет норма́льно the illness is táking its nórmal course
проте́кция pátronage
протере́ть 1. (*вытереть*) wipe (dry) 2. (*сквозь решето*) rub (through)
проте́ст prótest; ~ова́ть protést, remónstrate
проте́чь *см.* протека́ть 2, 3, 4
про́тив *предл.* 1. against 2. (*напротив*) ópposite 3. (*вопреки*) cóntrary to ◊ я ничего́ не име́ю ~ I have nóthing agáinst it; вы ничего́ не име́ете ~? do you mind?
про́тивень róasting pan
проти́виться oppóse, object (*to*); resist (*сопротивляться*)

проти́вник 1. oppónent; ádversary (*соперник*) 2. (*враг*) énemy
проти́вный I (*неприятный*) disgústing, násty (*о пище и т. п.*)
проти́вн||ый II (*противоположный*) ópposite, cóntrary; в ~ом слу́чае óthewise
противове́с cóunterweight
противовозду́шн||ый ánti-áircraft; ~ая оборо́на ánti-áircraft defénce
противога́з gás-mask
противоде́йств||ие counteráction; ~овать counteráct
противоесте́ственный unnátural
противозако́нный illégal
противополо́жн||ость cóntrast, ópposite; пряма́я ~ diréct ópposite; ~ый 1. cóntrary 2. (*о стороне и т. п.*) ópposite
противопоста́в||ить oppóse; ~ле́ние opposition; contrásting; ~ля́ть *см.* противопоста́вить
противоре́ч||и́вый contradíctory; inconsístent (*непоследовательный*); ~ие contradíction; cónflict (*столкновение*); ~ить contradíct; run cóunter (*to*)
противостоя́ть resist
противоя́дие ántidote
протира́ть *см.* протере́ть
проткну́ть pierce
протоко́л minutes *pl.*; récord (*заседания суда*); вести́ ~ keep the mínutes
протолк||а́ться force one's way through; ~ну́ть push through
протопи́ть heat
проторённ||ый béaten; ~ая доро́жка béaten track
прототи́п prótotype
прото́чный flówing; rúnning
проту́хнуть becóme foul (*или* rótten)
протыка́ть *см.* проткну́ть
протя́гивать *см.* протяну́ть
протяже́ни||е exténi, stretch; на ~и пяти́ киломе́тров for the space of five kilométres; на ~и пяти́ дней for five days
протя́жн||о *нареч.:* говори́ть ~ drawl; ~ый (*о речи и т. п.*) dráwling
протяну́ть 1. (*натянуть*) stretch 2. (*ру́ку*) stretch out (*for*), reach out (*for* — *за чем-л.*); hold out (*для пожатия*) 3. (*подать*) óffer, hold out
проучи́ть give a good lésson
профессиона́льный proféssional; ~ сою́з trade únion
профе́ссия proféssion
профе́сс||ор proféssor; ~у́ра 1. (*звание*) proféssorship 2. (*собир.*) proféssorate
профила́кт||ика prophyláctic (*или*

preventive) measures *pl.*; ~и́ческий prophylа́ctic

про́филь prо́file

профко́м (профсою́зный комите́т) lо́cal trаde-union committee

профсою́з trade únion; ~ный trаde--union *attr.*; ~ный биле́т trаde-union card

прохла́д||а cо́olness, frеshness; ~и́тельный refrеshing; ~и́тельные напи́тки soft drinks; ~ный cool; fresh

прохо́д pа́ssage; ~ закры́т no pа́ssage ◇ от него́ ~у нет he is а́lways in the way *(или* pеstering one)

проходи́мец *разг.* rogue

проходи́ть *см.* пройти́

проходно́й: ~ двор a yard with a thrо́ugh-passage

прохо́жий *сущ.* pа́sser-by

процвет||а́ние prospе́rity; ~а́ть prо́sper

процеди́ть filter; strain; pе́rcolate

процеду́р||а procе́dure; суде́бная ~ lе́gal *(или* court) proceedings *pl.*; лече́бные ~ы mе́dical trе́atment *sg.*

проце́живать *см.* процеди́ть

проце́нт 1. percе́ntage; per cent 2. *(с капита́ла)* interest

проце́сс 1. prо́cess 2. *юр.* trial; case, lа́w-suit

проце́ссия procе́ssion; похоро́нная ~ fúneral procе́ssion

проче́сть read

про́ч||ий 1. *прил.* о́ther 2. *как сущ.:* и ~ее et cе́tera *(сокр.* etc.); все ~ие the rest

прочи́стить clean

прочита́ть read

прочища́ть *см.* прочи́стить

про́чн||о *нареч.* firmly, sо́lidly, well; ~ый firm, sо́lid, dúrable; stable *(усто́йчивый);* ~ый мир lа́sting peace

прочу́вствовать feel kе́enly

прочь *нареч.* awа́y!; off!; поди́те ~! off you go!, be off with you!; ру́ки ~! hands off!; ~ с глаз мои́х! get out of my sight! ◇ я не ~ *разг. (в ответ на вопрос)* I wouldn't mind; I don't mind if I do

проше́дшее *как сущ.* the past

проше́дш||ий past; last *(после́дний);* ~ее вре́мя *грам.* the past tense

проше́ние petition

прошепта́ть whisper

проше́стви||е: по ~и а́fter the lapse *(of)*

проши́вка lace insе́rtion *(in a dress)*

прошлого́дний last year's

про́шл||ое *сущ.* the past; ~ый past; last *(после́дний)*

проща́й(те) gо́od-bуе

проща́||льный pа́rting; farewе́ll *attr.*; ~ние farewе́ll; pа́rting *(расстава́ние)*

проща́ть *см.* прости́ть

проща́ться *см.* прости́ться

проще́ни||е forgiveness, pа́rdon

прощу́п||ать, ~ывать feel

проявл́итель *фото* devе́loper

прояв||и́ть 1. show, displа́y; ~ забо́ту displа́y solicitude 2. *фото* devе́lop; ~ле́ние displа́y, manifestа́tion; ~ля́ть *см.* прояви́ть

проясн||и́ться, ~я́ться clear up; *перен.* brighten up

пруд pond

пружи́н||а spring; ~ный spring *attr.*

прут twig

пры́г||ать, ~нуть jump, leap; hop *(на одно́й ноге́)*

прыжо́к jump, leap; ~ с парашю́том pа́rachute jump

пры́ткий *разг.* quick, smart

прыть: во всю ~ as fast as one can

прыщ(и́к) pimple

пряди́ль||ный spinning; ~щик spinner

прядь lock *(of hair)*

пря́жа yarn, thread

пря́жка buckle, clasp

пря́лка distaff *(ручна́я);* spinning-wheel *(с колесо́м)*

пря́мо *нареч.* 1. straight 2. *(открове́нно)* frа́nkly

прямоду́шие frа́nkness, straightfо́rwardness

прям||о́й 1. straight 2. *(без переса́док и т. п.)* through; по́езд ~о́го сообще́ния through train 3. *(непосре́дственный)* dirе́ct 4. *(открове́нный)* frank; sincе́re *(и́скренний)* ◇ ~а́я речь *грам.* dirе́ct speech; ~ у́гол *мат.* right angle

прямолине́йный straightfо́rward

прямота́ dirе́ct mа́nner

прямоуго́льн||ик rе́ctangle; ~ый rectа́ngular

пря́ник cake; hо́ney cake *(медо́вый)*

пря́ность spice

прясть spin

пря́т||ать hide; concе́al *(скрыва́ть);* ~аться hide; ~ки hide-and-sе́ek *sg.*

псевдони́м pséudonym; pе́n-name *(литерату́рный)*

психиа́тр psychiatrist; ~ия psychiatry

пси́х||ика psychо́logy; ~и́ческий mе́ntal; ~о́з psychо́sis

психо́||лог psychо́logist; ~логи́ческий psychological; ~ло́гия psychо́logy

птене́ц nestling
пти́ца bird; дома́шняя ~ *собир.* poultry
птицево́дство poultry-keeping
пти́ч||ий bird's; poultry *attr.*; ~ двор poultry run ◇ вид с ~его полёта bird's-eye view
пу́блика public; audience (*в театре и т. п.*)
публи́чный public
пу́гало scarecrow
пуга́ть frighten; ~ся be frightened
пугли́вый fearful; timid (*робкий*)
пу́говица button
пу́др||а powder; ~еница powder-case; ~ить powder; ~иться powder oneself
пузырёк 1. (*бутылочка*) phial 2. (*воздуха*) bubble
пузы́рь 1. bubble 2. (*от ожога*) blister 3. *анат.* bladder
пук bunch (*цветов*); bundle (*прутьев*); bundle, wisp (*соломы*)
пулемёт machine-gun; ~ный machine-gun *attr.*; ~ный ого́нь machine-gun fire; ~чик machine-gunner
пульс pulse; ~а́ция pulsation
пульси́ровать pulse
пу́||ля bullet; град ~ль hail of bullets
пункт 1. point 2. (*место*) station; медици́нский ~ dispensary; *воен.* first aid point (*или* station); призывно́й ~ recruiting station 3. (*параграф*) item; по всем ~ам at all points
пункти́р dotted line; начерти́ть ~ом dot
пунктуа́льный punctual
пунктуа́ция *грам.* punctuation
пунцо́вый crimson
пупови́на *анат.* umbilical cord
пупо́к navel
пурга́ snow-storm, blizzard
пу́рпур purple
пурпу́ровый purple
пуск starting (*завода и т. п.*); setting in motion (*машины и т. п.*)
пуска́й передаётся через форму гл. let (+*inf.*); ~ он идёт let him go
пуска́ть(ся) *см.* пусти́ть(ся)
пусте́ть become empty; become deserted (*становиться безлюдным*)
пусти́ть 1. let go; set free (*дать свободу*) 2. (*впустить*) let in 3. (*позволить*) permit 4. (*машину*) set in motion; set up (*завод*) ◇ ~ слух spread a rumour; ~ся start; ~ся бежа́ть start running; ~ся в путь set off
пустова́ть stand empty; lie fallow (*о земле*)

пуст||о́й 1. empty; hollow (*полый*); uninhabited (*нежилой*); vacant (*незанятый*) 2. (*бессодержательный*) idle (*о разговоре*); shallow (*о человеке*) 3. (*неосновательный, напрасный*) vain, ungrounded; ~ые слова́ mere words; ~а́я отгово́рка lame excuse
пустота́ 1. emptiness 2. *физ.* vacuum
пусты́нный deserted; uninhabited (*необитаемый*)
пусты́ня desert
пусты́рь waste ground
пусть *см.* пуска́й
пустя́к trifle
пустяко́вый, пустя́чный trifling
пу́та||ница confusion; ~ть confuse
путёвка permit; card of admission
путеводи́тель guide-book
путём *предл.* by means of
путеше́ств||енник traveller; ~ие journey; voyage (*по морю*); ~овать travel; voyage (*по морю*)
пути́на fishing season
пут||ь 1. road, way; во́дным ~ём by water; ~и́ сообще́ния means of communication 2. (*путешествие*) journey; по ~и́ on the way; на обра́тном ~и́ on the way back; в трёх днях ~и́ three days' journey away (*from*) 3. (*способ*) means, way; ми́рным ~ём peacefully 4. (*направление развития*) way, path ◇ стоя́ть на чьём-л. ~и́ be in smb.'s way
пух down ◇ разби́ть в ~ и прах *разг.* rout completely
пу́хлый plump; chubby
пу́хнуть swell
пухо́вка powder-puff
пухо́вый made of down, down *attr.*
пучи́на gulf; морска́я ~ the deep
пучо́к 1. small bunch; wisp (*сена, соломы*) 2. (*причёска*) bun, knot
пу́шечн||ый gun *attr.*; ~ая пальба́ cannonade; ~ое мя́со cannon fodder
пуши́нка fluff
пуши́стый downy, light, fluffy
пу́шка gun
пушн||и́на furs *pl.*; ~о́й: ~о́й зверь fur-bearing animal
пчел||а́ bee; ~ово́д bee-master; ~ово́дство bee-keeping
пче́льник apiary
пшени́||ца wheat; ~чный wheaten
пшённый millet *attr.*
пшено́ millet
пыл ardour; passion; в ~у́ сраже́ния in the heat of battle

ПЫЛ

пыла́ть 1. flame, blaze; be on fire *(о доме и т. п.)*; *перен.* glow 2. *(любовью и т. п.)* burn *(with)*; ~ гне́вом be in a rage

пылесо́с vácuum cléaner

пы́лкий árdent; pássionate *(страстный)*

пыль dust ◇ пуска́ть ~ в глаза́ throw dust in smb.'s eyes *(обмануть)*; ~ный dústy

пыльца́ *бот.* póllen

пыта́ть *(мучить)* tórture

пыта́ться atté́mpt, try

пы́тка tórture; tórment *(моральная)*

пытли́вый inquísitive, séarching, keen

пыхте́ть pant, puff

пы́ш||ность spléndour, magníficence; ~ный 1. *(роскошный)* magníficent 2. *(о растительности)* rich, luxúriant

пьедеста́л pédestal

пье́са 1. *театр.* play 2. *муз.* piece

пьяне́ть show the influence of drink

пья́н||ица drúnkard; ~ство hard drínking; ~ствовать drink hard; ~ый drunk, típsy

пюпи́тр *(для нот)* músic stand; réading desk

пюре́ purée; карто́фельное ~ mashed potátoes *pl.*

пядь (finger) span; *перен.* inch

пя́льцы círcular embróidery-frame *sg.*

пята́ heel

пята́к, пятачо́к *разг.* five-copeck coin

пятёрка 1. five 2. *разг. (пять рублей)* five-rouble note 3. *(отметка)* éxcellent

пя́теро five; нас бы́ло ~ there were five of us

пятидеся́тый fíftieth

пятиконе́чн||ый: ~ая звезда́ fíve-pointed star

пятиле́т||ка *(пятилетний план)* fíve-year plan; ~ний fíve-year *attr.*; fíve-year-óld *(о возрасте)*

пятисо́тый fíve-húndredth

пя́титься move báckward(s); back, revérse

пятиуго́льник *геом.* péntagon

пя́тк||а heel ◇ у него́ душа́ в ~и ушла́ his heart sank, his heart leapt into his mouth

пятна́дца||тый fiftéenth; ~ть fiftéen

пятни́стый spótted; ~ оле́нь spótted deer

пя́тница Fríday

пятно́ stain; spot *(тж. перен.)*; роди́мое ~ birth-mark

РАВ

пято́к *разг.* five

пя́тый fifth

пять five

пятьдеся́т fífty

пятьсо́т five húndred

пя́тью *нареч.* five times

Р

раб slave

рабовладе́льческий sláveówning, slávehólding

раболе́п||ие servílity; ~ный sérvile; ~ствовать *(перед) прям., перен.* cringe *(to)*

рабо́т||а *в разн. знач.* work; обще́ственная ~ sócial work; дома́шняя ~ hóusework; hómework *(задание)*; ~ать 1. work; ~ать над чем-л. work at *(или* on) smth.; заво́д ~ает непреры́вно the fáctory runs 24 hours a day 2. *(быть открытым)* be ópen

рабо́тни||к wórker; cásual wórker *(подённый)*; ~ца wóman wórker; дома́шняя ~ца (doméstic) sérvant; hóusemaid; help *(амер.)*

работоспосо́бн||ость capácity for work; ~ый efficient, hárd-wórking

рабо́тящий indústrious

рабо́чий I *сущ.* wórker

рабо́ч||ий II *прил.* wórking; wórker's; ~ее движе́ние lábour móvement; ~ день wórking day, wórkday ◇ ~ая си́ла lábour force, mánpower

ра́б||ский 1. slave *attr.*; ~ труд slave lábour 2. *перен.* sérvile, slávish; ~ство slávery; servitude

ра́венство equálity

равне́ние *воен.*: ~ напра́во! eyes right!

равни́на plain

равно́ *нареч.* équally ◇ мне всё ~ I don't mind; it is all the same to me

равнобе́дренный *мат.* isósceles

равнове́сие equilíbrium; bálance; потеря́ть ~ lose one's bálance; привести́ в ~ bálance

равноде́йствующая *физ., мат.* resúltant (force)

равноде́нствие équinox

равноду́ш||ие indífference; ~ный indífferent

равнозна́ч||ащий, ~ный equívalent

равноме́рный éven; úniform

равнопра́в||**ие** equality of rights; **~ный** enjóying équal rights

равноси́льный 1. équal in strength 2. equivalent

ра́вн||**ый** équal; **~ым о́бразом** équally, similarly

равня́ть 1. équalize, make équal 2. (*сравнивать*) compáre (*with*); **~ся** 1. compéte 2. *мат.* be équal (*to*)

рад *предик.:* **я ~** I am glad

ра́ди *предл.* for the sake (*of*); **~ меня́** for my sake; **чего́ ~?** what for?

радиа́тор rádiator

ра́дий *хим.* rádium

радика́льный rádical

ра́дио rádio, wíreless; **передава́ть по ~** bróadcast; **слу́шать ~** listen to the rádio, listen in

ра́дио||**акти́вность** rádio-actívity; **~акти́вный** rádio-áctive; **~акти́вное зараже́ние** rádio-áctive contaminátion

ра́дио||**веща́ние** bróadcasting; **~гра́мма** rádiogram, wireless méssage; **~люби́тель** rádio ámateur; wíreless (*или* rádio) fan *разг.*; **~переда́ча** bróadcast; **~приёмник** wíreless set; rádio recéiver; **~связь** rádio communicátion; **~сеть** rádio nétwork; **~сигна́л** rádio signal; **~слу́шатель** listener; **~ста́нция** bróadcasting (*или* rádio) státion; **~устано́вка** rádio (apparátus)

радиофи||**ка́ция** installátion of rádio; **~ци́ровать** install rádio (*in*); **~ци́роваться** be províded (*или* equípped) with rádio

ради́ст rádio (*или* wíreless) óperator

ра́диус rádius

ра́д||**овать** make glad, gládden; **~оваться** be pleased, be glad; **~остный** glad, jóyful; **~ость** joy, gládness; **с ~остью** with joy; **от ~ости** for joy

ра́ду||**га** ráinbow; **~жный** iridéscent; *перен.* chéerful, gay

раду́ш||**ие** cordiálity; **~ный** córdial; **~ный приём** héarty wélcome

раз I *сущ.* 1. time; **оди́н ~** once; **в друго́й ~** anóther time; **ещё ~** once agáin, once more 2. (*при счёте*) one ◇ **~ и навсегда́** once and for all; **э́то как ~ то, что мне ну́жно** this is exáctly what I need

раз II *союз* since; **~ вы того́ хоти́те** if that is what you want; **~ так е́сли so**, if that is the case

разба́в||**ить**, **~ля́ть** dilúte

разбаза́ри||**вать**, **~ть** *разг.* waste, squánder

разба́лтывать *см.* **разболта́ть**

разбе́г rúnning start

разбега́ться *см.* **разбежа́ться**

разбежа́||**ться** 1. (*перед прыжком*) run 2. (*в разные стороны*) scátter ◇ **у меня́ глаза́ ~ли́сь** I was dázzled

разбива́ть(ся) *см.* **разби́ть(ся)**

разби́вка (*сада и т. п.*) láying out

разбинт||**ова́ть**, **~о́вывать** remóve (*или* undó) a bándage

разбира́тельство *юр.* héaring

разбира́ть(ся) *см.* **разобра́ть(ся)**

разби́ты||**й** bróken ◇ **чу́вствовать себя́ ~м** feel whacked

разби́ть 1. break 2. (*ушиби́ть*) hurt; frácture (*сильно*) 3. (*неприятеля*) deféat 4. (*разделить*) divíde, split 5.: **~ пала́тку** pitch a tent; **~ ла́герь** set up a camp 6. (*парк, сад*) lay out; **~ся** 1. break, be bróken; crash (*о самолёте*) 2. (*ушиби́ться*) hurt onesélf 3. (*разделиться*) break up (*into*)

разбогате́ть get rich

разбо́й róbbery; **~ник** róbber, gánster, bándit; **~ничий** róbber's; **~ничья ша́йка** gang of róbbers

разболе́||**ться:** **у него́ ~лась голова́** he has (got) a héadache

разболта́ть divúlge, give awáy

разбомби́ть bomb (out); destróy by bómbing

разбо́р análysis; *грам.* pársing; **крити́ческий ~** crítical análysis; **~ де́ла** (*в суде*) héaring ◇ **без ~а** indiscríminately

разбо́рн||**ый:** **~ые дома́** préfabricated hóuses

разбо́рчив||**ость** 1. (*в средствах*) scrúpulousness; fastídiousness (*привередливость*) 2. (*почерка*) legibílity; **~ый** 1. (*в средствах*) scrúpulous; fastídious (*привередливый*) 2. (*о почерке*) légible

разбра́сывать *см.* **разброса́ть**

разбре||**да́ться**, **~сти́сь** dispérse

разбро́санный dispérsed, scáttered; **sparse** (*о населении*)

разброса́ть scátter, throw abóut

разбуди́ть wake; wake up, call; **когда́ вас ~?** when shall I call you?; **разбуди́те меня́ в 7 часо́в** wake me at séven

разбуха́ть, **разбу́хнуть** swell

разбушева́||**ться** rage; storm; **мо́ре ~лось** the sea was rúnning high

развал disórder, cháos

разва́ливать(ся) *см.* **развали́ть(ся)**

разва́лины ruins

развали́ть break (*или* pull) down; *перен.* disórganize; **~ся** 1. fall to píeces,

collápse; *перен.* go to pieces 2. *(сидеть развалившись)* sprawl
ра́зве *частица* 1. *(при вопросе)* réally; ~ вы не зна́ете? don't you know? 2.: ~ то́лько unléss
развева́ться flútter, fly
разве́дать find out, invéstigate
разведе́ние bréeding *(животных)*; cultivátion *(растений)*
разведённый *(о супругах)* divórced
разве́д||ка 1. intélligence (sérvice) 2. *воен.* recónnaissance, intélligence; возду́шная ~ air recónnaissance; идти́ в ~ку reconnóitre 3. *горн.* prospécting; ~чик 1. intélligence ófficer 2. *воен.* scout; recónnaissance ófficer 3. *горн.* prospéctor; ~ывать *см.* разве́дать
развезти́ delíver *(о товарах и т. п.)*; ~ всех по дома́м drive éveryone home
разве́ивать *см.* разве́ять
развенча́ть *разг.* debúnk
разверну́ть 1. *(раскрыть)* únfold, ópen; únwrap; ~ паке́т únwrap *(или* úndó*)* a párcel; ~ газе́ту únfold the páper 2. *(развить)* devélop; ~ся 1. becóme únwrápped; únfold 2. *(развиться)* have scope to devélop; get góing *(о кампании и т. п.)*
развёртывать(ся) *см.* разверну́ть(ся)
развесели́ть, ~ся cheer up, brighten
разве́систый bránching, spréading
разве́сить I *(на весах)* weigh out
разве́сить II *(картины и т. п.)* hang; hang out *(бельё и т. п.)*
развесно́й sold by weight
развести́ I 1. *(куда-л.)* take, condúct; séparate *(в разные стороны)*; ~ мост raise a bridge; ópen a bridge *(понтонный)* 2. *(разбавить)* dilúte 3. *(супругов)* divórce ◇ ~ ого́нь light *(или* kindle*)* a fire; ~ рука́ми throw up one's hands, make a hélpless gésture
развести́ II *(животных, птиц)* breed, rear; cúltivate *(растения)*; ~ сад put down *(или* lay out*)* a gárden
развести́сь I *(расторгнуть брак)* divórce
развести́сь II *(расплодиться)* prolíferate, múltiply
разветвл||е́ние bránching; ~я́ться branch
разве́шивать I, II *см.* разве́сить I, II
разве́ять dispérse; dispél *(тоску и т. п.)*
развива́ть(ся) *см.* разви́ть(ся)
развинти́ть, разви́нчивать únscréw

разви́||тие devélopment; prógress; ~ культу́рных свя́зей promótion *(или* exténsion*)* of cúltural relátions; ~то́й 1. devéloped 2. *(о человеке)* intélligent; ~ть, ~ться devélop
развле||ка́ть(ся) *см.* развле́чь(ся); ~че́ние amúsement; entertáinment *(зрелище и т. п.)*
развле́чь amúse; distráct *(from; отвле́чь)*; ~ся amúse onesélf, have fun
разво́д *(супругов)* divórce; ~и́ть I, II *см.* развести́ I, II; ~и́ться I, II *см.* развести́сь I, II
разводно́й: ~ мост dráwbridge; pontóon bridge *(понтонный)*
развози́ть *см.* развезти́
разволнова́ться becóme ágitated
развора́чивать *см.* разверну́ть
развра́т léchery; ~и́ть corrúpt, deprave; ~нича́ть lead a loose life; ~ный lécherous; loose
развраща́ть *см.* разврати́ть
развяза́ть úntie, únbind ◇ ~ войну́ únleash a war; ~ся come úndóne *(или* úntied*)* ◇ ~ся с кем-л. be quit of smb.
развя́зк||а dénouement *(драмы)*; óutcome *(дела)*; де́ло идёт к ~е the affáir is cóming to a head; неожи́данная ~ unexpécted óutcome
развя́зный óver-frée, brash
развя́зывать(ся) *см.* развяза́ть(ся)
разгада́ть solve, guess, puzzle out
разга́дка 1. guéssing, púzzling out 2. *(загадки)* ánswer
разга́дывать *см.* разгада́ть
разга́р climax; в ~е ле́та at the height of súmmer; рабо́та в по́лном ~е work is in full swing
разгиба́ть(ся) *см.* разогну́ть(ся)
разглаго́льствовать *разг.* talk on and on
разгла́||дить, ~живать 1. smooth out 2. *(утюгом)* íron out, press
разгла||си́ть, ~ша́ть divúlge
разгляде́ть make out, récognize
разгля́дывать exámine, view
разгне́в||анный incénsed, infúriated; ~аться be infúriated
разгова́ривать speak *(to, with)*; talk *(to, with)*
разгово́р talk, conversátion; ~ник: ~ник ру́сского языка́ Conversátional Rússian (téxtbook); ~ный collóquial; ~чивый tálkative, loquácious
разго́н 1. *(разбег)* start, moméntum 2. *(толпы)* dispérsal; ~я́ть *см.* разогна́ть

разгора́живать *см.* разгороди́ть
разгор||а́ться, ~е́ться flare up, flame up ◇ стра́сти ~е́лись passions flared up
разгороди́ть partition
разгорячённый heated; flushed
разгорячи́ться get hot; get excited
разгра́бить plunder, pillage
разгран||иче́ние delimitation, demarcation; ~и́чивать, ~и́чить delimit, demarcate
разграф||и́ть, ~ля́ть rule
разгре||ба́ть, ~сти́ rake
разгро́м *воен.* rout, defeat; devastation *(опустошение)*; ~и́ть rout, defeat
разгружа́ть(ся) *см.* разгрузи́ть(ся)
разгрузи́ть unload; ~ся be unloaded
разгру́зка unloading
разгрыза́ть, разгры́зть bite *(редиску и т. п.);* crack *(орех)*
разгу́л revelry, debauch
разгу́ливать walk *(или* stroll) about; ~ся *см.* разгуля́ться
разгу́льный dissolute
разгуля́||ться *(о погоде)* clear up; день ~лся the day has turned fine
раздава́ть *см.* разда́ть
раздава́ться *см.* разда́ться
раздави́ть crush, smash; run down *(переехать)*
разда́ть distribute, give out
разда́ться *(о звуке)* be heard, resound, ring (out)
разда́ча distribution
раздва́иваться *см.* раздвои́ться
раздв||ига́ть, ~и́нуть move apart
разд||вое́ние bifurcation; ~во́енный forked; ~вои́ться fork; bifurcate
раздева́||лка *разг.* cloak-room; ~ть(ся) *см.* разде́ть(ся)
разде́л 1. *(разделение)* division 2. *(отдел)* section; part *(в книге);* issue *(в документе)*
разде́латься 1. be quit *(of),* be through *(with)* 2. *(свести счёты)* be quits *(with),* give as good as one gets
раздел||е́ние division; ~ труда́ division of labour; ~и́ть 1. divide; separate *(разъединить)* 2. *(участь, мнение)* share; ~и́ться divide, be divided *(into)*
разде́льн||о *нареч.* 1. *(отдельно)* separately, apart 2. *(отчётливо)* distinctly; ~ый 1. *(отдельный)* separate 2. *(отчётливый)* distinct
разделя́ть(ся) *см.* раздели́ть(ся)
разде́ть(ся) undress
раздир||а́ть 1. *см.* разодра́ть 2. *(ду-
шу, сердце)* rend; ~а́ющий: ~а́ющий ду́шу крик heart-rending cry
раздоб||ыва́ть, ~ы́ть get, find
раздо́лье 1. *(простор)* expanse 2. *(свобода)* room to enjoy oneself *(в лесу и т. п.)*
раздо́р discord; се́ять ~ sow discord
раздоса́довать vex
раздраж||а́ть irritate; ~а́ться lose one's temper; ~е́ние temper, irritation; в ~е́нии in a temper; ~и́тельный irritable; ~и́ть(ся) *см.* раздража́ть(ся)
раздразни́ть tease
раздроб||и́ть, ~ля́ть break, smash to pieces, crush *(down)*
раздува́ть(ся) *см.* разду́ть(ся)
разду́м||ать change one's mind; ~ывать 1. *(размышлять)* ponder *(over)* 2. *(колебаться)* hesitate
разду́мье thoughtful mood; hesitation *(колебание);* в глубо́ком ~ deep in thought
разду́ть 1. *(огонь)* fan *(тж. перен.)* 2. *(преувеличить)* exaggerate; ~ся swell; щека́ разду́лась have a swollen cheek
развева́ть *см.* рази́нуть
разжа́лобить wake smb.'s pity, move smb. to pity
разжа́ловать degrade
разжа́ть open, unclasp
разжева́ть, разжёвывать chew, masticate; э́то мя́со тру́дно ~ this meat is tough *(или* hard to chew)
разж||е́чь, ~ига́ть kindle *(тж. перен.);* light up
разжима́ть *см.* разжа́ть
разжире́ть grow fat
рази́нуть open; ~ рот gape
рази́ня *разг.* scatter-brain
рази́тельный striking
разлага́ть *см.* разложи́ть 2, 3; ~ся *см.* разложи́ться
разла́д discord
разла́мывать *см.* разлома́ть
разлеза́ться, разле́зться *разг.* unravel; его́ ту́фли разле́злись his shoes are falling to bits
разлени́ться grow (very) lazy
разле||та́ться, ~те́ться 1. fly away *(прочь);* fly about *(вокруг);* ~ на куски́ be smashed to smithereens 2. *(о надеждах и т. п.)* vanish, be lost
разле́чься sprawl; ~ на траве́ stretch oneself out on the grass
разли́в flood, overflow; ~а́ть(ся) *см.* разли́ть(ся)

разли́ть 1. (*пролить*) spill 2. (*вино, чай и т. п.*) pour out; ~ся 1. (*о реке*) overflow 2. (*пролиться*) spill

различа́ть см. различи́ть

различ||и́е difference; distinction; ~и́ть distinguish, discern; я не могу́ их ~и́ть I can't tell one from another; ~ный 1. different 2. (*разнообразный*) diverse, various

разлож||е́ние 1. decomposition, decay 2. (*упадок*) decay; corruption, demoralization (*деморализация*); мора́льное ~ moral depravity; ~и́вшийся rotten; demoralized, corrupted (*деморализованный*)

разложи́ть 1. lay out; spread (*расстели́ть*); distribute (*распредели́ть*) 2. (*на составные части*) decompose 3. (*деморализовать*) demoralize, corrupt ◊ ~ костёр light a bonfire (*или* a campfire); ~ся 1. (*сгнить*) decompose; decay 2. (*деморализоваться*) become corrupted

разлома́ть break up (*или* in pieces); ~ся break (*или* go) to pieces

разломи́ть(ся) см. разлома́ть(ся)

разлу́||ка separation; parting (*расставание*); ~ча́ть(ся) см. разлучи́ть(ся); ~чи́ть separate, part (*from*); ~чи́ться separate

разлюби́ть be (*или* fall) out of love, cease to love (*кого-л.*); stop caring for (*что-л.*)

разма́зать, разма́зывать spread

разма́лывать см. размоло́ть

разма́тывать см. размота́ть

разма́х 1. span (*крыла самолёта*); sweep (*косы́, весла́*) 2. (*о деятельности и т. п.*) scope, range; ~ивать swing; brandish (*палкой*); ~ивать руками gesticulate; ~ну́ться lift one's hand, swing one's arm

размежева́ние delimitation

размежева́ться fix boundaries; *перен.* define spheres of action

размельч||а́ть, ~и́ть crush into pieces

разме́нн||ый: ~ая моне́та change, small coin

разменя́ть (*деньги*) change

разме́р 1. (*величина, масштаб*) dimensions *pl.*; size (*об одежде, обуви*); э́то не мой ~ this is not my size 2. (*о зарплате, налогах*) rate 3. (*стиха*) metre 4. *муз.* beat; measure (*амер.*)

разме́р||енный measured; ~ить, ~ять 1. measure off 2. *перен.* measure; ~ить свои́ си́лы measure one's strength

размест||и́ть place; lay out; quarter, billet (*о войсках*); ~и́ться 1. be accommodated; be placed; be billeted (*о войсках*) 2. (*усесться*) take seats

размета́ть sweep away

разме́||тить, ~ча́ть mark, set a mark

размеша́ть, разме́шивать stir

размеща́ть(ся) см. размести́ть(ся)

размини́ровать clear of mines

размину́ться *разг.* miss each other

размно||жа́ть(ся) см. размно́жить(ся); ~же́ние 1. duplicating (*о документах и т. п.*) 2. *биол.* reproduction

размно́жить duplicate, mimeograph (*о документах и т. п.*); ~ся breed, multiply

размозжи́ть smash

размо́лвка tiff, misunderstanding

размоло́ть grind; mill

размота́ть unwind

размочи́ть soak

размы́||в erosion; ~ва́ть, ~ть wash away; erode

размышл||е́ние reflection; по зре́лом ~е́нии on mature reflection; ~я́ть reflect (*on*), meditate (*on*); ponder (*over*)

размягч||а́ть см. размягчи́ть; ~е́ние softening; ~и́ть soften; *перен.* melt

разна́шивать см. разноси́ть I

разнес||ти́ 1. (*отнести*) carry, convey; deliver (*письма, посылки и т. п.*) 2. (*уничтожить*) destroy 3. *разг.* (*изругать*) scold 4.: её ~ло́ *разг.* she has become enormous

разнима́ть см. разня́ть

ра́зниться differ

ра́зница difference; кака́я ~? what is the difference?, it makes no difference

разнобо́й *разг.* lack of co-ordination; lack of uniformity; inconsistency

разнове́с *собир.* set of weights

разнови́дность variety

разногла́с||ие 1. (*между кем-л.*) discord; между ни́ми ~ия they are at variance 2. (*несоответствие и т. п.*) discrepancy, disparity

ра́зное *сущ.* (*на пове́стке дня*) miscellaneous

разнокали́берный *воен.* of different calibres (*после сущ.*); *перен.* mixed, heterogeneous

разнообра́з||ие variety, diversity; для ~ия for a change; ~ить vary; ~ный various; diverse

разноречи́вый contradictory

разноро́дный heterogeneous

разноси́ть I (*обувь и т. п.*) wear (*или* break) in
разноси́ть II см. разнести́
разносторо́нний mány-síded, vérsatile
ра́зность difference
разно́счик háwker, pédlar
разнохара́ктерный of different cháracter, váriegated
разноцве́тный mánycóloured, of different cólours
разноше́рстный перен. mixed
разну́зданный únbrídled; unrúly
ра́зный different (*неодинаковый*); divérse, várious (*разнообразный*)
разня́ть 1. (*на части*) dismántle; take to pieces 2. *разг.* (*дерущихся*) séparate
разоблач||а́ть см. разоблачи́ть; **~е́ние** expósure, únmásking; **~и́ть** expóse, únmásk
разобра́ть 1. (*расхватать*) take (up), buy up 2. (*на части*) take to pieces, dismántle 3. (*понять*) understánd; decípher (*почерк, шрифт*); ничего́ нельзя́ ~ one can't make head or tail of it 4. (*привести в порядок*) sort out; **~ся** (*в чём-л.*) understánd, know
разобщ||а́ть, ~и́ть séparate
разогна́ть 1. drive awáy; dispérse (*толпу*) 2. (*страх, тоску*) dispél
разогну́ть stráighten out; **~ся** stráighten onesélf
разогрева́ть, разогре́ть warm up
разоде́ться put on one's finery
разодра́ть tear to pieces
разозли́ть make ángry, infúriate; **~ся** get ángry
разойти́сь 1. go awáy; break up (*о толпе и т. п.*) 2. (*во мнениях*) differ 3. (*развестись*) séparate 4. (*раствориться*) melt; dissólve ◇ кни́га разошла́сь the book is out of print
ра́зом нареч. разг. at once
разорв||а́ть 1. tear; котёл **~а́ло** the bóiler burst 2. (*порвать*) break; ~ с про́шлым break with the past; **~а́ться** 1. get torn 2. (*о бомбе*) explóde, burst
разор||е́ние ruin; destrúction (*разрушение*); rávaging (*опустошение*); **~и́тельный** rúinous; **~и́ть** ruin; **~и́ться** be ruined
разоруж||а́ть(ся) см. разоружи́ть(ся); **~е́ние** disármament; всео́бщее **~е́ние** géneral disármament; **~и́ть(ся)** disárm
разоря́ть(ся) см. разори́ть(ся)
разосла́ть send (*about, round*), distríbute

разостла́ть spread (*out*)
разочар||ова́ние disappóintment, disillúsion; **~о́ванный** disappóinted, disillúsioned; **~ова́ть** disappóint, disillúsion; **~ова́ться** be disappóinted, be disillúsioned
разочаро́вывать(ся) см. разочарова́ть(ся)
разраба́тывать см. разрабо́тать
разрабо́т||ать 1. work out; elábórate (*проект, вопрос*) 2. (*землю*) cúltivate 3. (*рудник и т. п.*) explóit; **~ка** 1. wórking out; elábóration (*проекта, вопроса*) 2. (*земли*) cultivátion 3. (*рудника*) wórking, exploitátion
разра||жа́ться, ~зи́ться break out (*или* into); burst out; ~ сме́хом burst out láughing; ~ бра́нью break into oaths
разраст||а́ться, ~и́сь grow; expánd, devélop, spread (*расширяться, развиваться*)
разре́з 1. cut 2. *тех.* séction ◇ в э́том ~е in this connéction; **~а́ть, ~а́ть** cut; snip (*ножницами*); séction (*на доли*); carve (*мясо*)
разреш||а́ть(ся) см. разреши́ть(ся); **~е́ние** 1. permíssion; без **~е́ния** without permíssion 2. (*вопроса, задачи*) solútion
разреш||и́ть 1. permít; allów; **~и́те** войти́ excúse me (*или* please), may I come in? 2. (*вопрос, задачу*) solve; **~и́ться** (*о вопросе, деле*) be decíded, be solved ◇ **~и́ться от бре́мени** be delivered of a child
разро́зненный odd
разруб||а́ть, ~и́ть cut (*или* chop) up
разру́ха ruin, devastátion; экономи́ческая ~ económic cháos
разруш||а́ть(ся) см. разру́шить(ся); **~е́ние** destrúction; **~и́тельный** destrúctive, destróying, devastáting
разру́шить destróy, demólish; *перен.* frustráte; ~ до основа́ния raze to the ground; **~ся** go to ruin
разры́в 1. gap 2. (*отношений*) break, rúpture 3. (*снаряда*) búrst(ing)
разрыва́ть I см. разры́ть
разрыва́ть II см. разорва́ть; **~ся** см. разорва́ться
разрывно́й explósive; ~ заря́д explósive charge
разрыда́ться burst out sóbbing
разры́ть dig up
разрыхл||и́ть, ~я́ть (*почву*) lóosen
разря́д I (*класс*) cátegory

разря́д II *(разряжение)* dischárge; ~и́ть *(ружьё и т. п.)* unlóad, dischárge

разря́дка 1. *полигр.* spácing 2.: ~ междунаро́дной напряжённости relaxátion of internátional ténsion; détente

разряжа́ть *см.* разряди́ть

разубеди́ть dissuáde *(from)*; ~ся see one's mistáke, see one has been wrong; change one's mind *(в чём-л. — about)*

разубежда́ть(ся) *см.* разубеди́ть(ся)

разува́ться *см.* разу́ться

разуве́р||ить, ~я́ть dissuáde *(from)*

разузнава́ть, разузна́ть make inquíries *(about)*; (try to) find out

разукра́||сить, ~шивать *разг.* décorate

разукрупн||е́ние bréaking up into smáller únits; subdivíding; ~и́ть, ~я́ть break up into smáller únits

ра́зум réason; íntellect, mind ◊ у него́ ум за ~ захо́дит he is incápable of fúrther thought

разуме́ется *вводн. сл.* of course; э́то само́ собо́й ~ it goes without sáying

разу́мный réasonable; sénsible

разу́ться take off one's shoes

разу́чивать, разучи́ть stúdy; learn

разучи́ться (+ *инф.*) forgét *(how + inf.)*

разъеда́ть eat awáy; corróde *(о кислоте)*

разъедин||и́ть, ~я́ть 1. disjóin; séparate, disuníte *(людей)* 2. *эл.* disconnéct; нас ~и́ли *(по телефо́ну)* we were cut off

разъе́зд *ж.-д.* síding

разъезжа́ть drive *(about, around)*; go *(about)*; ride *(about, around)*; ~ся 1. *(в разные стороны)* go in different diréctions 2. *(о гостях и т. п.)* depárt

разъе́хаться 1. *(не встретиться)* miss one anóther 2. *(о супругах)* séparate

разъярённый fúrious, frántic, in a white rage

разъясн||е́ние explanátion; ~и́тельный explánatory; ~и́ть, ~я́ть expláin, elúcidate

разыгра́ть 1. *(на сцене)* stage; play 2. *(в лотере́ю)* raffle 3. *разг. (подшути́ть)* play a práctical joke *(on)*; ~ся break out *(о буре)*; run high *(о страстя́х)*

разы́грывать(ся) *см.* разыгра́ть(ся)

разыска́ть find; ~ся found, turn up

разы́скивать search *(for)*, look *(for)*

разы́скива||ться be wánted; он ~ется властя́ми he is wánted by the authórities

рай páradise

райо́н 1. région; dístrict *(администрати́вный)* 2. *(местность)* área

райо́нный dístrict *attr.*; ~ сове́т dístrict Sóviet; ~ комите́т dístrict committee

рак I *зоол.* cráyfish

рак II *мед.* cáncer

раке́т||а rócket; запуска́ть ~у launch a rócket

раке́тка *спорт.* rácket

ра́ковина 1. shell 2.: ушна́я ~ extérnal ear 3. sink *(в ку́хне)*; wásh-basin *(в ва́нной)*

ра́м||а, ~ка frame; вста́вить в ~у frame; ~ки *(границы)* limits, frámework *sg.*; выходи́ть за ~ки déviate from the frámework *(of)*

ра́мпа *театр.* fóotlights *pl.*

ра́н||а wound; ~е́ние 1. *(действие)* wóunding, ínjuring 2. *(рана)* wound, ínjury; ~еный 1. *прил.* wóunded 2. *как сущ.* wóunded man 3. *как сущ. мн.:* ~еные the wóunded

ра́нец knápsack *(солда́тский)*; sátchel *(шко́льный)*

ра́нить wound

ра́нн||ий éarly; ~ие о́вощи éarly végetables

ра́но 1. *нареч.* éarly 2. *предик. безл.* it is éarly ◊ ~ и́ли по́здно sóoner or láter

ра́ньше *нареч.* 1. éarlier; как мо́жно ~ as soon as póssible 2. *(прежде)* befóre, fórmerly

папи́ра foil

ра́порт official repórt; ~ова́ть repórt

ра́с||а race; ~и́зм rácialism; ~и́ст rácist, rácialist

раска́иваться *см.* раска́яться

раскал||ённый scórching; búrning hot; incandéscent; ~и́ть bring to a great heat; ~и́ться becóme hot

раска́лывать(ся) *см.* расколо́ть(ся)

раскали́ть(ся) *см.* раскали́ть(ся)

раска́пывать *см.* раскопа́ть

раска́т peal; ~ сме́ха peal of láughter

раската́ть, раска́тывать roll *(out)*

раскача́ть swing *(каче́ли)*; shake *(де́рево)*; ~ся sway, swing; *перен. разг.* get a move *(on)*

раска́чивать(ся) *см.* раскача́ть(ся)

раская́||ние remórse, repéntance; ~ться repént *(of)*

расквита́ться settle up accóunts *(with)*; *перен. тж.* be quits *(of)*; be éven *(with)*

раски́||дывать, ~нуть *(палатку)* pitch ◊ ~ умо́м turn óver in one's mind; ~нуться *(о го́роде и т. п.)* lie, spread

раскла́дывать см. разложи́ть 1 и 2
раскла́няться 1. (поздороваться) make one's bow, greet 2. (распрощаться) take leave (of)
раскле́||ивать, ~ить 1. (об афишах и т. п.) stick, paste 2. (отклеивать) unpáste
раско́л split, dissidence; ~о́ть split (тж. перен.); chop (дрова); break (сахар); crack (орехи); ~о́ться split
раскопа́ть dig out
раско́пки excavátions
раскра́дывать см. раскра́сть
раскра́сить cólour, paint
раскрасне́ться get red in the face; become flushed
раскра́сть steal évery single thing
раскра́шивать см. раскра́сить
раскрепо||сти́ть, ~ща́ть set free; líberate; ~ще́ние liberátion; emancipátion
раскритикова́ть críticize sevérely
раскрича́ться shriek in frénzy; ~ на кого́-л. shout (или béllow) at smb.
раскроши́ть crumble (up)
раскрути́ть, раскру́чивать untwist
раскрыва́ть(ся) см. раскры́ть(ся)
раскры́ть 1. uncóver, ópen 2. (тайну) disclóse, revéal; ~ся 1. ópen 2. (обнаружиться) be discóvered; come to light
раскуп||а́ть, ~и́ть buy up
раску́пор||ивать, ~ить ópen; úncórk (бутылку)
раскуси́ть 1. bite through (smth.) 2. разг. (хорошо понять) understánd, get to the heart (или core) of smth.; see through smb.
раску́сывать см. раскуси́ть 1
ра́совый rácial
распа́д disintegrátion (тж. перен.); ~а́ться см. распа́сться
распакова́ть, распако́вывать únpáck, úndó
распа́рывать см. распоро́ть
распа́сться fall to pieces; disíntegrate (тж. перен.)
распаха́ть, распа́хивать I plough up
распа́хивать II, распахну́ть ópen wide; throw ópen; ~ пальто́ úndó one's coat
распая́ть únsólder; ~ся come únsóldered
распева́ть sing
распеча́т||ать, ~ывать ópen (вскрыть); únséal (снять печать)
распи́ливать, распили́ть saw up; saw into pieces
расписа́н||ие tíme-table; schédule; ~ поездо́в train schédule; по ~ию on time (о поездах и т. п.); accórding to the time-table (или to schédule) (о занятиях)
расписа́ться 1. sign 2. разг. (зарегистри́ровать брак) régister one's márriage
распи́ска recéipt
расписно́й décorated with desígns (или páintings)
распи́сываться см. расписа́ться
распла́вить(ся) melt
расплавля́ть(ся) см. распла́вить(ся)
распла́каться burst ínto tears
распласта́ть spread, stretch; ~ся sprawl
распла́т||а páyment; перен. retribútion; час (или день) ~ы day of réckoning; ~и́ться pay off; settle one's account (with); перен. settle accóunts (with), get éven (with)
распла́чиваться см. расплати́ться(ся)
расплеска́ть, расплёскивать splash about; spill (пролить); ~ся spill
расплести́ unpláit (косу́); úntwist (верёвку); ~сь get unpláited (о косе); úntwine (о верёвке)
расплета́ть(ся) см. расплести́(сь)
расплоди́ть breed; ~ся breed, múltiply
расплыва́ться spread; run (о пятне, чернилах)
расплы́вчатый diffúse; перен. dim, indistínct
расплы́ться см. расплыва́ться
расплю́щить flátten (out)
распозн||ава́ть, ~а́ть récognize, discérn; distínguish (between)
располага́||ть 1. см. расположи́ть 2. (иметь в своём распоряжении) dispóse (of); я не ~ю вре́менем для... I have no time to... 3. (размещать) place 4. (кого-л. к) put smb. in a mood (to); обстано́вка ~ет к рабо́те the átmosphere is condúcive to work ◇ ~а́йте мно́ю I'm there if you want me; ~а́ться см. расположи́ться
располз||а́ться, ~ти́сь 1. (о насекомых и т. п.) crawl (away) 2. разг. (о материи) fall to bits
располож||е́ние 1. (порядок) arrángement, disposítion; situátion (местоположение) 2. (склонность) inclinátion 3. (настроение) mood; ~и́ть 1. (разместить) dispóse; put, arránge; го́род хорошо́ располо́жен the town is well sítuated 2. (в чью-л. пользу) gain (или win) óver; ~и́ться settle down; ~и́ться ла́герем camp
распоро́ть rip up; úndó
распоряди́тель mánager; ~ность good mánagement; ~ный áctive, efficient

распоряди́ться 1. give orders 2. (чем-л.) dispose (of)
распоря́д||ок order; пра́вила вну́треннего ~ка office (factory etc.) regulations
распоряж||а́ться см. распоряди́ться; ~е́ние order; instruction (прика́з); decree (постановле́ние); отда́ть ~е́ние give instructions ◊ я в ва́шем ~е́нии I am at your disposal
распра́||ва violence, reprisal; крова́вая ~ bloody massacre; учиня́ть ~ву commit an outrage
распра́вить straighten; spread (кры́лья); smooth out (скла́дки и т. п.)
распра́виться avenge oneself (on); make short work (of) разг.
расправля́ть см. распра́вить
расправля́ться см. распра́виться
распредел||е́ние distribution; ~и́ть, ~я́ть distribute; ~я́ть вре́мя plan (или organize) one's time
распродава́ть см. распрода́ть
распрод||а́жа (clearance) sale; ~а́ть have a (clearance) sale; sell off
распростёрты||й outstretched; с ~ми объя́тиями with open arms
распрости́ться take leave (of)
распростране́ние spreading; circulation (изда́ний); dissemination (иде́й)
распростран||ённый wide-spread; ~и́ть spread, diffuse; ~и́ться 1. spread 2. разг. (входи́ть в подро́бность) enlarge (upon); go into particulars; ~я́ть(ся) см. распространи́ть(ся)
распроща́ться см. распрости́ться
ра́спря discord, strife
распр||яга́ть, ~я́чь unharness
распуска́ть(ся) см. распусти́ть(ся)
распусти́ть 1. dismiss; dissolve; disband (а́рмию); ~ на кани́кулы dismiss for the holidays, break up 2. (осла́бить дисципли́ну) let smb. get out of hand, spoil 3. (распра́вить) let out 4. (растопи́ть) melt; dissolve (раствори́ть) ◊ ~ во́лосы let one's hair down; ~ слух start a rumour; ~ся 1. (о цвета́х) ópen 2. (раствори́ться) dissolve 3. (в отноше́нии дисципли́ны) become undisciplined
распу́тать disentangle (тж. перен.); ~ де́ло get to the bottom of things
распу́тица 1. season of bad roads 2. (плохо́е состоя́ние доро́г) slush
распу́тный dissolute
распу́тывать см. распу́тать
распу́тье cross-roads pl.
распуха́ть, распу́хнуть swell

распу́хший swollen
распу́щенный dissolute
распыл||е́ние 1. pulverization 2. (сил и т. п.) dispersal, scattering; ~и́ть 1. pulverize 2. (си́лы и т. п.) disperse, scatter; ~и́ться 1. disperse 2. (о си́лах и т. п.) get scattered
распыля́ть(ся) см. распыли́ть(ся)
расса́да seedlings pl.
рассади́ть I (расте́ния) plant out
рассади́ть II (по места́м) seat, provide seats (for)
расса́дник 1. nursery, seed-bed 2. (боле́зни и т. п.) hotbed
расса́живать I, II см. рассади́ть I, II; ~ся см. рассе́сться
расса́сываться см. рассоса́ться
рассвести́ см. рассвета́ть
рассве́т dawn, daybreak; на ~е at dawn; ~а́ть безл.: ~а́ет it is dawning, day is breaking
рассвирепе́ть grow furious
расседла́ть unsaddle
рассе́ивать(ся) см. рассе́ять(ся)
рассека́ть cleave
расселе́ние moving, settling (in a new place)
рассе́лина rift, cleft, fissure; crevasse (в ледни́ке)
рассел||и́ть, ~я́ть settle (in new places)
рассерди́ть make angry; ~ся get angry (with)
рассе́сться 1. (по места́м) sit down, take seats 2. (развали́ться) sprawl; loll
рассе́чь cut; cleave, split
рассе́янн||ость absent-mindedness; ~ый 1. scattered; ~ый свет физ. diffused light 2. (невнима́тельный) absent-minded ◊ ~ый о́браз жи́зни an idle (или a dissipated) life
рассе́ять disperse; dispel, dissipate; scatter (толпу́ и т. п.); ~ся 1. disperse; be dissipated, be dispelled; lift (о тума́не) 2. (развле́чься) take one's mind off things
расска́з story; tale; ~а́ть relate; narrate, tell; ~чик narrator; ~ывать см. рассказа́ть
рассла́б||ить, ~ля́ть weaken
рассла́ивать(ся) см. рассло́ить(ся)
рассле́дование investigation; юр. inquiry; произвести́ ~ conduct an inquiry, hold an inquest
рассле́довать look into; investigate; hold an inquiry (into)
рассло||е́ние dividing into layers; геол.

stratification; *перен.* differentiation; ~ить arrange in layers; stratify; ~иться be arranged in layers; *перен.* become differentiated

расслыша||**ть** catch; я не ~л, что он сказал I didn't catch what he said

рассматривать 1. см. рассмотреть 1 2. *(смотреть внимательно)* examine, scrutinize 3. *(считать)* regard *(as)*, consider

рассмешить make smb. laugh

рассмеяться burst out laughing

рассмотр||**ение** examination; consideration *(проекта)*; представить план на ~ submit a plan for consideration; ~реть 1. examine, consider 2. *(разглядеть)* discern, make out

рассовать, рассовывать shove away; ~ по карманам shove into various pockets

рассол brine, pickle

рассориться quarrel *(with)*, fall out *(with)*

рассортировать sort out

рассосаться *(об опухоли)* disappear, dissolve

рассохнуться crack *(или* get loose) from dryness

расспр||**ашивать, ~осить** question; make inquiries *(about)*; ~осы questions; inquiries

рассроч||**ить** allow repayment by instalments; ~ка: в ~ку by instalments

расставаться см. расстаться

расстав||**ить, ~лять** 1. *(по местам)* place, arrange; ~ часовых set a watch, post sentries 2. *(раздвинуть)* move wide apart 3. *(платье и т. п.)* let out

расстановк||**а** arrangement ◇ говорить с ~ой choose one's words

расстаться part *(with)*, separate

расстёгивать(ся) см. расстегнуть(ся)

расстегнуть undo; unbutton; unclasp *(застёжку);* unhook *(крючок);* ~ся 1. *(о чём-л.)* become unbuttoned *(или* unfastened) 2. *(о ком-л.)* unbutton *(или* unfasten, undo) one's clothes

расстилать см. разостлать; ~ся spread, extend

расстояни||**е** distance; на далёком ~и a long way off

расстраивать(ся) см. расстроить(ся)

расстрел shooting (down); ~ивать, ~ять shoot

расстро||**енный** 1. *(о человеке)* upset 2. *(о муз. инструменте)* out of tune *(после сущ.);* ~ить 1. disorder, disturb;

~ить ряды break the ranks 2. ruin *(здоровье);* shatter *(нервы);* ~ить желудок upset one's stomach 3. *(муз. инструмент)* put out of tune 4. *(планы и т. п.)* frustrate 5. *(огорчить)* upset; ~иться 1. *(о планах)* be frustrated 2. be ruined *(о здоровье);* be shattered *(о нервах)* 3. *(о человеке)* be upset *(или* put out)

расстройство disorder; upsetting; ~ желудка indigestion, diarrhoea

расступ||**аться, ~иться** part, move aside; make way *(for)*

рассуди||**тельность** sense, discretion, judgement; ~тельный reasonable; ~ть 1. *(спорящих)* judge *(between)* 2. *(подумать)* consider, think

рассудо||**к** reason, mind; ~чный rational

рассужд||**ать** 1. reason 2. *(о ком-л., чём-л.)* discuss; ~ение reasoning

рассчитать см. рассчитывать 1, 2; ~ся 1. settle accounts *(with)* 2. *(в строю)* number off

рассчитыв||**ать** 1. calculate 2. *уст.* *(увольнять)* dismiss 3. *(на кого-л.)* reckon *(on)*, count *(on)*; я ~аю увидеть вас I count on seeing you; ~аться см. рассчитаться

рассылать см. разослать

рассылка distribution

рассып||**ать, ~ать** spill; scatter *(разбросать);* ~аться, ~аться 1. spill; go to pieces *(разваливаться);* crumble *(раскрошиться)* 2. *(рассеяться)* scatter ◇ ~аться в похвалах be all over *(smb.)*

рассыпчатый *(о тесте)* short

рассыхаться см. рассохнуться

расталкивать см. растолкать

растаскать, растащить *разг.* pilfer

растаять thaw, melt

раствор I *(проём)* opening

раствор II *хим.* solution; ~имость solubility; ~итель solvent

растворить I dissolve

растворить II *(раскрыть)* open

раствориться I dissolve

раствориться II *(раскрыться)* open

раствор(ся) I, II см. растворить(ся) I, II

растекаться см. растечься

растение plant

растереть 1. grind; pound *(измельчить)* 2. *(размазать)* spread 3. *(тело)* massage, rub; ~ся rub oneself briskly

растерзать tear to pieces

225

расте́рянн||ость confusion, embárrassment; ~ый confúsed, embárrassed
растеря́ть lose one áfter the óther; *перен.* lose a lot (*или* all); ~ся lose one's head
расте́чься run, spread (*about*)
расти́ grow; incréase (*увеличиваться*); grow up (*о детях*)
растира́ть(ся) *см.* растере́ть(ся)
расти́тельность vegetátion
расти́тельный végetable
расти́ть 1. (*кого-л.*) raise; bring up 2. (*что-л.*) grow
растолка́ть push apárt
растолкова́ть ínterpret, expláin
растоло́чь grind, pound
растолсте́ть put on a lot of weight
растопи́ть 1. (*печь*) kindle 2. (*расплавить*) melt; ~ся (*расплавиться*) melt
растопта́ть trample
расторга́ть, расто́ргнуть dissólve; cáncel
расторже́ние dissolútion; cancellátion
расторо́пный quick, prompt
расточ||а́ть 1. waste, díssipate 2. (*щедро давать*) lávish (*on*); ~и́тельный wásteful; extrávagant; ~и́ть *см.* расточа́ть 1
раставв||и́ть, ~ля́ть írritate; ággravate (*рану и т. п.; тж. перен.*)
растра́т||а embézzlement; ~ить 1. (*чужое*) embézzle 2. (*истратить*) squánder; ~чик embézzler
растра́чивать *см.* растра́тить
растрепа́ть 1. (*волосы*) tousle 2. (*книгу*) tear, redúce to tátters; ~ся be dishévelled
растре́скаться crack
растро́гать move, touch; ~ кого́-л. до слёз move smb. to tears
растя́гивать(ся) *см.* растяну́ть(ся)
растяже́ние strétching; strain; ~ сухожи́лия a stráined téndon
растяжи́м||ый elástic ◇ ~ое поня́тие loose cóncept
растяну́ть 1. stretch, strain; ~ мы́шцу strain a muscle 2. (*продлить*) prolóng; ~ся 1. stretch 2. *разг.* (*увлечься*) stretch onesélf out 3. *разг.* (*упасть*) fall flat
расформир||ова́ние *воен.* disbándment; ~овать, ~о́вывать *воен.* disbánd
расха́живать walk up and down; ~ по ко́мнате pace the room
расхва́л||ивать, ~и́ть praise to the skies

расхвата́ть, расхва́тывать *разг.* (*раскупить*) buy up
расхворáться *разг.* be quite ill
расхити́тель plúnderer
расхи́||тить, ~ща́ть plúnder; ~ще́ние plúnder
расхля́банн||ый *разг.* lax, loose, slack; ~ая похо́дка wálking with a slouch
расхо́д 1. expénditure, óutlay 2. *мн.*: ~ы expénses
расходи́ться 1. *см.* разойти́сь 1, 2, 3 2. divérge (*о линиях*); rádiate (*о лучах*)
расхо́дова||ние expénditure; ~ть spend
расхожде́ние divérgence; ~ во мне́ниях difference of opínion
расхола́живать, расхолоди́ть (*кого-л.*) damp smb.'s árdour
расхоте́||ть *разг.* no lónger want (*smth.*); он ~л спать he doesn't want to sleep ány more
расхохота́ться burst out láughing
расцара́п||ать scratch; он ~ал всё лицо́ he got his face bádly scratched
расцвести́ bloom, blóssom; *перен.* flóurish
расцве́т blóssoming; *перен.* prospérity (*промышленности*); gólden age (*литературы*); в ~е сил in the prime of (one's) life; ~а́ть *см.* расцвести́
расцве́тка (combinátion of) cólours
расце́н||ивать, ~и́ть 1. éstimate, válue 2. (*считать*) consíder, think
расце́нка 1. (*действие*) valuátion 2. (*цена*) price
расцеп||и́ть, ~ля́ть unhóok; uncóuple
расчеса́ть (*волосы*) comb
расчёска *разг.* comb
расчёсывать *см.* расчеса́ть
расчёт 1. calculátion 2. (*уплата*) séttling; производи́ть ~ с кем-л. settle accóunts with smb.; быть в ~е be quits 3. (*увольнение*) dismíssal; дать ~ dismíss ◇ приня́ть в ~ take ínto considerátion; ~ливый 1. (*экономный*) económical 2. (*осторожный*) prúdent, cáreful
расчи́ст||ить clear (awáy); ~ка cléaring
расчища́ть *см.* расчи́стить
расчлен||е́ние bréaking up; ~и́ть, ~я́ть break up (*или* ínto parts)
расшата́ть shake loose; *перен.* slácken (*дисциплину*); impáir (*здоровье*); ~ся get (*или* becóme) loose; becóme impáired (*о здоровье*)
расша́тывать *см.* расшата́ть
расшевели́ть *разг.* stir up

расшиб||**а́ть, ~и́ть** 1. hurt 2. *разг.* (*разбивать*) break to pieces; **~и́ться** hurt oneself

расшива́ть *см.* **расши́ть**

расшире́ние widening, enlárgement; expánsion (*тж. физ.*)

расши́рить widen, enlárge; exténd (*сферу деятельности*); **~ся** 1. widen; *перен.* exténd 2. *физ.* expánd

расширя́ть(ся) *см.* **расши́рить(ся)**

расши́ть (*вышить*) embróider

расшифр||**ова́ть, ~о́вывать** decípher; *перен.* intérpret

расшнур||**ова́ть, ~о́вывать** unláce

расщедри́ться *разг.* becóme génerous

расщелина crack, cleft; crévice

расщеп||**и́ть, ~и́ться** splínter, split; **~ле́ние** splítting, splíntering; **~ле́ние ядра́** núclear físsion; **~ля́ть(ся)** *см.* **расщепи́ть(ся)**

ратифи||**ка́ция** ratificátion; **~ци́ровать** rátify

рационал||**иза́торский** rationalizátion *attr.*; **~иза́ция** rationalizátion; **~изи́ровать** rátionalize

рациона́льный rátional

рвану́ться *разг.* rush, dart

рвать I 1. tear 2. (*вырывать*) pull out 3. (*срывать*) pluck ◇ **~ и мета́ть** storm and rage

рвать II *безл.:* его́ рвёт he is vómiting

рва́ться 1. tear; break (*о нитке*) 2. (*стремиться*) strive for

рве́ние árdour, zeal

рво́та vómiting

ре *муз.* D, re

реабилити́ровать rehabílitate

реаги́ровать reáct (*to*)

реакти́вный jet; **~ самолёт** jet plane; **~ дви́гатель** jet éngine

реа́ктор reáctor

реакци||**оне́р** reáctionary; **~о́нный** reáctionary

реа́кция reáction

реализа́ция realizátion

реали́зм réalism

реализова́ть réalize

реалисти́ческий realístic

реа́льн||**ость** reálity; **~ый** real

ребёнок child; báby; ínfant

ребро́ 1. rib 2. (*край*) edge ◇ **поста́вить вопро́с ~м** put a quéstion póint-blánk

ребя́||**та** 1. chíldren 2. (*о взрослых*) boys; **~ческий** chíldish; **~чество** chíldishness

рёв 1. roar; béllow (*быка*) 2. *разг.* (*плач*) hówling

рева́нш revénge; *спорт.* retúrn match

реве́ть 1. roar; béllow (*о быке*); howl (*о буре*) 2. *разг.* (*плакать*) howl

ревизио́нн||**ый** revísion *attr.*; **~ая коми́ссия** revísion commíttee

реви́з||**ия** 1. inspéction 2. (*пересмотр*) revísion; **~ова́ть** 1. exámine, inspéct 2. (*пересматривать*) revíse; **~о́р** áuditor; (fináncial) inspéctor

ревмати́зм *мед.* rhéumatism

ревн||**и́вый** jéalous; **~ова́ть** be jéalous

ре́вностный zéalous; árdent (*пылкий*)

ре́вность jéalousy

револьве́р revólver

революц||**ионе́р** revolútionary; **~ио́нный** revolútionary

револю́ция revolútion; **Вели́кая Октя́брьская социалисти́ческая револю́ция** the Great Octóber Sócialist Revolútion

регистр||**ату́ра** régistry; **~а́ция** registrátion; **~и́ровать** régister; **~и́роваться** régister onesélf

регла́мент 1. regulátions *pl.* 2. (*на собрании*) time límit; **~а́ция** regulátion; **~и́ровать** régulate

регули́рова||**ние** regulátion; **~ть** régulate

регуля́рн||**ый** régular ◇ **~ые войска́** régular fórces

редакти́ровать édit

реда́ктор éditor; **гла́вный ~** éditor-in-chief

редакцио́нн||**ый** editórial; **~ая колле́гия** editórial board

реда́кц||**ия** 1. editórial óffice (*помещение*); editórial staff (*коллектив*) 2. (*редактирование*) éditing, éditorship; **под ~ией** édited by 3. (*формулировка*) wórding

реде́ть grow thin

реди́ска rádish

ре́дк||**ий** 1. rare; uncómmon (*необычайный*) 2. (*негустой*) thin; sparse (*тж. о населении*); **~о** *нареч.* rárely, séldom; **~ость** rárity ◇ **на ~ость** excéptionally, uncómmonly

ре́дька black rádish

режи́м 1. *полит.* regíme 2. *мед.* regíme; **~ пита́ния** díet

режиссёр prodúcer

ре́зать 1. cut; carve (*мясо*) 2. (*скот*) sláughter; **~ся:** у ребёнка ре́жутся зу́бы the báby is cútting his teeth

резви́ться frisk

ре́звый áctive, frísky
резе́рв resérve; име́ть в ~е have in store; ~ный spare; *воен.* resérve *attr.*
резервуа́р réservoir; tank
резе́ц chísel
резиде́нция résidence
рези́н||а rúbber; ~ка 1. elástic *(лента)* 2. *(для стирания)* eráser, índia-rúbber; ~овый rúbber *attr.;* ~овая о́бувь rúbber-soled fóotwear
ре́зк||ий 1. *(о звуке)* harsh 2. *(о ветре)* cútting 3. sharp *(об ответе);* blunt, abrúpt *(о характере);* ~ость shárpness; abrúptness
резно́й carved
резня́ sláughter, mássacre
резолю́ци||я resolútion; приня́ть ~ю pass *(или* adópt) a resolútion
резона́нс résonance
резо́нный réasonable
результа́т resúlt; óutcome; в ~е in cónsequence; объяви́ть ~ы annóunce the resúlts
резьба́ cárving
резюми́ровать sum up, súmmarize
рейд I *мор.* róadstead, roads *pl.*
рейд II *воен.* raid
рейс trip; vóyage; flight
река́ ríver
реквизи́ровать requisítion
реквизи́т *театр.* próperties *pl.;* props *pl. разг.*
реквизи́ция requisítion
рекла́м||а advértisement; publícity; ~и́ровать ádvertise
рекогносциро́вка *воен.* recónnaissance
рекоменд||а́тельный: ~а́тельное письмо́ létter of introdúction; ~а́ция recommendátion; réference *(отзыв);* ~ова́ть recomménd; ~ова́ться be recomménded
реконструи́ровать reconstrúct
реконстру́кция reconstrúction
реко́рд récord; поби́ть ~ break *(или* beat) the récord; ~ный récord *attr.*
религио́зный relígious
рели́гия relígion
релье́ф relief; ~ный relief *attr.*
рельс rail; сходи́ть с ~ов be deráiled
реме́нь strap; léather band; belt *(пояс)*
ремесленн||ик cráftsman, hándicraft wórker; *перен.* a mediócrity; ~ый hándicraft *attr.; перен.* médiocre; ~ое учи́лище *уст.* indústrial *(или* vocátional) school
ремесло́ trade, hándicraft

ремо́нт repáir; ~и́ровать repáir
ремо́нтно-техни́ческ||ий: ~ая ста́нция máintenance dépot
ремо́нт||ный repáiring; ~ная мастерска́я repáir shop
ре́нта rent
рента́бельный prófitable
рентге́новский: ~ сни́мок X-ray
реорганиз||а́ция reorganizátion; ~ова́ть réorganize
ре́па túrnip
репар||ацио́нный reparátion *attr.;* ~а́ция reparátion
репатри||а́ция repatriátion; ~и́ровать repátriate
репертуа́р répertoire
репети́ровать *театр.* reheárse
репети́ция reheársal
ре́плика remárk; retórt *(возражение); театр.* cue
репортёр repórter
репре́ссия représsion
репроду́ктор *радио* loud spéaker
репроду́кция reprodúction
репута́ция reputátion
ресни́ца éyelash
респу́блик||а repúblic; ~а́нский repúblican
рессо́ра spring
реставр||а́ция restorátion; ~и́ровать restóre
рестора́н réstaurant
ресу́рсы resóurces
рети́вый zéalous
ретирова́ться retíre, withdráw
ретуши́ровать retóuch
рефера́т páper, éssay
рефле́кс réflex
рефле́ктор refléctor
рефлекто́рный réflex *attr.*
рефо́рм||а refórm; ~а́тор refórmer; ~и́зм *полит.* pólicy of refórm; ~и́ровать refórm
рецензе́нт reviéwer, crític; ~и́ровать review, críticize
реце́нзия review; *театр.* nótice
реце́пт récipe; prescríption *мед.;* вы́писать ~ prescríbe smth.; могу́ ли я заказа́ть лека́рство по э́тому ~у? can I have this prescríption made up, please?; могу́ ли я получи́ть э́то лека́рство без ~а? can I buy this médicine off prescríption?
рециди́в relápse
ре́ч||ка (small) ríver; ~но́й ríver *attr.*
реч||ь speech; приве́тственная ~ speech of wélcome; ~ идёт о том... the

228

quéstion is...; о чём ~? what are you talking about? ◇ об этом не может быть и ~и it is out of the quéstion

реш||а́ть(ся) *см.* реши́ть(ся); ~а́ющий decísive; ~е́ние 1. decísion; júdgement, decrée *(суда)*; выноси́ть ~е́ние pass júdgement 2. *(задачи)* solútion

решётка láttice; gráting *(топки)*
решето́ sieve
реши́мость resolútion, determinátion
реши́тельн||о *нареч.* 1. with determinátion; résolutely 2. *(совершенно)* ábsolutely; ~ всё равно́ it makes no dífference whatsoéver; ~ость resolútion, fírmness; ~ый 1. *(решающий)* decísive 2. *(категорический)* categórical, fírm 3. *(смелый)* résolute

реши́ть 1. decíde 2. *(проблему)* solve; это реша́ет всё де́ло it settles the whole mátter; ~ся make up one's mind

ржа́веть rust
ржа́в||чина rust; ~ый rústy
ржано́й rye *attr.*; ~ хлеб rye-bread
ржать neigh
ри́га thréshing barn
рикоше́т rícochet; rebóunding *(пули и т. п.)*; ~и́ровать rebóund; ~ом *нареч. прям., перен.* on the rebóund
ри́кша ríksha(w)
ри́мск||ий Róman ◇ ~ие ци́фры Róman númerals
ринг *спорт.* ring
ри́нуться rush, dash
рис rice
риск risk, házard; идти́ на ~ run a risk *(или* risks*),* take chánces; ~о́ванный rísky; ~овать risk
рисова́||ние dráwing; ~ть draw
рисова́ться *разг.* pose, show off
ри́совый rice *attr.*
рису́нок dráwing, pícture; illustrátion *(в книге)*; páttern *(узор)*
ритм rhythm; ~и́ческий rhýthmical
риф reef
ри́фм||а rhyme; ~ова́ть rhyme
роб||е́ть be tímid; не ~е́й! don't be báshful *(или* scared*)*!
ро́б||кий tímid, shy; ~ость timídity; shýness
ров ditch, dyke; moat *(крепостной)*
рове́сни||к contémporary; мы ~ки we are the same age
ровн||о́ *нареч.* 1. *(одинаково)* équally 2. *(точно)* sharp, exáctly 3. *(равномерно)* évenly, régularly; ~ый 1. *(о поверх-*

ности) flat, éven 2. *(равномерный)* éven, équal

рог horn; ántler *(олений)*
рога́тый: ~ скот (hórned) cattle; ме́лкий ~ скот goats and sheep
рогово́й horn *attr.*
рого́жа mátting

род 1. fámily, kin 2. *биол.* génus 3. kind, sort 4. *грам.* génder ◇ челове́ческий ~ mankínd, the húman race; без ~у, без пле́мени withóut kith or kin; ему́ 10 лет от ~у he is ten years old; ~ом by birth; что́-то в э́том ~е something of this sort

роди́льный: ~ дом matérnity hóspital
ро́дина nátive land, móther cóuntry, mótherland
роди́нка bírth-mark
роди́тели párents
роди́тельный: ~ паде́ж *грам.* génitive *(или* posséssive*)* (case)
роди́тельский paréntal
роди́ть give birth *(to)*; bear, prodúce *(о земле)*; ~ся be born
родни́к spring
родн||о́й 1.: ~ брат bróther; ~а́я сестра́ síster 2. *(о городе, стране)* nátive; ~ы́е, ~и́ relatives, relátions
родово́й 1. *(племенной)* tríbal 2. *(наследственный)* áncestral 3. *биол.* genéric
родонача́льник áncestor; *перен.* fáther
родосло́вн||ая *сущ.* fámily tree; pédigree *(животного)*; ~ый genealógical
ро́дственник 1. relátion, rélative; kínsman 2. *мн.:* ~и relátions, rélatives; kínsfolk
ро́дственн||ый 1. reláted; ~ые свя́зи blood ties 2. *(близкий)* kíndred 3. *(об отношении, приёме)* héarty
родств||о́ relátionship; быть в ~е́ be reláted
ро́ды chíldbirth *sg.*, chíldbed *sg.*
рож||а́ть bear; give birth *(to)*; ~да́емость bírth-rate; ~да́ться *см.* роди́ться; ~де́ние birth; от ~де́ния from birth; ~дённый born
Рождество́ Chrístmas, Xmas
роже́ница wóman in lábour
рожь rye
ро́за rose
ро́зга birch
ро́зни||ца: продава́ть в ~цу sell rétail; ~чный retáil; ~чная торго́вля retáil trade
ро́зовый pink, rósy
ро́зыгрыш 1. *(займа, лотереи)* dráwing 2. *(право выбора)* tóssing (up) a

coin; draw *(ничья)* 3. *спорт.:* ~ ку́бка cup tóurnament

ро́зыск search ◇ уголо́вный ~ críminal investigátion depártment

рои́ться swarm, hive

рой swarm

рок fate; ~ово́й fátal; ~ова́я оши́бка fátal mistáke

ро́лик róller; коньки́ на ~ах róller skates

роль role, part

ром rum

рома́н 1. nóvel 2. *разг.* love affáir; ~и́ст nóvelist

рома́нс románce

романти́зм románticism

рома́нт∥ик romántic; ~ика románce; ~и́ческий romántic

рома́шка óx-eye dáisy; *мед.* cámomile

ромб rhómb(us)

роня́ть 1. drop 2. *(листья)* shed

роп∥от múrmur; ~та́ть múrmur

роса́ dew

роско́шный luxúrious, spléndid; luxúriant *(о растительности)*

ро́скошь lúxury

ро́слый tall; wéll-built

ро́спись páintings *pl. (on walls, jugs etc.);* ~ стен fresco; múral

ро́спуск bréaking up *(учащихся);* dissolútion *(парламента);* disbándment *(армии)*

росси́йский Rússian

россказни old wíves' tales

ро́ссыпь: золота́я ~ góld-field

рост 1. growth 2. *(увеличение)* íncrease 3. *(человека)* height, státure

ростовщи́к úsurer, móney-lender

рост∥о́к sprout, shoot; пуска́ть ~ки́ sprout

ро́счерк flóurish ◇ одни́м ~ом пера́ with one stroke of the pen

рот mouth

рот∥а *воен.* cómpany; ~ный cómpany *attr.*

ротозе́й *разг.* gáper, scátter-brain; ~ство gullibílity

ро́ща grove

роя́л∥ь grand piáno; игра́ть на ~е play the piáno; у ~я at the piáno

ртуть mércury

руба́нок *тех.* plane

руба́шка shirt *(мужская);* chemíse *(женская);* ночна́я ~ níght-shirt *(мужская);* níght-gown, níght-dress *(женская, детская)*

рубе́ж bóundary; fróntier *(граница);* за ~о́м abróad

рубе́ц 1. *(шрам)* scar 2. *(на материи)* seam, hem

руби́н rúby

руби́ть chop *(дрова);* fell *(деревья);* ◇ ~ сплеча́ not to mince words; speak straight from the shóulder

ру́бище rags *pl.*

ру́бка I *мор.* déck-house

ру́бка II félling *(леса);* chópping *(дров)*

рубль rouble

ру́брика héading

ру́гань swéaring, abúse, bad lánguage

руг∥а́тельный abúsive; ~а́тельство oath; ~а́ть scold, abúse; ~а́ться swear; ~а́ться с кем-л. abúse each óther

руда́ ore

рудни́∥к mine; ~чный: ~чный газ fíre-damp

рудоко́п míner

руже́йный: ~ вы́стрел rífle-shot

ружь∥ё gun, rifle; стреля́ть из ~я́ fire a gun; взять ~ на плечо́! shóulder arms!

рук∥а́ 1. hand *(кисть);* arm *(от кисти до плеча́);* маха́ть ~о́й wave one's hand; брать под ~у take smb.'s arms; идти́ под ~у walk árm-in-árm; ~а́ми не тро́гать! (please) don't touch! 2. *(почерк)* hand(wríting); чёткая ~ clear hand ◇ у меня́ ~ не поднима́ется э́то сде́лать I have not the heart to do it; э́то мне на́ ~у that suits me; ~о́й пода́ть it is only a step from here; ру́ки вверх! hands up!; под ~о́й at hand; с ору́жием в ~а́х up in arms

рука́в 1. *(одежды)* sleeve 2. *(реки)* arm 3.: пожа́рный ~ fire-hose ◇ де́лать что-л. спустя́ ~а́ do smth. any old how *(или* cárelessly*)*

рукави́ца mítten; gáuntlet *(шофёра)*

руководи́тель léader; instrúctor *(занятий и т. п.);* mánager *(заведующий)*

руководи́ть lead; instrúct; diréct

руково́д∥ство 1. guidance, diréction; léadership 2. *(справочник)* téxtbook, mánual; ~ствоваться: ~ствоваться соображе́ниями be guided by considerátions; ~ствоваться указа́ниями fóllow diréctions; ~ящий léading

рукоде́лие néedlework

рукомо́йник wáter-dispénser *(for washing hands)*

рукопа́шная *сущ.* hánd-to-hánd fíghting

рукопи́сный mánuscript *attr.*

ру́копись mánuscript

рукоплеска́||ние appláuse; **~ть** appláud (to), clap (to)
рукопожа́тие hándshake; **обменя́ться ~м** shake hands (with)
рукоя́тка hándle; shaft (топора и т. п.)
рулево́||й 1. прил. stéering; rúdder attr.; **~е колесо́** stéering-wheel 2. как сущ. hélmsman, man at the wheel
руль rúdder (лодки, самолёта); hándle-bar(s) (велосипеда); wheel (автомобиля)
румы́н R(o)umánian; **~ский** R(o)umánian; **~ский язы́к** R(o)umánian, the R(o)umánian lánguage
румя́на rouge sg.
румя́н||ец cólour; blush, flush; **зали́ться ~цем** flush red, blush crímson; **~ый** rósy, rúddy
ру́пор mégaphone; перен. móuth-piece
руса́лка mérmaid
ру́сло (ríver-)bed; chánnel (тж. перен.)
ру́сск||ая Rússian wóman; **~ие** мн. собир. the Rússians
ру́сский 1. прил. Rússian; **~ язы́к** Rússian, the Rússian lánguage 2. как сущ. Rússian
ру́сый blond, fair
рути́на routíne
ру́хлядь lúmber, junk
ру́хнуть collápse, fall héavily
руча́тельство guarantée; **с ~м** guaranteéd, wárranted
руча́ться wárrant, guarantée; vouch (for; за кого-л.)
руче́й brook, stream
ру́чка 1. hándle; dóor-knob (двери); arm (кресла) 2. (для пера) pénholder; **автомати́ческая ~** fóuntain-pen
ручно́й 1. (о труде) mánual 2. (об изделии) hánd-máde 3. (прирученный) tame
ру́шиться fail, collápse
ры́ба fish
рыба́||к físherman; **~лка** físhing; **~цкий** físhing
ры́бий fish attr.; **~ жир** cód-liver oil
ры́бн||ый fish attr.; **~ые консе́рвы** tinned fish sg.; canned fish sg. (амер.); **~ая промы́шленность** físhing índustry
рыбово́дство físh-breeding
рыболо́в físher(man); ángler (с удочкой); **~ство** físhery
рыда́||ние sóbbing; **~ть** sob
ры́жий red

ры́ло snout
ры́н||ок márket; **мирово́й ~** world márket; **~очный** márket attr.
рыса́к trótter
рысь I зоол. lynx
рысь II (бег) trot; **~ю** at a trot
ры́твина groove, rut
рыть dig; **~ся** rúmmage (in)
ры́хлый fríable, crúmbly
ры́царский chívalrous
ры́царь ист. knight
рыча́г léver
рыча́ть growl, snarl
рья́ный zéalous, árdent
рю́мка wíne-glass
ряби́на 1. (ягода) rówan(-berry), áshberry 2. (дерево) rówan-tree, móuntain ash
ряб||и́ть 1. (воду) ripple 2. безл.: **у меня́ ~и́т в глаза́х** éverything is a blur
рябо́й póck-marked
ря́бчик házel-hen, házel-grouse
рябь ripple
ря́вк||ать, ~нуть béllow; bark (at)
ряд 1. row, line; **сиде́ть в пе́рвом ~ý** sit in the first row; **стать в ~** stand in (a) line; **идти́ по три в ~** march three abréast 2. (серия) séries (of); númber (of; несколько); **у меня́ к вам ~ вопро́сов** I want to ask you a númber of quéstions ◇ **из ~а вон выходя́щий** excéptional, óutstanding; **~ами** нареч. in rows
рядово́й 1. прил. (обыкновенный) órdinary 2. как сущ. воен. prívate (sóldier)
ря́дом нареч. besíde; next (to); side by side, close by; **сиде́ть ~ с кем-л.** sit next to smb.; **я живу́ ~** I live next door
ря́са cássock, frock

С

с I предл. (тв.) with, and; **с друзья́ми** with friends; **с улы́бкой** with a smile; **с удово́льствием** with pléasure; **мы с ва́ми** you and I; **чай с са́харом** tea with súgar ◇ **с наме́рением** with the inténtion; **с усло́вием** on condítion; **что с ва́ми?** what is the mátter with you?

с II предл. (рд.) 1. (при обозначении места) from; **упа́сть с тре́тьего этажа́** fall from the third stórey; **с верши́ны холма́** from the hílltop; **пи́сьма с ро́дины** létters from home; **с пра́вой стороны́** on the right 2. *(начиная с)* from, with; с начáла до концá from beginning to end; с головы́ до ног from head to foot; начнём с вас let us begin with you 3. *(о времени)* from, since; с дéтства from childhood; с тех пор since that time, since then 4. *(у кого-л.)* from; брать примéр с когó-л. fóllow smb.'s exámple 5. *(по причине)* for, from; со стыдá for shame; с рáдости for joy 6. *(приблизительно)* abóut; for abóut *(о времени)*; он рóстом с тебя́ he is abóut your size; с недéлю for abóut a week ◇ с одобрéния with the appróval

сáбля sábre
сабот||áж sábotage; ~и́ровать sábotage
сáван shroud
сад gárden; городскóй ~ públic gárdens *pl.*
садиться *см.* сесть
садóвник gárdener
садовóд gárdener; horticúlturist; ~ство gárdening; horticúlture
садóк 1. fish-pond 2. hátchery
сáжа soot
сажáть 1. seat 2. *(помещать)* put; ~ в тюрьму́ put into príson, imprison 3. *(растения)* plant
сáженец séedling
сáйка roll (of bread)
саксофóн sáxophone
салáзки sledge *sg.*; tobóggan *sg.*
салáт léttuce *(растение)*; sálad *(блюдо)*; ~ник sálad bowl
сáло fat; lard *(свиное)*
салфéтка nápkin
сáльный gréasy
салю́т salúte; ~овáть salúte
сам *мест.* mysélf *(1-е л. ед.)*; oursélves *(1-е л. мн.)*; yoursélf *(2-е л. ед.)*; yoursélves *(2-е л. мн.)*; himsélf, hersélf, itsélf *(3-е л. ед.)*; themsélves *(3-е л. мн.)*
самá *ж. см.* сам
самéц male
сáми *мн. см.* сам
сáмка fémale
самó *с. см.* сам
самобы́тный original, distinctive
самовáр samovár, téa-urn
самовнушéние áuto-suggéstion
самовозгорáние spontáneous combústion
самовóльный self-willed, wilful; unwárranted *(неразрешённый)*
самодéльный hóme-máde
самодержáв||ие autócracy; ~ный autocrátic

самодéятельность: худóжественная ~ ámateur perfórmances *pl.*
самодовóль||ный self-sátisfied; ~ство self-satisfáction
самоду́р pétty týrant; ~ство pétty týranny
самозабвéн||ие self-forgétfulness; он работает с ~ием he works with tótal absórption; ~ный sélfless
самозащи́та self-defénce
самозвáн||ец impóstor; ~ство impósture
самокри́тика self-críticism
самолёт áircraft, áeroplane; plane; áirliner *(пассажирский)*
само||люби́вый proud; tóuchy *(обидчивый)*; ~лю́бие pride, self-respéct, self-estéem
самомнéние (self-)concéit
самонадéянный presúmptuous
самообладáние lével-héadedness; self--contról, self-posséssion
самообмáн self-decéption
самооборóна self-defénce
самообразовáние self-educátion
самообслу́живание self-sérvice
самоопределéние *полит.* self--determinátion; прáво нáций на ~ the right of nátions to self-determinátion
самоотвéрженн||ость sélflessness; ~ый sélfless
самопи́шущ||ий: ~ее перó fóuntain--pen
самопожéртвование self-sácrifice
саморо́док núgget *(золота)*; *перен.* nátive tálent
самосознáние self-awáreness
самосохранéние (self-)preservátion
самостоя́тельн||ость indepéndence; ~ый indepéndent
самосу́д mob law; lýnching
самотё||к drift; ~ком *нареч.* 1. spontáneously; drifting 2. *тех.* by grávity
самоуби́й||ство súicide; ~ца súicide
самоувéренн||ость self-cónfidence; self-assúrance; ~ый cóck-súre *разг.*, self--assúred
самоунижéние self-humiliátion
самоуправлéн||ие self-góvernment; óрганы ~ия lócal *(или* municipal*)* authórities
самоупрáвство árbitrariness
самоучи́тель téach-yoursélf book
самоу́чка self-táught pérson
самохóдн||ый: ~ое орýдие self--propélled gun

самоцвет semi-precious stone

самочувствие: как ваше ~? how do you feel?

сам||ый *мест.* 1. the same, the very; то же ~oe the same thing; до ~ого вечера right up (*или* on) till the evening; до ~ого дома all the way home; с ~ого начала from the very beginning; с ~ого утра from early morning; до ~ого конца right to the end; ~ая мысль об этом the mere idea of it 2. (*для образования превосходной степени*) the most; ~ интересный the most interesting; ~oe большее at most ◇ в ~ом деле indeed; в ~ раз *разг.* a) just right; б) at the right moment

санаторий sanatorium

сандалия sandal

сани sledge *sg.*; sleigh *sg.*

санитар hospital attendant; *воен. медиc.* orderly; ~ия sanitation; ~ка junior nurse; ~ный sanitary; ~ое состояние sanitary conditions *pl.*

санкционировать sanction

санкция 1. sanction, approval 2. (*мера воздействия*) sanctions *pl.*

сантиметр centimetre

сап *вет.* glanders *pl.*

сапёр pioneer

сапог (high) boot

сапож||ник shoemaker; ~ный shoe *attr.*; ~ная щётка shoe-brush

сапфир sapphire

сарай shed, barn

саранча locust

сарафан 1. sarafan (*Russian national dress*) 2. (*летний*) sun-dress

сарделька sausage

сардина sardine

сарка||зм sarcasm; ~стический sarcastic

сателлит satellite

сатин sateen

сатир||а satire; ~ик satirist; ~ический satirical

сафьян morocco (leather)

сахар sugar; пилёный ~ cube sugar; ~ин saccharin; ~ница sugar-basin, sugar-bowl; ~ный sugar *attr.*; saccharine (*научн.*); ~ный (сладкий); ~ный завод sugar-refinery ◇ ~ный песок granulated sugar; ~ная болезнь diabetes

сачок landing-net (*для рыбы*); butterfly-net (*для бабочек*)

сбав||ить, ~лять reduce (*цену*); lose weight (*в весе*)

сбегать run; ~ за кем-л., чем-л. run for smb., smth.

сбегать(ся) *см.* сбежать(ся)

сбежать 1. (*с горы и т. п.*) run down 2. (*убежать*) run away; ~ся come running, flock; gather

сбербанк *см.* сберегательный банк

сберега||тельный: ~тельный банк savings-bank; ~тельная книжка savings-bank book; ~ть *см.* сберечь

сбережён||ие 1. saving; economy 2. *мн.* ~ия savings

сберечь save

сбивать(ся) *см.* сбить(ся)

сбивчивый confused, indistinct

сбить 1. (*свалить*) throw down; ~ с ног knock down 2. (*человека*) run into smb.; (*самолёт*) bring down 3. churn (*масло*); beat up (*яйца*); whip (*сливки*) ◇ ~ с толку confuse, put out, disconcert; ~ цену beat down the price; ~ся 1. (*с пути*) lose one's way 2. (*запутаться, смешаться*) be confused 3.: ~ся в кучу bunch 4. (*на сторону*) be all on one side (*о шляпе и т. п.*) ◇ ~ся с ног ≈ be run off one's feet

сближ||ать(ся) *см.* сблизить(ся); ~ение 1. rapprochement 2. (*дружба*) intimacy

сблизить draw together; ~ся draw together; become friends (*сдружиться*)

сбоку *нареч.* from one side (*откуда*); on one side (*где*); at the side (*рядом*)

сбор 1. collection (*тж. денежный*); ~ урожая harvest 2. (*людей*) assembly; *воен. тж.* muster 3. (*взимаемые или собранные деньги*) dues *pl.*; takings *pl.* ◇ все в ~e all are assembled; полный ~ *театр.* full house

сборище *разг.* crowd

сборка *тех.* assembly

сборки (*на платье*) gathers

сборник collection; ~ рассказов collected stories *pl.*

сборн||ый: ~ пункт assembly point; ~ая команда *спорт.* combined team (*или* side)

сборочный: ~ цех assembly shop

сборщик 1. collector 2. *тех.* assembler

сборы (*в путь*) preparations

сбрасывать *см.* сбросить

сбривать, сбрить shave off

сброд *разг.* riff-raff, odds and sods

сбросить 1. throw down (*вниз*); throw off (*откуда-л.*) 2. (*одежду*) throw off

сбруя harness

233

сбыва́ть *см.* сбыть
сбыва́ться *см.* сбы́ться
сбыт sale; ры́нок ~а a séller's márket
сбыть 1. *(продать)* sell 2. *(избавиться)* get rid *(of)*
сбы́ться come true, be réalized, matérialize
сва́дьба wédding
сва́ливать, свали́ть 1. throw down; fell *(дерево)* 2. *(в одно место)* heap (up) 3.: свали́ть вину́ на кого́-л. shift *(или* throw*)* the blame on smb.; ~ся fall down
сва́лка 1. *(мусора)* rúbbish heap 2. *(драка)* scúffle
сва́ривать *см.* свари́ть 2
свари́ть 1. cook 2. *тех.* weld
сва́рка *тех.* wélding
сварли́вый quárrelsome; shréwish *(о женщине)*
сва́тать propóse smb. to smb. as a wife *(или* húsband*)*; ~ся seek in márriage
сва́я pile
сведе́ние informátion
све́дущий expérienced *(in)*, well-vérsed *(in)*
свё||жесть fréshness; cóolness *(прохлада)*; ~жёть becóme cóol(er); ~жий 1. fresh; ~жие проду́кты fresh food *sg.*; ~жий хлеб frésh-baked bread 2. *(о новостях)* látest
свежо́ *предик. безл.* it is cool
свезти́ 1. *(кого-л., что-л.)* remóve, take awáy 2. *(в одно место)* bring togéther 3. *(вниз)* take dównhill
свёкла beet, béetroot; са́харная ~ súgar-beet
свёкор fáther-in-law *(husband's father)*
свекро́вь móther-in-law *(husband's mother)*
свер||га́ть, све́ргнуть óverthrow; ~же́ние óverthrow
све́рить check; colláte *(with)*
сверк||а́ть sparkle, twinkle; ~ну́ть flash
сверли́||льный *(о станке)* drílling; ~ть drill, bore
сверло́ drill
сверну́ть 1. roll up 2. *(сократить)* curtáil; ~ произво́дство cut down prodúction 3. *(в сторону)* turn aside ◇ ~ ла́герь break up camp; ~ кому́-л. ше́ю wring smb.'s neck; ~ся coágulate *(о крови)*; curdle, turn sour *(о молоке)*
све́рстник contémporary; мы ~и we are just the same age
свёрток páckage *(пакет)*; roll *(бумаги)*

све́ртыва||ние 1. *(крови)* coagulátion 2. *(сокращение)* curtáilment, decréasing; ~ть(ся) *см.* сверну́ть(ся)
сверх *предл.* beyónd, abóve; óver; ~ того́ moreóver; ~ програ́ммы éxtra númber *(или* ítem*)*
сверхпри́быль *эк.* súperprófit
све́рху *нареч.* from abóve; óver *(поверх)*
сверхуро́чны||е *мн. как сущ.* óvertime pay *(или* móney*) sg.*; ~й óvertime *attr.*
сверхшта́тный supernúmerary
сверхъесте́ственный supernátural
сверчо́к crícket
сверя́ть *см.* све́рить
све́сить *(ноги)* dangle; ~ся dangle; hang óver
свести́ 1. *(отвести)* take *(to, down)* 2. *(соединить)* bring togéther 3. *(к чему-л.)* redúce *(to)* ◇ ~ с ума́ drive mad; drive one out of one's mind; ~ счёты square accóunts; settle a score; ~ на нет bring to nought; у него́ свело́ но́гу he has got cramp in his leg
свет I light; при ~е by the light *(of)*
свет II 1. *(мир, вселенная)* world 2. *(общество)* world, society
света́||ть 1. dawn 2. *безл.:* ~ет it is dáwning
свети́ло héavenly bódy; *перен.* lúminary
свети́льный: ~ газ cóal-gas
свети́ть shine *(излучать свет)*; ~ся shine
свет||ле́ть clear up *(о небе)*; ~ло́ *предик. безл.* it is light; когда́ ста́ло ~ло́ when day broke
све́тлый light; bright *(яркий)*; clear *(ясный)*; lúminous *(светящийся)*; ~ костю́м light-coloured dress
светлячо́к glów-worm; fíre-fly *(летающий)*
светово́||й light *attr.*; ~а́я рекла́ма néon sign(s) *pl.*
светомаскиро́вка bláck-out
светоси́ла *фото* illuminátion
светофи́льтр *фото* light filter
светофо́р tráffic lights *pl.*
свето́ч *перен.* lúminary, léading light
светочувстви́тельный sénsitive to light
све́тск||ий sécular; wórldly ◇ ~ челове́к man of fáshion; ~ое о́бщество (high) society
светя́щийся lúminous; phosphoréscent *(фосфоресцирующий)*
свеча́, све́чка candle
све́шать weigh

све́шивать(ся) *см.* све́сить(ся)
свива́ть *см.* свить
свида́ни||е mėeting; appóintment *(усло́вленное);* date *(амер.);* назна́чить ~ make an appóintment; make a date *(амер.)* ◊ до ~я góod-býe
свиде́тель witness; ~ство 1. *(показа́ние)* évidence 2. *(удостовере́ние)* certíficate; ~ствовать téstify; witness
свина́рка píg-woman
свина́рник pígsty
свина́рь píg-man
свине́ц lead
свини́на pork
свиново́дство píg-breeding
свин||о́й 1. pig *attr.* 2. *(из свини́ны)* pork *attr.;* ~о́е са́ло lard
свинцо́вый lead *attr.; перен.* léaden
свинья́ pig; hog
свире́ль pipe
свире́п||ствовать rage; ~ый fierce; violent *(о бу́ре)*
свиса́ть hang down; droop *(о поля́х шля́пы);* trail *(о расте́ниях)*
свист whistle
свисте́ть whistle
сви́стнуть give a whistle
свисто́к whistle
сви́та train, suite
сви́тер swéater
свить twist, twine ◊ ~ гнездо́ build a nest
свобо́д||а fréedom; líberty; ~ сло́ва fréedom of speech; ~ печа́ти fréedom of the press; ~ный 1. free; ~ный до́ступ free áccess; ~ное вре́мя spare *(или* free*)* time; в ~ное вре́мя at one's léisure 2. *(незаня́тый)* vácant 3. *(ли́шний)* spare 4. *(об оде́жде)* loose; ~ный костю́м loose dress
свободолюби́вый fréedom-lóving
свободомы́сл||ие fréе-thínking; ~ящий frée-thínking
свод I *архит.* arch; vault
свод II: ~ зако́нов code
своди́ть *см.* свести́
сво́дка súmmary; ~ вое́нных де́йствий war communiqué
сво́дный súmmary ◊ ~ брат stépbrother
сво́дчатый arched
свое́ *с. см.* свой
своево́льный sélf-willed
своевре́менн||о *нареч.* in good time; ~ость tímeliness; ~ый tímely, ópportune
своеобра́з||ие originálity, peculiárity; ~ный original, pecúliar
свози́ть *см.* свезти́

свой 1. *мн. см.* свой 2. *как сущ.* one's people
свой *мест.* my *(1-е л. ед.);* our *(1-е л. мн.);* your *(2-е л. ед. и мн.);* his, her, its *(3-е л. ед.);* their *(3-е л. мн.)* ◊ он сам не ~ he is not himsélf
сво́йственный pecúliar, characterístic
сво́йство quálity; próperty *(предме́та)*
сво́ра *(соба́к)* pack; *перен.* gang
свора́чивать *см.* сверну́ть
своя́ *ж. см.* свой
свыка́ться, свы́кнуться get used *(to)*
высока́ *нареч.* háughtily
свы́ше *предл.* óver *(бо́лее);* beyónd *(сверх)*
свя́занный connécted *(соединённый);* tied *(верёвкой);* bound *(обеща́нием)*
связа́ть tie; bind *(тж. перен.);* connéct *(перен.);* ~ся 1. *(установи́ть обще́ние)* commúnicate 2. *(входи́ть в каки́е-л. отноше́ния)* assóciate *(with)*
связи́ст *воен.* signaller
свя́зка 1. sheaf *(бума́г);* bunch *(ключе́й)* 2. *анат.* chord, lígament 3. *лингв.* cópula
свя́зный cohérent
связу́ющий bínding
свя́зывать(ся) *см.* связа́ть(ся)
связ||ь 1. tie, bond 2. *(обще́ние)* connéction 3. *(ж.-д., телегра́фная)* communicátion 4. *воен.* signals *pl.;* слу́жба ~и signal sérvice
свя́то *нареч. (чтить, храни́ть)* píously, réverently
свят||о́й 1. *прил.* hóly; saint *(пе́ред и́менем);* sácred *(свяще́нный)* 2. *как сущ.* saint
свяще́н||ник priest; ~ный sácred
сгиб bend
сгиба́ть(ся) *см.* согну́ть(ся)
сгла́||дить smooth (out, óver, awáy); ~диться be smoothed (out); ~живать(ся) *см.* сгла́дить(ся)
сглупи́ть *разг.* do such a stúpid thing
сгнить rot
сгнои́ть let rot
сгова́риваться *см.* сговори́ться
сго́вор collúsion; ~и́ться arránge things *(with),* come to an agréement
сгово́рчивый compliant
сгоня́ть *см.* согна́ть
сгора́||ние combústion; ~ть *см.* сгоре́ть
сгорб||и́ться stoop; ~ленный bent
сгоре́ть burn down

сгоряча́ *нареч.* in a fit of témper; ráshly (*необду́манно*)

сгре||ба́ть, ~сти́ rake up togéther (*гра́блями*); shóvel up (*или* in) (*лопа́той*)

сгружа́ть, сгрузи́ть únload

сгусти́ть thicken; ~ кра́ски *перен.* exággerate; lay it on thick *разг.*; ~ся thicken

сгу́сток clot

сгу||ща́ть(ся) *см.* сгусти́ть(ся) ~щённый: ~щённое молоко́ condénsed milk

сдава́ть(ся) *см.* сдать(ся)

сдави́ть squeeze

сда́вл||енный 1. squeezed 2. (*о го́лосе*) constráined; ~ивать *см.* сдави́ть

сдать 1. hand in; régister (*бага́ж*); ~ бага́ж на хране́ние leave one's lúggage in the léft-luggage óffice (*или* clóak-room) 2. (*кре́пость и т. п.*) yield 3. (*внаём*) let; rent ◇ ~ экза́мен pass an examinátion; ~ся surrénder

сда́ч||а 1. (*внаём*) lease 2. (*кре́пости и т. п.*) surrénder 3. (*де́ньги*) change ◇ дать ~и (*уда́рить*) retúrn a blow

сдвиг displácement; *перен.* change, impróvement

сдвига́ть(ся) *см.* сдви́нуть(ся)

сдви́нуть move (*с ме́ста*); draw togéther (*сбли́зить*); ~ся move

сде́лать make, do; ~ся becóme

сде́лка bárgain, deal; agréement (*соглаше́ние*)

сде́ль||ный paid by the piece; ~ная рабо́та piece-work; ~щина piece-work

сдёргивать *см.* сдёрнуть

сде́ржанн||ость restráint; réticence (*в реча́х*); ~ый restráined, resérved

сдержа́ть restráin; hold back; suppréss (*подави́ть*) ◇ ~ сло́во keep one's word; ~ся contról onesélf, restráin onesélf (*from*)

сде́рживать(ся) *см.* сдержа́ть(ся)

сдёрнуть pull (*или* jerk) off

сдира́ть *см.* содра́ть

сдо́б||а *собир.* fáncy bread; ~ный rich; ~ные бу́лки buns

сдо́хнуть croak; die (*о живо́тных*)

сдружи́ться (*с кем-л.*) make friends (*with*)

сдува́ть, сду́нуть, сдуть blow awáy

сеа́нс shów(ing) (*в кино́*); sítting (*у худо́жника*); tréatment (*лече́ния*)

себе́ *дт., пр. см.* себя́

себесто́имость *эк.* prime (*или* básic) cost; cost price; снижа́ть ~ проду́кции redúce (*или* cut) prodúction costs

себя́ *мест.* mysélf (*1-е л. ед.*); oursélves (*1-е л. мн.*); yoursélf (*2-е л. ед.*); yoursélves (*2-е л. мн.*); himsélf, hersélf, itsélf (*3-е л. ед.*); themsélves (*3-е л. мн.*) ◇ ничего́ себе́ not bad; хоро́ш собо́й góod-lóoking

сев sówing

се́вер north; на ~ nórthward; к ~у (*от*) north (*of*); ~ный nórth(ern); ~ное сия́ние auróra boreális; Се́верный по́люс North Pole

се́веро-восто́к nórth-éast

се́веро-за́пад nórth-wést

севооборо́т *с.-х.* crop rotátion

сего́дня *нареч.* todáy; ~ ве́чером tonight; this évening; ~шний todáy's

сед||е́ть turn grey; ~и́на grey hair

седла́ть sáddle

седло́ sáddle

седоборо́дый gréy-béarded

седовла́сый gréy-háired

седо́й grey

седо́к rider (*на ло́шади*); pássenger (in a coach) (*в экипа́же*)

седьм||о́й séventh; 20 мину́т ~о́го twénty mínutes past six; ~а́я страни́ца page séven

сезо́н séason; ~ник *разг.* séasonal wórker; ~ный séasonal; séason *attr.*

сей (сия́, сиё, *мн.* сии́) *мест.* this; *мн.* these; на ~ раз this time ◇ сию́ мину́ту just a séc(ond)

сейсм||и́ческий séismic; ~оло́гия seismólogy

сейф safe

сейча́с *нареч.* 1. (*тепе́рь*) now 2. (*то́лько что*) just (*или* right) now 3. (*ско́ро*) présently; in a mínute

секре́т sécret; по ~у confidéntially

секрет||ариа́т secretáriat(e); ~а́рь sécretary

секре́т||ный sécret; соверше́нно ~но top sécret

секре́ция *физиол.* secrétion

сексуа́льный séxual

се́кт||а sect; ~а́нт sectárian; ~а́нтство sectárianism

се́ктор séctor

секу́нд||а sécond; ~ный sécond *attr.*; ~ная стре́лка sécond hand

се́кция séction

селёд||ка *разг.* hérring; копчёная ~ smoked hérring; kípper; ~очный hérring *attr.*

СЕЛ   **СЕЧ**   **С**

селезёнка *анат.* spleen
сéлезень drake
селéкция *с.-х.* selective breeding
селéние village
селитра *хим.* sáltpetre
сели́ться settle
селó village
сельдь *см.* селёдка
сéльск||**ий** rúral; village *attr.;* ~ое хозя́йство agriculture; ~ учитель village teacher
сельскохозя́йственн||**ый** agricultural; ~ые ору́дия agricultural implements
сельсовéт (сéльский совéт) village Sóviet
семафóр *ж.-д.* light signals *pl.;* sémaphore
сёмга sálmon
семéй||**ный** family *attr.;* ~ человéк márried man; ~ственность népotism; ~ство fámily
семени́ть mince
семеннóй 1. *биол.* séminal 2. *бот.* seed *attr.*
семёрка *карт.* séven (of)
сéмеро séven (of)
семéстр term
семидесятилéтний séventy-year-óld (о возрасте)
семидеся́т||**ый** séventieth; ~ые гóды the séventies
семилéтний séven-year; ~ ребёнок séven-year-óld child
семинáр séminar
семинáрия séminary
семисóтый séven-húndredth
семнáд||**цатый** seventéenth; ~цать seventéen
семь séven; ~десят séventy; ~сóт séven húndred
семья́ fámily; ~ни́н fámily man
сéмя 1. *бот.* seed 2. *биол.* sémen, sperm
сенáт sénate; ~ор sénator
сéни óuter éntrance hall, ínner porch
сéно hay; ~вáл háyloft; ~кóс háymaking; ~коси́лка mówing-machíne
сенс||**ациóнный** sensátional; ~áция sensátion
сентиментáльный sentiméntal
сентя́брь Septémber; ~ский Septémber *attr.*
сепарáтный séparate
сéра *хим.* súlphur
серб Serb(ian); ~ский Sérbian

серви́з sérvice; set; обéденный ~ dínner-set; чáйный ~ téa-set
сервир||**овáть** serve; ~ стол lay the table; ~óвка láying; sérving (подача кушаний)
сердéчн||**о** *нареч.* héartily; ~ость warmth, héartiness; ~ый 1. *мед.* heart *attr.* 2. (искренний) héarty, córdial, sincére
серди́||**тый** ángry, cross; ~ть ánger, make ángry; ~ться be ángry, be cross (на кого-л. — with smb.; на что-л. — about smth.)
сéрдц||**е** heart ◇ в ~áх *разг.* in ánger; положá рýку на ~ cándidly; от всегó ~a with all one's heart
сердцебиéние palpitátion (of the heart)
сердцеви́на core; *бот.* pith
серебр||**и́стый** sílver *attr.;* sílvery (о звуке); ~и́ться sílver
серебрó sílver
серéбряный sílver *attr.*
середи́на middle; midst ◇ золотáя ~ the gólden mean
середня́к *ист.* middle péasant
серёжка *см.* серьгá
серенáда *муз.* serenáde
сержáнт sérgeant
сери́йный sérial
сéрия séries
серни́стый *хим.* sulphúreous
сéрн||**ый** sulphúric; ~ая кислотá sulphúric ácid; ~ источник súlphur-spring
серовáтый gréyish
серп sickle; ~ и мóлот hámmer and sickle; ~ луны́ créscent moon
серпови́дный créscent
сéрый grey
серьгá éar-ring
серьёзн||**о** *нареч.* 1. sériously 2. (в самом деле) réally; ~ый sérious, éarnest
сéссия séssion; term (судебная)
сестрá síster
сесть 1. sit down; ~ на лóшадь mount a horse; ~ на корáбль go abóard (a) ship; ~ на мель run agróund; ~ на пóезд get on to a train; ~ за рабóту set to work 2. (о солнце) set 3. (о материи) shrink
сéтка 1. net (тж. спорт.); ~ для волóс háir-net 2. (сумка) cárrier bag
сéтовать compláin (of)
сетчáтка *анат.* rétina
сеть net; nétwork (железных дорог и т. п.)
сечéние *мат.* séction
сечь 1. flog; whip (кнутом) 2. (рубить) chop

237

сечься split *(о волосах, шёлке и т. п.)*
се́я||лка *с.-х.* seed drill *(рядовая)*; ~тель sówer; ~ть sow
сжа́литься take pity *(on)*
сжа́тие compréssion
сжа́т||о *нареч.* briefly; ~ость 1. compréssion 2. *(краткость)* concíseness; ~ый 1. compréssed: ~ые гу́бы tight *(или* compréssed) lips 2. *(краткий)* brief, concíse
сжать I *(рожь и т. п.)* reap
сжать II compréss, squeeze; tighten *(губы)*; clench *(зубы)*; ~ся compréss, contráct; shrink
сжечь, сжига́ть burn down; ~ дотла́ burn to áshes
сжима́ть *см.* сжать II; ~ся *см.* сжа́ться
сжи́ться get used *(to)*
сза́ди *нареч. и предл.* behínd *(где)*; from behínd *(откуда)*
сзыва́ть *см.* созва́ть
си *муз.* B, si
сиби́рский Sibérian
сига́ра cigár
сигна́||л signal; horn *(автомобиля)*; дать ~ give a signal; hoot *(об автомобиле)*; ~лиза́ция sígnalling; ~лизи́ровать signal; sémaphore *(семафором)*; ~льный signal *attr.*; alárm *attr.*; ~льный ого́нь *мор.* fláshing light; ~льщик signaller
сиде́лка (sick-) nurse
сиде́нье seat
сиде́ть 1. *(на чём-л.)* sit; ~ на ло́шади sit (on) a horse 2. *(находиться, оставаться)* be, stay 3. *(об одежде)* fit, sit *(on)*
сидр cider
сидя́чий sitting; sédentary *(об образе жизни)*
сие́ *с. см.* сей
си́зый dóve-coloured
сий *мн. см.* сей
си́л||а 1. strength; force; ~ой by force; не по ~ам beyónd one's pówers; о́бщими ~ами by a combíned éffort; в ~у... by force of... 2. *(энергия)* power 3. *мн. воен.:* ~ы force(s) ◇ име́ющий ~у *юр.* válid
сила́ч áthlete
си́литься try, endéavour
сило́в||о́й power *attr.*; ~а́я ста́нция power-station
силоќ trap
си́лос *с.-х.* sílage; ~ный sílage *attr.*; ~ная я́ма sílage pit; ~ова́ние ensílage
силуэ́т silhoúette
си́льн||о *нареч.* stróngly; ~ый strong,

pówerful *(мощный)*; sharp *(о голоде)*; inténse *(о чувстве)*; sevére *(о морозе)*; héavy *(о дожде, ударе)* ◇ он силён в математике his fórte is mathemátics
си́мвол sýmbol
си́мвол||изи́ровать sýmbolize; ~и́зм sýmbolism; ~и́ческий symbólic
симме́тр||и́чный symmétric(al); ~ия sýmmetry
симпа́т||изи́ровать sýmpathize *(with)*; ~и́чный sympathétic, nice, líkable
симпа́тия sýmpathy *(for)*
симпто́м sýmptom; ~ати́ческий symptomátic
симул||и́ровать símulate; ~ боле́знь malínger; ~я́нт malíngerer; ~я́ция simulátion
симфони́ческий symphónic; ~ конце́рт sýmphony cóncert
симфо́ния sýmphony
синаго́га sýnagogue
синдика́т sýndicate
синева́ dark blue cólour
сине́ть 1. *(становиться синим)* becóme blue 2. *(виднеться)* show blue
си́ний blue
сини́льн||ый: ~ая кислота́ *хим.* hydrocyánic ácid
сини́ть *(бельё)* blue
сини́ца blue tit
сино́д sýnod
сино́ним sýnonym
си́нтакс||ис sýntax; ~и́ческий syntáctic
си́нте||з sýnthesis; ~ти́ческий synthétic
си́нус *мат.* sine
си́нька 1. *(для белья)* (wáshing) blue 2. *(светокопия)* blúe-print
синя́к bruise; black eye *(под глазом)*
си́плый hoarse
сире́на síren; hóoter *(гудок)*
сире́невый lílac
сире́нь lílac
сиро́п sýrup
сирота́ órphan
систе́ма sýstem; ~тизи́ровать sýstematize; ~ти́ческий systemátic
си́тец prínted cótton *(для платья)*; cálico *(амер.)*; chintz *(тж. для обивки мебели)*
си́то sieve; просе́ивать сквозь ~ sieve
ситуа́ция situátion
си́тцевый prínted cótton *attr.*
си́филис *мед.* sýphilis
сия́ *ж. см.* сей

сия́||ние rádiance; ~ть shine; ~ющий rádiant

сказа́ние légend, stóry

сказа́ть say; tell (*сообщить*); тру́дно ~ it's hard to say ◇ так ~ so to speak (*или* say); по пра́вде ~ to tell the truth; ~ся (*на ком-л.*) tell (on, upon) ◇ ~ся больны́м repórt sick

сказа́тель narrátor, stóry-teller

сказ||ка tale; fáiry-tale; наро́дные ~ки pópular tales; ~очный fáiry attr.; ~очная страна́ fáiry-land

сказу́емое *грам.* prédicate

ска́зываться см. сказа́ться

скак||а́ть 1. jump; hop (*на одной ноге*) 2. (*на лошади*) gállop; ~ово́й: ~ова́я ло́шадь rácehorse; stéeplechaser

скал||а́ rock; cliff (*отвесная*); ~и́стый rócky

скали́ть: ~ зу́бы grin

ска́лка (*для теста*) rólling-pin

ска́лывать I, II см. сколо́ть I, II

скаме́ечка small bench; ~ для ног fóotstool

скаме́йка bench

скамь||я́ bench; form (*школьная*); ~ подсуди́мых dock ◇ со шко́льной ~и́ ≈ since one's schóol-days

сканда́||л row; scándal; ~ли́ст bráwler; ~лить kick up a row; ~льный scándalous

ска́пливать(ся) см. скопи́ть(ся)

скарб goods and cháttels *pl.*

ска́редный stíngy

скарлати́на *мед.* scárlet féver

скат slope (*склон*); pitch (*крыши*)

ската́ть roll up

ска́терть táble-cloth ◇ ~ю доро́га ≈ nóbody is stópping you

скати́ть roll down; ~ся slide down (*соскользнуть*)

ска́тывать I см. ската́ть

ска́тывать II см. скати́ть

ска́тываться см. скати́ться

скафа́ндр díving-suit

скачк||а́ 1. gállop(ping) 2. *мн.*: ~и ráces; ~и с препя́тствиями stéeplechase *sg.*; уча́ствовать в ~ах race

скачкообра́зный úneven

скачо́к jump, bound, leap

сква́жина 1. chink 2. well (*нефтяная*)

сквер públic gárden

скверносло́вить use foul lánguage

скве́рный bad, násty

сквоз||и́ть 1. (*проглядывать*) show through 2. (*дуть*): здесь ~и́т there is a draught here; ~но́й through; ~но́й ве́тер *см.* сквозня́к

сквозня́к draught

сквозь *предл.* through

скворе́ц stárling

скеле́т skéleton

скеп||тик scéptic; ~тици́зм scépticism; ~ти́ческий scéptic(al)

ски́д||ка abátement; díscount; со ~кой at cut rates, with a díscount; ~ывать *см.* ски́нуть

ски́нуть throw off (*или* down)

скипида́р túrpentine

скирд(а́) stack, rick

скиса́ть, ски́снуть turn sour

скита́||лец wánderer; ~ться wánder

склад I stórehouse; wárehouse, depósitory (*для товаров*); *воен.* depót

склад II (*ума*) turn; она́ челове́к друго́го ~а she is quite anóther type of pérson; she's quite anóther cup of tea *разг.*

скла́дка fold (*на платье*); crease (*на брюках*); wrinkle (*морщина*)

складно́й fólding

скла́дн||ый harmónious; wéll-built (*о фигуре*); он говори́т ~о he is a good tálker, he has the gift of the gab

скла́дчин||а: в ~у by clúbbing togéther

скла́дывать см. сложи́ть 1, 2, 3, 5; ~ся см. сложи́ться

скле́ивать(ся) см. скле́ить(ся)

скле́ить paste togéther; ~ся stick togéther

склеп (búrial) vault

скло́ка squabble

склон slope (*горы*) ◇ на ~е лет in one's declíning years

склоне́ние *грам.* declénsion

склони́ть 1. bend 2. (*на чью-л. сторону*) win (*или* gain) óver to one's side; persuáde (*убедить*); ~ся 1. bend 2. (*о солнце*) go down 3. (*решиться*) be inclíned (to) 4. (*поддаться*) yield (to)

скло́нн||ость inclinátion; ~ый inclíned (to)

склоня́емый *грам.* declínable

склоня́ть I см. склони́ть

склоня́ть II *грам.* declíne

склоня́ться I см. склони́ться

склоня́ться II *грам.* be declíned

склочник squábbler

скля́нка phíal

скоба́ *тех.* cramp

ско́бка brácket

скобли́ть scrape

скобяной: ~ товáр hardware

сков́а||ть *(цепями)* chain; лёд ~л рéку the river is ice-bound

сковорода́ frýing-pan

сковывать *см.* сковáть

скола́чивать, сколоти́ть 1. join *(до́ски)*; constrúct *(постро́ить)* 2. *разг.* *(собрать, скопить)* scrape up

сколо́ть I *(лёд и т. п.)* break

сколо́ть II *(булавкой)* pin together

сколь||же́ние slíding; ~зи́ть slide

ско́льзкий slíppery

скользну́ть slip

ско́лько how much?; how mány? *(о числе)*; how old? *(о возрасте)*; how long? *(о продолжительности)*; ~ раз? how mány times?, how óften?; ~ врéмени? what's the time? *(который час)*; how long? *(как долго)*

скома́ндовать commánd, give a commánd

скомбини́ровать combíne

ско́мкать crúmple; *перен. разг.* cut smth. short

сконфу́зить embárrass; ~ся be embárrassed

сконцентри́ровать cóncentrate

сконча́ться die

скоп||и́ть save; ~и́ться accúmulate; pile up; gáther, crowd round *(о людях)*; ~лéние accumulátion; ~ля́ть(ся) *см.* скопи́ть(ся)

скорбе́ть *(о чём-л., о ком-л.)* mourn *(for, over)*

ско́рб||ный mournful, sórrowful; ~ь grief, deep sórrow

скор||éе, ~éй 1. more quickly, fáster 2. *(лучше)* ráther, sóoner ◇ ~ всегó most próbably

скорлуп||а́ shell; снима́ть ~у́ shell

скорня́к fúrrier

ско́ро *нареч.* 1. *(быстро)* quíckly, fast 2. *(вскоре)* soon

скорогово́рк||а pátter; говори́ть ~ой gabble

скоропо́ртящи||йся: ~еся товáры périshable goods

скоропости́жн||ый: ~ая смерть súdden death

скороспéлый éarly; *перен.* precócious

скорострéльный quick-fire *attr.*

скóрость speed; rate *(темп)*; *физ.* velócity

скоросшивáтель fólder

скоротéчн||ый tránsient; ~ая чахóтка *разг.* gálloping consúmption

скорпио́н scórpion

скóрчить: ~ гримáсу make a face; ~ся writhe

скóр||ый 1. fast, quick 2. *(близкий по времени)* near ◇ ~ по́езд expréss train; ~ая по́мощь first aid; а́мbulance (car) *(автомобиль)*; на ~ую ру́ку slápdash

скоси́ть I *(срезать траву)* mow down

скоси́ть II *(глаза́)* squint

скот cattle, líve-stock; моло́чный ~ dáiry-cattle; ~и́на *собир.* cattle; ~ный двор cáttle-yard

скотово́д cáttle-breeder; ~ство cattle *(или* stock*)* bréeding

скóтский béstial

скрáсить, скрáшивать: ~ жизнь bríghten up smb.'s life

скребóк scráper

скрéжет grítting, grínding; ~áть: ~áть зубáми grit one's teeth

скреп||и́ть 1. fásten; *тех.* secúre 2. *(печатью)* seal; sign *(подписью)* ◇ ~я́ сéрдце relúctantly, with a sore heart

скрéп||ка clip; ~ля́ть *см.* скрепи́ть

скрести́ scrape; scratch *(когтями, ногтями)*; ~сь *(о мышах)* scratch

скрести́ 1. cross; fold *(руки)* 2. *биол.* cross, ínterbreed; ~ся 1. cross 2. *биол.* ínterbreed

скрéщива||ние *биол.* cróssing, ínterbreeding; ~ть(ся) *см.* скрести́ть(ся)

скрип creak *(двери, пола)*; scratch *(пера)*

скрипа́ч víolinist; fíddler *(уличный)*

скрипéть creak; scratch *(о пере)*

скри́пк||а víolin; fíddle *разг.*; игра́ть пéрвую ~у *перен.* take a léading part

скрип||нýть creak; ~ýчий créaky; scrátchy *(о пере)*

скрóмн||ость módesty; ~ый módest

скрути́ть, скрýчивать 1. *(о нитке)* twist 2. *(папиросу)* roll 3. *(связать)* bind, tie up

скрыва́ть(ся) *см.* скры́ть(ся)

скры́тн||ость resérve, réticence; ~ый resérved, réticent

скры́тый hídden; veiled *(о намёке)*; *физ., хим.* látent

скрыть hide; disguíse *(чувство)*; ~ся disappéar *(из виду)*; hide *(спрятаться)*; escápe *(убежать)*

скря́га míser

ску́д||но *нареч.* scántily; ~ный poor *(об обеде, об урожае)*; scánty *(о запасах)*; ~ность scántiness; póverty

ску́ка bóredom

скула́ chéek-bone
скули́ть whímper
ску́льпт||ор scúlptor; ~у́ра scúlpture
скуп||а́ть, ~и́ть buy up
скупи́ться be stíngy; grudge
ску́пка búying up
скупо́й 1. *прил.* míserly, stíngy 2. *как сущ.* míser
ску́пость stínginess; míserliness
ску́пщик one who buys up
скуча́ть be bored; be lónely *(грустить)*; ~ по кому́-л. miss smb.
ску́ченный dense
ску́чн||о *предик. безл.:* мне бы́ло ~ I was bored, I found it tédious; ~ый dull, bóring; sad *(печальный)*
ску́шать eat up
слабе́ть wéaken
слаби́тельное *мед.* purge, láxative
сла́бо *нареч.* 1. féebly 2. *(плохо)* póorly
слабово́льный wéak-willed
слабоси́льный weak
сла́бость 1. wéakness 2. *(слабое место)* weak point
слабоу́м||ие imbecílity; ~ный ímbecile, wéak-minded
слабохара́ктерный wéak-(willed)
сла́бый 1. weak; délicate *(о здоровье)*; faint *(едва заметный)*; loose *(нетугой)* 2. *разг. (плохой)* poor
слав||а gló ry; fame ◇ на ~у wónderfully well
сла́виться be fámous *(for)*
сла́вный 1. gló rious; fámous *(знаменитый)* 2. *разг. (хороший)* nice
слав||яни́н Slav; ~я́нский Slav, Slavónic
слага́||емое *мат.* addéndum; ~ть *см.* сложи́ть 4, 5; ~ться be made up *(of)*
сла́дить mánage; cope *(with)*
сла́дк||ий sweet; ~ое *как сущ.* dessért
сладостра́стный volúptuous
сла́дость sweetness
сла́нец schist
сластёна *разг.* sweet tooth
сла́сти sweets; cándy *sg. (амер.)*
слаща́вый súgary
сле́ва *нареч.* from the left *(откуда)*; left, on the left *(налево)*
слегка́ *нареч.* slíghtly
след track; fóotprint *(ноги)*; scent *(зверя)*; *перен.* trace, sign
следи́ть I 1. watch; spy *(on;* выслеживать); keep an eye *(on)* 2. *(за ходом че-го-л.)* fóllow 3. *(присматривать)* look áfter
следи́ть II *(оставлять следы)* leave tráces
сле́дователь prelíminary invéstigator
сле́довательно *союз* cónsequently, hence; thérefore
след||овать 1. fóllow *(тж. перен.);* ~ сове́ту fóllow *(или* take) smb.'s advíce; по́езд ~ует до Москвы́ the train is bound for Móscow 2. *безл.:* вам ~ует you ought to; кому́ ~ует to whom it may concérn; to the próper *(или* right) pérson; куда́ ~ует to the próper quárter; ско́лько с меня́ ~ует? how much do I owe (you)?; э́того ~овало ожида́ть this was to be expécted ◇ как ~ует próperly, well
сле́дом *нареч.* áfter
сле́дствие I cónsequence, resúlt
сле́дствие II *юр.* ínquest, ínquiry; суде́бное ~ judícial ínquiry
сле́дующ||ий fóllowing; next *(по порядку);* в ~ раз next time; ~им о́бразом in the fóllowing way
слёжка shádowing
слеза́ tear
слеза́ть *см.* слезть
слез||и́ться wáter; ~ли́вый téarful
слезоточи́вый: ~ газ téar-gas
слезть 1. get down; dismóunt *(с лошади)* 2. *разг.* (с трамвая) get out, alíght *(from)* 3. *(о коже)* peel
слепе́нь hórse-fly
слепи́ть I blind
слепи́ть II *(склеить)* paste togéther
слепи́ть III *(из глины и т. п.)* mould
слёпнуть becóme blind
слепо́й 1. *прил.* blind 2. *как сущ.* blind man
слепо́к mould
слепота́ blíndness
слеса́рн||ый fítter's; ~ая мастерска́я tool shop
сле́сарь lócksmith; fítter
слёт rálly
слета́ть *см.* слете́ть
слета́ться *см.* слете́ться
слете́ть 1. fly down *(вниз);* be blown awáy *(от ветра)* 2. *разг.* fall off *(упасть);* be thrown off *(с лошади)*
слете́ться fly togéther; *перен.* gáther
слечь be laid up; take to one's bed
сли́ва 1. plum 2. *(дерево)* plúm-tree
слива́ть(ся) *см.* слить(ся)
сли́в||ки cream *sg.;* ~очный cream

attr.; ~очное мороженое ice-cream; ~ое масло butter

слизист||**ый** slimy; *анат.* mucous; ~ая оболочка mucous membrane

слизь slime; mucus

слипа́ться, сли́пнуться stick together

сли́тно *нареч.* together

сли́ток ingot

слить 1. *(отлить)* pour off 2. *(смешать)* mix; *перен.* merge, fuse; ~ся merge

слич||**а́ть** *см.* сличи́ть; ~е́ние comparison; collation; ~и́ть compare; collate

сли́шком *нареч.* too

слия́ние confluence *(рек);* blending *(красок); перен.* merging

слова́к Slovak, Slovakian

слова́рный lexical; ~ соста́в word stock, vocabulary

слова́рь dictionary; vocabulary *(запас слов);* glossary *(специальных слов)*

слова́цкий Slovakian; ~ язы́к Slovakian, the Slovakian language

слове́сность literature

слове́сный *(устный)* oral

сло́вно *союз* as if, as though

слов||**о** 1. word; не сказа́в ни ~а without saying a word 2. *(речь)* speech ◇ к ~у пришло́сь talking of that

сло́вом *вводн. сл.* in short

словообразова́ние *лингв.* wordbuilding

словоохо́тливый talkative, loquacious

словосочета́ние *лингв.* combination of words

словц||**о́:** для кра́сного ~а́ *разг.* just be witty

слог I syllable

слог II *(стиль)* style

слоёный: ~ пиро́г puff-pastry

сложе́ние 1. *мат.* addition 2. *(тела)* constitution, build

слож||**и́ть** 1. *мат.* add 2. *(пополам и т. п.)* fold 3. *(дрова, книги)* pile up; ~ ве́щи pack (up); do the packing *(для отъезда)* 4. *(ответственность и т. п.)* resign 5. *(песню)* compose ◇ сиде́ть ~а́ ру́ки ≈ twiddle one's thumbs; be idle; ~и́ться 1. *(сделать складчину)* club together 2. *(об обстоятельствах)* go, turn out

сло́жн||**ость** complication, complexity ◇ в о́бщей ~ости on the whole; ~ый 1. complicated 2. *(составной)* compound;

ко́мплекс; ~ое сло́во compound word; ~ое предложе́ние *грам.* complex sentence

сло́йстый flaky *(о тесте)*

слой 1. layer; coat(ing) *(о краске)* 2. *геол.* stratum *(тж. перен.)*

слом pulling down

слом||**а́ть** break; fracture *(руку и т. п.);* pull down *(дом);* ~а́ться break, be broken; ~и́ть break; conquer; ~и́ть сопротивле́ние overcome the resistance *(of)* ◇ ~я́ го́лову at breakneck speed

слон 1. elephant 2. *шах.* bishop; ~о́вый elephantine; ~о́вая кость ivory

слоня́ться *разг.* mooch (around), loiter about

слуга́ (man)servant

слу́жащий *сущ.* employee

слу́жба service; work, job *(работа)*

служе́бный 1. service *attr.;* official; ~ вход staff entrance 2. *(вспомогательный)* auxiliary

служ||**е́ние** service; ~и́ть 1. serve; ~и́ть при́знаком indicate; ~и́ть приме́ром be an example 2. *(работать)* work

слух 1. *(чувство)* ear; hearing; у него́ хоро́ший музыка́льный ~ he has a good ear for music; по ~у by ear 2. *(молва, весть)* rumour ◇ о нём ни ~у ни ду́ху we never hear a word from him; he has vanished without trace

слух||**ово́й** acoustic; ~ово́е окно́ attic window

слу́ча||**й** 1. case; accident *(несчастный)* 2. *(возможность)* occasion, chance; opportunity *(удобный случай)* ◇ ни в ко́ем ~е on no account; по ~ю *(чего-л.)* on the occasion *(of);* in honour *(of; в честь)*

случа́йн||**о** *нареч.* accidentally, by chance; ~ость chance; по счастли́вой ~ости by a lucky chance; ~ый accidental, chance *attr.;* casual; ~ая встре́ча chance meeting; ~ый за́работок odd jobs *pl.*

случ||**а́ться, ~и́ться** happen; что ~и́лось? what's happened?; what's up?

слу́ша||**тель** 1. listener 2. *(студент)* student 3. *мн.:* ~тели listeners; audience *sg.;* ~ть 1. listen; ~ю! *(по телефону)* hullo!; вы ~ете? are you there? 2. *(курс лекций)* attend; ~ться 1. obey; ~ться сове́та take advice 2. *(в суде)* be brought before the court

слы́шать hear; ~ся be heard

слы́шимость 1. audibility 2. *(по телефону, радио)* reception

слы́шно *предик. безл.* one can hear ◇ что ~ ? what's the news?

слюда míca
слюн||á salíva; **брызгать ~óй** splútter
слюнявый slóbbery
слякоть slush, mire
смаз||**ать** grease *(жиром)*; oil *(маслом)*; lúbricate *(машину)*; **~ка** 1. *(действие)* gréasing *(жиром)*; óiling *(маслом)*; lubricátion *(машины)* 2. *(вещество)* lúbricant; **~чик** lúbricator; **~ывать** *см.* **смазать**
смáн||**ивать, ~úть** entíce, lure awáy
смастерить *разг.* make
сматывать *см.* **смотáть**
смáхивать, смахнýть brush off; смахнуть слезý brush *(или* wipe) awáy a tear
смáчивать *см.* **смочúть**
смéжный adjácent
смекáлка quick wits *pl.*
смéлость cóurage, bóldness
смéлый courágeous, bold
смельчáк dáredevil
смéн||**а** 1. *(действие)* change; *воен.* relíef; прийтú на **~у** комý-л. take smb.'s place 2. *(на заводе)* shift 3. *(белья)* change; **~úть** change; replace *(заменить)*; *воен.* relíeve; **~úться** take turns; be replaced *(by* — *чем-л.)*; **~ять(ся)** *см.* **сменить(ся)**
смéрить méasure
смеркá||**ться** *безл.*: **~ется** it is gétting dark
смертéльн||**о** *нареч.* mórtally; **~ устáть** be dead tíred; **~ый** mórtal; death *attr.*; fátal *(о ране и т. п.)*
смерт||**ность** mortálity; déath-rate *(от болéзней и т. п.)*; **~ный** mórtal; **~ная казнь** cápital púnishment; **~ный приговóр** death séntence
смерть death
смерч whírlwind, sánd-storm *(песчаный)*; wáter-spout *(водяной)*
смести sweep awáy *(или* off)
сместить displáce; remóve *(тж. с должности)*
смесь míxture
смéта éstimate
сметáна sour cream
сметáть I *см.* **сместú**
сметáть II *(на живую нитку)* tack (togéther)
сметлúв||**ость** resóurcefulness, shárpness; **~ый** resóurceful, sharp
сметь dare
смех láughter ⟨> **~а рáди** for a joke
смехотвóрный láughable, ridículous
смеш||**áнный** mixed; **~áть** mix; blend *(о красках)*; lump togéther *(в кучу)*; **~áться** 1. intermíx 2. *(смутúться)* be confúsed; **~éние** míxture; **~éние понятий** confúsion of idéas
смéшивать *см.* **смешáть**; **~ся** *см.* **смешáться** 1
смеш||**úть** make smb. laugh; **~лúвый** réady to laugh *(или* to gíggle); **~нó** 1. *нареч.* in a fúnny mánner, cómically 2. *предик. безл.* it is ridículous; it is fúnny; **~нóй** ridículous; fúnny; здесь нет ничегó **~нóго** there is nothing to laugh at
смещ||**áть** *см.* **сместúть**; **~éние** 1. displácement 2. *геол.* dislocátion
смеяться laugh; **~ над кем-л.** make fun of smb. *(или* at smb.'s expénse)
смúлостивиться have píty *(on)*
смирéн||**ие** humílity, méekness; **~ный** húmble, meek
смирить subdúe; restráin *(страсти и т. п.)*; húmble *(гордость)*; **~ся** submít
смир||**но** *нареч.* quíetly; **~!** *воен.* stand at atténtion!; **~ный** quíet
смиряться(ся) *см.* **смирúть(ся)**
смол||**á** résin; pitch; tar *(жидкая)*; **~úстый** résinous; **~úть** résin; tar
смолкáть, смóлкнуть grow sílent; cease *(о шуме)*
смолчáть hold one's tongue
сморкáться blow one's nose
сморóдина cúrrant; **крáсная ~** red cúrrant; **чёрная ~** black cúrrant
сморщ||**енный** wrínkled; **~úть** wrínkle; **~иться** wrínkle
смотáть reel, wind
смотр inspéction, revíew; *воен.* paráde; **~ худóжественной самодéятельности** ámateur arts féstival; **произвестú ~** inspéct, revíew
смотр||**éть** 1. look; gaze *(пристально)* 2. *(просмáтривать)* look through; see *(пьесу, кинофильм)* 3. *(присмáтривать)* look *(after)* ⟨> **как вы на это смóтрите?** what do you think of *(или* abóut) it?; **~я по обстоятельствам** accórding to círcumstances; **~ú!** *(берегúсь)* look out!; **~éться (в зеркало)** look at onesélf
смочúть damp; móisten
смочь be áble
смрад stench; stink; **~ный** stínking
смýглый dark, swárthy
смутúть confúse; perpléx; **~ся** be embárrassed
смýтн||**ый** 1. dim *(неясный)*; vague

(неопределённый) 2. *(мятежный)* troubled

сму́щ||а́ться *см.* смути́ть(ся); ~е́ние confúsion; embárrassment; ~ённый confúsed; embárrassed

смыва́ть(ся) *см.* смы́ть(ся)

смыка́ть(ся) *см.* сомкну́ть(ся)

смысл sense; méaning *(значение)*; нет ~a there is no sense *(или* point) *(in)*; в како́м ~е? in what sense?; ~ить understánd

смыть 1. wash off 2. *(снести)* wash awáy; ~ся 1. wash off, come off 2. *разг.* *(улизнуть)* disappéar, slip awáy

смы́чка únion

смычо́к bow, fiddlestick

смышлёный cléver

смягч||а́ть(ся) *см.* смягчи́ть(ся); ~а́ющий: ~а́ющие вину́ обстоя́тельства exténuating círcumstances; ~е́ние sóftening; mitigátion *(приговора)*; ~и́ть sóften; *перен.* soothe; ~и́ться sóften; relént

смяте́ние confúsion; perturbátion; приводи́ть в ~ confúse; pertúrb

смять crumple

снаб||ди́ть, ~жа́ть supplý *(with)*, províde *(with)*; ~же́ние supplý

сна́йпер sníper; shárp-shooter

снару́жи *нареч.* from the óutside *(откуда)*; on the óutside *(где)*

снаря́д projéctile

снаряди́ть fit out; equíp *(with)*; ~ся equíp onesélf

снаряжа́ть(ся) *см.* снаряди́ть(ся)

снаряже́ние equípment

снаст||ь 1. *мор.* rópe 2. *мн.:* ~и *мор.* rígging *sg.* 3.: рыболо́вная ~ fishing tackle

снача́ла *нареч.* 1. *(сперва)* first; at first 2. *(снова)* all óver agáin

снег snow; ~ идёт it is snówing

снеги́рь búlfinch

снегоочисти́тель snów-plóugh

снегопа́д snów-fall

снегу́рочка Snów-Máiden

снежи́нка snów-flake

сне́жный snow *attr.;* snówy *(о зиме)*

снежо́к snówball

снести́ I 1. *(отнести)* take; pile up *(в одно место)* 2. *(разрушить)* demólish; pull down *(о доме)* 3. *(ветром)* blow off 4. *(вытерпеть)* bear

снести́ II *(яйцо)* lay

сниж||а́ть(ся) *см.* сни́зить(ся); ~е́ние 1. lówering; fall *(температуры)*; deteriorátion *(качества)*; ~е́ние цен

lówering *(или* redúction) of príces 2. *ав.* descént

сни́зить lówer; bring down; redúce *(уменьшить)*; ~ся lówer; descénd *(спуститься)*; land *(приземлиться)*

снизойти́ condescént *(to)*

сни́зу *нареч. и предл.* from belów ◇ ~ до́верху from top to bóttom

снима́ть(ся) *см.* снять(ся)

сни́мок phóto(graph); snápshot

сниска́ть win, gain, get; ~ уваже́ние win respéct

снисхо||ди́тельность condescénsion; ~ди́тельный condescénding; ~ди́ть *см.* снизойти́; ~жде́ние condescénsion

сни́||ться dream; мне ~лся сон I dreamed abóut; I had a dream

сно́ва *нареч.* 1. agáin 2. *(сначала)* óver agáin

сновиде́ние dream

сноп sheaf

сноповяза́лка *с.-х.* binder

сноро́вка skill

сноси́ть *см.* снести́ I; ~ся *см.* снести́сь

сно́ска fóot-note

сно́сн||о *нареч.* tólerably; fáirly well; ~ый béarable *(терпимый)*; fáirly good *(неплохой)*

снотво́рн||ое *как сущ.* sléeping pill; ~ый sopoŕfic

сноха́ dáughter-in-law

сноше́ния déalings, relátions

сня́т||ие ráising *(осады)*; remóval *(запрещения)*; ~о́й: ~о́е молоко́ skim milk

снять 1. take off 2. *(урожай)* gáther in 3. *фото* take a phótograph 4. *(нанять)* rent 5.: ~ оса́ду raise the siege ◇ ~ с себя́ отве́тственность declíne all fúrther responsibílity; ~ся 1. *фото* have one's phótograph táken 2. *мор.:* ~ся с я́коря weigh ánchor 3.: ~ся с учёта be struck off the régister

co I, II *см.* с I, II

соа́втор co-áuthor

соба́||ка dog; hound *(гончая)* ◇ он на э́том ~ку съел *разг.* there is nóthing he doesn't know abóut that; ~чий dog *attr.*

собесе́дник the pérson smb. is tálking to; он интере́сный ~ he is good cómpany

собира́||ние colléction; ~тельный *грам.* colléctive; ~ть *см.* собра́ть; ~ться 1. *см.* собра́ться 2. *(намереваться)* be góing to, be on the point *(of)*; она́ ~ется петь she is just góing to start sínging

собла́зн temptátion; ~и́тель témpter;

~ительный témpting; ~ить tempt; ~иться be témpted; ~ять(ся) *см.* соблазнить(ся)
соблюд||áть obsérve *(правила)*; keep *(порядок)*; ~éние obsérvance
соблюсти *см.* соблюдáть
собóй *тв. см.* себя
соболéзнова||ние condólence; ~ть condóle *(with smb. upon smth.)*
сóболь sable
собóр cathédral
собрáние 1. méeting, gáthering 2. *(коллекция)* colléction 3.: пóлное ~ сочинéний compléte works *pl.*
собрáть 1. collect; gáther; pick *(цветы и т. п.)* 2. *(машину)* assémble; ~ся 1. gáther 2. *(приготовиться)* prepáre *(for)* 3. *(намереваться)* be abóut to ◊ ~ся с мыслями colléct one's thoughts; ~ся с дýхом pluck up one's cóurage
собствен||ик ówner; ~ический proprίetary
собственно: ~ говоря strictly spéaking
собственноруч||о *нареч.* with one's own hand; ~ый áutograph *attr.*; ~ая пóдпись áutograph
собствен||ость próperty; ~ый own; имя ~ое *грам.* próper noun
событ||ие evént; ~ия развивáются things are on the move
совá owl
совáть *разг.* poke, thrust ◊ ~ свой нос poke one's nose *(into)*; ~ся *разг.* butt in
совершáть(ся) *см.* совершить(ся)
совершéнно *нареч.* quite, ábsolutely
совершеннолéтие majórity
совершеннолéтний of age *(пóсле сущ.)*
совершéнный I pérfect; ábsolute *(абсолютный)*
совершéнный II: ~ вид *грам.* perféctive áspect
совершéнство perféction; ~вать perféct; *(о методах работы тж.)* impróve; ~ваться perféct onesélf *(in)*
совершить accómplish; do *(сделать)*; ~ преступлéние commít a crime; ~ся be accómplished
сóвест||ливый consciéntious; ~но *предик. безл.* it is a shame; мне ~но I have a guίlty cónscience
сóвест||ь cónscience ◊ по ~и говоря to be hónest
совéт I *(выборный орган государственной власти в СССР)* Sóviet; Совéт Национáльностей Совéт Союза the Sóviet of

the Únion; Совéт нарóдных депутáтов Sóviet of Péople's Députies
совéт II *(административный, совещáтельный óрган)*; cóuncil; Совéт Министров Cóuncil of Ministers; Совéт Безопáсности Secúrity Cóuncil
совéт III *(наставление)* advíce; cóunsel; дать ~ give smb. a piece of advíce
совéтник cóunsellor
совéтовать advíse; ~ся 1. consúlt, ask advíce *(of)* 2. *(между собóй)* talk smth. óver with smb.
совéтский Sóviet *attr.*; Совéтский Союз the Sóviet Únion; Совéтская власть Sóviet pówer; совéтское правительство the Sóviet Góvernment
совéтчик advíser
совещá||ние cónference; ~тельный consúltative; ~ться delíberate, confér, hold a cónference
совладáть *разг.* contról; get the bétter *(of)*
совмест||ймый compátible; ~йть combíne *(with)*
совмéстн||о *нареч.* in cómmon, jóintly; ~ владéть share; ~ый joint; ~ое обучéние co-educátion
совме||щáть *см.* совместить; ~щéние combinátion
совóк scoop
совокýпн||ость totálity; ~ый joint; combined
совпад||áть *см.* совпáсть; ~éние coíncidence
совпáсть coincíde
совратить sedúce
соврáть *разг.* tell a lie
совращ||áть *см.* совратить; ~éние sedúcing; sedúction
совремéнн||ик contémporary; ~ость 1. modérnity; béing up to date 2. módern life; ~ый contémporary, módern
совсéм *нареч.* quite; tótally, entίrely *(полностью)*
совхóз sovkhóz, State farm; ~ный sovkhóz *attr.*; Státe-farm *attr.*
соглáс||ие 1. consént 2. *(дружба)* accórd; ~йться agrée *(with* — *с кем-л.)*; agrée *(to* — *с чем-л.)*
соглáсно accórding to; ~ с in accórdance with
соглáсн||ый I agréeable *(to)*; быть ~ым agrée *(to, with)*
соглáсный II *(о звуке)* cónsonant *attr.*; ~ звук cónsonant

соглас||ова́ние 1. agréement; concórdance 2. *грам.* cóncord; **~ованность** co-ordinátion; **~овать** co-órdinate; **~ова́ться** 1. confórm 2. *грам.* agrée; **~о́вывать(ся)** *см.* согласова́ть(ся)

соглаш||а́ться *см.* согласи́ться; **~е́ние** 1. understánding; по взаи́мному **~е́нию** by mútual consént 2. *(договор)* agréement

согна́ть drive awáy *(или* off) *(прогнать);* drive togéther *(вместе)*

согну́ть bend; ~ гвоздь bend a nail; **~ся** bend down

согра́ждане féllow-cítizens

согрева́||ние wárming; **~ть(ся)** *см.* согре́ть(ся)

согре́ть warm; warm up *(разогреть);* **~ся** get *(или* grow) warm

согреши́ть commít a sin

со́да sóda

соде́йств||ие assístance, help; **~овать** assíst, help

содержа́н||ие 1. máintenance; allówance *(денежное);* быть на **~ии** be kept *(by smb.)* 2. *(письма́, книги)* cóntents *pl.;* mátter *(сущность);* кра́ткое ~ súmmary

содержа́тельн||ость ríchness of cóntent; **~ый** rich in cóntent, substántial; méaty *разг.*

содержа́ть 1. maintáin; keep; suppórt *(семью)* 2. *(заключать в себе)* contáin 3. *(держать)* keep; **~ся** 1. *(находиться)* contáin 2. *(на чей-л. счёт)* be kept; be suppórted

содержи́мое cóntents *pl.*

содокла́д có-lécture; có-repórt; **~чик** có-lécturer

содра́ть skin, strip

содрог||а́ние shúdder, **~а́ться, ~ну́ться** shúdder

содру́жество cóncord

со́евый sóy-bean *attr.*

соедине́ние 1. júnction; combinátion *(сочетание; тж. хим.)* 2. *воен.* formátion

соединённый united; joint

соедини́тельный 1. connécting; connéctive *(о ткани)* 2. *грам.* cópulative *(о союзе)*

соедини́ть 1. unite; join 2. *(по телефону)* connéct; **~ся** 1. unite 2. *хим.* combíne

соединя́ть(ся) *см.* соедини́ть(ся)

сожале́||ние regrét; píty *(жалость)* ◇ к **~нию** unfórtunately; **~ть** regrét; be sórry *(that)*

сожже́ние búrning; cremátion *(кремация)*

сожи́тель róom-mate *(по комнате);* **~ство** líving togéther

созва́ть call togéther; invíte *(гостей);* convóke, súmmon *(собрание)*

созве́здие constellátion

созвони́ться *(по телефону)* call up, ring up

созву́ч||ие accórd; **~ный** cónsonant *(with, to)*

создава́ть(ся) *см.* созда́ть(ся)

созда́||ние 1. *(действие)* creátion 2. *(произведение)* work, creátion 3. *(существо)* créature; **~тель** creátor; fóunder *(основатель);* **~ть** creáte; **~ться** be creáted; aríse; у меня́ **~лось** впечатле́ние, что I gained the impression that

созерца́||ние contemplátion; **~тельный** cóntemplative; **~ть** cóntemplate

созида́ть *см.* созда́ть

сознава́ть 1. be cónscious *(of);* réalize *(понимать)* 2. *(признавать)* récognize; **~ся** *см.* созна́ться

созна́||ние 1. cónsciousness; ~ до́лга sense of dúty 2. acknówledgement; conféssion *(вины)* 3. *(чувство)* sense; прийти́ в ~ come to one's sénses; **~тельно** *нареч.* cónsciously; delíberately *(с умыслом);* **~тельный** 1. cónscious 2. *(намеренный)* delíberate; **~ть** *см.* сознава́ть; **~ться** conféss

созрева́ние rípening

созрева́ть, созре́ть rípen; matúre *(тж. перен.);* come to a head *(о нарыве);* план созре́л the plan has matúred

созы́в convocátion; **~а́ть** *см.* созва́ть

соизмери́мый comménsurable

сойти́ 1. go down *(спуститься);* get off *(слезть)* 2. *(уйти)* leave 3. *(о кра́ске, ко́же и т. п.)* come off 4.: ~ за кого́-л. be táken for smb. ◇ сойдёт и так *разг.* that will do; ~ с ума́ go mad; be out of one's mind, be distráught; всё сошло́ благополу́чно éverything went off all right; **~сь** 1. *(собраться)* meet 2. *(сблизиться)* live togéther 3. *(согласиться)* agrée

сок juice; sap *(растений)*

со́кол fálcon

сократи́ть 1. *(укороти́ть)* shórten; abbréviate *(слово);* abrídge *(кни́гу)* 2. *(расходы)* redúce, cut down 3. *(уволить)* dismíss 4. *мат.* cáncel; **~ся** 1. redúce 2. *(стать коро́че)* shórten

сокращ||а́ть(ся) *см.* сократи́ть(ся); **~е́ние** 1. *(укорочение)* shórtening;

СОК   **СОР**

abbreviátion *(слова)* 2. *(уменьшение)* cútting down; ~ение вооружéний redúction of ármaments 3. *(по службе)* dismíssal; ~ение штáтов staff redúction 4. *мат.* cancellátion 5. *(мышцы)* contráction; ~ённый brief, short, concíse; abbréviated *(о слове)*
   сокровéнный ínnermost
   сокрóвищ||е tréasure; ~ница tréasury
   сокруш||áть 1. *см.* сокрушúть 2. *(огорчать)* distréss; ~áться be distréssed; ~úтельный destrúctive; ~úть smash
   солгáть lie, tell lies
   солдáт sóldier
   солéние sálting
   солён||ый salt; sálty, sáline *(об источнике, озере и т. п.)*; sálted, pickled *(об огурцах)*; corned, salt *(о мясе)*
   солéнье *разг.* food(s) presérved *(или* pickled*)* in brine
   солидáрн||ость solidárity; ~ый 1. *юр.* sólidary 2.: ~ый с кем-л. be in agréement with smb.
   солúдн||ость 1. solídity 2. *(надёжность)* reliability; ~ый 1. sólid, firm 2. *(надёжный)* relíable
   солúст, ~ка sóloist
   солúть salt; presérve in brine *(огурцы и т. п.)*
   сóлнечн||ый 1. sun *attr.;* ~ свет súnlight; ~ удáр súnstroke 2. súnny; ~ день súnny day 3. sólar; ~ое затмéние sólar eclípse
   сóлнце sun; ~пёк: на ~пéке right in the sun
   сóло *муз.* sólo
   соловéй níghtingale
   солóм||а straw; ~енный straw *attr.;* ~енная крыша thatch; ~енная шляпа straw hat; ~инка a straw
   солонúна corned beef
   солóнка sált-cellar
   солончакú sált-marshes
   соль I salt
   соль II *муз.* G, sol
   соля́н||óй salt; ~ые пласты sáline depósits
   соля́н||ый: ~ая кислотá hýdrochlóric ácid
   сóмкнутый: ~ строй *воен.* close órder
   сомкнýть close; ~ся close
   сомневáться doubt, have doubts; не ~ в чём-л. have no doubts of smth.
   сомн||éние• doubt; без ~éния without doubt; undóubtedly; ~úтельно *предик.*

безл. it is dóubtful; ~úтельный 1. dóubtful 2. *(подозрительный)* dúbious
   сон 1. *(состояние)* sleep 2. *(сновидение)* dream; вúдеть во сне dream *(about)*; ~лúвость sléepiness; ~лúвый féeling sléepy, drówsy
   сóнный 1. *(снотворный)* sléeping 2. *(сонливый)* sléepy 3. *(спящий)* sléeping
   соображ||áть 1. think out 2. *см.* сообразúть; ~éние 1. considerátion; принимáть в ~éние take into considerátion 2. *(понятливость)* understánding 3. *(причина)* réason
   сообразúтельн||ость quick-wit; ingenúity; ~ый quick-wítted, bright
   сообразúть 1. *(понять)* understánd, grasp 2. *(подумать)* consíder
   сообрáзн||о *(с чем-л.)* accórding *(to)*; ~ый consístent *(with)*
   сообразовáть, ~ся confórm *(to)*
   сообщá *нареч.* togéther, (con)jóintly
   сообщ||áть *см.* сообщúть; ~éние 1. *(связь)* communicátion 2. *(известие)* informátion, repórt; annóuncement *(правительственное)*; телегрáфное ~éние telegráph(ic) méssage
   сообщúть infórm, repórt, commúnicate
   сообщни||к accómplice; ~чество compícity
   соору||дúть, ~жáть eréct, build; ~жéние búilding, strúcture, constrúction
   соотвéтств||енно 1. *нареч.* accórdingly 2. *предл.* accórding to; in accórdance with; ~енный correspónding; súitable *(подходящий)*; ~ие confórmity; ~овать correspónd *(to)*; ~ующий correspónding
   соотéчественник compátriot
   соотношéние correlátion
   сопéрни||к ríval; *спорт.* oppónent; ~чать compéte; ~чество rívalry
   сопéть sniff
   сóпка a cónical-shaped hill
   сопостáв||ить compáre *(with)*; ~лéние compárison; ~лять *см.* сопостáвить
   соприкасáться come into cóntact *(with)*
   соприкосновéние *прям., перен.* cóntact, touch; ~ гранúц sháring cómmon frónters
   соприкоснýться *см.* соприкасáться
   сопровожд||áть accómpany; ~áться be accómpanied *(by)*; ~éние accómpaniment
   сопротивл||éние resístance; ~я́ться resíst
   сопýтств||овать accómpany; ~ующий accómpanying; atténdant
   сор swéepings *pl.;* dust

соразмер||**ить** régulate, adjúst; ~но *нареч.* in propórtion *(to, with)*
соразмерять *см.* соразмерить
соратник compánion in arms
сорванец mádcap
сорвать 1. tear off; pick *(цветок)* 2. *(провалить)* break down, rúin, frustráte; disrúpt *(занятие)* ◇ ~ злобу vent one's ánger *(on)*
сорва||**ться** 1. break awáy *(или* loose); дверь ~лась с петель the door came off its hínges 2. *(упасть)* fall 3. *(о слове)* escápe 4. *(не удаться)* fail
соревнова||**ние** competítion; *спорт.* cóntest; провести ~ния *спорт.* hold a tóurnament; ~ в беге race; ~ться compéte
сорить 1. *(в доме)* make a mess, drop things on the floor 2. *(на улице)* drop litter
сорн||**ый**: ~ая трава weed
сорняк weed
сорок fórty
сорока mágpie
сороковой fórtieth
сорочка *см.* рубашка
сорт 1. *(разновидность)* sort; kind 2. *(качество)* quálity; высший ~ highest quálity; ~ировать sort; ~ировка sórting; ~ировщик sórter
сосать suck
сосед néighbour; ~ний néighbouring; next *(смежный)*; ~ство néighbourhood
сосиска chippoláta sáusage; fránkfurter *(амер.)*
соска cómforter, dúmmy teat
соскакивать *см.* соскочить
соскальзывать, **соскользнуть** slide down; slip off *(упасть)*
соскочить jump off; come off *(о колесе и т. п.)*; ~ с лошади jump off one's horse
соскучиться 1. *(по кому-л., по чему-л.)* miss 2. *(почувствовать скуку)* grow wéary; ~ в ожидании кого-л. grow wéary wáiting for smb. to come
сослагательн||**ый**: ~ое наклонение *грам.* subjúnctive mood
сослать éxile
сосла||**ться** 1. refér *(to)*; cite *(процитировать)* 2. *(оправдаться)* plead; он ~лся на болезнь he pléaded ill
сословие estáte
сослуживец cólleague
сосн||**а** pine, pine-tree; ~овый pine *attr.*
сосок *анат.* nipple
сосредоточ||**енно** *нареч.* inténtly; ~ен-

ность concentrátion; ~енный concentráted; ~ивать, ~ить cóncentrate; ~иться 1. be cóncentrated 2. *(углубиться)* cóncentrate *(upon)*
состав 1. composítion; strúcture *(структура)* 2. *(штат)* staff; *театр.* cast *(исполнители)*; в полном ~е in a bódy 3. *ж.-д.* train
составитель compíler; áuthor
составить 1. put togéther; make up 2. *(сочинить)* compóse; draw up *(документ)*; compíle *(словарь, учебник)*; work out *(план)* 3. *(образовать)* form; ~ся be formed
состав||**ление** composítion; compíling *(словаря, учебника)*; wórking out *(плана)*; ~лять(ся) *см.* составить(ся); ~ной compósite; ~ная часть compónent (part)
состариться grow old
состояние I condítion, state
состояние II *(капитал)* fórtune
состоятельный *(с достатком)* wéll-to-dó; wéll-óff
состоять 1. *(быть)* be; ~ в должности óccupy the post 2. *(из чего-л.)* consíst *(of)* 3. *(в чём-л.)* consíst *(in)*; ~ся take place
сострада||**ние** compássion; ~тельный compássionate
состяза||**ние** cóntest, competítion; участник ~ния compétitor; ~ться compéte *(in)*; ~ться в беге race
сосуд véssel
сосулька ícicle
сосуществование coexístence; мирное ~ péaceful coexístence
сосчитать count
сотня a húndred
сотовый: ~ мёд hóney in the comb
сотрудник colláborator; employée *(служащий)*
сотрудничать colláborate
сотрудничество collaborátion; междунаро́дное ~ internátional co-operátion
сотряс||**ать**, ~**аться** shake; ~ение concússion; ~ение мозга concússion of the brain
соты hóneycomb *sg.*
сотый húndredth
соус sauce; grávy *(мясной)*; dréssing *(к салату и т. п.)*
соучаст||**ие** pártnership; complícity *(в преступлении)*; ~ник 1. pártner 2. *(сообщник)* accómplice
соученик schóolfellow
софа sófa
соха wóoden plough

сохнуть dry
сохран||ение preservátion; ~и́ть keep; maintáin *(поддержать)*; ~и́ться remáin; keep; be well presérved *(о наружности)*
сохра́н||ность sáfety; ~ный safe; ~и́ть(ся) *см.* сохрани́ть(ся)
социа́л-демокра́т Sócial Démocrat; ~и́ческий sócial-democrátic
социали́зм sócialism
социали́ст sócialist
социалисти́ческ||ий sócialist; ~ое строи́тельство sócialist constrúction; ~ое о́бщество sócialist society; ~ая систе́ма хозя́йства sócialist sýstem of ecónomy; ~ое соревнова́ние sócialist emulátion
социа́льн||ый sócial; ~ое страхова́ние sócial insúrance
соцстра́х (социа́льное страхова́ние) *см.* социа́льный
сочета́||ние combinátion; ~ть combíne; ~ться go (with), combíne
сочин||е́ние 1. *(литературное произведение)* work; *муз.* composítion 2. *(школьное)* composítion; éssay; ~и́ть, ~я́ть 1. *(о писателе)* write; *муз.* compóse 2. *разг. (выдумать)* invént
сочи́||ться ooze (out); seep; из ра́ны ~тся кровь the wound is bléeding
со́чный júicy; rich *(о красках, растительности)*
сочу́вств||енный sympathétic; ~ие sýmpathy *(with)*; ~овать *(кому-л.)* sýmpathize *(with)*
сою́з I 1. *(единение)* únion, alliance; заключи́ть ~ make an alliance 2. *(государств)* únion 3. *(организация, объединение)* únion, league
сою́з II *грам.* conjúnction
сою́з||ник álly; ~ный 1. allíed; ~ные держа́вы allíed pówers 2. *(относящийся к СССР)* of the Únion; ~ная респу́блика Únion Repúblic
спада́ть *см.* спасть
спа́зм(а) spasm
спа́ивать I *(вином)* make a drúnkard (of)
спа́ивать II *см.* спая́ть
спа́йка 1. *тех.* sóldered joint 2. *перен.* solidárity, únity 3. *мед.* lésion
спали́ть burn *(сжечь)*; singe *(опалить)*
спа́ль||ный: ~ные принадле́жности bédding *sg.;* ~ мешо́к sléeping-bag; ~ня bédroom
спа́ржа aspáragus
спартакиа́да *спорт.* sports féstival

спаса́тельный réscuing, life-saving; ~ по́яс life-belt; ~ круг life-buoy
спаса́ть(ся) *см.* спасти́(сь)
спасе́ние 1. *(действие)* réscuing, sáving 2. *(результат)* réscue; escápe; *перен.* salvátion
спаси́бо thanks; thank you; большо́е ~! thank you véry much!, mány thanks!; thank you éver so much!
спаси́тель réscuer; ~ный sáving
спасти́ save; réscue *(от опасности)*; ~сь escápe
спасть 1. fall down 2. *(о воде)* subside
спать sleep; be asléep; идти́ ~ go to bed; я хочу́ ~ I'm réady for bed
спа́янн||ость únity; solidárity; ~ый united
спая́ть sólder; *перен.* uníte
спекта́кль perfórmance; дневно́й ~ matinée
спектр spéctrum
спекул||и́ровать spéculate; ~я́нт spéculator, profitéer; ~я́ция speculátion
спелый ripe
сперва́ *нареч.* at first
спе́реди *нареч. и предл.* in front *(of)*
спёртый close, stúffy
спеси́вый háughty
спесь háughtiness
спеть I *(созревать)* rípen
спеть II *(песню)* sing
специал||иза́ция specializátion; ~изи́рованный spécialized; ~изи́роваться spécialize; ~и́ст spécialist *(in)*; éxpert *(in)*; authórity *(in)*
специа́льн||ость speciálity; ~ый spécial
специфи́ческий specífic
спецо́вка *разг.* wórking óveralls *pl.*
спецоде́жда wórking óveralls *(или* clothes) *pl.*
спеши́ть 1. húrry, make haste 2. *(о часах)* be fast
спеши́ться dismóunt
спеш||ка húrry; haste; ~но hástily; úrgently; ~ный úrgent; ~ная по́чта expréss delivery
спива́ться *см.* спи́ться
спи́ливать, спили́ть saw off *(или* away)
спина́ back
спи́нка *(у мебели)* back
спинно́й *анат.* spínal; ~ хребе́т spínal cólumn
спира́ль spíral; ~ный spíral
спирт álcohol; ~но́й: ~ны́е напи́тки spírits, alcohólic drinks

списа́ть 1. (переписать) со́ру 2. школьн. crib 3. (со счёта) write off; ~ся decíde láter by létter; arránge by létter
спи́с||ок list; ~ избира́телей poll; ~ опеча́ток см. опеча́тка; в ~ке on the list; ~ уби́тых и ра́неных list of killed and wounded, cásualty list; ~ывать см. списа́ть
спи́ться rúin onesélf by drink
спи́х||ивать, ~ну́ть разг. push aside (в сторону); push down (вниз)
спи́ца 1. (вязальная) knítting-needle 2. (колеса) spoke
спи́чечн||ый match attr.; ~ая коро́бка mátch-box
спи́чка match
сплав I (леса) flóating (of timber)
сплав II (металлов) álloy
спла́вить I (лес) float (timber); raft
спла́вить II (металлы) álloy
сплавля́ть I, II см. спла́вить I, II
спла́чивать(ся) см. сплоти́ть(ся)
сплёвывать spit
сплести́ plait; weave (корзину); ~ вено́к make a wreath; ~сь interláce
сплета́ть(ся) см. сплести́(сь)
сплёт||ник, ~ница góssip; ~ничать góssip; ~ня góssip
сплоти́ть(ся) rálly, uníte
сплоч||е́ние, ~ённость rállying; únity; ~ённый united
сплошн||о́й únbroken, contínuous; sólid, compáct (о массе) ◊ ~áя вы́думка there is not a word of truth in it
сплошь нареч. entírely
сплю́нуть см. сплёвывать
сплю́снутый см. сплю́щенный
сплю́щ||енный fláttened out; ~ивать(ся) см. сплю́щить(ся); ~ить flátten; ~иться becóme flat
сподви́жник féllow-campáigner
спои́ть см. спа́ивать I
споко́й||ный quíet; calm; ~ной но́чи! good night!; ~ствие tranquíllity, calm
спола́скивать см. сполосну́ть
сползти́, сползти́ 1. slip down 2. разг. (с трудом спускаться) scramble down
сполна́ нареч. complétely, in full
сполосну́ть rinse (out)
спор árgument
спо́ра бот. spore
спо́р||ить árgue, dispúte; ~ный controvérsial, dispútable; ~ный вопро́с controvérsial quéstion
споро́ть rip off

спорт sport; занима́ться ~ом go in for sport; во́дный ~ aquátics pl.
спорти́вн||ый spórting, sport attr.; ~ые состяза́ния sports games
спортсме́н spórtsman
спо́соб way, mánner, méthod; ~ произво́дства méthod of prodúction; ~ употребле́ния (на этикетках) diréctions for use pl.; таки́м ~ом in this way; други́м ~ом in a different way; все́ми ~ами by all póssible means
спосо́б||ность fáculty; ability (for); ~ный 1. (одарённый) able; cléver (at) 2. (на что-л.) cápable (of)
спосо́бствовать assíst (кому-л.); promóte, fúrther (чему-л.)
споткну́ться, спотыка́ться stumble (over)
спохвати́ться, спохва́тываться разг. súddenly remémber; nótice in time
спра́ва нареч. to the right (of)
справедли́вость jústice
справедли́вый just, fair
спра́вить (отпраздновать) célebrate
спра́виться 1. (осведомиться) ask (about); inquíre 2. (с чем-л.) mánage; cope (with)
спра́вка 1. informátion; réference 2. (удостоверение) certíficate
справля́ть см. спра́вить
справля́ться см. спра́виться
спра́воч||ник réference book; hándbook; железнодоро́жный ~ ráilway guide; карма́нный ~ pócket-guide; ~ный ínquiry attr.; ~ное бюро́ ínquiry óffice
спра́шивать см. спроси́ть
спровоци́ровать provóke
спрос demánd (for); run (on); по́льзоваться ~ом be in demánd ◊ без ~а without permission; ~и́ть ask
спросо́нок нареч. hálf-awáke
спры́г||ивать, ~нуть jump off; jump down (вниз)
спры́с||кивать, ~нуть sprínkle
спря||га́ть грам. cónjugate; ~га́ться be cónjugated; ~же́ние conjugátion
спря́тать hide; put awáy (убрать); ~ся hide
спу́гивать, спугну́ть fríghten off (или away)
спуск 1. (с горы, с лестницы и т. п.) descént 2. (самолёта) lánding 3. (откос) slope ◊ не дава́ть ~у кому́-л. not let smb. get awáy with it; ~а́ть(ся) см. спусти́ть(ся)
спусти́ть 1. (вниз) let down, lówer 2.: ~

с цепи unchain 3. *(воздух, газ)* let out; ~ курок pull the trigger; ~ся 1. come down, descend 2. *(вниз по реке)* go downstream
спустя after; later; немного ~ not long after
спутать 1. *(нитки)* entangle 2. *(сбить с толку)* confuse; ~ся 1. become entangled 2. *(сбиться)* become confused
спутни||к, ~ца 1. (travelling) companion 2. *астр.* satellite; sputnik *(искусственный)*
спячка hibernation
сравнен||ие comparison; по ~ию as compared with
сравнивать I *см.* сровнять
сравнивать II *см.* сравнить
сравни||тельный comparative ◇ ~тельная степень *грам.* comparative degree; ~ть compare *(with);* ~ться compare *(with)*
сра||жаться *см.* сразить(ся); ~жение battle; ~зить overwhelm; strike; smite *(о болезни и т. п.);* ~зиться fight
сразу *нареч.* 1. at once, right away 2. *(одновременно)* at the same time
срам shame; ~ить shame; ~иться bring shame upon oneself
срастаться, срастись grow together; knit *(о костях)*
среда I *(день недели)* Wednesday
сред||а II environment; surroundings *pl.* *(окружение);* society *(общество);* социальная ~ social environment; в нашей ~е in our circle *(или* set)
среди *предл.* 1. among; amidst *(между);* amongst *(из числа)* 2. *(посредине)* in the middle ◇ ~ бела дня in broad daylight
средневек||овый medieval; ~овье the Middle Ages *pl.*
средн||ий 1. middle 2. *(взятый в среднем)* average; ~яя величина mean value 3. *(посредственный)* middling 4. *грам.* neuter *(о роде);* middle *(о залоге)* ◇ ~яя школа secondary school; high school *(амер.);* ~ие века the Middle Ages
средств||о 1. means *pl.;* remedy *(лечебное)* 2. *мн.:* ~а *(деньги)* means; жить не по ~ам live beyond one's means
срез cut
срез||ать, ~ать cut off; ~аться *разг.* *(на экзамене)* fail
срис||овать, ~овывать copy
сровнять level ◇ ~ с землёй raze to the ground

сродство *хим.* affinity
срок 1. date; term *(аренды, соглашения);* в ~ on time 2. *(промежуток времени)* period
срочн||о *нареч.* quickly *(быстро);* urgently *(спешно);* ~ый urgent, pressing
сруб *(избы и т. п.)* framework; ~ать, ~ить cut down; fell *(о деревьях)*
срыв frustration, failure; ~ переговоров breakdown in *(или* of) the talks
срывать I *см.* срыть
срывать II *см.* сорвать; ~ся *см.* сорваться
срыть level to the ground
ссадина abrasion; scratch
ссадить, ссаживать 1. help smb. down from *(с лошади и т. п.)* 2. put off; ~ безбилетного пассажира put a passenger who has no ticket off a train
ссор||а quarrel; быть в ~е be on bad terms *(with);* ~иться quarrel *(with)*
СССР (Союз Советских Социалистических Республик) USSR (Union of Soviet Socialist Republics)
ссуд||а loan; давать ~у lend; брать ~у borrow; ~ить, ссужать lend
ссылать *см.* сослать
ссылаться I be exiled
ссылаться II *см.* сослаться
ссылка I *(изгнание)* exile
ссылка II *(указание)* reference, footnote
ссыльный *сущ.* exile, convict
ссып||ать, ~ать pour; sack *(в мешок);* ~ка pouring; ~ной: ~ной пункт state granary, grain-collecting depot
стабилиз||ация stabilization; ~ировать stabilize; ~ироваться become stable
стабильный stable
ставить 1. put, place, set 2. *(пьесу)* stage, produce 3. *(в картах)* stake ◇ ~ условия lay down conditions; ~ в вину blame; ~ себе целью set oneself a target
ставка I 1. rate; ~ зарплаты wage rate 2. *(в игре)* stake
ставка II *воен.:* ~ главнокомандующего General Headquarters
ставленник protégé
ставня shutter
стадион *спорт.* stadium
стадия stage
стадо herd *(коров);* flock *(овец, коз, гусей)*
стаж length *(или* record) of service; ~ёр 1. special student 2. one who has started

work but whose appointment is subject to confirmation; ~ироваться 1. do a special course 2. work a period subject to confirmation (или on probation)

стакан glass
сталевар steel-maker
сталелитейный: ~ завод steel foundry
сталеплавильн||ый: ~ая печь steel furnace
сталепрокатный: ~ стан steel-rolling mill
сталкивать(ся) см. столкнуть(ся)
стало быть вводн. сл. so; thus
сталь steel; ~ной steel attr.
стамеска тех. chisel
стан I (фигура) figure; тонкий ~ slender waist
стан II тех. mill
стан III (лагерь) camp
стандарт standard; ~ный standard attr.
станкостроение machine-tool construction
становиться I см. стать I
становиться II см. стать II, 2
станок machine tool; lathe (токарный); печатный ~ printing-press
станция station; опытная ~ с.-х. experimental station
стаптывать(ся) см. стоптать(ся)
старани||е effort; endeavour; несмотря на все мои ~я in spite of all my efforts
старатель (на золотых приисках) gold-digger
стара||тельность diligence; ~тельный diligent; ~ться endeavour, try (пытаться)
стареть grow old
старик old man
стар||ина 1. (старое время) olden times pl. 2. (старинные вещи) antiquities pl.; ~инный ancient; old (давнишний)
старить make old; ~ся grow old
старожил old resident
старомодный old-fashioned
староста (группы, класса) leader
старость old age
старт start; на ~! спорт. get on your mark!; ~ёр спорт. starter; ~овать start
старуха old woman
старческий senile
старший 1. (по годам) oldest; elder (о брате, сестре) 2. (по положению) senior; ~ научный сотрудник senior research worker 3. как сущ.: кто здесь ~? who is in charge here?

старшина 1. воен. sergeant-major 2. foreman
старшинств||о seniority; по ~у by right of seniority
старый old
старьё разг. old junk
стаскивать см. стащить 1
статист театр. super, walker-on, extra
статист||ика statistics; ~ический statistic(al)
статный well-proportioned
статуя statue
стать I (сделаться) become; get; grow; ~ учителем become a teacher; стало холодно it grew cold; стало темно it grew dark ◇ его не стало he is no more; во что бы то ни стало at any price, at all costs
стать II 1. (остановиться) stop; часы стали the watch stopped 2. (встать) stand; ~ в очередь queue up
стать III (начать) begin
стат||ь IV: с какой ~и? why?
статься become; happen (случиться)
статья 1. article 2. (счёта) item 3. (договора) clause, article ◇ это особая ~ that is quite another matter
стационар hospital for inpatients
стачечн||ик striker; ~ый strike attr.; ~ый комитет strike committee
стачка strike
стащить 1. (снять) pull off 2. разг. (украсть) steal
стая flock (птиц); shoal (рыб); pack (собак, волков)
стаять melt
ствол 1. (дерева) trunk 2. (ружья) barrel
створка fold, leaf
стебель stem, stalk
стёган||ый quilted; ~ое одеяло quilt
стегать I см. стегнуть
стегать II (одеяло и т. п.) quilt
стегнуть whip
стежок stitch
стекать(ся) см. стечь(ся)
стекло glass; ламповое ~ lamp-chimney
стеклянный glass attr.
стекольщик glazier
стелить(ся) см. стлать(ся)
стелька inner sole
стельная: ~ корова cow in calf
стемнеть grow dark
стена wall
стенгазета (стенная газета) wall newspaper

СТЕ

стенн||о́й wall *attr.;* ~ы́е часы́ wall clock *sg.*
стеногра́мма récord typed from shorthand
стеногр||афи́ровать take down in shorthand; ~афи́ст stenógrapher; ~афи́ческий stenográphic(al); ~а́фия shorthand, stenógraphy
сте́пен||ь 1. degreé; пе́рвой ~и first degrée; второ́й ~и second degrée 2. *мат.* power
степно́й steppe *attr.*
степь steppe
стереоско́п stéreoscope; ~и́ческий three-diménsional
стереоти́п stéreotype; ~ный stéreotype *attr.;* ~ная фра́за stock phrase
стере́ть wipe off; eráse, rub out *(написанное);* ~ пыль dust; ~ся be effáced *(или* oblíterated*)*
стере́чь watch *(over)*
сте́ржень bar, pivot
стерилиз||а́ция sterilizátion; ~ова́ть stérilize
стери́льный stérile
сте́рлядь stérlet *(fish)*
стерпе́ть stand, bear
стёртый effáced
стесн||е́ние constráint; *перен.* uneásiness; ~и́тельный 1. *(стесняющий)* embarrássing; inconvénient 2. *(стесняющийся)* shy
стесн||и́ть, ~я́ть 1. hámper; я вас не стесню́? won't I be in the way? 2. *(смущать)* embárrass
стесня́||ться be shy; не ~йтесь! make yoursélf at home!
стече́ние cónfluence *(рек);* ~ наро́да crowd ◇ ~ обстоя́тельств coíncidence of circumstances
стечь flow down; ~ся join *(о реках);* gáther *(о людях)*
стилисти́ческий stylístic
стиль style; ~ный stýlish
сти́мул stímulus; ~и́ровать stímulate
стипендиа́т grant *(или* schólarship*)* hólder
стипе́ндия grant; schólarship *(повышенная, именная);* reséarch grant *(аспира́нтская)*
стира́льн||ый: ~ая маши́на wáshing machine
стира́ть I *см.* стере́ть
стира́ть II *(бельё)* wash
стира́ться *см.* стере́ться
сти́рка wáshing

СТО

сти́с||кивать, ~нуть squeeze; clench *(зу́бы)*
стих 1. verse 2. *мн.:* ~и́ vérses; póetry *sg.*
стиха́ть *см.* сти́хнуть
стихи́йн||ый 1. eleméntal, nátural; ~ое бе́дствие nátural disáster *(или* calámity*)* 2. *(самопроизвольный)* spontáneous
стихи́я élement
сти́хнуть calm down; subsíde; fall *(о ве́тре)*
стихосложе́ние versificátion
стихо||творе́ние póem; ~тво́рный poétical
стлать spread; ~ посте́ль make a bed; ~ ска́терть spread a táble-cloth; ~ся *(об облака́х, тума́не)* drift
сто húndred
стог stack, rick; ~ се́на háystack
стогра́дусный céntigrade
сто́имость cost; *эк.* válue
сто́ить 1. cost; ско́лько сто́ит...? how much is...? 2. *(заслуживать)* be worth; desérve
стоици́зм stóicism
стой! stop!; *воен.* halt!
сто́йка I 1. *(в буфе́те)* cóunter 2. *тех.* post
сто́йк||а II *охот.:* де́лать ~у set *(о соба́ке)*
сто́йк||ий firm, stéadfast; ~ость firmness
сто́йло stall
стоймя́ *нареч.* úpright
сток 1. *(действие)* flówing 2. *(место стока)* gútter; séwer
стол 1. table; desk *(пи́сьменный)* 2. *(питание)* board 3.: ~ зака́зов órder counter; depártment for orders for delivery
столб pillar, post, pole
столбе́ц *(газе́тный)* cólumn
столбня́к *мед.* tétanus; *перен.* stúpor
столе́т||ие 1. céntury 2. *(годовщина)* centénary; ~ний centénnial; ~ник agáve, céntury plant
столи́||ца cápital; ~чный metropólitan
столкн||ове́ние collísion; clash; ~у́ть push off; ~у́ться collíde; run *(into)*
столова́ться *(у кого́-л.)* board *(with)*
столо́в||ая 1. *(в кварти́ре)* díning-room 2. *(заведение)* réstaurant; cantéen; ~ый table *attr.;* ~ый прибо́р dínner-set; cóver; ~ая ло́жка táble-spoon
столп pillar; ~ы́ о́бщества píllars of society

253

СТО

столпи́ться crowd
столь *нареч.* so; such as *(такой)*
сто́лько so much *(с сущ. в ед.)*; so many *(с сущ. во мн.)*
столя́р jóiner; ~ный jóiner's
стометро́вка *спорт.* the 100-metre sprint
стон moan, groan; ~а́ть moan, groan
стоп! stop!
стопа́ I *(ноги́)* foot
стопа́ II *(в стихотворе́нии)* foot
стопа́ III *(бума́ги)* ream
сто́пка I *(ку́чка)* pile; rouléau *(моне́т)*
сто́пка II *(стака́нчик)* small glass
стоп-кра́н emérgency brake
стопроце́нтный húndred per cent *attr.*
стопта́ть wear down at the heels *(обувь)*; ~ся be worn out *(об обуви)*
сторгова́ться strike a bárgain, make a bárgain *(with)*
сто́рож guard; wátchman; wárder *(в тюрьме́)*; ~ево́й watch *attr.*; ~ева́я бу́дка séntry-box; ~ево́й пост séntry post; ~ево́е су́дно patról-ship
сторожи́ть guard, watch
сторон||а́ 1. side; на той ~е́ *(у́лицы)* acróss the street; в ~е́ aside 2. *(ме́стность)* cóuntry 3. *юр.* párty 4. *(то́чка зре́ния)* áspect ⟡ с одно́й ~ы́..., с друго́й ~ы́ ... on the one hand..., on the óther hand...; шу́тки в сто́рону jóking apárt
сторони́ться avoid; shun
сторо́нник suppórter; ~и ми́ра chámpions of peace
сто́чн||ый: ~ая труба́ dráin-pipe; ~ые во́ды séwage *sg.*
стоя́нка stand, stop; ~ такси́ táxi-stand; táxi-rank; ~ маши́н запрещена́! no párking!
сто||я́ть 1. stand; stop *(о по́езде, механи́зме)*; по́езд ~и́т 10 мину́т the train stops ten mínutes; ~ на коле́нях kneel 2. *(находи́ться)* be; be situated ⟡ ~ ла́герем be encámped; ~и́т хоро́шая пого́да the fine weather is continuing, it's settled fine; ~ на пове́стке дня be on the agénda; ~ за stand up for
сто́йчий stánding; stágnant *(о воде́)*
страд||а́лец súfferer; ~ние súffering
страда́тельный: ~ зало́г *грам.* pássive voice
страда́ть 1. súffer *(from — от чего́-л.)* 2. súffer *(for — за что́-л.)*
страж||а guard; стоя́ть на ~е be on guard; быть под ~ей be únder arrést; взять под ~у arrést

СТР

стран||а́ cóuntry ⟡ четы́ре ~ы́ све́та the four cárdinal points
страни́ца page
стра́нник wánderer
стра́нн||о 1. *нареч.* strángely 2. *предик. безл.* it is strange; ~ость strángeness; óddity; ~ый strange; odd, queer, fúnny, rum *разг.*
стра́нств||ие, ~ование wándering; ~овать wánder
стра́стный pássionate; impássioned
страсть pássion; име́ть ~ к чему́-л. be crázy abóut smth.
страте́г strátegist; ~и́ческий stratégic; ~ия strátegy
страто́||ста́т stratosphéric ballóon; ~сфе́ра strátosphere
стра́ус óstrich
страх fear, térror; под ~ом сме́рти únder fear of death ⟡ на свой ~ on one's own responsibílity
страхка́сса (страхова́я ка́сса) insúrance óffice
страх||ова́ние insúrance; ~ жи́зни life insúrance; ~ от огня́ fire insúrance; ~ова́ть insúre; ~ова́ться insúre one's life; ~о́вка insúrance; ~ово́й insúrance *attr.*; ~ово́й взнос insúrance prémium
страши́ть fríghten; ~ся be afráid *(of)*, fear, dread
стра́шн||о 1. *нареч.* térribly, áwfully 2. *предик. безл.*: мне ~ I am fríghtened *(или* térrified)*; ~ый féarful, térrible, dréadful
стрекоза́ drágon-fly
стрекота́ть chirr
стрела́ 1. árrow 2. *тех.* jib (of a crane)
стре́лка pointer, hand *(часо́в)*; needle *(ко́мпаса)*; железнодоро́жная ~ points *pl.*
стрелко́вый rifle *attr.*; shóoting *attr.*
стрело́к shot, márksman
стре́лочник *ж.-д.* póintsman
стрельба́ shóoting; firing
стреля́ть shoot *(at)*; fire *(at)*
стремгла́в *нареч.* héadlong
стрем||и́тельный impétuous; ~и́ться aspíre; ~ле́ние aspirátion
стре́мя stírrup
стремя́нка stép-ladder
стри́ж||еный short *(о волоса́х)*; bobbed *(ко́ротко)*; shorn *(об овца́х)*; ~ка háir-cut *(воло́с у люде́й)*; shéaring *(ове́ц)*
стричь cut *(во́лосы, но́гти)*; shear *(ове́ц)*; ~ся have one's hair cut
строга́ть plane

254

стро́г||ий strict; севе́ре, stern (*суро́вый*); ~ость strictness; severity, stérnness
строев||о́й I *воен.*: ~ы́е уче́ния drill; ~ офице́р cómbatant ófficer
строево́й II: ~ лес tímber
строе́ние 1. (*структура*) strúcture 2. (*постройка*) building, constrúction
строи́тель builder; ~ный building *attr.*; ~ные материа́лы building matérials; ~ство constrúction
стро́ить 1. build, constrúct 2. (*планы*) make
стро́иться 1. be built; be únder constrúction 2. *воен.* draw up; стро́йся! form ranks!
строй 1. sýstem, órder; социалисти́ческий ~ sócialist sýstem 2. *воен.* órder
стро́йка building, constrúction
стро́йн||ость hármony; ~ый 1. (*о пе́нии*) harmónious 2. (*о человеке*) slénder, slim
строка́ line; кра́сная ~ new páragraph
строп sling
стропи́ло ráfter
стропти́в||ость óbstinacy, óbduracy; ~ый óbstinate, óbdurate
строфа́ stánza
строчи́ть 1. (*шить*) stitch 2. *разг.* (*писать*) scríbble
стро́чка I (*шов*) stitch
стро́чка II *см.* строка́
строчн||о́й: ~а́я бу́ква small létter
стру́жка sháving, chip
струи́ться stream
структу́ра strúcture
струна́ string
стру́нный stringed; ~ орке́стр string órchestra
стру́сить lose cóurage
стручо́к pod
струя́ jet (*бьющая*); stream (*текущая*); cúrrent (*воздушная*)
стря́п||ать cook; ~ня *разг.* cóoking
стря́х||ивать, ~ну́ть shake off
студе́н||т, ~тка stúdent; ~ческий stúdent *attr.*; ~чество the stúdents *pl.*
сту́день áspic
студи́ть cool
сту́дия stúdio
стук knock (*в дверь*); tap (*тихий*); noise (*шум*)
сту́к||нуть 1. knock (*at*); bang (*громко*); ~ кулако́м bang one's fist (*on*) 2. (*ударить*) strike; ~ся knock (*against*)
стул chair

ступа́ть *см.* ступи́ть
ступе́нь 1. (*лестницы*) step 2. (*стадия*) stage; ~ка step
ступи́ть step
ступня́ foot
стуча́ть 1. *см.* сту́кнуть 1 2. (*шуметь*) make a noise; ~ся knock
стушева́ться, стушёвываться 1. (*стать незаметным*) efface oneself 2. (*смутиться*) be confúsed
стыд shame; ~и́ть shame; ~и́ться be ashámed (*of*)
стыдли́в||ость shýness; ~ый shámefaced; shy
сты́дно! shame!, for shame!
стык *тех.* joint; ~о́вка (*на орбите*) jóining
сты́нуть, стыть get cool
сты́чка skírmish
стюарде́сса stéwardess
стя́гивать *см.* стяну́ть 1, 2, 3; ~ся (*сходиться*) gáther
стяну́ть 1. tíghten; tie up (*верёвкой*) 2. (*войска́*) gáther 3. (*снять*) pull off 4. *разг.* (*украсть*) filch, pinch
суббо́та Sáturday
суббо́тник subbótnik
субсиди́ровать súbsidize
субси́дия súbsidy
субтропи́ческий súbtrópical
субъе́кт 1. *грам.* súbject 2. *разг.* (*человек*) indivídual; ~и́вность subjectívity; ~и́вный subjéctive
суверенн||ый sóvereign; ~ое госуда́рство sóvereign state
сугли́нок lóamy soil
сугро́б snów-drift
сугу́бо *нареч.* especially
суд 1. (*учреждение*) court (of law *или* of jústice); вое́нный ~ court mártial 2. (*правосудие*) jústice 3. (*разбор дела*) trial
суда́к soodák (*a kind of pike*)
суде́бный légal
суд||и́мость prévious convíction; ~и́ть 1. try 2. (*о чём-л.*) judge; су́дя по judging by 3. *спорт.* réferee; úmpire; ~и́ться go to law (*with smb.* — *с кем-л.*)
су́дно ship; véssel; китобо́йное ~ whále-boat; уче́бное ~ tráining ship
судомо́йка kítchen-help
судопроизво́дство légal procédure
су́доро||га cramp; ~жный convúlsive
судостро́||е́ние shípbuilding; ~и́тельный shípbuilding *attr.*
судохо́д||ный návigable; ~ство navigátion

судьба́ fate; déstiny ◇ каки́ми ~ми? how on earth did you get here?
судья́ 1. judge; наро́дный ~ People's Judge 2. *спорт.* refere´e; u´mpire *(гла́вный)*
суеве́р||ие superstition; ~ный superstitious
сует||а́ fuss; ~и́ться fuss; ~ли́вость fu´ssiness; ~ли́вый fu´ssy
сужде́ние ju´dgement
суже́ние na´rrowing; contra´ction
су́живать(ся), су́зить(ся) na´rrow
сук bough
су́ка bitch
сукно́ cloth ◇ положи́ть под ~ *разг.* shelve *(smth.)*
суко́нный cloth *attr.*
сулема́ *хим.* su´blimate
сули́ть *разг.* pro´mise
султа́н su´ltan
сума́ bag
сумасбро́д ma´dcap; ~ный without rhyme and re´ason, wild; ~ство extra´vagance
сумасше́||дший 1. *прил.* mad 2. *сущ.* ma´dman, lu´natic; ~ствие ma´dness
сумато́ха bustle
сумбу́р confu´sion; ~ный confu´sed
су́мерки twilight
суме́ть succe´ed *(in doing smth.);* ma´nage *разг.*
су́мка bag; ha´ndbag *(да́мская);* sa´tchel *(для книг и т. п.);* sho´pping-bag *(хозя́йственная)*
су́мм||а sum; ~а́рный su´mmary; to´tal; ~и́рование su´mming up; ~и́ровать sum up
су́мрак dusk; twilight *(су́мерки);* gloom *(мрак)*
су́мрачный du´sky; gloo´my; *перен. тж.* dre´ary
сунду́к trunk, chest
су́нуть(ся) *см.* сова́ть(ся)
суп soup
суперобло́жка ja´cket, bo´ok-cover
супов||о́й: ~а́я ми́ска ture´en; ~а́я ло́жка soup la´dle
супру́||г hu´sband; ~га wife; ~жеский matrimo´nial; ~жество ma´trimony
сургу́ч se´aling-wax
суро́в||ость seve´rity; ste´rnness; ~ый seve´re; stern; ri´gorous; incle´ment *(о кли́мате)* ◇ ~ое полотно́ u´nble´ached ca´lico
суррога́т su´bstitute
су́слик go´pher, ground squirrel
суста́в joint; ~но́й: ~но́й ревмати́зм rheuma´tic fever

су́тки twenty four hours; day *sg. (день)*
су́толока commo´tion
су́точный da´ily
сугу́л||иться stoop; ~ый round-shouldered
суть e´ssence, main point
суфл||ёр pro´mpter; ~и́ровать prompt
су́ффикс *грам.* su´ffix
суха́||рь 1. dried bread; rusk 2. *мн.:* ~ри́ *(толчёные)* bread-crumb *sg.*
су́хо 1. *нареч.* dry; *перен.* dri´ly 2. *predic. безл.* it is dry
сухове́й dry wind
сухожи́лие *анат.* te´ndon, sinew
сухо́й dry
сухопу́тн||ый land *attr.;* ~ые войска́ land fo´rces
су́хость dry´ness
сухоща́вый lean
сучи́ть twist; spin *(ни́тку)*
суч||кова́тый kno´tty; ~о́к twig
су́ша (dry) land
суш||ёный dried; ~и́лка dry´er; ~и́льня dry´ing-room; ~и́ть dry; air *(бельё);* ~и́ться dry
суще́ственный esse´ntial
существи́тельное *грам.* noun, substantive
существо́ I be´ing, cre´ature
существо́ II *(су́щность)* e´ssence, gist
существ||ова́ние existence; ~ова́ть exist
су́щий real; do´wnright, sheer *разг.*
су́щност||ь e´ssence; ~ де́ла the point of the ma´tter; в ~и as a ma´tter of fact
сфабрикова́ть forge
сфе́р||а sphere; ~ влия́ния *полит.* sphere of i´nfluence; ~и́ческий sphe´rical
сфинкс sphinx
сформиро́в||анный formed; ~а́ть form; ~а́ться be formed
сформули́ровать fo´rmulate, word
сфотографи́ровать pho´tograph, take a pro´tograph *(of)*
схвати́ть grip, catch; ~ся seize, snatch
схва́т||ка skirmish; ~ывать *см.* схвати́ть
схе́ма scheme; ~ти́ческий schema´tic
схитри́ть use cu´nning
схлы́нуть subsi´de *(о воде́);* rece´de *(отступи́ть);* rush back *(о толпе́)*
сходи́ть I *см.* сойти́
сходи́ть II *(пойти́)* go; fetch *(за чем-л., за кем-л.);* ~ посмотре́ть go and see
сходи́ться *см.* сойти́сь

сходка méeting
сходни gángway *sg.*
сход||ный 1. símilar 2. *разг. (о цене)* réasonable; ~**ство** líkeness, resémblance; **уловить** ~**ство** catch a líkeness
схожий *см.* сходный 1
схоласт||ика scholásticism; ~**ический** scholástic
схоронить búry
сцедить, сцеживать strain *(или* run) off líquid
сцен||а 1. stage 2. *(зрелище)* scene; **массовые** ~**ы** crowd scenes 3. *(скандал)* scene
сценарий scenário, screen play, shóoting script
сценический scénic, stage *attr.*
сцепить couple *(вагоны)*
сцепиться *разг.* get to grips
сцеп||ка *ж.-д.* cóupling; ~**ление** 1. *физ.* cohésion 2. *тех.* cóupling
сцепля||ть(ся) *см.* сцепить(ся)
счастлив||ец lúcky man; ~**ый** 1. háppy 2. *(удачный)* fórtunate; lúcky ⋄ ~**ого пути** háppy jóurney
счастье háppiness
счесть 1. consíder 2. *разг. (сосчитать)* count
счёт 1. calculátion 2. *бухг.* accóunt; **текущий** ~ account cúrrent; **идти в** ~ be táken into accóunt 3. *(документ)* bill 4. *спорт.* score; **какой** ~? what is the score?; **открыть** ~ ópen the scóring; **сравнять** ~ éven the score ⋄ **потерять** ~ lose count *(of);* **за** ~ **чего-л.** at the expénse *(of);* **на чей-л.** ~ at smb.'s expénse; **быть на хорошем** ~**у** have a good reputátion; **в два** ~**а** *разг.* in a split sécond, in two séconds; ~**ный:** ~**ная машина** cálculator
счетовод bóok-keeper; ~**ство** bóok--keeping
счётчик I *(электрический, газовый)* méter
счётчик II *(на выборах)* téller
счёты ábacus *sg.*
счистить clean off *(снег и т. п.);* brush off *(щёткой)*
считать *см.* счесть *и* сосчитать
считаться 1. *(с кем-л., с чем-л.)* consíder, réckon with 2. *(слыть)* be repúted, be considered 3. *(идти в счёт)* count
считать *см.* счистить
сшиб||ать, ~ить *разг.* knock down
сшивать *см.* сшить 2

сшить 1. *(платье)* make; have a dress made *(у портнихи)* 2. *(стачать)* sew togéther
съед||ать *см.* съесть; ~**обный** éatable; édible *(годный в пищу)*
съёж||иваться, ~иться shrível, shrink
съезд 1. cóngress; **Съезд Советов** Cóngress of Sóviets 2. *(прибытие)* arríval
съездить go; vísit *(к кому-л.)*
съезжать(ся) *см.* съехать(ся)
съёмка 1. *(фильма)* shóoting 2. *(топографическая)* súrvey
съёмщик *(квартиры)* ténant
съест||ной: ~**ные припасы** éatables; fóod-stuff *sg.*
съесть eat; devóur *(тж. перен.);* eat all *(без остатка)*
съехать 1. *(спуститься)* go down; slide down *(на скачках);* ski down *(на лыжах)* 2. *(с квартиры)* move; ~**ся** assémble
сыворотка 1. *(молочная)* whey; búttermilk *(пахтанье)* 2. *мед.* sérum
сыграть play; ~ **роль** play a part
сын son; ~**ок** sónny
сыпать pour *(зерно и т. п.);* strew *(песок);* ~**ся** pour; fall *(падать)*
сыпной: ~ **тиф** týphus
сыпуч||ий: ~ **песок** quícksand; **меры** ~**их тел** dry méasures
сыпь rash
сыр cheese; **плавленый** ~ procéssed cheese
сырник cheese páncake
сыроварня cheese dáiry
сырой 1. *(влажный)* damp 2. *(неварёный)* raw, úncooked 3. *(необработанный)* raw
сырость dámpness
сырьё raw matérial
сыскной detéctive
сытный nóurishing, substántial; sátisfying, good *(об обеде и т. п.)*
сытость satíety, satiátion, replétion
сытый sátisfied, repléte; **я сыт** I am sátisfied; I am full up *разг.*
сыщик detéctive
сюда *нареч.* here
сюжет 1. súbject, tópic 2. *(романа)* plot; ~**ный** plot *attr.*
сюрприз surpríse
сюртук fróck-coat
сюсюкать lisp
сяк *разг.:* **и так и** ~ in dífferent ways, this way and that (way)

Т

та ж. см. тот
табáк tobácco; snuff *(нюхательный)*; ~éрка snúff-box
табáчный tobacco *attr.*
тáбель 1. *(доска)* tíme-board, tíme-sheet 2. *(номер)* wórk-tab, númber; ~щик tímekeeper
таблéтка pill
таблиц||**а** table; list; ~ умножéния multiplicátion table; ~ы логарифмов tables of lógarithms; ~ выигрышей list of príze-winners
тáбор camp
табýн herd
табурéт(ка) stool
таджик, ~ский Tadjík; ~ский язык Tadjík, the Tadjík lánguage
таз I *(посуда)* básin; wásh-basin *(для умывания)*; ~ для варéнья jám-pan
таз II *анат.* pélvis
тáинственный mystérious
таить concéal, hide; ~ся lie hídden
тайгá táiga
тайкóм *нареч.* sécretly; ~ от кого-л. withóut smb.'s knówledge
тайм *спорт.* half, périod
тайн||**а** mýstery; sécret; ~ик híding-place; ~о *нареч.* sécretly; ~ый sécret *attr.*
так *нареч.* 1. so; сдéлайте ~! do it like this!; и ~ дáлее and so on; ~ же... как as... as...; ~ как as; ~ напримéр thus, for instance; ~ себé só-só; ~ тóчно quite so, exáctly; ~ чтóбы so that, so as; тут чтó-то не ~ sómething is wrong here 2. *(утверждéние)* just so; вот ~! that's the way!, that's right! 3. *(настолько)* so; будьте ~ добры be so kind
такелáж *мор.* rígging
тáкже *нареч.* álso; too *(после сущ., мест.)*; а ~ и as well as; ~ не néither; éither *(в отриц. предложéниях)*
такóв *мест.* such; все они ~ы they are all alíke
так||**óй** *мест.* such; so *(только перед прил.)*; ~ же the same; ~ же... как as...; ~им óбразом thus, this way, that way; в ~ом слýчае in that case; ~-то *(вместо имени)* só-and-so; чтó ~óе? what's the mátter?; what did you say? *(что вы говорите?)*
тáкса I *(собака)* dáchshund
тáкса II *(расцéнка)* táriff, fixed price
такси táxi

ТАЯ

такт I *муз.* time, beat; в ~ in time
такт II *(деликатность)* tact; отсýтствие ~а táctlessness
такт||**ика** táctics; ~ический táctical
тактичн||**ость** tact; ~ый táctful; ~ый человéк pérson, man of tact
талáнт tálent, gift; ~ливый tálented, gífted
талисмáн tálisman, charm
тáли||**я** waist ◊ в ~ю *(о платье)* fitted, wáisted
талóн cóupon
тáлый mélted; ~ снег slush
тальк talc
там *нареч.* there; ~ же in the same place; ~ и сям here and there
тамадá tóast-master
тамóж||**енный** cústom(s) *attr.*; ~енные пóшлины cústoms dúty *sg.*; ~ осмóтр cústoms examinátion; ~ня cústom-house
тáнгенс *мат.* tángent
тáнец dance
танк tank; ~ист tank dríver; он ~ист he is in tanks
тáнков||**ый** tank *attr.*; ármoured; ~ые чáсти tank únits
танц||**евáльный** dáncing, dance *attr.*; ~ вéчер dance, dáncing-party; ~евáльная мýзыка dance músic; ~ коллектив dance group; ~евáть dance; ~óвщик, ~óвщица, ~óр dáncer
тáпочки slíppers; *спорт.* gym shoes
тáра *(упаковка)* páckage, pácking
таракáн cóckroach
тарáнить ram
тарáщить *разг.*: ~ глазá stare *(at)*
тарéлк||**а** plate ◊ быть не в своéй ~е be off (one's) form, be in the dumps
тариф táriff; ~ный: ~ная сéтка táriff scale
таскáть см. тащить
тасовáть *(карты)* shuffle
ТАСС (Телеграфное агéнтство Совéтского Союза) TASS (Télegraph Ágency of the Sóviet Únion)
татáр||**ин** Tá(r)tar; ~ский Tá(r)tar
тафтá táffeta
тахтá óttoman
тáчка whéelbarrow
тащить 1. drag *(волочить)*; pull *(тянуть)*; cárry *(нести)* 2. *разг.* *(красть)* steal; ~ся drag onesélf alóng; *разг.* traipse aróund *(бродить)*
тáяние mélting
тáять 1. melt; снег тáет the snow is mélting; тáет *безл.* it is tháwing 2. *(чах-*

нуть) waste away 3. *(исчезать)* melt away

тварь creature

твердёть harden

тверди́||о *нареч.* firmly, firm; **~ знать** know well; **~ реши́ть** be firmly resolved; **~ держа́ться** stand firm; **~ость** hardness; *перен.* firmness, strength; **~ый** hard *(немягкий)*; solid *(нежидкий)*; firm *(прочный, тж. перен.)*; **~ые це́ны** fixed *(или* firm) prices

тверды́ня stronghold

твоё *с. см.* **твой**

твой *мн. см.* **твой**

твой *мест.* your *(при сущ.)*; yours *(без сущ.)*; **это твоя́ кни́га** it is your book; **эта кни́га твоя́** this book is yours

твор||е́ние creation; **~е́ц** creator

твори́тельный: **~ паде́ж** *грам.* instrumental (case)

твори́||ть create; **~ чудеса́** work wonders; **~ться** *безл.* go on, take place; **что здесь ~тся?** what is going on here?

творо́||г curds *pl.;* cottage cheese; **~жник** curd-fritter, cheese pancake; **~жный** curd *attr.*

творче||ский creative; **~ство** 1. *(деятельность)* creative works 2. *(произведения)* works *pl.*

твоя́ *ж. см.* **твой**

те *мн. см.* **тот**

т.е. (то есть) *см.* **то** I

теа́тр theatre; **~ опере́тты** theatre of light opera; **~а́л** play-goer; **~а́льный** theatre *attr.;* theatrical; **~а́льная ка́сса** box-office

тебе́ *дт. см.* **ты**

тебя́ *рд., вн. см.* **ты**

те́зис thesis

тёзка namesake

текст text

тексти́ль||ный textile; **~ная фа́брика** cotton-mill; **~щик** textile-worker

теку́ч||есть 1. *физ.* fluidity 2. *(непостоянство)* fluctuation; **~ рабо́чей си́лы** fluctuation of labour *(или* of manpower); **~ий** 1. *физ.* fluid 2. *(непостоянный)* fluctuating

теку́щ||ий 1. flowing 2. *(настоящий)* current; **5-го числа́ ~его ме́сяца** the fifth instant; **~ая поли́тика** current politics; **~ие собы́тия** current events; **~ие дела́** *(на пове́стке дня)* current business *sg.;* **~ ремо́нт** running repairs *pl.*

телеви́дение television, TV; **цветно́е ~** colour television

телевизио́нн||ый television *attr.;* **~ая переда́ча** telecast

телеви́зор TV (set); television

теле́га cart

телегра́мма telegram; wire *разг.;* **~-мо́лния** express telegram

телегра́ф telegraph; **~и́ровать** telegraph, wire; **~и́ст** telegraphist; **~ный** telegraphic; **~ный столб** telegraph-post; **~ная ле́нта** telegraph tape; **~ное аге́нтство** news agency

телёнок calf

телеско́п telescope

теле́сн||ый corporal; of the body; **~ое наказа́ние** corporal punishment; **~ого цве́та** flesh-coloured

телефо́н telephone; **~ за́нят** the line is engaged; **подойти́ к ~у** answer the telephone *(или* the call); **вас про́сят к ~у** you're wanted on the (tele)phone

телефо́н-автома́т public call-box

телефон||и́ровать telephone; **~и́стка** telephone operator

телефо́н||ный telephone *attr.;* **~ная ста́нция** telephone exchange; **~ная кни́га** telephone directory

телефоногра́мма telephone message

тели́ться calve

тёлка heifer

тел||о body; corpse *(труп);* **твёрдое ~** *физ.* solid; **жи́дкое ~** *физ.* liquid ◇ **держа́ть кого́-л. в чёрном ~е** *разг.* treat smb. as a drudge

телосложе́ние build, frame

телохрани́тель body-guard

теля́||тина veal; **~чий** 1. calf *attr.*, calve's 2. *(из теля́тины)* veal *attr.*

тем I 1. *тв. см.* **тот** 2. *дт. мн. см.* **тот**

тем II 1. *союз* the; **чем бо́льше, ~ лу́чше** the more, the better 2. *нареч.* so much the; **~ лу́чше** so much the better; **~ не ме́нее** nevertheless, none the less

тём||а a subject; topic; theme *муз.;* **~а́тика** subjects *pl.;* the main themes *pl.;* **~ати́ческий** subject *attr.*

тембр timbre

те́ми *тв. мн. см.* **тот**

темне́ть grow *(или* get) dark

темни́ца dungeon

темно́ *предик. безл.* it is dark ◇ **~, хоть глаз вы́коли** *разг.* it's pitch-dark

темноволо́сый dark-haired

тёмно-си́ний dark-blue; deep-blue

259

темнота́ 1. dárkness, dark 2. *(невежество)* ignorance 3. *(неясность)* obscúrity

тёмный 1. dark 2. *(неясный)* obscúre; vágue 3. *(подозрительный)* suspícious 4. *(невежественный)* ignorant

темп rate, pace; témpo *(тж. муз.)*

темпера́мент témperament; **~ный** temperaméntal

температу́р||а témperature; ~ кипе́ния bóiling-point; ~ замерза́ния fréezing-point

те́мя crown

тенденцио́зный tendéntious

тенде́нция téndency

теневой, тени́стый shády

те́ннис ténnis; **~ист** ténnis-player; **~ный**: **~ная площа́дка** ténnis-court

те́нор ténor

тент áwning

тень shade; shádow *(человека, предмета)*

теоре́ма théorem

теоре́тик theorétician

теорети́ческий theorétic(al)

тео́рия théory

тепе́решн||ий présent-day *attr.*; **в ~ее вре́мя** nówadays

тепе́рь *нареч.* now; at présent; **~, когда́** now that

тепле́ть grow *(или* get) warm

тепли́||ца gréenhouse; **~чный** hóthouse *attr.*

тепл||о́ I *сущ.* warmth; heat; **держа́ть в ~е́** keep warm; **пять гра́дусов ~á** five degrées abóve zéro

тепло́ II 1. *нареч.* wármly; *перен. тж.* córdially 2. *предик. безл.* it is warm; **ему́ ~** he is warm

теплово́й thérmal, heat *attr.*

тепло||ёмкость *физ.* heat capácity; **~прово́дность** *физ.* heat condúction

теплота́ warmth; *физ.* heat

теплоте́хника heat *(или* thérmal) enginéering

теплофика́ция *тех.* céntral *(или* district) héating

теплохо́д mótor véssel

теплоцентра́ль *тех.* héating plant

тёплый warm *(тж. перен.)*; córdial *(серде́чный)*

терап||е́вт physícian; **~ия** therapéutics; thérapy *(метод лечения)*

тереби́ть keep túgging *(at)*

тере́ть 1. rub 2. *(на тёрке)* grate 3. *(полировать)* pólish; **~ся** 1. *(обо что-л.)* rub *(against)* 2. *разг.* *(среди кого-л.)* hang abóut; mix *(with)*

терза́||ние tórment; **~ть** tormént; **~ться** tormént onesélf

тёрка gráter

те́рмин term; **~оло́гия** terminólogy

терми́ческий thérmal

термодина́мика *физ.* thermodynámics

термо́метр thermómeter; ~ Це́льсия céntigrade thermómeter

те́рмос thérmos (flask)

терни́стый thórny

терпели́вый pátient

терпе́ние pátience

терпе́ть 1. *(испытывать)* súffer, endúre; ~ **боль** súffer pain 2. *(безропотно переносить)* stand, bear 3. *(запастись терпением)* have pátience 4. *(допускать)* tólerate ⋄ **вре́мя не те́рпит** time is préssing; **она́ его́ ~ не мо́жет** she can't stand him; **~ся** *безл.*: **мне не те́рпится** I am impátient *(to + inf.)*

терпи́м||ость tólerance; **~ый** 1. *(о человеке)* tólerant 2. *(о явлении)* tólerable, béarable

те́рпкий tart, astríngent

терра́са térrace; verándah; porch *(амер.)*

территориа́льный territórial

террито́рия térritory

терро́р térror; **~изи́ровать** térrorize; **~исти́ческий** térrorist *attr.*

теря́ть lose; waste *(напрасно тратить)*; ~ **кого́-л. из ви́ду** lose sight of smb.; **~ся be** lost *(тж. перен.)* ⋄ **~ся в дога́дках** be at a loss

тёс báttens *pl.*

теса́ть hew

тесёмка *см.* тесьма́

тесни́ть press; **~ся** crowd

тесн||о́ *нареч.* nárrowly; tight; *перен.* clósely; **здесь ~** it's crówded here; **~ота́** 1. nárrowness 2. *(скопление народа)* crush; **~ый** nárrow; tight *(об обуви и т. п.)*; *перен.* close, íntimate

те́сто paste; dough

тесть fáther-in-law *(wife's father)*

тесьма́ braid; tape

те́терев bláck-cock

тетёрка grey hen

тётка aunt

тетра́дь nóte-book; éxercise book; **но́тная ~** mánuscript músic book; **~ для рисова́ния** dráwing-book

тётя *см.* тётка

тех *рд., вн. мн. см.* тот

те́хник technícian

те́хник||а enginéering, technólogy;

equipment *(оборудование)*; technique(s) *(способ)*; овладеть ~ой master the technique; наука и ~ science and technology

техникум technical school; junior technical college

техническ||ий technical; ~ое училище technical school

технолог technologist

технол||огический technological; ~огия technology

течени||е 1. flow, course 2. *(ток, струя)* current, stream; вверх (вниз) по ~ю upstream (downstream) 3. *(направление)* trend ◇ с ~ем времени in the course of time

теч||ь I *гл.* 1. flow, run; время ~ёт быстро time flies 2. *(иметь течь)* leak

течь II *сущ.* leak

тешить amuse; ~ся amuse oneself

тёща mother-in-law *(wife's mother)*

тигр tiger; ~ица tigress

тик I *(ткань)* ticking

тик II *мед.* tic

тика||нье tick, tick-tock; ~ть *разг.* tick

тильда *полигр.* tilde

тин||а slime; ooze; ~истый slimy, oozy

тип type; ~ичный typical; ~овой standard, model; type *attr.*

типография printing-house

тир shooting-gallery

тираж 1. *(займа и т. п.)* the draw 2. *(периодич. издания)* circulation; edition *(книги)*

тиран tyrant; ~ить tyrannize; ~ический tyrannic(al); ~ия tyranny

тире dash

тискать 1. squeeze, press 2. *полигр.* pull

тиск||и vice *sg.*; в ~ах чего-л. in the grip of smth.

тисн||ение stamping; ~ёный stamped

титанический titanic

титул title

титульный: ~ лист title-page

тиф typhus; typhoid *(брюшной)*

тихий 1. *(негромкий)* quiet, still; low *(о голосе)*; gentle, soft *(нежный)* 2. *(спокойный)* calm, peaceful 3. *(медленный)* slow; ~ ход! go slow!

тихо *нареч.* 1. *(негромко)* quietly; говорить ~ speak in a low voice 2. *(спокойно)* calmly 3. *(медленно)* slowly

тихоокеанский Pacific

тише: ~! silence!, hush!

тишин||а quiet, stillness; calm, peace *(покой)*; silence *(молчание)*; нарушить ~у break the silence; соблюдать ~у keep quiet, make no noise

тканый woven

ткань 1. cloth, fabric 2. *биол.* tissue

ткать weave

ткацкий: ~ станок loom

ткач weaver

ткнуть *разг.* poke, prod

тлени||е 1. *(горение)* smouldering 2. *(гниение)* decaying

тлеть 1. *(гореть)* smoulder 2. *(гнить)* decay

то I *(с. от тот)* that, it; то, что what ◇ то есть that is; а не то or else, otherwise; да и то and even (then)

то II *союз* 1. *(тогда)* then; если вы не пойдёте, то я пойду if you don't go then I shall 2.: то..., то now... now; sometimes... sometimes; то тут, то там now here now there; не то..., не то (either)... or; half... half; не то снег, не то дождь half snow, half rain; то ли... то ли whether... or

-то *частица* precisely; этого-то я и хотел that is precisely what I wanted

тобой *тв. см.* ты

товар wares *pl.*; goods *pl.*; *эк.* commodity; ~ы широкого потребления consumer goods; распродать залежавшийся ~ have a clearance sale

товарищ comrade; mate, fellow *(по учёбе, работе и т. п.)*; ~ по работе mate, colleague; ~еский comradely; ~ество 1. *(отношение)* comradeship 2. *(объединение)* association

товарн||ый 1. goods *attr.*; ~ вагон goods truck; ~ поезд goods train; freight train *(амер.)*; ~ знак trade mark; ~ склад warehouse 2. *эк.* commodity *attr.*; ~ое производство commodity output

товаро||обмен barter; ~оборот commodity circulation

тогда *нареч.* then; ~ как while; whilst; ~шний *разг.* of that time

того *рд. см.* тот

тождественный identical

тождество identity

тоже *нареч.* also, too, as well; ~ не neither, not... either

ток *эл.* current; постоянный (переменный) ~ direct (alternating) current

токарный: ~ станок lathe

токарь turner

толк 1. sense; без ~у *(зря)* to no purpose; с ~ом sensibly, with sense 2. *мн.:*

ТОЛ

~и talk *sg.;* rúmours ◇ знать ~ в чём-л. be a good judge of smth.

толка́ть *см.* толкну́ть; ~ся push one anóther

толкну́ть push

толков||**а́ние** interpretátion; ~**а́ть** 1. intérpret; ~**а́ть** ло́жно misintérpret 2. *(разгова́ривать)* talk

толко́вый 1. *(поня́тный)* intélligible, clear 2. *(о челове́ке)* intélligent, sénsible ◇ ~ слова́рь explánatory díctionary

то́лком *нареч. разг.* pláinly, cléarly

толк||**отня́** *разг.* crush; ~**у́чка** *разг.* sécond-hand bazáar

толокно́ óatmeal

толо́чь pound ◇ ~ во́ду в сту́пе ≈ cárry wáter in a sieve

толп||**а́** crowd; ~**и́ться** crowd; ~**о́й** *нареч.* in a bódy

толсте́ть grow stout *(или* fat*)*

толстоко́жий thick-skinned *(тж. перен.)*

толст||**ый** thick; stout, fat *(о челове́ке);* ~**я́к** fat man

толчея́ *разг.* crush, crowd

толчо́к push; jolt *(тж. перен.);* shock *(при землетрясе́нии)*

толщина́ thickness; stóutness, córpulence *(челове́ка)*

то́лько *нареч.* ónly; как ~ as soon as; ~ бы if ónly; ~-~ bárely; ~ что just, just now

том vólume

тома́т *(па́ста)* tomáto paste

том||**и́ть** 1. exháust 2. *кул.* stew *(мя́со);* steam *(о́вощи);* ~**и́ться** be oppréssed; ~**и́ться** от жары́ be oppréssed with the heat; ~**ле́ние** lánguor

то́мный lánguid

тому́ *дт. см.* тот; 5 лет ~ наза́д 5 years agó

тон 1. *муз.* tone 2. form, behaviour, tone; пра́вила хоро́шего ~а the rules of good behaviour; дурно́й ~ bad tone; задава́ть ~ set the form; ~**а́льность** *муз.* key

то́нк||**ий** 1. thin; slim *(о фигу́ре);* ~**ая** та́лия slénder waist; ~**ие** ни́тки fine thread *sg.* 2. *(делика́тный, утончённый)* délicate; ~ за́пах subtle scent 3. *(о слу́хе, зре́нии)* keen 4. *(хорошо́ разбира́ющийся)* cléver, subtle; ~ знато́к connoisséur; ~**о** *нареч.* 1. thínly 2. *(утончённо)* súbtly

то́нкость 1. thínness; fíneness *(тка́ни и т. п.);* slímness *(фигу́ры)* 2. *(утончённость)* délicacy, refínement 3. *(подро́бность)* nícety; detáil

ТОР

то́нн||**а** ton; ~**а́ж** tónnage

тонне́ль *см.* тунне́ль

тону́ть drown; sink *(о предме́те)*

то́пать *см.* то́пнуть

топи́ть I: ~ печь use the stove

топи́ть II *(жиры́, воск)* melt

топи́ть III *(утопи́ть)* drown *(челове́ка);* sink *(су́дно, предме́т)*

топи́ться I *(о пе́чи)* burn

топи́ться II *(о во́ске и т. п.)* melt

топи́ться III *(в реке́ и т. п.)* drown onesélf

то́пка 1. *(де́йствие)* héating 2. *(часть пе́чи)* fúrnace

то́пкий swámpy

топлён||**ый**: ~**ое** ма́сло mélted bútter; ~**ое** молоко́ baked milk

то́пливо fuel

то́пнуть stamp; ~ ного́й stamp one's foot

топо́гр||**аф** topógrapher; ~**афи́ческий** topográphic(al); ~**а́фия** topógraphy

то́поль póplar

топо́р axe; ~**и́ще** áxe-handle

то́пот tramp; ко́нский ~ clátter of hórses' hooves

топта́ть trample down; ~**ся** trample; ~**ся** на ме́сте mark time

торг 1. haggle 2. *мн.:* ~**и́** áuction *sg.*

торгова́ть deal *(in;* чем-л.*);* trade *(with;* с кем-л.; *in;* чем-л.*);* sell *(продава́ть);* ~**ся** haggle *(with);* bárgain *(with)*

торго́в||**ец** mérchant, déaler, trádesman; shópkeeper *(ла́вочник);* ~**ка** *(ры́ночная)* márket-wóman

торго́в||**ля** trade, cómmerce; ~**ый** trade *attr.;* commércial; ~**ый** капита́л trádіng cápital; ~**ый** догово́р trade agréement; ~**ое** су́дно mérchant ship, tráder; ~**ая** поли́тика commércial pólicy

торгпре́д (торго́вый представи́тель) trade represéntative; ~**ство** (торго́вое представи́тельство) Trade Delegátion

торже́ственн||**ый** sólemn; ~**ое** заседа́ние ceremónial méeting

торжеств||**о́** 1. *(пра́зднество)* celebrátion 2. *(побе́да)* tríumph; ~**ова́ть** tríumph *(over);* ~**ующий** tríumphant

торможе́ние bráking

то́рмоз brake; ~**и́ть** put on *(или* apply*)* the brakes; *перен.* hínder, hámper

тормоши́ть *разг.* wórry, bóther

торопи́ть húrry; hásten; ~**ся** húrry, be in a húrry; make haste; ~**ся** к по́езду húrry to catch the train; ~**ли́вый** hásty

торпе́да torpédo

262

торт cake
торф peat; ~**яно́й**: ~**яно́е боло́то** peat-bog
торча́ть 1. stick out; protrúde 2. *разг.* (*находиться*) hang aróund (*или* abóut)
тоск‖**а́** mélancholy; depréssion (*подавленность*); bóredom (*скука*); ~ **по чему́-л.** lónging for smth.; ~ **по ро́дине, по до́му** hómesickness; ~**ли́вый** dull, dréary; ~**ова́ть** be mélancholy; feel lónely; long (*for*; *по чему-л., кому-л.*); miss; ~**ова́ть по ро́дине** be hómesick
тост toast
тот (**та, то,** *мн.* **те**) *мест.* 1. that, *мн.* those; **где те кни́ги?** where are those books?; ~ **и друго́й** éither; **ни** ~ **ни друго́й** néither; ~ **же** the same; ~, **кто** he who; **то, что** what 2. (*другой*) the óther; **на том берегу́** on the óther side 3. (*тот самый*) the right; **э́то** ~ **каранда́ш?** is that the right péncil?; **э́то не** ~ **по́езд** it is the wrong train; **и́менно** ~ that véry one ◊ **тем вре́менем** in the méantime, méanwhile; **тем са́мым** théreby; **с тем, что́бы** in órder to; **до того́** to such an extént; **к тому́ же** besídes, moreóver
то́тчас *нареч.* immédiately; ~ **же** instantly
точи́ль‖**ный**: ~ **ка́мень** whétstone; ~**щик** (knife-)grínder
точи́ть I 1. (*делать острым*) shárpen; grind (*на камне*) 2. (*на токарном станке*) turn
точи́ть II (*прогрызать*) gnaw (*или* eat) awáy
то́чк‖**а** 1. point; dot (*графический знак*) 2. (*знак препинания*) full stop; ~ **с запято́й** semícolon ◊ **вы́сшая** ~ clímax; **попа́сть в** ~**у** hit the mark, hit the nail on the head; **ста́вить** ~**и над «и»** dot one's "i's" and cross one's "t's"; **сдви́нуть с мёртвой** ~**и** get smth. off the ground, get smth. stárted
то́чно I *нареч.* exáctly, just; sharp (*о времени*); ~ **в 12 часо́в** at 12 o'clóck sharp
то́чно II *союз* (*как будто*) as if, as though; (*подобно*) as, like
то́чн‖**ость** exáctness; precísion, áccuracy; punctuálity (*пунктуальность*); **в** ~**ости** exáctly; ~**ый** exáct; precíse; púnctual (*пунктуальный*); ~**ые нау́ки** exáct scíences; ~**ые прибо́ры** precísion instruments
точь-в-то́чь *разг.* exáctly

тошн‖**и́ть** *безл.*: **меня́** ~**и́т** I feel sick; **его́** ~**и́т от э́того** it makes him sick
тошно‖**та́** síckness, náusea; **вызыва́ть** ~**ту́** make smb. sick; ~**тво́рный** náuseating (*тж. перен.*)
то́щий 1. lean, méagre 2. *разг.* (*пустой*) émpty; **на** ~ **желу́док** on an émpty stómach
трав‖**а́** grass; **покры́тый** ~**о́й** grássy
трави́ть I (*на охоте*) hunt; *перен.* persécute
трави́ть II 1. (*истреблять*) póison 2. *тех.* etch
тра́вля (*на охоте*) húnting; *перен.* báiting; persecútion
тра́вма tráuma, shock; ~**ти́ческий** traumátic
травоя́дный herbívorous
травяни́стый grássy; herbáceous
траг‖**е́дия** trágedy; ~**и́зм** trágedy
траги́ческий tragédian
траг‖**и́ческий, ~и́чный** trágic
традицио́нный tradítional
тради́ция tradítion
траекто́рия trájectory
тракт híghway
тракта́т tréatise
тракти́р públic house; inn (*постоялый двор*); ~**щик** ínnkeeper
тракт‖**ова́ть** ínterpret; ~**о́вка** interpretátion
тра́ктор tráctor; ~**и́ст** tráctor-driver; ~**ный** tráctor *attr.*
тракторострое́ние tráctor constrúction
трамб‖**ова́ть** ram; ~**о́вка** 1. (*действие*) rámming 2. (*орудие*) rámmer, ram
трамв‖**а́й** trámway; tram; trám-car (*вагон*); stréet-car (*амер.*); **сесть в** ~ take the tram; **е́хать на** ~**а́е** go by tram; ~**а́йный** tram *attr.*; ~**а́йная остано́вка** tram stop
трампли́н *спорт.* (*лыжный*) ski jump; spríng-board (*гимнастический*)
транзи́т tránsit; ~**ный** tránsit *attr.*
трансатланти́ческий tránsatlántic
транскри́пция transcríption
трансл‖**и́ровать** *радио* bróadcast; ~**я́ция** bróadcast
трансми́ссия *тех.* transmíssion
тра́нспорт tránsport; ~**и́ровать** transpórt, convéy; ~**ный**: ~**ные сре́дства** means of tránsport; ~**ёр** *тех.* convéyer
трансформ‖**а́тор** *эл.* transfórmer; ~**и́ровать** transfórm
транше́я trench
трап ládder; stairs *pl.*

трáпеза meal
трапéция 1. *мат.* trapézium 2. *спорт.* trapéze
трácca route
трáт||а expénse; expénditure; waste (*напрасная*); ~ить spend; waste (*попусту*)
трáулер tráwler
трáур móurning; ~ный móurning *attr.*; fúneral (*погребальный*); móurnful (*скорбный*); ~ный митинг memórial sérvice
трафарéт sténcil; *перен.* routíne; ~ный sténcilled; *перен.* stéreotyped, trite
трéбова||ние demánd, requírement; отказáться от своих ~ний withdráw one's claims; я это вам вернý по пéрвому ~нию I'll give it you back the móment you ask for it; ~тельный exácting; insístent (*настойчивый*); ~ть 1. (*чего-л.*) demánd 2. (*нуждаться в чём-л.*) requíre 3. (*вызывать кого-л.*) súmmon; ~ться 1. be required 2. *безл.*: трéбуется it needs; на это трéбуется много врéмени this needs (*или* takes) a lot of time
тревó||га 1. alárm 2. (*беспокойство*) anxíety; быть в ~ге be ánxious; ~жить 1. (*нарушать покой*) distúrb 2. (*волновать*) wórry, trouble; alárm; ~житься be ánxious; ~жный 1. (*встревоженный*) ánxious; ~жное состояние state of anxiety 2. (*вызывающий тревогу*) alárming, distúrbing 3. (*обозначающий тревогу*) alárm *attr.*
трéзв||ость 1. sobríety 2. (*разумность*) sóberness; ~ый sóber; sénsible (*рассудительный*)
трель trill
трéнер *спорт.* tráiner, coach
трéние fríction
тренир||овáть train, coach; ~овáться train (onesélf); ~óвка tráining; ~óвочный tráining *attr.*; ~óвочный костюм tráck-suit
трепáть tousle, blow abóut; flútter (*о ветре*) ◇ его трéплет лихорáдка he is shívering with féver; ~ся (*изнашиваться*) get worn out, get frayed
трéпет trémbling, quívering; ~áть tremble, quiver; pálpitate (*о сердце*)
треск crack; crash
трескá cod
трéскаться *см.* трéснуть
треск||отня rattle; ~ýчий: ~ýчий морóз rínging frost; ~ýчие фрáзы bómbast
трéснуть crack; burst (*лопнуть*)
трест *эк.* trust
третéйский: ~ суд court of arbitrátion

трéт||ий third; ~ье апрéля the third of Ápril; в ~ьем часý áfter two (o'clóck); странúца ~ья page three; ~ьего дня the day befóre yésterday
третúровать slight
третúчный *геол.* tértiary
треть a third
треугóльн||ик tríangle; ~ый triángular
трéфы *карт.* clubs
трёхгодúчн||ый three-year *attr.*; triénnial *книжн.*; ~ые кýрсы three-year cóurses
трёхгрáнный trihédral
трёхднéвный thrée-day *attr.*; в ~ срок within three days
трёхлéтний 1. thrée-year *attr.*; triénnial *книжн.* 2. (*о возрасте*) thrée-year-óld
трёхмéстный (*автомобиль и т. п.*) thrée-séater *attr.*
трёхмéсячный thrée-mónth *attr.*
трёхсмéнн||ый thrée-shíft *attr.*; ~ая рабóта wórking in three shifts
трёхсóтый thrée-húndredth
трёхцвéтный thrée-cóloured
трёхэтáжный thrée-stóreyed
трещ||áть 1. crack, crackle 2. (*о кузнечиках*) chirp 3. *разг.* (*болтать*) chátter ◇ у меня головá ~ит *разг.* I have a splítting héadache
трéщина crack
три three
трибýна tríbune, róstrum; stand (*на стадионе и т. п.*)
трибунáл tribúnal
тригономéтрия trigonómetry
тридцáтый thírtieth
тридцать thírty
трижды *нареч.* three times; thrice *уст.*
трикó 1. (*ткань*) stóckinet 2. knickers *pl.* (*панталоны*); tights *pl.* (*театральное*); ~тáж *собир.* (*изделия*) knítted wear; ~тáжный stóckinet *attr.*; knítted; ~тáжные изделия knítted wear *sg.*
трилóгия trílogy
тринáдцат||ый thírteenth; ~ая странúца page thirtéen
тринáдцать thirtéen
трио trío
трúста three húndred
триýмф tríumph; ~áльный triúmphal; triúmphant
трóгательный tóuching
трóгать(ся) *см.* трóнуть(ся)
трóе three, the three of them
троекрáтный thríce-repéated
трóйка 1. three (*of; тж. карт.*) 2.

(отметка) three *(fair or pass mark)* 3. *(лошадей)* tróika

тройнóй tríple; thréefold *(втрое больше)*

трóйственный 1. tríple 2. *полит.* trípartite

троллéйбус trólley-bus

трон throne

трóнуть 1. touch 2. *(растрогать)* move, touch; ~ся start; move; ~ся в путь set out, start

тропá path

трóпик *геогр.* trópic

тропи́нка path, track

тропи́ческий trópic(al)

трос rope

тростни́к reed; сáхарный ~ súgar-cane; ~óвый: ~óвый сáхар cáne-súgar

трос‖**точка**, ~**ть** wálking-stick

тротуáр pávement; sídewalk *(амер.)*

трофéй tróphy; ~ный tróphy *attr.*

троюрóдн‖**ый**: ~ брат, ~ая сестрá sécond cóusin

трубá 1. pipe; chímney *(печная)*; fúnnel *(паровозная, пароходная)* 2. *муз.* trúmpet

тру‖**бáч** trúmpeter; ~**би́ть** 1. sound the trúmpet 2. *разг. (разглашать)* blare out

трýбк‖**а** 1. tube 2. *(телефонная)* recéiver; повéсить ~у hang up the recéiver 3. *(свёрток бумаги)* roll 4. *(для курения)* pipe

трубопровóд pípeline

трубочи́ст chímney-sweep

труд 1. lábour; work *(работа)*; toil *(тяжёлый)*; производи́тельный ~ prodúctive lábour 2. *(заботы, хлопоты)* trouble; difficulty; не стóит ~á it is not worth the trouble; с ~óм with difficulty 3. *(научный)* work; ~ы́ наýчного óбщества transáctions of a scientific society

труди́‖**ться** work; toil, lábour *(at; над чем-л. трýдным)* ◊ не ~тесь *(не беспокóйтесь)* don't trouble

трýдно *предик. безл.* it is dífficult

трýдн‖**ость** dífficulty; ~ый dífficult, hard; в ~ую минýту in time of need

трудов‖**óй** wórking; lábour *attr.*; ~ подъём enthúsiasm for work; ~ая дисципли́на lábour díscipline; ~ договóр lábour cóntract ◊ ~ая кни́жка work récord

трудодéнь wórking-day *(unit of payment in collective farms)*

трудо‖**люби́вый** indústrious, díligent; ~**любие** industry, díligence

трудоспосóбн‖**ость** capácity for work; ~ый áble-bódied, able to work

трудя́щ‖**ийся** 1. *прил.* wórking; ~иеся мáссы wórking másses 2. *как сущ.* wórker

трýженик tóiler

труп corpse

трýппа cómpany; troupe *(цирковая)*

трус cóward

трýсики *см.* трусы́

трýсить fear, be afráid

трусли́вый cówardly

трýсость cówardice

трусы́ pants *(нижнее бельё)*; shorts *(спортивные)*; swimming trunks *(купальные)*

трущóба slum

трюк trick

трюм *мор.* hold

тря́пка 1. rag; dúster *(для пыли)* 2. *разг. (о человеке)* milksop; sófty

тряси́на quágmire

тря́ск‖**а** jólting; ~ий jólty

тряс‖**ти́** 1. shake 2. *безл.*: ~ёт *(в трамвае и т. п.)* it is jólty; егó ~ёт лихорáдка he is shívering with féver; ~ти́сь 1. shíver *(от холода и т. п.)* 2. *(в телеге и т. п.)* jolt

тряхнýть give a jolt

туалéт 1. dress *(одежда)* 2. *(уборная)* W. C., lávatory; tóilet *(амер.)*

туберкулёз tuberculósis; consúmption *(лёгочный)*; ~ный tubércular; consúmptive

тýг‖**о** 1. tíghtly, tight; ~ наби́ть мешóк fill a bag crám-fúll, cram a bag 2. *(с трудóм)* with dífficulty 3. *предик. безл.*: емý прихóдится ~ he is in a tight córner, life's none too éasy for him; ~ой tight ◊ ~óй нá ухо hard of héaring

тугоплáвкий refráctory

тудá *нареч.* there; ~ и сюдá here and there; to and fro; не ~! not that way!

тужýрка *(cásual)* jácket

туз *карт.* ace

тузéм‖**ец** nátive; ~ный nátive

тýловище trunk

тулýп shéepskin coat

тумáн mist; fog *(густóй)*; ~ный místy; fóggy; *перен.* házy, vague

тýмба stone *(уличная)*; stand *(подстáвка)*

тýндра túndra

тунея́дец párasite

туннéль túnnel

тупи́к blind álley; *перен. тж.* déadlock ◊ стáвить в ~ báffle, nónplus

тупи́ца *разг.* dunce

тупо́й 1. *(о ноже и т. п.)* blunt 2. *мат.* obtúse; ~ у́гол obtúse angle 3. *(о чу́встве)* dull 4. *(о челове́ке)* dull, stúpid
ту́пость blúntness; *перен.* dúllness
тупоу́мие stupídity
тур round
турби́на túrbine
туре́цкий Túrkish; ~ язы́к Túrkish, the Túrkish lánguage
тури́||зм tóurism; ~ст tóurist
туркме́н Túrkmen; ~ский Túrkmen; ~ский язы́к Túrkmen, the Túrkmen lánguage
турни́р tóurnament
ту́рок Turk
ту́ск||лый dim, dull; tárnished *(о металле)*; ~не́ть grow dim *(или* dull)
тут *нареч.* here; ~ же right then, at that véry mínute *(о времени)*; on the spot *(о месте)*
ту́фля shoe; slípper *(дома́шняя)*
ту́хлый rótten
ту́хнуть I *(га́снуть)* go out
ту́хнуть II becóme rótten, rot
ту́ча 1. cloud 2. *разг. (множество)* swarm
ту́чный 1. *(о челове́ке)* fat, obése 2. *(о земле́)* fértile
туш *муз.* flóurish
ту́ша cárcass
тушева́ть shade
тушёнка *разг.* tínned stew(ed) meat
тушён||ый: ~ое мя́со stewed meat; stew
туши́ть I *(гаси́ть)* put out; extínguish
туши́ть II *кул.* stew
тушь Índian ink
тща́тель||ность care; ~ный cáreful
тщеду́шный púny
тщесла́в||ие vánity; ~ный vain, vainglórious
тщетн||о *нареч.* in vain; ~ый vain, unaváiling
ты *мест.* you; thou *(уст. и поэт.)*; тебя́ здесь не́ было you were not here; он даст тебе́ кни́гу he will give you the book; he will give the book to you; мы с тобо́й you and I; быть на ~ с кем-л. be on íntimate terms with smb.
ты́кать *см.* ткнуть
ты́ква púmpkin
тыл rear; в ~у́ in the rear *(of)*; ~ово́й rear *attr.*
тын páling
ты́сяча thóusand
тысячеле́т||ие 1. millénnium 2. *(годовщина)* thóusandth annivérsary; ~ний millénnial
ты́сячный *(о ча́сти)* thóusandth
тычи́нка *бот.* stámen
тьма 1. dark, dárkness 2. *разг. (множество)* great múltitude; ~ наро́ду thóusands of people *pl.*
тю́бик tube
тюк páckage; bale *(това́ра)*
тюле́нь seal
тюль tulle
тюльпа́н túlip
тюре́м||ный príson *attr.*; ~ное заключе́ние imprísonment; ~щик jáiler; wárder
тю́ркск||ий Túrkic; ~ие языки́ Túrkic lánguages
тюрьма́ príson
тюфя́к máttress
тя́г||а 1. *(воздуха и т. п.)* draught 2. *mex.* tráction 3. *(влече́ние)* cráving *(for)*, yéarning *(for)* ◊ дать ~у́ *разг.* take to one's heels
тяга́ться *разг.* méasure one's strength *(with)*
тяга́ч tráctor; prime móver
тя́гостный búrdensome, páinful
тяго||те́ние 1. *физ.* gravitátion 2. *(влече́ние)* attráction; ~те́ть 1. *физ.* grávitate 2. *(име́ть влече́ние)* be attrácted
тяготи́ть be a búrden *(to)*; ~ся find smth. búrdensome
тягу́чий 1. víscous *(о жи́дкости)*; dúctile *(о мета́ллах)* 2. *(о пе́сне и т. п.)* líquid, slow, léisured
тя́жба *уст.* litigátion
тяжело́ 1. *нареч.* héavily; ~ дыша́ть breathe héavily 2. *предик. безл.* it is hard, it is dífficult; ~ э́то ви́деть it is páinful *(или* hard) to look at it
тяжелове́сный pónderous; clúmsy *(об остроте́, шу́тке и т. п.)*
тяжелора́неный sevérely wóunded
тяжёл||ый 1. héavy 2. *(суро́вый)* sevére; ~ое наказа́ние sevére púnishment 3. *(тру́дный)* hard, dífficult 4. *(серьёзный)* sérious; ~ая боле́знь sérious íllness 5. *(мучи́тельный)* páinful, gríevous 6. *(о хара́ктере)* dífficult; у него́ ~ хара́ктер he is hard to get on with
тя́ж||есть 1. *(вес)* weight 2. *физ.* grávity; си́ла ~ести grávity 3. *(груз)* load 4. *(тру́дность)* dífficulty; búrden *(бре́мя)*; ~кий 1. héavy 2. *(серьёзный)* grave, sérious 3. *(мучи́тельный)* páinful
тяну́ть 1. pull, draw; ~ на букси́ре (have in) tow 2. *(ме́длить)* deláy 3.

(растягивать слова) drawl 4. *(проволоку)* draw 5. *(влечь)* draw, attract; меня тянет домой I feel very homesick

тяну́ться 1. *(о времени)* last, drag *(или* wear) on 2. *(простираться)* stretch; extend 3. *(за кем-л.)* try to equal 4. *(к чему-л., за чем-л.)* reach *(for)*

У

у *предл.* 1. *(около)* at, by; сидеть у окна sit by the window; у его ног at his feet 2. *(у кого-л.)* with, at smb.'s house; она живёт у родителей she lives with her parents; я забыл у него книгу I left the book at his place; у нас *(в стране)* in our country; у меня в комнате in my room 3. *(от кого-л.)* from, of; я занял у него денег I borrowed some money from him 4. *(в смысле род. пад.)* of; ножки у стула the legs of a chair 5.: у меня, у вас *и т. п.* *(в смысле: у меня, у вас и т. п. есть)* I, you *etc.* have; у него красивые глаза he has beautiful eyes; у меня есть I have; у неё нет времени she has no time ◇ у власти in power

уба́вить take off, diminish; ~ся diminish, decrease

убавле́ние decrease, diminishing

убавля́ть(ся) *см.* убавить(ся)

убаю́к||ать, ~ивать lull

убега́ть *см.* убежа́ть

убед||и́тельный convincing; ~ довод convincing argument; ~и́ть convince; ~и́ться be convinced *(of)*; satisfy oneself *(that)*

убежа́ть run away

убежд||а́ть(ся) *см.* убедить(ся); ~е́ние 1. *(действие)* persuasion 2. *(мнение)* conviction, belief; ~ённость conviction; ~ённый convinced

убе́жищ||е refuge; shelter *(укрытие)*; asylum; найти ~ take refuge *(in)*; право ~а rights of sanctuary *pl*

уберега́ть(ся) *см.* убере́чь(ся)

убере́чь guard, safeguard *(against)*; ~ся protect oneself

убива́ть *см.* убить; ~ся *разг. (горевать)* grieve

уби́йственный deadly, murderous

уби́й||ство murder; ~ца murderer; killer; assassin

убир||а́ть(ся) *см.* убра́ть(ся); ~а́йся! beat it!

уби́||тый 1. *прил.* killed; murdered *(умышленно)*; ~ горем broken-hearted 2. *как сущ.* dead man ◇ он спит как ~ *разг.* he sleeps like a log; ~ть kill; murder *(умышленно)*; ~ться *разг. (насмерть)* be killed

убо́||гий poor; squalid *(о жилище)*; ~жество poverty; squalor *(жилища)*

убо́й *(скота)* slaughter ◇ откармливать на ~ fatten

убо́р attire

убо́ристый *(о почерке)* close

убо́рка 1. *с.-х.* harvesting, gathering in 2. *(помещения и т. п.)* tidying up, putting in order, cleaning

убо́рная 1. W. C., lavatory; toilet *(амер.)* 2. *театр.* green-room

убо́рочн||ый *с.-х.* harvesting; ~ая кампания harvesting campaign; ~ая машина harvester

убо́рщица *(в учреждении)* office-cleaner; charwoman *(подёнщица)*

убра́нство decoration(s) *pl.* *(тж. перен.)*

убра́ть 1. take away, remove; put away *(спрятать)*; ~ с дороги put out of the way; ~ со стола clear the table 2. *(урожай)* harvest, gather in 3. *(привести в порядок)* tidy up; ~ комнату clean *(или* do) a room 4. *(украсить)* decorate; ~ся *разг.* 1. *(привести в порядок)* tidy up 2. *(уйти)* clear off

убыва́ть decrease; wane *(о луне)*; subside *(о воде)*

у́быль decrease

убы́т||ок loss; damage *(ущерб)*; ~очный unprofitable

убы́ть *см.* убыва́ть

уваж||а́емый respected; dear *(в официальных письмах)*; ~а́ть respect; esteem; ~е́ние respect; esteem

уважи́тельный *(о причине и т. п.)* good, valid

уве́дом||ить inform *(of)*; notify; ~ле́ние information; notification; ~ля́ть *см.* уведомить

увезти́ 1. take *(или* carry) away 2. *(похитить)* steal; kidnap *(человека)*

увекове́ч||ивать, ~ить immortalize, perpetuate

увеличе́ние increase

увели́ч||ивать(ся) *см.* увеличить(ся); ~и́тель *фото* enlarger; ~и́тельный: ~и́тельное стекло magnifying glass; ~и́ть increase; enlarge *(размер)*; magnify *(о микроскопе)*; ~и́ться increase

увенча́ть crown; ~ся be crowned *(with)*
увере́ние assúrance
уве́ренн||**о** *нареч.* with cónfidence; ~ость cónfidence *(in)*; в по́лной ~ости in the firm belief; ~ый 1. *(о челове́ке)* assúred, sure, cértain; я уве́рен, что... it is my firm belief that... 2. *(о го́лосе, движе́ниях)* cónfident
уве́рить assúre *(of)*; ~ся be convínced *(of)*
уверну́ться eváde, dodge
уве́рт||**ка** evásion, súbterfuge, dodge; ~ливый evásive; ~ываться *см.* уверну́ться
увертю́ра *муз.* óverture
уверя́ть *см.* уве́рить
увесел||**е́ние** amúsement, entertáinment; ~и́тельный pléasure *attr.;* amúsing, entertáining; ~и́тельная пое́здка pléasure trip; ~я́ть amúse
уве́систый pónderous; héavy
увести́ 1. take awáy; withdráw *(войска́)* 2. *(похи́тить)* steal
уве́ч||**ить** mútilate; ~ный *сущ.* crípple; ~ье mutilátion
уве́ш||**ать**, ~ивать hang *(with)*
увещева́ть admónish; exhórt
увида́ть(ся) *см.* уви́деть(ся)
уви́||**деть** see; ~деться see each óther, meet; за́втра ~димся we'll see each óther tomórrow; они́ ~делись впервы́е... they first met...
уви́ливать, **увильну́ть** shirk, eváde, dodge
увлажн||**и́ть**, ~я́ть móisten
увлек||**а́тельный** fáscinating; ~а́ть(ся) *см.* увле́чь(ся)
увлека́ющийся enthusiástic
увлече́ние 1. *(воодушевле́ние)* animátion 2. *(чем-л.)* pássion *(for)* 3. *(кем-л.)* love, infatuátion *(for)*
увле́чь 1. cárry awáy 2. *(очарова́ть)* fáscinate; ~ся 1. be cárried awáy 2. *(быть очаро́ванным)* be fáscinated *(by)*; be infátuated *(with)*
уводи́ть *см.* увести́
увози́ть *см.* увезти́
уво́лить dismíss, dischárge; ~ся leave the sérvice, get one's dischárge
увольне́ние dischárge, dismíssal
увольни́тельная *воен.* leave pass
увольня́ть(ся) *см.* уво́лить(ся)
увы́! *межд.* alás!
увяда́||**ние** fáding, wíthering; ~ть *см.* увя́нуть

увя́дший withered; fáded *(тж. перен.)*
увяза́ть I 1. *(связа́ть)* tie *(up)*, pack *(up)* 2. *(согласова́ть)* co-órdinate *(with)*
увяза́ть II *см.* увя́знуть
увя́знуть stick *(in)*
увя́зывать *см.* увяза́ть I
увя́нуть fade, wíther
угада́ть, **уга́дывать** guess
уга́р cárbon monóxide; póisoning by (cárbon monóxide) fumes *(отравле́ние)*; *перен.* intoxicátion; ~ный: ~ный газ cárbon monóxide
угаса́ние dýing awáy
угаса́ть, **уга́снуть** die awáy
угле||**во́д** *хим.* cárbo-hýdrate; ~кислота́ cárbon dióxide; ~ки́слый: ~ки́слый газ carbónic ácid (gas)
углеко́п míner
углеро́д *хим.* cárbon
углова́тый *прям., перен.* ángular
углово́й córner *attr.*
углуби́ть déepen; *перен.* exténd; ~ свои́ зна́ния get a déeper knówledge *(of smth.);* ~ся 1. *(стать глу́бже)* becóme déeper 2. *(войти́ вглубь)* go deep *(into)* 3. *(в кни́гу и т. п.)* be absórbed *(in)*
углубл||**е́ние** 1. *(де́йствие)* déepening 2. *(впа́дина)* hóllow; ~ённый 1. déepened 2. *(основа́тельный)* deep, profóund 3. *(во что-л.)* absórbed *(in)*
углубля́ть(ся) *см.* углуби́ть(ся)
угна́ть drive awáy; steal *(укра́сть)*
угна́ться keep pace *(with)*, *перен.* keep up *(with)*
угнет||**а́тель** oppréssor; ~а́ть 1. oppréss 2. *(удруча́ть)* depréss; ~а́ющий depréssing; ~е́ние 1. oppréssion 2. *(удручённость)* depréssion; ~ённый 1. *(притесня́емый)* oppréssed; ~ённые наро́ды oppréssed péoples 2. *(удручённый)* depréssed; ~ённое состоя́ние depréssion, low spirits *pl.*, depréssed state of mind
угова́ривать(ся) *см.* уговори́ть(ся)
угово́р 1. persuásion 2. *(соглаше́ние)* agréement; ~и́ть persuáde; ~и́ться agrée
уго́д||**а**: в ~у кому́-л. to please smb., for the bénefit of smb.
угоди́ть I *(кому́-л.)* please smb.
угоди́ть II 1. *разг. (попа́сть)* hit 2. *разг. (очути́ться)* bump *(into)*, fall *(into)*, get *(into)*, land *(in)*
угодли́в||**ость** officiousness; ~ый offícious
уго́дно 1. *предик. безл.:* как вам ~ as you please; что вам ~? what can I do for

you? 2. *частица:* кто ~ ányone; ánybody; что ~ ánything

угождáть *см.* угодить I

ýгол 1. córner 2. *мат.* angle ◇ иметь свой ~ have a home of one's own; под этим углом зрения from this point of view; из-за угла on the sly

уголо́вный críminal; ~ процéсс críminal áction; ~ кóдекс críminal code

уголóк córner

ýголь coal *(каменный)*; chárcoal *(древесный)* ◇ белый ~ wáter-power

угóльник set square

ýгольн||ый coal *attr.*; ~ая промышленность coal índustry; ~ бассе́йн coal field(s)

угомонить *разг.* calm; ~ся *разг.* calm down

угонять *см.* угнать

угор||áть *см.* угоре́ть; ~е́лый: как ~е́лый *разг.* like a mádman

угоре́ть be póisoned by (chárcoal) fumes

ýгорь I *(на лице)* bláckhead

ýгорь II *зоол.* eel

угостить, угощáть *(кого-л. чем-л.)* entertáin *(smb. to smth.)*, treat *(smb. to smth.)*, óffer *(smb. smth.)*

угощéние 1. *(действие)* hospitálity 2. *(еда)* refréshments *pl.*

угрожá||ть thréaten; ~ющий thréatening

угрóза threat, ménace

угрызéни||е: ~я сóвести remórse *sg.*, pangs of cónscience

угрю́мый súllen, moróse

удáв bóa constríctor

удавáться *см.* удáться

удавить strangle; ~ся hang onesélf

удал||éние remóval; extráction *(зуба)*; ~ённый *(отдалённый)* dístant, remóte; ~ить 1. remóve; extráct *(о зубе)* 2. *(заставить уйти)* remóve, make leave; ~иться retíre; go awáy *(уйти)*

ýдаль, ~ство bóldness

удалять(ся) *см.* удалить(ся)

удáр 1. blow; *перен. тж.* shock; нанести ~ deal *(или* strike*)* a blow 2. *мед.* stroke ◇ ~ грóма thúnderclap; быть в ~е be in good *(или* great*)* form, be in form

ударéние áccent; stress; *перен. тж.* émphasis

удáрить strike; ~ся hit *(against)*

ударять(ся) *см.* удáрить(ся)

удáться turn out well; be a succéss

удáч||а good luck; succéss *(успех)*; ~ный succéssful; good *(о переводе и т. п.)*; ~ное выражéние háppy turn of phrase

удвáивать(ся) *см.* удвóить(ся)

удвоéние dóubling, redóubling

удвó||енный dóubled; ~ить dóuble; ~иться be dóubled

удéл lot, déstiny

удели́||ть give, spare; ~те мне пять минýт spare me five mínutes

удéльный *физ.* specífic; ~ вес specífic grávity *(или* weight*)*

уделя́ть *см.* уделить

ýдерж: без ~у *разг.* without restráint

удержá||ние 1. kéeping back 2. *(денег)* dedúction; ~ть 1. *(кого-л.)* not let go *(не дать уйти)*; hold back *(остановить)* 2. *(подавить)* suppréss 3. *(деньги)* dedúct ◇ ~ть в памяти retáin in one's mémory, mémorize; ~ться 1. *(устоять)* not to fall; keep (on) one's feet 2. *(от чего-л.)* keep *(from)*, refráin *(from)*; он не мог ~ться от смéха he could not help láughing

удéрживать(ся) *см.* удержáть(ся)

удешев||ить, ~лять redúce the price *(of)*

удив||ительный astónishing, surprísing; wónderful *(замечательный)*; ~ить astónish, surprise; ~иться be surprísed *(at)*; ~лéние astónishment, surprise; к моему́ ~лéнию to my surprise; ~лять(ся) *см.* удивить(ся)

удилá bit *sg.*

удилище fishing-rod

удирáть *см.* удрáть

удить: ~ рыбу fish

удлин||éние léngthening, exténsion; ~ить, ~ять léngthen, exténd

удóбн||ый 1. cómfortable 2. *(подходящий)*. convénient; ~ случай good chance *(или* opportúnity*)*

удобовари́мый digéstible

удобрéние 1. *(действие)* fertilizátion 2. *(вещество)* fértilizer

удóбр||ить, ~ять fértilize

удóбств||о cómfort; convénience; квартира со всеми ~ами flat with all módern convéniences

удовлетвор||éние satisfáction; ~ённый sátisfied, conténted

удовлетвор||и́тельно *нареч.* 1. satisfáctorily 2. *(отметка)* satisfáctory; ~и́тельный satisfáctory; ~и́ть 1. sátisfy; ~и́ть желáние grátify a wish; ~и́ть просьby comply with a request; ~ить потребности satisfy needs 2. *(соответствовать)* answer, meet; ~иться content oneself *(with)*, be satisfied *(with)*; ~ять(ся) *см.* удовлетворить(ся)

удовольствие pleasure

удовольствоваться be satisfied

удой yield of milk

удостаивать(ся) *см.* удостоить(ся)

удостоверение certificate; ~ личности identity card

удостовер||ить certify; testify *(засвидетельствовать)*; ~иться make sure *(of)*; ~ять(ся) *см.* удостоверить(ся)

удостоить honour *(with)*, favour *(with)*; award *(о награде)*; ~ся be honoured *(with)*; be awarded *(о награде)*

удосужи||ваться, ~ться *разг.* find time *(for)*

удочка fishing-rod

удрать *разг.* run away

удружить *разг.* do smb. a service *(или* a good turn); *ирон.* play a dirty trick *(on)*

удручать *см.* удручить

удруч||ённый depressed; ~ить depress, dispirit

удуш||ать *см.* удушить; ~ение suffocation; asphyxiation *(газом)*; ~ить suffocate; asphyxiate *(газом)*

удушливый suffocating

удушье suffocation; asphyxia; asthma

уедин||ение solitude; ~ённый solitary; ~иться, ~яться isolate oneself; retire *(from)*

уезжать, уехать go away, depart; leave *(for)*

уж I *сущ. зоол.* grass-snake

уж II 1. *нареч. см.* уже 2. *частица (право)* really

ужалить *(о насекомом)* sting

ужас horror, terror; ~аться *см.* ужаснуться; ~ающий terrifying; terrible

ужаснуться be horrified *(или* appaled)

ужасный terrible

уже *нареч.* already; ~ давно it is a long time since; я ~ готов here I am, I'm ready

ужение fishing, angling

уживаться *см.* ужиться

уживчивый easy to get on with; он ~ человек he's a good mixer

ужимка grimace

ужин supper; что сегодня на ~? what's for supper tonight?; ~ать have *(или* take) supper

ужиться live together, get on *(with)*

узакон||ить, ~ивать legalize

узбек Uzbek; ~ский Uzbek; ~ский язык Uzbek, the Uzbek language

узд||а bridle ◇ держать в ~е keep in check

узел 1. *(на верёвке и т. п.)* knot 2. *(свёрток)* bundle 3. *анат.:* нервный ~ ganglion

узк||ий narrow; tight *(об одежде)* ◇ ~ое место weak point, bottle-neck

узкоколейный *ж.-д.* narrow-gauge *attr.*

узловатый knotty

узлов||ой 1. *(главный)* main; ~ые пункты main points 2. *ж.-д.:* ~ая станция railway junction

узнавать, узнать 1. learn 2. *(справляться)* find out 3. *(признавать)* recognize

узник prisoner

узор pattern, design; ~чатый figured, patterned

узость narrowness *(тж. перен.)*

узурп||атор usurper; ~ация usurpation; ~ировать usurp

узы bonds, ties

уйма *разг.* lots *(of)*, heaps *(of) pl.*

уйти 1. go away, leave, depart; pass, elapse *(о времени)*; ~ с работы leave one's job; ~ со сцены quit the stage; ~ на пенсию retire 2. *(избежать)* escape 3. *(израсходоваться)* be spent; на это уйдёт много времени it will take much time; ◇ так вы далеко не уйдёте this won't take you very far

указ decree, edict

указа||ние 1. indication 2. *(наставление)* instructions *pl.;* ~тель 1. *(прибор)* indicator 2. *(в книге)* index 3. *(справочник):* библиографический ~тель bibliography; железнодорожный ~тель railway time-table; ~тельный indicatory ◇ ~тельный палец forefinger; ~тельное местоимение *грам.* demonstrative pronoun

указать show; indicate; point out *(обратить внимание)*

указк||а: по чьей-л. ~е on smb.'s order

указывать *см.* указать

укатать, укатывать roll

укач||ать, укачивать 1. *(ребёнка)* rock to sleep 2. *безл.:* его ~ало he is sick (from motion)

уклад: ~ жизни way of life; общественно-экономический ~ social and economic structure

уклад||ка 1. packing *(вещей)*; piling *(в груду)*; stacking *(в штабеля)* 2. *(во-*

лос) sétting 3.: ~ рéльсов láying of rails; ~ывать(ся) *см.* уложи́ть(ся)

уклóн 1. slope; *ж.-д.* grádient 2. *(направление)* bias; шкóла с техни́ческим ~ом a school with a téchnical bías 3. deviátion; ~éние deviátion; evásion *(of; от обя́занностей);* ~и́ться déviate *(from);* avóid, eváde *(избежáть);* ~чивый evásive; ~я́ться *см.* уклони́ться

уклю́чина rówlock

укóл 1. prick 2. *мед.* injéction; сдéлать ~ give an injéction; ~óть prick; ~óться prick onesélf

укомплект||ова́ть, ~о́вывать 1. compléte 2.: ~ шта́ты fill up staff vácancies

укóр repróach

укора́чивать *см.* укороти́ть

укорен||и́ться, ~я́ться root, take root

укори́зненный repróachful

укороти́ть shórten

укоря́ть repróach

украдкой *нареч.* stéalthily

украи́н||ец Ukráinian; ~ский Ukráinian; ~ский язы́к Ukráinian, the Ukráinian lánguage

укра́сить adórn, embéllish; décorate *(с внешней стороны);* ~ся be décorated, be adórned *(о чём-л.)*

украсть steal

украш||а́ть(ся) *см.* укра́сить(ся); ~éние 1. *(действие)* adórning; decorátion 2. *(предмет)* decorátion, órnament, adórnment

укреп||и́ть 1. stréngthen; consólidate *(положение и т. п.);* fórtify *(воен.)* 2. *(прикрепить)* fix; ~и́ться becóme strónger; fórtify one's posítion *(at, in) (воен.);* ~лéние 1. *(действие)* stréngthening; consolidátion *(положения и т. п.);* fortificátion *(воен.)* 2. *(сооружение)* fortificátion *(воен);* ~ля́ть(ся) *см.* укрепи́ть(ся)

укрóмный seclúded; ~ уголóк seclúded nook *(или* córner)

укрóп dill

укро||ти́тель *(зверей)* círcus tráiner; ~ львов líon-tamer; ~ти́ть, ~ща́ть tame; subdúe *(подчинить);* ~щéние táming

укрупн||éние consolidátion *(объединéние);* ~и́ть, ~я́ть exténd, merge

укрыва́||тель concéaler; recéiver of stólen goods *(крáденого);* ~тельство concéalment; recéiving *(крáденого);* ~ть(ся) *см.* укры́ть(ся)

укры́тие shélter *(тж. воен.)*

укры́ть 1. *(покрыть)* cóver up *(with)* 2. *(спрятать)* shélter *(from);* concéal; hárbour *(преступника);* recéive *(крáденое);* ~ся 1. *(покрыться)* cóver onesélf 2. *(спрятаться)* find *(или* take) shélter; take cóver 3. *(остáться незамéченным)* escápe nótice

у́ксус vínegar

уку́с bite *(собаки, змей);* sting *(насекóмого);* ~и́ть bite *(о соба́ке, змее);* sting *(о насекóмом)*

уку́т||ать wrap up; ~аться wrap onesélf up *(in);* ~ывать(ся) *см.* уку́тать(ся)

ула́вливать *см.* улови́ть

ула́дить séttle, arránge; fix up *разг.;* ~ся get séttled

ула́живать(ся) *см.* ула́дить(ся)

ула́мывать *см.* уломáть

у́лей hive

уле||та́ть, ~тéть fly awáy

улету́ч||иваться, ~иться eváporate

улéчься séttle down; die down *(тж. перен.)*

улизну́ть *разг.* slip awáy

ули́ка évidence

ули́тка snail

у́лиц||а street; на ~е in the street; óutside, out of doors *(вне дóма)*

улич||а́ть, ~и́ть show smb. up, expóse smb., prove smb. gúilty

у́личн||ый street *attr.;* ~ая ава́рия street áccident; ~ое движéние tráffic

улóв catch

улов||и́мый percéptible; ~и́ть catch

улóвка ruse, trick

уложи́ть 1. lay; ~ спать put to bed 2. *(вещи)* pack; ~ся 1. *(уложить вещи)* pack (up) 2. *(умéститься)* go *(in, into)* 3. *(в определённые пределы)* keep *(within)*

уломáть *разг.* talk (smb.) round

улуч||а́ть, ~и́ть find; ~и́ть момéнт seize the opportúnity, catch the móment

улучш||а́ть(ся) *см.* улу́чшить(ся); ~éние impróvement

улу́чшить, ~ся impróve

улыба́ться *см.* улыбну́ться

улы́б||ка smile; ~ну́ться smile

ультима́тум ultimátum

ультрафиолéтовый *физ.* ultravíolet

ум mind ◇ ~á не приложу́ I am at my wit's end; он себé на ~е he knows on which side his bread is búttered

умали́ть belíttle, dérogate

умалишённый mad, lúnatic

умáлчивать *см.* умолча́ть

умаля́ть *см.* умали́ть

умéлый skilful
умéние skill
уменьшáемое *мат.* mínuend
умéньш||áть(ся) *см.* умéньшить(ся); ~éние décrease; ~и́тельный *грам.* diminutive
умéньшить diminish, decréase; ~ скóрость slow down; ~ся diminish, decréase
умéренн||ость moderátion; ~ый móderate; ~ый климат témperate climate
умерéть die
умéрить móderate
умертви́ть kill
умéрший 1. *прил.* dead 2. *как сущ.* the decéased
умерщвл||éние killing; ~я́ть *см.* умертви́ть
умеря́ть *см.* умéрить
умести́||ться find room; go in; все гóсти ~лись за столóм there was room for all the guests at the table; все вéщи ~лись в чемодáне everything went into the trunk
умéстн||о *нареч.* to the point; ~ый pértinent, to the point *(после сущ.)*
умé||ть know *(how + inf.)*; be able *(быть в состоянии)*; он ~ет читáть he can read
умил||éние ténder emótion; ~и́ть touch, move; ~и́ться be touched; ~я́ть(ся) *см.* умили́ть(ся)
умир||áть *см.* умерéть; ~áющий 1. *прил.* dýing 2. *как сущ.* dýing man
умнéть grow wiser
умнож||áть(ся) *см.* умнóжить(ся); ~éние *мат.* multiplicátion
умнóжить 1. incréase 2. *мат.* múltiply; ~ся incréase
у́мный cléver; sénsible, wise *(толкóвый)*
умозаключéние conclúsion
умоли́ть move *(smb.)* by entréaties, preváil *(upon)*
у́молк: без ~у withóut stópping, incéssantly
умолкáть, умóлкнуть becóme silent *(о человéке)*; subside *(о шуме)*
умолчáть pass óver in silence
умоля́ть implóre, entréat
умопомешáтельство mádness
умори́||тельный fúnny; killing *разг.*; ~ть *разг.* 1. kill 2. *(утомить)* exháust 3.: ~ть когó-л. со́ смеху make smb. die of láughing
у́мственн||ый méntal; ~ые спосóбности méntal abilities; ~ труд brain work

умудрённый: ~ óпытом grown wise with expérience
умудр||и́ться, ~я́ться contríve
умчáться whirl awáy
умывá||льник wásh-stand; ~ние wáshing, wash; ~ть(ся) *см.* умы́ть(ся)
у́мыс||ел design; злой ~ évil intént; с ~лом by design, with intént
умы́ть wash; ~ся wash (onesélf)
умы́шленный delíberate, inténtional
унавóживать, унавóзить manúre
унаслéдовать inhérit
унести́ take awáy
универсáльный univérsal; ~ магази́н depártment store
университéт univérsity; ~ский univérsity *attr.*
униж||áть(ся) *см.* уни́зить(ся); ~éние humiliátion
уни́женный humble, humíliated
унизи́тельный humíliating
уни́зить humíliate; ~ся abáse onesélf; stoop *(to — до чего-л.)*
унимáть(ся) *см.* уня́ть(ся)
унитáз lávatory bowl *(или pan)*
унифи||кáция unificátion; ~ци́ровать únify
уничтож||áть *см.* уничтóжить; ~éние destrúction; abolítion *(упразднение)*
уничтóжить destróy; abólish *(упразднить)*; put an end *(to;* положи́ть конéц*)*
уноси́ть *см.* унести́
унывáть be cast down
уны́л||о *нареч.* chéerlessly; ~ый dówncast; chéerless
уны́ние low spirits *pl.*, dejéction
уня́ть calm; soothe *(боль)*; stop *(кровь)*; ~ся quíet *(или* calm*)* down; stop flówing *(о крови)*
упáдо||к declíne; décadance *(в литературе и т. п.)*; ~ дýха despóndency; depréssion; ~чный depréssing, depréssed; décadent *(о литературе и т. п.)*; ~чное настроéние a mood of depression
упак||óвывать pack (up); ~óвка 1. *(действие)* pácking 2. *(обёртка)* wrápping; ~óвывать *см.* упаковáть; ~óвываться do the pácking
упáсть fall (down); ~ в óбморок faint, swoon
уперéться, упирáться 1. stretch *(или* press*)* *(against)* 2. *(противиться)* resist 3. *(встрéтить препя́тствие)* be brought up short *(against)*
упи́танный wéll-féd

упла́||та páyment; ~ти́ть, ~чивать pay
уплотн||е́ние concentrátion; consolidátion; ~и́ть, ~я́ть consólidate; cóncentrate
уплыва́ть, уплы́ть swim awáy (*о пловце*); sail awáy (*о судне*); float awáy (*о вещах*)
уподо́б||иться, ~ля́ться becóme like
упо||е́ние écstasy; ~и́тельный delíghtful
уполз||а́ть, ~ти́ crawl awáy
уполномо́ч||енный represéntative; ~ивать, ~ить áuthorize
упомина́||ние méntion; ~ть *см.* упомяну́ть
упомя́нутый abóve-méntioned
упомяну́ть méntion; refér (*to*); ~ вско́льзь méntion in pássing
упо́р stress; то́чка ~а point of stress ◇ де́лать ~ на чём-л. lay stress on smth.; в ~ póint-blánk
упо́р||ный 1. (*сто́йкий*) persístent 2. (*упрямый*) stúbborn; ~ство 1. persístence 2. (*упря́мство*) óbstinacy, stúbbornness
упо́рствовать persíst (*in*)
упоря́доч||енный well régulated; ~ить régulate
употреб||и́тельный cómmon; in cómmon use (*после сущ.*); ~и́тельное выраже́ние expréssion in cómmon use; ~и́ть, ~ля́ть use, úsage; applicátion (*применение*); ~ля́ть *см.* употреби́ть
управдо́м (управля́ющий до́мом) hóuse-manager
упра́виться *разг.* mánage
управл||е́ние 1. (*действие*) mánagement; góvernment (*государством*) 2. *тех.* contról 3. (*учреждение*) óffice, administrátion; board; ~ дела́ми the administrátion, administrative depártment 4. *грам.* góvernment; ~я́ть 1. góvern; rule (*страной*); contról (*предприятием, производством и т. п.*); mánage (*делами*) 2. (*маши́ной*) óperate, run; drive (*автомобилем*) 3. *грам.* góvern; ~я́ться *см.* упра́виться; ~я́ющий *как сущ.* mánager
упражн||е́ние éxercise; ~я́ться práctise
упраздн||е́ние abolítion; ~и́ть, ~я́ть abólish; do awáy (*with*)
упра́шивать beg, entréat
упрёк repróach; бро́сить ~ кому́-л. repróach smb.
упрек||а́ть, ~ну́ть repróach (*with*), upbráid; ~ кого́-л. в чём-л. repróach smb. with smth.

упроси́ть prevail (*upon*), persuáde
упрости́ть símplify; ~ся get símplified
упро́чить stréngthen, consólidate; ~ся be stréngthened, becóme consólidated
упрощ||а́ть(ся) *см.* упрости́ть(ся); ~е́ние simplificátion
упру́г||ий elástic; ~ость elasticity
упря́жка team
у́пряжь hárness
упря́м||иться be óbstinate; persíst (*стоять на своём*); ~ство óbstinacy, stúbbornness; ~ый óbstinate, stúbborn; ~ый как осёл stúbborn as a mule
упря́тать hide
упус||ка́ть, ~ти́ть let escápe; miss (*прозевать*) ◇ ~ из виду lose sight (*of*)
упуще́ние omíssion
ура́! *межд.* hurráh!
уравне́ние 1. (*действие*) equalizátion 2. *мат.* equátion
ура́внивать *см.* уравня́ть
уравни́тельный lévelling
уравнове́||сить bálance; ~шенный well-bálanced; éven-mínded, stéady (*о человеке*); ~шивать *см.* уравнове́сить
уравня́ть équalize; ~ в права́х give équal rights (*to*)
урага́н húrricane; ~ный húrricane *attr.*
ура́н *хим.* uránium
урва́ть snatch
урегули́ровать régulate; settle (*вопрос*)
уре́з||ать, ~а́ть, ~ывать cut down
у́рна urn; избира́тельная ~ bállot-box
у́ровень lével; stándard (*культуры и т. п.*)
уро́д 1. (*чудовище*) mónster 2. (*некрасивый человек*) úgly pérson, fright
уроди́||ться: пшени́ца хорошо́ ~лась в э́том году́ there is a good wheat crop this year
уро́д||ливый úgly; ~овать disfígure; ~ство úgliness
урожа́й crop, hárvest; ~ность crop capácity; ~ный: ~ный год good year for the crops
уроже́нец nátive (*of*)
уро́к 1. lésson 2. (*задание*) lésson, assígnment
уро́н lósses *pl.*; dámage (*ущерб*)
урони́||ть drop; вы что́-то ~ли you've dropped sómething
уро́чный fixed
урыва́ть *см.* урва́ть
уры́вками *нареч.* by fits and starts, in snátches

ус *см.* усы́ ◇ кито́вый ~ whálebone
усади́ть I seat; ask to sit down
усади́ть II *(растениями)* plant *(with)*
уса́дьба 1. *(крестья́нская)* fármstead 2. *ист. (поме́щика)* cóuntry house and grounds
уса́живать I, II *см.* усади́ть I, II
уса́живаться *см.* усе́сться
уса́тый with a (búshy *или* long) moustáche; whiskered *(о коте)*
усва́ивать *см.* усво́ить
усвое́ние mástering, léarning; pícking up, adóption *(слов, обычаев)*
усво́ить máster *(зау́чить, овладеть)*; adópt *(слово, обычай)*
усе́ивать *см.* усе́ять
усе́рд||ие zeal; díligence *(прилежание)*; ~ный zéalous; díligent, assíduous *(прилежный)*
усе́сться 1. take a seat; find a seat *(найти место)* 2. *(приняться)* set down *(to)*
усе́я||нный stúdded; strewn *(with)*; ~ть strew *(with)*
усиде́ть remáin sítting; keep one's seat
уси́дчив||ость perseveránce; ~ый persevéring; assíduous
у́сик 1. *(насекомого)* anténna 2. *(растения)* téndril
усиле́ние stréngthening; intensificátion
уси́ленн||о *нареч.* inténsely; ~ый inténsified; úrgent *(о просьбе)*; abúndant *(о питании)*
уси́л||ивать(ся) *см.* уси́лить(ся); ~ие éffort; ~итель *радио* ámplifier; ~ить, ~иться incréase; inténsify; becóme strónger
ускака́ть gállop awáy
ускольз||а́ть, ~ну́ть slip awáy
ускоре́ние accelerátion
уско́р||ить accélerate; speed up; ~иться quícken; be accélerated; ~я́ть(ся) *см.* уско́рить(ся)
усла́вливаться *см.* усло́виться
усла||ди́ть, ~жда́ть delíght
уследи́ть succéed in kéeping an eye *(on)*
усло́в||ие condítion; ~иться agrée *(upon)*, arránge; séttle *(договори́ться)*; ~ленный agréed upón, fixed, appóinted
усло́вн||о *нареч.* condítionally; ~ость convéntion, conventionálity; ~ый condítional; convéntional *(принятый)*
усложн||е́ние complicátion; ~и́ть cómplicate; ~и́ться get cómplicated *(by)*; ~я́ть(ся) *см.* усложни́ть(ся)

услу́г||а sérvice, turn; к ва́шим ~ам at your sérvice
услужи́ть do smb. a sérvice *(или* a good turn)
услу́жливый oblíging
услыха́ть, услы́шать hear
усма́тривать *см.* усмотре́ть
усмех||а́ться, ~ну́ться smile (irónically)
усме́шка (irónical) smile; sneer *(презри́тельная)*
усмир||е́ние pacificátion; suppréssion *(подавле́ние)*; ~и́ть, ~я́ть pácify; suppréss *(подави́ть)*
усмотре́||ние discrétion; по ~нию at one's discrétion; ~ть percéive; nótice; discérn *(различи́ть)*
усну́ть fall asléep
усоверше́нствов||ание impróvement, perféction; ~анный impróved; ~ать impróve, perféct
усомни́ться doubt
успева́||емость prógress; ~ть 1. *см.* успе́ть 2. *(в учении)* make prógress; ~ющий *(об ученике)* advánced
успе́ть have time *(for)*; be in time *(for)*
успе́х succéss; не име́ть ~a be a fáilure
успе́шный succéssful
успока́ивать(ся) *см.* успоко́ить(ся)
успоко||е́ние peace; cálming, quíeting; ~и́тельный sóothing, reassúring
успоко́ить calm; soothe *(ребёнка)*; ~ся calm down, becóme tránquil
уста́в chárter, státutes *pl.*; regulátions *pl. (во́инский)*
устава́ть *см.* уста́ть
уста́вить set *(with)*, cóver *(with)*; ~ся *разг.* stare *(at)*
уставля́ть(ся) *см.* уста́вить(ся)
уста́л||ость tíredness, fatígue; ~ый tired
устана́вливать(ся) *см.* установи́ть(ся)
установи́ть 1. put, place, arránge; get; ~ наблюде́ние за кем-л. keep smb. únder observátion 2. *(определи́ть)* fix, estáblish, detérmine; ~ це́ну fix the price; ~ фа́кты estáblish facts; ~ся be séttled
устано́в||ка 1. *(действие)* pútting; plácing; móunting *(маши́ны)* 2. *тех.* plant 3. *(указание)* diréctions *pl.*, diréctive; aim, púrpose *(ориента́ция)*; ~ле́ние estáblishment
уста||ре́лый óbsolete; ~ре́ть becóme óbsolete
уста́ть get tíred; be tired

ýстн||о *нареч.* órally; ~ый óral; vérbal

устóи foundátions; нрáвственные ~ móral príncíples

устóйчив||ость stability; ~ый stéady, stable

устоя́ть *(на ногáх)* keep one's bálance, remáin on one's feet; *перен.* hold one's ground; stand fast

устрáивать(ся) *см.* устрóить(ся)

устран||éние remóval; ~и́ть, ~я́ть remóve

устраш||áть *см.* устраши́ть; ~éние fríghtening; ~и́ть fríghten; ~и́ться fear, be fríghtened

устрем||и́ть diréct; ~и́ться rush; be turned *(to; о взгля́де)*; ~лéние rush; ~ля́ть(ся) *см.* устреми́ть(ся)

ýстрица óyster

устрóи||ть 1. arránge; órganize; estáblish 2. *(привести́ в поря́док)* settle 3. *(сооруди́ть)* constrúct 4. *(помести́ть)* place 5. *безл. разг.:* вас ~т, éсли..? is it O. K. if..?; ~ться 1. settle 2. *(на рабóту)* find a situátion; get a job *разг.* 3. *(нала́диться)* come right

устрóйство 1. *(дéйствие)* arrángement, organizátion 2. *(строй)* strúcture 3. *(систéма)* sýstem 4. apparátus *(оборýдование)*; mechanism, device *(приспособлéние)*

устýп projéction, ledge

устуn||áть, ~и́ть yield; give in *(поддáться)*; give up *(отдáть)*; cede *(территóрию)*; ~ дорóгу make way *(for)*

устýп||ка 1. concéssion; идти́ на ~ки make concéssions 2. *(в ценé)* abátement; ~чивый yíelding, complíant

устыди́ться be ashámed *(of)*

ýстье mouth *(of a ríver)*

усугуб||и́ть, ~ля́ть ággravate; make worse

усы́ 1. moustáche *sg.* 2. *(животного)* whískers

усынов||и́ть adópt; ~лéние adóption; ~ля́ть *см.* усынови́ть

усы́п||а́ть, ~áть strew *(with)*

усып||и́ть, ~ля́ть put to sleep, lull

утáивать, утаи́ть concéal

утáптывать *см.* утоптáть

утáскивать, утащи́ть 1. cárry off 2. *разг. (укрáсть)* steal

ýтварь uténsils *pl.*, pots and pans *pl.*

утвер||ди́тельный affirmative; ~ди́ть confirm; ~ждáть 1. *см.* утверди́ть 2. *(заявля́ть)* assért, affirm; ~ждéние 1. *(ре-*

шéния) confirmátion 2. *(мнéние)* assértion, státement

утекáть *см.* утéчь

утерéть wipe ◊ ~ нос комý-л. teach smb. a lésson; just show smb.

утерпé||ть restráin onesélf; он не ~л и сказáл he just could not help sáying

утеря́ть lose

утёс rock; cliff *(береговóй)*

утéчка léakage; escápe *(гáза)*

утéчь flow awáy; escápe, leak *(о гáзе)*

утеш||áть(ся) *см.* утéшить(ся); ~éние consolátion; ~и́тельный consólatory; cómforting

утéшить cómfort, consóle; ~ся consóle onesélf

утилиз||áция utilizátion; ~и́ровать útilize

утилитáрный utilitárian

утильсырьё rúbbish, réfuse, scrap

утирáть *см.* утерéть

утихáть, утúхнуть cease, die awáy *(о шýме)*; calm down *(успокáиваться)*; fall *(о вéтре)*; abáte, subsíde *(о бýре, бóли)*

ýтка duck ◊ газéтная ~ néwspaper hoax

уткнýть *разг.* búry; ~ нос в кни́гу búry onesélf in a book; ~ся búry onesélf *(in)*; ~ся головóй в подýшку búry one's head in the *(или* one's*)* píllow

утоли́ть appéase, sátisfy; quench *(жáжду)*

утолщ||áться thícken; ~éние thíckening

утоля́ть *см.* утоли́ть

утом||и́тельный tíresome; ~и́ть tire; ~и́ться get tíred; ~лéние tíredness, wéariness; fatígue; ~ля́ть(ся) *см.* утоми́ть(ся)

утонýть be drowned *(о человéке)*; sink, go down *(о сýдне)*

утонч||ённость refinement; ~ённый refined

утоп||áть 1. *см.* утонýть 2. *(в чём-л.)* be swamped *(in)*; wállow *(in)*; ~ в рóскоши wállow in lúxury; ~ающий *сущ.* drówning man

утопи́ть drown *(человéка)*; sink *(сýдно)*

утóп||ия utópia; ~и́ческий utópian

утóпленник a drowned corpse

утоптáть trample down

уточн||éние máking more precíse; more áccurate definítion; ~и́ть, ~я́ть define more precísely

утрамб||овáть, ~о́вывать ram

утрáта loss

утра́тить, утра́чивать lose
у́трен||ний mórning attr.; ~няя заря́ dawn; ~ник (спектакль) matinée
утри́ровать exággerate
у́тро mórning
утро́ить treble
у́тром нареч. in the mórning; сего́дня ~ this mórning; за́втра ~ tomórrow mórning; вчера́ ~ yésterday mórning
утружда́ть trouble; он не хо́чет ~ себя́ he doesn't want to take the trouble
утю́||г íron; ~жить íron
уха́ fresh fish-soup
уха́б bump; ~истый búmpy; unéven
уха́живать 1. (за больным) nurse, look (after) 2. (за женщиной) make advánces (to), court, woo
ухвати́ть catch; ~ся get hold (of); перен. snatch (at)
ухитр||и́ться, ~я́ться contríve
ухищр||е́ние shift, device; ~я́ться contríve
ухмыльну́ться, ухмыля́ться smirk, grin
у́хо ear; заткну́ть у́ши stop one's ears
ухо́д I góing awáy, léaving, depárture
ухо́д II (забота) care (of); núrsing (за больным)
уходи́ть см. уйти́
уху́дш||ать(ся) см. уху́дшить(ся); ~е́ние change for the worse, aggravátion
уху́дшить make worse, ággravate; ~ся get worse
уцеле́ть remáin whole; come off unscáthed
уцепи́ться catch hold (of); grasp (at)
уча́ст||вовать take part (in), particípate (in); ~ие 1. participátion 2. (сочувствие) sýmpathy (with); concérn (for)
участи́ться becóme more fréquent
уча́стливый sympathétic
уча́стник particípant; pártner (игры); ~ экспеди́ции mémber of an expedítion
уча́сток 1. (земли́) lot; plot (клочок) 2. (часть) part, séction 3. (администрати́вный) district
у́часть fate; lot
уча́щаться см. участи́ться
уча́щийся сущ. stúdent (высшего уче́бного заведения); púpil, schóolboy (школьник)
учёба stúdies pl.
уче́бн||ик téxtbook; ~ый educátional; school attr. (школьный); ~ые посо́бия téaching aids

уче́ние 1. (занятия) stúdies pl.; téaching (обучение) 2. воен. éxercise 3. (философское, политическое) téaching, dóctrine
учен||и́к, ~и́ца 1. púpil; appréntice 2. (последователь) disciple; ~и́ческий (незрелый, несамостоятельный) unskilled; immatúre; ~и́чество (обучение ремеслу) appréntíceship
учён||ость léarning; ~ый 1. прил. (научный) scientífic; ~ая сте́пень académic degrée; ~ое зва́ние rank 2. прил. (о человеке) léarned 3. как сущ. scientist; schólar
уче́сть 1. (товары) take stock 2. (приня́ть во внима́ние) take into considerátion (или accóunt)
учёт 1. calculátion; stóck-taking (товара); закры́то на ~ closed for stóck-taking 2. (профсоюзный и т. п.) registrátion; взять на ~ régister 3. (векселей) discount
учётн||ый registrátion attr.; ~ая ве́домость time-sheet
учётчик récord-keeper
учи́лище sécondary (spécialized) school
учин||и́ть, ~я́ть make, commit
учи́тель; ~ница téacher; ~ская сущ. téachers' room
учи́тывать см. уче́сть
учи́ть 1. (кого-л.) teach 2. (изучать) learn; ~ся learn; stúdy
учре||ди́тельный: ~ди́тельное собра́ние полит. Constituent Assémbly; ~ди́ть, ~жда́ть estáblish; set up, found; ~жде́ние institútion, estáblishment
учти́вый civil; políte, cóurteous
уши́б ínjury; bruise (синяк); ~а́ть(ся) см. ушиби́ть(ся); ~и́ть hurt; ~и́ть(ся) hurt onesélf
ушко́ (иголки) eye
ушно́й ear attr.; áural
уще́лье gorge; cányon
ущем||и́ть 1. pinch 2. (самолюбие) wound; infrínge (права, интересы); ~ле́ние infríngement; ~ля́ть см. ущеми́ть
уще́рб 1. dámage; loss; возмести́ть ~ make good the dámage; pay dámages 2.: луна́ на ~е the moon is wáning
ущипну́ть pinch
ую́т cósiness; ~но нареч. cósily, cómfortably; ~ный cósy, cómfortable; cómfy разг.
я́зв||и́мый vúlnerable; ~и́ть, ~ля́ть sting, wound
ясн||и́ть, ~я́ть understánd; make out разг.; он ника́к не мог ~и́ть э́то he couldn't make it out at all

Ф

фа *муз.* F, fa
фа́брик||а fáctory; бума́жная ~ páper-mill; ~а́нт manufácturer; ~а́т finished próduct; ~ова́ть 1. *уст.* manufácture, prodúce 2. *(измышлять, подделывать)* fábricate; forge
фабри́чн||**ый** fáctory *attr.;* ~ая ма́рка trade mark
фа́була plot
фа́з||а phase; ~ы Луны́ pháses of the moon
фаза́н phéasant
фа́кел torch
факи́р 1. fákir 2. *(фокусник)* magícian
факт fact; приводи́ть ~ы prodúce the facts; ~и́чески *нареч.* in fact, áctually; ~и́ческий áctual
фа́ктор fáctor
факультати́вный óptional; eléctive *амер.*
факульте́т fáculty, depártment
фальсифи||**ка́ция** fálsificátion; ~цирова́ть fálsify
фальши́в||**ить** 1. play out of tune *(об игре);* sing out of tune *(о пении)* 2. *(быть неискренним)* dissémble; ~ка forged dócument; fake; ~ый false; forged *(о документах)*
фальшь fálsity; fálseness
фами́лия súrname; fámily name; как ва́ша ~? what is your súrname?
фамилья́рн||**ичать** take líberties (with); ~ость líberties *pl.;* ~ый uncerimónious
фанати́зм fanáticism
фана́т||**ик** fanátic; ~и́чный fanátical
фане́р||а 1. venéer 2. *(клеёная)* plýwood; ~ный venéer *attr.;* made of plýwood
фантаз||**ёр** dréamer, vísionary; ~и́ровать give rein(s) to one's imaginátion, dream
фанта́зия 1. fántasy, fáncy; imaginátion 2. *(причуда)* whim, fáncy
фантасти́ческий fantástic
фа́ра héadlight
фарва́тер *мор.* fáirway, chánnel
фармаце́вт pharmacéutist
фарс farce
фа́ртук ápron
фарфо́р chína, pórcelain; ~овый chína *attr.*
фарш stúffing; minced meat *(мясной);* ~ирова́ть stuff

фаса́д façáde, front
фасо́ль 1. háricot bean; зелёная ~ *(в стручках)* rúnner bean 2. *кул.* beans *pl.*
фасо́н fáshion, style; cut *(покрой)*
фатали́зм fátalism
фата́льный fátal
фа́уна fáuna
фаш||**и́зм** fáscism; ~и́ст fáscist; ~и́стский fáscist *attr.*
фа́янс highly glazed póttery; ~овый of highly glazed póttery
февра́ль Fébruary; ~ский Fébruary *attr.*
федера́льный féderal
федерати́вный féderative
федера́ция federátion; Росси́йская Ф. the Rússian Federátion
феериче́ский mágic(al), enchánting
фейерве́рк fíreworks *pl.*
фельдма́ршал Field Márshal
фе́льдшер médical assístant
фельето́н néwspaper *(или* tópical) sátire
фено́мен phenómenon; ~а́льный phenómenal
феода́л féudal lord; ~и́зм féudalism
феода́льный féudal; ~ гнёт féudal oppréssion
ферзь *шахм.* queen
фе́рма I *с.-х.* farm
фе́рма II *стр.* gírder
фермента́ция fermentátion
фе́рмер fármer
фестива́ль féstival
фети́ш fétish; ~и́зм máking a fétish of smth.
фетр felt; ~овый felt *attr.*
фехтова́||**ние** féncing; ~ть fence
фешене́бельный fáshionable
фе́я fáiry
фиа́лка víolet
фиа́ско fiásco, fáilure; потерпе́ть ~ be a fáilure
фигля́р móuntebank
фигу́ра figure; chéss-man, piece *(в шахматах)*
фигура́льный fígurative
фигури́ровать figure *(as),* appéar *(as)*
фигури́ст, ~ка *спорт.* figure skáter
фигу́рн||**ый** fígured; ~ое ката́ние figure skáting
фи́зик phýsicist
фи́зика phýsics
физио́лог physiólogist; ~и́ческий physiológical
физиоло́гия physiólogy

физионо́мия physiógnomy
физи́ческий phýsical; ~ труд mánual lábour
физкульту́р||а phýsical cúlture; ~ник áthlete, spórtsman; ~ный: ~ный пара́д sports paráde
фикси́ровать fix
фикти́вный fictítious
фи́кция fiction
филантро́п philánthropist; ~и́ческий philanthrópic; ~ия philánthropy
филармо́ния Philharmónic Society
филиа́л branch (óffice), subsídiary
фи́лин éagle-ówl
фило́л||or philólogist; ~оги́ческий philológical; ~о́гия philólogy
филосо́||оф philósopher; ~о́фия philósophy; ~о́фский philosóphic(al)
фильм film; снима́ть ~ film, shoot (или make) a film
фильтр filter; ~ова́ть filter
фина́л 1. énd(ing); finále (оперы и т. п.) 2. спорт. final
финанси́ровать finánce
фина́н||совый fináncial; ~ капита́л cápital; ~сы finánces
фи́ник date; ~овый: ~овая па́льма dáte-palm
фи́ниш спорт. finish
фин||н Finn; ~ский Finnish; ~ский язы́к Finnish, the Finnish lánguage
фиоле́товый víolet
фи́рма firm
фисгармо́ния harmónium
фити́ль wick
флаг flag; bánner (знамя); подня́ть ~ hoist a flag; спусти́ть ~ lówer a flag; под ~ом únder the flag (of); перен. únder the bánner (of); приспу́щенные ~и flags at hálf-mást
флако́н bottle; ~ духо́в bottle of scent (или pérfume)
фланг воен. flank; wing
флане́ль flánnel
флегмати́чный phlegmátic
флейт||а flute; ~и́ст flúte-player, flútist
флек||сия лингв. infléxion; ~ти́вный лингв. inflécted
фли́гель wing; side house, ánnex (стоящий отдельно)
флирт flirtátion
фло́ра flóra
флот fleet; вое́нно-морско́й ~ návy; вое́нно-возду́шный ~ air force
флю́гер wéathercock
флюс I мед. gúmboil

флюс II тех. flux
фля́||га, ~жка flask
фойе́ fóyer
фокстро́т fóxtrot
фо́кус I физ. fócus
фо́кус II (трюк) (cónjuring) trick; ~ник cónjurer, júggler; ~ничать juggle
фолиа́нт fólio, vólume
фольга́ (wrápping) foil
фолькло́р fólklore
фон báckground
фона́рь lántern; lamp, street lamp (уличный); волше́бный ~ mágic lántern
фонд fund
фоне́т||ика phonétics; ~и́ческий phonétic
фонта́н fóuntain
форе́ль trout
фо́рм||а 1. form; shape; ~ и содержа́ние form and cóntent 2. грам. form 3. тех. (для отливки) mould; отлива́ть в ~у cast 4. (одежда) úniform
формали́||зм fórmalism; ~ст fórmalist
формальн||ость formálity; ~ый fórmal
форма́т size
форма́ция 1. геол. formátion 2. полит., эк. strúcture
фо́рменн||ый: ~ая оде́жда úniform
формиров||а́ние fórming, formátion, sháping; ~а́ть form, shape; ~а́ться shape, be formed
формова́ть mould
формо́вщик móulder
фо́рмул||а fórmula; ~и́ровать fórmulate; ~иро́вка wórding
форпо́ст óutpost
форси́ровать force
форт воен. fort
фортепиа́но piáno
фо́рточка small ópening window pane
фосфа́т хим. phósphate
фо́сфор хим. phósphorus
фотоаппара́т cámera
фото́граф photógrapher; ~и́ровать phótograph; ~и́ческий photográphic; ~и́ческий аппара́т cámera
фотогра́фия 1. (снимок) phótograph; phóto, picture разг. 2. (получение изображения) photógraphy 3. (учреждение) photógrapher's
фрагме́нт frágment
фра́за phrase; грам. тж. séntence
фразеоло́гия phraseólogy
фразёр phráse-monger
фрак táil-coat; tails pl. разг.; évening coat

фракцио́нный fáctional
фра́кция fáction; group (*в парламенте*)
франт dándy; **~овско́й** smart
франц||у́женка Frénchwoman; **~у́з** Frénchman
францу́зский French; **~ язы́к** French, the French lánguage
францу́зы *мн. собир.* the French
фрахт freight
фреза́ *тех.* mílling cútter
френч sérvice jácket
фре́ска frésco
фриво́льный frívolous
фронт front; **на ~е** at the front
фронт||ови́к frónt-line sóldier; **~ова́я полоса́** frónt-line front *attr.*; **~ова́я полоса́** frónt-line
фрукт fruit; **~о́вый** fruit *attr.*; **~о́вое де́рево** frúit-tree; **~о́вый сад** órchard
фуга́сный high-explósive; demolítion *attr.*
фунда́мент foundátion; **~а́льный** fundaméntal, sólid, sound
фуникулёр funícular (ráilway)
функциони́ровать fúnction
фу́нкция fúnction
фунт I (*мера веса*) pound
фунт II (*денежная единица*) pound; **~ сте́рлингов** pound (stérling)
фура́ж fórage, fódder
фура́жка peaked cap
фурго́н van; wággon
фуро́р furóre; **произвести́ ~** creáte a furóre
фуру́нкул boil
футбо́||л football, sóccer; **~ли́ст** fóotballer, fóotball-player; **~льный: ~льная кома́нда** fóotball team; **~льный мяч** fóotball; **~льное по́ле** fóotball field
футля́р (hard) cóver (*или* case); **~ для очко́в** spéctacles-case; **~ для виолонче́ли** 'céllo case
фуфа́йка jérsey; swéater; pádded jácket (*стёганка*) *разг.*
фы́рк||ать, ~нуть 1. (*о животных*) snort **2.** *разг.* (*смеяться*) chuckle
фюзеля́ж *ав.* fúselage

X

ха́ки kháki
хала́т 1. (*домашний*) dréssing-gown; báth-robe (*купальный*) **2.** (*рабочий*) óveralls *pl;* dóctor's (whate) coat (*врача*)

хала́т||ность négligence; **~ый** négligent
халту́р||а *разг.* **1.** móney spínning síde-line **2.** (*небрежная работа*) slápdash affáir; **~ить 1.** make móney on the side **2.** (*небрежно работать*) slápdash
хам *разг.* boor; heel (*амер.*); **~ский** *разг.* bóorish; **~ство** bóorishness
хан khan
хандр||а́ spleen; the blues *pl.;* **~ить** be depréssed, have the blues, be in the blues
ханжа́ hýpocrite
ха́нжество hypócrisy
ха́ос cháos
хао́с cháos (*disorder*)
хаоти́ческий chaótic
хара́ктер cháracter; natúre (*свойство*); témper, disposítion (*нрав*); **~изова́ть** cháracterize; **~и́стика 1.** characterístics *pl.* **2.** testimónial
характе́рный 1. characterístic **2.** (*типичный*) týpical
харка́ть, ха́ркнуть expéctorate; **~ кро́вью** spit blood
ха́ртия chárter
ха́та hut
хва||ла́ praise; **~ле́бный** láudatory, eulogístic; **~лёный** gréatly praised
хвали́ть praise; **~ся** boast (*of*)
хва́ст||ать(ся) boast (*of*), brag (*of, about*); **~ли́вый** bóastful; **~овство́** bóasting; **~у́н** bóaster, brággart
хвата́ть I (*схватывать*) snatch, seize, catch hold (*of*)
хвата́ть II *см.* хвати́ть **I**
хвата́ться snatch (*at*), clutch (*at*)
хвати́ть I (*быть достаточным*) suffice, be sufficient; э́того мне хва́тит на ме́сяц this will last me a month ◇ на сего́дня хва́тит that will do for todáy, let's call it a day; хва́тит! that's enóugh!, that will do!
хвати́ть II *разг.* (*ударить*) hit, strike, knock
хвати́ться *разг.* (*кого-л., чего-л.*) (súddenly) miss
хво́йн||ый coníferous; **~ое де́рево** cónifer
хвора́ть *разг.* be ill (*или* póorly)
хво́рост brúshwood
хворости́на long switch
хвост tail; brush (*лисий*)
хво́я needles *pl.*
хи́жина hut, cábin
хи́лый feeble, síckly
хим||и́к chémist; **~и́ческий** chémical;

~**и́ческая промы́шленность** chémical industry

хи́мия chémistry

химчи́стка (хими́ческая чи́стка) 1. dry-cleaning 2. (*мастерская*) drý-cleaner's

хин||**а**, ~**и́н** quiníne; ~**ный**: ~**ное де́рево** cinchóna (tree)

хире́ть grow feeble; grow sickly (*тж. о растениях*)

хиру́рг súrgeon; ~**и́ческий** súrgical; ~**и́я** súrgery

хитри́ть be cúnning

хи́тр||**ость** 1. cúnning; slýness 2. (*приём*) ruse; ~**ый** cúnning, sly, cráfty

хихи́к||**ать**, ~**нуть** *разг.* gíggle

хище́ние plúnder

хи́щ||**ник** beast (*или* bird) of prey; *перен.* prédator; ~**нический**, ~**ный** prédatory

хладнокро́в||**ие** cóolness, compósure, présence of mind; **сохраня́ть** ~ keep one's head; ~**но** *нареч.* cóoly; ~**ный** cool, compósed, sélf-posséssed, cóld-blóoded

хлам rúbbish, trash; lúmber (*рухлядь*)

хлеб 1. bread 2. (*зерно*) con, grain

хлеба́ть gulp, eat

хлебну́ть take a sip ◇ ~ **го́ря** have seen much sórrow

хлебозаво́д lárge-scále (méchanized) bákery

хлебозагото́вки state gránaries, grain resérves

хлебопече́ние báking of bread

хлеборо́дный gráin-growing

хлев cáttle-shed (*для крупного скота*); shéep-pen (*для овец*); pígsty (*для свиней*)

хлест||**а́ть**, ~**ну́ть** lash ◇ **дождь так и хле́щет** it's láshing rain

хло́пать *см.* **хло́пнуть**; ~ **в ладо́ши** clasp (one's hands)

хлопково́дство cótton-growing

хло́пковый cótton *attr.*

хло́пнуть bang, slam (*дверью*); crack (*бичом*)

хло́пок cótton

хлопот||**а́ть** 1. (*быть в хлопотах*) bustle about 2. (*о чём-л., за кого-л.*) solícit (for), petítion (for); ~**ливый** 1. (*о деле и т. п.*) tróublesome 2. (*о человеке*) fússy

хло́поты trouble *sg.*; cares (*заботы*)

хлопчатобума́жн||**ый** cótton *attr.*; ~**ая ткань** cótton fábric

хло́пья flakes (*снега*); flocks (*шерсти*)

хлор *хим.* chlórine; ~**истый** *хим.* chlóride *attr.*

хлы́нуть 1. (*о жидкости*) gush out; pour in tórrents (*о дожде*) 2. (*о толпе*) stream (in, out)

хлыст whip

хмель 1. *бот.* hop 2. (*опьянение*) intoxicátion; ~**но́й** 1. (*о напитке*) héady, intóxicating 2. (*о человеке*) drunk, intóxicated

хму́р||**ить**: ~ **бро́ви** knit one's brows; ~**иться** frown ◇ **не́бо** ~**ится** the sky is óvercast; ~**ый** glóomy

хны́кать *разг.* whímper

хо́бби hóbby

хо́бот trunk; ~**ок** (*у насекомого*) probóscis

ход 1. (*движение*) mótion; speed (*скорость*); course (*дела и т. п.*); **по́лным** ~**ом** at full speed; **пусти́ть в** ~ start; set góing; **дать за́дний** ~ *авт.* back (a car) 2. (*вход*) éntrance; pássage (*проход*) 3. (*в игре*) lead; turn (*карт.*); move (*шахм.*) ◇ **знать все** ~**ы и вы́ходы** *разг.* know all the ins and outs; **пусти́ть в** ~ **все сре́дства** use all póssible means; **э́та кни́га в большо́м** ~**у́** this book is véry widely read

хода́тайство solicitátion, petítion; ~**вать** solícit, petítion; ~**вать за кого́-л.** intercéde for smb.

ходи́ть 1. *в разн. знач.* go; walk (*пешком*); go to see, visit (*посещать*) 2. (*за больным, ребёнком и т. п.*) nurse, take care (*of*); tend (*за животным*) 3. (*в чём-л.*) wear ◇ **хо́дит слух** it is rúmoured; **вам** ~ it is your turn to play (*карт.*); it is your move (*шахм.*); ~ **на лы́жах** ski, go skíing

хо́дк||**ий** 1. (*о товаре*) sálable 2. (*о выражении*) cúrrent

ходу́||**ли** stilts; ~**льный** stílted

ход||**ьба́** wálking; **полчаса́** ~**ы́** half an hour's walk; ~ **на 10 киломе́тров** ten kílometres walk; ~**я́чий** wálking; *перен.* cúrrent

хозя́ин máster; boss *разг.*; ówner, propríetor (*владелец*); host (*по отношению к гостям*); lándlord (*по отношению к жильцу*)

хозя́й||**ка** místress; hóstess (*по отношению к гостям*); lándlady (*по отношению к жильцу*); ~**ничать** 1. (*вести хозяйство*) keep house 2. (*распоряжаться*) play the máster, boss it, lord it (*over*)

хозя́йственный econо́mic; econо́mical; thrifty *(рациона́льный)*
хозя́йство 1. есо́nomy; наро́дное ~ nаtional есо́nomy; дома́шнее ~ hоusekeeping 2. *с.-х.* farm; единоли́чное ~ prívately owned farm
хокке́й *спорт.* hо́ckey
холе́ра chólera
холм low hill; ~ик hіllock; ~и́стый hilly
хо́лод cold
холоди́льник refrígerator; fridge *разг.*
хо́лодно 1. *нареч.* có́ldly 2. *предик. безл.* it is cold; мне ~ I am cold
холодн||ый cold ◇ ~ая война́ cold war; ~ое ору́жие side-arms
холост||о́й 1. únmárried; báchelor *attr.* 2. *тех* idle 3. *воен.:* ~ патро́н blank cártridge; ~я́к báchelor
холст cа́nvas
хому́т (horse) cо́llar
хор chо́rus
хо́рда *мат.* chord
хорёк pо́lecat
хорово́д: води́ть ~ sing and dance in a ring
хорони́ть búry
хоро́шенький pretty
хороше́нько *нареч. разг.* thо́roughly, prо́perly
хороше́ть grow préttier
хоро́ший good; fine
хорошо́ 1. *нареч.* well 2. *предик. безл.* it is nice *(или* good); all right!, good! *(выраже́ние согла́сия)*
хо́ры gállery *sg.*
хот||е́ть want; wish *(жела́ть);* ~ есть be húngry; ~ пить be thírsty; что вы ~и́те э́тим сказа́ть? what do you mean by that? ◇ хо́чешь не хо́чешь willy-nilly
хоте́ться *безл.* want, like; мне хо́чется I want; мне хо́чется спать I want to sleep, I am sléepy; мне хоте́лось бы посмотре́ть I would like to see
хоть *союз* (al)thоugh; at least
хотя́ *союз см.* хоть
хо́хот roar(s) of láughter *(pl.)*; ~а́ть roar with láughter
храб||е́ц brave man; ~и́ться put a bold face on it
хра́бр||ость brа́very, cо́urage; ~ый brave, cоurа́geous
храм temple
хран||е́ние kéeping; пла́та за ~ stо́rage charge; cló́akroom charge *(багажа́)*; ~и́лище depó́sitory; wа́rehouse

храни́ть keep; presérve; ~ся be kept
храпе́ть snore
хребе́т 1. *анат.* spine; bа́ckbone *(тж. перен.)* 2. *(го́рный)* mо́untain range
хрен hо́rse-radish
хрестома́тия reа́der
хрипе́ть 1. wheeze 2. *(говори́ть хри́пло)* speak hо́arsely
хри́плый hoarse
христи||ани́н Chrі́stian; ~а́нство Christiа́nity
хром I *хим.* chrо́mium
хром II *(ко́жа)* bо́x-calf
хрома́||ть limp ◇ у него́ ~ет орфогра́фия his spélling is his weak point
хромо́й 1. *прил.* lame 2. *как сущ.* lame man
хро́ника 1. *(ле́топись)* chró́nicle 2. *(газе́тная, ра́дио, телевизио́нная)* lа́test news; news items *pl.;* néws-reel *(в кино́)*
хрони́ческий chrо́nic
хроно||логи́ческий chronoló́gical; ~ло́гия chronо́logy
хроно́метр chronо́meter
хру́пкий frа́gile *(ло́мкий);* frail *(сла́бый);* dе́licate *(о де́тях)*
хруст crunch
хруста́лик *анат.* crу́stalline lens
хруста́ль crу́stal; cut glass *(посу́да);* ~ный crу́stal; cút-glass *attr. (о посу́де)*
хрусте́ть, хру́стнуть crunch, crackle
хрюк||ать, ~нуть grunt
хрящ *анат.* cа́rtilage
худе́ть grow thin
художественн||ый art *attr.;* artі́stic; ~ о́браз іmage; ~ое произведе́ние work of art; ~ фильм feа́ture film; ~ое воспита́ние artístic educа́tion
худо́жник а́rtist; pа́inter *(живопи́сец)*
худо́й I *(худоща́вый)* thin, lean; ~ как спи́чка thin as a rake
худо́й II *(плохо́й)* bad, ill ◇ на ~ коне́ц if the worst comes to the worst
худо́й III *разг. (рва́ный)* torn; worn out *(изно́шенный)*
худоща́вый thin
худш||ий worse; the worst; в ~ем слу́чае if the worst comes to the worst, in the last resо́rt
ху́же 1. *нареч.* worse; тем ~ so much the worse 2. *предик. безл.* it is worse; ему́ ста́ло ~ he is worse
хулига́н hóoligan, rúffian, rо́wdy; ~ить behа́ve like a hоoligan *(или* rо́wdily); ~ство hóoliganism, rо́wdyism

хурма́ *(плод и дерево)* persímmon
ху́тор fármstead

Ц

ца́пля héron
цара́п||ать, ~аться scratch; ~ина scratch
цари́зм tsárism
цари́ть reign
ца́рство kíngdom; ~вание reign; ~вать reign
царь tsar
цвести́ 1. bloom, flówer; blóssom 2. *(процветать)* flóurish 3. be cóvered with weed *(о пруде)*
цвет I cólour; ~ лица́ compléxion
цвет II *(лучшая часть чего-л.)* flówer, prime ◇ во ~е лет in the prime of life
цветни́к flówer gárden
цветн||о́й cóloured; cólour *attr.*; ~ фильм cólour film ◇ ~ы́е мета́ллы nónférrous métals
цветово́дство grówing *(или* cultivátion*)* of flówers
цвето́к flówer; blóssom *(на кустах, деревьях)*
цвето́чный flówer *attr.*; ~ магази́н flówer-shop
цвету́щий flówering, blóssoming; *перен.* flóurishing
цветы́ flówers
цеди́ть filter, strain
целе́бн||ый cúrative, medícinal; ~ые тра́вы medícinal herbs
целесообра́зн||о *нареч.* worth while; ~ый expédient
целеустремлённый púrposeful; он ~ челове́к he is a man of púrpose *(или* with great drive*)*
целико́м *нареч.* whólly, entírely, complétely
целина́ vírgin soil
це́лить, ~ся aim *(at)*
целлофа́н céllophane
целлюло́за céllulose
целова́ть, ~ся kiss
це́л||ое *сущ.* the whole ◇ в ~ом on the whole
целому́др||енный chaste; ~ие chástity
це́лост||ь: в ~и и сохра́нности intáct, safe
це́лый 1. *(полный, целиком)* whole; ~ день all day long 2. *(нетронутый)* intáct, safe; únbróken *(несломанный)*; цел и невреди́м safe and sound
це||ль 1. aim; púrpose; inténtion *(намерение)*; с ~лью, в ~лях with the púrpose *(of)*; с еди́нственной ~лью with the sole púrpose *(of)* 2. *(мишень)* tárget
цеме́нт cemént; ~и́ровать cemént; ~ный cemént *attr.*
цен||а́ price; cost *(стоимость)* ◇ ~о́й жи́зни at the cost of one's life; любо́й ~о́й at ány price
ценз qualificátion; избира́тельный ~ eléctoral qualificátion
цензу́ра cénsorship
цени́ть válue; éstimate *(оценивать)*; ~ся be válued; ~ся на вес зо́лота be worth its weight in gold
це́нн||ость válue; ~ый váluable; ~ый вклад в нау́ку váluable contribútion to science
це́нтнер 100 kílograms
центр céntre
централиза́ция centralizátion
централи́зм *полит.* céntralism; демокра́тический ~ democrátic céntralism
центра́льный céntral
центробе́жн||ый centrífugal; ~ая си́ла centrífugal force
центростреми́тельный centrípetal
цепене́ть grow tórpid
це́пкий tenácious
цепля́ться cling *(to)*
цепн||о́й chain *attr.*; ~а́я переда́ча *тех.* chain drive; ~а́я реа́кция chain reáction ◇ ~а́я соба́ка a dog on a chain, chained dog
цепо́чка chain
цеп||ь chain; ~и *мн. перен.* chains, bonds; го́рная ~ móuntain range
церемо́н||иться stand on céremony; ~ия céremony; без ~ий infórmally, withóut formálity
церко́вный church *attr.*
це́рковь church
цех shop, depártment; ~ко́м (цехово́й комите́т) shop commíttee; ~ово́й shop *attr.*
цивилиз||а́ция civilizátion; ~о́ванный cívilized
цикл cycle
цикло́н cýclone
цико́рий chícory
цили́ндр 1. *мат., тех.* cýlinder 2. *(шляпа)* top hat; ~и́ческий cylíndrical
цинга́ scúrvy
цин||и́зм cýnicism; ~и́ческий, ~и́чный cýnical

ЦИН

цинк zinc; ~овый zinc *attr.*
циновка mat
цирк circus; ~овой circus *attr.;* ~овое представление circus show
циркулировать circulate
циркуль (pair of) compasses
циркуляр circular; ~ный circular *attr.*
циркуляция circulation
цистерна tank
цитадель citadel; *перен.* stronghold
цит||ата quotation; ~ировать quote
цитрусовые *сущ.* citrus plants
циферблат dial(-plate); face *(у часов)*
цифра figure
цифров||ой in figures *(после сущ.);* ~ые данные figures
цоканье clatter
цоколь plinth
цукат candied fruit *(или* peel)
цыган, ~ка Gipsy; ~ский Gipsy
цыплёнок chicken
цыпочк||и: на ~ах on tiptoe

Ч

чабан shepherd
чад fumes *pl. (угар);* smoke *(дым);* smell of burning fat *(кухонный)*
чай tea
чайка sea-gull
чайн||ик tea-pot *(для заварки);* kettle *(для кипятка);* ~ый tea *attr.* ◇ ~ая роза tea-rose
чалма turban
чан vat
чарующий fascinating; delightful, charming
час 1. *(отрезок времени)* hour; ~ы пик rush hours 2. *(при обозначении времени):* в три ~а at three o'clock ◇ стоять на ~ах keep watch, be on sentry duty
часовня chapel
часов||ой I *прил. (относящийся к часам)* clock *attr.,* watch *attr.;* ~ая стрелка hour-hand
часовой II *прил. (длящийся час)* hour's
часовой III *сущ.* sentry, sentinel
часовщик watch-maker
части||ца particle; ~чный partial
частное *сущ. мат.* quotient
частн||ость particular, detail; в ~ости in particular; ~ый 1. private; ~ая собст-венность private property 2. *(особый)* particular, special
часто *нареч.* 1. often, frequently 2. *(густо)* close, thickly
частота frequency
частушки sung couplets *(in comic folk singing)*
частый 1. frequent 2. *(густой)* thick, close ◇ ~ гребень tooth-comb
част||ь 1. part; share *(доля);* ~и речи *грам.* parts of speech 2. *(отдел)* department 3. *воен.* unit
часы watch sg. *(карманные, ручные);* clock sg. *(стенные, настольные);* солнечные ~ sun-dial sg.; песочные ~ hour-glass sg., sand-glass sg.
чах||лый wilted; ~нуть wilt, fade, wither
чахот||ка consumption; ~очный consumptive
чаша *(весов)* pan, scale
чашка cup
чаща thicket
чаще more often; ~ всего mostly; как можно ~ as often as possible
чаян||ие 1. hope, expectation 2. *мн.:* ~ия aspirations ◇ паче ~ия contrary to expectations
чван||иться swank, boast; ~ство swagger(ing), boast(ing)
чего *род. см.* что I
чей whose
чек receipt *(в магазине);* cheque *(банковый)*
чекан||ить mint, coin; ~ка *(монеты)* minting, coinage
чёлн (dug-out) canoe
челнок I *см.* чёлн
челнок II *текст.* shuttle
человек man
человеколюбие human kindness
человеч||еский 1. human 2. humane; ~ество humanity, mankind
человечный humane
челюсть jam
чем I *тв. см.* что I
чем II *союз* 1. than; эта книга лучше, ~ та this book is better than that one 2.: ~..., тем... the...; ~ раньше, тем лучше the sooner the better 3. *(вместо того, чтобы)* instead of
чём *пр. см.* что I
чемодан suitcase; trunk
чемпион champion; title-holder; дважды *(или* трижды) ~ twice *(или* three times) champion; ~ мира world champion

чемпионáт championship
чемý *дт. см.* что I
чепухá nónsense, rúbbish
чéпчик (ladies') night-cap; mób-cap
червúвый wórmeaten, wórmy
червóнн||ый: ~ое зóлото pure gold
чéрвы *карт.* hearts
черв||ь, ~як worm
чердáк gárret, áttic
черéд *разг.* turn ◇ всё идёт своúм черéдóм things are táking their nórmal course
чередовá||ние alternátion; ~ глáсных лингв. vówel gradátion; **~ть** álternate; **~ться** álternate; take turns
чéрез *предл.* 1. acróss; óver; through *(сквозь)*; переéхать ~ рéку cross a ríver 2. *(о врéмени)* in; ~ два часá in two hours; ~ день *(регулярно)* évery óther day 3. *(посрéдством)* through
черёмуха bird-cherry tree
чéреп skull
черепá||ха 1. tórtoise; turtle *(морскáя)* 2. *(материáл)* tórtoise-shell; **~ховый** tórtoise-shell *attr.;* **~ший:** ~шьим шáгом at a snail's pace
черепú||ца tile; **~чный** tiled
черепóк frágment of bróken cróckery
чересчýр *нареч.* too; ~ мнóго too much; ~ мáло too little
черéшня 1. *(ягода)* chérry 2. *(дéрево)* chérry-tree
черкнýть *разг.* drop a line
чернéть 1. *(становúться чёрным)* turn *(или* grow) black 2. *(виднéться)* show black; **~ся** *см.* чернéть 2
черникá bílberry
черни́||ла ink *sg.;* **~льница** ínkstand, ínk-pot
чернúть blácken; *перен.* slánder
черно-бýр||ый: ~ая лисá sílver fox
чернов||úк rough cópy; draft *(докумéнта и т. п.)*; **~óй** rough
чернозём black earth; **~ный** black earth *attr.*
чернокóжий dárk-skínned, bláck-skínned
черномóрский Black Sea *attr.;* ~ флот Black Sea Fleet
чернорабóчий rough *(или* héavy) wórker
черносли́в *собир.* prunes *pl.*
чёрн||ый black ◇ ~ые метáллы férrous métals; на ~ день for a ráiny day; ~ ход back éntrance; ~ хлеб black bread
чéрпать, **черпнýть** scoop, draw up;

чéрпать свéдения derúve *(или* get) informátion *(from)*
черствéть grow stale; *перен.* hárden
чёрствый stale, dry; *перен.* hárd-héarted; ~ хлеб stale bread
чёрт dévil
черт||á 1. line; в ~é гóрода withín the cíty límits 2. *(харáктера)* trait ◇ ~ы лицá féatures; в óбщих ~áх in géneral óutline
чертёж draught; sketch *(набрóсок);* **~ник** dráughtsman; **~ный** drawing *attr.;* **~ная доскá** dráwing-board
чертúть draw
черчéние dráwing
чесáть 1. *(вóлосы)* comb 2. *(шерсть и т. п.)* card 3. *(рýку, нос и т. п.)* scratch
чесáться 1. scratch onesélf 2. *(об ощущéнии)* itch ◇ у меня́ рýки чéшутся сдéлать это I am *(или* my fíngers are) ítching to do it
чеснóк gárlic
чесóтка itch; mange *(у живóтных)*
чéствова||ние celebrátion; **~ть** célebrate, hónour
чéстн||ость hónesty; **~ый** hónest; fair *(справедлúвый);* ~ое слóво word of hónour
честолюбúвый ambítious
честолюбие ambítion
честь hónour; это дéлает емý ~ this does him crédit; отдáть ~ *воен.* salúte
четá couple, pair
четвéрг Thúrsday
четверéньк||и: на ~ах on all fours; стать на ~ go down on one's hands and knees
четвёрка 1. four 2. *(отмéтка)* good
чéтверо four; их бы́ло ~ there were four of them, they were four
четверонóг||ий fóur-fóoted; ~ое *сущ.* quádruped
четвёртый fourth
чéтверт||ь a quárter; ~ трéтьего a quárter past two; без ~и три a quárter to three
чёткий clear; légible *(о пóчерке)*
чётный éven
четы́ре four; **~ста** four húndred
четырёхлéтний fóur-year *attr.;* fóur-year-óld *(о вóзрасте)*
четырёхмéстный *(об автомобúле и т. п.)* fóur-séater
четырёхсóтый fóur-húndredth
четырёхугóльн||ик quádrangle; square *(квадрáт);* **~ый** quadrángular

четырёхэтажный four-storeyed
четырнадца||тый fourteenth; **~ть** fourteen
чех Czech
чехарда leap-frog
чехол (soft) cover, case
чечевица lentil
чешский Czech; ~ язык Czech, the Czech language
чешуя scales *pl.*
чиж, ~ик siskin
чилиец Chilean
чилийский Chilean
чин rank, grade
чинить I repair; mend *(платье, обувь и т. п.)*; darn *(штопать)*
чинить II *(карандаш)* point, sharpen
чинить III: ~ препятствия кому-л. put obstacles in smb.'s way
чиновник official; *перен.* bureaucrat
чирик||ать, ~нуть chirp
чирк||ать, ~нуть: ~ спичкой strike a match
численн||ость number, quantity; **~ый** numeral, numerical; ~ое превосходство numerical superiority
числитель *мат.* numerator
числительное *грам.* numeral
числиться: ~ в списке be on the list; ~ больным be on the sick-list
числ||о 1. number; quantity; целое ~ integer 2. *(дата)* date; сегодня восемнадцатое ~ today is the eighteenth ◇ в том ~е in that number, including; в ~е других among others
чистильщик *(сапог)* bootblack, shoeblack
чист||ить 1. clean; brush *(щёткой)*; ~ туфли *(ваксой)* black shoes; ~ зубы clean *(или* brush) teeth; ~ платье brush clothes 2. *(овощи, фрукты)* peel; scrape; **~ка** cleaning; clean-up *(уборка)*; отдать что-л. в ~ку give smth. to be cleaned, send *(или* take) smth. to the cleaner's
чисто 1. *нареч.* cleanly 2. *предик. безл.* it is clean; здесь ~ it is clean here
чистокровный thoroughbred
чистописание calligraphy
чистоплотный clean
чистосердечный frank, sincere
чистота cleanness; neatness *(опрятность)*; *перен.* purity; innocence *(невинность)*
чист||ый 1. clean; ~ая страница blank page 2. *(без примеси)* pure *(тж. перен.)*

◇ ~ вес net weight; ~ая случайность mere chance
чита||льный, ~ый: ~ зал *см.* читальня; ~ня reading-room
читатель reader; **~ский** reader's
читать read; ~ лекции give *(или* deliver) lectures; lecture; **~ся** read
читка reading
чих||ать, ~нуть sneeze
член I member; ~ профсоюза member of a trade union; действительный ~ академии academician, Fellow of the Academy
член II *грам.* article
член-корреспондент corresponding member
членораздельный articulate, clear
член||ский membership *attr.*; ~ взнос membership fee; ~ билет membership card; **~ство** membership
чокаться, чокнуться clink glasses
чопорный stiff, prim
чреватый: ~ событиями pregnant with events; ~ последствиями fraught with consequences
чрезвычайный extraordinary; extreme *(крайний)*
чрезмерный excessive
чтение reading
чтец reciter
чтить honour, respect
что I *мест.* 1. *в разн. знач.* what; ~ это такое? what is this?; ~ с вами? what is the matter with you?; для чего? what for?; из-за чего? why?; в чём дело? what is the matter?; к чему? what for?; ~ ни, ~ бы ни whatever; ~ касается as regards; ~ за? what?, what kind of?; это не то, ~ я думал it is not what I thought 2. *(который)* that; это та книга, ~ я ей дал it is the book, that I gave her ◇ ну и ~ же? so what?; ~ же из этого? well, what of it?
что II *союз* that *(часто опускается)*; надеюсь, ~ вы придёте I hope (that) you will come; я рад, ~ вижу вас I am glad to see you
что III *нареч. (почему)* why; ~ же вы мне не сказали? why did you not tell me?
чтобы *союз* in order to, so as; that; я пришёл, ~ увидеть его I've come in order to see him; мы спешим, ~ попасть вовремя we are hurrying *(или* rushing) to get there on *(или* in) time; он сказал, ~ вы к нему зашли he said you were to go and see him; он хочет, ~ я сделал это сейчас же he wants me to do it at once

что́-либо, что́-нибудь *мест.* sómething; ánything *(при вопросе)*
что́-то 1. *мест.* sómething 2. *нареч.* for some réason or óther, sómehow ◇ ~ он ска́жет I wónder what he will say
чува́ш Chuvásh; ~ский Chuvásh
чу́вственн||ость sensuálity; ~ый sénsual, séxy
чувстви́тельн||ость 1. *(ощути́мость)* sensibílity, perceptibílity 2. *(восприи́мчивость)* sénsitiveness, susceptibílity 3. *(сентимента́льность)* sentimentálity; ~ый 1. *(заме́тный)* sénsible, percéptible 2. *(восприи́мчивый)* sénsitive; suscéptible 3. *(сентимента́льный)* sentiméntal
чувств||о sense; féeling *(ощуще́ние)* ◇ прийти́ в ~ come to one's sénses; ~овать feel, have a sensátion *(of)*; ~оваться *безл.:* ~уется there is a féeling, it is évident
чугу́н cast íron; ~ный cást-iron *attr.*
чуда́||к crank; ~чество cránkiness; extrávagance
чуде́сный wónderful, márvellous
чу́ди||ться: ему́ ~лось in fáncy he saw, it seemed to his fáncy that
чу́дно *нареч.* wónderfully, béautifully
чудно́й *разг.* odd, strange *(стра́нный)*; cómical *(смешно́й)*
чу́дный wónderful, béautiful
чу́до míracle; wónder *(тж. перен.)*
чудо́вищ||е mónster; ~ный mónstrous
чудоде́йственный miráculous
чужби́на álien land
чужда́ться keep alóof *(from)*; avóid *(избега́ть)*
чу́ждый 1. álien *(to)* 2. *(чего́-л.):* ему́ чужд страх he is a stránger to fear
чужезе́м||ец stránger, fóreigner; ~ный strange, fóreign
чуж||о́й 1. *(принадлежа́щий други́м)* smb. élse's, anóther's; э́то ~а́я кни́га it's smb. élse's book; жить на ~ счёт live at the expénse of anóther 2. *(посторо́нний)* strange, álien
чула́н bóx-room
чуло́к stócking ◇ си́ний ~ blue stócking
чума́ plague
чурба́н block; *перен.* blóckhead
чутк||ий sénsitive; keen *(о слу́хе)*; *перен.* táctful, délicate, consíderate; ~ сон light sleep; ~ость sénsitiveness; *перен.* délicacy, tact, considerátion
чуть *нареч.* slíghtly; hárdly; ~ не néarly, álmost

чутьё *(у живо́тного)* scent; *перен.* flair; intuítion
чуть-чу́ть just a líttle
чу́чело 1. stuffed ánimal *(живо́тного)*; stuffed bird *(пти́цы)* 2. *(пу́гало)* scárecrow
чушь nónsense
чу́ять smell, scent; *перен.* sense
чьё, чьи, чья *см.* чей

Ш

шабло́н sténcil, páttern; mould; ~ный unoríginal, trite
шаг 1. step; stride *(широ́кий)*; pace *(похо́дка)* 2. мн.: ~и́ *(звук шаго́в)* fóotsteps 3. *(де́йствие, посту́пок)* step; необду́манный ~ thóughtless step ◇ ~ за ~ом step by step
шаг||а́ть step; stride *(кру́пными шага́ми)*; pace *(ме́рным ша́гом)*; ~ну́ть take a step ◇ далеко́ ~ну́ть make great prógress
ша́гом *нареч.* at a wálking pace
ша́йба *спорт.* puck
ша́йка I *(люде́й)* gang, band
ша́йка II *(для мытья́)* a shállow twó-hándled básin *(used in a bath-house for washing oneself)*
шака́л jáckal
шала́ш hut of bránches
шали́ть *(о де́тях)* be náughty
шаловли́вый frólicsome, pláyful
ша́лость prank
шалу́н míschievous child
шаль shawl
шальн||о́й crázy, wild; ~а́я пу́ля stray búllet
ша́мкать múmble
шанс chance; име́ть все ~ы на успе́х stand to win
шанта́ж bláckmail; ~и́ровать bláckmail
ша́пка cap
шар ball ◇ пу́сто, хоть ~о́м покати́ there isn't a thing in the house, we've run out of évery thing
шара́да charáde
шара́х||аться, ~ну́ться *разг.* start aside, jump; shy *(о ло́шади)*
шарж caricatúre; ~и́ровать overdó, overáct
ша́рик small ball
шарикоподши́пник báll-béaring
ша́рить search, rúmmage

ШАР ШИР Ш

шарк||ать, ~нуть: шаркать ногами shuffle one's feet
шарман||ка barrel-organ, street-organ; **~щик** organ-grinder
шарнир hinge
шаро||видный, ~образный spherical
шарф scarf
шасси 1. chassis 2. *ав.* undercarriage; landing gear
шатать sway, rock; shake *(трясти)*; **~ся** 1. get loose *(о гвозде и т. п.)* 2. *разг. (слоняться)* loaf 3. *(качаться)* totter; stagger
шатён brown-haired man
шатёр tent
шаткий unsteady; *перен.* shaky
шафран saffron
шах I shah
шах II *шахм.* check
шахматист chess-player
шахматн||ый chess *attr.;* **~ая доска** chess-board; **~ая партия** game of chess; **в ~ом порядке** as on a chess-board
шахматы chess *sg.;* играть в **~** play chess
шахт||а mine, pit; **~ёр** miner
шашка *(оружие)* sword
шашки *(игра)* draughts; checkers *(амер.)*
швабра mop
швед Swede; **~ский** Swedish; **~ский язык** Swedish, the Swedish language
швейн||ый sewing *attr.;* **~ая машина** sewing-machine
швейцар hall porter, door-keeper
швейцар||ец Swiss; **~ский** Swiss
швея seamstress
швыр||нуть, ~ять fling, hurl, throw; **~яться** throw, fling (at one another)
шевелить move, stir; turn *(сено);* **~ся** move, stir
шевельнуть(ся) *см.* шевелить(ся)
шевро kid
шедевр masterpiece
шезлонг chaise-longue
шелест rustle, rustling
шелестеть rustle
шёлк silk; **искусственный ~** rayon
шелковистый silky
шелковичный: ~ червь silk worm
шёлковый silk *attr.*
шелохнуться stir
шелуха husk; peelings *pl. (картофельная);* pod *(бобовых)*
шелушить hull, shell *(горох, бобы);* **~ся** peel, scale

шепеляв||ить lisp; **~ый** lisping
шепнуть whisper
шёпот whisper; **~ом** *нареч.* in a whisper, under one's breath
шептать *см.* шепнуть; **~ся** whisper
шеренга *воен.* rank, file
шероховатый rough, uneven
шерст||ь 1. *(волосяной покров млекопитающих)* hair; wool *(овцы)* 2. *(материал)* wool; **~яной** woollen; **~яные ткани** woollen fabrics
шершавый rough
шест pole
шеств||ие procession, train; **~овать** march
шестёрка *карт.* six
шестерня *тех.* gear, cog-wheel
шестеро six; **их было ~** there were six of them, they were six
шестидесятый sixtieth
шестилетний six-year *attr.;* six-year-old *(о возрасте)*
шестимесячн||ый six-month *attr.;* six-month-old *(о ребёнке);* **~ая завивка** permanent wave; a perm *разг.*
шестиугольный hexagonal
шестнадцатый sixteenth
шестнадцать sixteen
шест||ой sixth; **~ая глава** chapter six; **одна ~ая** one sixth; **~** час past five
шесть six; **~десят** sixty; **~сот** six hundred; **~ю** *нареч.* six times; **~ю семь сорок два** six times seven makes forty-two
шеф patron; chief *(начальник);* **~ство** patronage; **~ствовать** patronize, have the patronage *(of)*
ше||я neck ◇ **сидеть у кого-л. на ~е** live at smb.'s expense
шиворот: взять кого-л. за ~ *разг.* seize smb. by the scruff of the neck
шикарный smart
шик||ать, ~нуть hiss
шило awl
шина 1. tyre 2. *мед.* splint
шинель greatcoat; overcoat
шинковать chop, shred; **~ капусту** shred cabbage
шип 1. thorn 2. *тех.* tenon
шипеть 1. *(о змее)* hiss 2. *разг. (о масле на сковороде)* sizzle
шиповник sweet-brier; dog-rose
шипучий fizzing
шипящий *(звук)* sibilant
ширин||а breadth, width; **~ой в три метра** three metres wide
шириться widen; spread

ши́рма screen; *перен.* cloak, cóver

широ́к||ий broad, wide; ~ое пла́тье loose dress ◇ ~ая пу́блика the públic at large, the géneral públic

широко́ *нареч.* wide(ly); bróadly ◇ ~ смотре́ть на ве́щи take a broad view of things, be broadmínded

широковеща́||ние *радио* bróadcasting; ~тельный bróadcasting

широкопле́чий bróad-shóuldered

широкоэкра́нный: ~ фильм wide-screen film

широта́ 1. width; breadth *(взгля́дов и т. п.)* 2. *геогр.* látitude

ши||ть sew; embróider *(вышива́ть)* ◇ э́то ~то бе́лыми ни́тками it stands out a mile; ~тьё 1. *(проце́сс)* séwing 2. *(вы́шивка)* embróidery

шифр 1. cípher, code 2. *(библиоте́чный)* préssmark; ~о́ванный cíphered; in cípher; ~ова́ть cípher

ши́шка 1. *бот.* cone 2. *(от уши́ба)* bump ◇ он больша́я ~ *разг.* he is a big noise

шкала́ scale

шкату́лка box, cásket

шкаф drésser *(кухо́нный)*; bóokcase *(кни́жный)*

шквал squall

шкив *тех.* púlley

шки́пер skipper

шко́ла school; ~ для взро́слых school for adúlt educátion

шко́ла-интерна́т bóarding-school

шко́ль||ник schóolboy; ~ница schóolgirl; ~ный school *attr.*; ~ный учи́тель schóolmaster, schóol-teacher; ~ный това́рищ schóolmate

шку́ра skin

шку́рник *разг.* caréerist; он ~ he's out for númber one, he's all for himsélf

шлагба́ум bárrier

шлак slag

шланг hose

шлем hélmet

шлёпать(ся) *см.* шлёпнуть(ся)

шлёпнуть *разг.* slap; ~ся *разг.* plop down

шлифов||а́льный grínding; pólishing *(полиру́ющий)*; ~ станок grínding machine; ~а́ть grind; pólish *(полирова́ть)*

шлифо́вка grínding; pólishing *(тж. перен.)*

шлюз lock, sluice

шлю́пка boat

шля́п||а hat; *(же́нская тж.)* bónnet ◇ де́ло в ~е *разг.* it's all in the bag; ~ка 1. hat, bónnet 2. *(гвоздя́)* head 3. *(гриба́)* cap; ~ный hat *attr.*; ~ный магази́н hátter's *(мужски́х шляп)*; míllinery estáblishment, mílliner's *(да́мских шляп)*

шмель búmble-bee

шмы́г||ать, ~ну́ть dart, slip

шни́цель *кул.* schnítzel

шнур 1. string, cord 2. *эл.* flex; ~ова́ть lace up; ~о́к lace; ~ки́ для боти́нок shóe-laces

шов 1. seam 2. *хир.* súture 3. *тех.* joint ◇ треща́ть по всем швам be splitting at the seams, be fálling to pieces

шовин||и́зм cháuvinism; ~и́ст cháuvinist; ~исти́ческий chauvinístic

шок *мед.* shock

шоки́ровать shock, scándalize

шокола́д chócolate; ~ный chócolate; ~ные конфе́ты chócolates

шо́рох rustle

шо́рты shorts

шо́ры blínkers; blínders *(амер.)*

шоссе́ híghway; автомоби́льное ~ mótorway

шотла́нд||ец Scot, Scótsman; ~ка Scótswoman; ~ский Scotch, Scóttish; ~ский язы́к Scóttish, Scotch, the Scóttish *(или* the Scotch*)* lánguage

шотла́ндцы *мн. собир.* the Scóttish, the Scots

шофёр dríver, chauffeur

шпа́га sword

шпага́т string, cord, twine

шпаклева́ть pútty

шпа́ла *ж.-д.* sléeper

шпарга́лка *разг.* crib

шпи́лька háirpin

шпина́т spínach

шпингале́т *(задви́жка)* bolt

шпио́н spy; ~а́ж éspionage; ~ить spy

шпо́ра spur

шприц sýringe

шпро́ты *(консе́рвы)* smoked sprats in oil

шпу́лька spool, bóbbin

шрам scar

шрапне́ль shrápnel

шрифт print, type; кру́пный ~ large print *(или* type*)*; ме́лкий ~ small print *(или* type*)*

штаб *воен.* staff, héadquárters

шта́бель pile, stack

штамп stamp; *перен.* cliché

шта́нга *тех.* bar; *спорт.* weight; cross-bar *(ворот)*
штаны́ trousers
шта́пельн||ый: ~ое полотно́ artificial cotton
штат I *полит.* state
штат II *(личный состав)* staff
штати́в suppórt, trípod
шта́тный régular; on the staff *(после сущ.)*
шта́тск||ий 1. *прил.* civílian; ~ое пла́тье civílian clothes *pl.* 2. *как сущ.* civílian
штемпелева́ть stamp
ште́мпель stamp; почто́вый ~ póstmark
ште́псель *эл.* plug
штиль *мор.* calm
што́льня *горн.* gállery
што́п||ать darn; ~ка 1. *(действие)* dárning 2. *(нитки)* dárning thread; dárning wool *(шерсть)*
што́пор 1. córk-screw 2. *ав.* spin
што́р||а blind; спусти́ть ~ы draw the blinds
шторм storm
штраф fine, pénalty; ~ова́ть fine
штрейкбре́хер strikebreaker; bláckleg, scab *разг.*
штрек *горн.* drift
штрих touch, *перен. тж.* trait; ~ова́ть shade
шту́ка 1. piece; не́сколько штук я́блок séveral apples 2. *разг. (вещь)* thing 3. *(выходка)* trick ◇ вот так ~! that's a nice thing!; в то́м-то и ~! that is just the point!
штукату́р||ить pláster; ~ка pláster
штурва́л *мор.* stéering-wheel
штурм storm; взять ~ом take by storm
шту́рман *мор., ав.* návigator
штурмова́ть storm, assáult
шту́чн||ый: ~ това́р píece-goods *pl.*; ~ая прода́жа sale by the piece
штык báyonet; ~ово́й báyonet *attr.*
шу́ба fúr-coat
шу́лер cárd-sharper, cheat
шум noise ◇ наде́лать ~у cause a sensátion; мно́го ~у из ничего́ much adó abóut nóthing
шуме́ть make a noise
шу́мный nóisy; ~ успе́х a sensátion, a sensátional succéss
шумо́вка skímmer
шумо́к: под ~ *разг.* by stealth
шу́рин bróther-in-law
шурф *горн.* próspect-hole; dúg-hole
шурша́ть rustle

шу́стрый *разг.* bright, smart
шут fool, jéster
шути́ть joke, jest
шут||ка joke, jest; в ~ку in jest; кро́ме ~ок jóking apárt, quite sériously; он рассерди́лся не на ~ку he was réally ángry; сыгра́ть с кем-л. ~ку play a trick on smb.; ~ли́вый pláyful
шу́точн||ый cómic, facétious; ◇ э́то де́ло не ~ое that is no trífling mátter; it is no joke
шутя́ *нареч.* 1. in jest, for fun 2. *(очень легко)* éasily
шушу́каться exchánge whispered sécrets
шху́на *мор.* schóoner
шш! *межд.* hush!, sh!

Щ

щаве́ль sórrel
щади́ть spare; have mércy *(врага и т. п.)*; не ~ средств spare no expénce
ще́бень róad-métal
щебета́ть chírrup
щего́л góldfinch
щёголь dándy, fop
щегол||ьну́ть *см.* щеголя́ть; ~ско́й fóppish
щеголя́ть show off, flaunt
щедр||ость generósity; ~ый génerous, ópen-hánded
щека́ cheek
щеко́лда latch
щекота́ть tickle
щеко́т||ка tíckling; ~ли́вый tícklish, délicate
щёлк||ать 1. click *(языко́м, замко́м)*; crack *(кнуто́м);* он ~ает зуба́ми his teeth chátter; ~ па́льцами snap one's fingers 2. *(дать щелчок)* flip, flick 3. *(орехи)* crack
щёлкнуть *см.* щёлкать 1, 2
щёлок álkaline solútion
щелочно́й álkaline
щёлочь álkali
щелчо́к 1. *(пальцем)* flick, flip, snap 2. *(звук)* click
щель chink, split; голосова́я ~ *анат.* glóttis
щено́к púppy
щепети́льный scrúpulous; délicate
ще́пка chip ◇ худо́й как ~ thin as a rake
щепо́тка pinch

щети́н||а bristle; ~истый brístly
щётка brush
щи shchi, cábbage soup; ки́слые щи sáuerkraut soup
щи́колотка ankle
щипа́ть 1. pinch 2. *(траву)* nibble; browse *(листья, побеги)*; ~ся pinch
щипо́к nip, pinch
щипцы́ tongs, pair of tongs sg.; nútcrackers *(для орехов)*; súgar-tongs *(для сахара)*; cúrling-irons *(для завивки)*
щи́пчики twéezers
щит 1. shield 2. *(для объявлений)* board 3. *тех.* screen; board; проходче́ский ~ *стр.* (túnnel) shield; распредели́тельный ~ *эл.* switchboard 4. *(у черепахи)* tórtoise-shell
щитови́дн||ый: ~ая железа́ *анат.* thýroid gland
щу́ка pike
щу́пальце téntacle, féeler
щу́пать feel
щу́плый púny
щу́рить: ~ глаза́ screw up one's eyes; ~ся blink, nárrow one's lids
щу́||чий pike *attr.* ◇ по ~чьему веле́нию at the wave of a wand

Э

эваку||а́ция evacuátion; ~и́ровать evácuate
эволюцио́нный evolútionary
эго||и́зм sélfishness; ~и́ст sélfish pérson; ~исти́ческий, ~исти́чный sélfish
эква́тор equátor; ~иа́льный equatórial
эквивале́нт equívalent; ~ный equívalent
экза́мен examinátion; exám *разг.*; не вы́держать ~а fail in an examinátion
экзамена́тор examíner
экзаменова́ть examíne
экземпля́р spécimen; cópy *(книги, газеты и т. п.)*
экипа́ж I *(коляска)* cárriage
экипа́ж II *ав., мор.* crew
экипир||ова́ть equíp; ~о́вка equípment
эконо́м||ика económics; ~и́ст económist
эконо́мить económize
экономи́ческий económic
эконо́м||ия económy; ~ный económical; thrífty *(хозяйственный)*
экра́н screen

экскава́тор éxcavator; шага́ющий ~ wálking éxcavator
экску́рс||ия excúrsion; ~ово́д guide
экспеди́ция 1. expedítion 2. *(отдел)* dispátch óffice
экспериме́нт expériment; ~а́льный experiméntal
экспе́рт éxpert; ~и́за consúltant's investigátion; proféssional fíndings; отпра́вить на ~и́зу send for análysis; враче́бная ~и́за médical fíndings
эксплуат||а́тор explóiter; ~а́ция exploitátion; ~и́ровать explóit
экспози́ция exposítion; expósure *(тж. фото)*
экспона́т exhíbit
э́кспорт éxport; ~и́ровать expórt; ~ный éxport *attr.*
экспро́мт imprómptu; ~ом *нареч.* extémpore
экспропри||а́ция expropriátion; ~и́ровать exprópriate
экста́з écstasy
экстерриториа́льный exterritórial
экстравага́нтный extrávagant
э́кстренн||ый *(о поезде и т. п.)* spécial; ~ вы́пуск spécial edítion
эксцентри́чный eccéntric
эксце́сс excéss
эласти́чный elástic
элева́тор élevator
элега́нтный élegant, smart
электрифи||ка́ция electrificátion; ~ци́ровать eléctrify
электри́чес||кий eléctric(al); ~ фона́рь *(карманный)* eléctric torch; ~кое освеще́ние eléctric light(ing); ~тво electrícity
электрово́з eléctric(al) locomótive
электро́д eléctrode
электродви́гатель (eléctric) mótor
электромонтёр electrícian
электро́н *физ.* eléctron
электро́ника electrónics
электро́нно-вычисли́тельная маши́на (ЭВМ) compúter
электрополотёр eléctric flóor-polisher
электропрово́дн||ость eléctric(al) conductívity; ~ый condúcting electrícity
электроста́нция eléctric pówer státion
электроте́хник eléctrical enginéer; ~а eléctrical enginéering
электроэне́ргия eléctrical énergy
элеме́нт élement
элемента́рный eleméntary, símple
эмали́рованный enámelled

эма́ль enámel
эманципа́ция emancipátion
эмбле́ма émblem
эмигр||а́нт émigré; ~а́ция emigrátion; ~и́ровать émigrate
эмоциона́льный emótional
эмо́ция emótion
эмпириокритици́зм empíriocríticism
энерге́тика pówer enginéering
энерги́чн||о *нареч.* energétically; ~ый energétic
эне́ргия énergy
энтузи||а́зм enthúsiasm; ~а́ст enthúsiast
энцикло||педи́ческий encyclopáedic; ~пе́дия encyclopáedia
эпигра́мма épigram
эпи́граф épigraph
эпиде́мия epidémic
эпизо́д épisode
эпило́г épilogue
эпита́фия épitaph
эпи́тет épithet
эпи́ческий épic
эпопе́я épic
э́пос épos
эпо́ха époch
э́ра éra
эроти́ческий erótic
эруди́ция erudítion
эска́дра squádron
эскадри́лья *ав.* squádron
эскала́тор éscalator, móving stáircase
эски́з sketch; draft; ~ный rough, prelíminary
эскимо́ éskimo
эскимо́с Éskimo
эско́рт éscort
эсми́нец destróyer
эссе́нция éssence
эстафе́т||а *спорт.* reláy-race; переда́ть ~у pass (*или* hand) the báton (*to*)
эсте́т||ика aesthétics; ~и́ческий aesthétic
эсто́н||ец Estónian; ~ский Estónian; ~ский язы́к Estónian, the Estónian lánguage
эстра́д||а 1. (*площадка*) stage, plátform 2. (*вид искусства*) músic-hall (*или* varíety) art; арти́ст ~ы músic-hall (*или* varíety) áctor; ~ный varíety *attr.*; ~ный конце́рт varíety show
э́та *ж. см.* э́тот
эта́ж floor; stórey; пе́рвый ~ ground floor

этаже́рка bóokstand (*книжная*); whátnot (*для безделушек*)
эта́п stage
э́ти *мн. см.* э́тот
э́тика éthics
этике́т etiquétte
этике́тка lábel
этимоло́гия etymólogy
эти́чный éthic
этногра́фия ethnógraphy
э́то *мест.* 1. *с. см.* э́тот 2. that; this; it; ~ моя́ кни́га this is my book; ~ не он that is not he; что ~? what is that?; на ~м он останови́лся at this point he stopped ◊ где ~ вы бы́ли? where on earth have you been?
э́тот (э́та, э́то, *мн.* э́ти) *мест.* this; *мн.* these; возьми́те э́ту кни́гу take this book; на ~ раз this time
этю́д 1. *жив., лит.* stúdy, sketch 2. *муз.* etúde 3. *шахм.* éxercise
эфе́с sword-hilt
эфи́р éther; ~ный: ~ное ма́сло esséntial vólatile oil
эффе́кт efféct
эффекти́вный efféctive, efficient
эффе́ктный spectácular, efféctive
э́хо écho
эшафо́т scáffold
эшело́н 1. *воен.* échelon 2. *ж.-д.* train; ~ у́гля tráinload of coal

Ю

юбиле́й júbilee; отмеча́ть ~ célebrate a júbilee; ~ный júbilee *attr.*
ю́бка skirt
ювели́р jéweller; ~ный jéwelry *attr.*; ~ный магази́н jéweller's
юг south; на ~ south; к ~у (*от*) (to the) south (*of*)
ю́го-восто́к sóuth-éast
ю́го-восто́чный sóuth-éast *attr.*; ~ ве́тер sóuth-éaster
ю́го-за́пад sóuth-wést
ю́го-за́падный sóuth-wést *attr.*; ~ ве́тер sóuth-wéster
южа́нин sóutherner
ю́жный sóuth(ern); ~ по́люс South Pole
ю́мор húmour; ~исти́ческий húmorous; ~исти́ческий журна́л cómic magazíne
ю́нга *мор.* boy
ю́ность youth

юнош||а youth; ~еский youthful; ~ество 1. youth 2. *собир.* young people *pl.*
юн||ый youthful; с ~ых лет from youth
юридический juridical; ~ факультет faculty of law
юрисконсульт legal adviser
юрист lawyer
юрта yúrta (*nomad's conical hut*)
юстиция justice
ютиться be cooped up

Я

я *мест.* I; *косв.* me; я видел его I saw him; это я it's me; дайте мне книгу give me the book, give the book to me; меня здесь не было I was not here
яблоко apple
яблоня apple-tree
яблочный apple *attr.*
явиться appear, come, show up
явка appearance, présence; ~ обязательна attendance obligatory
явление 1. phenómenon; appéarance (*появление*); occúrrence (*случай*); ~ природы natural phenómenon; странное ~ strange occúrrence 2. *театр.* scene
являться 1. *см.* явиться 2. (*быть кем-л.*) be
явный évident, óbvious
ягнёнок lamb
ягода bérry
ягодица búttock
яд póison
ядовитый póisonous; vénomous (*о змее*)
ядро 1. kérnel 2. *физ.* núcleus 3. (*пушечное*) cánnon-ball
язва úlcer
язвительный bíting
язык I 1. tongue 2. (*колокола*) clápper
язык II (*речь*) lánguage; tongue; родной ~ móther tongue, nátive lánguage; книга написана хорошим ~ом the book is well written
языкознание linguístics
язычник págan, héathen
яичница (*глазунья*) fried eggs *pl.*

яичн||ый egg *attr.;* ~ая скорлупа éggshell
яйцо egg
якобы *союз* as if
якорь ánchor
якут Yakút; ~ский Yakút
ялик yawl
яма pit; *перен.* sink of iniquity
ямочка dimple
ян||варский Jánuary *attr.;* ~варь Jánuary
янтарь ámber
япон||ец Japanése; ~ский Japanése; ~ский язык Japanése, the Japanése lánguage
ярк||ий bright, clear; ~ое пламя a bright flame; ~ пример a clear exámple; ~о *нареч.* bríghtly
ярлык lábel
ярмарка fair; международная ~ Internátional Fair
ярмо yoke
яров||ой: ~ые хлеба spring corn *sg.*, spring crops
яростный fúrious, víolent, fierce
ярость fúry, rage
ярус *театр.* círcle; tier
ярый árdent
ясень ásh-tree
ясли I (*для корма*) crib *sg.*
ясли II (*детские*) crèche *sg.*, day núrsery *sg.*
ясно 1. *нареч.* cléarly 2. *предик. безл.* it is clear 3. (*о погоде*) it is fine
ясн||ый clear; ~ое представление clear idéa
яства *мн.* viands; какие ~! what a feast!, what a spread! *разг.*
ястреб hawk
яхта yacht
ячейка *в разн. знач.* cell
ячмень I *с.-х.* bárley
ячмень II (*на глазу*) sty
ячнев||ый: ~ая крупа fine-ground bárley
ящерица lízard
ящик 1. box 2. (*выдвижной*) dráwer ◊ откладывать в долгий ~ shelve
ящур *вет.* fóot-and-mouth diséase

ГЕОГРАФИЧЕСКИЕ НАЗВАНИЯ

Абха́зия Abkházia
Австра́лия Austrália
А́встрия Áustria
Адди́с-Абе́ба г. Addis-Ábaba
А́ден г. Áden
Аджа́рия Adjária
Адриати́ческое мо́ре Adriátic Sea
Азербайджа́н Azerbaiján
А́зия Ásia
Азо́вское мо́ре Sea of Azóv
А́ккра г. Accrá
Алба́ния Albánia
Алжи́р 1. (страна) Algéria 2. г. Algiers
Алма́-Ата́ г. Almá-Atá
Алта́й Altái
А́льпы Alps
Аля́ска Aláska
Амазо́нка р. Ámazon
Аме́рика América
Амма́н г. Ammán
Амстерда́м г. Ámsterdam
Амударья́ р. Amú Daryá
Аму́р р. Amúr
Ангара́ р. Angará
А́нглия Éngland
Анго́ла Angóla
Анкара́ г. Ánkara
Антаркти́да Antárctic Cóntinent
Анта́рктика Antárctic Région
Антве́рпен г. Ántwerp
Апенни́ны Ápennines
Ара́вия п-ов Arábia
Ара́льское мо́ре Aral Sea
Аргенти́на Argentína
А́рктика Árctic Région
Арме́ния Arménia
Асунсьо́н г. Asunción
Атланти́ческий океа́н Atlántic Ócean
Афганиста́н Afghánistan
Афи́ны г. Áthens
А́фрика África
Ашхаба́д г. Ashkhabád

Багда́д г. Bag(h)dád
Байка́л оз. Baikál
Баку́ г. Bakú

Балка́нский п-ов Bálkan Península
Балти́йское мо́ре Báltic Sea
Бамако́ г. Bamakó
Бангко́к г. Bangkók
Бангладе́ш Bángladésh(i)
Ба́ренцево мо́ре Bárents Sea
Бату́ми г. Batúmi
Башки́рия Bashkíria
Бейру́т г. Beirút, Beyroúth
Белгра́д г. Bélgrade
Бе́лое мо́ре White Sea
Белору́ссия Byelorússia
Бе́льгия Bélgium
Бе́рингово мо́ре Béring Sea
Бе́рингов проли́в Béring Strait
Берли́н г. Berlín
Берн г. Bern(e)
Би́рмингем г. Bírmingham
Биса́у г. Bissáu
Бишке́к г. Bishkék
Бли́жний Восто́к Middle East
Богота́ г. Bogotá
Болга́рия Bulgária
Боли́вия Bolívia
Бомбе́й г. Bombáy
Бонн г. Bonn
Бо́сния и Герцегови́на Bósnia and Herzegóvina
Бо́стон г. Bóston
Босфо́р Bósporus
Ботни́ческий зали́в (Gulf of) Bóthnia
Браззави́ль г. Brázzaville
Брази́лиа г. Brasília
Брази́лия (страна) Brazíl
Брюссе́ль г. Brússels
Будапе́шт г. Búdapést
Буркина́ Фасо́ Burkiná Fasó
Буря́тия Buryátia
Бухаре́ст г. Bucharést
Буэ́нос-А́йрес г. Buénos Áires

Варша́ва г. Wársaw
Вашингто́н г. Wáshington
Великобрита́ния Great Brítain
Ве́ллингтон г. Wéllington
Ве́на г. Viénna
Ве́нгрия Húngary
Венесуэ́ла Venezuéla
Вене́ция г. Vénice
Вест-И́ндия West Índies

Ви́льнюс *г.* Vílnius
Ви́сла *р.* Vístula
Владивосто́к *г.* Vladivóstok
Во́лга *р.* Vólga
Волгогра́д *г.* Volgográd
Вьентья́н *г.* Vientiáne
Вьетна́м Vietnám

Гаа́га *г.* the Hague
Гава́на *г.* Havána
Гайа́на Guyána
Га́на Ghána
Гвине́я Guínea
Гвине́я-Бисау Guínea-Bissáu
Герма́ния Gérmany
Гибралта́р Gibráltar
Гимала́и Himaláya(s)
Гла́зго *г.* Glásgow
Голла́ндия Hólland; *см.* Нидерла́нды
Гренла́ндия Gréenland
Гре́ция Gréece
Гри́нвич Gréenwich
Гру́зия Geórgia

Дагеста́н Daghestán
Да́кка *г.* Dácca
Дама́ск *г.* Damáscus
Да́ния Dénmark
Дарданелл́ы Dardanélles
Де́ли *г.* Délhi
Детро́йт *г.* Detróit
Джака́рта *г.* Djakárta
Джо́рджтаун *г.* Geórgetown
Днепр *р.* Dniéper
Днестр *р.* Dniéster
Дон *р.* Don
Ду́блин *г.* Dúblin
Дувр *г.* Dóver
Дуна́й *р.* Dánube
Душанбе́ *г.* Dushánbe

Евро́па Éurope
Еги́пет Égypt
Екатеринбу́рг *г.* Ekáterinburg
Енисе́й *р.* Yeniséi
Ерева́н *г.* Yereván

Жёлтое мо́ре Yéllow Sea
Жене́ва *г.* Genéva

Заи́р Zaíre
За́мбия Zámbia
Зимба́бве Zimbábwe

Иерусали́м *г.* Jerúsalem
Изра́иль Ísrael
Ингуше́тия Ingúshia
Инди́йский океа́н Indian Ócean
И́ндия Índia
Индокита́й *п-ов* Índo-China

Индоне́зия Indonésia
Иорда́ния Jórdan
Ира́к Iráq
Ира́н Irán
Ирла́ндия Íreland
Исла́ндия Íceland
Испа́ния Spain
Иссы́к-Куль *оз.* Íssyk Kul
Ита́лия Ítaly
Йе́мен Yémen

Кабарди́но-Балка́рия Kabardíno-Balkária
Ка́бо-Ве́рде Cábo Vérde
Кабу́л *г.* Kábul
Кавка́з Cáucasus
Казахста́н Kazakhstán
Казбе́к Kazbék
Каи́р *г.* Cáiro
Калмы́кия Kalmýkia
Кальку́тта *г.* Calcútta
Ка́ма *р.* Káma
Камбо́джа Cambódia
Камча́тка Kamchátka
Кана́да Cánada
Канбе́рра *г.* Cánberra
Каракалпа́кия Kara-Kalpákia
Кара́кас *г.* Carácas
Караку́мы Kara-Kúm
Каре́лия Karélia
Карпа́тские го́ры, Карпа́ты Carpáthian Móuntains, Carpáthians
Ка́рское мо́ре Kára Sea
Каспи́йское мо́ре Cáspian Sea
Ка́унас *г.* Káunas
Ке́мбридж *г.* Cámbridge
Кёльн *г.* Cológne
Ки́ев *г.* Kiev
Кинша́са *г.* Kinshása
Кирги́зия Kirghízia
Кита́й China
Ки́то *г.* Quíto
Кишинёв *г.* Kishinév
Коло́мбо *г.* Colómbo
Колу́мбия Colómbia
Ко́ми Kómi
Ко́накри *г.* Cónacry
Ко́нго 1. Cóngo 2. *р.* Cóngo
Копенга́ген *г.* Copenhágen
Кордилье́ры Cordilléras
Коре́я Koréa
Кот-д'Ивуа́р Côte d'Ivoire
Кра́сное мо́ре Red Sea
Крым Criméa
Куа́ла-Лу́мпур *г.* Kuála Lúmpur
Ку́ба Cúba
Кури́льские острова́ Kuríl(e) Íslands

Ла́дожское о́зеро Lake Ládoga
Ла-Ма́нш Énglish Chánnel
Лаóс Láos
Ла-Па́с г. La Paz
Ла́твия Látvia
Ленингра́д г. Léningrad; см. Санкт-Петербу́рг
Лива́н Lébanon
Ливерпу́ль г. Líverpool
Ли́вия Líbya
Ли́ма г. Líma
Лиссабóн г. Lísbon
Литва́ Lithuánia
Лóндон г. Lóndon
Лос-Áнджелес г. Los Ángeles
Люксембу́рг Lúxemburg

Мадагаска́р Madagáscar
Мадри́д г. Madríd
Македóния Macedónia
Мала́йзия Maláysia
Ма́лая А́зия Ásia Mínor
Мали́ Máli
Мана́гуа г. Manágua
Мани́ла г. Maníla
Манче́стер г. Mánchester
Мари́ Mári
Марóкко Morócco
Марсе́ль г. Marséilles
Ме́ксика México
Ме́хико г. México
Минск г. Minsk
Миссиси́пи p. Mississippi
Миссу́ри p. Missóuri
Молдóва Moldóva
Монбла́н Mont Blanc
Монгóлия Mongólia
Монтевиде́о г. Montevidéo
Мордóвия Mordóvia
Москва́ 1. г. Móscow 2. p. Moskvá
Му́рманск г. Murmánsk
Мья́нма Myánma
Мю́нхен г. Múnich

Нанки́н г. Nanking
Нахичева́нь Nakhicheván
Нджаме́на г. N'Djaména
Нева́ p. Nevá
Нидерла́нды Nétherlands
Никара́гуа Nicarágua
Нил p. Nile
Нóвая Зела́ндия New Zéaland
Нóвая Земля́ Nóvaya Zemlyá
Новосиби́рск г. Novosibírsk
Нóвый Орлеа́н г. New Orléans
Норве́гия Nórway
Нью-Йóрк г. New York
Ньюфа́ундленд Newfoundlánd

Обь p. Ob
Оде́сса г. Odéssa
Ока́ p. Oká
Óксфорд г. Óxford
Оне́жское óзеро Lake Onéga
Óсло г. Óslo
Отта́ва г. Óttawa
Охóтское мóре Sea of Okhótsk

Па-де-Кале́ Strait of Dóver
Пакиста́н Pakistán
Пами́р Pamírs
Пана́ма Pánama
Пана́мский кана́л Pánama Canál
Парагва́й Páraguay
Пари́ж г. Páris
Пеки́н Peking
Перси́дский зали́в Pérsian Gulf
Перу́ Perú
Пирене́и Pyrenées
Пномпе́нь г. Pnompénh
Пóльша Póland
Порт-Саи́д г. Port Said
Португа́лия Pórtugal
Пра́га г. Prague
Претóрия г. Pretória
Пхенья́н г. Pyóngyáng

Раба́т г. Rabát
Рангу́н г. Rangóon
Рейкья́вик г. Réykjavík
Рейн p. Rhine
Ри́га г. Ríga
Ри́жский зали́в Gulf of Ríga
Рим г. Rome
Рио-де-Жане́йро г. Rio de Janéiro
Россия́ Rússia
Румы́ния R(o)umánia

Сана́ г. Saná, Sanáa
Санкт-Петербу́рг г. Saint Pétersburg
Сантья́го г. Santiágo
Сан-Франци́ско г. San Francísco
Сау́довская Ара́вия Saúdi Arábia
Сахали́н Sakhalín
Свердлóвск г. Sverdlóvsk; см. Екатеринбу́рг
Севастóполь г. Sevastópol
Се́верная Аме́рика North Américа
Се́верное мóре the North Sea
Се́верный Ледови́тый океа́н the Árctic Ócean
Се́верная Осе́тия North Ossétia
Се́на p. Seine
Сиби́рь Sibéria
Си́дней г. Sýdney
Сингапу́р г. Singapóre
Си́рия Sýria
Скандина́вия Scandinávia
Слова́кия Slovákia
Слове́ния Slovénia

СНГ CIS
Соединённое Королевство Великобритании и Северной Ирландии United Kingdom of Great Britain and Northern Ireland
Соединённые Штаты Америки United States of America
София *г.* Sófia
Союз Советских Социалистических Республик *ист.* Union of Sóviet Sócialist Repúblics
Средиземное море Mediterránean Sea
СССР *ист.* USSR
Стамбул *г.* Istanbúl
Стокгольм *г.* Stóckholm
Судан Sudán
Сукре *г.* Súcre
Сухуми *г.* Sukhúmi
Суэцкий канал Súez Canál
США USA
Сырдарья *р.* Sýr-Daryá

Таджикистан Tadjikistán
Таиланд Tháiland
Тайвань Taiwán
Таймыр Taimýr
Таллинн *г.* Tállinn
Татарстан Tatárstan
Ташкент *г.* Tashként
Тбилиси *г.* Tbilísi
Тегеран *г.* Teh(e)rán
Тель-Авив *г.* Tel Avív
Темза *р.* Thames
Тибет Tibét
Тирана *г.* Tiránа
Тихий океан Pacífic Ócean
Токио *г.* Tókyo
Триест *г.* Trieste
Тува Túva
Туркменистан Turkmenistán
Турция Túrkey
Тянь-Шань Tien Shan

Удмуртия Udmúrtia
Узбекистан Uzbekistán
Украина Ukráine
Улан-Батор *г.* Úlan-Bátor
Улан-Удэ *г.* Úlan-Udé
Ульяновск *г.* Ulyánovsk
Урал Úrals
Уругвай Úruguay
Уэльс Wales

Филадельфия *г.* Philadélphia
Филиппинские острова, Филиппины Philippine Íslands, Phílippines
Финляндия Fínland
Финский залив Gulf of Fínland
Франция France

Ханой *г.* Hanói
Хартум *г.* Khart(o)úm
Харьков *г.* Khárkov
Хельсинки *г.* Hélsinki
Хорватия Croátia
Хошимин *г.* Ho Chi Minh
Хуанхэ *р.* Hwang Ho

Чад Tchad
Челябинск *г.* Chelyábinsk
Чёрное море Black Sea
Чехия Czéchia
Чечня Chechnia
Чикаго *г.* Chicágo
Чили Chíle
Чита *г.* Chitá
Чувашия Chuváshia

Шанхай *г.* Shánghai
Швейцария Switzerland
Швеция Swéden
Шотландия Scótland
Шпицберген *о-в* Spítsbergen
Шри-Ланка Sri Lánka

Эгейское море Aegéan Sea
Эдинбург *г.* Édinburgh
Эквадор Ecuadór
Эльбрус Elbrús
Эр-Рияд *г.* Riyádh
Эстония Estónia
Эфиопия Ethiópia

Югославия Yugoslávia
Южная Америка South América
Южно-Африканская Республика Republic of South África

Ява Jáva
Якутия Yakútia
Ялта *г.* Yálta
Япония Japán
Японское море Sea of Japán

Справочное издание

АХМАНОВА
Ольга Сергеевна

**РУССКО-
АНГЛИЙСКИЙ
СЛОВАРЬ**

Редакторы
В. Я. Есипова
О. М. Зудилина
Л. Ю. Московская

Художник
И. Г. Сальникова

Технический редактор
Э. С. Соболевская

Корректоры
Л. А. Набатова
Н. Н. Сидоркина

Оригинал-макет изготовлен
*С. Б. Барсовой, Е. А. Тополевой,
А. И. Щербонос*

**Издание осуществлено при участии
издательства «Дрофа»**

Изд. лиц. № 010155 от 09.04.97

Подписано в печать 22.12.99. Формат 60×90 $^1/_{16}$. Бумага офсетная.
Гарнитура «Таймс». Печать офсетная (фотоофсет). Усл. печ. л. 19,0. Уч.-изд. л. 29,55.
Доп. тираж I 5000 экз. Заказ № 1701.

Издательство «Русский язык»
Министерства РФ по делам печати, телерадиовещания и средств массовых коммуникаций
113303, Москва, М. Юшуньская ул., 1.

Отпечатано в полном соответствии с качеством предоставленных диапозитивов
в ОАО «Можайский полиграфический комбинат».
143200, г. Можайск, ул. Мира, 93.

Для заметок

Для заметок

Для заметок

Для заметок

Для заметок

Для заметок

Для заметок